STAUFFENBURG
Linguistik
Band 31, 1

Wolfgang Sternefeld

Syntax

Eine morphologisch motivierte generative Beschreibung des Deutschen

Band 1

3., überarbeitete Auflage

STAUFFENBURG
VERLAG

Bibliografische Information der Deutschen Nationalbibliothek

Die Deutsche Nationalbibliothek verzeichnet diese Publikation in der Deutschen Nationalbibliografie; detaillierte bibliografische Daten sind im Internet über <http://dnb.ddb.de> abrufbar.

Die Abbildung auf dem Umschlag zeigt:

Georg Baselitz
Fingermalerei - Apfelbaum, 1971 - 1973

Fotograf: Frank Oleski, Köln

3., überarbeitete Auflage 2008

Postfach 25 25 · D-72015 Tübingen
www.stauffenburg.de

Gedruckt auf säurefreiem und alterungsbeständigem Werkdruckpapier.

Printed in Germany

ISSN 1430-4139
ISBN 978-3-86057-176-7

Inhaltsverzeichnis

Band 1

Band 2

Vorwort: Danksagung und Überblick

Dieses Buch führt in Gegenstand und Methoden der Syntaxforschung ein und gibt einen Überblick zu wesentlichen Aspekten der Syntax des Deutschen (Phrasenstrukturen und Phrasentypen, Satzstrukturen und Satztypen, Dependenz- und Kongruenzphänomene u.a.m.). Vermittelt werden soll nicht nur die Kenntnis der grammatischen Fakten des Deutschen, sondern auch das Verständnis für Theoriebildung und Theoriekritik.

Grundlage der Darstellung ist die Morphologie, insbesondere die Flexionsmorphologie des Deutschen, die in **Kapitel (I.)** skizziert wird. Dort wird auch das zentrale formale Beschreibungsinstrument entwickelt, das der syntaktischen Analyse der folgenden Kapitel zugrunde liegt. Es handelt sich dabei um eine Variante der *merkmalbasierten* Grammatiken, die grammatische Eigenschaften als sog. *features* kodieren, die in lokaler Übereinstimmung zu Merkmalen der gleichen Art stehen müssen.

Kapitel (II.) widmet sich einzelnen Phrasentypen unter dem Gesichtspunkt dieser Übereinstimmung, die in der traditionellen Grammatik als Rektion und Kongruenz beschrieben werden. In diesem Kapitel wird der merkmaltheoretische Kern des Buches entfaltet, dessen Ursprung auf ein unveröffentlichtes Manuskript zurück geht, das in Zusammenarbeit mit Arnim von Stechow im Jahre 1981 entstand. Die dort entwickelte Idee von Syntax als einer Art kontextfreier Merkmalüberprüfungsinstanz hat seitdem an Aktualität nichts eingebüßt und ist im Laufe der neunziger Jahre zum festen Bestandteil der von Noam Chomsky vor nunmehr 50 Jahren initialisierten Generativen Grammatik geworden.

Kapitel (III.) widmet sich der Struktur verschiedener Satztypen des Deutschen (Aussagesatz, Fragesatz, Relativsatz u.a.m.). Gleichzeitig wird das Konzept der Transformation eingeführt und die Entwicklungsgeschichte der Transformationsgrammatik skizziert.

Diese drei Kapitel des ersten Bandes (bzw. Vorversionen davon) dienten mir als Orientierungshilfe für ein vierstündiges Proseminar im Fach Allgemeine Sprachwissenschaft an der Universität Tübingen. Dabei konnte ich elementare Einführungen in Morphogie und Generative Grammatik voraussetzen (etwa auf dem Niveau von Katamba (1993) und Radford (1999) bzw. Aarts (2001)).

Teile des zweiten Halbbandes, der die Vertiefung und Rechtfertigung der Analyse des ersten Bandes zum Ziel hat, habe ich in verschiedenen Aufbaumodulen verwendet. In **Kapitel (IV.)** versuche ich die These zu verteidigen, dass das Deutsche weniger funktionale Projektionen hat als das Englische. **Kapitel (V.)** schlägt eine Brücke zwischen Morphologie und Semantik: Hier geht es um den sog. Verbalkomplex als zentralem Phänomenbereich der Syntax des Deutschen. Im Rahmen einer Kompositionstheorie von thematischen Rastern schlägt dieses Kapitel eine Brücke zwischen Morphologie und Semantik. **Kapitel (VI.)** enthält vermischte Kommentare und Ergänzungen, welche die systematische Entwicklung der vorangegangenen Kapitel gestört oder zu sehr aufgehalten hätten.

Kapitel (V.) setzt einige elementare **Vorkenntnisse** in der formalen Semantik voraus, ebenso wird im ganzen Buch die Kenntnis grammatischer Grundtermini (Subjekt, Objekt, Attribut, Relativsatz, transitives Verb, Passiv usw.) vorausgesetzt. Verzichtet habe ich auch auf die in Einführungen zur Generativen Grammatik sonst übliche Darstellung des „ideologischen Überbaus" der Disziplin: gemeint ist die Verankerung des Erkenntnisinteresses der Generativen Syntax in den **Kognitionswissenschaften**. Auch ohne einen solchen Vorspann dürfte kein Nachteil für das Verständnis der Grammatik als solcher entstehen.*

Die rasante Entwicklung der Generativen Grammatik zeitigte eine ebenso rasche Folge immer neuer Lehrbücher, die sich jedoch, bedingt durch Genese und Rezeption, fast ausnahmslos auf die Syntax des **Englischen** beziehen. Für den theoretischen Linguisten und Allgemeinen Sprachwissenschaftler ist dies zunächst kein Nachteil. Die berechtigte Frage danach, wie sich die neuen und neuesten theoretischen Konstrukte auf das Deutsche anwenden lassen, bleibt dann meist im Hintergrund. Dennoch drängt sich natürlich das Bedürfnis auf, eine solche mit universellem Anspruch daherkommende Theorie auf die Muttersprache zu beziehen; meine Vorschläge diesbezüglich fielen jedoch leider of recht vage aus. Allzu oft war mir nicht klar, wie und warum die Syntax des Deutschen in das von der Generativen Grammatik entworfene Bild passen könnte.† Trotz vieler Einzelanalysen des Deutschen fehlte eine **elementare Darstellung**, die einerseits — ausgehend vom Anspruch einer möglichst universalen, für alle Sprachen gültigen Strukturtheorie — von einzelsprachlichen Gegebenheiten auf geeignete Art und Weise abstrahiert, andererseits aber den Studierenden ermöglicht, die Theorie in kritischer Weise ganz konkret auf das

*Als grundlegende Darstellung in deutscher Sprache sei hier auf Fanselow und Felix (1987) verwiesen; als sprachtheoretisch bedeutend geriert sich u.a. auch Uriagereka (1998). M.E. fehlt es vielen der oft vertretenen Thesen zur kognitiven Realität theoretischer Annahmen an einer überzeugenden empirischen Absicherung. Unbewiesen ist nicht nur die These, ganz bestimmte grammatiktheoretische Prinzipien seien „angeboren"; völlig aus der Luft gegriffen scheinen mir auch andere Verankerungsversuche wie die immer wieder anzutreffende Behauptung (s. z.B. Radford (1997*a*, S. 6)), die jeweils neuesten Fortschritte der Chomskyschen Grammatiktheorie seien durch Untersuchungen zum Spracherwerb motiviert. Einen ausführlicheren kritischen Bericht zu ähnlichen, von Chomsky selber verbreiteten Mythen bietet Wasow (2002, Kap. 6).

†Der Rückgriff auf die traditionelle germanistische Literatur zum Deutschen war für die jeweilige theoretische Fragestellung oft wenig hilfreich; wie Ijbema und Abraham (2000, S. 123) zu recht bemerken, „zeichnet sich die traditionelle Grammatik des Deutschen dadurch aus, syntaktische Fragen grundsätzlich in der Schwebe zu lassen".

Deutsche anzuwenden, ohne dabei dessen spezifische Eigenheiten zu vernachlässigen.

Meine ersten Versuche, konkrete Antworten zu finden, verliefen nicht ohne Rückschläge und Umwege,[‡] und ich danke an dieser Stelle herzlichst meinen damaligen Weggefährten, die in der Anfangsphase genügend Vertrauen in das Buchprojekt gesetzt haben und mich ermutigt haben, weiterzumachen. Dazu gehören an erster Stelle Tonio Wandmacher, Tanja Kiziak, Udo Klein und Hans-Georg Müller.

Während in grundlegenden oder einführenden Werken theoretische Prinzipien als wohl-etabliert vor- und dargestellt und durch empirische Fakten (des Englischen) lediglich noch illustriert werden, empfand ich es als Hauptanliegen des hier dokumentierten Unterfangens, solche Leitprinzipien erst noch zu entwickeln. Eine präzise Analyse des Deutschen mitsamt der konkret zu veranschlagenden formalen Prinzipien musste erst noch erarbeitet werden. Dieser Prozess spiegelt sich im vorliegenden Buch darin wider, dass zunächst ein möglichst einfacher formaler Rahmen vorgegeben wird — ob dieser richtig oder falsch ist, mag zu Beginn der Arbeit nicht so wichtig sein — und dann demonstriert wird, wie diese Vorgabe die grammatische Reflexion beeinflusst und im Idealfall eine eindeutige Entscheidung zwischen alternativen Beschreibungen erzwingt.

Um eine solche Entscheidung zu rechtfertigen, muss jedoch **argumentiert** werden. Argumentationen beruhen bekanntlich auf Prämissen, die jedoch selber wieder einer argumentativen Begründung bedürfen. Und irgendwann, so jedenfalls Wittgenstein, muss es mit dem Begründen ein Ende haben, ohne dass wir endgültige Gewissheit erlangt hätten.[§] Diese relative Ungewissheit gehört zwar zur Normalität jeder Grundlagenforschung, machte mir jedoch

[‡] Aufgeben musste ich z.B. meinen ursprünglichen Plan einer aufs Deutsche bezogenen „Nachdichtung" von Standardwerken zum Englischen, ähnlich dem Versuch einer Übertragung der Einführung von Borsley (1991) in Borsley und Suchsland (1997). Reminiszenzen aus dieser Fassung des Manuskripts sind die in den Lehrbüchern von Andrew Radford so beliebten Dialogsequenzen wie die in:

SPRECHER A: Liebling, liebst du mich auch?
SPRECHER B: Ja, dich auch.

[§] Gerne hätte ich an dieser Stelle Otto Neuraths Aphorismus von den Fischern zititert, die ihr Schiff auf offener See umbauen müssen, ohne es jemals in einem Dock zerlegen und aus besten Bestandteilen neu errichten zu können („Wie Schiffer sind wir ..."). Nachdem ich aber auf der Suche nach dem genauen Wortlaut des Bonmots feststellen musste, dass auch Johannes Rau diese Worte bemüht, um die Arbeit der Kultusministerkonferenz zu würdigen (wobei er die Rechtschreibreform hervorhebt und die Einführung einer RauKfasertapete in Erwägung zieht) und zu befürchten steht, dass Günter Netzer demnächst in ähnlicher Weise die Neuformierung der Fußballnationalmannschaft kommentieren wird, habe ich eingesehen, dass allgemeine Larmoyanz hier nicht weiterhilft. Es hilft nur genaue logische Analyse und eine Erweiterung der empirischen Basis.

eine Entscheidung für oder gegen ein bestimmtes Vorgehen nicht leichter. Sicher ist es mir nicht immer gelungen, Irr- und Umwege zu vermeiden; immer jedoch war ich bemüht, die Gründe für eine bestimmte Entscheidung offenzulegen. Daher erfordert die Lektüre auch ein wenig Geduld und die Bereitschaft, **Alternativen** abzuwägen, und es ist mir klar, dass letzteres bei Studenten im Grundstudium nicht besonders beliebt ist. Dennoch denke ich, dass dies das Wesen des wissenschaftlichen Arbeitens ausmacht. Man kann aus der Abwägung von Alternativen durchaus lernen, (so) wie ich selber bei Abfassung des Manuskriptes gelernt habe.

Um so mehr muss ich jenen danken, die mich auf meinem Weg geduldig begleitet und vor Gefahren am Wegesrand gewarnt haben. Zu diesen gehören u.a. Fabian Heck, Gereon Müller, Winfried Lechner, Marie-Christine Meier, Katrin Axel, Arnim von Stechow, Irene Rapp, Anca Weimer und last not least Marga Reis.

Da der Untertitel eine **generative** Beschreibung verspricht und sich der Autor ins Paradigma der Generativen Transformationsgrammatik einordnen lässt, wäre zu erwarten, dass die vorliegende Arbeit auch in den neuesten Stand der theoretischen Syntax einführt. Seit mehr als einem Jahrzehnt ist dies der sog. **Minimalismus**, sodass der eingangs genannte Anspruch, Verständnis für die syntaktische Theoriebildung zu erwecken, auch zu einem vertieften Verständnis des Minimalismus führen sollte.

Dies ist teils richtig, teils falsch, je nachdem, was man unter Minimalismus versteht. Gehen wir zunächst einmal vom Alltagsgebrauch des Begriffs aus. Das Adjektiv „minimalistisch" scheint, vom Englischen beeinflusst, auch im deutschen Sprachalltag Fuß zu fassen. Allgemein scheint darunter verstanden zu werden, aus wenig viel zu machen, ob sich dies nun aufs Gärtnern bezieht (s. *„The Minimalist Garden"*, Monacelli Press 1999) oder aufs Kochen (wie in einer ganzen Serie von Ratgebern, die sich als minimalistisch bezeichnet: *The Minimalist Cooks at Home, The Minimalist Cooks Dinner, The Minimalist Entertains*, usw.), oder auf Automarken oder Fußballer, die als Minimalisten wenig Sprit verbrauchen und auch sonst maximale Wirkung mit wenig Energieeinsatz erzielen. Dies lässt sich auch von den ursprünglichen, jeweils fachspezifischen Verwendungen des Begriffs behaupten, z.B. von Robert Rauschenbergs *White Painting* (1951), von John Cages Komposition 4′33″ (1952) und von dem von Steve Reich, Philipp Glass und John Adams repräsentierten Minimalismus in der Musik. Was in der Architektur als Minimalismus bezeichnet wird, nimmt Bezug auf Loos, Wittgenstein, van der Rohe u.a.

Innerhalb der Wissenschaft, insbesondere der Syntax, einen gegenstandsspezifischen Minimalismus auszumachen, scheint mir ungleich schwieriger. Wenn es darum ginge, mit möglichst wenig Aufwand möglichst viel Geld zu verdienen, dürfte es Minimalisten in der Wissenschaft ohnehin kaum geben.

Wenn im Sinne der „minimalistischen Kochbücher" die allgemeine Idee die ist, mit so wenig „Zutaten" (sprich: theoretischen Annahmen) auszukommen, wie möglich, so liegt einem so verstandenen Minimalismus ohnehin die gesamte wissenschaftliche Methodologie zugrunde; der Begriff wäre in dieser Allgemeinheit ziemlich nichtssagend. Tatsächlich betont Chomsky in jüngster Zeit immer wieder, dass es sich beim syntaktischen Minimalismus nicht um die Bezeichnung für eine bestimmte *Theorie* handelt, sondern um ein wissenschaftliches *Programm*, das den oben genannten Anforderungen nach methodologischer Strenge, Einfachheit des Theorie-Designs und Sparsamkeit der ontologischen Voraussetzungen — bei den Philosophen unter dem Stichwort *Occam's razor* bekannt — in besonderer Weise entsprechen soll. Diesem Programm fühlt sich natürlich auch der Autor verpflichtet.

Darüber hinaus jedoch gibt es eine Vielzahl von minimalistischen Hypothesen, die sich innerhalb des von mir beschriebenen Phänomenbereichs nicht ausreichend empirisch verifizieren ließen und die deshalb oft nur am Rande erwähnt werden. Was die generelleren Leitmotive betrifft (die innerhalb des Minimalismus jedoch umstritten sind), fühle ich mich besonders von Hubert Haiders Prinzip der projektiven Ökonomie beeinflusst, also von der in Kapitel (IV.) ausgeführten These, dass empirisch nicht begründbare funktionale Projektionen Ockhams Skalpell zum Opfer fallen. Zum anderen habe ich mir die neuerdings als sog. *Inclusiveness Condition* bekannt gewordenen These zu eigen gemacht (vergl. aber schon Webelhuth (1989, 1992)), dass die Grundstrukturen der Syntax Projektionen der Morphologie und des Lexikons sind. Dies betrifft nicht nur die morpho-syntaktischen Merkmale, sondern auch die semantischen Argumentstrukturen, für die in Kapitel (V.) spezifische Projektionsbedingungen formuliert werden.

Wer Minimalismus mit systembedingtem Geiz gleichsetzt und Minimalisten mit Geizkrägen, hat damit nicht ganz Recht. Denn bei genauerer Betrachtung ist und bleibt die theoretische Syntax ein reiches System von komplexen Annahmen, jedenfalls dann, wenn man versucht, formal so explizit und genau wie möglich vorzugehen, ohne die Empirie zu vernachlässigen. Zur Kategorie der Geizkrägen im landläufigen Sinne gehören folgende Personen jedenfalls nicht: Ingo Reich, der mit seiner Zeit nicht gegeizt hat und mir alle erdenkliche $\LaTeX\,2_\varepsilon$-Hilfe zukommen ließ; Georg Baselitz, der mir freundlicherweise seinen Apfelbaum als Umschlagbild spendiert hat, meine damals gerade zwölfjährige Tochter Elina, deren „kann-ich-auch"-Baum des zweiten Bandes mir einen Wunsch erfüllte, als ich nicht damit gerechnet hatte, das Original zu bekommen. Schließlich ist noch einmal Marga Reis zu danken, die mir zu einem Druckkostenzuschuss seitens der Deutschen Forschungsgemeinschaft DFG verholfen hat. Für die langmütige Betreuung des Manuskriptes bedanke ich mich herzlich bei Frau Brigitte Narr, die allen Grund gehabt hätte, sich über meine Langsamkeit bei der Erstellung der Endfassung zu beklagen.

Abschließend einige technische Anmerkungen. Das Referenzsystem auf Beispielsätze ist innerhalb eines Abschnittes das übliche; der Verweis auf ein Beispiel *außerhalb* des laufenden Abschnitts generiert automatisch als erste Ziffer den Abschnitt (und ggf. das Kapitel), in dem sich das Beispiel, auf das verwiesen wird, befindet. Z.B. bedeutet (5.25) Beispiel 25 in Abschnitt 5 desselben Kapitels. Dies gilt dann auch für die Fußnoten am Ende eines Kapitels, die sich ja als *endnotes* rein technisch gesehen nicht in dem Abschnitt befinden, auf den sie sich beziehen. Die in den ersten drei Kapiteln und in den dazugehörigen Supplementen in Kapitel (VI.) gestellten Fragen sind entweder reine Wiederholungs- und Verständnisfragen, die auch im Unterricht gestellt werden können, oder Hausaufgaben, deren Lösung schon einiges Nachdenken erfordert. Eine Klassifikation nach Art und Schwierigkeit habe ich vorerst aufgegeben; weitere Kommentare zu den Fragen und zum Text finden sich auf meiner *website* (www2.sfs.uni-tuebingen.de/sternefeld).

I. Wörter

Morphologie und Syntax 1.

Anhand der Morphologie des Deutschen soll in diesem Kapitel ein Beschreibungsinstrumentarium entwickelt werden, das in den folgenden Kapiteln die Grundlage für unsere syntaktische Analyse des Deutschen sein wird. Die Wahl der Morphologie als Ausgangspunkt einer syntaktischen Analyse ist in mehrfacher Hinsicht wohlbegründet.

Erstens ist es gerade die Flexionsmorphologie des Deutschen, die im Einklang mit der syntaktischen Strukturierung stehen muss und diese daher wesentlich motiviert. Syntaktische Beziehungen wie die Rektion eines Kasus durch ein Verb oder die Kongruenz zwischen Subjekt und Verb sind ohne Bezug auf morphologische Kategorien überhaupt nicht denkbar. „Die morphologischen Eigenschaften bestimmen faktisch nicht die Identität des Wortes selbst, sondern stellen Bedingungen für seine Handhabung bei der Bildung von Sätzen dar, Operationsvorschriften." (Wurzel (1984, S. 116)). Die syntaktischen Kongruenz- und Rektionsbeziehungen manifestieren sich in den morphologischen Kategorien Kasus, Person, Numerus und Genus, welche die syntaktischen Beziehungen konkret sichtbar machen.

Zweitens lassen sich einige der in der Syntax relevanten strukturaufbauenden Mechanismen auch in der Morphologie nachweisen. Der Aufbau eines Wortes ähnelt in mancher Hinsicht dem Aufbau eines Satzes. Diese aufschlussreichen Parallelen zwischen der Analyse eines komplexen Wortes und seiner morphologischen Eigenschaften, den morphologischen „**Merkmalen**", und der Analyse eines Satzes und seiner syntaktischen Eigenschaften, seiner syntaktischen „Merkmale", werden von vielen Linguisten als nicht zufällig angesehen; wie zu zeigen sein wird, sind es besonders die zentralen syntaktischen Begriffe des Kopfes und der Projektion, die auch in der Wortbildung ein Analogon haben.

Ein dritter Gesichtspunkt betrifft die analoge Rolle von Morphologie und Syntax im Hinblick auf die sog. Schnittstellen, den *interfaces*: „Die Morphologie bildet ähnlich wie die Syntax eine Vermittlungs- und Umkodierungsinstanz zwischen Semantik und Phonologie, zwischen Bedeutungs- und Lautstrukturen." (Wurzel (1984, S. 194)) Morphologie und Syntax sind als Schnittstellen in der Lage, Ausdrucks- und Inhaltsseite der Sprache zu verbinden. Die Phonologie spielt dabei in diesem vor-syntaktischen Kapitel eine zentrale Rolle; die Semantik wird erst in Kapitel (V.) voll zum Zuge kommen. An beiden Stellen liefern Phonologie und Semantik entscheidende Kriterien für die morphologische und die syntaktische Strukturanalyse.

Ein vierter Gesichtspunkt ist eher didaktischer Natur: die Ebene des Wortes scheint auf den ersten Blick „konkreter" oder „intuitiver" als die Ebene des Satzes oder der Phrase. Morphologische Kategorien wie Kasus, Numerus oder Tempus werden oft durch phonologisch distinktive Kasus-, Numerus- bzw. Tempusmorpheme realisiert, also direkt phonetisch kodiert, sodass sich diese Kategorien „sichtbar" manifestieren. In der Syntax dagegen geht es um *Strukturen*, und wie ein Satz zu strukturieren ist, lässt sich aus der bloßen Betrachtung seiner lexikalischen Bestandteile nicht unmittelbar erschließen. Indiz hierfür sind die operationalen Tests wie die Verschiebeprobe, Weglassprobe, Koordinationstest usw., die in der traditionellen strukturalistischen Grammatik entworfen wurden, um die Struktur eines Satzes zu bestimmen (s. z.B. die ersten Seiten von Gallmann (1996)). Diese Tests sind jedoch lediglich mehr oder weniger zuverlässige *praktische* Indikatoren, sie können eine *Theorie* der syntaktischen Struktur nicht ersetzen.

Eine solche Theorie muss einerseit sehr abstrakt sein, sollte aber andererseits aus dem „Verhalten" morphologischer Eigenschaften heraus entwickelt werden können. Die Grundfrage ist daher, welche morphologischen Eigenschaften oder „Merkmale" von Wörtern auch für syntaktische Gebilde, den Syntagmen oder Phrasen, relevant oder irrelevant sind und in welcher Weise sich dies theoretisch implementieren lässt. Dabei sind, wie wir sehen werden, die Mechanismen der Merkmal-Vererbung und -Überprüfung zentral; genau diese aber lassen sich schon innerhalb der Morphologie auf einfache Weise illustrieren.[1]

Auf diesem Hintergrund wird in den folgenden Abschnitten eine Analyse syntaktisch relevanter morphologischer Gegebenheiten des Deutschen entwickelt. Vorausgesetzt ist die traditionelle Aufteilung der Morphologie in Komposition, Derivation und Flexion. Anhand der Komposition wird im nächsten Abschnitt der zentrale Begriff des Kopfes erläutert; hierauf wiederum gründet sich eine Theorie der Baumstrukturen, die in Abschnitt (3.) eingeführt und im Anhang (B.) formal expliziert wird. Die Derivationsmorphologie wird in Abschnitt (4.) dazu benutzt, Selektionseigenschaften und damit das Konzept der Komplementselektion mit Hilfe von Merkmalen zu beschreiben; mit denselben Mitteln lassen sich dann auch analoge Selektionseigenschaften in der Syntax darstellen, die dort traditionell unter den Begriff der Rektion gefasst werden. Einen breiten Raum nimmt die Diskussion der Flexion ein. Da diese ein direktes *Interface* zur Syntax bildet, sei es gestattet, der Genese dieser Merkmale innerhalb der Morphologie genauer nachzugehen. Die dabei entwickelten Mechanismen der Merkmalüberprüfung und der Merkmalprojektion sind grundlegend für den in Kapitel (II.) zu beschreibenden syntaktischen Strukturaufbau.

Auf der gegenüberliegenden Seite bekommen Sie einen Eindruck davon, welche Rolle die Morphologie im Deutschen spielt. Holger Worms führte dieses Interview mit der Möbeldesignergruppe „REDESIGNDEUTSCHLAND"

„noetig empfinden veraenderungs"

Alles neu: die Gruppe REDESIGNDEUTSCHLAND hat sich vorgenommen, das ganze Land neu zu gestalten

Vor einigen Monaten hat die Gruppe RDD in Berlin ihre Arbeit aufgenommen. Ihr erklärtes Ziel: die Neugestaltung Deutschlands in allen Bereichen. Mit einer neuen Zeitrechnung und einer neuen Sprache, kurz rededeutsch genannt, sind Anfänge bereits gemacht. [...]

SZ: *RDD, das klingt nach einem aufwändigen Projekt. Können Sie uns Ihr Anliegen näher erklären?*

Gruppe: RDD sein kollektiv von expertes. RDD verbinden designers, technikers, jurists, architekts, wissenschaftlers von all disziplins. RDD entwickeln strategies und produkts fuer gross gemeinschaft von gluecklich und gleichberechtigt menschs. RDD sein kommerziell und kommunal projekt. All mitglieds sein beteiligen an all gewinns zu gleich teils. All beschlusss sein fassen von all mitglieds.

SZ: *Aber warum kommunizieren Sie in dieser neuen Sprache?*

Gr.: Deutsch grammatik leider sehr kompliziert sein, und haeufig unlogisch. Redesigndeutsch, kurz: rededeutsch, radikal vereinfachen grammatikalisch regels und abschaffen all ausnahms. Rededeutsch nein kennen konjugations, deklinations, partizips, geschlechts, artikels, usw. Daher rededeutsch erlernbar in wenig stundes, auch fuer persons ohne vorkenntniss. Rededeutsch nein veraendern oder neu erfinden worts, daher nein noetig sein neu woerterbuch, nur neu grammatik. In november wir veranstalten sprachkongress und beschliessen endgueltig rededeutsch-grammatik, danach wir veranstalten kostenlos sprachkursus in wir RDD-Zentrale.

SZ: *[...] Gehen sie davon aus, dass irgend jemand in absehbarer Zukunft tatsächlich rededeutsch spricht?*

Gr.: Rededeutsch bieten moeglichkeit lernen deutsch in wenig stundes. Fuer mensch, das heute noch nein sprechen deutsch, rededeutsch also sein attraktiv angebot. Rededeutsch sein moeglichkeit kommunizieren einfach mit menschs von all nationalitaets.

SZ: *Was war der Anlass für die Gründung der Gruppe?*

Gr.: RDD noetig empfinden veraenderungs.

SZ: *Aber wenn es gilt, Deutschland neu zu gestalten, warum fängt man ausgerechnet mit Tischen und Stühlen an?*

Gr.: Eins von wir erst produkts sein produkt 250 ARBEITSPLATZ 01 [...] Fuer redesignen Deutschland, noetig sein haben klar und einfach arbeitsplatzs. Wir tischs sein sehr klein, nein lassen raum fuer ueberfluessig dings, wir tischs gebieten konzentration auf wesentlich frages.

SZ: *Sie haben sich auch eine eigene Zeitrechnung ausgedacht. Wie funktioniert sie? Und wann fing sie an?*

Gr.: RDD zeitrechnung beginnt mit erst treffen von RDD an 5.1. 2001 00:00 uhr von alt zeitrechnung. [...] Heute also sein 278. tag von wir zeitrechnung. 1tag haben 100 stundes. 1 stunde haben 100 minutes. 1 jahr haben 1000 tags. Momentan uhrzeit sein 000278.723851, was bedeuten. Heute sein 277. tag von wir zeitrechnung, 72 stundes, 38 minutes und 51 sekundes von dies tag bereits verstrichen. Auf www.redesigndeutschland.de all besuchers koennen nutzen wir RDD-uhr und zeitumwandler, das uebernehmen zeitberechnung.

SZ: *Die Uhrzeit ist für das tägliche Leben bekanntlich sehr wichtig. Warum gibt es also noch keine RDD-Armbanduhr?*

Gr.: RDD-uhr bereits sichtbar sein in wir schauraum. Momentan dies modell sehr gross und teuer sein. wir bereits arbeiten an portabel version und armbanduhr. Vorher all menschs koennen kostenlos nutzen wir RDD-uhr in internet.

SZ: *Was werden Ihre nächsten Projekte sein?*

Gr.: Zunaechst wir redesignen grundlegend dings wie arbeitsplatzs, fertighauss, kleidungs, medikaments, und verfassungs. Ausserdem wir annehmen und ausführen auftrags von aussen.

SZ: *Also funktioniert RDD tatsächlich wie ein Unternehmen? [...]*

Gr.: RDD sein unternehmerisch projekt. RDD nein sein kuenstlerisch oder literarisch projekt.

SZ: *[...] Sind Ihre Denkmodelle sehr westlich und eurozentrisch geprägt?*

Gr.: Da wir leben in Deutschland wir zunaechst wollen veraendern Deutschland. Aber wir nein glauben, dass wir ziels sein praegen von eurozentrisch sicht: Punkt 2 von wir manifest lauten: "RDD entwickeln strategies und produkts fuer gross gemeinschaft von gluecklich und gleichberechtigt mensch". Dies ziel verkoerpern werts, das stehen ueber all trennungslinies.

(im Folgenden als RDD abgekürzt) in der *Süddeutschen Zeitung* (i.F. als *SZ* abgekürzt) vom 12.10.01.

Frage 1: Beschreiben Sie mit den Ihnen zur Verfügung stehenden fachsprachlichen Termini, welche Abweichungen vom Deutschen propagiert werden. Welche „Innovationen" gibt es in der Morphologie, welche in der Syntax? Versuchen Sie herauszufinden, welche vom Standarddeutschen abweichenden Regeln den syntaktischen Innovationen zugrunde liegen mögen. (Achten Sie auf die Verbstellung und vergleichen Sie diese ggf. mit der des Englischen.) Werden die diesen Neuerungen zugrunde liegenden Regeln immer konsequent angewendet?

Wortbildung (1): Komposition 2.

Als Komposition bezeichnet man die Zusammenfügung von Wörtern bzw. Wortstämmen zu einem neuen Wort, z.B. *Bier* + *Garten* = *Biergarten*, *Garten* + *Fest* = *Gartenfest*, *Fest* + *Bier* = *Festbier*, *Festbier* + *Zelt* = *Festbierzelt* usw. Die Komposition gilt als die „produktivste" Sparte der Morphologie: ständig werden neue Komposita gebildet, andere wiederum verschwinden aus dem Gebrauch. So ist es sehr wahrscheinlich, dass auch Muttersprachler viele der in Literatur, Wissenschaft oder Werbung gebräuchlichen Komposita noch nie gehört haben. Z.B. dürfte *durchschnupfsicher* nur kennen, wer die Werbung eines bestimmten Zellstofftaschentuchherstellers kennt.[2] (1-a) enthält einige weniger gebräuchliche Komposita (zusammengestellt aus Roth (1999); in Klammern das jeweilige Objekt der Invektive). (1-b) enthält bekanntere, aus der Tagespresse des Jahres 2004 zusammengestellte Innovationen:

(1) a. *Barschelbadewannenknallkopp* (alias Sebastian Knauer), *Blindlaberer* (Diedrich Diederichsen), *Bluesimitationsnichtsnutz* (Gary Moore), *schreihalsiger Schlingensumpf* (Schlingensief), *biervollgesaugt* (Drafi Deutscher), *Käsepoet* (Botho Strauß), *Knallkappe* (Diedrich Diederichsen), *Plapperarschsackrunde* (Gertrud Höhlers Baden-Badener Disput), *Professorenwurst* (Peter Sloterdijk), *Talkshowbiotönnchen* (Alfred Biolek), Sprachrohr der *Vollrohrverblödung* (Roberto Blanco), ein *bombengerader* Depp usw.

b. *Busenwitwe* (Tatjana Gsell), *Kanzlerkind* (Viktoria Schröder), *Nipplegate* (Skandal um Janet Jackson), *Nobelpreisträgerin* (Elfriede Jelinek), *Mösenstövchen* (Autositzheizung und Kandidat für das schönste Wort des Jahres 2004), *Nichtsohochhaus* (Münchner Hochhaus-Herrgottswinkel-Streit), *Arschgeweih, Ausbildungsplatzabgabe, Parallelgesellschaft, Praxisgebühr, Produktlinienerweiterung, Trainerfindungskommission, zeitnah*, usw.

Auch wem diese Wörter vorher noch nie begegnet sind, fällt es aufgrund seines oder ihres Wissens über die schon bekannten Wörter oft nicht schwer, diese Komposita syntaktisch und semantisch zu dekomponieren, d.h. in ihre Teile zu zerlegen. Z.B. ist klar, dass *Jung+hirn+verwesungs+serie* (Harald Schmidt über die Fernsehserie „*Big Brother*") aus vier Teilwörtern besteht und dass diese Teile nicht einfach aneinandergereiht sind; aufgrund der Bedeutung der Bestandteile lässt sich eine *Struktur* erkennen: *Junghirnverwesung* etwa lässt sich in *Junghirn+Verwesung* dekomponieren, nicht aber in *Jung+Hirnverwesung*. Die Struktur wird üblicherweise durch eine Klammerung wie in (2) dargestellt.

(2) [[[Jung + hirn] verwesungs] serie]

Als Binsenweisheit der Linguistik gilt, dass es kein längstes Wort geben kann, wofür der *Donaudampfschifffahrtskapitän*, seine *Donaudampfschifffahrtskapitänswitwe* und deren ... *witwenpensionsfonds* Pate stehen. Technisch ausgedrückt bedeutet dies, dass der Mechanismus der Komposition **rekursiv** ist: Was als Output einer Komposition erzeugt wurde, kann als Input „wiederverwendet" werden, um ein längeres Kompositum zu generieren. Dass es aufgrund der Rekursivität kein längstes Kompositum geben kann, korrespondiert mit der ebenso bekannten Binsenweisheit, dass es keinen längsten Satz geben kann: nicht nur die Wortbildung, sondern auch die Syntax ist rekursiv.

Ein anderer Aspekt der Wortbildung ist die Bedeutung eines Kompositums, die sich üblicherweise aus der Bedeutung der Bestandteile und der Struktur des Kompositums ergibt; wie die Bedeutung zustande kommt, ist eine interessante Frage, der wir hier nicht nachgehen können (s. etwa Fanselow (1985, 1988*a*,*b*)). Oft ist die Bedeutung eines Kompositums idiomatisiert oder nur pragmatisch aus dem Kontext seiner Verwendung zu erschließen.

Das Kopfprinzip 2.1.

Wichtig für das Folgende ist nun, dass die an der Wortbildung beteiligten Elemente, die **Lexeme**, nicht in jeder Hinsicht „gleichberechtigt" sind: der Mechanismus der Komposition ist **asymmetrisch**. Auf semantischer Seite zeigt sich dies z.B. darin, dass es sich bei einem Käsepoeten eher um eine Art („Käse" produzierenden) Poeten handelt als um eine besondere Käsesorte. In Bezug auf die syntaktische Kategorie (Adjektiv, Nomen, Verb usw.) des Kompositums ist diese Asymmetrie ebenfalls evident: vergleichen wir *Rotwein* mit *weinrot*, so ist trotz gleicher Bestandteile das Resultat sehr verschieden, einmal ein Nomen, einmal ein Adjektiv. Diese Beobachtung lässt sich verallgemeinern: Komposita der Form Adjektiv + Nomen sind selber wieder Nomina, solche der Form Nomen + Adjektiv sind Adjektive.

Frage 2: In der Syntax besagt der sog. Substitutionstest, dass sich zwei Elemente mit den gleichen morphosyntaktischen Eigenschaften so ersetzen lassen, dass sich zwar der Sinn, nicht aber die Grammatikalität ändert. Was ergibt sich aus der Anwendung des Tests auf die Daten in (3)?

(3) a. Ich trinke Rotwein
b. Ich trinke Wein
c. *Ich trinke rot

Die Ungrammatikalität einer Konstruktion wird wie üblich durch den Stern * markiert. Was ergibt sich bei einer analogen Anwendung des Tests auf *Ich bin Volljurist*?

Auch bei kategoriengleichen Teilen lässt sich eine Ungleichheit nachweisen: Die *Talkshow* beispielsweise ist offenbar ein Femininum, obwohl der erste Teil ein Maskulinum ist; *Talkshow+biotönnchen* dagegen ist ein Neutrum, da unser geschätztes Biotönnchen ebenfalls ein Neutrum ist. Offenbar werden morphologische Eigenschaften des rechten Teils automatisch an das Ganze weitergegeben oder „vererbt". Bei morphologisch symmetrischen Komposita wie *Wassereis* und *Eiswasser* (beide Bestandteile sind Neutra) ergibt sich immer noch eine Asymmetrie in der Bedeutung, wobei wieder der zweite Bestandteil als Hauptbestandteil des Kompositums ausgewiesen werden kann: *Wassereis* ist ein Eis, das aus Wasser (nicht aus Milch) gemacht ist, wogegen *Eiswasser* kein Eis ist, sondern Wasser, das aus geschmolzenem Eis stammt oder sehr kalt ist; *Blattgold* referiert auf eine anorganische, nicht auf eine organische Substanz usw.[3]

Betrachten wir nun die kombinatorischen Verknüpfungsmöglichkeiten zwischen syntaktischen Kategorien **A** für Adjektiv, **N** für Nomen und **V** für Verb:

(4)	N + N	wie bei	*Käsepoet, Blumenkohlohr, Dichterfreund*
	N + A	wie bei	*weinrot, lammfromm*, ein *geldwerter* Vorteil
	N + V	wie bei	*staubsaugen, maßhalten, handhaben*
	A + N	wie bei	*Grünspan, Rotlicht, Volljurist*
	A + A	wie bei	*dunkelblau, rotgrün*
	A + V	wie bei	*schönfärben, -reden, volllabern*
	V + N	wie bei	*Wühlmaus, Haudegen, Bratwurst, Schlafzimmer*
	V + A	wie bei	*fahrbereit, treffsicher, kuschelweich*
	V + V	wie bei	*mähdreschen, prägepolieren, pressschleifen*

Im Prinzip scheinen sämtliche logisch möglichen Kombinationen auch sprachlich möglich, obwohl einige Kombinationen wie die vom Typ X+V seltener zu sein scheinen als andere.[4] Relevant ist hier lediglich die asymmetrische Struktur des potentiellen Wortes: Wie leicht nachzuvollziehen ist, bestimmt in all diesen Fällen der zweite Teil die Kategorie des Ganzen. Es gilt folgende Generalisierung:

(5) Komposita, die aus X + Y bestehen, haben die Kategorie Y.[5]

Halten wir fest: Wir beobachten eine klare Asymmetrie zwischen den Teilen eines Kompositums: die morphosyntaktischen Eigenschaften des Erstgliedes sind für die entsprechenden Eigenschaften des Ganzen irrelevant, während die des Zweitgliedes mit den Eigenschaften des Ganzen identisch sind.

Diese Asymmetrie wird auch für die Syntax grundlegend sein. Der zentrale Begriff in diesem Zusammenhang ist der des **Kopfes**. Als Kopf bezeichnet man denjenigen einfacheren Teil eines komplexen Gebildes X (ein komplexes Wort oder ein Syntagma, d.h. eine Kette von Wörtern), der die grammatischen Eigenschaften von X bestimmt. Wie wir gesehen haben, ist der Kopf von *Rotwein* das Nomen *Wein*, von *weinrot* das Adjektiv *rot*. Man sagt, dass das Kompositum eine **Projektion** des Kopfes ist und dass bestimmte Eigenschaften des Kopfes auf das Ganze **projiziert** oder **vererbt** werden. Die in (5) beobachtete Regularität trägt dementsprechend auch die Bezeichnung ***Right Hand Head Rule***.[6]

Welche Eigenschaften des Kopfes vererbt werden, sollte noch einmal genauer spezifiziert werden. Machen wir uns zunächst klar, dass ein Lexem auf mindestens drei Ebenen analysiert werden muss: auf der phonologischen, der morphosyntaktischen und der semantischen Ebene. Das Wort *Wein* z.B. ist auf der phonologischen Ebene eine Folge von Phonemen, in einer alphabetisch vereinfachten phonologischen Umschrift etwa als /wain/ darzustellen. Diese Eigenschaft wird in dem hier relevanten Sinne nicht vererbt, da sie mit Kopfhaftigkeit nichts zu tun hat: für die Aussprache von *Weinglas* oder *Rotwein* sind natürlich beide Bestandteile gleich wichtig.

Auf der semantischen Ebene benötigen wir u.a. die Angabe, dass es sich um eine Stoffbezeichnung handelt. Diese Eigenschaft ist vererbbar. Allerdings sind nicht immer alle semantischen Eigenschaften des Kopfes auch Eigenschaften des Ganzen: ein Scheinheiliger ist eben gerade kein Heiliger. Semantische Vererbbarkeit ist hier also keine strukturelle Eigenschaft des Kompositums, sondern hängt von der Semantik der beteiligten Lexeme ab. Die semantischen Aspekte der Wortbildung werden wir im Rahmen dieses Buches weitgehend ignorieren.[7]

Auf der morphosyntaktischen Ebene ist *Wein* ein N im Maskulinum. Diese Eigenschaft bestimmt in der Syntax die Kombinierbarkeit mit einem Artikel und das Genus des Artikels (*der Wein, der Rotwein; *die Wein, *die Rotwein*), sie wird, wie wir gesehen haben, vererbt und ist für die Kongruenz mit dem Artikel entscheidend.

Ein weiterer Kandidat für Vererbbarkeit sind flexionsmorphologische Eigenschaften wie z.B. die, den Plural mit *e* zu bilden (*der Wein, die Weine, die Rotweine*). Innerhalb der Syntax spielt diese Eigenschaft keine Rolle: die spezifische *Form* des Plurals ist für Kongruenzphänomene nicht relevant und die entsprechenden Eigenschaften der Lexeme, die wir in Abschnitt (**6.**) untersuchen, werden nicht auf die Ebene der Syntax projiziert. Innerhalb der Wortbildung allerdings impliziert die Vererbbarkeit solcher Eigenschaften wie etwa den, einen e-Plural zu bilden, dass der Plural von *Rotwein* genauso wie der von *Wein* gebildet wird, weswegen *die Wein+e* die Form *die Rotwein+e* impliziert. Ein Wechsel in eine andere Flexionsklasse, also etwa *die Weine*, aber **die Rotweins*, ist offenbar nicht möglich.[8] Allerdings ist Vererbbarkeit nur dann relevant, wenn (die) *Rotweine* die Struktur [[*Rot+wein*]+*e*] hat. Denn nähmen wir als Struktur [*Rot*+[*wein+e*]] an, wird die Flexionsendung (das **Flexiv**) an das einfache Wort angefügt; eine Vererbung der genannten flexionsmorphologischen Eigenschaft wäre nicht notwendig. In diesem Fall wäre es dann aber erforderlich, die morphosyntaktische Eigenschaft, ein Plural-Nominal zu sein, zu vererben, denn diese Eigenschaft hat ja nicht nur *Weine*, sondern auch *Rotweine*. Für welche der beiden Strukturen man sich entscheiden soll, werde ich in Abschnitt (**9.1.**) ausführlich diskutieren. In jedem Fall aber ist es notwendig, eine der für den Plural relevanten Eigenschaften zu vererben.

Komposita wie *weinrot* oder *Rotwein* können wie in (6) graphisch dargestellt werden; dabei steht in /. . . / eine Phonemfolge, die in der Literatur oft als phonologische Matrix bezeichnet wird:

(6)

Dabei entspricht der Verzweigung die Information, dass das Kompositum zwei Bestandteile hat. Die nichtverzweigenden Linien zwischen N und /wain/ bzw. zwischen A und /rot/ besagen lediglich, dass die syntaktische und phonologische Information zusammengehört. (Diesen Strich könnten wir auch einfach weglassen; wir folgen hier lediglich einer gängigen Notationskonvention). Projiziert oder vererbt wird die syntaktische Kategorie des Kopfes, nicht die phonologische Matrix. Da diese als solche hier keine Rolle spielt, verwende ich im Folgenden statt der phonologischen meist die übliche orthographische Schreibung, wobei ich jedoch zur Kleinschreibung neige: /rot/ in (6) kann also immer durch „rot" und /wain/ durch „wein" ersetzt werden.

Wie wir gesehen haben, werden neben der syntaktischen Kategorie auch die morphosyntaktischen Kategorien wie z.B. das Genus projiziert. Diese werden als **Merkmale** repräsentiert und der syntaktischen Hauptkategorie in eckigen Klammern hinzugefügt:

(7)

Frage 3: In (4) haben wir nur drei verschiedene Kategorien (V, A und N) betrachtet. Wie viele verschiedene zweigliedrige Kombinationen von X und Y sind theoretisch möglich, wenn X und Y zu *n* verschiedenen Kategorien gehören?

Frage 4: Versuchen Sie, für jede der in (4) genannten Kombinationen ein weiteres Beispiel zu finden. Für einige Kombinationen ist dies gar nicht so einfach! Welche sind das, und was könnten die Gründe hierfür sein?

Frage 5: Gibt es Kombinationstypen mit Präposition als deren Bestandteil? Versuchen Sie, möglichst viele davon zu finden.

Frage 6: Wie viele Kombinationsmöglichkeiten der drei Genera (Maskulinum, Femininum, Neutrum) gibt es bei N+N-Komposita? Finden Sie für jede Kombination ein Beispiel, möglichst vom Typ *Wandschrank – Schrankwand, Mädchenzimmer – Zimmermädchen, Eheschein* (schweizerisch für Trauschein) – *Scheinehe,* usw.

Zur Struktur mehrgliedriger Komposita 2.2.

Auch komplexere Komposita lassen sich nach demselben Schema zusammensetzen. Ein berühmtes Beispiel aus dem Englischen ist (8), zitiert nach Halle und Clements (1983, S. 173):

(8) a. [glass flower] case = 'a case for glass flowers'
 b. glass [flower case] = 'a flower case made of glass'

Wie die unterschiedlichen Paraphrasen zeigen, ist es gerade die Semantik, welche die Strukturierung motiviert: semantisch Zusammengehöriges wird zusammengeklammert. Abgesehen davon gibt es aber kaum weitere Restriktionen; Strukturen sind vor allem dann ausgeschlossen, wenn sie keine vernünftige, an die Struktur anschließbare semantische Interpretation haben. Struktur ist hier, wie in der Syntax überhaupt, „Vermittlungs- und Umkodierungsinstanz zwischen Semantik und Phonologie" (U. Wurzel, ebd.).

Darüber hinaus gibt es nur wenige weitere Einschränkungen. Betrachten wir hierzu als Beispiel das Wort *Rotweinglas*, für das es im Prinzip zwei mögliche Strukturen gibt:

(9)
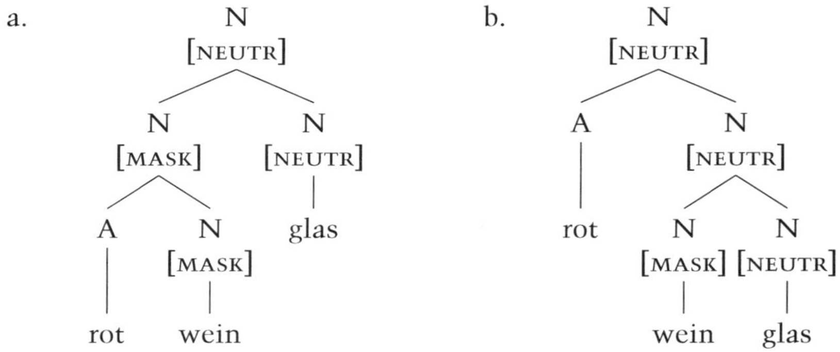

Nur (9-a) ist ein mögliches Kompositum. (9-b) enthielte als Bestandteil *Weinglas*, ebenfalls ein mögliches Kompositum. Die Bedeutung des Ganzen müsste dann so etwas wie „rotes Weinglas" sein. Eine solche Bildung ist aber aufgrund einer grammatischen Beschränkung nicht möglich, die schon bei den einfacheren Beispielen **Rotbehälter*, **Rotflasche*, **Rotdeckel* usw. deutlich wird: Farbadjektive eignen sich schlecht für die Bildung von ad-hoc-Komposita; sie können offenbar nur dann mit Nomina komponiert werden, wenn das Resultat eine feststehende Stoff- oder Artbezeichnung (wie *Rotwild, Rotfuchs, Rotkehlchen, Blausäure, Schwarzdrossel, Blaumeise, Blauhelm, Rotgold, Weißgold, Weißbier, Rotstift, Blaumann, Blaupause,* usw.) ergibt; unmöglich im wörtlichen Sinne sind dagegen: *Blauhelm* (= blauer Helm), *Rotschachtel* (= rote Schachtel), *Weißblatt* (= weißes Blatt) usw. Generell können sich Adjektive nur dann mit Nomina verbinden, wenn das Adjektiv nicht eine akzidentielle, sondern eine substantielle (oder saliente) Eigenschaft des zu Bezeichnenden ausdrückt. Dies ist bei **Rotbehälter*, **Zahnlosmund*, **Schönkind* u.ä. sicher nicht der Fall.

Verschiedene Strukturen über derselben Lexemfolge können nicht nur verschiedene Bedeutungen, sondern auch verschiedene Aussprachen implizieren. Dies zeigt das berühmte, aus Fourquet (1952) stammende Beispiel *Mädchenhandelsschule*. Bei der Gliederung *Mädchen+handelsschule* (Handelsschule für Mädchen) liegt der Hauptakzent auf *Handel*, für die Gliederung *Mädchenhandels+schule* (Schule für Mädchenhandel) liegt er auf *Mädchen*. Dies wird von der zunächst für das Englische formulierten Regel für den sog. **Kompositionsakzent** korrekt vorhergesagt:

(10) Die *Compound Stress Rule* (*CSR*):
In einem Paar von Schwesterknoten $[_N$ A B $]$ ist B genau dann akzentuiert, wenn B verzweigt (d.h., A ist akzentuiert, wenn B nicht verzweigt).

Diese Regel muss von oben nach unten rekursiv angewendet werden; ich illustriere dies anhand von (8). In (8-a) liegt der Akzent auf *glass*, in (8-b) auf *flower*. In (8-a) ist zunächst A = *glassflower* und B = *case*. B verzweigt nicht, daher liegt der Akzent auf *glassflower*. Dies selber ist wieder komplex, mit A = *glass* und B = *flower*. B verzweigt nicht, also liegt der Hauptakzent auf *glass*. In (8-b) ist A = *glass* und B = *flowercase*. B muss akzentuiert werden und ist selber wieder komplex, mit A = *flower* und B = *case*. Da B nicht verzweigt, liegt der Akzent auf *flower*.

Frage 7: Welche sinnvollen Bedeutungen können die folgenden Beispiele haben und welche Vorhersagen macht (10) für *supermarket delivery service, metal working tools, opera company ticket office, pretzel seller scandal report* und *law school language requirement changes*?[9]

Auch im Deutschen ist die Regel anwendbar, wie der Leser anhand von *Mädchenhandelsschule* leicht überprüfen kann. Ich illustriere die Regel hier anhand des *Eierschalensollbruchstellenverursachers* der Firma Take2.[10] Als Verursacher von Sollbruchstellen in Eierschalen liefert uns die Semantik folgende Grobstruktur:

(11) [[eierschalen + sollbruchstellen] verursacher]

Die Regel (10) liefert den Akzent zunächst auf dem linken Ast, denn *verursacher* ist kein Kompositum. Dort wiederum ist *sollbruchstelle* selbst ein Kompositum, muss also als B-Teil den Akzent enthalten. Paraphrasiert man dies wiederum als Stelle eines intendierten Bruchs, bekommen wir die Klammerung in (12):

(12) [[soll + bruch] stelle]

Mithin muss der Akzent auf *soll+bruch* liegen, kann aber nicht auf *bruch* liegen, da dies nicht verzweigt. Der Akzent wird also korrekt auf *soll* vorhergesagt.

Frage 8: Wie können wir ebenso den *Fingernageldreckschampoonierungsvorsatz* (ein Zusatzgerät zum *Kärcher Hochdruckreiniger*) analysieren? Auf welchem Wort wird der Akzent vorhergesagt?

Frage 9: Beim *Weltnichtrauchertag* liegt der Akzent m.E. auf *nicht*. Wie ergibt sich dies aus einer semantisch sinnvollen Gliederung?

Betrachten wir jetzt noch einmal ein viergliedriges Kompositum; für jedes solche gibt es theoretisch drei verschiedene Gliederungsmöglichkeiten. Nehmen wir als Beispiel *Rotweinglasbehälter*. Zulässig ist die Struktur in (13-a) (Behälter zum Transport und zur Aufbewahrung von Rotweingläsern); theoretisch möglich, de facto jedoch wegen der schon anhand von (9-b) illustrierten Restriktion auszuschließen ist (13-b).

(13) a.

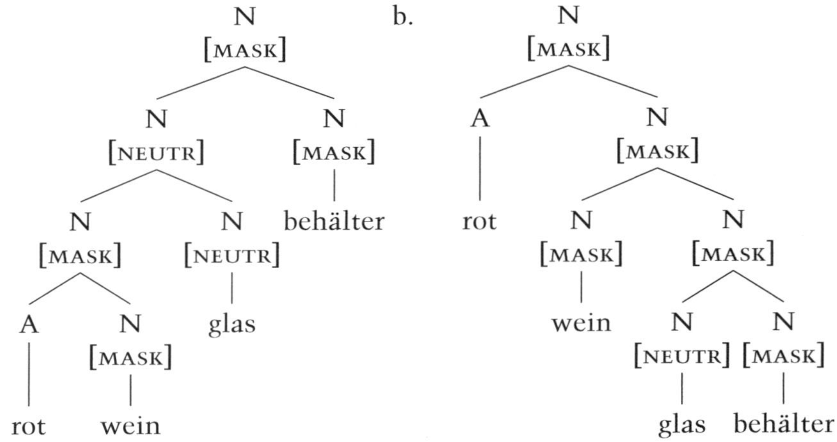

Eine Struktur wie (13-a) nennt man **linksverzweigend**, was bedeutet, dass eine komplexe Konstituente *X* (d.h., eine Konstituente, die aus mehr als einem Wort besteht), die selber wieder Teil einer komplexen Konstituente *Y* ist, den linken Teil von *Y* bildet. So bildet *Rotwein* in (13-a) den linken Teil von *Rotweinglas*, und *Rotweinglas* selber bildet wieder die linke Konstituente von *Rotweinglasbehälter*. Entsprechend heißt (13-b) **rechtsverzweigend**. Die Strukturierung (14) mit *Glasbehälter* als Bestandteil ist weder links- noch rechtsverzweigend:

(14)

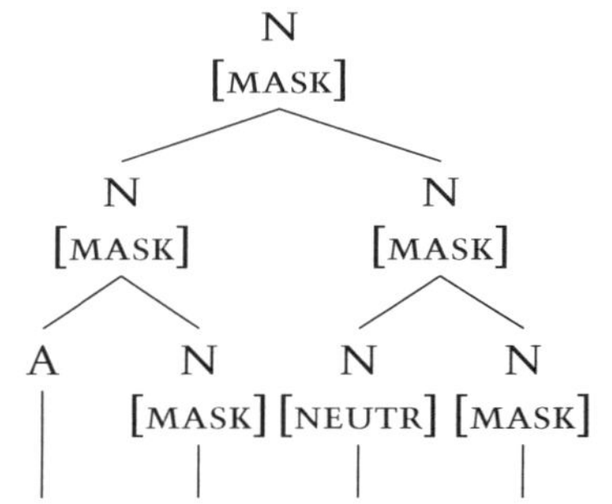

Da ein Glasbehälter üblicherweise schlicht als *Flasche* bezeichnet wird, könnte (14) nur in eher speziellen Kontexten verwendet werden, etwa zur Umschreibung eines Dekanters.

Die betrachteten Strukturierungsmöglichkeiten, egal ob sinnvoll oder unsinnig, haben jedenfalls eines gemeinsam: immer bestimmt das am weitesten rechts stehende Lexem die grammatischen Eigenschaften des Ganzen. Wenn wir davon ausgehen, dass der jeweils rechte Teil einer Verzweigung sein Kopf ist, und wenn der rechte Teil selber wieder ein Kompositum ist, so können wir vom Kopf des Kopfes (des Kopfes ...) eines Kompositums sprechen. Zur Vereinfachung dieser Redeweise verwenden wir den Kopfbegriff **transitiv**: Wenn *Ball* der Kopf von *Handball* und *Handball* Kopf von *Frauenhandball* ist, so ist *Ball* auch der Kopf von *Frauenhandball*. (Allgemein gilt: Eine Relation *R* ist *transitiv*, wenn für alle a, b und c gilt: Falls aRb und bRc, dann aRc.) Wir sagen dann, dass *Ball* (als Lexem) der **lexikalische Kopf** des Ganzen ist. Letztlich ist es daher der lexikalische Kopf, der die morphosyntaktischen Eigenschaften des Ganzen determiniert. In der Literatur wird der Kopfbegriff oft nur im Sinne eines lexikalischen Kopfes verwendet.

Frage 10: Analysieren Sie *Rundfunkgebührenkommission*, *Rekordpokalsiegerrauswerfer* (*SZ* vom 6.2.04 über den FC Bayern) und *Industrieforschungsplanung*. Liegt Rechts- oder Linksverzweigung vor? Wie würden Sie *Hotelkettenbonuspunkteprogrammzentralservicemitarbeiterin* (Axel Hacke im *SZ*-Magazin vom 13.6.03) analysieren?

Frage 11: Zur potentiellen Mehrdeutigkeit von Komposita wurde oben gesagt, dass verschiedene Strukturen in der Regel verschiedene Bedeutungen implizieren. Das Umgekehrte, gleiche Struktur = gleiche Bedeutung, ist jedoch nicht immer der Fall. Wie lässt sich dies anhand des folgenden Dialogs illustrieren? Worin besteht die Ambiguität?

SPRECHER A: Du bist überhaupt nicht kritikfähig!
SPRECHER B: Da hab ich kein Problem mit, ich könnte dich stundenlang kritisieren.

Die hier verfolgte Strategie, sich bei der Gliederung der Komposita an ihrer Bedeutung zu orientieren, führt gelegentlich zu Resultaten, die Gliederungsgesichtspunkten anderer Art widersprechen. Wir betrachten zunächst das Kompositum *Zigarettenschachteltarnanzuggewerbe* als Bezeichnung für jenen Industriezweig, der sich mit der Herstellung von Überziehern für die warnhinweisbedruckte Zigarettenschachtel befasst. Dieses der *SZ* („Schöne Sätze für die Schachtel") entnommene Kompositum bezeichnet einen Verlag, der Hüllen für Zigarettenschachteln mit abgeschlossenen Kurzromanen bedruckt (Autoren: Maxim Biller, Doris Dörrie u.a.). Die einer naheliegenden semantischen Intuition folgende Gliederung wäre zweifelsohne die in (15):

(15)

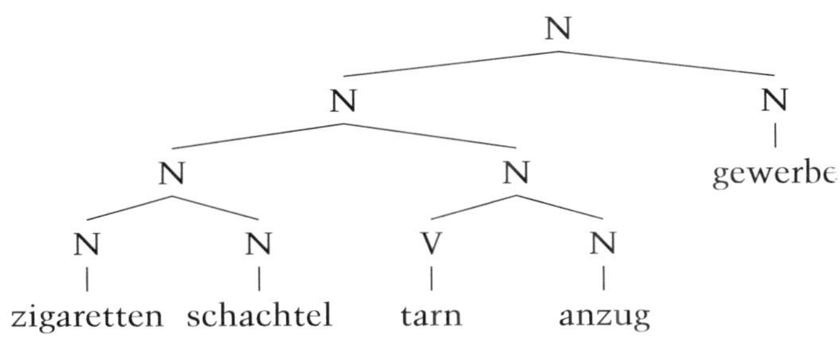

Nun aber schreibt die *SZ*: „Der rauchende Leser will nicht irgendeinen Schnickschnack, wie er derzeit im Zigarettenschachtel-Tarnanzuggewerbe aufkommt ... " Der Bindestrich teilt hier das Kompositum in zwei Teile, die in (15) keine unmittelbaren Konstituenten des Ganzen sind. Damit widerspricht die graphematische Gliederung der semantischen. Wie kann es dazu kommen? Wie kann eine solche Schreibung motiviert werden?

Ich denke, dass hier die Akzentverhältnisse eine Rolle spielen. Der Hauptakzent liegt auf *tarn-*, und genau vor dieser Silbe steht der Trennungsstrich. Dass der Akzent genau hier stehen muss, ist wiederum mit der Struktur in (15) gut vereinbar.

Frage 12: Wie lässt sich dies vorhersagen bzw. herleiten?

Der Trennungsstrich ist daher prosodisch motiviert und steht zwischen zwei phonologischen Wörtern. Obwohl diese Stelle nicht mit Aufteilung des Kompositums in zwei semantisch interpretierbare Konstituenten zusammenfällt, entspricht sie der phonologischen Akzentgliederung und erleichtert somit die Lesbarkeit des Kompositums.

Dass die semantische Gliederung nicht immer mit anderen Gliederungsgesichtspunkten korrespondiert, betrifft nicht nur relativ Grammatik-periphere Systeme wie die Rechtschreibung, sondern auch Kernbereiche der Syntax und Morphologie. Solche *„mismatches"* sind als Konflikt zwischen Syntax und Semantik wohlbekannt und werden **Klammerparadoxien** genannt. Beliebte Beispiele finden Sie in (16):

(16) a. Herr Ober, bitte eine gekochte Schinkenplatte!
b. die deutsche Sprachwissenschaft
c. eine kürzere Lebenserwartung
d. die Wachstumsgeschwindigkeit der Pflanzen
e. der Beschleunigungsgrad der Partikel
f. Demnach existiert im Universum einige zehnmal mehr unsichtbare als sichtbare Materie (aus: „Licht auf krummen Wegen", *SZ* vom 14.3.00)

Z.B. lässt sich (16-e) semantisch als „Grad [der Beschleunigung [der Partikel]]" paraphrasieren; diese in Klammern angedeutete Struktur entspricht aber gerade nicht der Aufteilung in das Kompositum *Beschleunigungsgrad* einerseits und der Phrase *der Partikel* andererseits.

Frage 13: Welche Anomalien verbergen sich in den anderen Beispielen? Inwiefern rechtfertigen die ersten drei der genannten Beispiele den Begriff des Klammerparadoxes? Wie kommt es zu dieser Bezeichnung? Warum trifft diese Bezeichnung auf die Beispiele (16-d,e) (aus Höhle (1982)) streng genommen nicht zu? Könnte man letztere dennoch als eine Art von Klammerparadoxie ansehen, wenn man von der Reihenfolge der Kompositionsglieder einmal absieht?[11]

Auch bei der Analyse der Komposita ist damit zu rechnen, dass eine zunächst aus rhythmischen Gründen naheliegende Gliederung nicht notwendigerweise mit der semantisch korrekten Gliederung zusammenfällt. Betrachten wir als zweites Beispiel den *Kaffeefilterknickschutz*, der bekanntlich in keinem modernen Haushalt fehlen darf. Es handelt sich dabei um einen ringförmigen Aufsatz, der den Papierfiltereinsatz so am Rand des Filters fixiert, dass er auch bei ungeschicktem Nachgießen des Wassers am Rand des Filters nicht zur Mitte hin einstürzt. Die Firma Fackelmann, der dieses nützliche Produkt zu verdanken ist, schreibt auf der Verpackung des unentbehrlichen Küchenutensils, der „Filter-Knickschutz [sei] universell passend für alle gängigen Filtergrößen", wobei der Trennstrich eine Gliederung wie in (17) suggeriert:

(17)

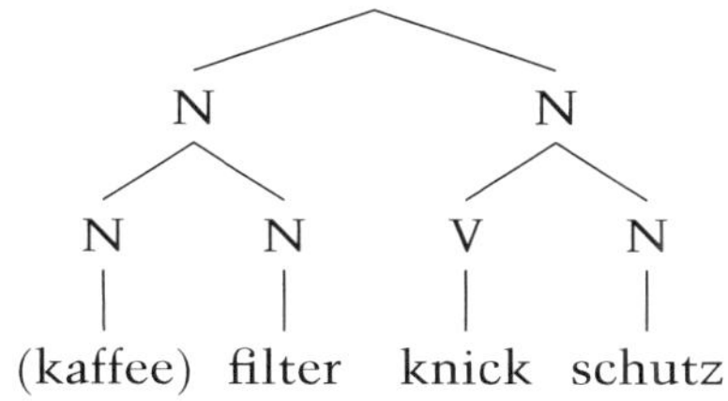

Diese Struktur findet ihre Bestätigung in der Akzentregel: m.E. ist *knick* zu betonen und genau dies sagt auch die *Compound Stress Rule* voraus. Gleichzeitig findet sich aber auf der Verpackung des Utensils eine Übersetzung ins Englische, nämlich *protection ring against collapse of coffee filter*. Nimmt man die syntaktische Struktur der Übersetzung als Indiz für die semantische Struktur des Kompositums, müssten wir von einer morphologischen Struktur wie in (18-a) ausgehen, wobei den indizierten Kategorien N_i in (18-a) die jeweils koindizierten Kategorien N_i in (18-b) entsprechen.

(18) a.

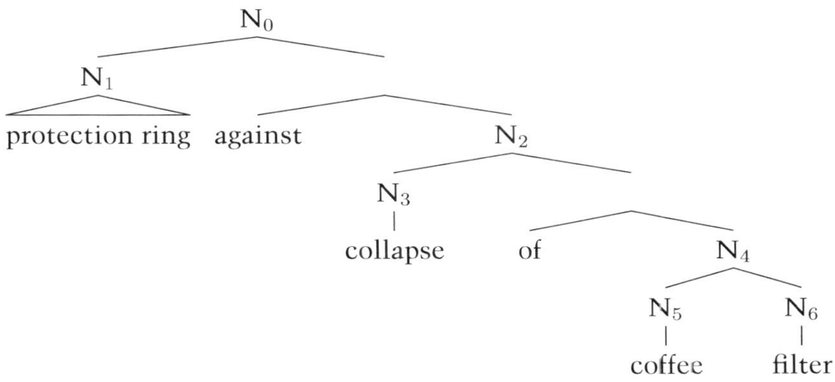

b.

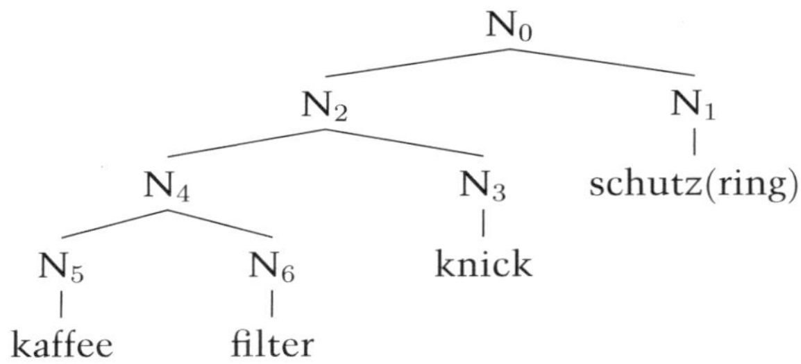

Frage 14: Welche Kategorie haben die nicht indizierten Knoten in (18-a)?

Die Akzentregel (10) würde in (18-b) den Hauptakzent auf *Kaffee* positionieren. Diese Position wird aber bei zunehmend langen Komposita zunehmend unattraktiver. Sicher trägt auch *Knick* einen rhythmisch bedingten Akzent, der *Knickschutz* zu einer prosodischen Einheit macht. Dieser Nebenakzent könnte nun durch eine Akzentverschiebungsregel zum Hauptakzent mutieren. Die Struktur (17) würde zwar den Hauptakzent ebenfalls richtig vorherzusagen, und dies auch ohne Akzentverschiebung, nicht aber die Bedeutung.[12]

Frage 15: Warum sind diesbezüglich auch *Zweibettzimmer, Viertaktmotor, Langzeitwirkung* problematisch?

Das Fazit unserer Überlegungen ist, dass verschiedene Kriterien zu verschiedenen Strukturierungen führen können. Im Hinblick auf den Kopfbegriff ist dies jedoch nicht weiter problematisch: egal, wie man strukturiert, der lexikalische Kopf ist stets das am weitesten rechts stehende Element.

Frage 16: Überprüfen Sie die von Ihnen angenommene semantische Gliederung und die Vorhersagen der *Compound Stress Rule* für die folgenden kursiv gesetzten Wörter: *Landessportbund; Atomwaffensperrvertrag; Bundesarbeitsamtspräsident; Spielwarenaußenhandelsgesellschaft; Volkshochschule; Qualitätsmaßstab; Liegendkrankentransporte; Holzgartenschaukel;* Sky-Radio, Hessens einziger Musiksender mit *Antilabergarantie*; sowie die Bundesratsinitiative Baden-Württembergs zum *Hochschulpersonalstrukturfreigabegesetz* (*SZ* vom 24.9.04). Werden Ihre Resultate von der Regel immer korrekt vorhergesagt? (Vergl. Sie auch die Diskussionen in Giegerich (1985, S. 138ff) und Benware (1987).)

Exkurs: Baumdiagramme 3.

Obwohl ein intuitives Verständnis von Bäumen und ihren graphischen Repräsentationen für das Folgende genügen würde, wollen wir hier doch noch einmal die in der Linguistik übliche Baum-Terminologie diskutieren und dabei insbesondere zwischen *hierarchischen* und *linearen* Aspekten der Baumdarstellung unterscheiden. In diesem Zusammenhang re-interpretieren wir das

Kopfprinzip, also die *Right Hand Head Rule* aus Abschnitt (2.1.), welche die syntaktische Kategorie (d.h. die Wortart) eines Kompositums vorhersagte, als ein Linearisierungsprinzip für Strukturen. Darüber hinaus legen wir uns auf ein Prinzip fest, welches besagt, dass Bäume nur binär verzweigen dürfen. Weitere formale Aspekte linguistischer Baumstrukturen diskutieren wir in Anhang (B.).

Hierarchie und Struktur 3.1.

Zunächst abstrahieren wir von den syntaktischen Kategorien und ihren Merkmalen; zurück bleiben abstrakte Strukturen wie in (1):

(1) a. b. c.

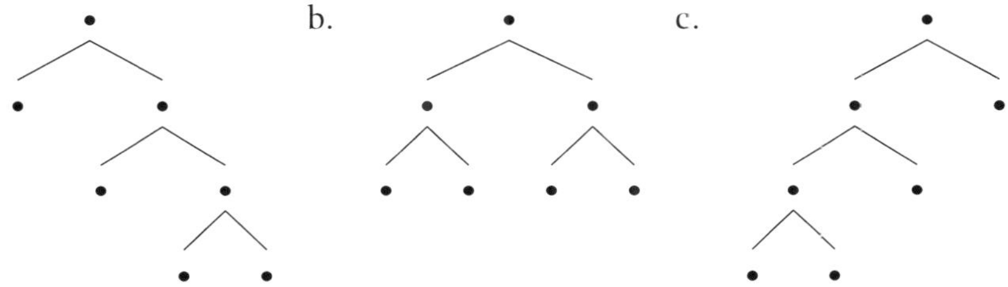

Solche Gebilde, bestehend aus einer endlichen Menge von Punkten und Verbindungen zwischen Punkten, heißen in der Mathematik auch **Graphen**; die Punkte werden Knoten genannt. **Baumdiagramme** oder **Bäume** sind spezielle Graphen. Als erste Spezialisierung betrachten wir die sog. **gerichteten Graphen**: das sind Graphen, in denen die Relationen zwischen den Knoten antisymmetrisch sind. Eine Relation ist **antisymmetrisch** genau dann, wenn gilt: Falls aRb und bRa, dann $a = b$. Z.B. ist die Relation „größer gleich" antisymmetrisch. Die Relationen zwischen den Knoten in einem gerichteten Graph werden als Pfeile notiert:

(2)

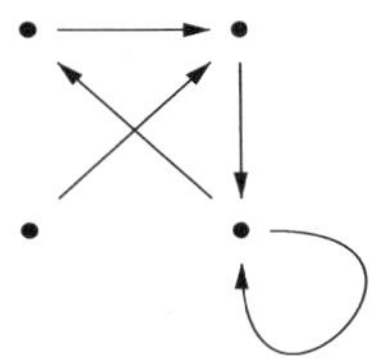

Bäume sind dann spezielle gerichtete Graphen, bei deren Darstellung sich die Orientierung der Pfeile automatisch daraus ergibt, dass alle Pfeile „in dieselbe Richtung" zeigen; Schleifen wie in (2) sind nicht erlaubt.

(3)

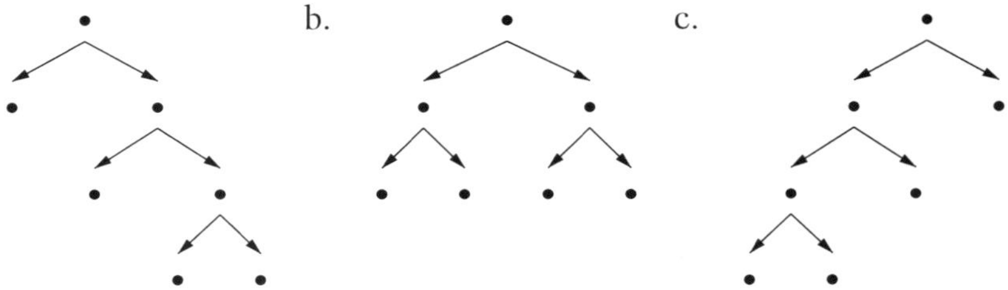

Die Pfeile repräsentieren die Relation der **unmittelbaren Dominanz**. Jeder Knoten im Baum stellt eine unterschiedliche Konstituente dar; die Knoten ganz unten an einem Baum nennt man **Terminalknoten**, manchmal auch **lexikalische Kategorien** oder **Blätter**; die anderen Knoten sind **Nichtterminalknoten**. Der allerhöchste Knoten in einem Baum wird **Wurzel** genannt. (Dieser Begriff ist nicht mit dem morphologischen Begriff der Wurzel eines Wortes zu verwechseln! Paradoxerweise wachsen unsere Bäume in Baselitzscher Manier grundsätzlich von oben nach unten; dies ist reine Konvention, die nicht sklavisch eingehalten werden muss.) Die Verbindungslinien zwischen den Knoten heißen **Äste**.

Zur Definition von Bäumen gehen wir von der unmittelbaren Dominanz als Grundrelation aus. Für diese Relation gilt: wenn aRb, dann ist a ungleich b und es gilt nicht bRa. Die erste Eigenschaft von Bäumen ist die, dass jeder Baum genau eine Wurzel hat. Um dies zu definieren, benötigen wir zunächst den Begriff der (verallgemeinerten) Dominanz als Hilfsbegriff:

(4) Ein Knoten A **dominiert** einen Knoten B genau dann, wenn es eine Folge von Knoten X_0 bis X_n gibt, so dass gilt:

a. $A = X_0$,
b. $B = X_n$ und
c. X_i dominiert unmittelbar X_{i+1} für alle i von 0 bis $n-1$.

Die Definition besagt intuitiv, dass man ausgehend von A den Knoten B in Pfeilrichtung gehend erreichen kann; mathematisch gesprochen handelt es sich bei der Dominanz um den transitiven Abschluss der unmittelbaren Dominanz.[13] Mithilfe des Dominanzbegriffs können wir nun formulieren:

(5) Ein gerichteter Graph ist ein **Baum** genau dann wenn gilt:

a. keine zwei Knoten dominieren unmittelbar einen anderen Knoten;
b. es gibt einen Knoten (die sog. Wurzel), der alle anderen Knoten dominiert;
c. kein Knoten dominiert sich selbst.

Die erste Eigenschaft (5-a) besagt, dass jeder Knoten nur von einem einzigen Knoten unmittelbar dominiert werden kann: wenn A und B unmittelbar C dominieren, so ist $A = B$. Dies schließt Strukturen wie die in (6) aus:

(6) a. 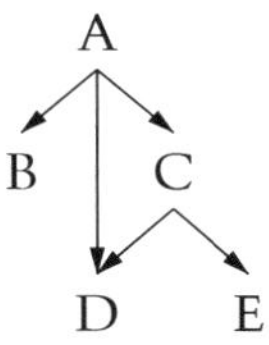

b. 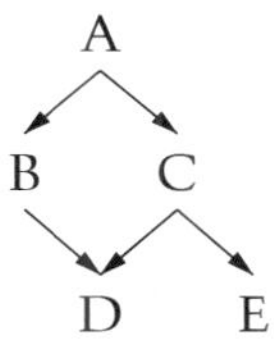

Die zweite Eigenschaft (5-b) garantiert, dass alle Knoten zu einem einzigen Baum gehören, nicht zu mehreren. Die dritte Eigenschaft (5-c) scheint zunächst nur ein Zugeständnis an die naive Intuition: Niemand würde damit rechnen, dass Begriffe wie Dominanz oder unmittelbare Dominanz reflexive Instanzen haben (kein Knoten dominiert sich selber). Tatsächlich aber spielt sie eine entscheidende Rolle: Nehmen wir an, in einer Schleife dominiert A unmittelbar B, B dominiert unmittelbar C und C dominiert unmittelbar A. Dann sind (5-a) und (5-b) erfüllt (nicht nur *ein* Knoten, sondern *jeder* Knoten dominiert alle anderen Knoten). Zugleich aber dominiert ein Knoten (tatsächlich jeder Knoten) sich selbst. Genau dies wird durch (5-c) ausgeschlossen.

Frage 17: Wie lässt sich auf der Grundlage von (5) beweisen, dass es (nicht nur mindestens einen Knoten, sondern) *genau* einen Knoten gibt, der alle anderen Knoten dominiert?

Frage 18: These: Postuliert man die in der letzten Frage bewiesene Eindeutigkeit der Wurzel als ein Axiom, das (5-b) ersetzt bzw. verstärkt, dann folgt (5-c) aus (5-a) und der Eindeutigkeit der Wurzel. Stimmt dies? Begründen Sie!

In Abbildung (3) wurde übrigens stillschweigend vorausgesetzt, dass sich Kategorien grundsätzlich *paarweise* zu größeren Kategorien verbinden. Die Struktur von Wörtern (und, wie wir sehen werden, von Sätzen) soll also immer **binär** verzweigen; jeder nicht-terminale Knoten muss genau zwei andere Knoten unmittelbar dominieren. Es kann daher folgendes Prinzip für Konstituentenstrukturen formuliert werden:

(7) **BINÄRPRINZIP:**
Alle Nichtterminalknoten verzweigen binär.

Dieses Prinzip folgt nicht aus der Definition der Bäume; vielmehr ist (7) eine Arbeitshypothese, die wir im ganzen Buch als gültig voraussetzen.

Frage 19: (a.) Wie lässt sich das Binärprinzip prädikatenlogisch formalisieren? Unter einer solchen Formalisierung verstehe ich eine Reformulierung von (7) in einer Logiksprache, in der es logische Ausdrücke wie „und, oder, wenn ... dann ..." und „nicht" gibt sowie Quantoren und Variablen wie „Es gibt ein x, für alle y, z" usw. Erlaubt ist ebenfalls die Identität = und die Nicht-Identität $\neq$; nicht erlaubt sind Zahlen oder Ausdrücke wie „genau ein". (Damit ist die Hauptaufgabe die, den Ausdruck „genau zwei" logisch zu paraphrasieren). (b.) Nehmen Sie an, Sie definieren binäre Bäume, indem Sie (7) den Axiomen für die Bäume in (5) hinzufügen. Wird nun durch das Binärprinzip in der von Ihnen gewählten Formulierung eine der Bedingungen (5-a) oder (5-c) (oder beide) überflüssig?

Aus der augenfälligen Ähnlichkeit zwischen Baumdiagrammen und Familienstammbäumen, wie man sie von alten Adelsgeschlechtern kennt, entwickelte sich laut Radford (1997*a*, S. 101) in der linguistischen Literatur die Konvention, für Beziehungen zwischen den Konstituenten einer Baumstruktur Verwandtschaftsbezeichnungen zu verwenden. In folgendem Baumdiagramm ist Knoten A die **Mutter** von B und C, C ist die Mutter von D und E.

(8)

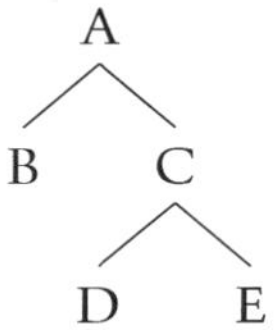

Diese „Verwandschaftsbeziehung" ist gerade die unmittelbare Dominanz. B und C sowie D und E sind jeweils **Schwesterknoten**, sie sind **Töchter** von A respektive C.[14]

In der Linguistik ist nun der *Typ* der einzelnen Knoten von besonderem Interesse: Die Knoten werden als die „Träger" der syntaktischen Kategorien N, V, A, usw. verstanden; jede Kategorie ist ein **Etikett**, **Index** oder **Label** eines Knotens; die Knoten sind mit Kategoriensymbolen **etikettiert**, **indiziert** oder **gelabelt**. Eine Menge T von Terminalknoten bildet eine **Konstituente der Kategorie *X*** genau dann, wenn *X* das Label eines Knotens ist, der alle und nur die Elemente von T dominiert.

Repräsentiert man Bäume durch entsprechende Klammerungen wie in (9), schreibt man das Label des verzweigenden Knotens als Index an die linke Klammer, man spricht von **indizierter Klammerung** (engl. *labelled bracketing*). Es ist unmittelbar einsichtig, dass der Notation (9-a) eindeutig der Baum (9-b) entspricht:

(9) a. $[_A [_B C D] [_E F [_G H I]]]$

b.

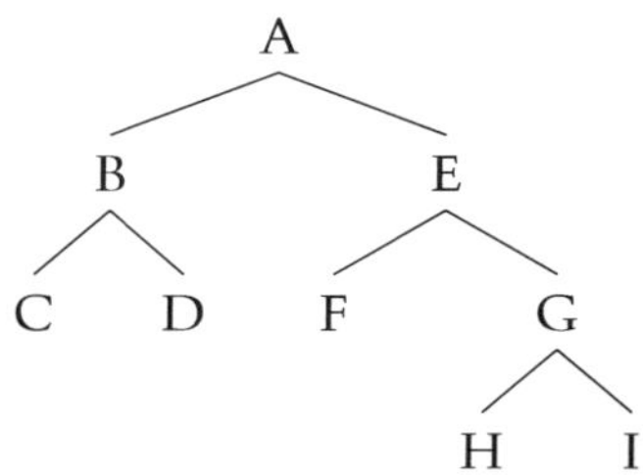

Aus der Notation mittels eckiger Klammern stammt auch der Begriff des *Klammer*paradoxes. Die Klammerschreibweise ist zwar platzsparend, oft aber auch schlecht lesbar, weshalb ich im Folgenden oft die Baumnotation verwende. Im linguistischen Sprachgebrauch wird übrigens zwischen einem Knoten und seinem Label nicht unterschieden. Ich komme auf die Identifikation von Knoten und Label im Anhang (B.1.) noch einmal zurück.

Projektion und Linearisierung 3.2.

In der Linguistik wird angenommen, dass zwischen je zwei beliebigen Knoten eines Baumes genau eine von zwei unterschiedlichen Beziehungen bestehen: entweder **Dominanz** (d.h. hierarchische *Top-Down*-Ordnung) oder **Präzedenz** (d.h. lineare Rechts-Links-Ordnung). Dies setzt voraus, dass Bäume zusätzlich durch eine zweite Beziehung, eine lineare Ordnung, definiert werden müssen, von der aber in unserer formalen Charakterisierung von Bäumen in (5) bisher nicht die Rede war.

Es ist wichtig zu verstehen, dass ein durch unmittelbare Dominanz definierter Baum auf verschiedene Weise linearisiert werden kann. Ein Baum wie (8), hier wiederholt als (10-a), ist nur eine von vier möglichen Repräsentationen der in (10) als Menge von Paaren angegebenen Dominanzrelation.

(10) *Dominanz:*
$\{\langle A,B\rangle, \langle A,C\rangle, \langle A,D\rangle, \langle A,E\rangle, \langle C,D\rangle, \langle C,E\rangle\}$
Linearisierungen:

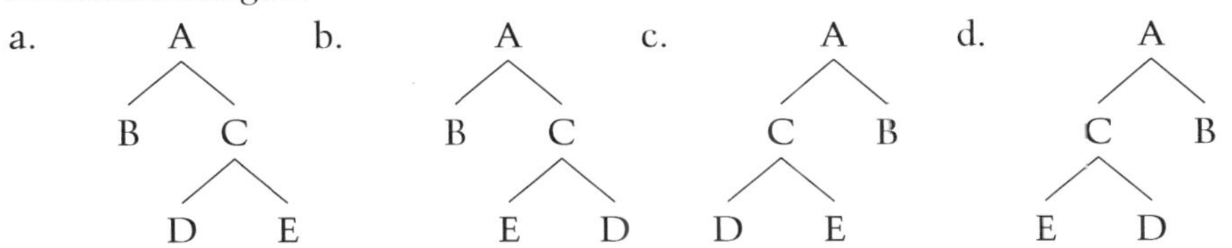

Bei der zweidimensionalen Darstellung von Bäumen muss somit immer schon eine bestimmte **Linearisierung** unterstellt werden, die eigentlich nicht Teil der Definition des Baumes ist. Möchte man dies zusätzlich erfassen, muss neben der Dominanz eine weitere Grundrelation definiert werden. Eine solche Linearisierung wird durch eine Ordnungsrelation über den Knoten eines Baumes gegeben. Eine solche Relation *O* muss definitionsgemäß folgende Bedingungen erfüllen:

(11) *O* ist eine **Ordungsrelation über einem Baum** genau dann wenn gilt:

a. *O* ist transitiv, d.h. wenn xOy und yOz gelten, dann gilt auch xOz; symbolisch: $xOy \wedge yOz \rightarrow xOz$.
b. *O* ist irreflexiv, d.h. für kein x gilt xOx; symbolisch: $\neg xOx$.
c. *O* ist exhaustiv, d.h. xOy oder yOx gilt genau dann, wenn nicht gilt: x dominiert y oder y dominiert x; symbolisch: $(xOy \vee yOx) \longleftrightarrow \neg(x \,\text{dom}\, y \vee y \,\text{dom}\, x)$.

Für (10-a-d) sind dann folgende Ordnungsrelationen anzunehmen:

(12) a. $O_1 = \{\langle B, C\rangle, \langle B, D\rangle, \langle B, E\rangle, \langle D, E\rangle, \}$
b. $O_2 = \{\langle B, C\rangle, \langle B, D\rangle, \langle B, E\rangle, \langle E, D\rangle, \}$
c. $O_3 = \{\langle C, B\rangle, \langle D, B\rangle, \langle E, B\rangle, \langle D, E\rangle, \}$
d. $O_4 = \{\langle C, B\rangle, \langle D, B\rangle, \langle E, B\rangle, \langle E, D\rangle, \}$

Dies sind alle möglichen Ordnungen über der in (2) gegebenen Dominanzrelation. Für zwei Schwesterknoten x und y interpretieren wir xOy graphisch als x steht unmittelbar neben y. Wie man intuitiv leicht einsieht, genügt es, eine Präzedenzbeziehung zwischen je zwei Schwesterknoten festzulegen. Diese determiniert dann sämtliche Ordnungsbeziehungen im Baum.

Frage 20: Wie lassen sich folgende Aussagen beweisen?

a. Für je zwei Schwesterknoten A und B gilt: AOB oder BOA.
b. AOB impliziert (nicht BOA); symbolisch $AOB \rightarrow \neg BOA$.
c. Wenn AOB und B dominiert C, dann gilt AOC.

Frage 21: In der technischen Literatur wird der Dominanzbegriff gerne — entgegen der naiven Intuition — reflexiv verwendet: Jeder Knoten dominiert (u.a.) sich selbst. Der Grund ist die Vereinfachung von Definitionen. Denn statt (11) lässt sich nun definieren:

(13) Eine Relation O ist eine Linearisierung, wenn für je zwei Schwesterknoten A und B gilt:

a. AOB oder BOA, aber nicht beides.
b. aOb genau dann, wenn gilt: A dominiert a, B dominiert b und AOB.

Welches Problem entsteht, wenn Dominanz nicht reflexiv ist? Warum liefert dies dasselbe wie (11)? Warum und wie muss die Definition des Baumes modifiziert werden, wenn Dominanz reflexiv ist?

Mit der Festlegung einer Präzedenzbeziehung zwischen Schwesterknoten wird natürlich auch eine *Linearisierung aller terminalen Knoten* untereinander erreicht. Diese Knoten sind es, auf die es letztlich ankommt, denn nur die terminalen Knoten werden ja phonetisch realisiert.

Ein weiterer Gesichtspunkt, der bei der Baumdefinition vollkommen offen gelassen wurde, betrifft die Label der Knoten. Welche Label eine Verzweigung haben kann, ist bisher willkürlich. Die Verteilung von Labeln im Baum ist aber, wie wir im letzten Abschnitt gesehen haben, offenbar nicht arbiträr. Schon vor mehr als 30 Jahren ist kritisiert worden, dass eine Theorie der Baumstrukturen, die es gestattet, Knoten mit Kategoriensymbolen willkürlich anzureichern, es grundsätzlich nicht ausschließen oder verbieten würde, Verzweigungen wie die in (14) zu bilden:

(14) 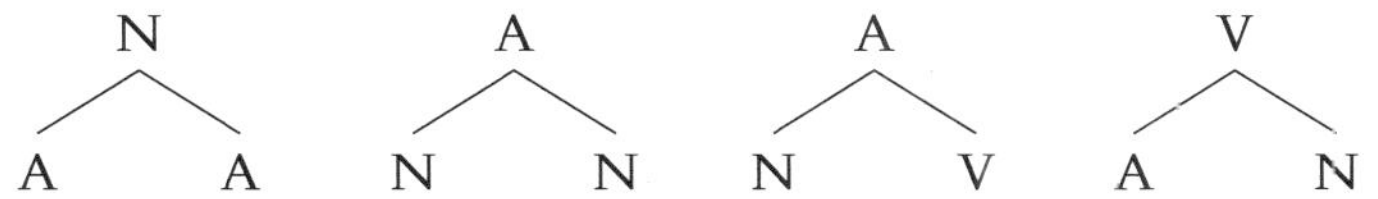

usw.

Für solche Etikettierungen gibt es jedoch anscheinend keine wohlgeformten Beispiele. Dies kann kein Zufall sein: solche Verzweigungen wurden ja (zumindest für Komposita) schon durch das **Kopfprinzip** (d.h. *die Right Hand Head Rule*), hier noch einmal als (15) wiederholt, generell ausgeschlossen.

(15) Komposita, die aus X + Y bestehen, sind selbst wieder von der Kategorie Y.

Das Kopfprinzip wirft nun die Frage auf, ob die Indizierung der nichtterminalen Knoten möglicherweise sogar überflüssig ist, da die Kategorie eines Kompositums im Baum aufgrund von (15) generell *vorhersagbar* ist. Wir könnten also theoretisch auf die Indizierung der höheren Knoten verzichten, müssten aber gleichzeitig voraussetzen, dass eine bestimmte Linearisierung (nämlich: „der Kopf steht rechts") vorgegeben ist.

An dieser Stelle gilt es zu bedenken, dass die Kopfregel (15) möglicherweise **sprachspezifisch** ist; dies zeigen z.B. aus dem Französischen übernommene Fremdwörter und deren Analyse in (16-b):

(16) a. *Enfant terrible, Femme fatale, Ragout fin, Chapeau claque, Passe partout, Null ouvert, Fait accompli* usw.

b. 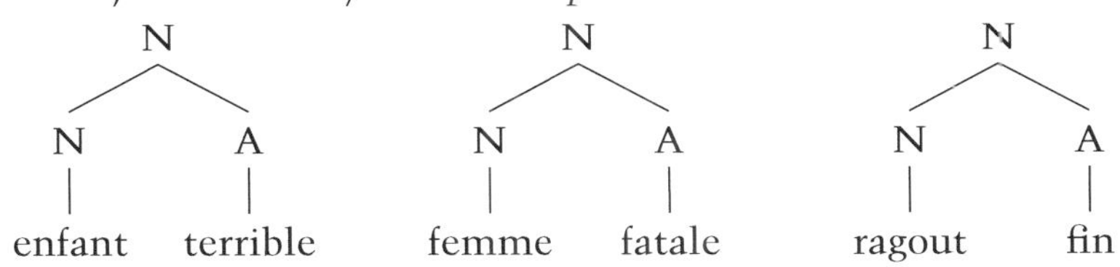

Hier steht der Kopf wider Erwarten links, was wohl darauf zurückzuführen ist, dass Adjektive den Nomen im Französischen folgen, während sie im Deutschen dem Nomen vorangehen. Dies ist eine Eigenschaft, die vor allem in der Syntax zu verankern ist: Fasst man die Bäume in (16) als syntaktische Repräsentationen auf, so ist klar, dass die Kopfbeziehung in beiden Sprachen die gleiche ist (N ist der Kopf), während die lineare Anordnung variiert.[15]

Zumindest in der Syntax muss also damit gerechnet werden, dass Köpfe rechts oder links stehen können. Ein genereller Verzicht auf die Etikettierung von höheren Konstituenten würde daher implizieren, dass soetwas wie *Kopfartigkeit* selber im Baum nicht mehr repräsentiert werden könnte. Denn welcher Knoten der Kopf ist, verrät nicht mehr der Baum, sondern eine Vielzahl von sprachspezifischen, teilweise sehr allgemeinen, unter Umständen aber auch recht idiosynkratischen Linearisierungsregeln. Anstatt bestimmte Linearisierungsregeln vorauszusetzen, um dann aufgrund dieser Regeln das Label des verzweigenden Knotens vorauszusagen, könnte man auch umgekehrt eine Spezifikation der Kopfbeziehung voraussetzen, um dann mithilfe von Regeln die korrekte Linearisierung vorauszusagen.

Nun sind sich Linguisten darin weitgehend einig, dass Kopfartigkeit der wesentliche Charakterzug von komplexen Strukturen ist, und als solche sollte sie in Bäumen auch repräsentierbar sein. Die Linearisierung scheint dagegen für syntaktische Beziehungen der Konstituenten untereinander und für genuin syntaktische Regularitäten eher sekundär. Aufgrund der Annahme, dass die Kopfbeziehung das Primäre ist, während die Präzedenzbeziehungen, d.h. die zeitliche Anordnung des Gesprochenen (bzw. die räumliche Anordnung des Geschriebenen) das aufgrund von Regeln zu Erschließende ist, meinen viele Theoretiker, dass morphosyntaktische Repräsentationen tatsächlich noch nichts über lineare Anordnung von Konstituenten aussagen sollen. Syntaktische oder morphologische Repräsentationen sind, ganz unserer formalen Charakterisierung der Bäume entsprechend, zunächst nicht linear, sondern nur hierarchisch gegliedert.

Aufgrund der Tatsache, dass die Kopfbeziehung das Label eines komplexen Knotens determiniert, kann dann angenommen werden, dass in einer linguistisch adäquaten Darstellungsweise nicht die Kategorie eines komplexen Gebildes Bestandteil der Baumrepräsentation sein sollte, sondern lediglich so etwas wie die *Kopfartigkeit*. Z.B. können wir als Etiketten nicht Kategorien verwenden, sondern Pfeile, die zum Kopf zeigen:

(17)
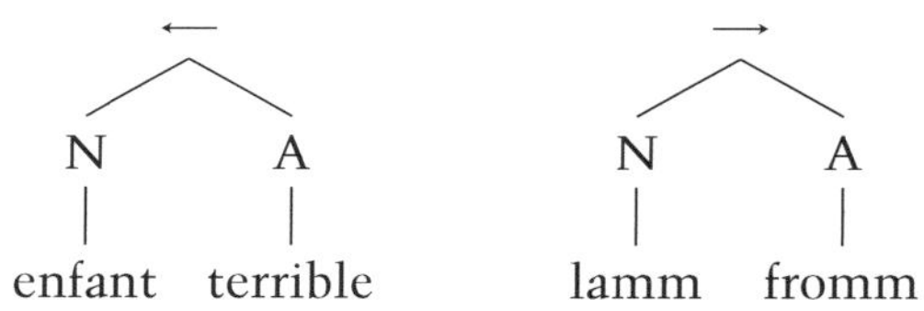

Es ist klar, dass der Pfeil nach rechts zeigt, wenn der in der Repräsentation des Baumes rechts repräsentierte Ast der Kopf ist, und dass er nach links zeigt, wenn der Kopf links zu finden ist. Dabei sind die Darstellungen selber nicht als linearisiert zu verstehen; man sollte sich angewöhnen, sie wie **Mobiles** zu interpretieren. Die Bäume in (18-a) und (18-b) repräsentieren daher jeweils identische linguistische Objekte:

(18) a.
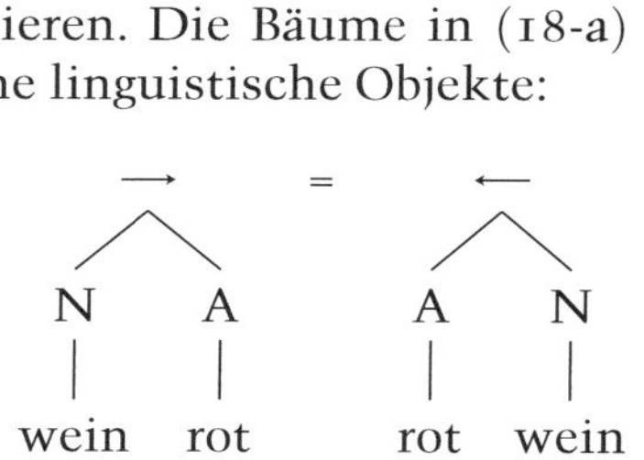

b.
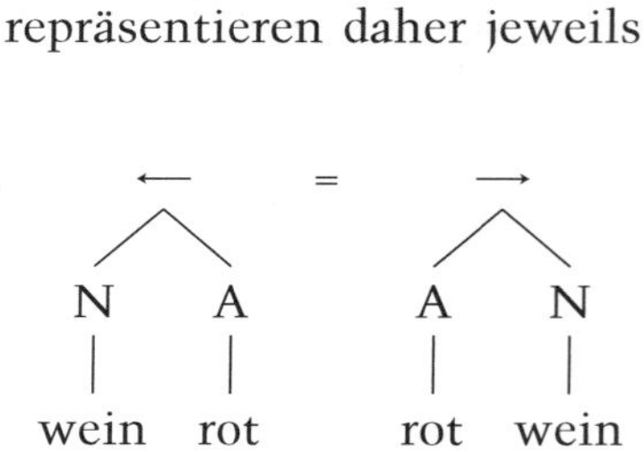

D.h., sie repräsentieren jeweils *dasselbe* Wort *weinrot* in (18-a) bzw. *Rotwein*

in (18-b). Dagegen repräsentieren die ersten beiden Strukturen in (19) unterschiedliche Objekte:

(19)

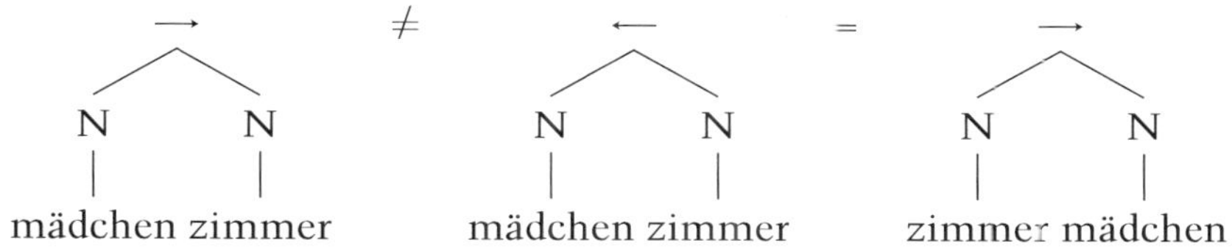

Denn die linke Struktur ist eine Repräsentation von *Mädchenzimmer*, die beiden rechten von *Zimmermädchen*.

Zur Verdeutlichung der drei zu unterscheidenden Aspekte *Struktur*, *Kopfartigkeit* und *Linearisierung* betrachten wir eine mögliche Strukturierung eines dreigliedrigen Kompositums wie (20), wobei die Doppelpfeile anzeigen sollen, dass wir uns noch nicht entschieden haben, welche Komponente der Kopf sein soll:

(20)

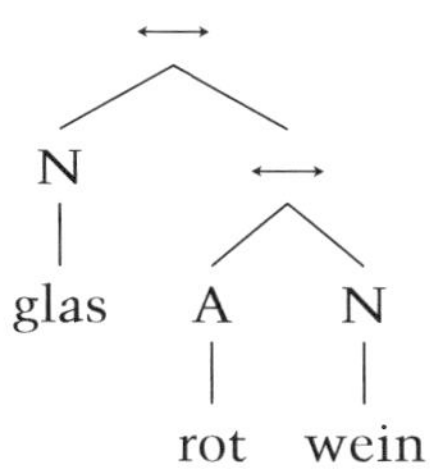

Als Mobile betrachtet lässt sich diese Struktur nun wie in (21-a) auf vierfach verschiedene Weise linearisieren:[16]

(21) a. *Glasrotwein, glasweinrot, Rotweinglas, Weinrotglas*
b. *weinglasrot, Rotglaswein.*

Die beiden Abfolgen in (21-b) würden es dagegen erfordern, das Mobile so zu „verbiegen", dass sich Äste überschneiden; solche Überschneidungen sind keine wohlgeformten Bäume.

Frage 22: Warum sind hierfür keine wohlgeformten Bäume möglich?

Die vier möglichen Linearisierungen in (21-a) lassen sich erst dann eindeutig darstellen, wenn wir die Kopfbeziehungen desambiguieren, wie beispielsweise in (22), und dabei gleichzeitig eine Linearisierungsregel annehmen, hier also die für die Komposition im Deutschen gültige Regel „Pfeil zeigt nach rechts". Aus einer Mobile-Darstellung wie (22) ergibt sich dann die einzig mögliche Abfolge *Rotweinglas*.

(22)

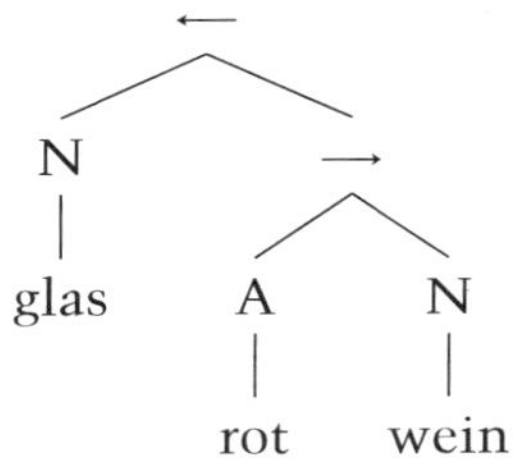

Frage 23: Wie könnten die übrigen Kombinationen in (21-a) abgeleitet werden? Auf welchem Wortteil liegt der phonologische Hauptakzent und wie lässt er sich vorhersagen? Welche Strukturen und welche Kopfspezifikationen wären notwendig, um die potentiellen Linearisierungen in (21-b) abzuleiten?

Frage 24: Inwieweit ist es möglich, für *bouteille de vin rouge* und *Rotweinflasche* eine gemeinsame Struktur zu finden?

Die durch den Pfeil repräsentierte Kopfbeziehung verstehen wir als nicht definierbaren *Grundbegriff*. Wie wir gesehen haben, ist die Kopfbeziehung mit einer Reihe von semantischen, syntaktischen und morphologischen Eigenschaften verbunden, sodass es wenig sinnvoll scheint, den Kopfbegriff aufgrund nur einer dieser Eigenschaften definieren zu wollen.[17] Demnach ist bei der Indizierung von Bäumen zu unterscheiden, ob es sich um einen terminalen Knoten oder um einen verzweigenden Knoten handelt. Der Index eines terminalen Knotens ist wie üblich eine syntaktische Kategorie zusammen mit seinen morphologischen Merkmalen. Der Index eines verzweigenden Knotens ist ein „Pfeil", also eine Angabe darüber, welcher Tochterknoten der Kopf ist.

Im weiteren Verlauf dieses Buches werde ich die in der Literatur unübliche Pfeilnotation nicht verwenden, sondern — insbesondere zum Zwecke einer leichteren Lesbarkeit — zur traditionellen Darstellung zurückkehren, die statt der Pfeile die morphosyntaktischen Kategorien als Label verwendet. Diese Label werden gerade von den (in der traditionellen Darstellung nicht sichtbaren, aber in der Theorie angenommenen) Pfeilen vorhergesagt. Dabei ist aber immer zu beachten, dass diese Notation wie in (23) gezeigt zu einem Informationsverlust führen kann:

(23)

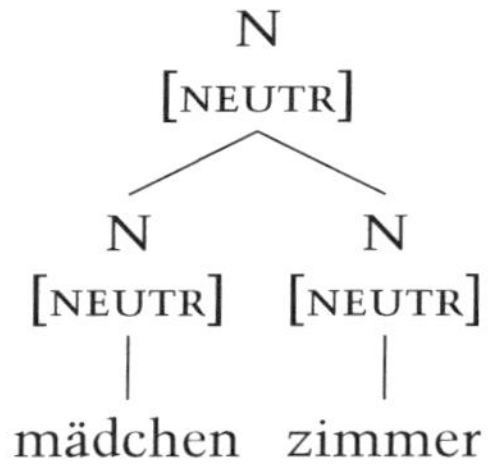

Ein Problem entsteht offenbar genau dann, wenn die Kompositionsglieder identische morphosyntaktische Merkmale haben, denn eine Repräsentation wie (23) kann die Kopfbeziehung nicht darstellen. Dasselbe Problem ergibt sich auch für alle A+A-Komposita, bei denen eine morphologische Unterscheidung ohnehin nicht möglich ist.[18] Solange die Kopfbeziehung nicht explizit notiert wird, kann sie aus nicht linearisierten Bäumen auch nicht erschlossen werden. Die traditionelle Notation, welche eine Linearisierung immer schon voraussetzt, ist hier also nicht explizit genug, da sich aus ihr die Kopfbeziehung nur erschließen lässt, wenn man die Linearisierung kennt. Dennoch halte ich als Zugeständnis an den *main-stream* an der Notation fest. Damit bleibt es also bei der nicht ganz befriedigenden, aber in jeder Hinsicht traditionellen Darstellung (23). Ich nehme daher in Kauf, dass die hier verwendete traditionelle Notation nur einen Teil dessen wiedergeben kann, was die theoretische Beschreibung erfasst. Es handelt sich lediglich um eine Schwäche der Notation, nicht um eine der hier vorausgesetzten Theorie.

Abschließend soll an dieser Stelle noch angemerkt werden, dass die Begriffe **rechts-** und **linksverzweigend** in der Syntax nicht einheitlich verwendet werden. Manche Syntaktiker charakterisieren eine Sprache als rechtsverzweigend, wenn der lexikalische Kopf der Konstruktionen solcher Sprachen immer links steht (Rechtsverzweigung = Linksköpfigkeit):

(24)

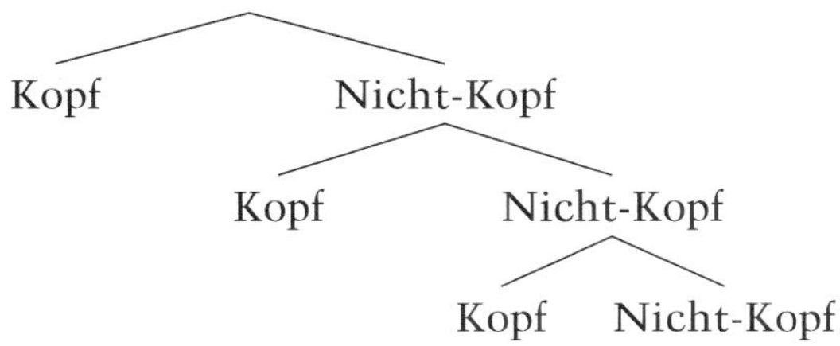

Entsprechend wären Konstruktionen linksverzweigend, wenn der Kopf immer rechts steht. Dies trifft aber sowohl auf (25-a) wie auf (25-b) zu:

(25) a.

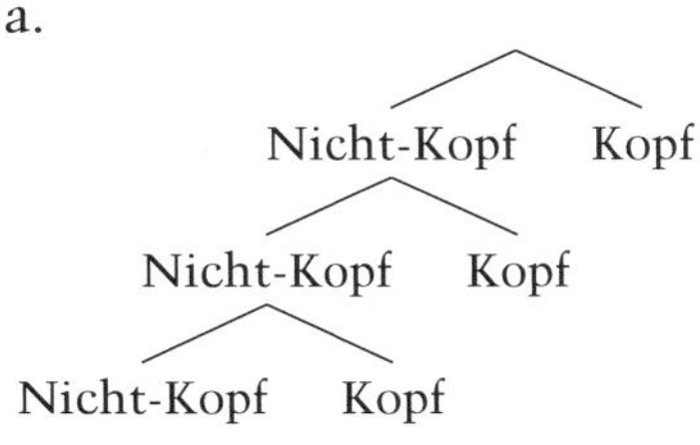

b.

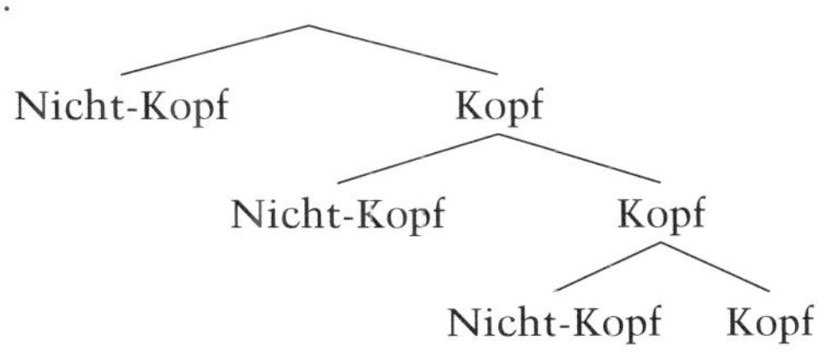

Die Struktur (25-b) wurde von uns jedoch nicht als links-, sondern als rechtsverzweigend beschrieben. Und auch zu (24) gibt es eine linksköpfige linksverzweigende Struktur. Es macht daher einen Unterschied, ob von eher zufälligen Eigenschaften eines Baumes die Rede ist, oder von systematischen Eigenschaften einer Sprache oder eines Konstruktionstyps. Da es, wie schon Ernst Jandl wusste, beim Gebrauch von rinks und lechts ohnehin immer Missverständnisse gibt (vor allem, wenn man sich als Autofahrer auf den beifahrenden Ehepartner verlässt), lege ich mich hier auf einen bestimmten Gebrauch der Begriffe nicht fest und versuche, sie im Folgenden tunlichst zu vermeiden.

Frage 25: Offenbar hat jeder binäre Baum $2n + 1$, also eine ungerade Anzahl von Knoten. Nehmen wir an, Bäume seien linearisiert aber nicht indiziert; d.h., die Knoten haben keine Kategorienindizes (oder anders formuliert: die Indizes sind für die Zwecke der Übung irrelevant). Dann gibt es nur einen einzigen Baum mit drei Knoten ($n = 1$); bei fünf Knoten ($n = 2$) gibt es zwei verschiedene Bäume, bei sieben ($n = 3$) fünf verschiedene Bäume. Wie lässt sich nun zeigen, dass es für $n = 4$ vierzehn verschiedene Bäume gibt?
Die allgemeine Formel wird durch die sog. **Catalan-Zahlen** beschrieben; die Zahlenreihe geht zurück auf den Belgier Eugene Catalan (1814-1894), der 1838 das Problem löste, wie viele wohlgeformte Klammerstrukturen über n Elementen möglich sind; s. z.B. Stanton und White (1986, §3.1). Welches ist die nächste Catalan-Zahl nach 14? (Hilfreich und informativ ist wie so oft ein Blick ins Internet!)

Wortbildung (2): Derivation 4.

Suffixe als kategorienverändernde Morpheme 4.1.

Kennzeichen der Komposition ist es, Wörter bzw. Wortstämme zu neuen Wörtern zu verbinden. Bei der sog. **Derivation** (oder Ableitung) werden ebenfalls neue Wörter gebildet, wobei jeweils eine von zwei Einheiten ein selbständiges Lexem ist, während die andere unselbständig, also ein Morphem ist, das nur als Teil eines Wortes auftreten kann. Im linguistischen Fachjargon heißen letztere **gebundene Morpheme** oder **Affixe**; im heutigen *high tech* Jargon würde man wohl sagen: Affixe sind keine *stand alone units*.

Als erstes Beispiel betrachten wir das Affix *-bar* in (1):

(1) a. (i) Die Pilze sind essbar
(ii) Die Pilze kann man essen
b. (i) Der Rock ist tragbar
(ii) Den Rock kann man tragen
c. (i) Der Ball war unhaltbar
(ii) Den Ball konnte man nicht halten

Die jeweiligen Paraphrasen zeigen, dass *-bar* eine uniforme modal-passivische Bedeutung hat und daher aufgrund des einheitlichen Form-Funktions-Zusammenhangs als Morphem anzusehen ist.[19] Die semantisch selbständigen Teile sind hier die Lexeme *ess, trag* und *halt*; dies sind die Wortstämme der Verben *essen, tragen* und *halten*. Uniform ist auch die Tatsache, dass *-bar* eine

Endung ist, also in der Verzweigung rechts erzeugt wird, wir sprechen dann von einem **Suffix**. *Vorsilben* wie z.B. *un-* in *unhaltbar* heißen **Präfixe**. Das Anhängen eines Suffixes an einen Stamm nennt man **Suffigierung**; analog spricht man bei Präfixen von **Präfigierung**. Weiterhin ist anhand von (2) leicht einzusehen, dass die Suffigierung mit *-bar* kategorienverändernd wirkt:

(2) a. *Die Pilze essbar(en)
 b. *Der Rock tragbar(t)
 c. *Der Ball unhaltbar(t)

Wäre *essbar(en)* wie *ess(en)* ein Verb, müssten die verbalen Flexionsendungen in (2) grammatisch sein. Die Ungrammatikalität von (2) zeigt, dass dies nicht der Fall ist. Aufgrund der unterschiedlichen Distribution von Verben und Adjektiven ist klar, dass *-bar* als Wortstamm ein Verb verlangt und als Resultat ein Adjektiv erzeugt: mit *-bar* abgeleitete Wörter können nur in Kontexten vorkommen, in denen Adjektive stehen können und werden adjektivisch flektiert:

(3) a. die gesunden, essbaren Pilze
 b. der lange, tragbare Rock
 c. der unhaltbare, pfeilschnelle Ball

Diese kategorienverändernde Funktion der Suffigierung ist eines von vielen Abgrenzungskriterien zwischen Derivation und Flexion: während Flexive *nie* Kategorien verändern, ist dies bei Derivationsfixen oft der Fall: *-ig* deriviert aus Nomen Adjektive, *-heit* und *-keit* bilden aus Adjektiven Nomen, usw.[20]

(4) a. Luft ⟹ luft+ig, Hast ⟹ hast+ig
 b. möglich ⟹ Möglich+keit, sauber ⟹ Sauber+keit
 robust ⟹ Robust+heit, wahr ⟹ Wahr+heit, ganz ⟹ Ganz+heit

Die Bedeutung des Derivats ist nicht immer systematisch vorhersagbar (vergl. *Lust, lustig*) und die Derivation ist auch nur in sehr beschränktem Maße produktiv; demnach lassen sich (besonders in der Werbung) immer wieder Neubildungen finden:

(5) a. *Aus einer Werbung für „Das neue Streiflichtbuch" der* SZ*:*
 Noch streifenechter, noch lichtstärker, noch *buchiger* — mmmmh!
 b. *Aus einem Artikel der SZ zum Sprachgebrauch in der Werbung:*
 das pseudokosmopolitische Imponiergehabe der Werbeindustrie mit ihrem *globalesischen* Imponiergehabe

Frage 26: Wie würden Sie *buchiger* und *globalesischer* morphologisch und semantisch analysieren?

Frage 27: Die Wahl von *-keit* und *-heit* hängt von systematischen Eigenschaften des vorangehenden Adjektivs ab, vergl. **Möglich+heit*, **Wahr+keit*, **Ganz+keit*,

**Sauber+heit*, **Riskant+keit*, **Feucht+ig+heit* usw. Welche Regularität könnte für die Verteilung von *-heit* und *-keit* verantwortlich sein? Hinweis: Beim Vergleich zwischen *Sicherheit/Dunkelheit* und *Sauberkeit/Lauterkeit* müssen die *-heit*-Formen als Ausnahmen zu der zu formulierenden Regel angesehen werden.[21] Vergleichen Sie die Beschreibungen in Fleischer (1975) und Fleischer und Barz (1995).

Recht produktiv ist dagegen die Präfigierung durch *un-*, das sich im Deutschen regelhaft mit Adjektiven, nicht aber mit Verben oder Nomen verbindet.[22] Diese Präfigierung ist nicht kategorienverändernd: aus einem Adjektiv entsteht wieder ein Adjektiv:

(6) a. (i) Der Rock ist tragbar
(ii) Der Rock ist untragbar
(iii) *Den Rock kann man untragen
b. (i) Der Ball ist haltbar
(ii) Der Ball ist unhaltbar
(iii) *Den Ball kann man unhalten

Selbstverständlich ist auch die Derivation iterativ:

(7) a. Ess+bar+keit ist relativ
b. Die Un+halt+bar+keit des Balles wurde bestritten
c. Leichte Trag+bar+keit ist das Motto der Saison

Da die Präfigierung die Kategorie des Ganzen nicht verändert, sollte sie sogar rekursiv sein können, was sich in (8) bestätigt.

(8) a. Urgroßmutter, Ururgroßmutter, Urururgroßmutter, ...
b. vorgestern, vorvorgestern, vorvorvorgestern, ...
c. exlover, exexlover, exexexlover, ...; exgay, exexexgay; Exexsovietrepublik, ...

Aus den unterschiedlichen Anforderungen der Affixe an die Kategorie der Basis lässt sich die Struktur komplexerer Wörter leicht ableiten. Z.B. ist die Reihenfolge und somit die Struktur von *Un+trag+bar+keit* völlig durch die kategorialen Bedürfnisse der Affixe an die jeweilige Basis bestimmt. Weil *un-* keine Verben oder Nomen modifiziert, muss zuerst das Adjektiv *tragbar* gebildet werden; dann erst können wir mit *un-* modifizieren. Daraus ergibt sich als Struktur:

(9) $[_{N} [_{A}$ un $[_{A} [_{V}$ trag $]$ bar $]]$ keit $]$

Wir kommen auf diese Selektion der Basis einer Derivation noch in Abschnitt (4.3.) zurück.

Frage 28: Als **nominalisiert** bezeichnet man die kursiven Wörter in:

(10) Er ist ein *Laberer* / *Wucherer* / guter *Esser*

Welche Morpheme und welche Kategorien liegen hier vor? Liegt bei *guter Esser* ein Klammerparadox vor? Wie würden Sie *Nominalisierung* analysieren? Ist *Analyse* die Nominalisierung von *analysieren*?

Affixe und das Kopfprinzip 4.2.

Die Betrachtung der bisherigen Beispiele ergab, dass Suffixe die syntaktische Kategorie des Ganzen determinieren: *-bar* bildet Adjektive aus Verben; *-heit* und *-keit* bilden Nomina aus Adjektiven; *-er* bildet Nomina aus Verben usw. In all diesen Fällen steht der entscheidende Teil, der die Kategorie des Ganzen bestimmt, rechts. Man könnte daher sagen, dass auch hier der morphosyntaktische *Kopf* rechts steht, womit Komposition und Derivation ein *einheitliches Kopfprinzip* haben: Alle morphosyntaktischen Eigenschaften des Wortes werden durch die Eigenschaften des rechten Zweiges bestimmt. Dies gilt z.B. auch für das Genus abgeleiteter Nomina: Feminina entstehen mit *-heit/-keit, -schaft, -ung, -ei, -ik* (*Theatralik*), *-ion, -ie* (*Therapie*); Maskulina mit *-er, -ling, -ist* (*Telefonist*), *-or* (*Doktor*) *-ent/ant* (*Doktorant*); Neutra mit *-tum*.[23] Auch wenn die Suffigierung nicht kategorienverändernd wirkt, kann sich das Genus ändern, wie etwa bei *das Telefon, der Telefon+ist*; vergl. auch das Genus der durch Diminuitiv-Suffix gebildeten Wörter in (11):[24]

(11) a. der Teil, das Teilchen; die Frau, das Frauchen; die Katze, das Kätzchen
b. der Stern, das Sternlein; die Katze, das Kätzlein; die Zunge, das Züng-lein (an der Waage)

Die Anwendung des Kopfprinzips innerhalb der derivationellen Morphologie — wie in (12) noch einmal mithilfe der Pfeilnotation illustriert — impliziert nun aber, dass der Kopf selber, also das Suffix, eine syntaktische Kategorie besitzt:

(12)

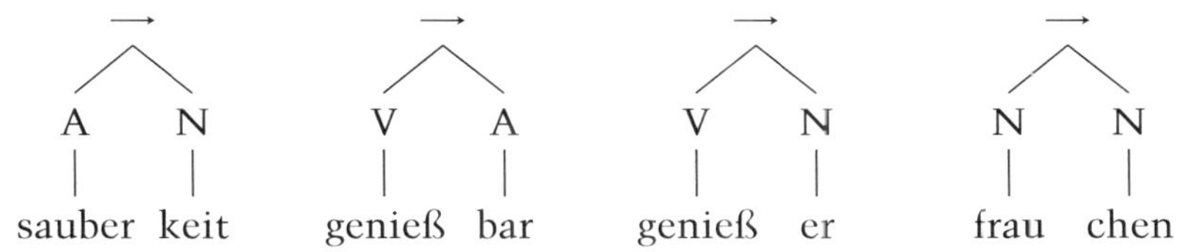

Und ebenso müssen die nominalen Suffixe Genusmerkmale haben: *-keit* hat das Merkmal [FEM], *-er* hat [MASK] und *-chen* hat [NEUTR]. Denn wenn das Suffix die Kategorie und die übrigen morphologischen Merkmale des Ganzen determiniert, müssen wir unter Voraussetzung des Kopfbegriffes und dem dafür konstitutiven Mechanismus der Projektion voraussetzen, dass das Suffix selbst diese Kategorie und diese Merkmale hat.

Einige Linguisten würden jedoch davor zurückschrecken, die Suffixe selber als Adjektive bzw. Nomen zu bezeichnen. Dabei scheint es sich jedoch m.E. eher um einen bloßen Streit um Worte zu handeln. Denn in der Wissenschaft ist es ja üblich, einmal etablierte Begriffe auszudehnen und auf neue, ähnliche Phänomene zu übertragen, um so zu Verallgemeinerungen zu kommen. In diesem Sinne könnte man argumentieren, dass es die kategorienbestimmende Eigenschaft des Suffixes rechtfertigt, auch den gebundenen Morphemen eigene syntaktische Kategorien zuzuordnen, wodurch dem Kopfprinzip ein größerer Geltungsbereich verschafft und somit eine relevante Generalisierung erfasst werden kann. Die damit verbundene Erweiterung des Begriffs der „syntaktischen Kategorie" ändert ja nichts daran, dass es sich bei den Suffixen nicht um Wortstämme im üblichen Sinne, sondern um gebundene Morpheme handelt.

In diesem Streit lassen sich zwei vollkommen unterschiedliche Ansichten über die Morphologie ausmachen: Für die einen ist die Derivation **regelbasiert**: die spezifischen Eigenschaften und Voraussetzungen für die Kombinierbarkeit von Wortbestandteilen werden durch spezifische Regeln beschrieben. Z.B. nimmt Aronoff (1976) an, dass Regeln dieser Art immer (existierende) Wörter in Wörter überführen. Eine solche Regel wäre z.B. (13):

(13) $V \Longrightarrow [_A\ V{+}\textit{bar}\ ]$, falls V transitiv und passivierbar ist.

Die Hinzufügung von /bar/ an einen Verbstamm ist hier eine rein phonologische Operation; *„affixes, unlike stems, have no independent existence."* (ebd., S. 138).

Für die anderen, z.B. Selkirk (1982) oder Toman (1980,1986[2]), sind die relevanten Eigenschaften nicht solche von Regeln, sondern von Morphemen. Insbesondere werden, im Gegensatz zur Tradition, auch die Affixe zu den sog. „lexikalischen" Einheiten gezählt und somit als Lexeme aufgefasst. Dieser Ansatz ist gewissermaßen **syntaxbasiert**. Lexeme sind nicht nur die Wörter oder Wortstämme, sondern auch Affixe und, wie wir später sehen werden, die Flexive. Die einzige übergeordnete Regel, welche die Wortstämme und die Derivationsaffixe miteinander verbindet, ist das Kopfprinzip.

Dieser syntaxorientierten Sichtweise schließe ich mich hier an und setze voraus, dass die Suffixe wie in (12) gezeigt syntaktische Kategorien haben. Allerdings kann dann weder die Notation in (12) noch die daraus ableitbare Notation in (14) zwischen Komposition und Derivation unterscheiden (vergl. *Sauberkeit* und *Saubermann*):

(14) a.

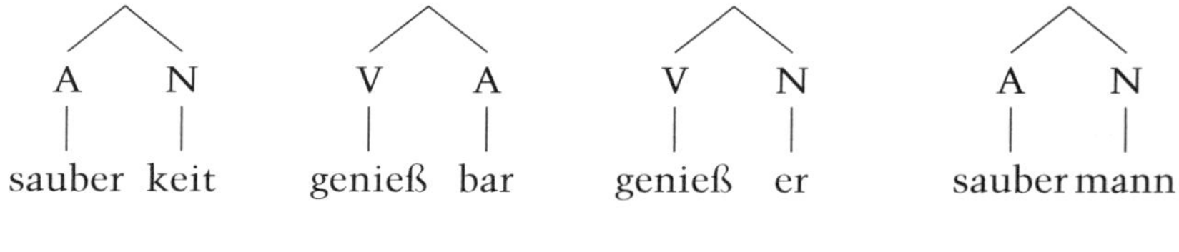

Diese Darstellung soll auch nicht präjudizieren — wie Gegner einer syntaktischen Indizierung der Derivationsmorpheme gelegentlich unterstellen — dass Derivation und Komposition die gleichen Eigenschaften hätten (vgl. hierzu die Diskussion zwischen Höhle (1982) und Reis (1983)). Ebensowenig wird aus (14) allein ersichtlich, ob es sich bei *Genieß+er* um ein Wort oder um ein Syntagma (wie in *Genieß er sein Bier!*) handelt (vergl. hierzu auch Jacobs (2005)). Die wichtigste charakterisierende Eigenschaft von Affixen, nämlich *gebundene* Morpheme zu sein, wird in (14) nicht erfasst. Ein anderer Unterschied betrifft die eingeschränkte Kombinierbarkeit zwischen Affix und Stamm: Während sich Stämme in der Komposition ziemlich uneingeschränkt zu neuen Wörtern verbinden lassen, sind Affixe meist recht wählerisch, was die Art des von ihnen bevorzugten Stammes angeht: z.B. verbinden sich *-heit* und *-keit* nur mit Adjektiven, *-bar* nur mit Verben. Wir werden hierfür im nächsten Abschnitt die Notation erweitern, um zumindest diesen Unterschied repräsentieren zu können. Darüber hinaus gehende Unterschiede wie z.B. die verschiedenen Anforderungen von *-heit* und *-keit* an die phonetische Form des Adjektivstammes oder die Beschränkung von *-bar* auf transitive Verben können dadurch allerdings nicht erfasst werden.

Suffixe und Komplementselektion 4.3.

Dass Derivationen mit *-bar* stets einen Verbstamm verlangen, wird in syntaktischen Begriffen auch so beschrieben, dass *-bar* ein V-**Komplement** hat bzw. als Komplement ein V **selegiert**. Ebenso selegiert *-er* ein V, wogegen *-heit* und *-keit* ein A selegieren.

Wenn man Affixe genau wie Wortstämme als lexikalische Einheiten (Lexeme) betrachtet, muss die für jedes Suffix festzulegende Selektionseigenschaft eine lexikalische Eigenschaft des Suffixes sein und es stellt sich die Frage, wie die Selektion im Lexikon repräsentiert werden kann. Wir wollen hier annehmen, dass dies wieder mit Hilfe eines Merkmals geschieht. Im Falle von *-bar* muss das Merkmal beinhalten, dass als Schwesterknoten (Komplement) ein V verlangt wird.[25]

In Phonologie und Syntax hat sich als Darstellung für solche kontextuellen Eigenschaften die Schreibweise [α _] eingebürgert: Ein Wort mit dieser Art von Merkmal kann nur dann in einen Baum eingesetzt bzw. in einem Baum verwendet werden, wenn es etwas von der Kategorie α als linken Schwesterknoten hat.[26] Wir können dann annehmen, dass *-bar* ein Merkmal der Form [V_] hat, *-heit* das Merkmal [A_], *-schaft* das Merkmal [N_] und *-er* hat das Merkmal [V_]. Der Strich bezeichnet demnach gerade die Stelle, an der das Suffix mit diesem Merkmal erscheinen kann.

Für die Präfixe hat man entsprechende Merkmale wie [_α] anzunehmen, sodass beispielsweise *un-* mit dem Merkmal [_A] unmittelbar rechts neben sich ein Adjektiv verlangt. Diese traditionelle Notationskonvention setzt voraus, dass die Struktur, um die es geht, schon linearisiert ist, wogegen unsere theoretischen Überlegungen in Abschnitt (3.2.) darauf hinausliefen, eine solche Linearisierung der Baumstruktur gerade nicht voraussetzen zu wollen.

Diese Auffassung kann nun näher begründet werden, wobei das entscheidende Argument, das gegen schon linearisierte Merkmale spricht, aus der Syntax kommt. Wenn wir nämlich, wie traditionell angenommen, alle transitiven Verben des Englischen mit einem Lexikoneintrag der Form [_NP] versehen, dann ist das zwar nicht empirisch falsch, bringt aber die Generalisierung nicht zum Ausdruck, dass Objekte im Englischen ganz *generell* rechts vom Verb stehen. Wenn im Lexikoneintrag nur das stehen soll, was nicht durch generelle Regeln vorhergesagt werden kann, dann benötigen wir eine Notation, die gegenüber der Linearisierung neutral ist.

In Anlehnung an Stechow und Sternefeld (1981) verwenden wir dazu im Folgenden die Notation [$*\alpha*$].[27] Statt [_NP] schreiben wir also [∗NP∗]. Ebenso besagt dann [∗V∗] lediglich: Der Träger dieses Merkmals verlangt als Komplement ein Verb. Entsprechend haben *-heit* und *-keit* das Merkmal [∗A∗] und *-er* das Merkmal [∗V∗].[28]

Erinnern wir uns nun daran, dass die Merkmale des Kopfes projiziert werden. Nach dem bisher Gesagten würde dies bedeuten, dass *genießbar* die Analyse in (15-a) und somit die Merkmale in (15-b) hätte:

(15)
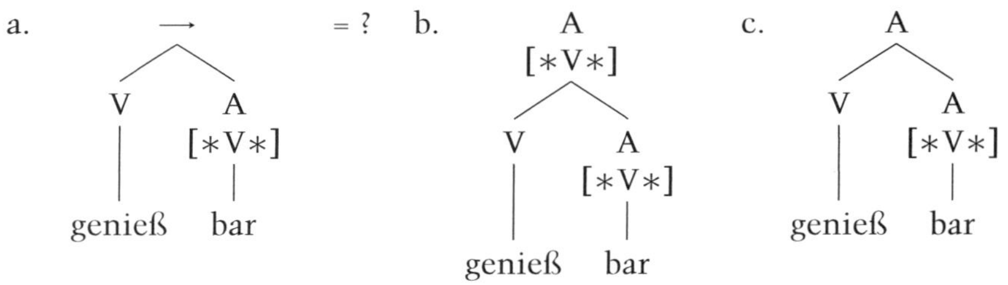

Die aufgrund der Bedeutung der Pfeilnotation zu erwartende Repräsentation (15-b) scheint jedoch nicht unproblematisch: (15-b) kann ja nicht bedeuten, dass nun auch *genießbar* immer noch eine V-Ergänzung verlangt. Wenn wir an der traditionellen Schreibweise festhalten, müsste (15-a) vielmehr wie in (15-c) dargestellt werden. Das Merkmal [∗V∗] projiziert hier nicht mehr, da die mit ihm ausgedrückte Selektionsanforderung schon erfüllt wurde.

Man mache sich klar, dass es sich bei der Wahl zwischen (15-b) und (15-c) zunächst nur um die Wahl einer Notationskonvention handelt, die einen unabhängig zu formulierenden Sachverhalt darstellen soll. Dieser Sachverhalt betrifft die Bedeutung der Stern-Notation und kann so formuliert werden:

(16) *Wohlgeformtheitsbedingung für Merkmale der Form [$*\alpha*$]:*
Ein Baum ist wohlgeformt, wenn jedes Merkmal [$*\alpha*$] des Baums (genau) ein lokales Gegenstück der Form [α] hat.

Lokalität des Gegenstücks bedeutet, dass es zwei Knoten gibt, einen mit dem Merkmal [$*\alpha*$] und einen mit dem Merkmal [α], deren strukturelle Beziehung zueinander besonders eng ist. Diese Beziehung lässt sich (mit unterschiedlichen Konsequenzen) auf unterschiedliche Weise definieren. Ich nehme hier zunächst an, dass als lokale Beziehung nur die *Schwesternschaft* in Betracht kommt. Dies bedeutet, dass es für jedes Stern-Merkmal eine Konfiguration geben muss, in der sich das Gegenstück im *Schwesterknoten* des Sternmerkmals befindet. Man sieht dann unmittelbar, dass diese Forderung sowohl in (15-b) als auch in (15-c) zweifellos erfüllt ist. Allerdings darf (15-b) gerade nicht so aufgefasst werden, dass es hier zwei *verschiedene* Merkmale gäbe, die *jeweils* ein Gegenstück brauchen. In der Tat müssen wir davon ausgehen, dass das obere Merkmal eine *Projektion* des unteren ist, und dass es sich somit nicht um zwei verschiedene Merkmale handelt, sondern nur um ein einziges.

Somit hat das Sternmerkmal in (15) sein Gegenstück gefunden und erwartungsgemäß kann dann auch (15-b) nicht so interpretiert werden, dass die Wurzel noch eine Kategorie V verlangt. Demnach wären beide Darstellungen mit unseren Intentionen verträglich. Andererseits aber ist die Projektion des Merkmals in (15-b) nicht besonders informativ: wählt man eine Darstellung, bei der das Merkmal genau dann nicht projiziert, wenn es erfüllt worden ist, kann man gleichzeitig explizit darstellen, dass die Bedingung (16) erfüllt worden ist. Man sagt dann auch, dass Merkmale „aufgebraucht", „saturiert" oder „verkonsumiert" werden. Als Notationskonvention hierfür legen wir daher fest, dass solche Merkmale im Baum nicht mehr projizieren. Wir machen dies in (17) explizit:

(17) Die Projektion eines Stern-Merkmals ist nur dann möglich, wenn es kein lokales Gegenstück hat.

Eine Struktur, in der ein Stern-Merkmal nicht „aufgebraucht" werden oder „verschwinden" kann, ist ungrammatisch, denn in einer solchen Struktur kann die Selektionsanforderung des Suffixes nicht erfüllt werden. Dies erklärt, warum etwa **Genießheit* oder **ungenießen* keine möglichen Wörter sind. Dagegen ist leicht nachzuprüfen, dass in (18) alle Merkmale der Form [$*\alpha*$] saturiert werden; die Struktur ist also wohlgeformt.

(18)

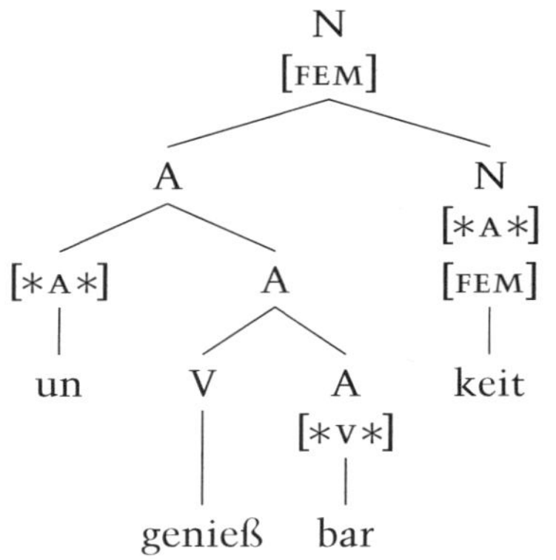

Für Präfixe wie *un-* lässt sich zunächst nicht bestimmen, welche syntaktische Kategorie sie haben, bzw. ob sie überhaupt syntaktisch kategorisiert werden sollten. Wir nehmen hier an, dass sie keiner solchen Kategorie angehören, sondern lediglich ein Subkategorisierungsmerkmal haben, das zeigt, mit welchem Stamm sie sich verbinden. Man mache sich nun noch klar, dass (18) auch die einzige Struktur für *Ungenießbarkeit* ist, in der eine Saturierung aller Subkategorisierungsmerkmale möglich ist; die Struktur wird durch die Lexikoneinträge *eindeutig* determiniert.

Frage 29: Warum sind alle anderen denkbaren Baumstrukturen für *Ungenießbarkeit* (es sind derer vier für die gegebene Abfolge der Morpheme) mit den Merkmalspezifikationen der Morpheme in (18) unverträglich?

Frage 30: Sind **lust+ig+un+bar+keit* oder **genieß+un+bar+keit* generierbar? Beachten Sie, dass an dieser Stelle die Reihenfolge (Linearisiserung) noch keine Rolle spielt.

Eine umsichtige Beantwortung der letzten Frage sollte auf ein Problem aufmerksam gemacht haben: Wenn *un-* etwas von der Kategorie A verlangt, *-bar* aber als Derivationsmorphem die Kategorie A hat, warum ist dann die Kombination *un+bar* nicht auch ein A und *genieß+[un+bar]* ebenfalls ein A? (In: *Ich zahle unbar* ist *bar* ein A-Stamm, kein Derivationsmorphem!) Eine solche Kombination von Affixen muss offenbar ausgeschlossen werden, ebenso wie etwa die Kombinationen in (19):

(19) a.

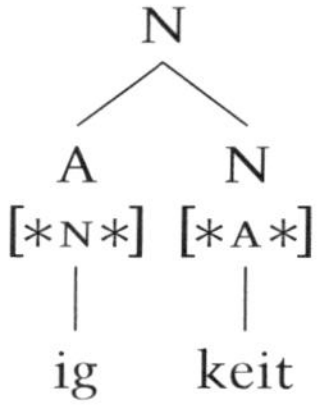

b.

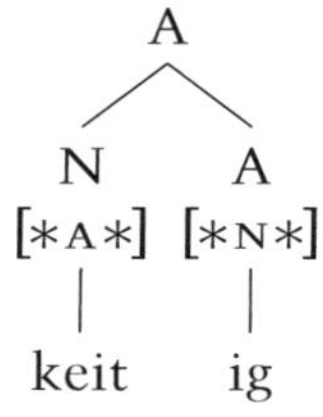

Abgesehen von der Schwierigkeit, diese Kombinationen semantisch zu interpretieren,[29] scheint hier auch die grundlegende Unterscheidung zwischen Stamm und Affix verloren gegangen zu sein. Üblicherweise wird diese Distinktion nun noch *zusätzlich* auf die eine oder andere Weise eingeführt, indem zwischen Stamm, Affix und Wort und deren Kombinierbarkeit untereinander formal unterschieden wird. Dies aber ist mit den Mitteln, die wir bisher zur Verfügung haben, nicht zu bewerkstelligen. Dennoch ist es möglich, (19) durch zusätzliche Bedingungen auszuschließen.

Eine erste Beobachtung ist die, dass (19) der Linearisierungsbedingung widerspricht: als Suffixe müssten *-ig* und *-keit* ja *beide* rechtsköpfig sein, was in (19) nicht möglich ist. Ein weiterer potentieller Ausschließungsgrund betrifft das allzu symmetrische Verhalten der Merkmale. Betrachtet man beide Bestandteile als solche, so lässt sich anhand der Merkmale nicht entscheiden, welches der Kopf sein soll. Kennzeichen des Derivations-Affixes war es aber gerade, Kopf zu sein, und genau dies kann dadurch formal implementiert werden, dass wir einen symmetrischen Merkmalabgleich wie in (19) prinzipiell verbieten. Die Asymmetrie, die wir als Kopfprinzip formuliert haben, setzt sich hier quasi auf der Merkmalebene fort: Kopfartigkeit innerhalb der Derivation lässt sich gerade über dasjenige Element erkennen, welches das morphologische Subkategorisierungsmerkmal hat. Entsprechend wird in der formalen Implementierung der Merkmalsyntax in Anhang (D.4.) eine wechselseitige Saturation der Merkmale einer Verzweigung per definitionem ausgeschlossen.

Kommen wir nun wieder zu unserem Ausgangsproblem zurück, nämlich zur unzulässigen Verkettung eines Präfixes mit einem Suffix, wie in *un+bar*. Eine Struktur, in der alle Merkmale korrekt saturiert werden, ist (20).

(20)

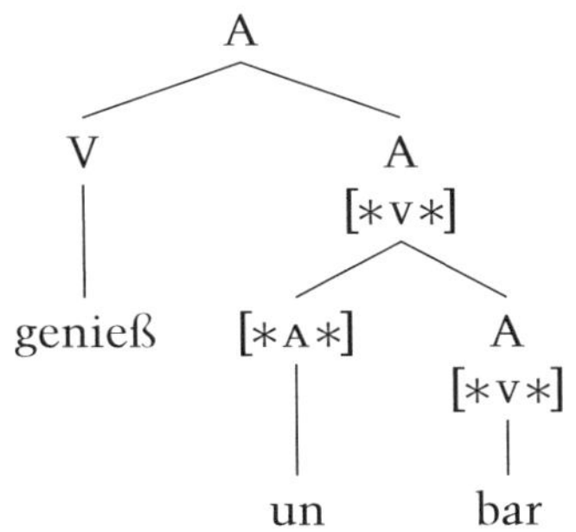

Nach allem, was wir bisher gesagt haben, ist diese Struktur wohlgeformt. Das Subkategorisierungsmerkmal von *un-* wird von *-bar* formal erfüllt; dessen Merkmal [*V*] wird in dieser Konfiguration nicht erfüllt, kann also aufgrund der Konvention (17) projiziert werden und wird dann erst später vom Stamm *genieß-* erfüllt. Offenbar kann diese Struktur nur dann überleben, wenn das Subkategorisierungsmerkmal von *-bar* projizieren darf. Es zeigt sich an dieser

Stelle, dass es sinnvoll sein kann, die Projektion der morphologischen Subkategorisierungsmerkmale zu verbieten, denn damit wird (20) ausgeschlossen. Betont werden muss hier aber unbedingt, dass diese Restriktion **nur** für die gerade betrachteten morphologischen Merkmale gilt. Denn wendet man sich (im Vorgriff auf Späteres) der Syntax zu und betrachtet man Konstruktionen wie (21),

(21) ein mir völlig unsympathischer Zeitgenosse

so lässt sich argumentieren, dass der Dativ des Pronomens *mir* von *sympathisch* selegiert wird (*er ist mir sympathisch*). Drückt man dies mit Hilfe eines Merkmals [∗DATIV∗] aus, so zeigt sich in (22), dass es durchaus möglich sein sollte, dieses Merkmal zu projizieren:

(22)

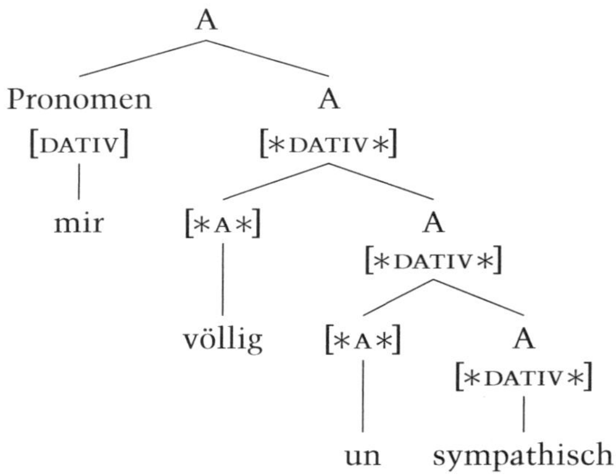

Die Projektionsregel (17) gilt daher nicht für die Subkategorisierungsmerkmale der Derivationsmophologie. Dagegen ist das Merkmal [∗DATIV∗] ein morphosyntaktisches Merkmal; es verlässt in (22) die Ebene der Derivation und wird „in die Syntax" hineinprojiziert. Diese Projektion ist ohne weiteres möglich, sie ist sogar notwendig, damit das Merkmal (in der Syntax) erfüllt oder überprüft werden kann. Halten wir noch einmal fest:

(23) Subkategorisierungsmerkmale von Affixen sind nicht projizierbar.

Abschließend sei noch einmal an unsere Pfeilnotation erinnert, die ja ursprünglich implizierte, dass die Merkmale des Ganzen mit denen des Kopfes identisch sind. Dies ist nun nicht mehr ganz richtig: der Pfeil besagt jetzt lediglich, welches der Kopf ist, und impliziert somit, dass Merkmale des Kopfes übernommen werden können, aber nur solche, die sich überhaupt projizieren lassen. Man spricht dann auch von einer „partiellen Projektion" von Merkmalen: Es werden nicht alle Merkmale projiziert, sondern nur solche, die einerseits projizierbar sind und andererseits noch kein Gegenstück gefunden haben.

Frage 31: Ergänzen Sie die notwendigen Merkmale in den Bäumen (24-a) und (24-b). Warum kann (24-b) keine korrekte Struktur sein?

(24) a.

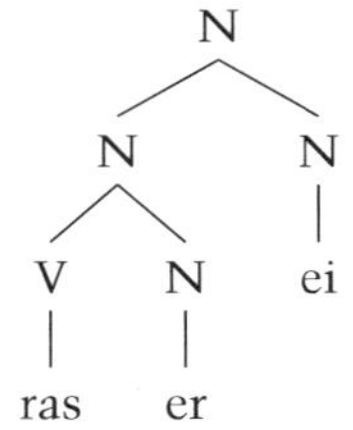

b.

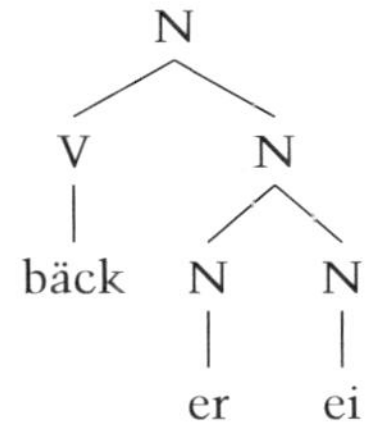

Einige Verwendungen von *-erei* werden als ein einziges Morphem angesehen. Diskutieren Sie eine mögliche Motivation hierfür anhand von *Sauferei*.

Präfixe und das Kopfprinzip 4.4.

Das Kopfprinzip wird in der Literatur auch als *Right Hand Head Rule* ***RHHR*** bezeichnet. Naturgemäß lässt sich mit Hilfe der RHHR zwar die Kategorie von Suffixen, nicht aber die von Präfixen aus der Kategorie des Ganzen erschließen. Z.B. müssen wir die Kategorie von *un-* (wie in *un-bestimmt*) unbestimmt lassen. Dasselbe gilt auch für eine Reihe von anderen Präfixen; die RHHR sagt voraus, dass diese die Kategorie des Ganzen nicht verändern können. Problematisch ist die RHHR nun aber bei Präfigierungen wie denen in (25):

(25) [$_V$ ent- [$_N$ kork]] (-en), [$_V$ ent- [$_N$ ziffer]] (-n), [$_V$ be- [$_N$ frist]] (-en),
[$_V$ ver- [$_N$ feuer]] (-n), usw.

Geht man davon aus, dass es kein Verb *korken* gibt und *entkorken* so etwas bedeutet wie „von einem Korken befreien", so müsste hier das Präfix als Kopf gelten, wodurch die RHHR Ausnahmen zulassen müsste. Dass ein Verbstamm wie *ent-kork* noch ein Affix in Form einer Infinitivmarkierung hat, spielt für das Problem keine Rolle, da die Flexionsmorpheme nicht zur Derivationsmorphologie gehören und im Übrigen auch nie kategorienverändernd wirken können, von sich aus also kein V bilden können.[30]

Wollte man bezüglich des Kopfprinzips ohne Ausnahme auskommen, müsste man, wie in Olsen (1990*a*) diskutiert, ein phonetisch leeres Affix, ein sog. **Nullmorphem** annehmen, das zunächst (über eine Null-Affigierung oder Konversion) ein Verb bildet und nachfolgend ein Präfix zulässt:

(26) [$_V$ ent- [$_V$ [$_N$ kork] $\varnothing_V$]], [$_V$ be- [$_V$ [$_N$ saite] $\varnothing_V$]],
[$_V$ ver- [$_V$ [$_N$ feuer] $\varnothing_V$]], [$_V$ ent- [$_V$ [$_N$ haupt] $\varnothing_V$]]

Dieses Verfahren ist jedoch umstritten; vergl. etwa die Übersichtsartikel Olsen (1990*b*,*c*). Wenn man die Annahme eines Nullmorphems vermeiden und gleichzeitig die Kopfregel aufrechterhalten möchte, müsste ein Verbstamm *kork-* angenommen werden, dessen Beziehung zum Nomen nicht über einen

Suffigierungsprozess zustande käme, sondern gesondert (über eine sog. lexikalische Regel, der sog. **Konversion**) beschrieben werden müsste. In jedem Falle aber hätte die Beibehaltung des Kopfprinzips zur Folge, dass als Zwischenstufe der Analyse ein Verbstamm *kork-* angenommen werden müsste, den es als solchen, also ohne Präfix, im aktuellen Sprachgebrauch nicht gibt.[31] Beide Verfahren sind unverträglich mit dem regelbasierten Ansatz von Aronoff (s.o.), der fordert, dass durch Derivation nur existierende Wörter in existierende Wörter überführt werden können. Wie wir aber anhand von Beispielen wie *Zweizimmerwohnung, Dreibettzimmer* usw. gesehen haben, ist diese Forderung schon in der Komposition bei binärer Verzweigung nicht erfüllbar und wird von vielen Autoren als zu stark empfunden. Demgegenüber befindet man sich im Einklang mit der alternativen Auffassung, dass das Lexikon nicht nur die aktuellen Wortformen umfasst, sondern auch potentielle Wortformen. Dies impliziert, dass das Lexikon durchaus auch *kork-* als einen Verbstamm enthalten könnte, obwohl dies kein aktuelles Verb ist, und nur im Kontext von *entkorken* vorkommt. Als Vertreter dieser Auffassung schreiben z.B. Di Sciullo und Williams (1987, Abschnitt 1.3, S. 15ff):

> We are in essence insisting that morphology is more like syntax than heretofore thought. Both of course have lists—the lists of primes, which are the words in syntax and the morphemes in morphology. In syntax there is of course no further list of 'actual' versus 'potential' phrases; the whole theory is about potential objects, though some are in fact actual (*How are you, kick the bucket*). In our view morphology is a theory of potential objects in exactly the same sense.

Wenn es also zumindest im Prinzip möglich sein sollte, nicht „existierende" Verben als rechte Köpfe zuzulassen, wäre es nicht nötig, hier mit einer Ausnahme zur RHHR zu rechnen. Präfixe als Köpfe scheinen darüber hinaus mit Generalisierungen unverträglich, die zumindest eine gewisse Plausibilität beanspruchen können. Z.B. werden wir in Abschnitt (9.1.3.) ein Prinzip kennenlernen, das besagt, dass der Kopf eines komplexen Wortes flektiert wird. Wäre nun bei *enthaupten* oder *befristen* das Präfix der Kopf, so würde das Prinzip der Kopfflexion die Flexion an der falschen Stelle vorhersagen: **ent-**en**+haupt* bzw. **be-**en**+frist*.[32] Folgt man dieser Argumentation (und insbesondere der Annahme prominenter Morphologen wie etwa Zwicky (1985*a*)), so können Präfixe von flektierenden Kategorien, da sie selber nie flektieren, auch nie Köpfe sein. Dies trifft wohl generell für alle Präfixe des Deutschen zu. Wie die Präfixe von Verben dann genauer analysiert werden sollen, wird weiter unten in Abschnitt (8.2.) diskutiert.

Insgesamt scheint es mir möglich, an der Ausnahmslosigkeit der RHHR festzuhalten, dafür aber eine abstraktere Analyse in Kauf zu nehmen, die mit potentiellen, ansonsten nicht unabhängig motivierten Verbalisierungen arbeitet. Ob man dabei zu einem Nullmorphem oder zu einer Konversionsregel greift, braucht an dieser Stelle nicht entschieden zu werden und scheint mir in der Literatur immer noch kontrovers diskutiert zu werden.[33]

Abfolgebeschränkungen 5.

Gegenstand dieses Abschnitts sind Abfolgebeschränkungen innerhalb der Derivation einerseits und zwischen Derivations- und Kompositionsprozessen andererseits. In diesem Zusammenhang werden die Konzepte der sog. extrinsischen und intrinsischen Ordnung eingeführt. Im ersten Unterabschnitt diskutiere ich die These, dass es im Englischen verschiedene Klassen von Derivationsmorphemen gibt, für die bestimmte Abfolgerestriktionen einzuhalten sind. Die Frage ist dann, wie eine solche Restriktion formal implementiert werden kann. Im nächsten Unterabschnitt diskutieren wir die Frage, ob es analoge Abfolgerestriktionen auch zwischen Komposition und Derivation gibt. Abschnitt (5.3.) schließlich diskutiert ein als sog. Klammerparadox bekanntes Phänomen, das meist als Gegenbeispiel zu der in der Literatur postulierten Hypothese zur Abfolge von Derivation und Komposition interpretiert wird.

Extrinsische und intrinsische Ordnung 5.1.

In der klassischen, auf Chomsky und Halle (1968) basierenden regelgeleiteten Phonologie stellt sich die Frage, in welcher Reihenfolge phonologische Regeln angewendet werden können bzw. müssen. Betrachten wir dazu zwei Regeln des Deutschen, nämlich die Tilgung von /g/ im Kontext /ŋg/ und die Velarisierung von /n/ vor /g/ und /k/. Es ist klar, dass die Velarisierung der Tilgung vorangehen muss, da /ŋ/ kein zugrundeliegendes Phonem ist und daher erst durch Velarisierung entstehen kann. Eine solche Ordnung, die nicht extra postuliert werden muss, sondern sich aus den Eigenschaften der Regeln oder der Merkmale der beteiligten Elemente von selber ergibt, heißt **intrinsische Regelordnung**.

Dem steht die sog. **extrinsische Regelordnung** gegenüber, also eine Ordnung der Regelanwendung, die sich nicht aus intrinsischen Eigenschaften der Regeln ergibt. Z.B. muss die Tilgung von /g/ nach /ŋ/ der Auslautverhärtung vorgeordnet werden, da sonst für Ding **Dink*, für Ring **Rink* usw. generiert werden könnte. (Eine Tilgung von /k/ nach /ŋ/ kommt wegen *krank* vs. **kraŋ* nicht in Frage.) Die Regel der g-Tilgung darf durch Auslautverhärtung nicht „ausgeblutet" werden, damit kein ungrammatisches Resultat entsteht.

Von Chomsky und Halle (1968) wurde bemerkt, dass es im Englischen zwei verschiedene Klassen von Suffixen gibt, nämlich solche, die das phonologische Make-up des Stammes verändern können und solche, die dies nicht können. Im Modell der sog. **Lexikalischen Phonologie** wurden erstere als *Class-I-Affixes*, letztere als *Class-II-Affixes* bezeichnet. Die phonetische

Veränderung betrifft einerseits die Qualität des Vokals, s. (1-b), andererseits die Position des Wortakzents, s. (1-a):

(1) a. ˈstrategy, straˈtegic; ˈabsent, absenˈtee; ˈgrammar, gramˈmarian;
b. [eɪ] → [æ]: sane, sanity; vain, vanity
[i:] → [e]: extreme, extremity; obscene, obscenity
[əʊ] → [ɒ]: morose, morosity; verbose, verbosity
[aʊ] → [ʌ]: profound, profundity
[aɪ] → [ɪ]: devine, devinity

Die Veränderungen im Stamm gehen von solchen Affixen aus, die zum Lehnwortschatz des Englischen gehören, während native Affixe des Englischen keinen Einfluss auf den Stamm ausüben. Weiterhin beobachtet Siegel (1976), dass bei der Abfolge Stamm+Suffix_1+Suffix_2 das Suffix_1 nie ein natives sein kann, wenn Suffix_2 nicht-nativ ist, siehe (2).

(2) *thank-ful-ity, *home-less-ity, *merci-less-ity,

Da *-ity* stammverändernd ist, gehört es zur *Class-I*, *-ful* dagegen ist stammbewahrend, gehört somit zur *Class-II*. Siegel formuliert die Hypothese, dass es eine extrinsische Ordnung zwischen verschiedenen Ebenen (*levels*) oder Strata gibt:

(3) Die ***Level Ordering Hypothesis***: (***LOH***, siehe Siegel (1976))
Class-I-Affixes und *Class-II-Affixes* gehören verschiedenen Strata oder Ebenen (genannt Stratum I und Stratum II) an, wobei gilt:
a. Stratum-I-Affigierung geht Stratum-II-Affigierung voraus, und
b. phonologische Regeln wie die Akzentzuweisung operieren auf Stratum I, nicht auf Stratum II.

(3-b) soll erklären, warum *Class-II-Affixes* keine Akzentverschiebung bewirken können; (3-a) soll die Abfolgerestriktionen zwischen den Morphemen beschreiben.

Wichtig ist, dass in dieser Beschreibung eine extrinsische Ordnung zwischen den Strata angenommen wird; dieses von Siegel und Allen (1978) entwickelte einflussreiche Modell der sog. **Lexikalischen Phonologie** wird in dem einführenden Werk von Katamba (1993) ausführlich diskutiert.

Nun beobachtet Fabb (1988), dass Suffixe wie *-al*, *-ment* und *-er* nur mit underivierten Wörtern verknüpft werden können:

(4) magnet-ize, *magnetize-al, valid-ate, *validate-ment, survive-al, *survival-er

Weiterhin erfordern nicht-native Affixe (also *Class-I-Affixes*) auch nicht-native Stämme. Diese Restriktionen (und viele andere mehr) lassen sich durch eine grobe Ebenenunterscheidung wie den Strata nicht erfassen. Vielmehr benötigen wir spezifischere Beschränkungen, welche die bei den Derivationssuffixen ohnehin vorhandenen Selektionsrestriktionen weiter einschränken. So würden wir für die Suffixe in (4) annehmen, dass sie ein Merkmal [∗+STAMM∗] haben; selbstverständlich haben Stämme dann (optional) das (nicht-projizierbare) Merkmal [+STAMM]. Entsprechend haben dann *-al, -ment* und *-er* das Merkmal [∗+STAMM∗]:

(5) a.

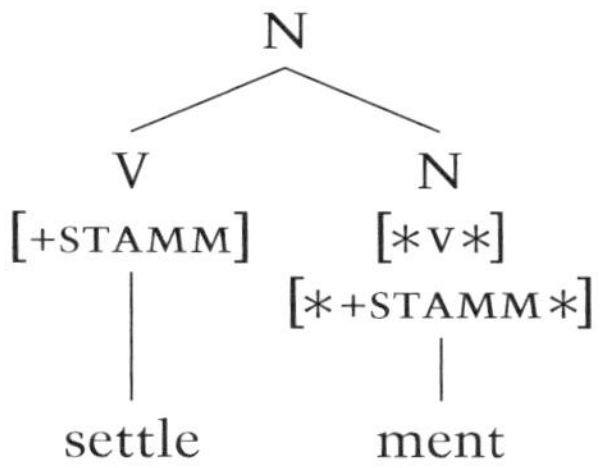

b.

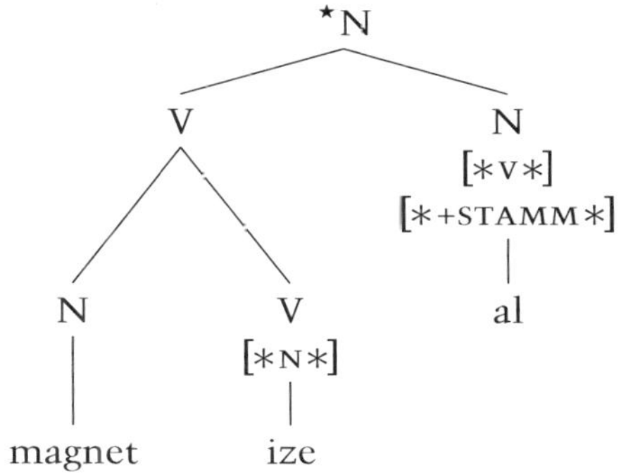

(5-b) ist ungrammatisch, weil das Merkmal [∗+STAMM∗] kein Gegenstück haben kann. Für die weitergehende Beobachtung, dass *Class-I*-Suffixe nichtnative Stämme selegieren, wurde von Fabb ein Merkmal [+LATINATE] angenommen, das diese Stämme charakterisiert; entsprechend haben in unserer Notation die Affixe der Klasse I das obligatorische Merkmal [∗+LATINATE∗] und das (optionale) lexikalische Merkmal [+LATINATE].

(6) a.

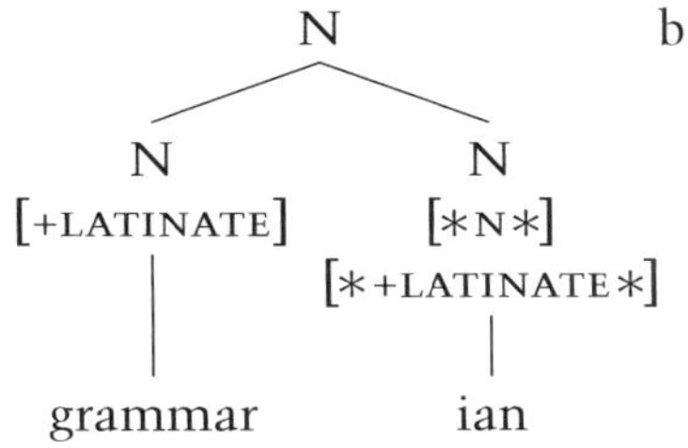

b.

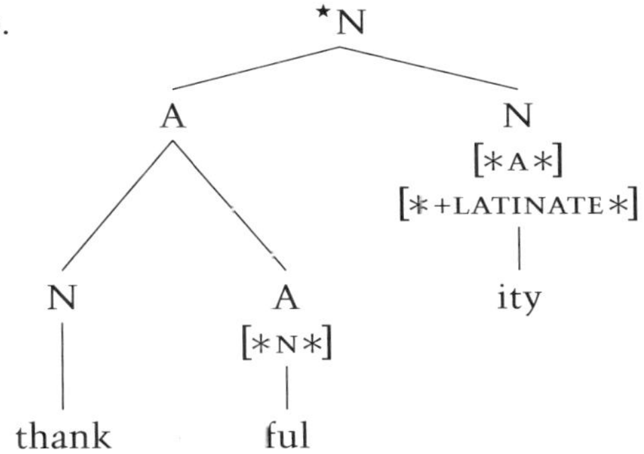

c.

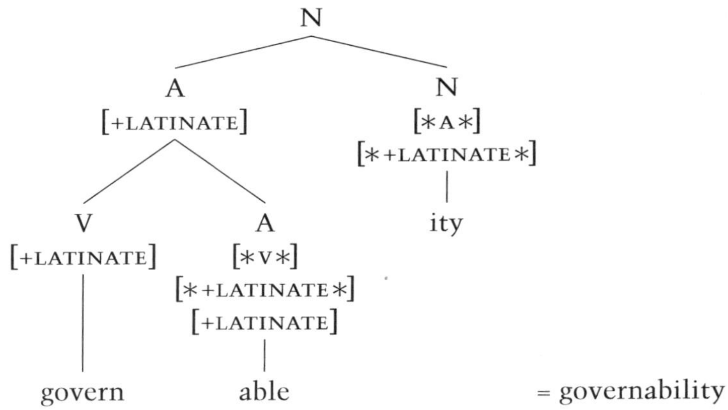

(6-b) ist ungrammatisch, da *-ity* ein [+LATINATE]-Komplement verlangt, *-ful* dagegen nativ ist. (6-c) dagegen ist in Ordnung. Man sieht, dass die Sternmerkmale obligatorisch sind, während Merkmale wie [+STAMM] und [+LATINATE] zwar im Lexikon stehen, jedoch nur dann verwendet werden, wenn sie in einem Baum auch tatsächlich benötigt werden.

Durch die Verwendung von Merkmalen und der zusätzlichen Annahme, dass [+LATINATE]-Suffixe auch [+LATINATE]-Stämme benötigen, haben wir den extrinsischen Ordnungseffekt der *LOH* auf intrinsische Eigenschaften der involvierten Morpheme zurückgeführt. Um die Hypothese vollständig obsolet zu machen, muss lediglich eine Alternative zum phonologischen Teil von (3) entwickelt werden; in der metrischen Phonologie z.B. ist hierfür das Konzept der extra-Metrizität entwickelt worden, das schlicht besagt, dass sog. **extrametrische Silben** bei der Berechnung des Akzents ignoriert werden müssen (vergl. Selkirk (1982)). Es ist daher anzunehmen, dass [−LATINATE]-Affixe extrametrisch sind.

Im vorliegenden Fall scheint es somit gelungen, das extrinsische Ordnungs-Modell der *LOH* durch einen spezifischeren intrinsischen Selektionsmechanismus zu ersetzen. Dies ist insbesondere deshalb gut motivierbar, weil die verwendeten Merkmale wie [+STAMM] und [+LATINATE] auch unabhängig motiviert werden können.

Allerdings sei an dieser Stelle vermerkt, dass es gewisse Regularitäten zu geben scheint, die weit über die Anforderung [*+LATINATE*] hinausgehen. So beobachtet Fabb (1988), dass sich das Derivationsmorphem *-ity* nur mit einer *Teilmenge* der nicht-nativen Suffixe verbindet, nämlich nur mit solchen abgeleiteten Wörtern, die mit *-ive, -ic, -al, -an, -ous* und *-able* gebildet sind, grammatische Beispiele sind in (7-a). Ebenso lassen *-ize, -ist* und *-ism* nur vorangehende Morpheme der Form *-ive, -ic, -al* und *-an* zu (vergl. Fabb (1988, S. 536ff)); ausgeschlossen sind daher die Kombinationen in (7-c).

(7) a. sensit+iv-ity, publ+ic-ity, grammatic+al-ity
b. sensu+al-ize, sensu+al-ist, sensu+al-ism
c. *sensu+ous-ize/ist/ism, *sens+ible-ize/ist/ism, *sens+ory-ize/ist/ism

Wenn man auch diese Regularitäten durch Merkmalselektion beschreiben möchte, brauchen wir ad-hoc-Merkmale, welche gerade die relevanten Klassen kennzeichnen, darüber hinaus jedoch nicht motivierbar sind.

Frage 32: Wie lässt sich dies für die genannten Beispiele bewerkstelligen?

In der Regel lassen sich daher extrinsische Ordnungen durch die Verwendung von Merkmalen simulieren, allerdings erfordert eine genauere Beschreibung von Selektionsverhältnissen auch Merkmale, die zugegebenermaßen nicht unabhängig motiviert sind, sondern allein für die Ableitung der einzuhaltenden Reihenfolge eingeführt wurden. Dass es zumindest im Prinzip möglich ist, auf eine extrinsische Ordnung zu verzichten, wurde z.B. von der Phonologin Elisabeth Selkirk (1982) als Vorteil eines quasi syntaktischen, auf Subkategorisierung beruhenden Ansatzes gewertet; zur Kritik an diesem Ansatz vergl. jedoch Plag (1999). Allerdings scheint diese Rückführung einer extrinsischen auf eine intrinsische Ordnung auch an prinzipielle Grenzen zu stoßen, die wir im nächsten Abschnitt ausloten wollen.

Frage 33: Die fünf Suffixe der ersten Spalte in (8) lassen sich entweder mit einem Stamm kombinieren wie in Spalte 2, oder mit einem der Suffixe in Spalte 3, aber mit keinem anderen Suffix (s. Fabb (1988)):

(8)	-ary	legend-ary	-ion+ary	revolut-ion+ary
	-er	prison-er	-ion+er	vacat-ion+er
	-ic	metall-ic	-ist+ic	modern-ist+ic
	-(at)ory	advis-ory	-ific+atory	mod-ific+atory
	-y	hart-y	-enc+y	resid-enc–y

Nehmen wir an, die Phonemfolgen in Spalte 3 bilden jeweils nicht ein einziges, sondern zwei getrennte Suffixe mit den ihnen eigenen Selektionsbeschränkungen. Wie könnten die Selektionsbeschränkungen für die Suffixe der ersten Spalte in (8) mithilfe geeigneter Merkmale ausgedrückt werden?

Die Extended Level Ordering Hypothesis 5.2.

Im Zusammenhang mit Ordnungsrestriktionen zwischen Affixen stellt sich naturgemäß die Frage, welche der drei möglichen Hypothesen auf das Abfolgeverhältnis von Komposition und Derivation zutrifft:

(9) a. Die Komposition geht der Derivation immer voran.
b. Die Derivation geht der Komposition immer voran.
c. Komposition und Derivation können frei miteinander interagieren.

Fragen wir uns nach der Abfolge der Bildungsprozesse von *Finder+lohn* oder *Tischlerei+betrieb*, so stellen wir fest, dass offenbar das erste Kompositionsglied selbst wieder deriviert ist, so dass es möglich sein muss, die Derivation vor der Komposition anzuwenden. Somit kann (9-a) als falsch ausgeschlossen werden. Es verbleiben die Hypothesen (9-b) und (9-c).

Betrachten wir als erstes illustrierendes Beispiel den sog. *Windabweiser*, auch Deflektor genannt.[34] Da dem Ganzen das Verb *abweisen* mit der Partikel (=PRTKL) *ab-* als Präfix zugrunde liegt, sind für die Derivation mittels des Nominalisierungssuffixes *-er* im Prinzip die beiden Strukturen in (10) möglich.

(10) a.

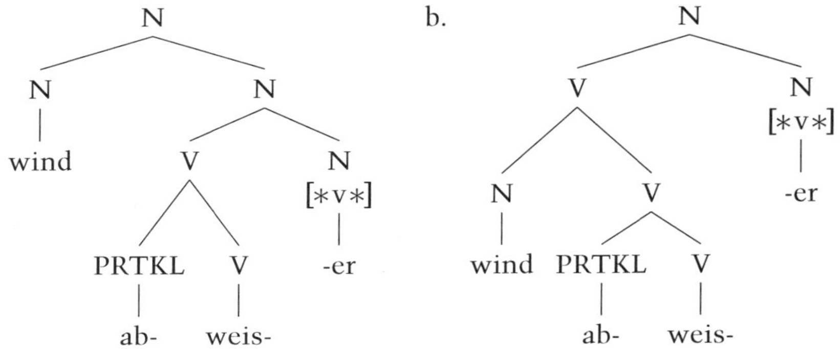

Liest man die Bäume von unten nach oben, so wurde in (10-a) zuerst deriviert und dann komponiert, in (10-b) ist es gerade umgekehrt. Ist Hypothese (9-b) korrekt, ist Struktur (10-b) ausgeschlossen; ist (9-c) richtig, sind beide Strukturen möglich, solange nicht eine Struktur durch unabhängige Prinzipien ausgeschlossen werden kann. Zu beachten ist weiterhin, dass unser Merkmalsystem per se keine Entscheidung herbeiführt: beide Strukturen sind potentiell zulässig. Auch intuitiv ist eine Entscheidung kaum möglich: dummerweise sind zwei Paraphrasen möglich, die den jeweiligen Strukturen in (10) entsprechen: „Abweiser von Wind" für (10-a) und „Ding, das Wind abweist" für (10-b). Die Frage, welche der beiden Strukturen die „richtige" ist, ist daher nicht einfach zu beantworten. Die logisch stärkere und darum per se zu bevorzugendere These wäre natürlich (9-b); leider gibt es, wie wir jedoch sehen werden, genügend Evidenz, die letztlich auf (9-c) hinausläuft. Zu beachten ist auch, dass die Frage, ob (9-b) oder (9-c) generelle Gültigkeit beanspruchen darf, sich naturgemäß nicht anhand eines einzelnen Beispiels beantworten lässt. Da (9-b) die logisch stärkere These ist, brauchen wir zum Beweis dieser These Daten, deren Ungrammatikalitat durch die These (9-b) erklärt werden könnte. Zum Beweis der schwächeren These (9-c) brauchen wir Daten, die mit (9-b) inkompatibel sind. Gibt es aber solche Daten?

Betrachten wir zuerst jene Argumente, die für eine Ordnung von Derivation vor Komposition zu sprechen scheinen. Anhand des Englischen ist aufgrund der ungrammatischen Komposita wie in (11) argumentiert worden, dass nur (9-b) korrekt sein kann.

(11) *engl.* passion fruit, fruity, aber: *passion fruit+y
dt. Passionsfrucht, fruchtig, aber: *passionsfruchtig

Die Überlegung ist folgende: Nehmen wir an, (9-c) sei falsch und (9-b) richtig. Dann wird korrekt vorhergesagt, dass es unmöglich ist, aus *Passionsfrucht* ein Adjektiv wie **passionsfruchtig* zu bilden, obwohl solche Adjektive semantisch durchaus interpretierbar wären (**passionsfruchtig* = „die Eigenschaft einer Passionsfrucht habend"). Würden wir umgekehrt, in Übereinstimmung mit (9-c), zuerst *fruchtig* bilden, wäre **passionsfruchtig* zwar prinzipiell möglich, ergäbe jedoch keinen akzeptablen Sinn (es würde ja eben nicht „fruchtig wie eine Passionsfrucht" bedeuten, sondern etwas wie *„fruchtig wie eine Passion"). Da (9-b) dazu herangezogen werden kann, die semantisch mögliche, aber dennoch ungrammatische Ableitung der Beispiele zu blockieren, wurde geschlossen, dass (9-b) korrekt und (9-c) falsch sein muss.

Frage 34: Warum gibt es *Radler*, aber keine **Fahrradler*? Lässt sich die Argumentation auf *weinrot, röter,* **weinröter* übertragen?

Auf dem Hintergrund der These, dass sich die Regeln für die Derivation und die Komposition jeweils zu verschiedenen sog. **Modulen** zusammenfassen lassen — wobei Module allgemeiner Auffassung nach isolierte Systeme (engl. *encapsulated systems*) sind, die zwar einen *Input* und einen *Output* haben, ansonsten aber autonom agieren (vergl. hierzu Fodor (1983)) —, ist aufgrund dieser Beispiele geschlossen worden, dass in einem solchen System der *Output* der Derivation gerade der *Input* für die Komposition ist (und deren *Output* ist dann wiederum *Input* für die Flexion). Diese modulare Organisation der Grammatik ist seit Allen (1978) als ***Extended Level Ordering Hypothesis***, hier abgekürzt als ***ELOH*** bekannt.

In Allens regelbasiertem Ansatz entspricht die ***ELOH*** einer **extrinsischen Regelordnung**: sämtliche Derivationsregeln können nur vor sämtlichen Kompositionsregeln angewendet werden.[35] Anders gesagt: Befindet man sich bei der Anwendung der Verkettungsoperation im Modul der Komposition, ist ein Zugriff auf Derivationsmorpheme nicht mehr möglich.

(12)

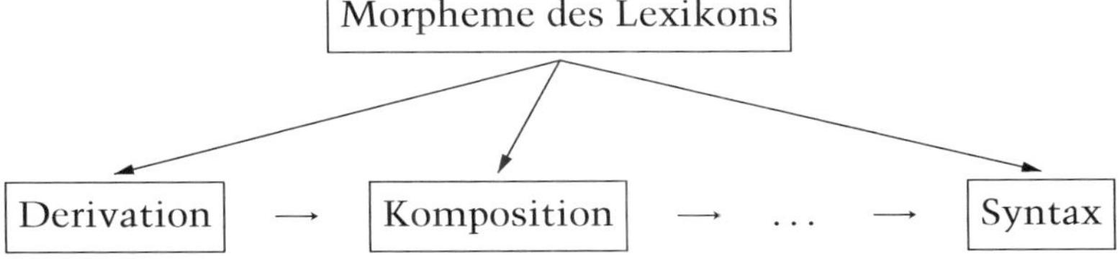

Und Analoges soll dann auch, wie wir sehen werden, für die Flexion gelten, die wir im Folgenden noch für die Punkte in (12) einsetzen werden. Die Ordnung der Module ist somit auch eine zwischen Stämmen, Derivations- und Flexionsmorphemen; sie ist extrinsisch und lässt sich, im Gegensatz zur extrinsischen Regelordnung aus Abschnitt (5.1.), auch nicht durch eine intrinsische ersetzen.

Frage 35: Warum ist es nicht möglich, Merkmale einzuführen, die für eine intrinsische Ordnung sorgen?

Ihre Antwort sollte darauf hinauslaufen, dass wir bei den Projektionsprinzipien für die Komposition angenommen haben, dass die morphosyntaktischen Merkmale des Kompositums völlig identisch mit denen des Kopfes sind. Daher ist im Derivationsmodul anhand der Merkmale des Komplements eines Affixes nicht zu erkennen, ob schon ein Kompositum vorliegt oder nicht.

Als Erweiterung der sog. X-bar-Syntax (s. Anhang (D.)) wurde von etlichen Linguisten angenommen, dass diese Ordnung durch nummerische Indizes gekennzeichnet werden können, wobei Komposition auf der 0-Ebene stattfindet, Derivationsaffixe und ihre Komplemente dagegen negative Indizes haben, vergl. die (etwas vereinfachten) Analysen von *platzsparend* (ein Wort), *Platz sparend* (zwei Wörter, neue Rechtschreibung) und *Weltspartag*:

(13)
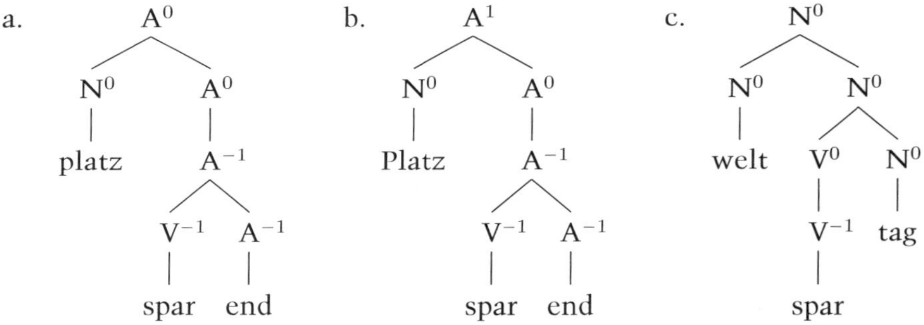

Zwischen den Modulen benötigt man eine „Anhebungsregel", die aus Stämmen Wörter macht und ein Lexem von der −1-Ebene ohne Verzweigung auf die Null-Ebene befördert.

Aus vielerlei Gründen ist dieses Verfahren mit dem hier vorausgesetzten Grammatikmodell nicht vereinbar. Dies ist nicht nur für nicht-verweigende Knoten offensichtlich. Auch Indizes oder *bar-levels* sind Entitäten, die in unserem Modell keinen Platz haben. Wollte man sie durch Merkmale kodieren, bekämen wir ein Problem mit der Grundannahme, dass alle Merkmale der höheren Knoten Projektionen der lexikalischen Elemente sind; insbesondere dürfen im Zuge der Bildung eines Mutterknotens keine neuen Merkmale hinzukommen. Beim Übergang von 0 zu 1 (bzw. von −1 zu 0) entsteht aber gerade das Problem, dass nicht bloß Merkmale projiziert oder gestrichen werden: es müssten Eigenschaften einer Kategorie *verändert* werden; es müsste etwas *hinzukommen*, was im Lexikon noch nicht vorhanden war. Genau dies aber widerspricht unserer Auffassung von Merkmalprojektion, derzufolge alle Merkmale aus dem Lexikon kommen und im Baum nicht verändert werden dürfen; s. hierzu wieder Anhang (D.).

Für das Englische scheint die *ELOH* schon deshalb naheliegend, weil englische Komposita in der Regel nicht zusammengeschrieben werden.[36] Da Derivate dagegen stets spatienlos sind, suggeriert schon die Orthographie, dass zuerst deriviert wird. Im Deutschen dagegen gibt es durchweg Zusammenschreibung (jedenfalls nach alter Orthographie, s. Jacobs (2005)), sodass wir gerade im Deutschen Anlass haben, das Problem erneut zu überdenken. Wir tun dies, nachdem wir im nächsten Abschnitt auf Beispiele eingegangen sind, die auch im Englischen gegen die *ELOH* sprechen.

Proportionale Analogie 5.3.

Dass die *ELOH* auch im Englischen nicht ganz wasserdicht ist, wurde anhand von Beispielen wie *transformational grammarian* diskutiert. Ein solcher ist natürlich eine Person, die der Transformationsgrammatik (*Transformational Grammar*) anhängt, also ein „Betreiber" der Transformationsgrammatik und kein Grammatiker, der eine Transformation erleidet. Semantisch sollte also eine der *ELOH* widersprechende Struktur [[*transformational grammar*] *ian*] vorliegen. Gleiches gilt im Deutschen für den *Transformationsgrammatik+er*. Weitere Beispiele aus dem Englischen:

(14) atomic scientist, Gödel numbering, set theoretical, theoretical linguist, electrical engeneer, baroque flutist

Verteidiger der *ELOH* weisen nun darauf hin, dass es in der Morphologie nicht nur die beschriebenen „konkatenativen" Prozesse gibt, also Operationen, die Morpheme schlicht nebeneinandersetzen (konkatenieren), sondern auch Prozesse wie **Rückbildung** und **Konversion**. Rückbildung liegt vor im Verhältnis zwischen dem Nomen *Notlandung* und dem Verb *notland-en*, das interpretiert wird als: eine Notlandung ausführen oder erleiden; ähnlich *Staubsauger* und *staubsaugen*, *Mähdrescher* und *mähdreschen*. Diese Verben sollen gerade nicht durch den üblichen Prozess der konkatenativen Derivationen entstanden sein, weil sie sonst ein von einigen Linguisten als unzulässig erachtetes X+V-Kompositum bilden würden; die Existenz solcher Wörter beruhe auf einem qualitativ anderen (derivationellen) Prozess, wodurch sie wieder legitim werden können. Weitere Beispiele für Rückbildungen sind *unnatürlich* und *Unnatur*, *sanftmütig* und *Sanftmut*, *eigensinnig* und *Eigensinn* usw. Konversion liegt bei identischen (möglicherweise umgelauteten) Stammformen vor, die verschiedenen Kategorien angehören: *Butter*, *butter(-n)*, *Fisch*, *fisch(-en)*, *Kopf*, *köpf(-en)*, *süß*, *süß(-en)* usw. Vollkommen produktiv ist die Nominalisierung von Verben: hier wird das flektierte Verb in einen Nominalstamm überführt: s. *laufen*, das *Laufen*, *kommen*, das *Kommen*, usw. Es ist vollkommen klar, dass Rückbildung und Konversion *nach* der Komposition wirken können, sich also einer Einordnung im Sinne der *ELOH* entziehen.

Wenn dem so ist, könnte es aber auch weitere Prozesse geben, auf welche die Ordnungshypothese nicht zutreffen muss. So analysiert Spencer (1991, S. 414) unser Ausgangsbeispiel *transformational grammarian* als eine Art Klammerparadox, das er auf folgende Weise auflöst: Seines Erachtens handelt es sich hier um einen *anderen* Typ von Derivation, den er einen ***„process of proportional analogy"*** nennt. Die Analogie beruht darauf, dass es die drei Begriffe *Grammatik*, *Grammatiker* und *Transformationsgrammatik* als existierende Begriffe im Lexikon gibt. Das Verhältnis von *Grammatik* zu *Grammatiker* ist nun *analog* zu dem zwischen *Transformationsgrammatik* und *Transformationsgrammatiker*; und *proportional* hierzu ist das Verhältnis zwischen *Grammatik* und *Transformationsgrammatik* analog zu dem zwischen *Grammatiker* und *Transformationsgrammatiker*.

Diese Theorie beschreibt somit die *Bildung* des Wortes, legt sich aber in Bezug auf seine *Struktur* überhaupt nicht fest. Wenn dennoch plausiblerweise davon auszugehen ist, dass die semantische Struktur als [N+N]+*er* zu analysieren ist, so soll dies nicht bedeuten, dass diese Struktur durch einen konkatenativen Prozess entstanden ist, welcher der Ordnungshypothese widerspricht. Vielmehr soll sie durch einen analogischen Prozess entstanden sein, welcher der *ELOH* nicht unterliegt.

Bei dieser Erklärung bleibt zu fragen, was als Kriterium für die Anwendbarkeit dieses Prozesses zu gelten hat. So könnte man aus der Existenz von *Fahrrad*, *Rad* und *Radler* nach demselben Schema auf die Existenz von **Fahrradler* schließen, und ebenso für *rot*, *röter*, *weinrot* auf **weinröter*. Wenn der von Spencer vorgeschlagene analogische Prozess nun aber wieder solche Beispiele ins Boot holt, die von der Ordnungshypothese ursprünglich ausgeschlossen werden sollten, neutralisieren sich beide Prinzipien, und wir sind auf ganz andere Erklärungen für die Unakzeptabilität der Beispiele angewiesen.

Zusammenbildungen 5.4.

Wir haben im letzten Abschnitt gesehen, dass das Model der proportionalen Analogie die Ordnungshypothese (12) nicht verteidigen kann, da sie per se wieder solche Beispiele zulässt, die von der Hypothese ursprünglich ausgeschlossen werden sollten. Es fragt sich daher, ob die als ungrammatisch charakterisierten Wörter letztlich nicht doch systemkonform sind. Denn dass diese Wörter im Lexikon nicht existieren, braucht uns ja nicht davon abzuhalten, sie als grammatisch anzusehen. Ich sehe keinen Grund, sie als unmögliche

Wörter des Deutschen aus dem grammatischen System zu verbannen. Wenn in der Werbung so etwas wie *buchig* zulässig ist (s. (4.5-a)), warum sollte dann der Fruchtsafthersteller Donath sein Spezialprodukt, den Passionsfruchtsaft (mit Akzent auf der zweiten Silbe!), nicht mit (15) bewerben können?

(15) Ein Saft, wie er passionsfruchtiger nicht sein kann... mmmh!

Frage 36: Als „**Zusammenbildung**" bezeichnet man in der Literatur Komposita wie *viertürig, Appetithemmer, Dickhäuter, Vogelscheuche, blauäugig, scharfzüngig* usw. Welche Eigenschaft ist diesen Wörtern gemeinsam? Inwiefern stellen Sie für die Wortbildung ein Problem dar? (Literatur hierzu wird in Leser (1990) kritisch zusammengefasst; lesenswert ist auch Höhle (1982), worin eine Analyse vorgeschlagen wird, die der *ELOH* widerspricht.)

Semantisch eindeutig sind z.B. auch *Kirchgänger* oder *Fußballer*, die intuitiv aus *Kirchgang* bzw. *Fußball* abgeleitet sind und nicht aus *Kirch+gänger* bzw. *Fuß+baller*; vergl. auch:

(16) a. *sommersprossig*, ein *schreihalsiger* Schlingensumpf (aus (2.1-a))
b. So aber gibt der Komödiant Götz George ... ein rundherum *ekelpaketiges* Schwein ... (aus der *SZ* zur Schimansky-Tatort-Folge)

Von vielen Morphologen wird daher die universelle Gültigkeit der *ELOH* bezweifelt.

Verteidiger der *ELOH* könnten anführen, dass mit *Fußball* zwar strukturell ein Kompositum vorliegt, dieses jedoch soweit als usualisiert empfunden wird, dass es die grammatischen Eigenschaften von Simplicia angenommen hat. Wird ein gewisser Grad von Idiomatisierung vorausgesetzt, wären auch die Beispiele in (16) keine echten Gegenbeispiele mehr. Problematisch bleiben dann aber immer noch die Zusammenrückungen wie *Einzeller, scharfzüngig, weitmaschig, südländisch, viertürig, blauäugig* usw. (Beispiele aus Reis (1983, S. 118)). Diese Wörter lassen sich in keiner Weise so dekomponieren, dass auch nur einer ihrer komplexen Teile einen eigenständig existierenden Lexikoneintrag ergäbe. Im Sinne einer Verteidigung der *ELOH* wäre dann zu argumentieren, dass solche Wörter *als Ganze* „usualisiert" wurden, und somit dem produktiven Teil der Wortbildung nicht unterliegen; nur für diesen produktiven Teil solle die Ordnungshypothese gelten.

Angesichts weiterer Beispiele wie *Treffsicherheit, Fahrbereitschaft, prägepolierbar, schulmeisterlich, raubkatzenhaft, barmädchenhaft* usw. scheint mir das Kriterium der (Un-)Produktivität jedoch zweifelhaft; wenn z.B. *treffsicher+heit* nur deshalb möglich sein soll, weil *treffsicher* usualisiert ist, warum ist dann eine *-heit*-Ableitung bei völlig neuen Komposita wie z.B. *durchschnupfsicher* oder *zeitnah* so unproblematisch?

Das Argument von der (Nicht-)Existenz gewisser Teile von Komposita scheint mir einer grundsätzlich anderen Betrachtungsweise zugänglich. Bei der früheren Diskussion des Beispiels *Filterknickschutz* habe ich bewusst eine Analyse ignoriert, die *knick* als Verb gemäß der Paraphrase „Schutz davor, dass der Filter (um)knickt" analysiert. Der Grund war der, dass wir uns bei der korrekten strukturellen Analyse (17) mit dem Problem konfrontiert sehen, dass *filterknicken* kein existentes Verb des Deutschen ist.

(17) $[_N$ $[_V$ filter knick] schutz]

Dies allein besagt aber noch nicht, dass (17) inkorrekt ist. Vergleiche etwa:

(18) $[_N$ $[_V$ kartoffel schäl] messer]

Hier gibt es, da *schäl* im Unterschied zu *knick* kein N sein kann, gar keine andere mit der Akzentregel kompatible Analyse. Dass *kartoffel-schälen* als V-Kompositum nicht existiert, scheint seinen Grund eben darin zu haben, dass es auch als Syntagma, also in der Syntax gebildet werden kann. Gewissermaßen blockiert diese Möglichkeit einer transparenten syntaktischen Bildung die morphologische Bildung (eine Präferenz, die in der Rechtschreibreform offenbar übergeneralisiert wurde; vergl. Fußnote 4). Diese Möglichkeit der syntaktischen Bildung entfällt jedoch, wenn *kartoffel-schäl-* als V selber wieder Teil eines Kompositums ist. Denn syntaktische Bildungen können in der Regel nicht Teile von Wörtern sein. Mit anderen Worten: X-V-Komposita sind einerseits zwar morphologisch bildbar und somit regelkonform, andererseits aber deshalb nicht gut, weil sie uneingebettet in Konkurrenz zu syntaktischen Bildungen stehen. Dies trifft auf viele X-V-Bildungen übrigens nicht zu: aus dem Vokabular der Linguistik gibt es hier eine Menge Beispiele, etwa:

(19) a. weil A von B kopfregiert wird,
b. weil A basisgeneriert wird,
c. weil A k-beherrscht wird
d. weil A an B Chomsky-adjungiert wird

In all diesen Fällen sind N-V-Bildungen möglich, eben weil, wie in (19-d), bei einer Chomsky-Adjunktion kein Chomsky adjungiert wird (und daher kein direktes Objekt vorliegt, das zu einer Konkurrenzsituation führen könnte).

Das Argument von der Nicht-Existenz gewisser Komposita kann daher auch bei den Zusammenbildungen keine Rolle spielen; dass etwa *viertür-* ohne *-ig* nicht existiert, mag daran liegen, dass es bei gleicher Bedeutung durch die transparente Bildung *vier Türen* blockiert wird.

Kommen wir nun zu der Struktur von *Windabweiser* zurück:

(20) a. $[_N$ $[_V$ wind abweis] er]
b. $[_N$ wind $[_N$ abweis er]]

Wir haben soeben ein Argument gegen (20-a) entkräftet, dass es nämlich ein Verb wie *windabweisen* als Kompositum nicht gibt. Auf der anderen Seite aber gibt es nun zwar das Verb *abweisen*. Jedoch ist die Nominalisierung *Abweiser* zumindest ungewöhnlich. Vorkommen tut es m.E. allenfalls im Fachjargon als Abkürzung für ein Kompositum, dessen Erstglied elliptisch verkürzt wurde. Bei einem *Abweiser* handelt es sich dann immer um einen ganz spezifischen Abweiser, z.B. um:

(21) Regenabweiser, Radabweiser, Dr. Clauder's Rüden-Abweiser-Spray („hält Rüden von der Hündin fern"), Kabelabweiser, usw.

Daher könnte man argumentieren, dass *Abweiser* kein Teil der Komposita in (21) ist, weil ein Abweiser (als isoliertes Wort) ja sein Objekt (das, was er abweist) semantisch schon inkorporiert hat. Schließt man sich dieser Argumentation an, wäre die Struktur (20-b) ungrammatisch, denn ein *Abweiser* wäre inhärent intransitiv und könnte daher in Rektionskomposita nicht vorkommen. Andererseits könnte man argumentieren, dass auch diese Art der Nicht-Existenz eines Kompositumbestandteils ähnlich wie die von X-V-Gebilden innerhalb von Komposita keine Rolle mehr spielt, da das semantische Objekt in diesem Kontext wieder exkorporiert werden kann. Dann aber würde die Nicht-Existenz eines Abweisers nicht ausreichen, um (20-b) zu blockieren.

Ich lasse die Frage, ob man sich überhaupt für eine der beiden Strukturen entscheiden muss, hier offen. Klar geworden ist m.E. jedoch, dass die *ELOH* nicht universell gültig ist, sondern allenfalls als eine gewisse Tendenz ihre Berechtigung hat, etwa der, eine für die Sprachverarbeitung günstige Struktur zu generieren, die auf dem rechten Ast verzweigt. Als grammatisches Prinzip ist diese Hypothese jedoch nicht aufrechtzuhalten, da sie zu viele Strukturen ausschließt, auf die man jedoch aufgrund semantischer und lexikalischer Erwägung nicht verzichten möchte.

Wortformbildung (1): Flexion der Nomina 6.

Während Komposition und Derivation zur Wortbildung gerechnet werden, spricht man bei der Flexion von Wort*form*bildung: es entstehen keine neuen Wörter, sondern nur Formen desselben Wortes, die sich aufgrund ihrer flexionsmorphologischen Merkmale voneinander unterscheiden lassen. Da die Flexionsmerkmale in der Syntax besonders wichtig sind, sollen die folgenden Abschnitte klären, welche Merkmale dies sind, woher sie kommen und wie sie im Rahmen einer generativen Grammatik analysiert werden können. Wir beginnen mit der Flexion der Nomina.

Bekanntlich flektieren Nomina im Deutschen bezüglich Kasus und Numerus; Sprecher des Deutschen „wissen", dass ein Wort wie z.B. *Junge* nur ein Nominativ Singular sein kann, dass *Frau* ein Singular und *Frauen* ein Plural ist, dass zwar *Staates*, nicht aber **Wurstes* ein möglicher Genitiv ist, usw.

Die Art der Flexionsendung ist vom Stamm abhängig. Die möglichen Formen eines Nomens werden oft in sog. **Flexionsparadigmen** dargestellt. Die wichtigsten Paradigmen habe ich in (1) zusammengestellt:

(1)

	Staat	Mann	Hund	Streik	Vogel	Bär	Frau	Wurst	Bar	Mutter
SG NOM	∅	∅	∅	∅	∅	∅	∅	∅	∅	∅
GEN	(e)s	(e)s	(e)s	(e)s	(e)s	en	∅	∅	∅	∅
DAT	(e)	(e)	(e)	(e)	∅	en	∅	∅	∅	∅
AKK	∅	∅	∅	∅	∅	en	∅	∅	∅	∅
PL NOM	en	er	e	s	∅	en	en	e	s	∅
GEN	en	er	e	s	∅	en	en	e	s	∅
DAT	en	ern	en	s	n	en	en	en	s	n
AKK	en	er	e	s	∅	en	en	e	s	∅
	P_1	P_2	P_3	P_4	P_5	P_6	P_7	P_8	P_9	P_{10}

Mit ∅ wird hier das Fehlen einer Endung markiert; man spricht auch von einer „leeren Endung" oder einem „Nullmorphem". Nomina, die nach demselben Muster flektiert werden, gehören in die gleiche **Flexionsklasse**. Die Muster selber, also die Spalten der Tabelle, sind die Flexionsparadigmen. Letztere habe ich hier etwas willkürlich mit P_1, P_2, P_3, ... P_{10} bezeichnet, wobei jedes P_i als eine Abbildung der Merkmale Kasus und Numerus auf die entsprechende Flexionsform (einschließlich der leeren Endung) verstanden werden kann. Z.B. gilt:

(2) P_{1-10}([NOMINATIV,SG]) = ∅,
P_{1-5}([GENITIV,SG]) = /(e)s/, P_{1-4}([DATIV,SG]) = /(e)/, P_1([PLURAL]) = /en/,
P_2([NOMINATIV,PL]) = P_2([GENITIV,PL]) = /er/, P_2([DATIV,PL]) = /ern/ usw.

Wörterbücher des Deutschen unterscheiden recht viele solcher Paradigmen; Wahrigs *„Deutsches Wörterbuch"* z.B. über dreißig. Diese Vielfalt entsteht durch mehrere Faktoren, die wir hier vernachlässigt haben. Ignoriert haben wir u.a., ob im Plural Umlautung vorkommt oder nicht; ebenfalls ausgeblendet haben wir eine Reihe von Differenzierungen, die mit dem Schwa zu tun haben; dieser wurde in (1) durchgehend eingeklammert. Einklammerung bedeutet nicht, dass ein Schwa grundsätzlich fakultativ wäre. Vielmehr hängt die Präsenz oder Absenz des Schwa von phonologischen Eigenschaften des jeweiligen Stammes ab. Z.B. wäre **des Vogeles* ungrammatisch. Dies aber ist aufgrund phonologischer Regeln des Deutschen vorhersagbar, sodass wir hier, im Gegensatz zu eher traditionellen Darstellungen, auf die Differenzierung zwischen *-es* und *-s* verzichten.[37] Formen wie **des Vogeles* werden somit als morphologisch unproblematisch angesehen, obwohl sie auf phonologischer Ebene ungrammatisch sind; dies erlaubt uns einen hohen Grad von Systematik in der Beschreibung der Flexionsklassen. Insbesondere wird es möglich, von nur einem einzigen *(e)s*-Exponenten für alle Genitiv Singular Formen der Paradigmen P_1 bis P_5 auszugehen.

Die Einklammerung des /e/ beim Dativ bedeutet dagegen echte Fakultativität; wir kommen darauf an mehreren Stellen noch zurück. Auffällig sind auch eine Reihe von weiteren, über die einzelnen Paradigmata hinausgehenden Regularitäten: z.B. sind die Formen im Nominativ, Genitiv und Akkusativ Plural nie verschieden; im Singular sind die nie flektierenden Nomina aus P_{7-10} ausschließlich Feminina. In P_{1-5} dagegen finden sich jeweils sowohl Maskulina als auch Neutra; Identität der Flexion liegt z.B. bei *Stachel* (mask.) und *Auge* (neutr.) oder bei *Vogel* (mask.) und *Kloster* (neutr.) vor. Regularitäten dieser Art sollen im Folgenden formal erfasst werden.

Frage 37: Zu welchen P_i gehören *Stachel, Auge, Vogel, Kloster*? Lassen sich für alle Paradigmen aus (2) je zwei Wörter A und B finden, die nach demselben Paradigma flektieren, wobei A einen umlautenden und B einen nicht-umlautenden Stamm hat?

Frage 38: Zu welchen der obigen Paradigmen gehören *Name, Löwe, Hass, Chaos, Tusch* und *Herz*?

Bei der Beschreibung der Flexion ist also erstens die Zugehörigkeit eines Nomens zu einer bestimmten Flexionsklasse festzulegen, zweitens die Distribution der Flexionsendungen gemäß dieser Flexionsklassen zu beschreiben, und drittens sollten Paradigmen-übergreifende Regularitäten erfasst und Redundanzen vermieden werden. Wir widmen uns diesen Aspekten in den folgenden Abschnitten und beginnen zunächst mit einer traditionellen Beschreibung des Zusammenhangs zwischen Stamm, Flexionsklasse und Endung.

Flexionsklassenmerkmale 6.1.

Bei der Beschreibung der möglichen Kombinationen von Stamm und Flexiv lassen sich zwei grundverschiedene Strategien unterscheiden. Methode A geht regelbasiert vor: diese Analyse könnte man als im Wesentlichen phonologisch bezeichnen. Methode B geht strukturbasiert vor, die Analyse ist quasi syntaktisch. Es ist klar, dass wir im Kontext dieses Buches eher an der zweiten Methode interessiert sind; dennoch schildern wir zu Vergleichszwecken zunächst einmal Methode A.

Wir nehmen zunächst an, dass P_1 bis P_{10}, also die Namen für die verschiedenen Flexionsklassen, zugleich formale Merkmale der Stämme sind. Man spricht von **Flexionsklassenmerkmalen**. Die zweite Annahme ist die, dass alle Stämme für je ein Kasus- und Numerusmerkmal spezifiziert sind. Die Wahl ist willkürlich. Die Idee ist dann, dass aufgrund der Kombination dieser drei Merkmale das Flexionssuffix über eine Regel eingeführt wird. Z.B. würde man

Regeln wie in (3) formulieren können (wobei wir die Kasusunterschiede im Dativ Plural zunächst ignorieren):

(3) a. X ⟶ X + /en/, falls X die Merkmale [P_1] und [PLURAL] enthält.
b. X ⟶ X + /en/, falls X die Merkmale [P_6] und [PLURAL] enthält.
c. X ⟶ X + /en/, falls X die Merkmale [P_7] und [PLURAL] enthält.
d. X ⟶ X + /s/, falls X die Merkmale [P_4] und [PLURAL] enthält.
e. X ⟶ X + /s/, falls X die Merkmale [P_9] und [PLURAL] enthält.
f. usw.

Dabei steht X für einen Stamm, dem wir über eine lexikalische Redundanzregel eine beliebige Kombination von Kasus- und Numerusmerkmal zugeordnet haben. Das jeweilige Flexionsklassenmerkmal P_i dagegen steht schon im Lexikon als Merkmal des jeweiligen Stammes X. Die in (3) erzeugten Endungen heißen auch **Exponenten** (der Regeln). Es ist klar, dass wir für die meisten Paradigmen mit mehreren, für das Paradigma spezifischen Regeln rechnen müssen. Eine Regel für die endungslosen Formen erübrigt sich, denn hier werden keine Flexive bzw. Exponenten generiert.

Dieses Verfahren erfordert es, für jedes Flexiv des Paradigmas eine eigene Regel anzunehmen. Wir bekommen so eine Vielzahl von Regeln, was darauf hindeutet, dass wir relevante Generalisierungen nicht erfasst haben. Die Zahl der Regeln lässt sich drastisch reduzieren, wenn wir die Paradigmenklassenmerkmale P_i aufspalten in Merkmale Q_i für den Singular und Merkmal R_i für den Plural:

(4)

	Staat	Mann	Hund	Streik	Vogel	Bär	Frau	Wurst	Bar	Mutter
SG NOM	∅	∅	∅	∅	∅	∅	∅	∅	∅	∅
GEN	(e)s	(e)s	(e)s	(e)s	(e)s	en	∅	∅	∅	∅
DAT	(e)	(e)	(e)	(e)	∅	en	∅	∅	∅	∅
AKK	∅	∅	∅	∅	∅	en	∅	∅	∅	∅
	Q_1	Q_1	Q_1	Q_1	Q_2	Q_3				
PL NOM	en	er	e	s	∅	en	en	e	s	∅
GEN	en	er	e	s	∅	en	en	e	s	∅
DAT	en	ern	en	s	n	en	en	en	s	n
AKK	en	er	e	s	∅	en	en	e	s	∅
	R_1	R_2	R_3	R_4	R_5	R_1	R_1	R_3	R_4	R_5

Frage 39: Warum gibt es in (4) für die unflektierten Kasus bei den Feminina kein Merkmal Q_4?

Die fünf in (3) formulierten Regeln lassen sich jetzt durch die zwei in (5) ersetzen:

(5) a. X ⟶ X + /en/, falls X die Merkmale [R_1] und [PLURAL] enthält.
b. X ⟶ X + /s/, falls X die Merkmale [R_4] und [PLURAL] enthält.

c. usw.

Um zu einer weiteren Vereinfachung des Systems zu kommen, müssen wir die Generalisierung erfassen, dass der Plural für alle Kasus ein eigenständiges Flexiv ist, wobei nur der Dativ eine zusätzliche Markierung des Kasus darstellt. Wir können dann eine Endung wie *-ern* beim Dativ Plural von R_2 als zwei getrennte Exponenten analysieren, die von zwei Regeln generiert werden. Die erste Regel ist (6-a), die zweite Regel könnte dann (6-b) sein:

(6) a. X ⟶ X + /er/, falls X die Merkmale [R2] und [PLURAL] enthält.
b. X ⟶ X + /n/, falls X die Merkmale [R2] und [DATIV,PLURAL] enthält.

Aus *Kind* wird mithilfe von (6-a) *Kind+er* generiert, falls beim Stamm das Merkmal [PLURAL] vorliegt. Ist auch noch das Merkmal [DATIV] vorhanden, müssen wir mit (6-b) aus *Kind+er* in einem zweiten Schritt *Kind+er+n* generieren. Damit die Generierung von *Kind+n+er* blockiert wird, kann auf eine extrinsische Regelordnung zurückgegriffen werden: (5-a) muss vor (6) angewendet werden. Außerdem muss es eine Bedingung geben, welche die iterative Regelanwendung verhindert, also so etwas wie **Kind+er+er*(*+er*...) ausschließt.

Dieses Verfahren ist immer noch nicht ganz befriedigend, da es nunmehr nötig wäre, jene R_i, die im Dativ ein /n/ haben, von jenen zu unterscheiden, welche kein /n/ zu haben scheinen. Eine Möglichkeit der Vereinheitlichung besteht in der Annahme, dass das Dativ-Morphem von der Flexionsklasse *unabhängig* ist, dass also im Plural stets /n/ generiert werden kann, auch nach *s* in R_4 und *n* in R_1. Wenn als Dativ-Plural-Endung generell /n/ angenommen wird, folgt für Wörter wie *Garten* (also bei *den Gärten+n*), dass das Dativ-*n* im Plural aus phonologischen Gründen nicht realisiert werden kann und getilgt wird (die Abfolge *n+n* wird *entgeminiert*). Diskutiert werden muss dann nur noch das Fehlen einer Kombination wie **Streik+s+n*.

Aufgrund der schon häufiger diskutierten Möglichkeit der Schwa-Epenthese würden wir hier eine Form wie **Streiksen* erwarten; diese Form ist zwar phonologisch wohlgeformt, muss aber dennoch ausgeschlossen werden. Schwa-Epenthese ist offenbar nicht immer morphologisch wohlgeformt, selbst wenn sie phonologisch möglich wäre: man vergleiche die mögliche Schwa-Epenthese beim Genitiv *des Streik(e)s* gegenüber der nicht wohlgeformten Epenthese im Plural *die Streiks*, aber **die Streikes*. Morpheme müssen offenbar dahingehend gekennzeichnet werden, ob sie Schwa-Epenthese erlauben, d.h. ob sie **silbisch** sein können oder nicht; es ist klar, dass der *s*-PLURAL und der *n*-DATIV nicht silbisch sind.

Daraus folgt, dass wir eine Form wie **Streiksn* mit unseren Regeln zwar zunächst bilden können, dass sie aber (wegen der nicht zugelassenen Epenthese) aufgrund phonotaktischer Beschränkungen nicht wohlgeformt (nicht silbifizierbar) ist: da innerhalb einer Silbe die Sonoranz der Phoneme zum Silbenrand hin i.A. nicht zunehmen darf, käme im *s*-PLURAL kein wohlgeformter Dativ zustande, wodurch eine Lücke im Kasussystem entstünde. Um diese Lücke zu schließen, kann eine phonologische Regel der **Tilgung** angenommen werden, die sich als eine Art Reparaturmechanismus (eine Abweichung vom Input) beschreiben ließe. Die Dativ-Bildung ist dann innerhalb der Morphologie völlig regelhaft, also wie in (7) flexionsklassenunabhängig zu beschreiben, erfordert aber auf der phonologischen Ebene die Tilgung von /n/ in nicht silbifizierbaren Kontexten.[38]

(7) X ⟶ X + /n/, falls X die Merkmale [DATIV,PLURAL] enthält.

Aus der Flexionsklassenunabhängigkeit von (7) folgt nun aber, dass wir auf das Flexionsklassenmerkmal R_5 verzichten können. Für R_1 bis R_4 verwenden wir im folgenden die naheliegenden Bezeichnungen *n*-PLURAL, *er*-PLURAL, *e*-PLURAL und *s*-PLURAL respektive. Dabei ignorieren wir wie gewohnt alles, was rein phonologisch bedingt ist, also z.B. die phonologisch bedingte Allomorphie beim *n*-PLURAL mit den Allomorphen *-n* wie bei *Bauer+/n/* und *-en* wie bei *Bär+/ən/*.

Frage 40: Welche phonologische Regel liegt der Alternanz beim *n*-PLURAL zugrunde? Man konsultiere hierzu etwa Wiese (1996).[39]

Bei der Unterteilung in die Flexionsklassen Q_1 und Q_2 haben wir angenommen, dass es eine Regel der Form (8) gibt:

(8) X ⟶ X + /e/, falls X die Merkmale [Q_1] und [DATIV,SINGULAR] enthält.

Diese Regel ist im Unterschied zu den anderen Regeln nicht obligatorisch, sondern nur fakultativ. Auch hier lässt sich eine weitere Vereinfachung erzielen, wenn wir gewisse phonologische Regularitäten mit einbeziehen. Die relevante Beobachtung ist die, dass sich das Fehlen des /e/-Dativs in Q_2 aus derselben Bedingung ableitet, die auch beim Genitiv das Schwa in **des Vogeles* blockiert. Grund für die Ungrammatikalität ist offenbar, dass in der vorangehenden Silbe schon ein Schwa steht. In diesem Falle könnte zwar ein /e/ generiert werden, dieses würde aber der Schwa-Tilgung zum Opfer fallen. Wenn dies so ist, können Q_1 und Q_2 zusammenfallen. Einige Linguisten gehen sogar noch weiter und behaupten, ein /e/ sei nur möglich, wenn die vorangehende Silbe akzentuiert ist. Da alle Nomina, die wir zuvor in Q_2 gesteckt haben, keine betonte Endsilbe haben können, können wir den Unterschied zwischen Q_1 und Q_2 aus dem Fehlen eines Akzents phonologisch ableiten. Wir benötigen daher lediglich zwei Flexionsklassenmerkmale, die ich [*s*-GENITIV] (für ehemals Q_1 und Q_2) und [*n*-KASUS] (für Q_3) nenne.[40] Als optionale Regel, welche den Dativ-Exponenten im Singular einführt, wäre dann zu formulieren:

(9) X ⟶ X + /e/, falls X eine betonte Endsilbe und die Merkmale [DATIV, SINGULAR, *s*-GENITIV] enthält.

Frage 41: Wie lauten jetzt noch die verbleibenden Regeln, die wir für die vollständige Charakterisierung der Paradigmen benötigen?

Unter dem Gesichtspunkt der phonologischen Vorhersagbarkeit ist auch unsere jetzige Klassifikation immer noch nicht ganz optimal; ich komme auf eine weitere Vereinfachung in Abschnitt (6.4.2.) zurück. Bevor wir nun von diesem regelbasierten Ansatz (Methode A) zu einem lexikalisch-syntaktisch orientierten Ansatz (Methode B) übergehen, wollen wir uns noch mit der Frage beschäftigen, inwieweit die Flexionsklassenmerkmale aufgrund der Eigenschaften der Nomina vorhersagbar sind.

Implikative Flexionsklassenbestimmung 6.2.

Die allgemeine Idee ist die, dass im Lexikon zunächst nur jene semantischen, phonologischen und morphologischen Merkmale stehen, die durch keine Regel voraussagbar sind. Jene Merkmale, die vorhersagbar sind, werden dann innerhalb des Lexikons durch lexikalische Regeln Schritt für Schritt ergänzt. Ausgangspunkt ist die Festlegung der Flexionsklassenmerkmale für den Plural. Das im Folgenden beschriebene Verfahren stammt von Wurzel (1998, S. 231).

Zunächst müssen bei einer Reihe von Nomina im Lexikon jene Flexionsklassenmerkmale für den Plural festgelegt werden, die *nicht* durch Regeln generiert werden können. Dies sind die Ausnahmen zu den Regeln, die im Folgenden formuliert werden. Die Regeln selber sind in einer bestimmten Reihenfolge anzuwenden. Sie ergänzen die Flexionsklassenmerkmale von Nomina, die noch kein solches Merkmal haben. Ist ein Merkmal durch eine Regel einmal zugewiesen, kann keine weitere Regel mehr angewendet werden. Betrachten wir ein Beispiel:

(10) Ein N bekommt das Merkmal *n*-PLURAL, wenn es ein Femininum ist.

Die durch (10) erfassten regulären Fälle sind z.B. *Katze, Bahn* und *Schwester*. Das vorhersagbare Merkmal ist *n*-PLURAL. Ausnahmen zu der Regel sind z.B. *Gans, Single* und *Mutter* mit den jeweils noch nicht vorhergesagten, schon im Lexikon spezifizierten Merkmalen *e*-PLURAL, *s*-PLURAL und dem für die Zwecke dieses Abschnitts angenommenen Merkmal ∅-PLURAL. Davon abgesehen gibt es aber eine Reihe von Feminina, die nicht (10) unterliegen, sondern durch eine andere Regel erfasst werden. Ein Beispiel ist *Oma*, ein Femininum mit *s*-PLURAL. Die hierfür zuständige Regel ist:

(11) Ein N bekommt das Merkmal *s*-PLURAL, wenn es auf einen Vollvokal endet.

Diese Regel erfasst auch Ns wie *Kino* und *Teddy*. Die Regel muss vor (10) angewendet werden, damit *Oma* das richtige Merkmal bekommt, erst danach kann (10) applizieren. Die Regel selber hat wieder einige Ausnahmen, die schon im Lexikon spezifiziert sind. Aufgrund des Formats der Regeln, die allesamt als wenn-dann-Bedingungen formuliert sind, spricht man auch von implikativen Regeln bzw. von einem implikativen Paradigmenaufbau.

In der folgenden Tabelle (12) finden sich Ausnahmen in der zweiten Spalte, während in der dritten Beispiele für die Anwendung der Regeln in (13) stehen. Die Unternummerierung in (12) entspricht der in (13). Z.B. enthält die zweite Spalte von (12-a) Ausnahmen zu Regel (13-a), die zweite von (12-b) Ausnahmen zu Regel (13-b) usw. Der Vollständigkeit halber werden die Regeln (10) und (11) in (13) wiederholt.

(12)

	unvorhersagbare Merkmale	lexikalisch zu spezifizierende Ausnahmen	gemäß (13) regulär gebildete Formen	vorhergesagtes Merkmal
a.	*n*-PLURAL	Villa, Drama	Oma, Teddy, Kino	*s*-PLURAL
b.	*e*-PLURAL	Gans	Katze, Bahn,	*n*-PLURAL
	s-PLURAL	Single	Schwester	
	∅-PLURAL	Mutter		
c-i.	*n*-PLURAL	Muskel	Vater, Wagen, Segel	∅-PLURAL
c-ii.			Gebirge	∅-PLURAL
d.	∅-PLURAL	Käse	Auge, Bote	*n*-PLURAL
	s-PLURAL	Piefke		
e.	*er*-PLURAL	Mann, Rind	Bein, Wolf	*e*-PLURAL
	s-PLURAL	Park		
	n-PLURAL	Bär		

(13) a. Ein Lexem, das aufgrund der lexikalischen Spezifikation in (12) noch kein Pluralmerkmal hat, bekommt das Merkmal *s*-PLURAL, wenn es auf einen Vollvokal endet.

b. Ein Lexem, das aufgrund von (12) und (13-a) noch kein Pluralmerkmal hat, bekommt das Merkmal *n*-PLURAL, wenn es ein Femininum ist.

c. Ein Lexem, das aufgrund von (12) und (13-a,b) noch kein Pluralmerkmal hat, bekommt das Merkmal ∅-PLURAL, wenn es
   (i) entweder auf e+Liquid bzw. Nasal (l, n oder r) endet oder
   (ii) ein Neutrum der Form *Ge+... +e* ist.

d. Ein Lexem, das aufgrund von (12) und (13-a-c) noch kein Pluralmerkmal hat, bekommt das Merkmal *n*-PLURAL, wenn es auf *-e* endet.

e. Ein Lexem, das aufgrund von (12) und (13-a-d) noch kein Pluralmerkmal hat, bekommt das Merkmal *e*-PLURAL.

Die Lücke in (12-c-ii) ergibt sich daraus, dass es zur Regel (13-c-ii) keine Ausnahme gibt. Die Ordnung der Regel ist, wie man sich anhand von Beispielen leicht klar machen kann, empirisch motiviert.

Frage 42: Warum ist die in (13) vorausgesetzte Ordnung der Regeln wichtig? Für die ersten beiden Regeln wurde dies oben anhand von *Oma* und den Merkmalen *s*-PLURAL und *n*-PLURAL schon gezeigt. Illustrieren Sie die übrigen Elemente der Hierarchie und argumentieren Sie anhand von Beispielen.

Die Ordnung ergibt sich aus der Formulierung der Regel selber, indem jede Regel Bezug nimmt auf ihren jeweiligen „Vorgänger". Diese Regelordnung wird hier also *intrinsisch* vorgegeben. Sie kann aber auch *extrinsisch* vorgegeben werden, wie dies etwa in der **Optimalitätstheorie** (OT) üblich ist. Dadurch kann die Formulierung der Regeln wie in (14) vereinfacht werden:

(14) a. Ein Lexem hat das Merkmal *s*-PLURAL, wenn es auf einen Vollvokal endet.
b. Ein Lexem hat das Merkmal *n*-PLURAL, wenn es ein Femininum ist.
c. Ein Lexem hat das Merkmal ∅-PLURAL, wenn es
(i) entweder auf e+Liquid bzw. Nasal (l, n oder r) endet oder
(ii) ein Neutrum der Form *Ge+... +e* ist.
d. Ein Lexem hat das Merkmal *n*-PLURAL, wenn es auf *-e* endet.
e. Ein Lexem hat das Merkmal *e*-PLURAL.

Gewissermaßen ist dann (14-e) der allgemeinste Fall, (14-d) ist als Ausnahme zu (14-e) aufzufassen, (14-c) ist eine Ausnahme zu (14-e,d) usw. Am wenigsten allgemein sind dann die lexikalischen Spezifikationen auf der linken Seite von (12). In der OT wird die so postulierte Ordnung wie in (15) notiert:

(15) Lex. Spez. $\ll$ (14-a) $\ll$ (14-b) $\ll$ (14-c) $\ll$ (14-d) $\ll$ (14-e)

Wurzels implikative Bedingungen bilden nur ein mögliches System unter vielen anderen; die Güte einer solchen Beschreibung bemisst sich daran, wie einfach die Regeln sind und wie groß die Zahl der Ausnahmen ist. Theoretisch wäre es möglich, die Zahl der Ausnahmen noch weiter zu reduzieren, im Gegenzug müsste dann aber entweder die Zahl der Subregularitäten erhöht oder spezifischere Merkmale angenommen werden (s. auch Abschnitt (**6.4.2.**); vergl. auch Wunderlich (1999), Wegener (1999), Bittner (1994) oder Wurzel (1998)., die jeweils eine andere als die in (13) vorausgesetzte Organisation der Regeln voraussetzen). Für die Zwecke eines ersten Überblick schien mir Wurzels ursprüngliches System das einfachste und eleganteste.

Frage 43: Diskutieren Sie: *Väter, Muttern, Mütter, Gesellen* und *Rehlein*. Welche Formen lassen sich regulär ableiten, welche nicht?

Frage 44: Wurzel benutzt das Merkmal [∅-PLURAL], während wir ein solches Merkmal für den Aufbau der Paradigmen P_i nicht benötigt haben. Warum kann man für die Zwecke dieses Abschnitts nicht ohne das Merkmal [∅-PLURAL] auskommen?

Auf dieselbe Weise lassen sich nun auch die Kasusmerkmale mithilfe der Regeln in (17) vorhersagen, wobei wir zur Kennzeichnung der Maskulina und Neutra das Merkmal [−FEM] verwenden:

(16)

	unvorhersagbares Merkmal	lexikalisch zu spezifizierende Ausnahmen	gemäß (17) regulär gebildete Formen	vorhergesagtes Merkmal
a.	*s*-GENITIV	Storch, Hecht	Bär, Mensch	*n*-KASUS
b.	*n*-KASUS	Automat, Paragraph	Staat, Brot	*s*-GENITIV

(17) a. Ein Lexem, das noch kein Kasusmerkmal, aber die Merkmale [+MASK,+BELEBT, *n*-PLURAL] hat, erhält zusätzlich das Merkmal [*n*-KASUS].
b. Ein Lexem mit dem Merkmal [−FEM] erhält zusätzlich das Merkmal [*s*-GENITIV].

Übrig bleiben gerade die Feminina, die ja unflektiert bleiben. Ignoriert haben wir einige sehr kleine Flexionsklassen wie die von *Name* oder *Herz*, auf die wir später noch einmal zu sprechen kommen.

Flexive als Konstituenten 6.3.

Ein Charakteristikum der phonologisch orientierten Behandlung der Flexion (Methode A) ist es, dass die Exponenten oder „Flexive" nichts zur Merkmalstruktur des Ganzen beitragen: Sämtliche Merkmale sind schon beim Stamm vorhanden. Die Flexive sind lediglich Ornamente, Verzierung. Dagegen knüpft Methode B an die eher traditionelle Vorstellung an, dass die Flexive selber die Information über Kasus und Numerus beitragen, vergl. (18):

(18)

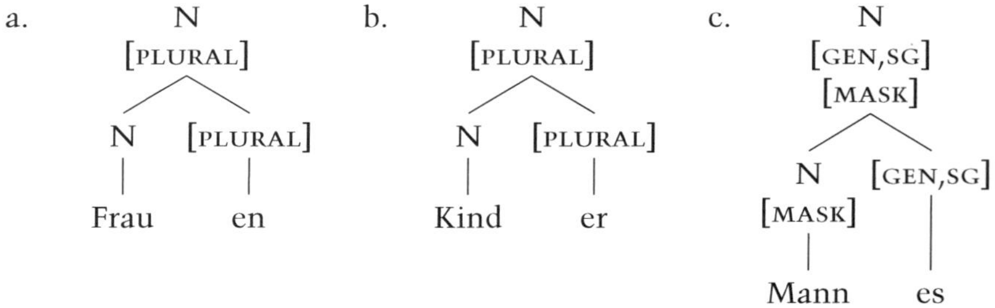

Die Flexive kommen hier, genau wie die Derivationsmorpheme, aus dem Lexikon und tragen selber Kasus- und Numerusmerkmale. Dagegen können Genusmerkmale, soweit sie benötigt werden, aus dem Lexikon der Stämme bezogen werden. Die Eigenschaft der Flexive, nominale Endungen zu sein, können wir leicht darstellen, wenn wir sie mit dem Subkategorisierungsmerkmal [*N*] versehen. Ein dementsprechender Baum ist (19-a). Da es sich aus dem Kontext ohnehin ergibt, welcher Stamm vom Flexiv subkategorisiert wird, ersetzen wir die Notation durch eine Schreibweise, die uns die Identifikation des Flexivs rein optisch erleichtert; als bloße Notationskonvention wollen wir hier vereinbaren, für die Kennzeichnung von Flexionsmorphemen den Buchstaben F zu verwenden, wie in (19-b) gezeigt:

(19) a. b.

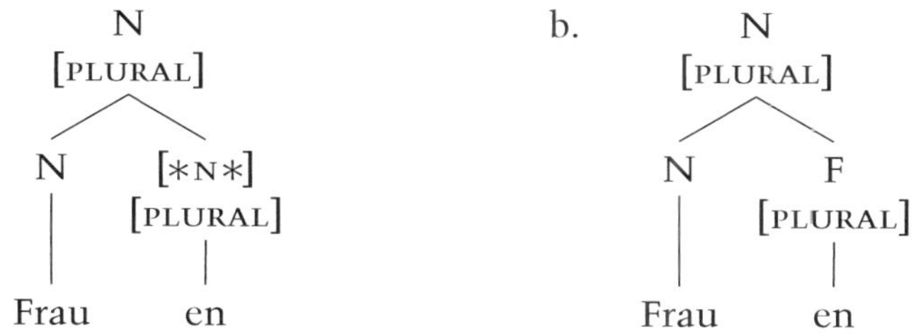

F stellt das Flexiv optisch auf dieselbe Stufe wie die Kategoriensymbole A, N, V, usw.; dabei soll F jedoch kein formales Merkmal sein; vielmehr steht F immer für das Gegenstück seines Schwesterknotens, also für das kategoriale Subkategorisierungsmerkmal des Flexivs. (19-b) repräsentiert also dasselbe Objekt wie (19-a).

Im Gegensatz zu Methode A kommen daher bei Methode B die Merkmale nicht nur vom Stamm, sondern auch vom Flexiv. Wie (18-c) zeigt, können nicht alle Merkmale vom Flexiv kommen. Wir nehmen daher hier explizit an, dass die Flexion nicht dem Kopfprinzip unterliegt; man könnte auch sagen, sie ist **doppelköpfig**.[41]

Zu ergänzen ist nun noch die vom Flexiv benötigte Information über die Flexionsklasse. Geht man von P_1 bis P_{10} aus, wäre (20-a) eine naheliegende Merkmalstruktur. Wie wir gesehen haben, ist es jedoch sinnvoll, die Paradigmen durch Mengen von Flexionsklassenmerkmalen darzustellen, sodass statt (20-a) besser (20-b) angenommen werden sollte, und analog (20-c):

(20) a. b. c.

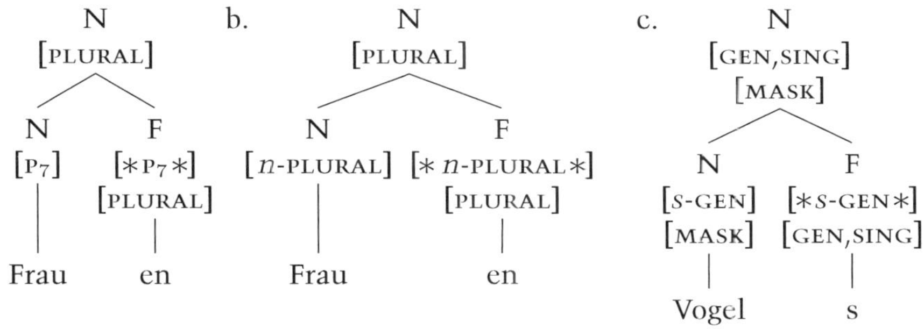

Die Realisierung des Dativ Plurals durch zwei getrennte Flexive für Kasus und Numerus kann nun mit Hilfe der in (21) gezeigten Flexive und ihrer Merkmale erfasst werden:

(21)

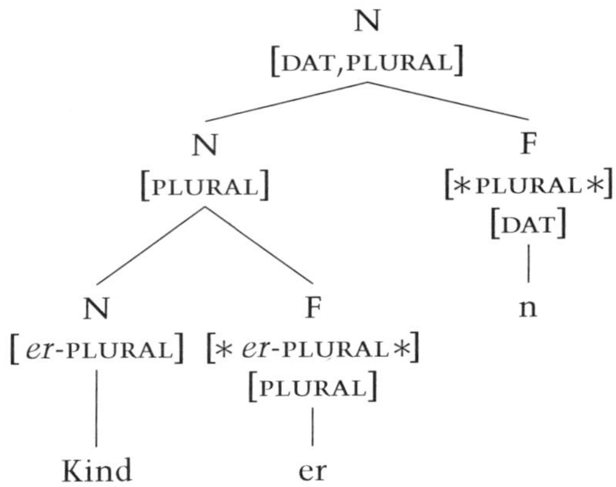

Frage 45: Warum kann *Kind+n+er* nicht erzeugt werden?

(21) zeigt, dass es sinnvoll ist, die Numerusinformation nicht beim Kasusmorphem selber anzusiedeln. Geht man diesbezüglich konsequent vor, so sollten auch die Kasusmorpheme des Singulars nicht selber das Merkmal [SG] haben. In Analogie zu (21) würde man dann das Merkmal [∗SG∗] erwarten, dessen Gegenstück dann ein Merkmal des Stammes sein müsste. Die Frage ist dann aber, woher ein solches Merkmal kommt, wenn wir wie in (21) annehmen, dass der lexikalische Stamm selber kein Numerusmerkmal hat. Möglich wäre ein Nullmorphem mit dem Merkmal [SG] oder eine zusätzliche Regel, die dieses Merkmal beim Stamm erzeugt. Wie wir jedoch im Folgenden zeigen werden, ist ein Merkmal für den Singular entbehrlich, sodass wir hier eine ganz andere Lösung vorschlagen: Da die Kasusmarkierungen im Singular nur bei den nicht-femininen Formen möglich sind, können wir annehmen, dass gerade das Merkmal [−FEM], das wir schon beim implikativen Aufbau des Paradigmas für die Charakterisierung der Kasus im Singular benötigt haben, das relevante Merkmal für die Singular-Flexive ist. Daraus ergeben sich für die Flexive im Singular die folgenden Merkmale:

(22)

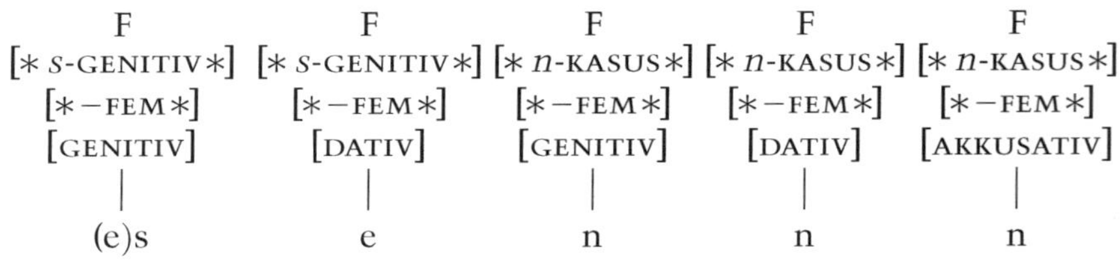

Es ist klar, dass die Pluralmorpheme kein Genusmerkmal haben, der Plural ist in vielen Sprachen genuslos. Daher sind die Flexive in (22) auf den Singular beschränkt.

Der Lexikoneintrag für den *e*-Dativ zeigt, dass sich aus dem Merkmal für die Flexionsklasse (hier: [∗ *s*-GENITIV∗]) nicht automatisch ein Kasusmerkmal (hier: [DATIV]!) ableiten lässt. Dass dies dennoch fast immer gelingt, ist nur „zufällig" so, da wir es im Deutschen mit einem extrem einfachen System von Flexionsklassenmerkmalen zu tun haben. In der Regel sind solche Merkmale Abstraktionen über mehrere Kasus und lassen, wie beim Merkmal *n*-KASUS, keinen direkten Schluss auf einen bestimmten Kasus zu.

Dass andererseits das Merkmal *n*-KASUS in verschiedenen Kasus durch den gleichen Exponenten realisiert wird, ist ein Fall von **Kasussynkretismus**, worunter man gerade den phonetischen Zusammenfall der Formen für verschiedene Morpheme versteht, den wir auch bei den kasusunmarkierten Formen beobachtet haben. Innerhalb der Morphologie versucht man, Vervielfältigungen von Bedingungen, Regeln oder Lexikoneinträgen, die auf Synkretismen beruhen, zu vermeiden, z.B. indem man auf die Aufspaltung von Merkmalen in Bündel von Merkmalen zurückgreift.[42] Ob dies überhaupt wünschenswert ist, hängt davon ab, ob man den *n*-KASUS als einheitliches Phänomen ansehen möchte. Dies scheint mir zweifelhaft, denn /n/ ist für viele Sprecher des Deutschen im Dativ und Akkusativ optional, nicht aber im Genitiv:

(23) den Bär(en), dem Bär(en), des Bären/*Bär

Ich komme auf den Wegfall der Flexion in Anhang (C.3.) noch zu sprechen.[43] Wichtig ist hier lediglich, dass die Kasusmerkmale [NOMINATIV], [GENITIV], [DATIV] und [AKKUSATIV] letztlich vor allem syntaktische Merkmale sind, d.h., in der Syntax für die Bestimmung der Wohlgeformtheit von *Phrasen* benötigt werden, während die Merkmale der Flexionsparadigmen, also [*s*-GENITIV], [*n*-KASUS], [*er*-PLURAL] usw. innermorphologische Merkmale sind, also lediglich zur Bestimmung der Wohlgeformtheit von *Wörtern* dienen. Dies hat formale Konsequenzen, denen wir im Folgenden nachgehen wollen.

Die unflektierten Stämme 6.4.

Ungeklärt blieb bisher, woher die Kasus- und Numerusmerkmale jener Stämme kommen, die wir in den Paradigmen über das sog. Nullmorphem ∅ gekennzeichnet haben. Einige Linguisten meinen, dass unflektierte Formen grundsätzlich keine Kasus- oder Numerusmerkmale haben. Sie gehen davon aus, dass Kasus und Numerus erst durch Hinzufügung eines Artikels zustande kommen und sprechen in solchen Fällen auch von der sog. **Artikelflexion**. Dieser Ausdruck scheint jedoch die Sache nicht ganz zu treffen, denn die Artikel sind ja ohnehin flektiert. Gemeint ist Wurzel (1994, S. 30) zufolge

„die analytische Bildung der substantivischen Flexionsformen, vornehmlich der Kasusformen, mit Hilfe des flektierten Artikels (*die Frau, der Frau, ...*)". Mit einzubeziehen wäre auch die Flexion der Adjektive innerhalb einer Nominalgruppe (einer DP); der umfassende, ebenfalls gebräuchliche Ausdruck ist die **Gruppenflexion** (s. hierzu auch Pavlov (1995)). Die Idee ist die, dass grammatische Kategorien nicht notwendigerweise an einzelnen Wörtern realisiert werden (die möglicherweise unflektiert sind), sondern nur innerhalb einer Gruppe, auf verschiedene Wörter verteilt.

Dem steht die Auffassung entgegen, dass auch unflektierte Wörter innerhalb eines Paradigmas Kasus- und Numerusmerkmale haben können. Ob ein Wort ohne Kasus- oder Numerusmorphologie ein Kasus- oder Numerusmerkmal haben kann (oder haben muss), lässt sich natürlich nicht durch die Betrachtung des Wortes allein, sondern nur im grammatischen Gesamtzusammenhang entscheiden. Dieser Systemzusammenhang wird im Kontext der Merkmale anderer Kategorien gestiftet; dies sind im Deutschen die Artikelwörter, Verben und Adjektive; der Zusammenhang als solcher kann daher naturgemäß erst im nächsten Kapitel beschrieben werden. Dort wird sich zeigen, dass sich die Kongruenz zwischen Artikel und Nomen dann am einfachsten beschreiben lässt, wenn alle Artikelformen *einheitlich* einen kongruierenden Kasus verlangen. Z.B. wird ein Artikel wie *der* als Nominativ Maskulinum natürlicherweise ein Merkmal der Form [∗NOMINATIV,MASK∗] haben, wodurch dann ein Merkmal für den unflektierten Nominativ erzwungen wird. Ein Verzicht auf das Merkmal für den Nominativ brächte alle möglichen Komplikationen mit sich, z.B. wenn wir die Adjektivflexion beschreiben wollen, in welcher der Nominativ ja durchaus nicht unflektiert ist.

Generell können wir daher davon ausgehen, dass Artikel Merkmale der Form [∗KASUS∗] haben, sodass auch kasusunmarkierte Formen **abstrakte Kasusmerkmale** (also Kasusmerkmale ohne phonetischen Exponenten) haben. Die „Anforderung" an die abstrakten Kasusmerkmale der Nomina kommt also im Wesentlichen aus der Syntax; wir halten fest:

(24) Alle Nomina müssen in der Syntax vollständig und eindeutig für einen Kasus spezifiziert sein.

(24) ist kein unabhängiges Prinzip, sondern, wie im nächsten Kapitel zu zeigen sein wird, eine durch die syntaktischen Stern-Merkmale der Artikel erzwungene Konsequenz. An dieser Stelle ist lediglich die Frage zu beantworten, woher die abstrakten Kasusmerkmale für jene Nomina kommen, die keinen Exponenten haben, die also gewissermaßen kasusunmarkiert sind.

Innerhalb des regelbasierten Ansatzes wurde angenommen, dass es einen Mechanismus gibt, der den Stämmen obligatorisch ein beliebiges Kasus- und Numerusmerkmal zuordnet. In diesem Ansatz wird (24) automatisch erfüllt; „kasuslose" Formen sind dann Merkmalkombinationen, auf die keine

Exponenten-Regel für den schon vorhandenen abstrakten Kasus anwendbar war. Ein solches Verfahren ist auf den morphembasierten Ansatz nicht übertragbar, denn die Kasus- (und Numerus-)Merkmale kommen ja erst durch die Suffigierung zustande, welche ihrerseits durch Flexionsklassenmerkmale des Stamms gesteuert wird.

In dieser Situation ist man versucht, beim sog. **Nullmorphem** Zuflucht zu suchen. Man müsste dann annehmen, dass es für jeden Kasus ein Nullmorphem gibt. Ein Problem ist dann aber, dass wir für das Nullmorphem kein Flexionsklassenmerkmal zur Verfügung gestellt haben, das dessen Verteilung steuert. Wir erhalten dennoch das gewünschte Resultat, wenn wir ein Präferenzprinzip einführen, das die Verwendung des Nullmorphems nur dann erlaubt, wenn es kein offenes Morphem gibt, welches „das Gleiche" leistet. Z.B. ist die Verwendung des Nullmorphems für den Nominativ deshalb legitim, weil es kein Flexiv mit dem Merkmal Nominativ gibt. In anderen Fällen hängt die Legitimation der Verwendung von der Flexionsklasse ab. Da das Nullmorphem kein Flexionsklassenmerkmal voraussetzt, kann es unter Umständen zwei Analysen geben: eine mit Nullmorphem und ohne Flexionsklassenmerkmal, und eine mit regulärem Morphem mit Flexionsklassenmerkmal. In diesem Fall muss die zweite Analyse erzwungen werden: Anders gesagt muss der Gebrauch von Flexionsklassenmerkmalen genau dann erzwungen werden, wenn es möglich ist, zur Erreichung eines bestimmten Resultats ein solches Merkmal zu verwenden. Zur Illustration: in *der Mutter+∅* kann nur das Nullmorphem verwendet werden, denn es gibt für die Flexionsklasse von *Mutter* kein Flexiv und folglich kein Flexionsklassenmerkmal, das verwendet werden könnte. In **des Streik+∅* kann das Nullmorphem mit dem Merkmal [GEN] nicht verwendet werden, weil es ein Flexiv gibt, das dieselbe Funktion ausfüllt, den Genitiv zu generieren, das aber ein Flexionsklassenmerkmal beim Stamm verlangt. Einsetzung eines solchen Merkmals in einen Analysebaum ist also in diesem Fall obligatorisch.

Die Verwendung von Nullmorphemen ist in der Literatur umstritten; will man Nullmorpheme vermeiden, muss es einen Mechanismus geben, der die in der Syntax geforderten Kasusmerkmale nötigenfalls beim Stamm generiert. Die Idee ist dieselbe wie zuvor, dass nämlich die Generierung dieser Merkmale eine „Reparaturstrategie" darstellt, die nur dann legitim ist, wenn das Kasusmerkmal nicht durch Affigierung generiert werden kann. Vergleichen wir wie zuvor zwei mögliche Analysen des Genitivs von *Streik*: eine unter Verwendung des *s*-Flexivs, eine mit Generierung des Kasusmerkmals beim Stamm. Die erste Möglichkeit benutzt ein Flexionsklassenmerkmal, somit ein Flexiv, die zweite nicht. Gilt aber ein allgemeines Präferenzprinzip für die Verwendung von Flexionsklassenmerkmalen, ist nur die erste grammatisch. Im Folgenden werde ich diese Methode voraussetzen und „fehlende"

Kasusmerkmale nicht durch Nullmorpheme, sondern direkt beim Stamm einsetzen.

Die Idee von Präferenzprinzipien dieser Art ist auf verschiedenste Art und Weise formal implementiert worden; die zur Zeit wohl populärste Implementierung ist die sog. **Optimalitätstheorie (OT)**. Diese postuliert, dass allgemeine Prinzipien verletzbar sind. Ein solches Prinzip könnte dann etwa lauten:

(25) Benutze Flexionsklassenmerkmale!

Strukturen, die diesem Prinzip nicht gehorchen, sind nicht automatisch ungrammatisch. Z.B. kann beim Nominativ kein solches Merkmal benutzt werden. (25) kann verletzt werden, wenn es keine Analyse gibt, die zu einem gewünschten Resultat führt. (25) ist deshalb nicht absolut zu verstehen, sondern dient zum Vergleich von zwei generierbaren Formen, die in Konkurrenz zueinander stehen. In unserem Beispiel sind dies die beiden Formen *des Streiks* und *des Streik*. In beiden hat N das Merkmal [GENITIV]. Zur Generierung der ersten wurde ein Flexionsklassenmerkmal benutzt, bei der zweiten nicht. Das Präferenzprinzip (25) besagt dann, dass nur die erste Form grammatisch ist.

Ein Prinzip wie (25) funktioniert nur dann einwandfrei, wenn die Verwendung eines Flexivs ein Flexionsklassenmerkmal voraussetzt. Wir haben aber gesehen, dass dies beim Dativ Plural gerade nicht der Fall ist. Daher wäre zu erwarten, dass sowohl die Verwendung des Flexivs als auch die Generierung eines Kasusmerkmals beim Stamm oder beim Pluralmorphem korrekt wäre. Letzteres muss jedoch ausgeschlossen werden. Daher sieht es so aus, als sollte (25) durch (26) ersetzt werden:

(26) Vermeide die Einsetzung von Kasusmerkmalen durch lexikalische Redundanzregeln!

Impliziert wird, dass Kasusmerkmale präferiert durch Flexive eingeführt werden und erst in zweiter Linie durch lexikalische Regeln, die diese beim Stamm (oder bei den Plural-Flexiven) erst generieren.

Zum Problem wird nun allerdings in beiden Varianten die Optionalität des Dativs (*dem Mann(e)*). Die Form mit Flexiv setzt in unserer Analyse ein Flexionsklassenmerkmal voraus, die ohne nicht. Daher sollte gemäß (25) die ohne (also *dem Mann*) blockiert sein. Ganz analog würde (26) voraussagen, dass die Generierung des Dativs beim Stamm ungrammatisch ist. Eine Theorie mit Nullmorphemen könnte dieses Problem leicht lösen, indem sie annimmt, dass es ein spezielles Nullmorphem gibt, das genau dieselben Merkmale hat wie /e/. *Dem Manne* und *dem Mann* unterscheiden sich dann lediglich auf der Ebene der Phonologie; beide Varianten benutzen dieselben morphosyntaktischen Merkmale und sind auf dieser Ebene gleichberechtigt.

Dieser Weg ist in einer Theorie ohne Null-Morphem versperrt. In jedem

Falle ist für den /e/-Dativ die Flexionsklasse relevant; man sieht dies auch an Varianten der schwachen Flexion, die wir bisher ignoriert haben. Diese erlauben es, den Dativ und Akkusativ unflektiert zu lassen: *der Bär, des Bären, dem Bär, den Bär*. Wäre für den *e*-Dativ die Flexionsklasse irrelevant, so würden wir neben *dem Bär* eine weitere Variante **dem Bäre* erwarten, die aber ungrammatisch ist.

Innerhalb der OT wäre es nun möglich, die Verwendung von /e/ durch ein Prinzip zu stigmatisieren, das den übrigen Prinzipien entgegenwirkt. Also etwa „**Vermeide den /e/-Dativ**". Dies ist innerhalb der OT der übliche Weg, Optionalität zu ermöglichen. Zwei Prinzipien widersprechen sich und sind gleich gewichtet. Sie heben sich damit gegenseitig auf und können demnach beide verletzt werden, ohne dass eines die Oberhand gewinnt. Alternativ dazu könnte man argumentieren, dass schon unsere Grundannahme, /e/ mit einem Kasusmerkmal zu versehen, inadäquat war; m.a.W., es wäre anzunehmen: **/e/ hat kein Kasusmerkmal**. Dann aber unterliegt die Einsetzung von /e/ anderen Bedingungen; wie im regelbasierten Ansatz wird hier /e/ Ornament, Verzierung. Wie man im Einzelnen verfährt, muss hier nicht geklärt werden; wichtiger sind ganz andere Mechanismen, denen wir uns im nächsten Abschnitt zuwenden werden.

Bevor wir diesen Abschnitt verlassen, möchte ich auf eine interessante Konsequenz aus (25) für die Flexion von *Name* aufmerksam machen. Diese Überlegung zeigt, dass (25) und (26) nicht äquivalent sind. Das zu beschreibende Paradigma lautet: *der Name, des Namens, dem Namen, den Namen*. Nehmen wir an, Wörter dieser Klasse haben sowohl das lexikalische Merkmal [*n*-KASUS] als auch das Merkmal [*s*-GENITIV]. Damit ergeben sich für die Generierung des Genitivs sowohl einerseits **Name+s* als auch **Name+n* als mögliche Formen. Die Maxime, Flexionsklassenmerkmale zu benutzen, wann immer sie möglich sind, führt nun automatisch dazu, dass im vorliegenden Fall, wo ja zwei Flexionsklassenmerkmale möglich wären, auch beide benutzt werden:

(27)

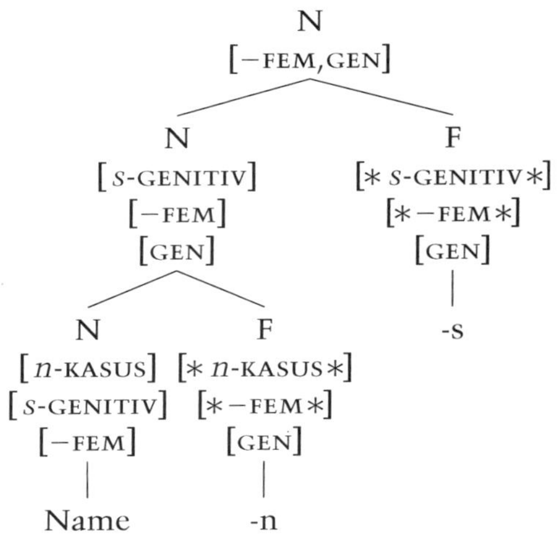

Dabei ist zunächst über die Reihenfolge (*Name+n+s*/**Name+s+n*) nichts ausgesagt. Wir können aber annehmen, dass die Form *Name+s+n* aus phonotaktischen Gründen ausgeschlossen ist. Die Einfügung eines Schwa, also **Name+s+e+n* wird durch Ökonomieüberlegungen blockiert: da *Namens* ohne Schwa-Einfügung auskommt und mit dieser Form schon eine optimale Silbifizierung erreicht ist, werden alle anderen, aufwändigeren Ableitungen blockiert.

Diese Analyse zeigt, dass (26) und (25) verschiedene empirische Konsequenzen haben können, ohne dass ein Prinzip stärker wäre als das andere. Rein logisch spräche nichts dagegen, beide Prinzipien als gültig anzunehmen. Andererseits ergibt sich dadurch eine nahezu unerträgliche Redundanz, denn die Prinzipien haben ja annähernd dieselben Auswirkungen. In der Forschung ist eine solche Situation immer wieder zum Anlass genommen worden, nach alternativen Lösungen zu suchen. Wie diese aussehen könnten, muss hier offen bleiben.

Frage 46: Als ein weiterer Sondertyp der Nominalflexion verbleibt das in (28) zu betrachtende Paradigma:

(28) a. das Herz, des Herzens, dem Herz(en), das Herz
b. die Herzen, der Herzen, den Herzen, die Herzen

Wie könnte dieses Paradigma in unserer Theorie beschrieben werden, wenn wir gleichzeitig an der Annahme festhalten, dass der Genitiv systematisch durch *-s* repräsentiert wird, dass es aber andererseits ebenfalls eine Realisierung des Genitivs durch *-en* gibt?

Aktive und passive Merkmale 6.4.1.

Reflektieren wir noch einmal die Grundlage des bisherigen Verfahrens, so ergeben sich methodische Konsequenzen, die wir in diesem und dem nächsten Unterabschnitt beleuchten wollen. Zunächst stellen wir fest, dass es unmöglich ist, alle Merkmale, die ein Paradigma charakterisieren, gleichzeitig in der Generierung eines einzigen Baumes zu verwenden: dies würde ja implizieren, dass ein Stamm gleichzeitig alle Flexive seines Paradigmas haben müsste. Vielmehr muss, wenn ein Lexem dem Lexikon „entnommen" wird (es genauer gesagt aus dem Lexikon herauskopiert wird), aus den im Lexikon vorhandenen Merkmalen eine **Auswahl** getroffen werden, sodass die Wahl der Flexionsklassenmerkmale dann die Generierung der Kasus- und Numerus-Suffixe steuert. Wir nennen die in einem konkreten Baum verwendeten Merkmale eines Paradigmas „**aktiv**", die nicht benutzten Merkmale des Paradigmas bleiben „**passiv**". Bleiben alle Flexionsklassenmerkmale passiv, kann auch kein dem Merkmal korrespondierender Exponent generiert werden.

Die zweite Beobachtung ist die, dass natürlich nur bestimmte Merkmale eines Lexems passiv bleiben können; in der Regel sind möglichst viele Merkmale aktiv. Dies bedeutet aber, dass wir eine generelle Regel annehmen können, die möglichst alle Merkmale aktiviert, solange es nicht zu einem Merkmalkonflikt kommt.[44] Ein Unterfall dieser Regularität wäre dann die schon genannte Forderung, Flexionsklassenmerkmale zu benutzen (wiewohl nicht alle diese Merkmale simultan benutzt werden können). Ein Unterfall von nicht-Benutzung eines Merkmals betrifft das Genusmerkmal im Plural. Wir haben schon an anderer Stelle bemerkt, dass der Plural im Deutschen genuslos ist. Wenn wir einen allgemeinen Vererbungsmechanismus voraussetzen, der das Genusmerkmal eines Stamms (z.B. [MASK]) an ein plural-markiertes Wort (z.B. *Hunde*) weitergibt, bekommen wir die offenbar falsche Prognose, dass Pluralwörter (wie *Hunde*) genusmarkiert ist. Aufgrund des weiter unten noch zu explizierenden Zusammenhangs zwischen Genus und Numerus kommt es zu einem Genuskonflikt, der, wie zu zeigen sein wird, eine Merkmalinkonsistenz impliziert. Um diesen Konflikt zu vermeiden, müssen dann die im Lexikon zweifellos vorhandenen Genusmerkmale passiv bleiben. Sie können genau dann nicht eingesetzt bzw. verwendet werden, wenn sie im Stamm eines Pluralwortes stehen. Daraus folgt:

(29) Jedes N hat entweder ein Genusmerkmal oder das Merkmal [PLURAL].

Wir werden weiter unten in (7.2.) noch ausführlich motivieren, dass wir den Plural und das Genus so zusammenfassen können, dass der Plural im Deutschen quasi als „viertes Genus" aufgefasst werden kann. Dies gelingt uns mit einem System abstrakter Merkmale [±MASK] und [±FEM], mit deren Hilfe die konkreten Genera wie in (30) definiert werden:

(30) MASKULIN = [+MASK,−FEM]
FEMININ = [−MASK,+FEM]
NEUTRUM = [−MASK,−FEM]
PLURAL = [+MASK,+FEM]

Der Plural wird somit als Kombination von Merkmalen definiert, die von jedem Genus verschieden ist. Die Unverträglichkeit zwischen einem Genusmerkmal und dem Pluralmerkmal folgt dann auf dieselbe Weise wie die Unverträglichkeit der Genera untereinander.

Unflektierte Stämme und e*-Plural* 6.4.2.

Werfen wir nun noch einen Blick auf unflektierte Pluralwörter wie (der/die) *Räuber* oder (das/die) *Zimmer*. Wenn wir ein Nullmorphem für den Plural annehmen wollten, würde wie zuvor beim Kasus folgen, dass dieses nur dann zum Zuge kommen kann, wenn kein anderes Flexiv mit Pluralmerkmal bzw. kein Flexionsklassenmerkmal beim Stamm zur Verfügung steht; ganz analog ist vorzugehen, wenn man ohne Nullmorphem auskommen will und das Merkmal [PLURAL] direkt beim Stamm generiert.

An dieser Stelle lässt sich jedoch argumentieren (s. z.B. Neef (1998)), dass die Alternanz zwischen *e*-PLURAL und dem morphemisch nicht markierten Plural prosodisch bedingt ist: offenbar ist ein *e*-Plural dann nicht möglich, wenn die letzte Silbe des Stammes aus einem Schwa und einem Konsonanten besteht. Angesichts dieser Regularität wären zwei Vorgehen möglich. Wir können entweder den Null-Plural unter den *e*-PLURAL subsummieren, wenn wir das *e*-Morphem unter der genannten Bedingung, d.h. vor reduzierter Endsilbe tilgen. Damit würde dann P_5 mit P_3 zusammenfallen, und ebenso P_{10} mit P_8; beide haben das Merkmal [*e*-PLURAL]. Dies vereinfacht das System erheblich: Ein Merkmal für den Singular gibt es nicht und das Merkmal für den Plural steht durchweg bei den Flexiven im Lexikon.

Die andere Möglichkeit wäre die, das Schwa nicht zu tilgen, sondern unter bestimmten Bedingungen einzufügen. Damit würden wir auf das Flexionsklassenmerkmal [*e*-PLURAL] gänzlich verzichten. Stämme mit Pluralmerkmal, für die es dann kein Flexionsklassenmerkmal mehr gibt, erhielten ganz wie beim Dativ einen *e*-Exponenten. Diese Auffassung scheint mir die ökonomischere. Im Sinne einer optimalitätstheoretischen Modellierung hätte man also anzunehmen, dass erstens die Schwa-Epenthese nicht regelspezifisch zu formulieren ist, zweitens die Einsetzung befördert wird durch die Annahme, dass die Pluralbildung ikonisch realisiert wird, also irgendwie phonologisch zum Ausdruck gebracht werden sollte, und drittens die Einsetzung so eingeschränkt wird, dass die trochäische Form des Wortes als optimal gilt (also so etwas wie *Mütter+e* blockiert wird). Offenbar muss diese letzte Bedingung wichtiger sein als die vorletzte.

Diese Vorgehensweise hat auch Konsequenzen für den implikativen Paradigmenaufbau in (12). Insbesondere kann man nicht mehr annehmen, dass bestimmte Stämme schon im Lexikon das Merkmal [*e*-PLURAL] haben und dadurch die Hinzufügung anderer Merkmale wie etwa [*n*-PLURAL] blockiert wird. Vielmehr müssten dann für diesen Zweck spezifische Merkmale wie [− *n*-PLURAL] angenommen werden, welche die Anwendung der Regel blockieren. Eine entsprechende Modifikation des Systems bleibe den Lesern überlassen.

Frage 47: Wie könnte diese konkret aussehen?

Frage 48: Betrachten Sie noch einmal das Paradigma, zu dem u.a. *Rabe* und *Name* gehören, mit den Formen

(31) a. der Name, des Namens, dem Namen, den Namen;
b. die Namen, der Namen, den Namen, die Namen

Auf welche Weise ließen sich die Parallelen zu (28) erfassen? Welche Komplikationen ergeben sich, welche zusätzlichen Annahmen müssen gemacht werden?

Kontextuelle und projektive Merkmale 6.5.

Betrachten wir noch einmal die Bäume in (21) und in (27). Uns interessiert hier nur die Verteilung bzw. die Projektion der Merkmale. Es wird möglicherweise schon aufgefallen sein, dass einige Merkmale wie z.B. [PL] und [−FEM] projizieren, obwohl sie in einer Konfiguration stehen, in der sie ein Gegenstück im Schwesterknoten haben; andere Merkmale wie z.B. [*er*-PLURAL], [*s*-GENITIV] oder [*n*-KASUS] projizieren nicht, obwohl im Schwesterknoten ihr Gegenstück steht. Daraus ergibt sich die Notwendigkeit, zwischen verschiedenen Merkmaltypen zu unterscheiden.

Wir nennen die Merkmale, die immer projizieren, im Folgenden **projektiv**. Merkmale, die in einer Checking-Konfiguration nicht projizieren, nenne ich **kontextuell**. Diese elementare Unterscheidung zwischen den Merkmaltypen richtet sich offenbar danach, ob das betreffende Merkmal „später noch gebraucht" wird oder nicht. Wird ein Merkmal auf der Ebene der Syntax noch benötigt, muss es projiziert werden, obwohl es in einer Checking-Konfiguration steht, also im Schwesterknoten ein Gegenstück hat. Wird es nicht mehr benötigt, projiziert es auch nicht.

Betrachten wir einige Beispiele. Die Flexionsklassenmerkmale werden nur innerhalb der Morphologie benötigt, um die nötigen Exponenten zu bestimmen. Diese Merkmale werden in der Syntax nicht benötigt. Sie sind daher kontextuell. Dies impliziert, dass deren Projektion in einer Checking-Konfiguration blockiert wird, was wiederum bedeutet, dass solche Merkmale nur ein Mal gecheckt werden können. Betrachten wir andererseits das Merkmal [PLURAL]. Dieses hat in (21) ein Gegenstück. Trotzdem muss es projizieren, weil der Plural nicht nur in der Morphologie, sondern auch in der Syntax relevant ist, z.B. wenn es um die Kongruenz zwischen Nomen und Artikel geht.

Wichtig ist in diesem Zusammenhang, dass ein Merkmal auf einer Ebene projektiv sein kann, während es auf der anderen Ebene kontextuell ist. Beispielsweise werden wir annehmen, dass die Kasusmerkmale in der Syntax kontextuell sind, in der Morphologie sind sie projektiv, da sie ja in der Syntax noch gebraucht werden.

Eine weitere Eigenschaft, die projektive von kontextuellen Merkmalen unterscheidet, ist folgende:

(32) Jedes kontextuelle Merkmal muss in einem wohlgeformten Baum ein Gegenstück haben, d.h. in einer Checking-Relation stehen, also gecheckt werden. Für projektive Merkmale gilt dies nicht.

Wenn es also einen wohlgeformten Baum mit einem Merkmal gibt, das in diesem Baum kein Gegenstück hat, so ist es nicht kontextuell und somit projektiv. Da die Sternmerkmale gerade so konzipiert wurden, dass sie immer ein Gegenstück verlangen, sind auch alle Sternmerkmale automatisch kontextuell.

Betrachten wir noch einmal das Pluralmerkmal. Ist es kontextuell oder projektiv? Es ist leicht einzusehen, dass es Vorkommen dieses Merkmals gibt, wie z.B. in *ich esse Fische*, in denen das Merkmal für den Plural bei *Fische* grammatisch gesehen nicht relevant ist; dieses Merkmal muss nicht überprüft werden und ist also auch nicht kontextuell, ist also auch in der Syntax projektiv. Bei den Merkmalen der Form [KASUS] ist dies anders. Diese Merkmale sind wichtig für die Unterscheidung zwischen Subjekt und Objekt und für die Rektionsbeziehung allgemein; diese Merkmale müssen in der Syntax überprüft werden, sind dort also kontextuell.

In Chomskys minimalistischer Theorie werden kontextuelle Merkmale auch *formale Merkmale* genannt. Projektive Merkmale heißen dort auch *interpretierbare Merkmale*. Motivation für den Begriff der sog. „Interpretierbarkeit" ist diese: Chomsky betrachtet nur die Syntax und nimmt an, dass die Merkmale, die nicht in der Syntax gecheckt werden müssen, gerade solche sind, die in der Semantik irgendwie relevant sind, also semantisch irgendwie interpretierbar sind. Die kontextuellen Merkmale sind bei ihm gerade nicht-interpretierbar, was dann bei ihm „semantisch nicht interpretierbar" bedeutet. Kasusmerkmale etwa können in der Semantik nicht gedeutet werden, haben keinen semantischen Gehalt, sind deshalb nicht interpretierbar. Sie können nur innerhalb der Syntax verstanden werden, indem sie eine Checking-Relation eingehen. Dabei ist der Begriff der Interpretierbarkeit nur auf die Semantik zu beziehen: Kasusmerkmale gelten als (semantisch) nicht-interpretierbar, obwohl sie doch gerade in der Syntax gewissermaßen „interpretiert" werden. Auch der Begriff der Interpretierbarkeit wäre daher m.E. gewissermaßen relativ, d.h. ebenenspezifisch zu verstehen.

Ich bin dieser Terminologie hier nicht gefolgt, weil ich den semantisch verstandenen Begriff der Interpretierbarkeit für problematisch halte. Soll Interpretierbarkeit bedeuten, dass das Merkmal irgendwie zur Bedeutung des Ausdrucks beitragen *kann*? Oder soll es bedeuten, dass das Merkmal, wenn vorhanden, *immer* eine Bedeutung hat, die zur Bedeutung des Ganzen beiträgt? In der Literatur scheint die zweite Auffassung vorherrschend; diese jedoch ist m.E. mehr als fragwürdig. Probleme gibt es für praktisch alle projektiven Merkmale. Das üblicherweise verwendete und als nicht-kontextuell angesehene Merkmal [SINGULAR], das wir hier gerade nicht verwendet haben, wird in den üblichen Semantiken gerade nicht interpretiert: der Singular als solcher geht ja in die Beschreibung der Bedeutung von Adjektiven und Nomina usw. nicht ein. Und auch für das typische interpretierbare Merkmal [PLURAL] gibt es Problemfälle, wie das Phänomen des sog. abhängigen Plural zeigt: (33-a) lässt sich ja semantisch durchaus als (33-b) oder (33-c) paraphrasieren, ohne dass in (33-b) das Possessivpronomen oder in (33-c) das Nomen *Kind* eine Pluralbedeutung hätte.

(33) a. Fritz und Franz lieben *ihre* Kinder
b. Fritz liebt *seine* Kinder und Franz liebt *seine* Kinder
c. Fritz liebt sein Kind und Franz liebt sein Kind

Analoges gilt für andere Merkmale, die üblicherweise als interpretierbar gelten, z.B. das Merkmal für die Person; so lässt sich (34-a) ohne weiteres wie in (34-b) deuten, wobei das Possessivpronomen in (34-b) gerade nicht als erste Person gedeutet werden kann.

(34) a. Nur ich liebe *meine* Kinder
b. Jeder andere außer mir liebt *seine* Kinder nicht

Ebenso fraglich ist die Annahme, das sog. W-Merkmal bei den Fragewörtern (*wer, was, wie* usw.) sei semantisch interpretierbar: Ich kenne keine Semantik, in der *nur* das Merkmal interpretiert würde, und nicht das ganze Fragepronomen. Der Begriff der (semantischen?) Interpretierbarkeit eines Merkmals ist somit äußerst unklar; m.E. lassen sich Merkmale als solche überhaupt nicht semantisch interpretieren, sondern nur Wörter in ihren jeweiligen Kontexten. Aus diesem Grunde habe ich „Interpretierbarkeit" durch den neutraleren Begriff der Projektivität ersetzt.

Fassen wir die beiden Eigenschaften der verschiedenen Merkmaltypen noch einmal zusammen:

(35) a. Kontextuelle Merkmale müssen in einer Checking-Konfiguration stehen, projektive müssen dies nicht.
b. Wenn ein projektives Merkmal in einer Checking-Konfiguration und

im Kopf der Verzweigung steht, muss es projizieren. Ein kontextuelles Merkmal kann dann nicht projizieren.

(36) Ein Merkmal *M* steht in einer Checking-Konfiguration, wenn es Element eines Knotens ist, in dessen Schwesterknoten ein Gegenstück zu *M* steht. Das Gegenstück zu $[\alpha]$ ist $[*\alpha*]$ und umgekehrt.

(37) Alle Stern-Merkmale sind kontextuell.

Frage 49: Erinnert sei an dieser Stelle noch einmal daran, dass die Knoten eines Baumes jeweils aus Mengen von Merkmalen bestehen, dass die Kategorien N, V, A usw. ebenfalls Merkmale sind und dass das Label eines Knotens üblicherweise mit dem Knoten selber identifiziert wird. Dann lässt sich das Verhalten der Merkmale in einer innermorphologischen Verzweigung wie in (38) ausbuchstabieren. Wie lässt sich (38) aus den soeben diskutierten Prinzipien ableiten?

(38) *Projektionsprinzip für die Flexion:*
Die Fusion der Knoten *A* und *B* ist die Menge aller Merkmale von *A* und *B* ohne $\{a \in A : a$ ist kontextuell und hat ein Gegenstück in $B\}$
und ohne $\{b \in B : b$ ist kontextuell und hat ein Gegenstück in $A\}$.

Relevante Eigenschaft von (38) ist die vollkommene Symmetrie zwischen *A* und *B*. Diese Symmetrie ergibt sich nicht automatisch aus (35), sondern erst daraus, dass in der Flexionsmorphologie eine Art Doppelköpfigkeit gilt.

Frage 50: Schon im Zusammenhang mit der Derivation haben wir gesehen, dass zuviel Symmetrie schädlich sein kann; die „falsche" Klammerung in (39) scheint nicht ausgeschlossen:

(39)

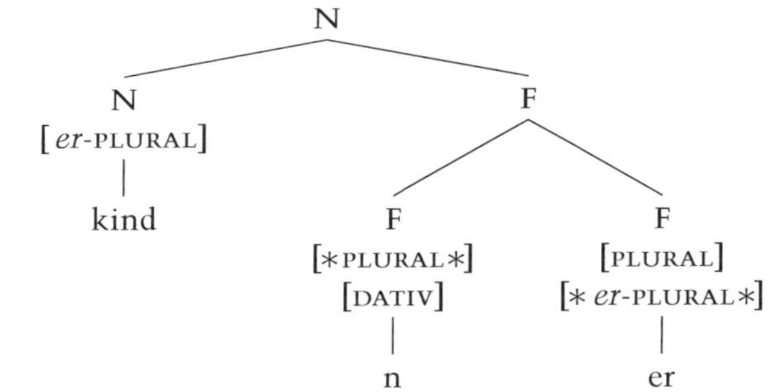

Ergänzen Sie die fehlenden Merkmale. Warum wird diese Konfiguration durch die Definition der Merkmalprojektion nicht ausgeschlossen? Wie ließe sie sich ausschließen? (Geben Sie mindestens zwei verschiedene Methoden an; vergleiche auch die Diskussion in Abschnitt (4.3.)).

Zwischenbilanz 6.6.

Damit sind die wesentlichen Kasusregularitäten und die wichtigsten nominalen Paradigmen beschrieben.[45] Wir wollten zeigen, woher die Merkmale stammen, die in der Syntax eine Rolle spielen werden, wie sie generiert und projiziert werden. Gleichzeitig haben wir eine *Theorie der Merkmale* entwickelt, für die der Unterschied zwischen kontextuellen und projektiven Merkmalen entscheidend war; diese Theorie wird nicht nur den Aufbau von Wörtern, sondern auch den von Phrasen steuern. Ausgangspunkt des Verfahrens war die Annahme, dass Stämme, Flexive und Derivationsmorpheme im „Lexikon" stehen. Dort steht zunächst nur möglichst *redundanzfreie* Information, also nur das, was sich nicht durch Regeln vorhersagen lässt; Di Sciullo und Williams (1987) vergleichen diese Information mit dem Regellosen, Gesetzlosen; das Lexikon als Ort der Gesetzlosen ist dann eine Art Gefängnis:

> The lexicon is a prison—it contains only the lawless, and the only thing that its inmates have in common is lawlessness. (ebd. S. 3)

Einen wichtigen Teil der Grammatik bilden daher die sog. **lexikalischen Redundanzregeln**, welche die Gesetzlosen gesellschaftsfähig machen: diese Regeln ergänzen die Information, die systemrelevant und vorhersagbar ist. Um die so gebildeten „Lexeme" von der ursprünglichen Liste der Gesetzlosen abzugrenzen, nennen diSciullo und Williams das, was noch keiner Redundanzregel unterworfen wurde, ein **Listem**. Redundanzregeln führen nicht zu neuen Listemen, sondern versehen die alten lediglich mit mehr Information.

Es sind also verschiedene Ebenen des Lexikons und verschiedene Auffassungen des Begriffs Lexikon zu unterscheiden. Der engste Begriff umfasst nur die Listeme, der weiteste die (unendliche) Menge aller systemmöglichen (potentiellen) Wörter. Wenn man diesen weitesten Begriff zugrundelegt, gehören auch alle Prozesse der Wortbildung, also im Prinzip die ganze Morphologie ins Lexikon. Die in diesem weitesten Sinne unter das Lexikon fallenden Prozesse sind in (40) schematisch zusammengefasst (LR-Regel = lexikalische Redundanzregel).

(40)

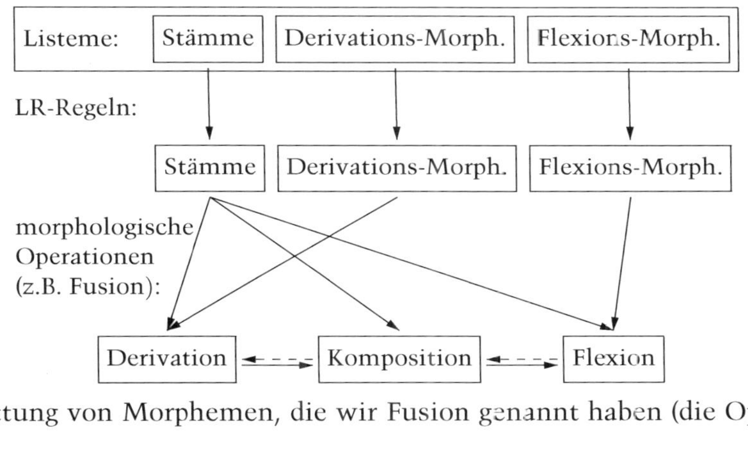

Die Verkettung von Morphemen, die wir Fusion genannt haben (die Operation, die Chomsky in der Syntax *MERGE* nennt), führt zu neuen Wörtern und Wortformen. Während einige Linguisten unter dem Lexikon ausschließlich die Menge der Listeme verstehen, subsumieren andere darunter die Menge aller möglichen Wortformen. Wir folgen hier diesem liberaleren Sprachgebrauch und fassen ganz (40) als Lexikon auf. Davon zu unterscheiden ist der Gebrauch des Begriffs Lexikon im Sinne eines Wörterbuchs: Im Gegensatz zum engen Begriff enthalten Wörterbücher keine Morpheme als solche, sondern nur Wörter; im Gegensatz zum weiten Begriff, der auch alle potentiell wohlgeformten Komposita umfasst, enthalten Wörterbücher nur usuelle Bildungen und in der Regel keine Wortformparadigmen.

Damit haben wir unser weiteres Vorgehen anhand der Flexion der Nomina im wesentlichen schon illustriert. Die Aufarbeitung und Systematisierung weiterer Flexionsbestände in den folgenden Abschnitten erfolgt nach demselben Muster. Im nächsten Abschnitt werde ich motivieren, warum wir den Plural als Merkmalbündel [+FEM,+MASK] analysiert haben. Dies wird auch Konsequenzen haben für die Handhabung der Numeruskategorie im folgenden Kapitel.

Wortformbildung (2): Flexion der Adjektive 7.

Der Formenbestand 7.1.

Nach dieser Beschreibung der Deklination der Nomina werfen wir nun einen Blick auf die Flexion der Adjektive. Wir unterscheiden zwischen starker und schwacher Flexion. Für eine erste Illustration des Unterschieds begnügen wir uns in (1) mit den Formen im Neutrum Singular:

(1)

NEUTR.SG.	SCHWACH	STARK
NOMINATIV	das gelb+e Gold	gelb+es Gold
GENITIV	des gelb+en Goldes	wegen gelb+en Goldes
DATIV	dem gelb+en Gold	mit gelb+em Gold
AKK	das gelb+e Gold	ohne gelb+es Gold

Die Flexion ist offenbar unabhängig vom Stamm des Adjektivs; sie richtet sich nach der morphosyntaktischen Umgebung, ein Zusammenhang, den wir im nächsten Kapitel genauer beschreiben werden. Einen vollständigen Überblick über den Formenbestand der beiden Paradigmen bietet (2):

(2)

STARK	MASK-SG	NEUTR-SG	FEM-SG	PLURAL
NOM	-er	-es	-e	-e
AKK	-en	-es	-e	-e
GEN	-en	-en	-er	-er
DAT	-em	-em	-er	-en
SCHWACH	MASK-SG	NEUTR-SG	FEM-SG	PLURAL
NOM	-e	-e	-e	-en
AKK	-en	-e	-e	-en
GEN	-en	-en	-en	-en
DAT	-en	-en	-en	-en

Die Formen im schwachen Paradigma sind stark synkretistisch: Dativ und Genitiv sind ununterscheidbar; Nominativ und Akkusativ divergieren sowohl in der starken als auch in der schwachen Flexion nur im MASK-SG. Bei der starken Flexion fällt auf, dass FEM-SG und PLURAL weitgehend zusammenfallen, wobei der Dativ Plural eine Ausnahme ist.

Die uns jetzt beschäftigende Frage ist: Wie lassen sich diese Verhältnisse möglichst ökonomisch, also redundanzfrei beschreiben?

Unterspezifikation 7.2.

Für die Beschreibung von Synkretismen werden in der Literatur oft Merkmalsysteme verwendet, welche es gestatten, unter den Kasus sog. **natürliche Klassen** zu bilden. Die zusammenfallenden Formen sind idealerweise Elemente einer solchen Klasse. Als Klassifikationssystem für die vier Kasus des Deutschen sollten zwei binäre Merkmale genügen, nennen wir sie neutral α und β. Eine häufig benutzte Klassifikation ist die Werteverteilung in (3):

(3) a.

	α	β
NOM	–	–
GEN	–	+
DAT	+	+
AKK	+	–

b.

	α	β
NOM	+	+
GEN	+	–
DAT	–	–
AKK	–	+

(3-a) und (3-b) sind äquivalent, da sich + in (3-a) durch – in (3-b) und – in (3-a) durch + in (3-b) ersetzen lassen. In (3-a) werden mit α und β in der generativen Literatur oft die Bezeichnungen Objekt-Kasus (=+α) respektive obliquer Kasus (=+β) verbunden. Das Pendant zum obliquen Kasus ist in (3-b) der transparente Kasus (=+β), die +α-Kasus heißen Subjekt-Kasus.[46] Die konkreten Kasus Nominativ, Genitiv usw. können dann wie gezeigt als Kombinationen aus diesen Merkmalen definiert werden. Mit (3-a) als Grundlage ergibt sich also: Nom = $[-\alpha, -\beta]$, Gen = $[-\alpha, +\beta]$, Dat = $[+\alpha, +\beta]$ und Akk = $[+\alpha, -\beta]$.

Als natürliche Klasse lässt sich nun charakterisieren, was sich durch eines dieser Merkmale kennzeichnen lässt. Das Merkmal $[-\beta]$ in (3-a) z.B. charakterisiert die Menge {Nom,Akk} als natürliche Klasse, das Merkmal $[+\alpha]$ die Menge {Dat,Akk}. Keine natürliche Klasse bilden z.B. der Nominativ und der Dativ oder der Genitiv und der Akkusativ. Ich werde im Folgenden die Verteilung von + und − in (3-b) annehmen und für α die Bezeichnung [N/G], für β die Bezeichnung [N/A] verwenden. Als Definition der Kasus ergibt sich daraus (4):

(4)

NOM	=	[+N/G,+N/A]
GEN	=	[+N/G,−N/A]
DAT	=	[−N/G,−N/A]
AKK	=	[−N/G,+N/A]

Auch für die Genus- und Numerus-Dimensionen sind natürliche Klassen vorgeschlagen worden. Die Zusammenfassung der Spalten in Tabelle (2) zu natürlichen Klassen geschieht oft im Hinblick auf die Verteilung der vier *e*-Flexive im starken (auch als pronominal bezeichneten) Paradigma, nämlich so, dass FEM-SG und PLURAL zu einer Klasse zusammengefasst werden; entsprechend bilden MASK-SG und NEUTR-SG eine natürliche Klasse, was sich ja schon bei der Beschreibung der nominalen Flexion im letzten Abschnitt gezeigt hat, wo wir hierfür das Merkmal [−FEM] benutzt haben. Ich wiederhole die Klassifikation (6.30) noch einmal in (5):

(5)

MASKULIN	=	[+MASK,−FEM]
FEMININ	=	[−MASK,+FEM]
NEUTRUM	=	[−MASK,−FEM]
PLURAL	=	[+MASK,+FEM]

Aufgrund dieser Einteilung spricht man beim Plural auch oft von einem „vierten Genus".

Kommen wir nun zur Charakterisierung der Flexive mithilfe dieser Merkmale. Wir beginnen mit der schwachen Flexion und nehmen an, dass wir es mit drei verschiedenen unterspezifizierten Listemen zu tun haben:

(6) a. F | -en

b. F [SCHWACH] [+N/A,−MASK] | -e

c. F [SCHWACH] [+N/G,+N/A,+MASK,−FEM] | -e

(6-c) charakterisiert gerade den Nominativ Singular Maskulinum; (6-b) ist unterspezifiziert und charakterisiert aufgrund unseres Merkmalsystems die vier *e*'s beim Nominativ und Akkusativ Neutrum und Femininum (Singular). /n/ in (6-a) ist gänzlich unspezifiziert, ist also der Default-Fall, der überall dort eingesetzt werden kann, wo es keine anderen (spezifischeren) Merkmale gibt, die verwendet werden könnten.

Für die Charakterisierung der starken Flexive verwenden wir zunächst folgende Merkmalspezifikationen:

(7)	a.	b.	c.	d.	usw.
	F	F	F	F	
	[STARK]	[STARK]	[STARK]	[STARK]	
	[+FEM]	[+MASK,−FEM]	[+FEM]	[+MASK,+FEM]	
	[+N/A]	[+N/A,+N/G]	[−N/A]	[−N/A,−N/G]	
	|	|	|	|	
	-e	-er	-er	-en	

(7-a) charakterisiert genau vier Fälle rechts oben im Paradigma, (7-c) trifft auf die vier Fälle rechts unten im Paradigma zu. Diese Prognose ist jedoch für den Dativ Plural inkorrekt; wir müssen an dieser Stelle auf einen Mechanismus zurückgreifen, der für unterspezifizierende Systeme charakteristisch ist: ein Flexiv F mit den Merkmalen α kann in den von α beschriebenen Fällen nicht verwendet werden, wenn es ein anderes Flexiv F′ gibt, das ebenfalls die Merkmale α enthält, jedoch spezifischer ist, also mehr Merkmale enthält als F. Dies ist eine spezifischere Form F′, die den Fehler bei der Bildung der unterspezifizierten Klasse von F korrigiert. Genau dies wird in (7-d) festgelegt: die Merkmale von /en/ sind spezifisch für den Dativ Plural und blockieren damit die Anwendung von (7-c) für diese Zelle des Paradigmas.

Es bleiben jetzt noch zwei weitere Flexive zu charakterisieren; die Vorkommen von /en/ im starken Paradigma ergeben sich dann automatisch als der Default-Fall, der schon in (6-a) festgelegt wurde.

Frage 51: Welches sind die Merkmale der beiden fehlenden Flexive?

Offenbar hängt bei der Unterspezifikation viel davon ab, wie sich natürliche Klassen mit Hilfe der Merkmale definieren lassen. Hierzu gibt es eine Vielzahl von verschiedenen Möglichkeiten, die aber meiner Erfahrung nach immer wieder auf genau neun verschiedene Flexive hinauslaufen.[47]

Implikativer Paradigmenaufbau 7.3.

Zwicky (1985*b*) kritisiert am obigen Vorgehen, dass intuitiv als gültig angesehene Generalisierungen nicht wirklich erfasst bzw. ausgedrückt werden können: die Beobachtung, dass Akkusativ und Nominativ weitgehend zusammenfallen, *zeigt* sich zwar darin, dass bei den Regeln die Spezifikation [+NOM] *häufig* vorkommt, aber die dahinterstehende allgemeinere Generalisierung, dass tendenziell *immer* NOM=AKK unmarkiert ist, wird so angeblich nicht erfasst. Die Möglichkeit, natürliche Klassen zu bilden, soll deshalb durch ein alternatives Verfahren, nämlich durch die Formulierung genereller *Implikationsbeziehungen* ersetzt werden. Eine solche Implikation wäre etwa: wenn der Nominativ den Exponenten x hat, hat auch der Akkusativ den Exponenten x. D.h. die Formen des Akkusativs werden (im unmarkierten Fall) von denen des Nominativs übernommen. Dies wird als AKK:=NOM notiert. Ebenso können die Formen des Dativs vom Genitiv impliziert werden, zwei weitere Implikationen kommen in (8) hinzu:

(8) AKK := NOM, DAT := GEN, NEUTR := MASK, PL := FEM

Bei einem solchen **implikativen Paradigmenaufbau** kann die Angabe eines Flexivs für eine bestimmte Zelle des Paradigmas genügen, etwa Nominativ Maskulinum = *-er*, woraus wegen AKK:=NOM folgt: Akkusativ Maskulinum = *-er* und wegen NEUTR:=MASK nun ebenfalls Nominativ Neutrum = Akkusativ Neutrum = *-er*. Wie zuvor müssen dann falsche Vorhersagen durch die Angabe anderer Flexive in den falsch vorhergesagten Zellen korrigiert bzw. verhindert werden.

Zu Beginn des Paradigmenaufbaus können wir festlegen:

(9) nom:= *-e*, gen:= *-en*.

Aufgrund der Implikationen gilt nun, solange nichts anderes gesagt wird, auch AKK = *-e* und DAT = *-en*. Als korrigierende Ausnahmen hierzu müssen festgelegt werden:

(10) a. stark, nom, mask: *-er*
b. stark, nom, neutr: *-es*
c. stark, dat, mask: *-em*
d. stark, gen, fem: *-er*

Daraus ergibt sich zunächst die Tabelle in (11):

(11)

	STARK				SCHWACH			
	MASK	NEUTR	FEM	PLURAL	MASK	NEUTR	FEM	PLURAL
NOM	-er	-es	-e	-e	-e	-e	-e	-e
AKK	-er	-es	-e	-e	-e	-e	-e	-e
GEN	-en	-en	-er	-er	-en	-en	-en	-en
DAT	-em	-em	-er	-er	-en	-en	-en	-en

Die hervorgehobenen Einträge sind noch nicht korrekt. Als notwendige Korrekturmaßnahmen der nächsthöheren Ebene sind daher Angaben in (12) notwendig:

(12) a. schwach, Nominativ, Plural: *-en*

b. stark, Dativ, Plural: *-en*
c. Akkusativ, Maskulinum: *-en*

Damit sind wir nun wieder bei genau neun Einzelspezifikationen, wobei den Generalisierungen in (8) in der früheren Methode der Bezug auf natürliche Klassen entspricht, sodass (8) bei der Berechnung der Komplexität der Methode nicht mitgezählt werden darf. Rein quantitativ betrachtet läuft daher alles auf dasselbe hinaus, und was überhaupt die Grundlage für die Bildung verschiedener Klassen bilden soll, ist in der Literatur umstritten, vergl. etwa Bierwisch (1967), Wiese (1999) oder Bittner (2002).

Letztlich müssen hier externe Kriterien entscheiden, also solche aus Sprachgeschichte, Sprachtypologie und/oder Markiertheitstheorie, wobei über die Betrachtung der adjektivischen Paradigmen hinauszugehen ist. Eine solche allgemeine Regularität ist z.B. der Zusammenfall von Akkusativ und Nominativ beim Neutrum, welcher in der gesamten Flexion des Deutschen ausnahmslos gilt, als solcher aber in keiner der hier referierten Beschreibungen explizit als Regularität genannt ist. Wie Paradigmen linguistisch adäquat charakterisiert werden sollen, ist daher keineswegs trivial, sondern Gegenstand intensiver Forschungen, denen wir hier nicht nachgehen können.

Frage 52: Wie lässt sich mit den gleichen Methoden die Flexion des Artikels *ein* analysieren?

Damit haben wir die adjektivischen Paradigmen vollständig beschrieben. Es bliebe nun die Flexion der Artikel zu analysieren. Die Flexion des definiten Artikels *der* ist der der starken Adjektivflexion sehr ähnlich; der indefinite Artikel *ein* war Gegenstand der Übung 52. Für die syntaktisch relevanten Merkmale der Artikel ergeben sich daraus jedoch keine neuen Gesichtspunkte, weswegen ich hier auf deren Analyse verzichte. Wichtig ist jedoch, dass auch hier die Genusdistinktionen im Plural zusammenfallen, sodass es auch hier möglich ist, den Plural als „viertes Genus" zu analysieren. Dies wirft die spannende Frage auf, ob es generell möglich ist, auf ein Merkmal für den Singular in der Syntax zu verzichten. Die Antwort wird davon abhängen, ob wir dieses Merkmal für die Beschreibung der Verbflexion benötigen, oder ob auch hier ohne ein solches ausgekommen werden kann. Dieser Frage werden wir im nächsten Abschnitt nachgehen.

Die Merkmale der adjektivischen Flexive müssen in der Syntax überprüft werden. Die syntaktischen Kontexte, in denen dies bewerkstelligt wird, werden in Abschnitt (II.8.) genau beschrieben.

Wortformbildung (3): Flexion der Verben 8.

In diesem Abschnitt geht es um die Flexion des Verbs, soweit diese für die syntaktische Analyse der folgenden Kapitel relevant ist. Anhand von *haben* illustriert (1) die Hauptunterscheidung zwischen den finiten und den nicht-finiten Formen:

(1)

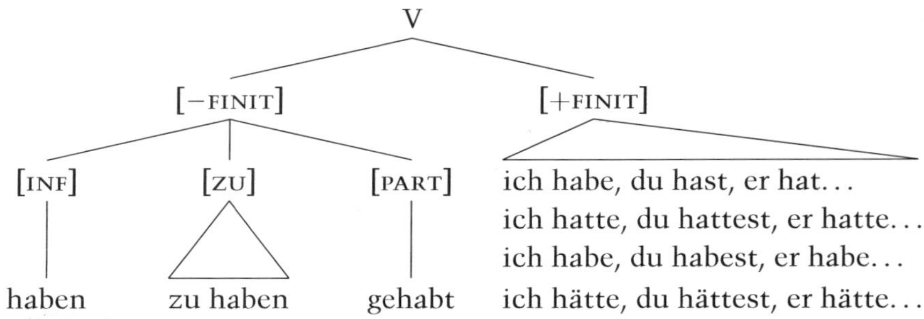

Die finiten Formen lassen sich im Deutschen dadurch charakterisieren, dass ihre Morphologie Informationen über das Tempus und das Subjekt des Satzes kodiert; Finitheit ist in erster Linie eine Abstraktion aus den Kongruenzmerkmalen für das Subjekt und den Merkmalen für Präsens und Präteritum. Die nicht-finiten Formen werden, wie die hier verwendete Bezeichnung schon suggeriert, ex negativo bestimmt. Diesen Formen wenden wir uns im übernächsten Unterabschnitt zu, den finiten im nächsten.

Person und Numerus der finiten Formen 8.1.

Die finiten Formen des Verbs lassen sich nach folgenden Kriterien (oder Merkmalen) unterscheiden:

(2)

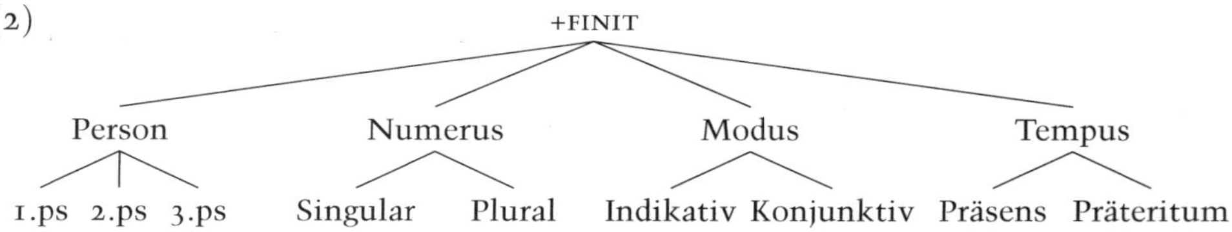

Ablaut und Umlaut bedingen zahlreiche Flexionsklassen. Weitere Komplikationen entstehen bei der phonologischen Vorhersage des Schwa wie etwa in *ich seg(e)l(e)*. Diese Probleme können hier weitgehend ignoriert werden; für das Folgende ist nur relevant, was sich in der Syntax manifestiert, und dies ist allein die Kongruenz des Verbs mit dem Subjekt bezüglich der Merkmale für Person und Numerus.

Die zu beantwortende Frage ist dann, wie sich die Exponenten für Person und Numerus am elegantesten klassifizieren lassen. Wir betrachten hier ein

(3) *Die Personalformen des Deutschen:*

Exp.	Merkmale	[+PRÄSENS]		sonst
/e/	[1.PS,SG,PRÄS]	(ich)	les+e	—
			komm+e	—
/st/	[2.PS,SG]	(du)	brät+st	briet+st
			bet(e)+st	bet(e)+te+st
/t/	[SG,PRÄS]	(er)	lies+t	—
			rett(e)+t	—
/t/	[2.PS,PL]	(ihr)	treib+t	trieb+t
			hol+t	hol+te+t
/en/	[PL]	(wir,sie)	brat+en	briet+en
			wiss+en	wuss+t+en
∅	—	(ich,er)	—	rief+∅, leg+te+∅
				weiß+∅, soll+∅

System, in dem Redundanzfreiheit durch Unterspezifikation von Merkmalen erfasst wird. Unterspezifikation von Merkmalen bedeutet wieder, dass eine (vollständige) Menge M von Merkmalen eines Exponenten α nur durch eine Teilmenge N_α charakterisiert wird. M ist dann eine der möglichen **Vervollständigungen** von N_α. Damit M eine solche Vervollständigung ist, darf es jedoch keinen Exponenten β geben, dessen (möglicherweise unterspezifizierten) Merkmale N_β eine Obermenge von N_α bilden, sodass gilt: $N_\beta \subseteq M$. Ich illustriere dies anhand der folgenden (vorläufigen) Klassifikation der Exponenten des finiten Verbs in (3).

Vorläufig nehme ich an, dass es ein Merkmal für den Singular und für die dritte Person gibt. Diese Annahmen werden ich später revidieren; wir werden sehen, dass es möglich ist, auch ohne diese Merkmale auszukommen. Betrachten wir zunächst den Plural. Wir finden dort zwei Formen /t/ und /en/. /en/ ist bezüglich der Person unterspezifiziert. Es gibt daher drei Kandidaten für eine Vervollständigung, nämlich die drei Personenmerkmale. Tatsächlich hat aber /t/ schon das Merkmal für die 2. Person, daher sind nur Vervollständigungen für die 1. und 3. Person möglich. Analog argumentiert man im Singular. /e/ für die 1.Person Singular Präsens ist offenbar nicht unterspezifiziert. /st/ ist neutral bezüglich des Tempus, kann also auch das Merkmal [PRÄSENS] bekommen. Damit gibt es schon Formen für die 1. und 2. Person Präsens, sodass für /t/ nun nur noch die 3. Person als Vervollständigung übrig bleibt. Man sieht an dieser Stelle, dass eine bestimmte Reihenfolge eingehalten werden muss: bei /st/ muss zuerst die Tempusinformation ergänzt werden, dann erst kann man zu /t/ übergehen. Denn sonst könnte man ja bei /t/ die zweite Person ergänzen und würde /st/ damit auf das Präteritum einschränken.

In der letzten Zeile finden wir den Default: noch keine Vervollständigung haben wir für die 1.Person Singular Präteritum, und genau hier finden wir auch das sog. Nullmorphem. Die letzte Zeile weist noch eine andere Besonderheit auf: hier finden sich Beispiele wie *weiß* und *soll*, die wir eigentlich in der Spalte für das Präsens erwarten würden. Bei diesen Verben handelt es sich um die sog. **Präteritopräsentien**, eine kleine Klasse hauptsächlich von Modalverben, die ihr Präsens so bilden wie andere (starke) Verben ihr Präteritum (also ohne /e/ und /t/).[48] Ich nehme hier an, dass diese Verben das Merkmal [PRÄSENS] nicht haben können, sondern statt dessen ein anderes Merkmal, etwa [ERSATZ-PRÄS] aktivieren. In der Semantik kann [ERSATZ-PRÄS] einfach genau wie das Präsens gedeutet werden; in der Morphologie verhindert es die Generierung von /e/ und /t/, die ja explizit das Merkmal [PRÄSENS] verlangen. Wir werden die Sonderklasse der Präteritopräsentien im Folgenden jedoch einfach ignorieren, da sie keine zusätzlichen Probleme mit sich bringt.

Der Exponent *-t* führt bei Verben, die auf *d* oder *t* enden, zu einer phonetischen Repräsentation mit Doppelkonsonant *-tt*. Solche Geminaten sind im Deutschen jedoch verboten. Es sind dann zwei Reparaturstrategien möglich: entweder wird die Geminate vereinfacht, *-tt* also zu einem einfachen *-t* entgeminiert, oder es erfolgt die Einfügung eines Schwas, wie bei der Epenthese in *er rett+e+t*. Letzteres ist der Regelfall. Morphologisch gesteuerte Entgeminierung wie bei *du hältst, du trittst* ist eine Subregularität, welche nur die von *a* nach *ä* und von *e* nach *i* ablautenden Verben betrifft. Phonologische Details gibt es auch beim Präteritum zu beachten. Dieses kann durch Ablautung (*ich rief*), durch /t/ (*ich legte*), oder durch beides (*ich kannte*) gebildet werden; im letzten Fall spricht man auch von „Rückumlautung". Ich nehme hier an, dass /t/ ein **silbisches Morphem** ist, das in der Regel einen eigenständigen Onset einer Silbe bildet und so Schwa-Einsetzung auslöst. Damit ist das Schwa in *leg+te* und *kann+te* vorhersagbar; in **red+te* wäre das /t/ nicht mehr eigenständiger Onset, sondern ambisyllabisch, sodass nun auch die Einfügung des Schwa in *rede+te* vorhersagbar ist. Ausnahmen bilden sog. Kurzformverben wie *hatte*. Auf weitere phonologische Details wird hier nicht weiter eingegangen. Auch die Ablautung (*ich gebe, du gibst, er gibt*) wurde hier ignoriert; letztlich muss auch hier ein Merkmalabgleich stattfinden, der **du gebst* einerseits bzw. **ich gibe* andererseits blockiert. Wie hier zu verfahren ist, lasse ich offen.

Die bisherige Klassifikation lässt noch unberücksichtigt, dass die hier als [+PRÄSENS] charakterisierten Formen nur im Indikativ vorkommen. Dies illustriert noch einmal die Tabelle (4) mit den Einträgen *wiss+e* für den Konjunktiv 1 und *wüss+te* für den Konjunktiv 2. Ersterer enthält durchgängig, d.h. in allen Personalformen /e/, letzterer /te/.

(4)

			Indikativ Präsens		sonst	
Singular	1.Ps.	ich	glaub ruf	e	glaub-te rief, weiß wiss-e, wüss-te	**Ø**
	2.Ps.	du	glaub(te), rief, weiß wiss-e, wüss-te			**st**
	3.Ps.	er sie es	glaub ruf	t	glaub-te rief, weiß wiss-e, wüss-te	**Ø**
Plural	1.Ps.	wir	glaub(te), rief, wiss wiss-e, wüss-te			**en**
	2.Ps.	ihr	glaub(te), rief, wiss wiss-e, wüss-te			**t**
	3.Ps.	sie	glaub(te), rief, wiss wiss-e, wüss-te			**en**

Dies bedeutet, dass überall dort, wo in den Exponenten das Merkmal [+PRÄSENS] steht, das Merkmal [+INDIKATIV] zu ergänzen ist.

In der Literatur findet sich oft die Annahme, dass sowohl die dritte Person als auch der Singular als unmarkierter Teil einer Opposition merkmallos sein sollte (vergl. etwa Bierwisch (1961)). Die verfügbaren Merkmale sind dann lediglich die in (5):

(5)

			[+IND,+PRÄS]		sonst	
	[+1]	ich	glaub	**e**	glaub-te	**Ø**
	[+2]	du	glaub(te)			**st**
		er	glaub	**t**	glaub-te	**Ø**
[+PL]	[+1]	wir	glaub(te)			**en**
	[+2]	ihr	glaub(te)			**t**
		sie	glaub(te)			**en**

Man kann sich dann leicht überlegen, dass auch jetzt noch eine Unterspezifikation der Merkmale der Exponenten ausreicht, um deren Verteilung korrekt zu erfassen. Zusätzlich ist wieder eine Reihenfolge festzulegen, in welcher geprüft wird, ob die Merkmale der Flexive in (6) zu den in (5) verfügbaren Merkmalen passen.

(6)

/t/	=	[+pl,+2]
/en/	=	[+pl]
/st/	=	[+2]
/e/	=	[+1,+Ind,+Präs]
/t/	=	[+Ind,+Präs]
/Ø/	=	[]

Das Verfahren, die Merkmale in der gegebenen Reihenfolge (hier also von oben nach unten) abzuarbeiten, geht m.W. auf Bierwisch (1962) zurück. Z.B. wären mit der 2. Person Singular Präsens sowohl die Merkmale für /t/=[+Ind,+Präs] als auch die für /st/=[+2] kompatibel. Die vorgegebene Ordnung stellt dann sicher, dass nicht /t/ sondern /st/ zum Zuge kommt.

Die redundanzfreien Darstellungen mittels Merkmalen gleich welcher Art dienen in diesem Abschnitt zunächst bloß als Klassifikation des Formenbestandes; ob und ggf. wie diese Merkmale in der Syntax für die Beschreibung der Kongruenz benutzt werden können, werden wir in Abschnitt (II.3.3.) genauer diskutieren. Ein wichtiges Resultat unserer Überlegungen ist jedoch, dass wir auf Merkmale für den Singular und die dritte Person ganz verzichten können. Dies bedeutet, dass wir bei Nomen, Artikel und Adjektiv entweder ein Merkmal für das Genus vorfinden (dann stehen Nomen, Artikel oder Adjektiv im Singular), oder wir finden das Merkmal [PLURAL] vor, welches die Genusunterscheidung neutralisiert. Bei Nominalphrasen wie *der Mann* finden wir kein Merkmal für die Person. Wir werden diesen Punkt bei der Beschreibung der Kongruenz im nächsten Kapitel noch einmal ausführlich illustrieren.

Frage 53: Welche weiteren Paare von Flexiven motivieren die in (6) vorgegebene Ordnung?

Frage 54: Die Klassifikation in (3) weicht von der in Eisenberg (1998, S. 179ff) deutlich ab. Worin bestehen die Unterschiede sowie mögliche Vor- bzw. Nachteile?

Die nicht-finiten Formen 8.2.

Während man in der Deklination traditionell vom 1. bis 4. *Fall* spricht, unterscheidet man in der nicht-finiten Flexion der Verben seit Bech (1955/57) zwischen dem ersten, zweiten und dritten **Status**. Der erste Status ist der Infinitiv, der zweite der Infinitiv mit *zu* und der dritte das Partizip; die entsprechenden Merkmale in (6), also [INF], [ZU] und [PARTIZIP], sind solche, die in der Syntax überprüft werden müssen. Diese Überprüfung werden wir im nächsten Kapitel genau beschreiben; in diesem Kapitel geht es allein darum, wie diese Merkmale innerhalb der Morphologie generiert werden.

Für den 1. Status (also den Infinitiv ohne *zu*) scheint dies zunächst trivial zu sein: Das Merkmal [INF] kann wie in (7-a) als Konsequenz der Infinitiv-

Endung *-en* angesehen werden. Auch der 2. Status (Infinitiv mit *zu*) ist offenbar kein Problem, siehe (7-b):

(7) a.

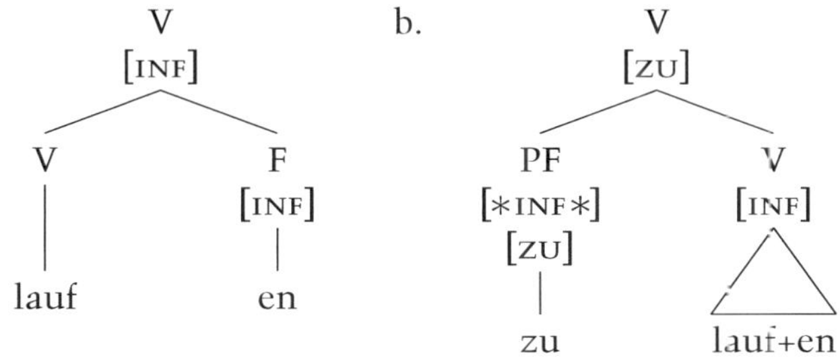

Ungewöhnlich ist hier, dass das als Präfix (PF) notierte Morphem *zu* nicht mit dem darauffolgenden Wort zusammengeschrieben wird, wie man es bei Präfigierung innerhalb der Morphologie erwarten würde. Dies ist eine Ausnahme zu den Gesetzen der Graphematik und wird als solche in Jacobs (2005, S. 116ff) näher diskutiert. Auseinanderschreibung deutet hier auch an, dass man *zu* auch als eigenständigen Kopf analysieren könnte, obwohl es systematisch ein Flexiv ist. In vielen Theorien hat daher *zu* eher syntaktischen als morphologischen Charakter. Wie man hier verfährt, scheint in (7-b) formal gleichgültig, beide Analysen sind möglich. Ich neige allerdings dazu, *zu* nach wie vor als Flexiv anzusehen.

Kopfzerbrechen bereitet nun aber das Partizip, also der 3. Status. Denn hier ist die Quelle für das Partizipmerkmal, das in der Syntax für die Merkmalüberprüfung benötigt wird, ziemlich unklar. Wie (8) zeigt, lassen sich sieben verschiedene Typen (und drei potentielle Quellen für das Partizipmerkmal) unterscheiden; diese vom Infinitiv abweichenden Formen sind kursiv hervorgehoben:

(8)

	INFINITIV	PARTIZIP
1	kauf+en	*ge*+kauf+*t*
2	lauf +en	*ge*+ lauf +en
3	ver+kauf+en	ver+kauf+*t*
4	ver+ lauf +en	ver+ lauf +en
5	ver+ lier +en	ver+ *lor* +en
6	renn+en	*ge+rann+t*
7	sei +(e)n	*ge+ wes* +en

In Zeile 1 wird das Partizip offenbar durch zwei Morpheme vom Infinitiv unterschieden, in Zeile 2 nur durch das erste von diesen beiden, in Zeile 3 nur durch das zweite. Keine Markierung liegt in Zeile 4 vor, in Zeile 5 ändert sich nur der Stamm durch Ablautung. Zeile 6 ist das Gegenextrem zu 4: Das Partizip wird durch *ge-*, Ablautung, und *-t* markiert. In Zeile 7 handelt es sich um eine Suppletivform und es tritt zusätzlich das Präfix *ge-* hinzu. Die Frage ist dann, welche Systematik hier zugrundezulegen ist. Insbesondere ist zu entscheiden, von welchem der beteiligten Exponenten das Merkmal [PARTIZIP] projiziert werden soll.[49]

Zur Beantwortung dieser Fragen ist es hilfreich, zuerst einige Generalisierungen zum Verhältnis zwischen den beteiligten Morphemen zu betrachten. Es gilt:

(9) Präfigierung mit *ge-* erfolgt genau dann, wenn die Anfangssilbe des „Kernwortes" (s.u.) den Wortakzent trägt.

Was verstehen wir hier unter dem Begriff *Kernwort*? Generell unterscheiden wir zwischen **Präfixverben** und **Partikelverben**. Präfixverben sind solche wie *verkaufen, verlaufen, belaufen, besaufen* usw. Das Präfix trägt nie den Wortakzent. Nehmen wir an, das Präfix gehöre zum Kernwort. (9) sagt dann eine komplementäre Verteilung zwischen *ge-* und dem Präfix korrekt voraus:

(10) verkauft, verlaufen, aber: *vergekauft, *vergelaufen, *geverkauft, *geverlaufen

Partikelverben dagegen sind *weglaufen, auflaufen, abkaufen, loskaufen* usw. Hier trägt die erste Silbe, also die Partikel (meist gleichzeitig eine Präposition) den Wortakzent. Der Unterschied zwischen beiden Verbtypen wird hauptsächlich syntaktisch begründet; es zeigt sich in Kapitel (III.), dass die Partikel weniger eng zum Verb gehört als das Präfix. Daher zählt man eine Partikel nicht zum „Kernwort". (9) sagt dann korrekt voraus, dass bei Partikelverben *ge-*Präfigierung vorliegen muss: *weggelaufen, aufgeladen, abgekauft* und *losgekauft* sind die einzig möglichen Partizipformen. Ebenso wird das Fehlen von *ge-* bei Verben wie *marschieren* oder *torpedieren* korrekt vorhergesagt.

Wollte man nun *ge-* als Träger des Partizip-Merkmals ansehen, müsste man annehmen, dass *ge-* immer generiert wird, ggf. aber aufgrund von (9) vor einer unbetonten Silbe in der phonetischen Form getilgt wird. Ein solches Vorgehen scheint mir relativ unnatürlich und auch diachron unmotiviert: das Partizip mit *ge-* als Standard wurde erst im Neuhochdeutschen systematisiert. Damit wäre *ge-* aber als Motor für die Partizipbildung ziemlich unplausibel.

Sucht man nach einer anderen Quelle für das Partizipmerkmal, wäre wie in (11-a,b) davon auszugehen, dass die *t*-Endung dieses Merkmal projiziert. Und wenn wir dann, was naheliegt, eine Parallelbehandlung von *-en* und *-t* anstreben, müssen wir die in (11-c,d) illustrierte Konsequenz akzeptieren, zwei verschiedene, aber homophone (d.h. gleichlautende) *-en*-Morpheme anzusetzen, nämlich für den Infinitiv und für das Partizip:

(11)

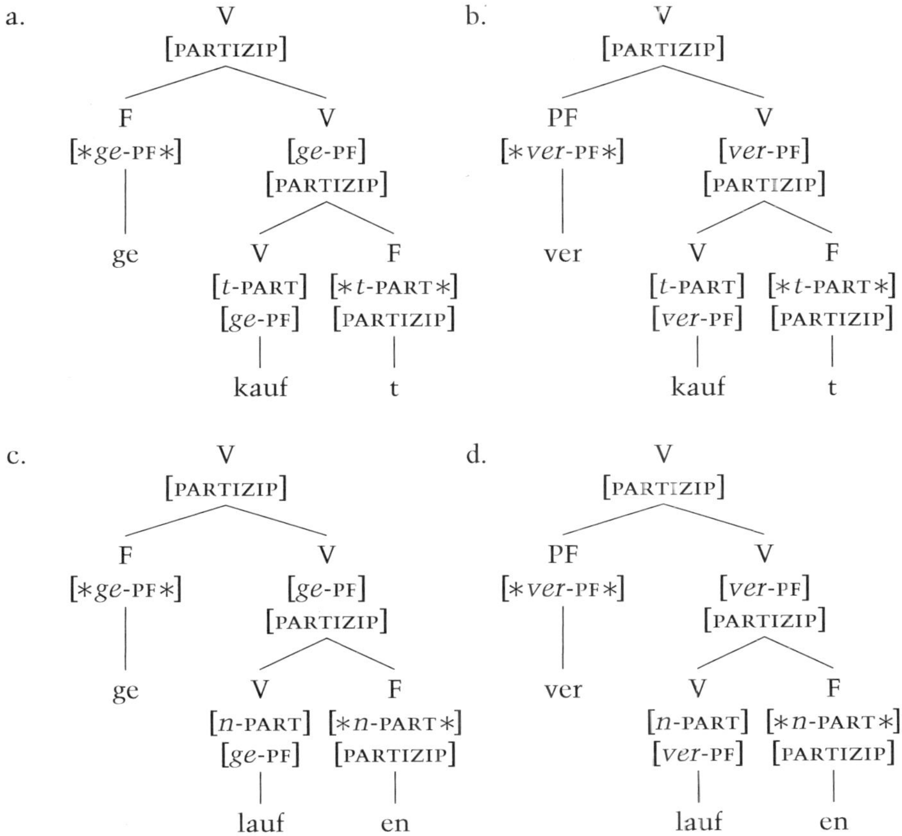

Eine solche doppelte Klassifikation von *-en* als Infinitiv- und als Partizipmorphem mag zwar als unschön empfunden werden; ein viel entscheidenderer Grund, die Systematik in (11) als nicht adäquat anzusehen, ist die beim Stamm zu beobachtende Ablautung beim Typ *verlieren/verloren*. Erfolgt hier die Kennzeichnung des Partizips unmittelbar beim Stamm selber (was sich genau dann zwanglos ergibt, wenn die Stämme selber schon das Merkmal [PARTIZIP] haben), oder handelt es sich bei der Ablautung um eine allomorphe Konsequenz dessen, dass die Endung -en das Partizip enkodiert?

Zur Beantwortung dieser Frage muss auf die Distribution der Suffixe eingegangen werden, die sich folgendermaßen beschreiben lässt:

(12) a. Ein Verb, das in irgendeiner seiner Formen einen Ablaut aufweist (ein solches Verb wird „stark" genannt), hat im Partizip das *-en*-Suffix, es sei denn, es ist im Lexikon als Ausnahme markiert (wie *n/r/kennen, senden, bringen, wissen, denken* u.a.m.).

b. die übrigen Verben (die als „schwach" bezeichnet werden), haben im

Partizip das -*t*-Suffix, es sei denn, sie sind wie *mahlen*, *salzen*, *spalten* u.a.m. im Lexikon als Ausnahme markiert.

Aus dieser Regularität geht klar hervor, dass der Ablaut bei *verloren* nicht Konsequenz von /en/ ist, sondern umgekehrt /en/ Konsequenz davon, dass *verlieren* ein ablautendes Verb ist. Am plausibelsten erscheint es daher, wie beim regelbasierten Verfahren der Suffigierung zu verfahren, wo ja die Stämme selber die jeweils zu projizierenden Merkmale tragen. Generalisiert man diese Methode auch auf den Infinitiv, so werden die Flexive generell zu Ornamenten, wie im regelbasierten Verfahren. Diese Regeln finden ihre Entsprechung in lexikalischen Redundanzregeln, welche nun dafür sorgen müssen, dass die richtigen Exponenten generiert werden. Um überhaupt die Generierung der Exponenten zu garantieren, muss daher gelten:

(13) Jeder V-Stamm hat genau eines der Merkmale [INF], [PARTIZIP] oder [FINIT].

Das Merkmal [FINIT] wird dann von allen finiten Flexiven gecheckt, d.h., alle diese haben das Merkmal [*FINIT*]. Dies beantwortet gleichzeitig die Frage, warum die finiten Formen überhaupt flektiert werden: die Flexion erfolgt, um das kontextuelle Finitheitsmerkmal des Stammes zu checken. Da auch die unflektierten Formen das Merkmal [FINIT] haben, müssen wir, entgegen unserer sonstigen Gewohnheit, in der untersten Spalte von (3) ein Nullmorphem ansetzen, das das Finitheitsmerkmal überprüft. Dies ist auch der Grund, weshalb wir hier überhaupt ein Nullmorphem akzeptieren: es gestattet uns, die in (13) genannten Merkmale einheitlich zu handhaben.

Die Merkmale [INF] und [PARTIZIP] müssen nun ihrerseits dafür sorgen, dass lexikalische Redundanzregeln die entsprechenden „Ornamente" generieren. Dabei gehe ich davon aus, dass das Flexiv -*en* uniform eine Art Grundformmorphem ist, das sowohl beim Infinitiv als auch beim Partizip generiert wird. Ich verwende hierfür das Merkmal [GFM] und analysiere dann Infinitive wie in (14).

(14) a. b.

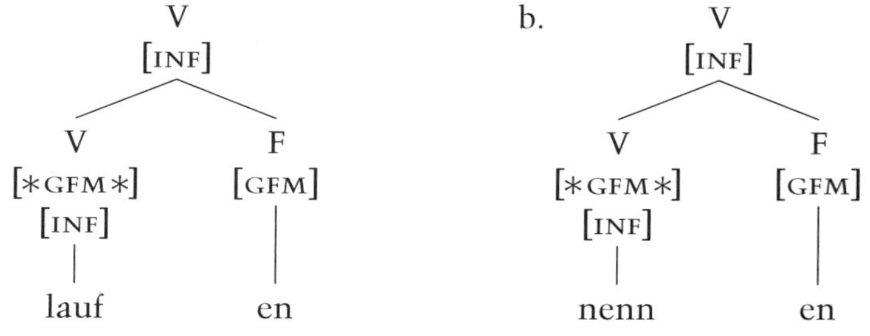

Eine obligatorische lexikalische Redundanzregel für den Infinitiv muss nun dafür sorgen, dass ein V mit dem Merkmal [INF] automatisch das Merkmal

[*GFM*] zugewiesen bekommt. Für Verben vom Typ 4 wie *verlaufen* ist nun die Redundanzregel anzuwenden, die jedem ablautenden Verb mit dem Merkmal [PARTIZIP] ebenfalls das Merkmal [*GFM*] zuweist, es sei denn, es hat schon im Lexikon ein rivalisierendes Merkmal für das *t*-Partizip. Daraus ergibt sich nun wie in (15) gezeigt eine völlige Parallelität von Partizip und Infinitiv:

(15)
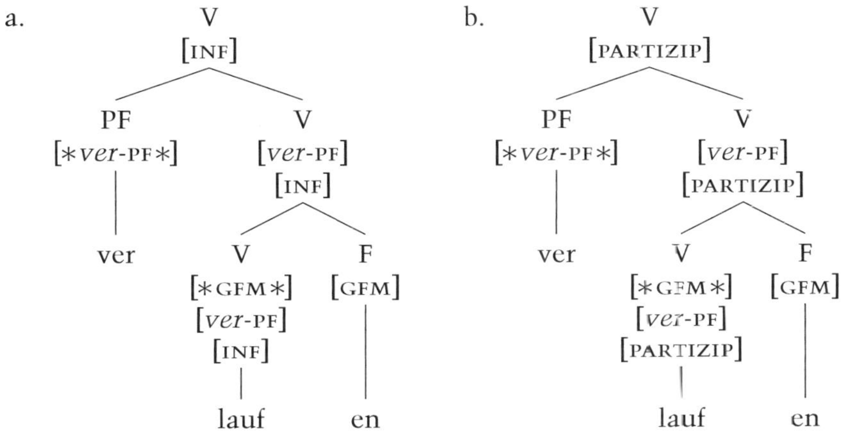

Für die ablautenden und die suppletiven Stämme des Partizips, welche diese Analyse gerade motiviert haben, wird dann angenommen, dass die verschiedenen Stämme eines Lexems durch obligatorische Merkmale schon in den Lexikoneinträgen unterschieden werden, während die Statusmerkmale der regulären Verben frei gewählt werden können.

(16)
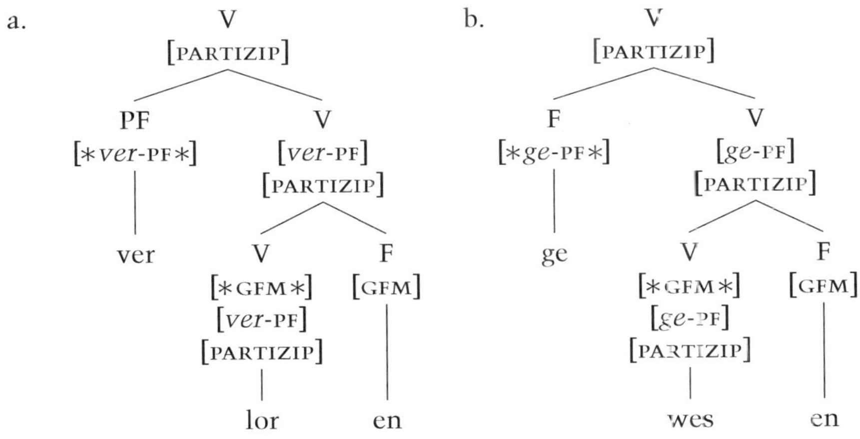

Das *t*-Partizip ist nun parallel zum Partizip mit Grundformmorphem zu behandeln, sodass wir dem Merkmal [*GFM*] nun ein analoges Merkmal [*TPM*] (für *t*-Partizip-Morphem) zur Seite stellen:[50]

(17) a. b.

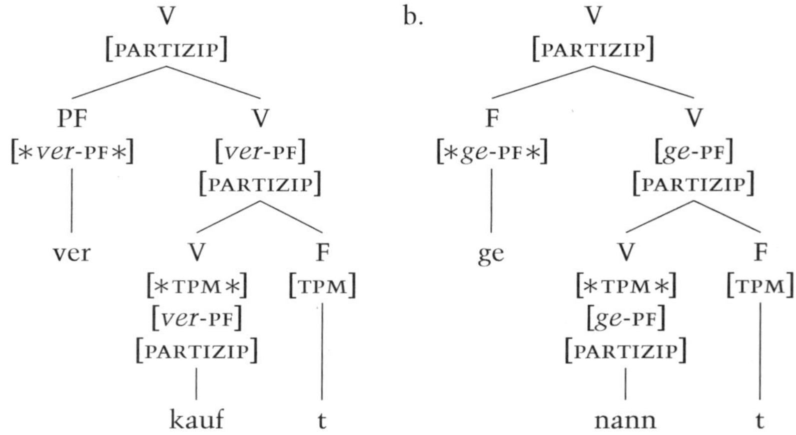

Formal scheint es uns nun gelungen, über die Kategorie Grundformmophem bzw. Grundformexponent eine einheitliche Analyse des *-en*-Suffixes zu erreichen. Tatsächlich ist dies jedoch bei näherer Betrachtung eher zweifelhaft. Denn eine der allgemeinen Regularitäten, die wir erfassen wollen, ist ja letztlich folgende:

(18) Schwache Verben bekommen das Merkmal [*TPM*], es sei denn, sie haben schon ein Merkmal für die morphologische Markierung des Partizips.

Dieses Merkmal ist natürlich [*GFM*]. Wir müssen daher explizit festhalten, dass es sich bei [GFM] auch um ein *Partizip*-Merkmal handelt, denn sonst könnte es nicht in Konkurrenz zu [TPM] treten. Mit der formalen Vereinheitlichung der Merkmale für Partizip und Infinitiv, die ich auf der Ebene der Baumdarstellung hier beibehalten werde, ist also auf der Ebene der linguistisch relevanten Generalisierung nichts gewonnen.

Dies verdeutlicht eine Schwäche unserer Darstellung: Merkmale gehören *Dimensionen* von Merkmalen an, die als solche von mir nicht formal repräsentiert wurden. Dass z.B. [1.PERSON] und [2.PERSON] beides Personenmerkmale sind, wurde hier aus Gründen der Lesbarkeit nicht formal repräsentiert, vielmehr vertraue ich auf die mit den *Namen* der Merkmale verbundenen Intuitionen. Namen und Intuitionen aber sind formal gesehen nur Schall und Rauch. Nichtsdestoweniger lassen sich die wesentlichen Punkte auch ohne einen zusätzlichen Formalismus verstehen.

Ignoriert haben wir in diesem Abschnitt auch etwas ganz anderes, nämlich jene Form des Partizips Präsens, die in der Literatur als Endung *-d* oder *-end* analysiert wurde:

(19) a. *Schreiend* lief er durchs Dorf

b. eine *singende* Säge
c. die zu *bearbeitenden* Aufgaben

Wir haben hier zu entscheiden, ob das Partizip allein durch *-d* (plus Infinitiv) oder, wie in Beispiel (5.13-a), S. 48 unterstellt, durch *-end* (plus Stamm) zu charakterisieren ist; ebenso stellt sich die Frage, ob es sich um eine Flexionsendung oder, wie bisher angenommen, um eine Derivationsendung handelt. Wir werden die Entscheidung hierüber vertagen und das Thema in Anhang (I.3.) ausführlicher diskutieren.[51]

Frage 55: Auf Mineralwasserflaschen findet sich fast immer die Aufschrift *enteisent*.[52] Wie ist diese Form zu analysieren? Warum heißt es nicht *enteisend*?

Zur Abfolge von Flexion und Derivation/Komposition 9.

Um die Systematik zu vervollständigen diskutieren wir nun wieder das Zusammenspiel der verschiedenen Module Komposition, Derivation und Flexion. Hierfür ist natürlich die Frage relevant, ob die Grammatik eine extrinsische Ordnung zwischen den Modulen vorgeben muss oder nicht.

Flexion und Komposition 9.1.

Im Sinne einer solchen extrinsischen Ordnung ist als Teil der *Extended Level Ordering Hypothesis (ELOH)* das Prinzip (1) formuliert worden:

(1) Komposition geht der Flexion voran.

Unmittelbarer empirischer Effekt dieser Hypothese ist die Blockade der Flexion des Erstglieds eines Kompositums: In der Tat sind ja Formen wie *des *Erstenglied(s), die *Rufemord(e), des *Rufesmord(es)* usw. ungrammatisch. Dies spricht prima facie für die Generalisierung (1). Andererseits finden wir aber gerade im Deutschen Daten, die (1) zu falsifizieren scheinen. Es geht dabei um die sog. **Fugenmorpheme**, denen wir den nächsten Unterabschnitt widmen.

Fugenelemente 9.1.1.

Bei der Komposition von Nomina sieht die erste Komponente im Deutschen häufig flektiert aus:

(2) a. kind*er*lieb, frau*en*freundlich, Gott*es*geschenk
b. Hühn*er*keule, Kind*er*wagen, Hund*e*hütte, Gäns*e*braten, Bote*n*lohn
c. Liebe*s*schwur, Arbeit*s*zeit, Geburt*s*tag
d. Jäger*s*mann, Liebling*s*getränk

Die kursiven Endungen zwischen den Nomina heißen Fugenelemente. In (2-a) scheint dieses Element als Endung des ersten Kompositionsgliedes semantisch motivierbar (*lieb zu Kindern, freundlich zu Frauen, Geschenk Gottes*). In (2-b) jedoch ist eine semantische Motivation nicht zu erkennen (*Keule* ***eines*** *Huhns, Hütte* ***eines*** *Hundes* etc.).[53] Und in Fällen wie (2-c) ist selbst eine morphologische Motivation nicht erkennbar, denn die Formen *Liebes*, *Arbeits* und *Geburts* kommen im Paradigma der Wörter nicht vor. Auch die *s*-Fuge, die diachron als Genitiv interpretiert werden kann, lässt sich in (2-d) nicht als genitivisch paraphrasieren: der Jäger*s*mann ist kein Mann des Jägers, das Lieblings*s*getränk kein Getränk des Lieblings.

Obwohl die Fugenmorpheme wie Deklinationsmorpheme aussehen, wird ihnen der Status echter Flexionsmorpheme oft abgesprochen. Vielmehr spricht Wurzel (1970, S. 91ff) hier von **Stammbildung** für die Komposition, die übrigens auch für die Derivation relevant sein kann, wie die folgenden Beispiele aus Wurzel (1970, S. 97) zeigen:

(3) Christ+en+heit, Mensch+en+tum, Fürst+en+tum, Beamt+en+schaft, Genosse+n+schaft, Jungfer+n+schaft

Auch hier lässt sich eine semantische oder morphologische Motivation für das Fugenelement *-(e)n* nicht erkennen. Vielmehr ist die Einfügung solcher Fugen laut Wurzel (1970, S. 98ff) Teil der Komposition bzw. Derivation (also kein Teil der Flexion) und beruht auf eigenständigen Regularitäten, auf die wir hier nicht eingehen können (vgl. auch Fuhrhop (1998, Kap. 6) und Wegener (2003)). Diese werden von Wurzel als Stammbildungsregularitäten aufgefasst; hierzu gehört auch die in Fußnote 45 erwähnte Stammbildung durch lateinische Endungen (das *Solo*, die *Soli*) sowie die von Wurzel angenommene Stammbildung bei Wörtern wie *Fad+en*, *Bud+e*, die sich dadurch diagnostizieren lässt, dass die Stammbildungselemente *-en* und *-e* in derivierten Wörtern fehlen können bzw. müssen, wie etwa bei den Diminutiven *Fädchen, Büdchen* vs. **Fadenchen, *Fädenchen, *Budechen, *Büdechen*.[54] In der Systematik von Wurzel, dargestellt in (4), sind Fugenelemente Stammbildungsmorpheme vom Typ II:

(4) a. ***Grundformbildung:***
Wurzel (+ Stammbildungsmorphem I) = Stamm
Beispiele: *Kont+o, Kont+en; Sol+o, Sol+i*; bei Wurzel auch *Fad+en*

b. ***Derivation:***
X (+ Stammbildungsmorphem II) + Derivationsmorphem Y = Y
Beispiele: *Fürst+en+tum, Jungfer+n+schaft, hoffnung+s+los ; Sol+ist*

c. ***Komposition:***
X (+ Stammbildungsmorphem II) + Y = Y
Beispiele: *Jäger+s+mann; Bote+n+lohn; Gäns+e+braten*

d. ***Flexion:***
X + Flexionsmorphem = X
Beispiele: *Kind+er; Kinder+n; Solo+s*

Die Anordnung dieser vier Komponenten entspricht gerade der *ELOH*, wobei die Grundformbildung auch als *irreguläre* Flexion aufgefasst werden kann. Dass diese den anderen Komponenten vorangeht, zeigen englische Komposita wie *teeth marks* oder *lice-infested*, deren Erstglied ein irregulärer Plural ist, während regulär gebildete Pluralformen im Erstglied (**claws mark*, **rats-infested*) grundsätzlich ausgeschlossen sind.[55] Auch im Deutschen scheint die Wahl zwischen Singular und Plural bei den irregulären, stammbildenden Formen gelegentlich doch willkürlich, vergl:

(5) a. Der/Die Geschäftsführer/in muss den Vorstandssprecher jedoch von der *Kont**en**bewegung* informieren.
b. Bundesfinanzhof hält *Kont**en**abfrage* für wirksame Kontrollmöglichkeit (*SZ* vom 12.1.06; die Google-Abfrage ergibt über 40.000 Treffer)

Stammbildungsmorpheme vom Typ I bilden, genau wie die Flexionsmorpheme, Wortformen, deren Struktur sich über einen Merkmalmechanismus problemlos erfassen lässt, etwa, indem ein Lexem wie *Fad-* ein entsprechendes Merkmal [∗GFM∗] (=Grundformmorphem) hat. Dagegen bilden die Elemente vom Typ II gebundene Formen wie *Geburts-*, deren Existenzberechtigung davon abhängt, als Input für die Komposition oder Derivation zu dienen. Eine Merkmalanalyse dieser Gebundenheit ist im bisherigen Rahmen nicht möglich, insbesondere weil wir ja angenommen haben, dass bei der Komposition keine Merkmalüberprüfung stattfindet. Hinzu kommt, dass die Einfügung von Fugenelementen auch nicht von den Eigenschaften des linken Wortes allein, sondern von prosodischen Eigenschaften beider Wörter abhängt; wenn es u.a. darum geht, eine rhythmisch unmarkierte, trochäische Form herzustellen (s. Wegener (2003)), wäre eine Bedingung für die Einfügung der Fuge ja ein Akzentzusammenstoß zwischen Erst- und Zweitglied des Kompositums. Die Einfügung einer Fuge wäre dann eine rein phonologisch motivierte Epenthese.

Dass Fugenelemente grundsätzlich von Flexionsmorphemen zu unterscheiden sind, wird oft mit der Forderung begründet, dass Flexionselemente als Morpheme *per definitionem* eine grammatische Funktion haben müssen; Fugenelemente dagegen haben „keine grammatische Funktion, wenn darunter die Anzeige grammatischer oder semantischer Kategorien wie Kasus, Numerus, Tempus verstanden wird. Sie haben ähnlich wie epenthetische Segmente in erster Linie prosodische und artikulatorische Funktionen, indem sie dem Kompositum eine bessere Form verleihen als dies ohne Fugenelement der Fall wäre, wobei sich ‚besser' sowohl auf die metrische Struktur und die Artikulierbarkeit als auch auf die Durchsichtigkeit, die Transparenz des Kompositums bezieht." (Wegener (2003, S. 446)). Konsequenterweise sollte man daher gar nicht von Fugen*morphemen* sprechen, da es sich gar nicht um Morpheme im üblichen Sinne handelt.

Wegener diskutiert, dass jene Fugenelemente, die semantisch wie Pluralmarkierungen aussehen, tatsächlich entweder auf alte Genitivendungen oder auf alte Stammbildungsmorpheme zurückgehen. Dennoch sind sie in jeder anderen Hinsicht von „echten" Pluralmorphemen nicht zu unterscheiden: Erstens ist die Wahl dieser Fugenelemente von der Flexionsklasse des Stamms abhängig: z.B. kann eine *e*-Fuge nur bei einem Stamm eingefügt werden, der auch einen *e*-PLURAL realisieren kann. Zweitens liegt die im Anhang (VI.A.1.) beschriebene Umlautung, etwa bei *Gänseschmalz*, bei den Fugenelementen genau dann vor, wenn sie auch bei den Pluralmorphemen vorliegt. Daraus ergibt sich, dass alle Fugenmorpheme außer *-s* ins Flexionssystem ihrer Stammform „passen": es handelt sich um sog. **paradigmatische Fugenelemente**, was bedeutet, dass die Kompositionsstammform (also die Form mit Fugenelement) einer aktualen Wortform (also einem Element aus dem Flexionsparadigma) entspricht.[56]

Die Paradigmatizität der Fugenelemente scheint für die Wurzelsche Systematik problematisch, denn die Identität der Formen von Wortbildungselement und Flexiv und die Gleichheit der Selektionsanforderungen an die Stämme ist hier rein zufällig. Beschreibt man die Paradigmenbedingungen der Fugenelemente gesondert, hätte man die Parallele mit den Pluralmorphemen und somit eine wichtige Generalisierung nicht erfasst. Daher scheint es mir angebracht, die ausschließlich als (potentielle) Pluralmorpheme deutbaren Fugenelemente auch mit den relevanten Flexionsklassenmerkmalen des Pluralmorphems zu versehen. Die paradigmatischen Fugenelemente selegieren gerade die Flexionsklassenmerkmale, die von den semantisch interpretierbaren „echten" Morphemen auch selegiert werden; ob sie auch deren Numerusmerkmale haben, scheint mir kaum relevant, solange diese Merkmale weder überprüft noch notwendigerweise semantisch interpretiert werden müssen.[57] Die Einfügung solcher Fugen muss demnach innerhalb der Morphologie, also *vor* der phonologischen Interpretationsebene erfolgen. Auf der PF-Ebene kann dann erst überprüft werden, ob die Einfügung der Fuge auch phonologisch motiviert werden kann.

Demgegenüber kann die *s*-Fuge formal weder als Plural-*s* noch als Genitiv analysiert werden. Denn weder kommen *s*-Fugen dort vor, wo ein *s*-Plural erwartbar wäre (**Autoswäsche*), noch muss, wie wir ja bei (2-c) gesehen haben, die Flexionsklassenanforderung des Genitivmorphems an den Stamm immer erfüllt werden. Hinzu kommt, dass ein Merkmal wie [GENITIV] *innerhalb der Syntax* überprüft werden muss; innerhalb der Komposition jedoch kann keine Merkmalüberprüfung stattfinden. Wäre die *s*-Fuge ein Genitiv, könnte sie nicht überprüft werden, da die Fuge ja Teil eines Nicht-Kopfes ist und daher nicht in die Syntax projiziert werden kann. Die Einfügung der *s*-Fuge könnte dann erst auf der PF-Ebene erfolgen.

Zurück zu unserer Grundfrage, ob Fugenelemente der Generalisierung (1) widersprechen: Für die *s*-Fuge ist die Antwort eindeutig, denn sie unterliegt keinen morphologischen Bedingungen. Für die paradigmatischen Fugen, die ja denselben Restriktionen unterliegen können wie die „echten Morpheme", könnte man sich rein terminologisch zwar darauf einigen, diese nicht zur „echten Flexion" zu rechnen, womit sie dann für die Generalisierung (1) kein Problem mehr wären. Dennoch halte ich diese Lösung eigentlich nicht für ganz ehrlich. Um sie von der Flexion auszuschließen müsste man genau definieren, was man unter Flexion versteht. Es scheint mir ratsam, sich auf ein solches Unternehmen jedoch nicht einzulassen. Wir werden weiter unten sehen, dass die Generalisierung (1) ohnehin problematisch ist, sodass wir die Frage mit dem Hinweis darauf zurückweisen, dass Gültigkeit von (1) erst einer genaueren Prüfung bedarf. Wir beginnen damit im nächsten Abschnitt.

Frage 56: Formen wie **Autosfriedhof* können im Prinzip auf drei verschiedene Weisen analysiert werden: *-s* ist eine Pluralmarkierung, eine Genitivmarkierung oder einfach ein phonologisch bedingter Sprosslaut. Wie müsste man jeweils argumentieren, um die Ungrammatikalität zu begründen?

Zur Projektion der Flexion in die Syntax 9.1.2.

Di Sciullo und Williams (1987, S. 25) plädieren dafür, dass (1) kein unabhängiges Prinzip der Grammatik sei, sondern sich aus anderen, unabhängig motivierten Eigenschaften ableiten lasse. So jedenfalls verstehe ich das Folgende (wobei sich ihr auf die Derivation bezogenes Beispiel *nounhood* ohne weiteres durch ein Kompositum ersetzen lässt):

The principal mark of an inflectional affix is that it must appear outside derivational affixes; for example, the plural inflectional affix *-s* appears outside the derivational affix *-hood*:

(6) a. nounhoods
b. *nounshood

It is not necessary to posit an extra level of morphology [..., meine Hervorhebung] to account for this fact about inflectional morphology. Rather, it follows from the identification of heads in words. Inflectional morphemes are the ones that participate in syntax. [...] an affix may determine the properties of its word, and syntax may determine the distribution of words according to these properties. For an affix to determine the properties of its word, it must appear in the "ultimate" head position (the head of the head of the head ...), which explains why it must appear outside derivational affixes—if it appears inside one of them, it would not be in head position.

Diese Argumentation lässt sich vollkommen parallel auch auf die Komposition übertragen: Komposita wie **claws mark* wären di Sciullo und Williams zufolge deshalb ungrammatisch, weil sich die Flexionsendung auf einem Nicht-Kopf befindet. Nur Köpfe sind in der Syntax sichtbar, und es ist klar, dass die Flexion in der Syntax relevant wird. Tatsächlich ist es oft der Fall, dass Flexionsmorpheme in der Syntax überprüft werden müssen, und dies ist nur dann möglich, wenn sie Kopfeigenschaften haben, d.h., wenn sie projizieren können. Dies trifft beispielsweise für die Kasusmerkmale zu; für diese nehmen auch wir selbstverständlich an, dass sie in der Syntax obligatorisch überprüft werden müssen. Gleiches trifft jedoch *gerade nicht* auf das nominale Pluralmorphem zu; dieses spielt zwar auch in der Syntax für die Kongruenz zwischen Nomen und Verb eine Rolle; es ist aber gerade nicht so, dass *jedes* Numerusmerkmal überprüft werden müsste. Z.B. ist es für die Grammatikalität eines Satzes im Deutschen völlig unerheblich, ob ein Objekt im Singular oder im Plural steht. Wir werden sehen, dass die Kasusmerkmale in der Syntax kontextuell sind, das Pluralmerkmal ist projektiv. Da nicht *alle* Flexionsmorpheme kontextuell sind und in der Syntax überprüft werden müssen, kann nicht ausgeschlossen werden, dass solche Merkmale irgendwo an Nicht-Kopf-Position vorkommen könnten. Nur *wenn* ein bestimmtes Vorkommen eines Flexivs syntaktisch relevant ist, kann es nicht beim Nicht-Kopf stehen. Für das Kasusmerkmal ist die Argumentation aus Di Sciullo und Williams (1987) schlüssig; für das Numerusmerkmal, also die Pluralflexion, haben wir eine Argumentationslücke entdeckt.

Durch folgende Überlegung könnte man nun versuchen, diese Lücke zu schließen: Die semantische Deutung von Komposita sieht es offenbar systematisch vor, auch einen morphologischen Singular pluralisch interpretieren zu können, wie etwa in *Zahnbürste, Zahnarzt, Haarbürste, Haarklammer* usw. Gerade weil es diese Möglichkeit immer gibt, wäre **Zähnebürste*, **Zähnearzt* zunächst einmal unökonomisch, die Pluralmarkierung also unnötig, weil eine Pluralinterpretation ohnehin immer zur Verfügung steht. Generalisiert man diese Ökonomieüberlegungen dahingehend, dass die semantisch interpretierbaren Pluralmorpheme deshalb im Erstglied unnötig sind, weil sie keinen unabhängigen semantischen Effekt haben und ihre Funktion auch durch einen generelleren semantischen Kompositionsmechanismus übernommen werden kann, so scheint es möglich, die soeben aufgedeckte Argumentationslücke zu schließen: Pluralmorpheme kommen deshalb im Erstglied nicht vor, weil sie erstens keine eigenständige Funktion haben, die vom semantischen System nicht anderweitig geleistet werden könnte, und zweitens, weil sie, wenn sie im Erstglied vorkommen, um eine Pluralbedeutung zu erzwingen, dies im Deutschen ohnehin nicht tun könnten, da sie homophon mit Fugenelementen (wie in *Hundehütte*) sind, die diese Bedeutung gerade nicht haben.

Dass nun andererseits die Pluralflexive als Fugenelemente im Deutschen dennoch möglich sind, muss dann damit erklärt werden, dass sie — obwohl semantisch gesehen überflüssig und daher unökonomisch — eine weitere andere Funktion haben, die dem Sparzwang entgegenwirkt. Dies sind gerade die außermorphologischen Bedingungen für die Fuge, die schon genannten Bedingungen an den „Wohlklang": Artikulierbarkeit, Durchsichtigkeit, Transparenz usw.

Kopfflexion 9.1.3.

Damit haben wir den empirisch zu beobachtenden Haupteffekt der extrinsischen Ordnungshypothese (1) aus unabhängig motivierten Überlegungen abgeleitet. Es steht somit zu vermuten, dass (1) kein genuines Prinzip der Grammatik ist. Es verbleibt jetzt allerdings jener Nebeneffekt von (1) zu betrachten, der gerade nichts mit einer potentiellen Flexion des Nicht-Kopfes zu tun hat: Von den beiden im Prinzip möglichen Strukturen für *des Windrades* in (7) gilt es jetzt nämlich noch zu entscheiden, welches die bessere Analyse ist.

(7) a.

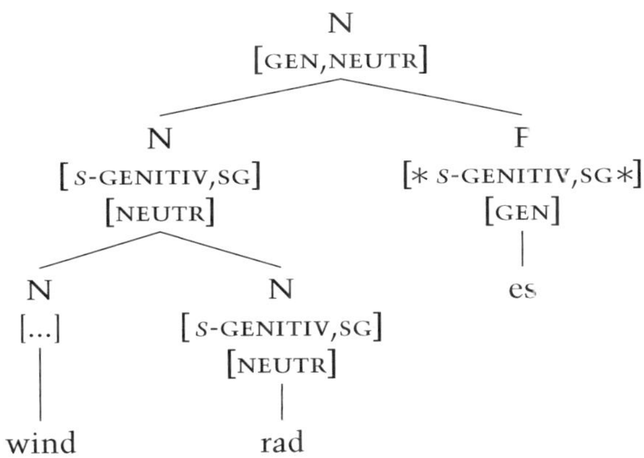

b.

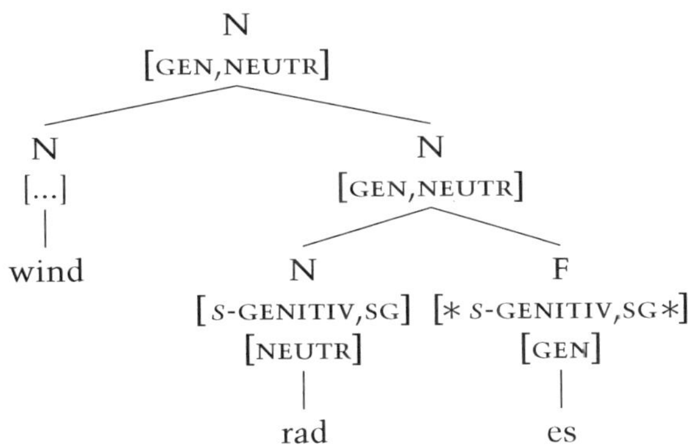

Die Merkmale in beiden Bäumen verhalten sich vollkommen regelkonform. Im Sinne der von vielen Linguisten akzeptierten *ELOH* wäre nur (7-a) korrekt. Dagegen nehmen einige Morphologen wie z.B. Zwicky (1985*a*) explizit an, dass in [A B]-Komposita nicht das Ganze, sondern nur B flektiert ist, sodass dann nur (7-b) wohlgeformt wäre. Nennen wir dies das **Prinzip der Flexion des lexikalischen Kopfes**, oder kurz das Prinzip der Kopfflexion. Leider gibt es hierfür bei Zwicky keine wirklich schlagenden Argumente, die einer kritischen Würdigung standhielten, denn Beispiele wie in *fire+men*, welche die These als offensichtlich erscheinen lassen sollen, ließen sich ja auch so erklären, dass die irreguläre Flexion zur Grundformbildung und nicht zur Flexion gehört.[58]

Da sich bei Suffixen naturgemäß wegen der Rechtsköpfigkeit der Komposita durch bloßes Hinschauen nichts erkennen lässt, sollte von präfigierenden Flexiven eher Aufschluss zu erwarten sein. Leider finden wir diese in der Flexion des Deutschen nur bei den Verben als *ge-* und *zu-*Präfixe, sodass sich irgendeine Evidenz nur auf die ohnehin problematischen X+V-Komposita stützen könnte. Ein Argument gegen die Kopfflexion und für die *ELOH* ließe sich nur gewinnen, wenn alle diese Komposita durchgängig außen flektiert werden. Dies ist aber, wie eine kleine *Google*-Abfrage zeigt, nicht der Fall:

(8) a. lobgepreist (43), gelobpreist (148), lobgepriesen (312), gelobpriesen (7);
b. lustgewandelt (54), gelustwandelt (204)
c. schlussgefolgert (303), geschlussfolgert (8550);
d. wettgeeifert (281), gewetteifert (940);
e. sandgestrahlt (29500), gesandstrahlt (4020);
f. handgehabt (655), gehandhabt (215.000)

Wird außen flektiert, könnte man argumentieren, die Bedeutung sei tendenziell idiomatisiert bzw. nicht kompositional ableitbar und das Verb werde nicht als Kompositum analysiert; wird innen flektiert, könnte man wieder argumentieren, dass X+V-Komposita ohnehin keine echten Komposita seien. Die Betrachtung dieser Präfixe scheint daher nicht weiterzuhelfen.[59]

Relevanter scheint daher die Beobachtung von Marga Reis (persönliche Mitteilung), dass die bei manchen Verben mögliche optionale Wahl zwischen starker und schwacher Flexion in Komposita verschwindet; dort scheint die schwache Flexion stark präferiert:

(9) a. (i) Ich sandte/sendete ihr einen Brief
(ii) der Norddeutsche Rundfunk, der *Unter Eis* von Falk Richter als Hörspiel produzierte und ursendete/*ursandte
b. (i) Er hält/hielt das Haus in Ordnung
(ii) Er haushaltet/haushaltete/*haushält/*haushielt ganz vorzüglich

Wie dieser Befund überhaupt formal implementiert werden kann, wenn in Komposita nur der Kopf „sichtbar" ist, ist mir nicht klar; daher vermag ich auch nicht klar zu erkennen, ob diese Daten wirklich als Evidenz für die *ELOH* gewertet werden können. Ähnlich unklar ist auch der Verweis auf Koordinationen der Art *Schüler- und Studententickets*; ob diese beweist, dass *ticket+s* eine Konstituente ist, hängt davon ab, wie man die Auslassung im ersten Konjunkt theoretisch beschreibt. Auch dass bei semantisch deutbaren Suffixen wie dem Pluralmorphem die Intuition vorherrschend ist, dass das ganze Kompositum pluralisiert wird und nicht nur dessen Kopf, scheint mir kein wirklich zwingendes Argument zu sein. Denn das Merkmal an sich projiziert ja, und an welcher Stelle es semantisch interpretiert wird, ist dem Merkmal nicht anzusehen.[60]

Fassen wir zusammen: Der Haupteffekt von (1), dass das Erstglied nicht flektiert wird, wurde einerseits unabhängig von (1) begründet, andererseits wird er aber auch vom Prinzip der Kopfflexion vorausgesagt. Was die Nebeneffekte betrifft, also die Wahl zwischen (7-a) und (7-b), haben wir keine eindeutige Evidenz für oder gegen eine bestimmte Gliederung finden können. Da es insgesamt keine starken systeminternen Argumente gegen das von Zwicky (1985*a*) vorgeschlagene Prinzip der Kopfflexion zu geben scheint (außer, dass es (1) widerspricht), wäre es wohl auch unter Informationsverarbeitungsgesichtspunkten naheliegender, von einer rechtsverzweigenden Struktur auszugehen, also von einer, welche die Kopfflexion realisiert; solche Strukturen können in der Regel kognitiv leichter verarbeitet werden als linksverzweigende. Ein weiterer externer Gesichtspunkt ist prosodischer Natur. Da die Flexive im Deutschen als einzigen Vokal ein Schwa haben, lehnen sie sich immer der vorangehenden Silbe an, sodass die Kopfflexion eine größere Kongruenz zwischen phonologischem Wort und morphologischer Konstituente herstellt als die Kompositumsflexion.

Flexion und Derivation 9.2.

Universal 28 9.2.1.

Anhand von Pluralen wie *Trink+er+n, Freund+lich+keit+en* usw. ist zunächst zu beobachten, dass die Derivationsmorpheme den Flexionsmorphemen vorangehen: erstere stehen immer näher am Stamm als letztere. Im Sinne einer extrinsischen Regelordnung (der *ELOH*) wäre daher die Generalisierung (10) anzunehmen:

(10) Die Derivation geht strukturell der Flexion voran.

Seit Greenberg (1963) wird diese Hypothese als Prinzip der Universalgrammatik angesehen; in seiner Liste universalgrammatischer Generalisierungen fungiert es als 28. Universalgesetz:

(11) ***Universal 28.*** *If both the derivation and the inflection follow the root, or they both precede the root, the derivation is always between the root and the inflection.* Greenberg (1963, S. 93)

Die Situation scheint mir hier grundsätzlich anders als beim Verhältnis zwischen Komposition und Flexion. Denn während es bei der Komposition keine Selektion zwischen den Konstituenten des Kompositums gibt, wäre es in der Derivation zumindest im Prinzip denkbar, dass die Lexikoneinträge von Derivationsmorphemen flektierte Formen selegieren, wie im hypothetischen (12-a) (**denkenbar*) für *denkbar* oder (12-b) (**entzuwerten*) für *zu entwerten*. Soetwas scheint aber prinzipiell nicht möglich, und genau dies folgt nun gerade aus (11).

(12) a.

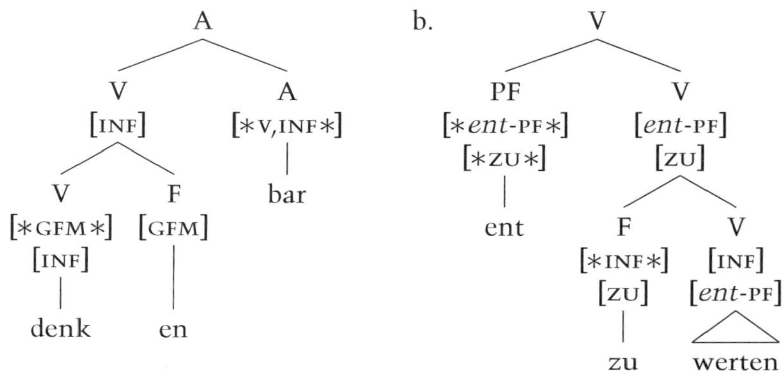

Vergleicht man die beiden Formulierungen (10) und (11) miteinander, so stellt man fest, dass (11) logisch schwächer formuliert ist als (10), denn über die Kombination Präfix+Stamm+Flexiv wird in (11) nichts ausgesagt, während von (10) die Klammerung [Präfix+Stamm]+Flexiv vorhergesagt wird. Dagegen haben wir in Abschnitt (8.) stets die Klammerung [Präfix/Partikel [Stamm + Flexiv]] vorausgesetzt.

Frage 57: Analysieren Sie auf dem Hintergrund dieser Möglichkeiten noch einmal die Bäume des Abschnitts (8.). Sind die dort angegebenen Merkmale mit *beiden* Strukturierungsmöglichkeiten vereinbar oder sagen sie *genau eine* Struktur voraus?

Ihre Antwort sollte darauf hinauslaufen, dass das von uns gewählte Merkmalsystem keine Entscheidung in dieser Hinsicht präjudiziert. Dennoch gibt es zumindest für die Partikelverben ein klares empirisches Entscheidungskriterium: Aufgrund des auch in Kapitel (III.) höchst relevanten Faktums, dass es Konstruktionen wie

(13) a. Er *trennt* das Verb von der Partikel *ab*
b. Sie *löst* die Klumpen in der Suppe *auf*
c. Es *hört* zu rauchen *auf*

gibt, ist klar, dass *trenn+t*, *lös+t* und *hör+t* unter Ausschluss von *ab* bzw. *auf* eine Konstituente bilden. Für die Partikelverben ergibt sich daraus die Generalisierung, dass sich die Flexion (gleich welcher Art) immer näher am Stamm befindet als die Partikel.

Aufgrund der Intuition, dass die Partikel und der Stamm semantisch eine Einheit bilden, argumentieren einige Autoren jedoch auch für die umgekehrte Klammerung, was zusammen mit dem Faktum (13) angeblich zu einem Klammerparadox führt (man erinnere sich an Klammerparadoxe wie die *gekochte Schinkenplatte*). Dem ist entgegenzuhalten, dass z.B. *auf-* in (13-c) eigentlich gar keine eigene Bedeutung hat; insofern ist nicht klar, warum dann auch *aufhör-* eine semantische Einheit bilden soll. Vielmehr könnten wir das Lexem *hör-* zusammen mit einem Partikel-Merkmal, also etwa [∗AUF∗], als semantische Einheit auffassen, die semantisch eben gerade als „aufhören" gedeutet wird (*auf* hat weder als Partikel noch als Merkmal eine eigenständige Bedeutung). Darüber hinaus werden ja ohnehin alle möglichen idiomatischen Wendungen „am Stück" interpretiert, obwohl in ihnen Flexive vorkommen, die mit der Interpretation nichts zu tun haben. Bei den Partikelverben von einem Klammerparadox zu sprechen, wie es gelegentlich in der Literatur der Fall ist, halte ich für unmotiviert.

Für die Präfixverben ist nun zwar eine analoge Rechtfertigung über Daten wie (13) naturgemäß nicht möglich, denn diese Verben sind ja gerade nicht abtrennbar:

(14) a. Verteilt er den Kuchen?
b. *Teilt er den Kuchen ver?

Theoretisch bestünden daher immer noch die Optionen in (15):

(15) a. [[Präfix Stamm] Flexiv]
b. [Präfix [Stamm Flexiv]]

Für (15-b) sprechen gewisse Plausibilitätsüberlegungen wie die Folgende: Offenbar verhalten sich Verben mit und ohne Präfix, also *kaufen, verkaufen* oder *laufen, verlaufen* bezüglich der Partizipbildung immer jeweils identisch: aus *gekauf+t* können wir *verkauf+t* erschließen und aus der Ungrammatikalität von **gekauf+en* die von **verkauf+en* (als Partizip); aus *gelauf+en* schließen wir *verlauf+en* und gleichzeitig die Ungrammatikalität von **verlauf+t* usw. Dies suggeriert, dass das Präfix für die Selektion von *-t* und *-en* unwesentlich ist und daher das Suffix, also die Flexion, näher zum Stamm gehört als das Präfix.

Eine andere Überlegung ist die, dass die Kopfflexion gewissermaßen ökonomischer ist als die Flexion des präfigierten Wortes; für letztere brauchen wir zusätzlich eine Projektion der entsprechenden Flexionsklassenmerkmale des Stamms auf das ganze Wort, die bei der unmittelbaren Kopfflexion unnötig wäre. Die zugegebenermaßen etwas spekulative Ökonomieüberlegung wäre dann die, dass eine Struktur bevorzugt wird, in der insgesamt weniger Merkmale projiziert werden müssen.

Betrachten wir nun eine Klammerung wie *denk+[bar+er]* (in: *ein denkbarer Ausweg*). Gemäß (10) ist diese nicht möglich, während Prinzip (11), da rein linear und nicht strukturell formuliert, zu der Klammerung nichts sagt. Wenn wir diese Klammerung verbieten möchten, ohne generell (10) akzeptieren zu wollen, können wir uns darauf berufen, dass wir in unserem Merkmalsystem angenommen hatten, dass die Selektionsmerkmale der Derivationsaffixe nicht projizieren können. Dadurch kann das [∗v∗]-Merkmal von *-bar* nicht erfüllt werden und die Klammerung ist nicht mehr möglich. Gleichzeitig kann aber das Prinzip der Kopfflexion hier nicht gelten, denn dieses würde ja gerade die Flexion von *-bar* und somit die eben ausgeschlossene Klammerung erzwingen. Innerhalb der Optimalitätstheorie würde nun folgen, dass es sich beim Prinzip der Kopfflexion um ein „weiches Prinzip" handelt, das offenbar verletzbar ist. Es kann nur dann erfüllt werden, wenn es anderen Prinzipien nicht widerspricht. Obwohl ich keine empirischen Argumente für oder gegen eine der beiden Strukturen habe, neige ich zu der eher konservativen Auffassung, dass *denk+[bar-en]* nicht möglich sein sollte, sodass die Kopfflexion m.E. kein Prinzip ist, das auf die Derivation angewendet werden kann. Da es sich hier um rein innermorphologische Strukturen handelt, hat diese Entscheidung für das Folgende keine weiteren theoretischen Konsequenzen.

Flexion vor Diminutiven 9.2.2.

Es hat sich also gezeigt, dass (11) ein anscheinend korrektes Prinzip ist, das jedoch über die Struktur eines Wortes wenig sagt. Selbst zu (11) scheint es nun im Deutschen aber eine Ausnahme zu geben, die zwar zugegebenermaßen als vollkommen „idiosynkratisch" angesehen wird (so z.B. Booij (1998, S. 20)), dennoch aber eine merkmaltheoretische Überlegung wert sein könnte. Es handelt sich um das Zusammenspiel von Pluralmarkierung durch *-er* mit den Diminutiv-Suffixen *-chen* und *-lein*, die wir in Abschnitt (4.2.) zur Derivation gerechnet haben, weil sie das Genus des Wortes determinieren (s. Beispiel (4.11), S. 31). Nun zeigt (16) jedoch, dass der Numerus anscheinend direkt am Stamm realisiert wird und dem Diminutiv-Suffix vorangeht, während die Kasusflexion in (17) auf das Diminutiv-Suffix folgt:

(16) a. das Kind+chen, die Kind+er+chen, die *Kind+chen, das *Kind+er+chen, die *Kind+chen+er
b. das Kind+lein, die Kind+er+lein, die %Kind+lein, das *Kind+er+lein, die *Kind+lein+er

(17) a. des Kind+lein+s, des Kind+chen+s
b. des *Kind+es+lein, den *Kind+er+n+lein

Demnach müssten Flexionsaffixe *vor und nach* Derivationsaffixen angesiedelt werden können, was eine Ausnahme zu (11) zu sein scheint. Würden wir, um dieses Problem zu lösen, Diminutiv-Suffixe als *Flexions*-Elemente ansehen, so handeln wir uns wegen des Genuswechsels (*die Marie, das Mariechen*) einen Widerspruch zu der Generalisierung ein, dass innerhalb der Flexion alle Merkmale des Stamms und des Flektivs vererbbar sein müssen: Eine Kategorie hätte dann zugleich zwei sich widersprechende Genusmerkmale.

Zur Ehrenrettung von (11) muss gesagt werden, dass *Kind* und einige wenige andere Fälle wie *Eierchen, Dingerchen, Gläserchen* isolierte Ausnahmen zum sonstigen Verhalten von Nomina im Kontext von *-chen* und *-lein* darstellen. Denn im Normalfall wird der Plural nicht am Stamm markiert, vgl.:

(18) a. das Teilchen, die Teilchen, die *Teilechen
b. das Männchen, die Männchen, die *Männerchen
c. der Bär, die Bärchen, die *Bärenchen usw.

Vielmehr würden wir normalerweise davon ausgehen, dass *-chen* und *-lein* zu dem durch bin *s*-GENITIV charakterisierten Flexionsparadigma P_5 gehören.

Da also *Kinderchen* eine Ausnahme zu der ansonsten gültigen Generalisierung (11) darstellt und es überdies nicht klar ist, ob *-er* überhaupt notwendigerweise eine Pluralendung sein muss (da ja auch *die Kindlein* möglich ist), könnte man diese Idiosynkrasie zur Kenntnis nehmen und als vollkommen irregulär ignorieren. Dennoch ist es natürlich eine interessante Fragestellung, ob und wie die Bildung solcher Formen im Rahmen einer Merkmaltheorie überhaupt beschrieben werden kann. Die Frage ist also, ob eine solche Beschreibung des Phänomens wenigstens im Prinzip möglich ist.

Zunächst muss festgestellt werden, dass es innerhalb unseres Merkmalsystems keinen vernünftigen Weg gibt, die Bildung einer Form wie *die Kindchen* auszuschließen. Diese Form ist an sich völlig regelkonform und wird wohl von einigen Sprechern des Deutschen auch als grammatisch akzeptiert. Sprecher, die beide Formen akzeptieren, könnten daher *-er* als optionales Fugenelement auffassen. Sprecher, für die *die Kindchen* ungrammatisch ist, scheinen über ein Fugenelement nicht zu verfügen; hier muss *-er* als echte Pluralmarkierung angesehen werden. Diese Sprecher aktivieren ein Prinzip, das wir weiter unten als Blockierung oder engl. *blocking* noch genauer beschreiben werden: sie können die Form *Kinderchen* generieren, welche dann die Bildung von *Kindchen* blockiert. Daher besteht für uns die Hauptaufgabe darin, einen zusätzlichen Mechanismus anzugeben, der die Form *Kinderchen* mit Hilfe einer bestimmten Merkmalkonfiguration generiert. Dazu benutzen wir ein ad-hoc-Merkmal [*-er*-DIM], das auf folgende Weise funktioniert:

(19) a. *Lexikalische Annahme: Kind* hat das idiosynkratische Paradigmen-

merkmal [-*er*-dim], welches nur für die Bildung des Diminutivs aktiviert werden kann.

b. *Lexikalische Redundanzregeln:*
   (i) Diminutivsuffixe können optional das Merkmal [pl] haben.
   (ii) Ein Diminutivsuffix mit dem Merkmal [pl] kann das Merkmal [∗-*er*-dim∗] haben.
   (iii) Ein Diminutivsuffix mit dem Merkmal [∗-*er*-dim∗] muss das Merkmal [∗pl∗] haben.

Wird das Merkmal [-*er*-dim] in die Derivation eingebracht, erzwingt dies eine Struktur, worin der Plural vor dem Diminutiv-Suffix steht:

(20)

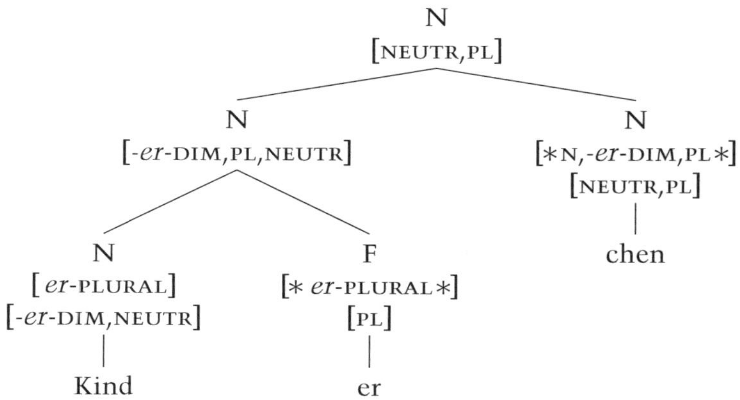

Frage 58: Warum muss *-chen* in (20) das Merkmal [pl] haben, obwohl dieses doch schon bei *Kinder* vorhanden ist?

Wie man sieht ist es gerade die Regel (19-b-iii), die verlangt, dass ein Derivationsaffix ein Flexionsaffix „überprüft".

Um nun die für viele Sprecher unakzeptable Form *die *Kindchen* auszuschließen, sind die Ableitungen von *Kinderchen* und **Kindchen* miteinander zu vergleichen. Die eine bildet den lexikalisch markierten Ausnahmefall, den wir mit Hilfe des ad-hoc-Merkmals beschrieben haben, die andere Ableitung (die von *Kindchen* ohne das spezielle Merkmal [-*er*-dim]) ist vollkommen regulär. Einer Idee von Aronoff (1976) folgend ist in einem solchen Fall diejenige Analyse zu bevorzugen, welche das den Spezialfall beschreibende Merkmal verwendet, da andernfalls ein solches Merkmal ja überflüssig wäre. Man spricht dann davon, dass die Regeln (bzw. Merkmale) für den Spezialfall die reguläre Analyse **blockieren**. M.a.W., wenn das ad-hoc-Merkmal gewählt werden *kann*, dann *muss* es auch gewählt werden. Durch die Wahl des Merkmals wird dann aber eine Analyse erzwungen, die der extrinsischen Ordnung widerspricht. Im markierten Fall ist es daher möglich, dass eine intrinsische Regelordnung gegenüber der extrinsischen die Oberhand gewinnt.

Aufgrund der Notwendigkeit, zwei Strukturen miteinander zu vergleichen, um eine davon ausschließen zu können, spricht man im Minimalismus auch von einer **transderivationellen Analyse**. Der Begriff *transderivationell* erklärt sich dadurch, dass wir mehr als eine Derivation (d.h. Ableitung) betrachten müssen, um zu entscheiden, ob eine bestimmte gegebene Analyse grammatisch ist. Die Analyse von **Kindchen* allein liefert uns ja keine Anhaltspunkte für die Bewertung als ungrammatisch. Erst die offenbar mögliche Ableitung von *Kinderchen* lässt rückblickend darauf schließen, dass *Kindchen* nicht möglich ist.

Eine Theorie, die wie unsere mit transderivationellen Beschränkungen arbeitet, kann u.U. recht komplex werden und muss sehr sorgfältig formuliert werden. Denn die zu vergleichenden Ableitungen müssen ja einerseits verschieden sein, andererseits müssen sie aber auch in bestimmter Hinsicht vergleichbar sein. Die Bedingungen der Vergleichbarkeit können relativ kompliziert und vielfältig werden; das vielleicht einfachste Vergleichskriterium ist die Identität der Bedeutungen. Eine vertiefende Diskussion transderivationeller Analysen in der Syntax findet sich in Sternefeld (1996).[61] Wir werden auch im nächsten Kapitel auf transderivationelle Analysen zurückgreifen.

Frage 59: Betrachten Sie die semantischen Unterschiede der folgenden Wortpaare:

(21) Autorschaft, Autorenschaft; Botschaft, Botenschaft; Kindschaft, Kinderschaft; Anwaltschaft, Anwälteschaft; Mitgliedschaft, Mitgliederschaft

Im jeweils ersten Wort wird eine abstrakte Eigenschaft bezeichnet, im zweiten ein Kollektiv. Wir können daher von zwei verschiedenen *-schaft*-Morphemen ausgehen. Bei der Bezeichnung des Kollektivs scheint es, als sei die Pluralflexion des Erstgliedes die Regel. Wie lässt sich dies mithilfe unserer Merkmale erfassen?

Zusammenfassung 9.3.

In diesem Kapitel haben wir

1. das Projektionsverhalten von Merkmalen bei Komposition, Derivation und Flexion analysiert,
2. den Unterschied zwischen kontextuellen und projektiven Merkmalen beschrieben, und
3. verschiedene Hypothesen die Ordnung zwischen den Modulen betreffend diskutiert.

ad 1.: In der Komposition werden alle Merkmale des Kopfes projiziert, in der Derivation müssen Merkmale der Form $[*\alpha*]$ ein Gegenstück haben, und in der Flexion können alle unerfüllten Merkmale von Stamm und Flexiv vererbt werden.

ad 2.: Kontextuelle Merkmale und projektive Merkmale gelten als gecheckt, wenn sie (in einer binären Verzweigung) auf ein Gegenstück treffen. Dabei werden letztere vom Kopf projiziert, erstere nicht. Alle Stern-Merkmale sind kontextuell.

ad 3.: Als Regelordnung wurde die sog. *Extended Level Ordering Hypothesis* diskutiert. Diese These ist umstritten; wir haben sie hier nicht unhinterfragt übernommen, sondern gezeigt, dass ihre empirischen Effekte weitgehend aus anderen Prinzipien hergeleitet werden können.

Von vielen Autoren werden die Übergänge zwischen den Modulen oder Ebenen explizit als mehr oder weniger fließend dargestellt (vergl. z.B. Booij (1998) oder Klein (1990)). Für uns ist im Folgenden von Belang; dass die Flexion den engsten Berührungspunkt mit der Syntax hat. In diesem Sinne wird sich die Flexionsmorphologie als die treibende Kraft erweisen, die den Aufbau von syntaktischen Strukturen steuert.

Bei all diesem haben wir einen „lexikalistischen " Standpunkt eingenommen, indem wir Flexive und Derivationsmorpheme als eigenständige, merkmaltragende lexikalische Einheiten analysiert haben. Im Hinblick auf das Folgende sollte vor allem gezeigt werden, dass die Art der Zusammenfügung von Morphemen in vielen Bereichen „syntaktisch", d.h. durch eine Verkettung bei gleichzeitiger Merkmalüberprüfung beschrieben werden kann, wofür wir einen *allgemeinen Mechanismus der Merkmalabgleichung und Merkmalprojektion* bereitgestellt haben.

Es sollte noch einmal betont werden, dass eine solche konkatenative Betrachtung wichtige Bereiche der Morphologie nicht erfassen kann und deshalb kein *allgemeines* Modell morphologischer Prozesse darstellt. Für die Zwecke dieses Buches wurden „passende" Teilbereiche ausgewählt, die im Sinne der eingangs genannten Motivation in unser weiteres Vorgehen einführen. Einen Einblick in allgemeinere Probleme der Morphologie vermitteln die Übersichtswerke von Spencer (1991) und Katamba (1993). Diese Werke sind nicht auf das Deutsche bezogen; die dort als gültig angenommenen Prinzipien, insbesondere die *ELOH*, wurden hier ausführlich diskutiert und *nicht* als allgemein und ausnahmslos gültig erachtet.

Frage 60: Wie würden Sie die kursiven Wörter in (22) strukturieren:

(22) a. *Teilwertabschreibungsverbot,*
b. *Rinderkennzeichnungs-* und *Rindfleischetikettierungsüberwachungsaufgabenübertragungsgesetz*
c. *Kraftfahrzeugsführfähigkeitsverfahren*

(22-a) verdanke ich den Finanzbehörden, (22-b) dem Landwirtschaftsministerium von Mecklenburg-Vorpommern, welches auch das offizielle Akronym RkReÜAÜG eingeführt hat, und (22-c) einem Artikel der *SZ* vom 30.3.00 über Alternativvorschläge zur Benennung der *Fahreignungsbegutachtung* (vulgo: Idiotentest).

Frage 61: Aus der *SZ* vom 23./24. Mai zum 60. Geburtstag von Bob Dylan: *Ein alternder B.D. war die menschgewordene Drohung, dass auch das Erwachsenwerden keine Besserung verheißt.* Zerlegen Sie, was sich zerlegen lässt, und versuchen Sie, alle morphologischen Eigenschaften mit den dargestellten Mitteln zu analysieren. Welche Probleme ergeben sich dabei?

Anmerkungen

1. Im Vordergrund steht hier der didaktische Gesichtspunkt. Ob Syntax und Morphologie tatsächlich mehr oder weniger identischen Kompositionsprinzipien genügen, ist immer wieder auf dem Hintergrund der Tatsache bestritten worden, dass Wörter kognitiv anders verarbeitet und anders gespeichert werden als Sätze, und dass dies insbesondere für die Produktivität der beobachteten Regularitäten folgenreich sei. Auch wenn man davon ausgeht, dass Morphologie und Syntax zwei grundverschiedenen kognitiven Modulen angehören, denen nichts gemein ist, lässt sich dennoch auf der rein beschreibenden Ebene feststellen, dass das theoretische Vokabular zur Analyse von beobachtbaren Regularitäten in beiden Fällen hinreichend ähnlich ist. Da wir nicht wissen, welche kognitiven Prozesse tatsächlich bei der Wort- und Satzbildung involviert sind, werden sich linguistische Analysen ohnehin letztlich nur als metaphorisch erweisen. Daher sehe ich kein Problem darin, im Rahmen einer abstrahierenden Analyse die Morphologie quasi als Trojanisches Pferd zur Eroberung der Syntax zu nutzen, auch dann, wenn man an der kognitiven Realität der Beschreibungsmechanismen zweifelt.
2. Hersteller sog. Tempos betätigen sich üblicherweise auch in der Sparte Toilettenpapier. Ein passendes Pendant zu *durchschnupfsicher* muss für dieses Marktsegment noch gefunden werden.
3. Wer allerdings auf dem Speiseplan der Mensa ein *Kartoffelgulasch* entdeckt, sollte keine falschen Erwartungen hegen: Der erfahrene Mensagänger weiß, dass sich ein „Gulasch" aus allem Möglichen machen lässt, nicht nur aus Fleisch, sondern eben auch aus Kartoffeln. *Kartoffelgulasch* in der Bedeutung „Kartoffeln mit undefinierbarer brauner Sauce" verhält sich sprachlich völlig regulär, sobald man dem Begriff *Gulasch* eine vegetarische Bedeutungserweiterung abgewinnen kann.
   Echte Problemfälle dagegen dürften *Eiweiß* und *Eigelb* sein, worin der zweite Teil, also *weiß, gelb,* nach dem bisher Gesagten, entgegen der unmittelbaren Intuition, kein Adjektiv, sondern ein Nomen sein müsste: *das Weiße/Gelbe vom Ei.* Logischer wäre hier die A+N-Kombination *Weißei* bzw. *Gelbei*, die tatsächlich dialektal attestiert ist (ein eigener Hörbeleg ließ sich durch die Untersuchung *„Eggs and Yolks"* von Hartmut Haberland in der *Linguist List 5.454* (1994) schön bestätigen). Weitgehend konventionalisiert erscheint mir auch die Reihenfolge bei *Hosenrock* versus *Rockhose*; zu beachten ist auch, dass die Bedeutung mancher Komposita idiomatisiert sein kann.
4. Einige Linguisten würden deren Existenz sogar bestreiten, was ja im Rahmen der Rechtschreibreform auch in die Debatte um die Getrennt- und Zusammenschreibung Eingang gefunden hat. Die der neueren Tendenz zur Auseinanderschreibung zugrundeliegende richtige Einsicht ist die, dass eine in der Regel (semantisch)

transparente und somit syntaktische Bildung einer semantisch tendenziell opaken und somit morphologischen Bildung vorzuziehen ist. Dies motiviert (i-a) gegenüber (i-b):

(i) a. ich gehe Eis essen
    b. ich gehe eisessen

Unter der Voraussetzung, dass (a.) und (b.) semantisch und pragmatisch völlig äquivalent sind, blockiert die syntaktische Form die morphologische, sodass die Getrenntschreibung hier gut motiviert ist. Allerdings hat man den Bogen in der Rechtschreibdebatte überspannt; nicht immer gibt es eine solche zwingende Konkurrenzsituation. Z.B. lässt sich die Form *radfahren* dadurch motivieren, dass hier eine direkte Korrespondenz zwischen den Formen nicht vorliegen muss:

(ii) a. ich bin radgefahren
     b. ich bin *mit* dem Rad gefahren

Nur direkte Objekte wie in (i) garantieren die Vergleichbarkeit der Form, siehe auch weiter unten die Beispiele in (5.19), wo ich auf das Problem noch einmal zurückkomme. Zu weiteren Faktoren, welche die Orthographie und somit die Abgrenzung zwischen Morphologie und Syntax bestimmen, s.u.a. Gallmann (1999) und vor allem neuerdings Jacobs (2005).

5. Seltene Ausnahmen sind sog. **Zusammenrückungen** wie *Jahrhundert, Nimmersatt* oder *Dreikäsehoch*, worin der rechte Teil ein A, das Ganze aber ein N ist.

6. Unsere österreichischen Kollegen verwenden statt des Begriffes *Kopf* den Ausdruck *Haupt*. Allerdings ist ein Kopfsalat kein *Hauptsalat*; „Hauperlsalat" nennt's der Österreicher. Und der Salatkopf kann als *Salathäuperl* auftauchen, da divergieren aber die Intuitionen der Befragten. Dagegen kann es in dem Slogan „Tarätätä tarätätä, morgen ham' wir" ...(???)-weh natürlich nicht *Hauptweh* heißen, sondern es muss *Schädelweh* lauten (welche Restriktionen hier walten, sollten native Österreicher beantworten; herzlich gedankt sei an dieser Stelle und in dieser Funktion meinem Freund Winfrid Lechner).

7. Die bisherigen Ausführungen suggerieren, dass die wesentlichen semantischen Eigenschaften des Kompositums vom Zweitglied bestimmt sind, und dass das Erstglied zwar zur Bedeutung beiträgt, aber für die grammatischen Eigenschaften des Ganzen irrelevant ist. Das folgende Beispiel, das ich Marga Reis verdanke, zeigt, dass dies nicht immer der Fall ist:

(i) a. Mulch war Dichter
    b. Mulch war mein Lieblingsdichter
    c. *Mulch war Lieblingsdichter

Technisch gesprochen werden die Argumentstellen des Erstgliedes bei der Komposition immer abgebunden bzw. mit der Argumentstelle des Zweitgliedes identifiziert. *Lieblingsdichter* ist eine Ausnahme, denn ein relationales Argument von *Liebling* „überlebt" die Nicht-Köpfigkeit und muss in die Syntax projiziert werden.

8. Marginale Unterschiede gibt es jedoch bei der Bildung des Genitivs mittels *-es*: Während Simplicia hier ein Schwa erlauben, wird bei komplexen Wörtern (vermutlich wegen Akzentverschiebung) ein Schwa weniger toleriert; vergl. *des Dinges*, **des Undinges*. Schon an dieser Stelle sei angemerkt, dass alle phonologischen

Probleme im Zusammenhang mit Schwa-Einfügung oder -Tilgung in diesem Buch weitgehend ignoriert werden.

9. In Halle und Clements (1983) finden sich weitere Beispiele; der Kommentar zu *glass flower case* auf S. 173 enthält allerdings einen verwirrenden Druckfehler! Welchen?

10. Dabei handelt es sich um eine Metallkappe, die auf das weich gekochte Ei gesetzt wird, und auf der ein Führungsstab mit einer Schlagkugel befestigt ist. Der Weichei-Esser hebt dann „die 70 Gramm schwere Kugel mit zwei Fingern bis zum Anschlag und lässt sie fallen. In 0,181 Sekunden saust sie die 16 Zentimeter kurze Strecke hinunter und trifft mit einer Geschwindigkeit von 1,77 Meter pro Sekunde und einer Kraft von 0,6867 Newton auf die Stahlkappe, die — wie der Name suggeriert — eine Sollbruchstelle eier-rund in die Schale ritzt" (zitiert aus dem *Schwäbischen Tagblatt*).

11. Weitere Typen von Klammerparadoxien finden sich z.B. in Sproat (1985, Kapitel 1), Spencer (1991, Kapitel 10), Siebert (1999, Kapitel 4), Bergmann (1980), Sandberg (1984) oder Fabricius-Hansen (1993); vergl. in diesem Zusammenhang auch Toman (1980,1986^2, S. 61f).

12. Nun lässt sich aber auch (2.17) entsprechend der dort gegebenen Struktur paraphrasieren als *Knickschutz für Kaffeefilter*, oder vielleicht als *Umknickschutz für Kaffeefilter*, und auch gegen einen *Kaffeefilterumknickschutz* wäre als Kompositum m.E. nichts einzuwenden. Andererseits könnte als problematisch empfunden werden, dass es im regulären Wortschatz des Deutschen weder ein Nomen *Umknick*, noch einen *Kaffeefilterknick* als Teile der Komposita gibt. Jedoch mag dies an sich noch kein prinzipieller Einwand gegen die beiden Strukturen sein: Wortbildung ist wie gesagt ein produktiver Prozess und der innovativen Kraft der Firma Fackelmann ist es ja zu verdanken, auf das lästige Problem des Kaffeefilterumknickens aufmerksam gemacht zu haben. Der naheliegende Ausweg, beim *Kaffeefilter(um)knickschutz* auf eine andere semantische Paraphrase zurückzugreifen, nämlich auf *(Um)Knickschutz für Kaffeefilter*, bringt jedoch auch keine befriedigende Lösung: Wie von Fabricius-Hansen (1993) festgestellt wird, verdeckt die *für*-Paraphrase die eigentliche semantische Struktur und enthält selber wieder eine problematische Struktur vom Typ *„Beschleunigungsgrad der Partikel"*.

13. Der transitive Abschluss einer Relation ist in der Prädikatenlogik erster Stufe nicht formalisierbar, daher ist jede Theorie der Bäume nur zweitstufig axiomatisierbar.

14. Wie Radford (1997*a*, S. 101) bemerkt, sind die entsprechenden Bezeichnungen im Italienischen *Vater, Sohn* und *Bruder*, sodass unter dem Binärprinzip nunmehr jeder Vater genau zwei Söhne hat. Radford meint, „Soziologen unter Ihnen sollten sich Gedanken über diese eigenartige sprachliche Verschiebung machen"; da aber, was Radford nicht erwähnt, die patriarchalische Terminologie auch in der Mathematik üblich ist, (s. z.B. Stanton und White (1986, S. 59)), wäre dann über die Mathematiker (besonders die italienischen) ebenfalls nachzudenken.

An gleicher Stelle empfiehlt Radford, Baum-Diagramme wie Liniennetze einer U-Bahn zu lesen. Die Stationen im Netz symbolisierten die Knoten (A, B, C, ...) und die einzelnen Strecken, die die Stationen verbinden, seien die Äste. Dem steht entgegen, dass U-Bahnen ja auch ringförmig angelegt sein könnten, was z.B. auf die U-Bahn von Glasgow†, nie aber auf Bäume zutrifft.

†Die am 14.6.1896 eingeweihte Glasgower Bahn besteht aus einer einzigen Ringlinie, die in beiden Richtungen befahren werden kann. Die Fahrzeuge besaßen anfangs noch keinen eigenen Antrieb. Eine zentral angeordnete Dampfmaschine zog ein Schleppkabel, in das sich die Fahrzeuge mittels Greifklemmen einklinken konnten. Die Strecke ist heute noch eine zweigleisige Ringanlage; geändert hat sich seit 1896 lediglich, dass die Waggons 1. nicht mehr von Pferden oder mittels Kabel gezogen werden — die Strecke wurde 1935 elektrifiziert —, und dass sie 2. nicht mehr mit Kränen von einer Spur auf die andere oder ins ebenerdige Depot bewegt werden müssen. Auch nur minimal klaustrophobisch veranlagten Naturen kann eine Fahrt übrigens nicht empfohlen werden. (Ich danke Katrin Cooper an dieser Stelle herzlichst für ihre Gastfreundschaft; meld' Dich mal bei mir.)

15. Viele Morphologen würden übrigens an der Regel (3.15) festhalten und sie als universell gültiges Prinzip für die Komposition (bzw. als Definition für den Kopfbegriff in der Morphologie) ansehen. Sie unterscheiden zwischen **endozentrischen** und **exozentrischen** Konstruktionen. Erstere haben per definitionem einen Kopf, letztere haben keinen. Zu letzteren gehören z.B. *Tunichtgut, Hansguckindieluft, Vergissmeinnicht, Rührmichnichtan, Stelldichein, Dreikäsehoch, Gernegroß, Nimmersatt* usw., die möglicherweise in der Syntax gebildet und aus dieser in die Wortbildung sozusagen re-importiert wurden (vergl. auch *Trimm-dich-Pfad*).

Auch für die adjektivischen Passiv-Partizipien des Englischen in (i) (Daten von Janet Randall, zitiert nach Göbbel (2001, S. 42)) wurde die universelle Gültigkeit des Kopfprinzips bezweifelt:

(i) the *sent*-home kids, the *left*-alone lovers, the *lulled*-asleep audience, the *set*-free tigers, the *kept*-captive chicken

Will man die Komposita in (3.16-a) und oben die in (i) überhaupt zu den endozentrischen, „genuinen" Komposita rechnen, für die allein das Kopfprinzip einschlägig wäre? Vergl. auch die Diskussion von *hors-d'oeuvre, trompe-l'oeil* usw. bei Di Sciullo und Williams (1987, S. 83ff). Die Daten in (i), die dem sog. *Head-Final Filter* aus Williams (1982) widersprechen, werden übrigens von Sprechern des Englischen als eher marginal, also als nicht völlig regelhaft angesehen. Entscheidend ist m.E., dass Linksköpfigkeit bei Komposita nie rekursiv ist, also kein produktives Wortbildungsmuster ist. Komposita dieser Art sind immer bloß zweigliedrig, was ihren Ausnahmecharakter bestätigt.

16. Dass diese Wörter nicht alle existieren, ist klar; ich gehe hier von bloß potentiellen Wörtern aus; z.B. ist *Weinrotglas* ein sprachunübliches Wort, könnte aber immerhin in Analogie zu *Weißglas, Grünglas, Braunglas* usw. gebildet werden.

17. Eine von diesen Eigenschaften unabhängige Definition schlägt Zwicky (1985*a*, S. 20) vor:

(i) In some construct of category Z one of the constituents, of category X, is largely restricted to occurring within constructs of category Z, while its co-constituent, of category Y, occurs in constructs belonging to a number of constructs in addition to Z; as a result, Z can be predicted on the basis of X, but not on the basis of Y.

Die Vorhersagbarkeit von *Z* auf der Basis von *X* bedeutet in unserem Zusammenhang schlicht, dass *Z* mit *X* identisch ist.

18. Für die N+N-Komposita könnte man zwar annehmen, dass die Projektion von Merkmalen des Kopfes gerade darin besteht, dass die Merkmale im Zuge der Projektion aus der Repräsentation des projizierenden Knotens verschwinden, weil sie „nach oben" projiziert wurden. Unter der Annahme, dass der rechte Ast Kopf des Ganzen ist, bekämen wir dann die Darstellung (i-a). Ebenso wäre dann auch für andere symmetrische Komposita zu verfahren, wie etwa in (i-b):

(i) a.

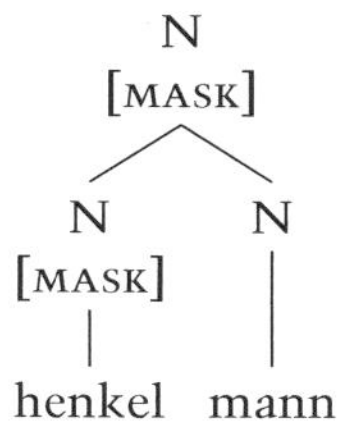

b.

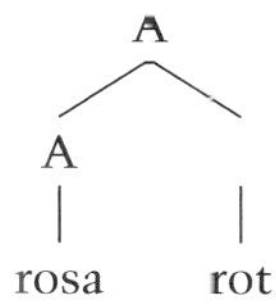

Aus alter Gewohnheit heraus würde ich (i-a) aber gerade so lesen, dass *Henkel* der Kopf ist (denn es sieht so aus, als würden die Merkmale von der anderen Seite kommen). (i-b) sieht so aus, als habe der Kopf nach der Projektion seiner Merkmale keinerlei morphosyntaktische Eigenschaften mehr. Eine solche Konsequenz ist jedoch nicht unproblematisch; die Information über die syntaktische Kategorie eines Kopfes und seiner Merkmale könnte auch dann noch relevant sein, wenn der Kopf projiziert, sie ist aber in (i) nur indirekt zu erschließen. Diese Alternativen können zwar einerseits die Kopfbeziehung eindeutig kodieren, dürften aber andererseits auf eine völlig irreführende Notation hinauslaufen, weswegen ich sie hier verwerfe.

19. Bei solchen Gelegenheiten werden Dozenten dann gerne mit dem Hinweis erheitert, dass es ja auch noch andere „bars" gibt:

(i) Scheinbar bar jeglichen Bargelds betraten die Studenten die Tanzbar, wo sie sich offenbar untanzbaren Rhythmen hingaben.

Das einzige Vorkommen von *-bar*, das uns im Folgenden interessiert, ist das in *untanzbar*.

20. Nicht immer wirkt Derivation kategorienverändernd: vergl. z.B. *grün* und *grünlich*, trotzdem gehören Bildungen mit *-lich* eindeutig zur Derivation. Ich gehe hier auf die weiteren Kriterien, die hier für eine Abgrenzung zwischen Flexion und Derivation bemüht werden müssten, nicht weiter ein. Stattdessen gibt es in Abschnitt (VI.I.3.) eine ausführliche Diskussion des Partizip Präsens, das einen Zweifelsfall für die Abgrenzung darstellen könnte: sind Bildungen wie *singend* Verben oder Adjektive? Im ersten Fall entsteht die Frage, ob *-end* zur Flexion oder zur Derivation gerechnet werden soll.

21. Als weitere potentielle Ausnahme zu der zu beschreibenden Regularität könnte auch das Wort *Christenheit* angesehen werden. In diesem Fall (wie bei *Menschheit*, *Kindheit* usw.) modifiziert das Suffix jedoch ein N; relevant ist hier nur die Modifikation von Adjektiven.

22. Ausnahmen wie *Untier* und *Unmensch* sind demnach nicht produktiv gebildet.

Andererseits bedeutet produktive Bildung *nicht*, dass *alle* Adjektive mit *un-* verneint werden können, s. etwa *löchrig*, zu dem es das Pendant *unlöchrig* bedauerlicherweise (noch?) nicht gibt. Häufig wird das resultierende Wort auch deshalb aus dem Sprachsystem verbannt, weil es ein anderes dafür speziell vorgesehenes Wort gibt: statt *unessbar* muss es *ungenießbar* heißen. Finden Sie ein weiteres Adjektiv, das aus genau diesem Grunde nicht negierbar ist!

23. Dies gilt ausnahmlos bei -tum, obwohl Bildungen mit -tum nicht produktiv sind. Mit Schwankungen ist bei unproduktiven Bildungen jedoch zu rechnen; vergl. *das Ärgernis, Bedürfnis, Gefängnis* mit *die Erkenntnis, Wildnis, Fährnis, Bitternis*.
24. In Sprachen wie Italienisch, Spanisch oder Russisch hat das Diminutivsuffix jedoch kein Genus, es wäre demzufolge nicht der Kopf; vergl. Gavarró (1990).
25. Zur semantischen Seite der Angelegenheit ist damit noch nichts gesagt. Denn mit *-bar* ist ja tatsächlich eine sehr spezifische semantische Operation verbunden, die auf einer bestimmten (transitiven) semantischen Struktur operiert. Dass dies die Struktur *eines Verbes* ist, mag eine Konsequenz aus dieser semantischen Operation sein. Die syntaktische Selektion eines V wäre dann nur ein Epiphänomen, das sich aus der Semantik herleitet. In der Tat kann man wohl der Auffassung sein, dass sich die zentralen kategorialen Selektionsbeschränkungen innerhalb der Derivationsmorphologie des Deutschen auch aus der Semantik der beteiligten Morpheme herleiten lassen. In diesem Falle wären die syntaktischen Sternmerkmale überflüssig und die Ausführungen dieses Abschnitts sind als didaktisch motivierte Vereinfachung zu lesen.
26. Diese Beschreibung der Funktionsweise des Merkmals setzt eine Theorie wie die von Chomsky (1965) voraus, in der zuerst Bäume generiert werden und danach erst die lexikalische Einsetzung erfolgt. Wir gehen in diesem Buch genau umgekehrt vor: Eigenschaften der Lexeme bestimmen mögliche Bäume; Bäume können nicht unabhängig von den Lexemen generiert werden.
27. Die Verwendung des Sterns war seinerzeit dadurch bedingt, dass es die damaligen Schreibmaschinen nicht ohne Umstände vermochten, einen Unterstrich auf die Zeile zu setzen; der Stern dagegen konnte direkt über die Tastatur ohne Auswechslung des Schreibkopfs einer Kugelkopfschreibmaschine eingegeben werden.
28. Wie wir in Frage 27 gesehen haben, spielen bei der Distribution von *-heit* und *-keit* die *phonologischen* Eigenschaften des Nicht-Kopfes eine entscheidende Rolle, und es fragt sich, ob diese, aber auch *alle* möglichen weiteren Selektionsbeschränkungen auf dieselbe Weise beschrieben werden sollten, also mit Hilfe von Merkmalen der Form [$*\alpha*$].

    Selkirk (1982, S. 63) schlägt in der Tat vor, alle Selektionsbeschränkungen durch jeweils spezifische „diakritische" Merkmale zu beschreiben. Für die Gegner eines solchen Verfahrens sind die dafür notwendigen Merkmale nur artifizielle Kodierungen der Eigenschaften von *Regeln*. M.E. ist es nicht sinnvoll, alle Restriktionen auf derselben Ebene beschreiben zu wollen: man braucht wohl eine separate phonologische Repräsentation, auf der die entsprechenden Beschränkungen dann adäquat dargestellt werden müssen; gleiches gilt für die Semantik. Wie die Eigenschaften dieser Repräsentationsebene beschaffen sind, kann hier nicht diskutiert werden. Ebenso offen bleiben muss hier, ob nicht die Selektion von Kategorien wie

N, V, A usw., also die sog. kategoriale Selektion (oder auch c-Selektion) nicht letztlich ein Epiphänomen ist und auf der semantischen Selektion (oder der s-Selektion) beruht. Indiz hierfür ist, dass die meisten Affixe nicht nur eine einzige Kategorie selegieren, wie sich anhand von [$_V$ *läuf* -*er*, [$_A$ *fünf*]-*er* und [$_N$ *Fußball*]-*er* illustrieren lässt. Ausgehend davon, dass -*er* eine einheitliche Bedeutung hat, scheint hier die Wahl der Komplementkategorie nicht syntaktisch, sondern eher semantisch beschränkt. Vergl. zur Rolle von s- und c-Selektion auch Plag (1998).

29. Derivationsmorpheme sind Funktionen $f(x)$ oder $g(y)$; Kombinationen wie $f(g)$ oder $g(f)$ sind semantisch nicht wohlgeformt.
30. Daher nehmen wir nicht an, dass -*en* ein V bilden kann. Wollte man argumentieren, dass es die Flexionsendungen sind, welche den Stamm verbalisieren, müsste man davon ausgehen, dass die Stämme in (4.25) kategoriell unterbestimmt sind und erst durch die Flexionsendung ihre Kategorie erhalten.
31. Zu beachten ist, dass Verben wie *feuern* (in: *Sie sind gefeuert*) oder *fristen* (in: *Er fristet ein karges Dasein*) nicht zählen, da sie eine andere Bedeutung haben.
32. In der Diskussion des Problems wird häufig argumentiert (s. z.B. Trommelen und Zonneveld (1986)), dass Präfixe deshalb keine Köpfe sein können, weil sie das Flexionsverhalten nicht beeinflussen können, vergl. etwa Ablaut bei *ich gebe, du gibst, ich vergebe, du vergibst* usw. Diese Daten zeigen in der Tat, dass *ver-* hier kein Kopf sein darf; das Argument setzt strenggenommen jedoch voraus, dass die Präfixe *einheitlich* behandelt werden müssen, gleichgültig, welche Kategorie (hier: V oder eventuell eben auch N) sie modifizieren. Denn es ist ja klar, dass das Flexionsverhalten von N hier irrelevant ist; daher kann die Beobachtung an sich noch kein Argument gegen die Analyse von *be-, ent-* als Kopf sein. Vielmehr lautet die These genauer: *be-* und *ent-* sollten in *besaiten* und *enthaupten* deshalb keine Köpfe sein, weil sie in *bekommen* und *entgleiten* keine Köpfe sein können. Unter der Annahme, dass es wünschenswert ist, die Präfixe möglichst einheitlich zu behandeln, kann man dieser These wohl zustimmen. Dennoch argumentiert man hier hart am Rande der Zirkularität: denn ob tatsächlich die Präfixe einheitlich keine Köpfe sein sollen, steht ja gerade zur Debatte.
33. Die Analyse mittels eines Nullmorphems ist bis heute umstritten und hat im Rahmen der sog. *Distributive Morphology* zu zahlreichen Varianten geführt, die wir hier nicht diskutieren können. Im klassischen Rahmen lässt sich die Kontroverse anhand von Neeleman und Schipper (1993) und Lieber und Baayen (1993) gut nachvollziehen.
34. Deflektoren sind jene Luftleitbleche, die Michael Schumacher und Eddie Ervine in der sog. Windabweiser-Affaire zum Verhängnis wurden: Eine von McLaren angeleierte Untersuchung nach dem Malaysia-Grand-Prix vom 17.10.1999 hatte ergeben, dass an beiden Ferrari die seitlichen Deflektoren zehn Millimeter zu weit vom Chassis nach außen abstanden. Das widerspricht Artikel 3.7, 3.12.1 und 3.12.6 des technischen FIA-Reglements und wurde mit dem sofortigen Wertungsausschluss bestraft. Kommentar der *Welt* hierzu: „Ein ‚Bernie' umschreibt den Millimeter, der verloren geht, wenn das linke und das rechte Auge beim Blick auf dasselbe Einzelteil eines hochgezüchteten technischen Gerätes objektiv etwas anderes sehen.

Registrieren beide Augen dabei aber Ferrari-rot, wird von einem ‚Eccle' gesprochen, das sind zehn ‚Bernie'."

35. Da wir nicht regel-, sondern morphembasiert vorgehen, würde dies bedeuten, dass der Zugriff auf die Derivationsmorpheme im Lexikon blockiert werden muss, sobald man sich in einem anderen „Modul", hier also dem der Komposition, befindet.

36. Englisch also: ... „zusammen geschrieben werden", wie, aufgrund der Verunsicherung durch die neue dt. Rechtschreibung, auch im Deutschen zu lesen; *zusammengeschrieben* gehört natürlich zusammengeschrieben, auch nach neuerem Duden.

37. Eine andere Differenzierung betrifft die Beobachtung, dass die Akzeptanz eines Schwa schwindet, wenn der Hauptakzent nicht mehr vor der Schwa-Silbe liegt. So verhält sich die Akzeptanz von *des Mannes* im Verhältnis zu ?*des Manns* etwa so wie die von *des Tormanns* zu ?*des Tormannes*; vergl. auch ?*des Staats* mit *des Hofstaats*. All dies wird hier ignoriert.

38. Eine hier vernachlässigte Ausnahme bilden jedoch gewisse nicht-native Wörter, die Grundformflexion aufweisen: z.B. *das Solo/die Soli*, aber *mit den Soli/*Solin*. Wenn man argumentiert, dass nicht-native Wörter generell von den nativen Regeln ausgeschlossen sind, bekämen wir Probleme mit *des Solos*, das ja vollkommen regulär flektiert wird. Für das Stammbildungsmorphem *-i* muss daher angenommen werden, dass es schon kasusspezifiziert ist, insbesondere also das Merkmal [DATIV] schon hat, wodurch eine Anwendung der morphemischen Dativ-Flexion verhindert wird.

39. Nicht herausgefunden habe ich bei Wiese jedoch, ob es im Deutschen N-Stämme gibt, die (a.) ihren Plural mit *-(e)n* bilden und (b.) weder auf eine betonte Silbe enden, noch in der letzten Silbe ein Schwa enthalten.

40. In der traditionellen Literatur spricht man beim [*s*-GENITIV] von **starker Flexion**, bei P_6 von **schwacher Flexion** (der Nomina); P_1 dagegen gilt als „gemischt", da zusammengesetzt aus der Pluralendung der schwachen Flexion, also dem *n*-PLURAL, und dem *s*-GENITIV-der starken Flexion.

41. An dieser Stelle könnte eingewendet werden, dass keine Ausnahme zum Kopfprinzip nötig wäre, hätte man dieses Prinzip von vornherein schwächer formuliert, nämlich als sog. **Relativiertes Kopfprinzip** (i), das wir in Anlehnung an Di Sciullo und Williams (1987, S. 26ff) informell so formulieren:

(i) Neben den Merkmalen des Kopfes können auch die Merkmale des Nicht-Kopfes projiziert werden, sofern sie denen des Kopfes nicht widersprechen.

Ein solches Vorgehen würde zwar das richtige Resultat zeitigen, denn es ist klar, dass die Merkmale eines Flexivs mit denen des selegierten Stamms verträglich sind. Trotzdem scheint es aus zwei Gründen gerechtfertigt, eine andere Strategie zu verfolgen. Erstens wird sich in der Syntax herausstellen, dass (i) zu liberal ist, also zu viele Strukturen zulässt. Zweitens wäre es gemäß (i) zumindest theoretisch möglich, dass sich die Merkmale des Stamms und des Flexivs widersprechen, was dann lediglich dazu führt, dass nur die Merkmale des priviligierten Kopfes vererbt werden. So etwas kommt aber de facto nie vor, was korrekt *vorausgesagt* wird, wenn wir die simultane Projektion *aller* Merkmale fordern.

42. Wenn man versucht, die Kasusmerkmale aufzuspalten, ließe sich der *n*-Exponent im Lexikon als ein einziges, unterbestimmtes Flexiv wie in (i) darstellen:

(i)
F
[* *n*-KASUS*]
[*SG*]
[−NOMINATIV]
|
n

Ein solches Merkmalsystem könnte dann wie in (ii) aussehen:

(ii)	NOMINATIV	=	[+NOM]
	AKKUSATIV	=	[−NOM]
	GENITIV	=	[−NOM, +ATTR]
	DATIV	=	[−NOM, −ATTR]

Die Kasus werden hier durch zwei Merkmale [±NOM] und [±ATTR] definiert, wobei ATTR für attributiv stehen soll, also jene prä- oder postnominale Konstruktion, in der im Deutschen typischerweise der Genitiv steht (*die Kleider Annas, Annas Kleider*). Für die Definition sog. natürlicher Klassen brauchen wir dann eine neue Konvention: diese sollen entweder durch ein einzelnes Merkmal oder durch die alternative Spezifikation ± definierbar sein. Wir erhalten dann:

(iii)	Akkusativ, Genitiv, Dativ	=	[−NOM]
	Dativ, Genitiv	=	[±ATTR]
	Nominativ, Akkusativ	=	[±NOM]

Die Idee ist dann, dass /n/ zunächst nur das Merkmal [−NOMINATIV] für den Akkusativ hat. Aufgrund der Annahme, dass Merkmalspezifikationen erweiterbar sein können, lässt sich das Merkmal [−NOMINATIV] durch das Merkmal [+ATTR] ergänzen; diese Kombination ergibt den Genitiv. Die mögliche Erweiterung durch [−ATTR] ergibt den Dativ.

Tatsächlich werde ich im nächsten Abschnitt ein etwas anderes System von Merkmalen benutzen, das technisch einfacher zu handhaben ist, es aber nicht erlaubt, /n/ als ein einziges Flexiv anzusehen.

43. Relevant scheint hier auch die Frage, ob /n/ Resultat verschiedener Flexionsklassen ist, die wir hier bisher vernachlässigt haben. So gibt es z.B. im Flexionsparadigma von *Herz*, also *das Herz, des Herzen(s), dem Herzen, das Herz* ein /n/ im Dativ und im Genitiv, nicht jedoch im Akkusativ. So gesehen wäre das Merkmal *n*-KASUS keine einheitliche Flexionsklasse, sondern in zwei Klassenmerkmale, sagen wir Q_4 und Q_5, aufzuspalten, wobei Q_5 für Akkusativ und Q_4 für den Genitiv und Dativ zuständig wäre. Q_5 fehlt dann bei den F-Merkmalen von *Herz*. Andererseits war in anderen Flexionsklassen Dativ und Akkusativ weglassbar, sodass sich auch Dativ und Genitiv unterschiedlich verhalten können. Möglicherweise handelt es sich daher beim *n*-KASUS nicht um ein einheitliches Phänomen, sondern um den Zusammenfall dreier Flexionsklassenmerkmale für die nicht-nominativischen Kasus.

44. Ein solcher Konflikt stellt sich dann meist erst im Laufe der Ableitung heraus. Dies bedeutet, dass die Konsistenz einer Merkmalmenge rein logisch gesehen nicht lokal gecheckt werden kann. Man würde dafür eine Art *lock ahead device* benötigen.

In der Praxis ist dies jedoch überhaupt kein Problem: natürlich müssen nicht in jeder Struktur alle möglichen Merkmalkombinationen als Alternativen betrachtet werden, denn man kann selbstverständlich auf einen gewissen Lerneffekt vertrauen: inkonsistente Kombinationen etwa können beim sprachlichen Input einfach nicht vorkommen und werden schon deswegen nicht in Betracht gezogen.

45. Eine Zusatzannahme benötigen wir allerdings für einige aus dem Lateinischen abgeleitete Nomina wie *das Konto/die Konten, das Solo/die Soli*; wir unterscheiden hier schon im Lexikon zwischen Grundwörtern, also *Konto* und *Solo*, und den entsprechend schon mit [PL] versehenen Grundwörtern *Konten* und *Soli*; deren binnenmorphemischer Aufbau wird hier nicht beschrieben.

46. Der Kontrast zwischen transparent und oblique entspricht nicht der klassischen zwischen sog. *casus obliquus* und *casus rectus*, da der Akkusativ zu den obliquen Kasus gerechnet wird; der casus rectus umfasst nur den Nominativ.

47. In einer früheren Version des Buches habe ich versucht, mit einem anderen Merkmalsystem auszukommen, nämlich dem in Fußnote 42 definierten. Dort jedoch müssen komplexere Konventionen bezüglich der Unterspezifizierung gelten, denn der Akkusativ mit seinem Merkmal [-NOM] darf ja nicht als unterspezifiziert gelten. Demgegenüber finde ich das hier gewählte System transparenter, obwohl es den einen oder anderen Nachteil mit sich bringen mag, unter anderem den, dass sich nun die *n*-KASUS nicht mehr als natürliche Klasse darstellen lassen.

Ein anderer Nachteil des Systems könnte darin gesehen werden, dass Nominativ und Genitiv morphologisch wenig gemeinsam haben und daher nicht als natürliche Klasse angesehen werden sollten. Die Zusammenfassung dieser Kasus als sog. Subjektkasus war in der Generativen Literatur denn auch nur rein syntaktisch motiviert, die Bezeichnung resultierte letztlich aus der semantischen Parallele zwischen *Ede kommt rechtzeitig an* und *Edes rechtzeitige Ankunft*, aus der dann eine syntaktische Gleichbehandlung von *Ede* und *Edes* als Subjekte der jeweiligen Konstruktionen abgeleitet wurde. Die Kasus dieser Subjekte waren aber gerade der Nominativ und der Genitiv.

48. Dies erklärt sich historisch aus der Annahme, dass die Vergangenheitsform umgedeutet wurde als Präsens, im Sinne von *erfahren haben = wissen*.

49. Eine morphologische Theorie wie die von Katamba (1993) besagt für analoge Fälle im Englischen, dass die ablautenden Stämme, beispielsweise *run* und *ran*, Allomorphe desselben zugrundeliegenden Morphems sind, wobei das eigentliche Tempusmorphem hier ein leeres Morphem ist, das selber wieder Allomorph zu *-ed* ist. Die Annahme eines leeren Morphems ist jedoch problematisch und wird der folgenden Analyse nicht zugrundegelegt. Vielmehr ist die Annahme hier die, dass es sich bei *run* und *ran* um zwei verschiedene Morpheme ein und desselben Lexems handelt.

50. Bei näherer Analyse dieser Bäume ist festzustellen, dass einerseits die Stämme bestimmte Merkmale des Flexivs verlangen, umgekehrt aber der Buchstabe F als Abkürzung für die Selektion der Kategorie der Stämme steht. Eine solche beidseitige Selektion ist aber in Abschnitt (4.3.) zumindest für die Derivation ausgeschlossen worden. Wenn wir dieses Prinzip auch innerhalb der Flexion aufrechterhalten wollen, können wir annehmen, dass die Selektion der Kategorie des Stammes in (8.17)

redundant, also überflüssig bzw. leer ist. Tatsächlich ist die vom Stamm ausgehende Selektion so spezifisch, dass die Merkmale, die wir hier als F abgekürzt haben, nichts bewirken könnten, was nicht schon im Merkmal des Stammes enthalten ist. Das F-Merkmal ist somit leer. Wir halten hier dennoch an der F-Notation fest, um die Flexive von den Stämmen unterscheiden zu können.

51. Diese Ausgrenzung nimmt nicht Wunder, denn: „Die Partizipialkonstruktion im Präsens ist eine entfernte Verwandte, eine ungeliebte und etwas kauzige Tante mit einem Faible für komplizierte Frisuren und ausufernde Hutmode, über die der Rest der Familie sich in peinliches Schweigen hüllt und die deshalb nie zu einer Geburtstagsfeier eingeladen wird." Jan Wagner in der *SZ* vom 16.8.04.
52. Gemäß Mineral- und Tafelwasserverordnung vom 1. August 1984 (BGBl. I S. 1036) ist der Aufdruck nach einer Belüftung des Wassers, bei der sich ein gewisser Inhaltsstoff an den Sauerstoff hängt und damit ausfiltriert wird, um eine Braunfärbung des Wassers zu verhindern, gesetzlich vorgeschrieben; es muss auf diese Behandlung des Wassers „deutlich sichtbar, leicht lesbar und unverwischbar" hingewiesen werden.
53. Karl Valentin hat also nicht recht, wenn er meint, aus einer Semmel könne man keine Semmelnknödel machen.
54. Diese Stammbildung haben wir in Abschnitt (6.) ignoriert. Bei der Beschreibung der Paradigmenstrukturbedingungen spielte sie für Wurzel (1970) eine große Rolle, ignoriert wird sie dagegen in Wurzel (1984).
55. Siehe Kiparsky (1982). Im Englischen gibt es jedoch abweichend von der Systematik in (9.4) keine *Derivations*-Prozesse, bei denen an irreguläre Plurale suffigiert werden könnte: **licelike*, **teethlike*, aber: *louselike, toothlike*. Die Ordnung der Komponenten kann daher nicht linear sein.
56. Ausnahmen sind Bildungen wie *Schwanenhals*, die diachron darauf beruhen, dass *Schwan* bis vor kurzem schwach flektiert wurde: daher auch Wirtshausschilder wie „Zum Schwanen". Weitere Ausnahmen sind *Mauseloch* und *Mausefalle* (regulär wäre *Mäuseloch* und *Mäusefalle* zu erwarten, wie in *Mäusebussard, -käfig, -gift*). Solche Fälle werden von Fuhrhop (1998, S. 205) als nicht (mehr) produktiv von der Systematik ausgeschlossen.
57. Ein Problem bildet allerdings hier die als Pluralmarkierung auftretende Umlautung wie in *Müttergenesungswerk*: in Analogie zum Vorangegangenen wäre hier entweder von einer Nullfuge auszugehen, welche bei *Mütter* das den Umlaut bewirkende Merkmal [PL] zuordnet, oder von einer *e*-Fuge, die dann getilgt wird. Nullmorphem und Tilgung widersprächen dann eigentlich der Auffassung, dass Fugenelemente aus Gründen des Wohlklangs eingefügt werden. Vielmehr müsste man von der Umlautung selber als „Fugenmorphem" sprechen; diese ist sicher auch paradigmatisch.
58. Obwohl als Argument vielleicht eher mit Skepsis zu betrachten sind jene exzeptionellen linksköpfigen Komposita wie z.B. Spanisch *hombre rana* (Froschmann), deren Plural *vor* der Komposition, also links markiert wird: *hombres rana*. Wie gesagt sind solche linksköpfigen Komposita an sich schon problematisch, weshalb nicht klar ist, ob sie als schlagkräftiger Beweis gelten können.
59. M.E. handelt es sich bei Wörtern wie *weiterhelfen*, entgegen Tendenzen in einer

falsch verstandenen sog. neuen Rechtschreibung, um echte Komposita, sodass das Prinzip der Kopfflexion an Plausibilität gewinnt.

60. Eine andere Möglichkeit wäre die, die Pluralmarkierung beim Kopf eines Kompositums als semantisch motiviertes Klammerparadox zu interpretieren, was wir ohnehin tun müssten, wenn es im Deutschen eindeutigere morphologische oder phonologische Argumente für die Kopfflexion gäbe. Als ein solches Klammerparadox versteht auch Pesetsky (1985) sein Resultat, dass beim sog. *Yer-Lowering* im Russischen nur die Klammerung [Präfix [Wurzel Suffix]] phonologisch korrekte Vorhersagen macht. Dass nur diese Klammerung korrekt sein kann, setzt allerdings eine ganz bestimmte phonologische Theorie voraus.

61. Das Blockierungsprinzip widerspricht gerade einem naiven Ökonomieprinzip, das davon ausgehen würde, dass die einfachere Ableitung der komplexeren vorgezogen wird. Tatsächlich aber funktioniert das *Blocking*-Prinzip eher umgekehrt. Denn gerade weil die einfachere Ableitung ein Merkmal wie *er*-DIM nicht benötigt, würde das Ökonomieprinzip implizieren, dass es nie benötigt wird, weswegen man schließen könnte, dass es überhaupt nicht existieren kann. Weil aber nun die Grammatik gerade so ist, wie sie ist, und es unseren Annahmen zufolge solche „unökonomischen" Merkmale gibt, ist anzunehmen, dass sie auch verwendet werden müssen: die Ökonomie beugt sich hier der normativen Kraft des Faktischen. Es folgt daher, dass Ökonomie gerade nicht über die Anzahl der verwendeten Merkmale definiert werden kann.

II. Phrasen

Einleitung

1.

Während die Morphologie die interne Struktur von Wörtern beschreibt, beschäftigt sich die Syntax mit der Frage, wie sich Wörter zu Sätzen oder größeren Satzteilen, den sog. **Phrasen**, kombinieren lassen. Es geht hier also um die interne Struktur von Sätzen. Im Gegensatz zur Morphologie, in der die Abfolge der Morpheme strikt reglementiert ist, zeigt sich in der Syntax gerade des Deutschen eine erhebliche Variationsbreite. So illustriert (1) eine Vielzahl von Kombinationsmöglichkeiten, die zwar nicht alle gleich akzeptabel sind, von denen aber keine als unzweifelhaft ungrammatisch gelten kann:[1]

(1) a. In der Matratze haben sich Wanzen eingenistet
b. Wanzen haben sich in der Matratze eingenistet
c. Eingenistet haben sich in der Matratze Wanzen
d. In der Matratze eingenistet haben sich Wanzen
e. Eingenistet in der Matratze haben sich Wanzen
f. Wanzen eingenistet haben sich in der Matratze
g. In der Matratze haben Wanzen sich eingenistet
h. Sich eingenistet haben Wanzen in der Matratze
i. Sich eingenistet in der Matratze haben Wanzen
j. Sich in der Matratze eingenistet haben Wanzen
k. Sich eingenistet haben in der Matratze Wanzen
l. Wanzen haben sich eingenistet in der Matratze
m. Eingenistet haben sich Wanzen in der Matratze
n. In der Matratze sich eingenistet haben Wanzen

Diese Stellungsvarianten bilden aber nur einen kleinen Teil der rein rechnerisch möglichen Kombinationen, wovon es bei sieben Wörtern genau $1 \times 2 \times 3 \times 4 \times 5 \times 6 \times 7$ gibt. Die allermeisten der kombinatorisch möglichen Abfolgen sind jedoch ungrammatisch:

(2) a. *In der haben Matratze sich Wanzen eingenistet
b. *In haben der Matratze sich Wanzen eingenistet
c. *In der Matratze sich haben Wanzen eingenistet
d. *In der Matratze sich Wanzen haben eingenistet
e. *In der Matratze sich Wanzen haben eingenistet
f. *Matratze in der sich Wanzen haben eingenistet
g. *Matratze der sich Wanzen haben eingenistet in
h. ...

Hier die Spreu vom Weizen zu trennen, ist die Aufgabe der Syntax.

Z.B. fällt auf, dass jede Abfolge, in der *in der Matratze* keine Einheit (keine Phrase) bildet, ungrammatisch ist. Damit verhält sich *in der Matratze* als Satzglied, das man ja mit *wo* erfragen kann, praktisch wie ein Wort, was die Anzahl der zu betrachtenden Kombinationen auf 5! reduziert. In diesem Kapitel geht es ausschließlich um den Aufbau von Phrasen, die im Satzgefüge als Satzglieder angesehen werden können.

Eine andere Regularität, welche die Anzahl der Kombinationen reduziert, betrifft die Stellung der Verben. Man sagt, dass das finite Verb im Hauptsatz des Deutschen immer die zweite Position im Satz einnimmt, in der ersten Position steht eine Phrase. Dies zu beschreiben setzt einerseits die Analyse von Phrasen schon voraus und involviert andererseits einen Mechanismus, der es gestattet, eine beliebige Phrase vor das finite Verb zu stellen. Diesen Mechanismus werden wir erst im nächsten Kapitel vorstellen, in dem es um die Grammatik des Satzbaus geht. In diesem Kapitel beschreiben wir lediglich die Grammatik der Satzteile, also der Phrasen.

Frage 62: Betrachten Sie als weiteres Beispiel den aus fünf Wörtern bestehenden Satz in (3). Wie viele verschiedene Möglichkeiten der Anordnung der Wörter gibt es, wie viele davon sind Ihrer Ansicht nach grammatisch?

(3) Mit welchem Auto kam Peter?

a. *Mit kam welchem Auto Peter
b. *Mit welchem kam Auto Peter
c. *Welchem mit Auto kam Peter
d. *Welchem mit kam Auto Peter
e. *Auto mit welchem kam Peter
f. *...

Frage 63: Können Sie die Ungrammatikalität der Kombinationen in (3) begründen? Ihre Antwort sollte u.a. darauf beruhen, dass in (3) Prinzipien für den internen Aufbau von Phrasen verletzt werden, genau wie bei *in der Matratze* im Beispiel davor. Welches ist die Phrase, die nur in der gegebenen Abfolge grammatisch ist? Die Anzahl der permutationsrelevanten Satzteile beschränkt sich dann auf drei. Es verbleiben sechs Kombinationen. Nimmt man hinzu, dass das Verb nur an der zweiten Position, also hinter der ersten Phrase stehen darf, verbleiben nur zwei mögliche Abfolgen. Welche sind das?

Frage 64: Diskutieren Sie die Konstruktionen in (4). Großschreibung markiert den Hauptakzent. Die erste nennt man Echofrage, die zweite auch Wiederholungsfrage. Was meinen Sie, wie diese Terminologie zu verstehen ist?

(4) a. Peter kam mit WELchem Auto?
b. Mit welchem Auto PEter kam? (Antwort: Weiß ich nicht.)

Frage 65: Wieviele verschiedene Möglichkeiten der Permutation gibt es für die Wörter in (5)? Wieviele davon sind grammatisch?

(5) Mit welchem schönen Auto ist Peter gekommen?

Wir beschränken uns in diesem Kapitel also auf die Beschreibung der internen Struktur von Phrasen (wie etwa *in der Matratze, mit welchem Auto*) und verwenden hierzu dieselben formalen Verfahren wie in der derivationellen Morphologie. Hier wie dort kommt es in entscheidender Weise darauf an, welcher Teil einer Phrase ihr **Kopf** ist. Je nach Art des Kopfes betrachten wir in den Abschnitten dieses Kapitels jeweils Nominalphrasen, Präpositionalphrasen, Verbalphrasen usw., aber auch verschiedene spezifische Kategorien wie z.B. Eigennamen oder Possessivpronomina. Ziel des Kapitels ist es, die wichtigsten phrasalen Konstruktionen des Deutschen kennenzulernen. Als Beispielsätze dienen uns meist Nebensätze. Der Grund hierfür ist, dass wir zur Beschreibung von Hauptsätzen (Verb-Zweit-Sätzen) formale Mittel benötigen, die erst im folgenden Kapitel eingeführt werden.

Der einfachste Weg zur Bildung einer Phrase besteht darin, zwei Wörter miteinander zu verketten. Dem sog. Fragetest zufolge ist alles eine Phrase, was erfragt werden kann. Diesen Test verwenden auch generative Einführungswerke wie beispielsweise die von Andrew Radford, indem er Dialogsequenzen wie (6) verwendet um damit zu illustrieren, dass die Äußerung von Sprecher B eine Phrase ist:

(6) SPRECHER A: Was sollte die neue Regierung als erstes tun?
SPRECHER B: Steuern senken

Dabei ergibt sich aus dem Kopfprinzip, dass die Eigenschaften der Phrase *Steuern senken* durch eines der beiden Wörter als Kopf der Phrase bestimmt werden; sie hat entweder verbale oder nominale Eigenschaften, je nachdem, ob *senken* oder *Steuern* der Kopf ist. Da die Phrase gerade an einer Position im Satz vorkommen kann, an der auch ein Verb wie z.B. *abdanken* stehen kann, ist nach dem Ersetzungstest (Substitutionstest) zu folgern, dass sie verbale Eigenschaften hat:

(7) a. Die Regierung sollte *Steuern senken*
b. Die Regierung sollte *abdanken*

Und umgekehrt kann *Steuern senken* gerade nicht dort vorkommen, wo ein Nomen wie *Steuern* stehen kann; vergl.:

(8) a. Die Regierung erhebt *Steuern*
b. *Die Regierung erhebt *Steuern senken*[2]

Da *senken* ein V ist und Phrasen **Projektionen** der Merkmale des Kopfes sind, ist *Steuern senken* eine **Verbalphrase**, und in derselben Weise, wie wir die Kategorie „Verb" mit V abkürzen, kürzen wir „Verbalphrasen" mit **VP** ab. Mit Hilfe der üblichen Technik der Baumdiagramme können wir die Struktur dieser Phrase wie in (9) abbilden:

(9)

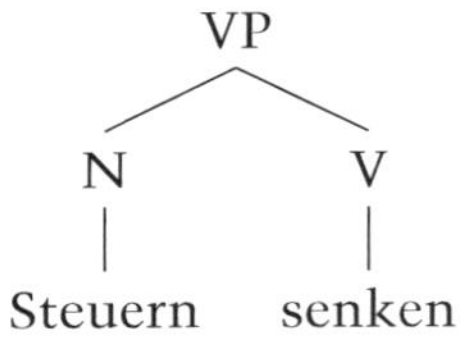

Das Objekt *Steuern* wird üblicherweise als **Komplement** des Verbes *senken* bezeichnet; allgemein sind Objekte einer Kategorie X immer Komplemente von X.

Dass bei der Kopfbestimmung nicht nur die Kategorie V sondern auch deren morphologische Merkmale entscheidend sind, werden wir weiter unten ausführlich begründen. Im Vorgriff auf Abschnitt (3.3.1.) seien hier schon die Daten in (10) erwähnt:

(10) a. wenn die Regierungen *Steuern senken*
b. *wenn die Regierung *Steuern senken*
c. wenn die Regierung *Steuern senkt*

Entscheidend ist hier die Kongruenz des Verbs mit dem Subjekt: Wenn wir annehmen, dass zur Beschreibung der Kongruenz die Merkmale des Subjekts mit denen des Verbs irgendwie in Einklang gebracht werden müssen, sollte das Pluralmerkmal des Verbs in (10-a) irgendwie für das Subjekt sichtbar sein. Daher muss aber auch das Verb selber innerhalb der Projektion *Steuern senken* sichtbar sein. Dies ist naturgemäß dann der Fall, wenn das Verb der Kopf der Projektion ist.

Nachdem wir etabliert haben, dass das Verb der Kopf der Konstruktion ist, wenden wir uns nun einem anderen Aspekt zu, der sich darin äußert, dass das Komplement von *senken* obligatorisch ist, was sich darin zeigt, dass ein Dialog wie (11) nicht wohlgeformt ist:

(11) SPRECHER A: Was sollte die neue Regierung als erstes tun?
SPRECHER B: *Senken

Um diese Tatsache mit Hilfe unserer schon benutzten Techniken zu beschreiben, scheint die Annahme zu genügen, dass das Verb *senken* obligatorisch das Merkmal [$*$N$*$] hat. Folgende Überlegung zeigt nun aber, dass diese Analyse nicht korrekt sein kann oder zumindest unvollständig ist. Denn wenn als Komplement des Verbs ein N genügt, müsste folgender Dialog grammatisch sein:

(12) SPRECHER A: Was sollte die neue Regierung als erstes tun?
SPRECHER B: *Steuer senken

In (11) war das Komplementnomen ein Plural, während es in (12) ein Singular ist, und das Komplementmerkmal [$*$N$*$] des Verbs verbietet es ja nicht, an der Komplementstelle ein Nomen im Singular einzusetzen. Um dies zu verhindern, könnten wir für (11) natürlich zusätzlich das Merkmal [∗PLURAL∗] verwenden. Dann aber könnte *senken* entweder grundsätzlich nur Komplemente im Plural haben, wenn das Merkmal obligatorisch ist; wenn es fakultativ ist, könnte (12–B) nicht ausgeschlossen werden. Dass ein Komplement von *senken* immer ein Plural sein muss, ist sicherlich falsch:

(13) SPRECHER A: Was sollte die neue Regierung als erstes tun?
SPRECHER B: Die Alkoholsteuer senken

Der Unterschied zwischen (12) und (13) ist wohl irgendwie daran festzumachen, dass im Singular ein Artikel notwendig wird, im Plural jedoch nicht. Um der Sache auf den Grund zu gehen, genügt es offenbar nicht, Komplemente zu betrachten, die nur aus einem Wort bestehen. Vielmehr müssen wir die Struktur der Komplemente selber analysieren, um so herauszufinden, was sie als Komplemente des Verbs qualifiziert bzw. disqualifiziert. Wir tun dies genauer im nächsten Abschnitt, wo wir die Syntax von Phrasen wie *die Steuer/(die) Steuern* ausführlichst analysieren. Erst danach kehren wir wieder zur Analyse von VPs zurück.

Determinatorenphrasen 2.

Determinatoren 2.1.

Der soeben festgestellte Kontrast wird in (1) noch einmal repliziert und entsteht offenbar durch die Ab- bzw. Anwesenheit eines Artikels.

(1) SPRECHER A: Welche Steuer sollte die neue Regierung als erstes senken?
SPRECHER B: a. Die Alkoholsteuer
b. *Alkoholsteuer

Artikelwörter heißen in der generativen Grammatik **Determinatoren**, auch „Determinative" oder „Determinantien" (engl. ***determiner***, abgekürzt als ***DET***) ; wir verwenden die Abkürzung **D**. Weitere Beispiele sind die in (2) fett gesetzten Wörter:

(2) a. Ich habe in ***der*** *Werkstatt* ***eine*** *neue Batterie* gekauft
b. Sie zieht ***dieses*** *Gemälde* ***jedem*** *Foto* vor
c. Gute Komödianten erzählten ***einige*** *schlechte Witze*

Die Eigenschaften dieser Artikelwörter sollen im Folgenden illustriert werden. Dabei spielt die Abgrenzung zu den Adjektiven eine besondere Rolle: Da sowohl Determinatoren als auch Adjektive den Nominalen vorangehen, müssen diese Kategorien voneinander unterschieden werden.

Relevant ist hier u.a. der Kontrast zwischen (i) **Inhaltswörtern** einerseits, d.h. Wörtern, die einen spezifischen *deskriptiven Gehalt* oder *Sinn* haben, und (ii) **Funktionswörtern** andererseits, d.h. Wörtern, die zum Ausdruck von grammatischen oder logischen Eigenschaften bzw. Kategorien dienen und die u.a. für den Ausdruck von Kategorien wie z.B. Genus, Person, Kasus, Finitheit, Infinitheit, Definitheit, Indefinitheit, usw. wesentlich sind. Zu ersteren werden die Adjektive gezählt, zu letzteren die Determinatoren: sie haben keinen deskriptiven Gehalt, kodieren aber Definitheit, Indefinitheit, Quantität und andere logische Eigenschaften. Erstere heißen auch **lexikalische Kategorien**, letztere **funktionale Kategorien**. Die Bezeichnung "lexikalisch" darf hier nicht verwirren: Klarerweise sind auch funktionale Kategorien wie die Artikel Lexeme und als solche Kategorien, die im Lexikon stehen und daher als „lexikalisch" bezeichnet werden können; dieser Gebrauch des Wortes ist hier nicht intendiert.

Leider ist die *Abgrenzung* zwischen funktionalen und lexikalischen Kategorien nicht immer ganz einfach. Z.B. benutzt Radford (1997*a*) das Kriterium, dass viele Inhaltswörter ein *Antonym* (ein Gegenteil) haben, z.B. hat ein N wie *Verlust* das Antonym *Gewinn*; ein V wie *steigen* hat als ein Antonym *fallen*; das A *groß* hat *klein* als Antonym; das Adverb *früh* kontrastiert mit *spät*; die Präposition *innerhalb* hat als Antonym *außerhalb*. Dies spiegelt die Tatsache wider, dass Nomina, Verben, Adjektive, Adverbien und Präpositionen deskriptiven Gehalt haben, also Inhaltswörter sind. Typische Funktionswörter dagegen weisen diese Eigenschaften nicht auf. Z.B. fehlt der Infinitiv-Partikel *zu* (wie in *Sie hatte noch **zu** bezahlen*) ein offensichtliches Antonym, und gleiches gilt für das Hilfsverb *werden* (wie in *Sie **wurden** verfolgt*) oder die unterordnende Konjunktion *dass* (wie in *Ich weiß, **dass** er kommen wird*), weswegen behauptet wird, dass diese Wörter funktionale Ausdrücke (oder „grammatische Wörter") sind. Als definitorisches Kriterium taugt die Eigenschaft, ein Antonym zu haben, jedoch nicht, denn auch Determinatoren können traditioneller Auffassung zufolge ein Antonym haben, wie etwa *ein* und *kein*, *viele* und *wenige*, *alle* und *einige*, usw.[3]

Kommen wir zurück zur Abgrenzung zwischen Determinatoren und Adjektiven, wobei wir im Folgenden syntaktische Kriterien betrachten, die ebensowenig wie die semantischen wasserdicht sind, jedoch als Faustregeln gute Dienste leisten. Zunächst ist relevant, dass sich Adjektive *rekursiv* hintereinanderschachteln lassen (indem immer weitere Adjektive vor ein Nomen gestellt werden), während dies bei Determinatoren nicht möglich ist: i. Allg. kann nur ein einziger Determinator einen nachfolgenden Nominalausdruck modifizieren:

(3) ADJEKTIVE:
große starke Männer; *große starke dunkelhaarige* Männer; *sensi-*

ble dunkelhaarige große Männer; *intelligente sensible dunkelhaarige starke* Männer usw.

DETERMINATOREN:

das Auto; **dieses das* Auto; **ein dieses* Auto; **einige jene* Autos usw.

Wenn Determinator und Adjektiv(e) gleichzeitig ein Nomen modifizieren, muss der Determinator jedem Adjektiv vorangehen:

(4) a. ***die*** *schönen neuen* Kleider
(**Determinator**+*Adjektiv*+*Adjektiv*+Nomen)
b. **schönen* ***die*** *neuen* Kleider
(*Adjektiv*+**Determinator**+*Adjektiv*+Nomen)
c. **schönen neuen* ***die*** Kleider
(*Adjektiv*+*Adjektiv*+**Determinator**+Nomen)

Die gleiche Eigenschaft weisen übrigens auch die Possessivpronomina auf; sie müssen Adjektiven vorangehen und können mit Determinatoren nicht frei kombiniert werden:

(5) a. ***meine*** *schönen neuen* Kleider
(**Possessiv**+*Adjektiv*+*Adjektiv*+Nomen)
b. **schönen* ***meine*** *neuen* Kleider
(*Adjektiv*+**Possessiv**+*Adjektiv*+Nomen)
c. **schönen neuen* ***meine*** Kleider
(*Adjektiv*+*Adjektiv*+**Possessiv**+Nomen)

(6) ****ein mein*** Auto; ****mein ein*** Auto; ****das mein*** Auto; ****mein das*** Auto; usw.

Daher ist es naheliegend, dass Possessivpronomina ebenfalls Determinatoren sind — wir werden dieser Folgerung in Abschnitt (7.) ausführlich nachgehen.

Eine weitere Unterscheidung zwischen As und Ds könnte sich aus Selektionsanforderungen von solchen Ds ergibt, die sich nur mit Ns einer bestimmten Art kombinieren lassen. Zum Beispiel verlangt *einiges* ein nicht-zählbares N im Singular, während *mehr* mit zählbaren Ns im Singular unverträglich ist:

(7) a. Er kaufte ***einiges*** *Gold/*Ringe/*Ring*
b. Wir brauchen ***mehr*** *Gold/Ringe/*Ring*[4]

Demgegenüber sind Adjektive bezüglich dieser sortalen Beschränkungen indifferent: As wie *schön, glänzend, gelb* usw. können alle diese N-Typen modifizieren, sie sind für die in (7) illustrierten Unterscheidungen blind:

(8) a. Wir fanden die **schönen glänzenden gelben** *Ringe*
b. Wir fanden einen **schönen glänzenden gelben** *Ring*
c. Wir fanden **schönes glänzendes gelbes** *Gold*

Andererseits jedoch können auch Adjektive gewisse Beschränkungen für den Typ ihres Komplements mit sich bringen. Diese scheinen jedoch von anderer Art als die Beschränkungen, die wir in (7) beobachtet haben. Denn sie resultieren aus dem deskriptiven Gehalt des Adjektivs, der mit Beispielen in (9-a) illustriert werden soll (wobei **?** und **#** einen ansteigenden Grad von semantischer oder pragmatischer Anomalie anzeigen):

(9) a. ein *nachdenklicher* Freund/?Hund/??Fisch/?#Stein/#Fall
b. **ein/der/dieser/mein** Freund/Hund/Fisch/Stein/Fall

Wie (9-a) zeigt, kann *nachdenklich* nur bestimmte Typen von Nomina modifizieren; dies deshalb, weil der Sinn des Adjektivs nur mit solchen Ausdrücken kompatibel ist, die ein rationales Wesen bezeichnen. Wenn Determinatoren ein spezifischer deskriptiver Gehalt fehlt, sollten die Einschränkungen ihres Gebrauchs, wie etwa die Tatsache, dass *ein* nur ein zählbares Nomen im Singular modifizieren kann, Beschränkungen allgemeinerer *grammatischer* Natur sein. Zweifelsohne sind diese Beschränkungen aber auch semantischer Natur. Es entsteht daher das Problem zu definieren, warum diese Beschränkungen gerade als „grammatisch" gelten sollen. Auch Determinatoren haben ja einen semantischen Gehalt, sind also von reinen Formelementen wie *zu* beim Infinitiv oder *dass* beim Nebensatz zu unterscheiden.[5]

Abgrenzungsschwierigkeiten zwischen D und A gibt es im Singular kaum, denn hier illustriert (10) noch einmal jene entscheidende Eigenschaft, die schon in (1) relevant war, dass nämlich Determinatoren *obligatorische* Bestandteile von Phrasen sein können:

(10) SPRECHER A: Was suchst du?
SPRECHER B: *Stuhl, **gemütlichen* Stuhl, ***einen*** Stuhl, ***meinen*** (gemütlichen) Stuhl, ***diesen*** Stuhl

Adjektive können nie zur „Vervollständigung" von Phrasen dienen; Determinatoren dagegen sind für diese Funktion geradezu prädestiniert.

Problematischer wird es jedoch im Plural, denn hier sind Ds im Allgemeinen fakultativ. Sind z.B. Zahlwörter (*zwei, drei, ...*) Ds oder As? In der Semantik der sog. generalisierten Quantoren (s. Barwise und Cooper (1981)) werden sie als Ds aufgefasst. Die Nicht-Iterierbarkeit von Zahlwörtern folgt aber auch aus ihrer Semantik, wäre also mit der Kategorie eines nicht-flektierbaren, rein attributiven Adjektivs verträglich. Verwendungsweisen wie in *die zwei Türme, die zwei Gesichter einer Frau* müssten dann entweder Ausnahmen zu der These darstellen, dass Ds nicht iteriert werden können, oder wir hätten es bei den Numeralia mit Adjektiven zu tun, die im Vergleich zu anderen Adjektiven immer linksperipher sein müssen. Im Anschluss an Vater (1984) wird oft auch zwischen Determinatoren und Quantoren unterschieden, also eine weitere syntaktische Kategorie zwischen D und A eingeführt. Wir sehen hier davon ab, die Analyse zu verfeinern und begnügen uns mit einer Zweiteilung und hoffentlich unproblematischen Beispielen.

Frage 66: Wie verhalten sich *einige, der* und *alle* in (11)? Welche Sätze sind Ihres Erachtens ungrammatisch? Welche Strukturen wären für die DPs anzusetzen? Welche Elemente könnten Quantoren im Sinne von Vater sein?

(11) a. Ich habe die schlechten Witze gehört
b. Ich habe alle schlechten Witze gehört
c. Ich habe alle die schlechten Witze gehört
d. Ich habe die schlechten Witze alle gehört
e. Ich habe all die schlechten Witze gehört
f. Ich habe alle diese schlechten Witze gehört
g. Ich habe all schlechte Witze gehört
h. Ich habe fast all die schlechten Witze gehört
i. Ich habe all fast die schlechten Witze gehört
j. Ich habe die beiden schlechtesten Witze gehört
k. Ich habe einige der schlechten Witze gehört

Merkmalkongruenz 2.2.

Wir können nun damit beginnen, die Kategorie der komplexen Phrase *die Steuern* zu bestimmen. Ausgehend von den Kategorien D und N sind im Prinzip zwei Analysen möglich:

(12) a.
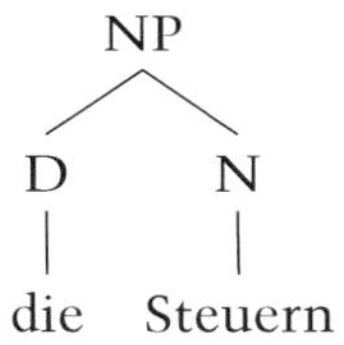

b.
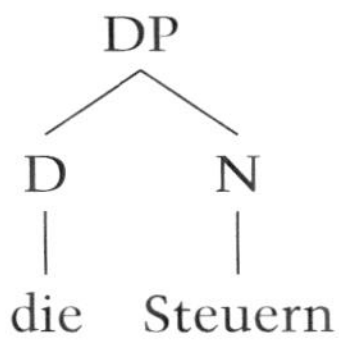

Im Falle von (12-a) wäre das Nominal *Steuern* Kopf der Phrase *die Steuern*, in der Analyse (12-b) wäre der Determinator *der* der Kopf der Phrase. Welche Analyse ist die richtige?

Die Bestimmung der Kategorie einer höheren Konstituente ist nicht immer leicht. Erinnern wir uns noch einmal daran, dass der Kopf gerade dasjenige Wort ist, das die grammatischen Eigenschaften des Ganzen bestimmt. Relevante Eigenschaften des Ganzen sind solche, die für die Distribution der Phrase (d.h. für ihre morphosyntaktische Umgebung, ihr Verhalten „nach außen") wichtig werden können. Wegen der Daten in (13-a) muss der Numerus eine solche relevante Eigenschaft sein, wegen (13-b) ist auch der Kasus relevant:

(13) a. (i) Die Steuer sinkt
(ii) *Die Steuern sinkt
(iii) Die Steuern sinken
(iv) *Die Steuer sinken

b. (i) Die Steuer sinkt
(ii) *Der Steuern sinkt
(iii)*Den Steuern sinken

Jedoch können Numerus und Kasus sowohl beim Determinator als auch beim Nomen morphologisch markiert werden; vergl. die Merkmale in (14):

(14)

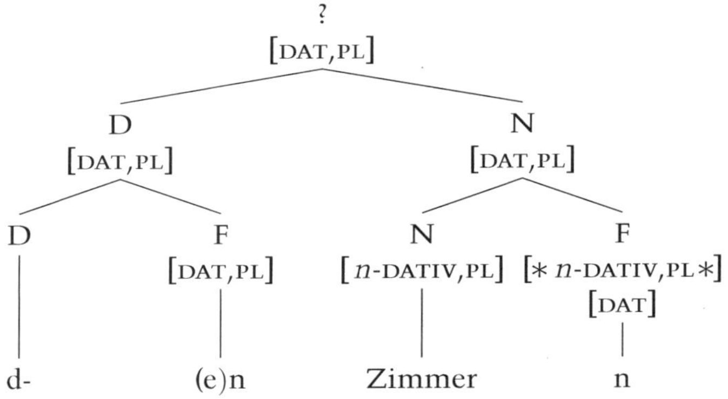

Eine morphologische Analyse der Artikelflexion (die sog. Pronominalflexion) setzen wir hier in Analogie zur Analyse der Adjektivflexion voraus (s. auch Bierwisch (1967), Wiese (1999) oder Bittner (2002)); die Einklammerung von *e* bedeutet wieder, dass das Schwa phonologisch vorhersagbar ist. Relevant für uns sind hier nur die obersten drei Knoten. Die Merkmale von N und D sind offenbar genau gleich. Davon ausgehend, dass alle Nomina abstrakte Kasusmerkmale haben (auch wenn sie morphologisch nicht kasusmarkiert sind), kann uns die Morphologie zunächst keinen Aufschluss darüber liefern, welche der beiden Kategorien D oder N der Kopf ist. Die klassische Analyse war jedenfalls die, dass *die Steuer* eine Nominalphrase, also eine NP ist, womit zum Ausdruck gebracht wird und in der älteren Literatur als selbstverständlich vorausgesetzt wurde, dass N Kopf der Phrase ist. Diese Auffassung wurde jedoch zunehmend in Zweifel gezogen. So bemerkt z.B. schon Lyons (1977, S. 392):

> Determiners, despite their conventional treatment as modifiers of the noun with which they occur, may often be regarded, from a syntactic point of view, as heads rather than as modifiers.

Abney (1987) konnte diese Auffassung empirisch untermauern und etablierte den Determinator als Kopf der Konstruktion. Entsprechend ist also *die Steuer* eine **Determinatorphrase**, womit gesagt wird, dass der Artikel der Kopf des Ganzen ist. Obwohl Abneys Argumente leider eher auf das Englische zugeschnitten sind und sich nicht ohne weiteres auf andere Sprachen übertragen lassen, funktioniert seine Analyse auch für das Deutsche; tatsächlich würde, wie wir in den folgenden Abschnitten sehen werden, eine Analyse mit N als Kopf im Rahmen unserer Merkmalanalyse erhebliche Schwierigkeiten mit sich bringen.[6] Wir übernehmen hier also die DP-Analyse.

Zu beachten ist, dass der Kopf der Konstruktion wie aus (15) ersichtlich im Deutschen *links* stehen muss; in allen bisherigen Fällen stand er rechts; mit der DP-Hypothese konsistente Merkmalstrukturen sind daher:

(15) a.

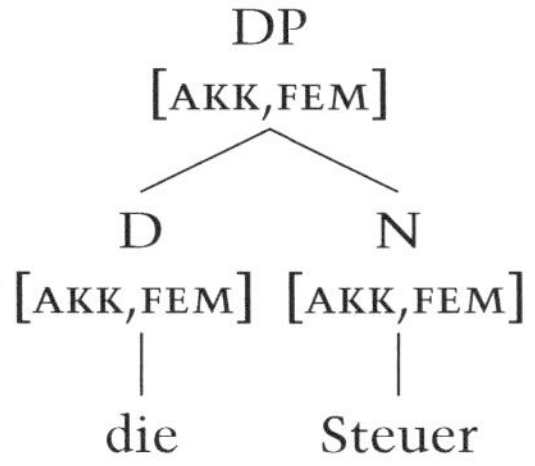

b.

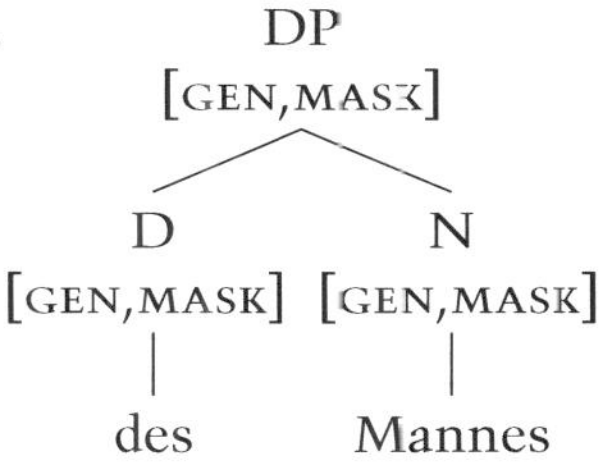

Einerseits werden die Merkmale von D projiziert, andererseits muss N genau dieselben Merkmale haben. Wie lässt sich dieses Merkmalverhalten beschreiben? Denken wir zurück an die Merkmalprojektion des letzten Kapitels, so hatten wir dort drei verschiedene Möglichkeiten kennengelernt.

Erstens: die Merkmalprojektion funktioniert hier wie bei der Komposition. Alle Merkmale von D werden von der DP übernommen. In diesem Falle gelingt es uns jedoch nicht, die **Merkmalkongruenz** zu erfassen. In der Komposition gibt es grundsätzlich keine Kongruenzphänomene.

Zweitens: Das Projektionsverhalten ähnelt dem der Flexionsmorphologie. In diesem Falle würden die Merkmale von beiden Seiten vererbt und das Kongruenzverhalten wäre im Prinzip gut beschreibbar, wenn man annimmt, dass die Merkmale sich nicht widersprechen dürfen. Als entscheidender Nachteil erweist sich dann aber, dass die Phrase echt doppelköpfig sein müsste: die Phrase müsste sowohl eine NP als auch eine DP sein. Dies bringt jedoch offensichtliche Probleme mit sich, denn es wäre jetzt ja nicht mehr möglich, die Distribution von NPs und DPs zu unterscheiden, was ja gerade unser Ausgangsproblem bei der Analyse von *die Regierung senkt *(die) Alkoholsteuer* gewesen ist.

Drittens: Es verbleibt das Schema der Merkmalprojektion, das wir bei der Derivation angenommen haben. Um die Identität der Merkmale in (15) zu *erzwingen*, benötigen wir dann zusätzliche Sternmerkmale wie in (16) oder (17):

(16)

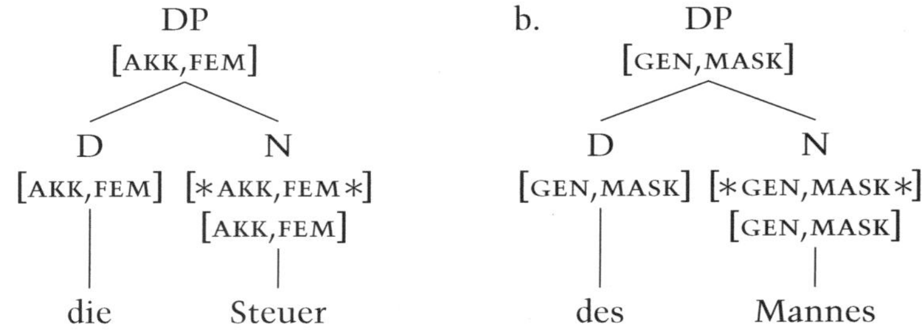

(17)

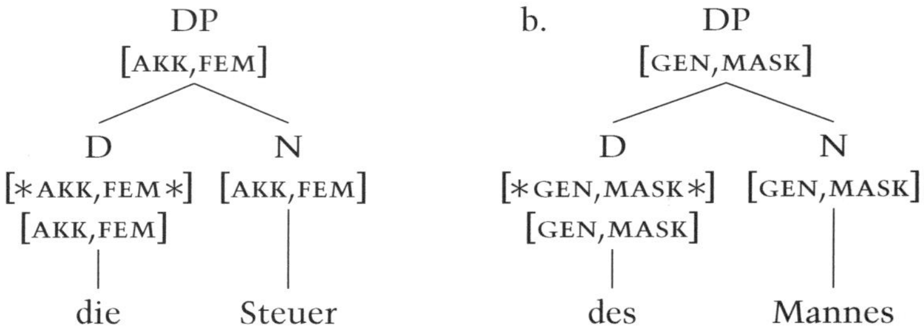

Offenbar stellen (16) und (17) verschiedene Analysen dar, in denen sich die Merkmale unterschiedlich verhalten. Für welche Alternative sollen wir uns jetzt entscheiden?

Wie wir gesehen haben, müssen bestimmte Merkmale überprüft werden, andere nicht. Erstere nannten wir kontextuell, letztere projektiv. Nehmen wir an, dass die Kasusmerkmale innerhalb der Syntax legitimiert, also überprüft werden müssen. Z.B. kann, wie wir zeigen werden, das Kasusmerkmal von *die Steuern* durch das Verb *senken* überprüft werden und der Genitiv von *des Mannes* durch ein Verb wie *gedenken*. Im Hinblick auf die Kasusüberprüfung unterscheiden sich (16) und (17). In (17) überprüft D das Kasusmerkmal von N und das Kasusmerkmal von D wird projiziert. Weil es projiziert wird, kann es in einer Struktur, die (17) enthält, also z.B. in *die Steuern senken* bzw. in *Wir gedenken des Mannes*, überprüft werden. In (16) dagegen entstehen zwei Probleme. Zum einen kann das Kasusmerkmal von N nicht überprüft werden. Schon deshalb kann (16) — aufgrund unserer Annahme, dass alle Kasusmerkmale überprüft werden müssen, — keine korrekte Analyse sein. Zum anderen kann das Kasusmerkmal des Determinators nicht projiziert werden, da wir ja angenommen haben, dass es sich um ein kontextuelles Merkmal handelt, dass nicht projiziert, wenn es überprüft worden ist. Daher ist (16) in unserer Merkmalsyntax nicht generierbar und es gilt für fast alle Analysen dieses Kapitels, dass der Kopf ein Merkmal der Form [$*\alpha*$], der Nicht-Kopf ein Merkmal der Form [α] hat. Einzige Ausnahme hierzu bilden die Adjunktionen, die wir in Abschnitt (8.1.) noch ausführlicher diskutieren werden.[7]

Frage 67: Mit welchen Merkmalen lässt sich die Kongruenz innerhalb der DPs in (18) beschreiben?

(18) eine Birne, einem Kohl, einer Birne, eines Kohls, zweier Birnen, *zweier Kohls, zweier Kohlen, zwei Kohlen

Kopf- und Komplementmerkmale von D 2.3.

Eine methodische Bemerkung gilt dem formalen Status der Merkmale in (17). In einem intuitiven Sinne sollen Merkmale Kongruenz ausdrücken, d.h. sie sollen zwei Konstituenten mit „identischen Merkmalen" in Bezug zueinander setzen. Dies haben wir in (15) zunächst dadurch zu beschreiben versucht, dass D und N tatsächlich genau dieselben Merkmale haben. In (17) jedoch werden diese Merkmale bzw. die Identität dieser Merkmale nun gerade nicht mehr dazu benutzt, um Kongruenz auszudrücken! Dazu genügt ja , dass der Artikel lediglich die Sternmerkmale hat und N die korrespondierenden Merkmale. Die Merkmale der kongruierenden Elemente sind also gerade nicht identisch! Dass *die* und *des* zusätzlich noch die Merkmale [AKK] bzw. [GEN] haben, hat mit der Kongruenz selber nichts zu tun. Grund für das Vorhandensein dieser Merkmale ist allein, dass dies die kontextuellen Merkmale der DP sind, die von Verben wie *senken* bzw. *gedenken* überprüft werden.

Wenn wir also von den Kasusmerkmalen von D sprechen, kann stets zweierlei gemeint sein: Merkmale der Form [KASUS] und der Form [∗KASUS∗]. Eine wohlgeformte DP hat nur einen Typ von Kasusmerkmal, nämlich ein [KASUS]-Merkmal. In diesem Zusammenhang unterscheiden wir terminologisch zwischen Projektions- und Selektionsmerkmalen. Erstere heißen auch einfach **Kopfmerkmale**, letztere **Komplementmerkmale**. Der Zusammenhang zwischen diesen Merkmalen ist im Falle der Determinatoren keineswegs arbiträr. Denn es ist (zumindest im Deutschen) undenkbar, dass ein bestimmter Determinator gleichzeitig Merkmale wie [∗GEN∗] und [AKK] oder [∗MASK∗] und [PL] hat. Es ist daher notwendig, eine Implikationsbeziehung zwischen Merkmalen, also die Korrespondenz von Selektions- und Projektionsmerkmalen, schon im Lexikon, also mit Hilfe von **lexikalischen Redundanzregeln** wie in (19) festzulegen. Wenn wir annehmen, dass jeder Determinator ein Kasus- und Genusmerkmal (als Kopfmerkmal) hat (und wir den Plural unter die Genusdimension subsumieren), dann gilt:

(19) Hat ein Determinator das Kasus- bzw. Genusmerkmal [α] als Kopfmerkmal, so hat er auch das entsprechende Merkmal [$*\alpha*$] als Komplementmerkmal.

Regel (19) lässt sich dahingehend verallgemeinern, dass funktionale Kategorien grundsätzlich defaultmäßig mit ihren Komplementen kongruieren. In Anlehnung an neuere Arbeiten Chomskys nenne ich diese Regel „*AGREE!*":

(20) *Default-Kongruenzregel für funktionale Kategorien (**AGREE!**):*
Hat eine funktionale Kategorie *X* ein Merkmal [α] und ein kategoriales Komplementmerkmal [∗Y∗], und ist die Kategorie *Y* für die Dimension von [α] spezifizierbar, so hat *X* defaultmäßig das Merkmal [∗α∗].

Beispielsweise können wir annehmen, dass die Kategorie N im Englischen nicht für einen Kasus spezifizierbar ist; daher hat D im Englischen keine Kasus-Kongruenzmerkmale. Im Deutschen sind Ns notwendigerweise kasusmarkiert, also liegt laut (20) Kongruenz vor. Dennoch bildet (20) in zweifacher Hinsicht eine Default-Regel. Entweder ist im Lexikon von *X* ein Merkmal spezifiziert, das der Default-Annahme widerspricht. Z.B. gibt es bestimmte Zahlwörter im Russischen, die man als Determinatoren analysieren würde und die zwar ein Merkmal [NOMINATIV], gleichzeitig aber ein Merkmal [∗GENITIV∗] haben; wir diskutieren dies in Abschnitt (8.3.1.). In diesem Fall ist (20) nicht anwendbar, da das vorhergesagte Merkmal [∗NOM∗] dem lexikalisch spezifizierten Merkmal [∗GENITIV∗] widerspricht. Oder ein bestimmtes Merkmal kann für eine bestimmte Subklasse von *Y* nicht spezifiziert werden; dann kann (20) ebenfalls nicht angewendet werden. Ich komme darauf in Abschnitt (8.2.1.) zurück.

(20) hat weitreichende Konsequenzen für die Vorhersagbarkeit von Kongruenzbeziehungen; insbesondere stiftet (19) bzw. (20) einen Zusammenhang zwischen Merkmalen, die wir als projektiv bezeichnet haben, die also per se nicht überprüft werden müssen, wie z.B. die Genusmerkmale. Da sowohl D als auch N Genusmerkmale haben, ergibt sich die Kongruenz mit Hilfe von (20) automatisch, auch wenn die Merkmale von N an sich nicht überprüft werden müssen.

Frage 68: Welche Merkmale hat der Artikel „the" im Englischen?

Kasusunmarkierte Nominale 2.4.

In diesem Abschnitt geht es um die Frage, ob kasus-unmarkierte, nicht flektierte Nomina (abstrakte) Kasusmerkmale haben sollen. Schon zu Beginn von Abschnitt (I.6.4.) wurde gesagt, dass diese Frage nicht rein empirisch, sondern nur in einem theoretischen Zusammenhang sinnvoll zu beantworten ist. Einen solchen Kontext stellt die Regel *AGREE!* dar. Denn aufgrund von (20) würde ein Determinator wie z.B. *der* mit dem Merkmal [NOMINATIV] das Merkmal [∗NOMINATIV∗] haben und somit das Merkmal [NOMINATIV] beim Nomen erzwingen, andererseits aber kann im Deutschen der Nominativ nie durch ein Nominativ-Morphem realisiert werden.

Sehen wir für den Augenblick einmal von dieser Konsequenz aus (20) ab, wäre zu fragen, ob es nicht doch ökonomischer wäre, auf die Generierung von

Kasusmerkmalen für die unflektierten Nomina einfach zu verzichten, sodass die entsprechenden Determinatoren (z.B. alle mit den Merkmalen [FEM] und alle mit dem Merkmal [NOM]) in diesen Fällen gerade keine Merkmale der Form [∗KASUS∗] bräuchten? Nehmen wir als Gedankenexperiment einmal an, Kasus-unflektierte Formen könnten tatsächlich kein Kasusmerkmal haben, was z.B. impliziert, dass *der* zwar ein Merkmal [NOMINATIV] hat, aber kein Merkmal [∗NOMINATIV∗] haben kann. Ebenso würden alle femininen Artikel im Singular kein Merkmal der Form [∗KASUS∗] haben. Es scheint, als könnten wir die abstrakten Kasusmerkmale und die Regeln, die wir in Kapitel (I.) für deren Generierung benutzt haben, jetzt einfach einsparen.

Dagegen sprechen jedoch zwei Einwände, ein empirischer und ein theoretischer. Der erste betrifft die Tatsache, dass die pränominalen Adjektive eine viel ausgeprägtere Flexion zeigen als die Nomina. Wir werden die Kongruenz von Artikel und Adjektiv zwar erst später analysieren, aber schon jetzt kann man sich leicht klar machen, dass etwa in *ein alter Mann* die Information, dass es sich bei *alter* um einen Nominativ handelt, von *ein* kommen muss, sodass *ein* das Merkmal [∗NOMINATIV∗] haben muss. Die Annahme, dass kasuslose Ns keine Kasusmerkmale haben, bringt also erhebliche Komplikationen mit sich, wenn es darum geht, zu entscheiden, wann ein D das Merkmal [∗KASUS∗] haben kann und wann nicht. Nimmt man an, dass alle Ns Kasusmerkmale haben, lassen sich alle Kongruenzerscheinungen innerhalb der DP ganz mühelos mit Hilfe der allgemeinen *AGREE!*-Regel erfassen.

Der zweite Einwand ist eher methodischer Art. Betrachten wir noch einmal einen Ausschnitt aus den Paradigmen aus Kapitel (I.):

(21)

		P_1-P_5	P_6	P_7-P_{10}
SG	N	∅	∅	∅
	G	(e)s	n	∅
	D	(e)	n	∅
	A	∅	n	∅

Das Problem ist der Akkusativ Singular von P_6. Denn *Jungen* ist ja morphologisch Kasus-spezifiziert und hat deshalb ein Kasusmerkmal, das überprüft werden muss. Daher muss *den* für P_6 ein Merkmal [∗AKK∗] haben, für P_1-P_5 darf das Merkmal jedoch laut Argumentationsvoraussetzung nicht vorhanden sein, da hier ja keine Kasusmarkierung vorliegt. Dies würde aber voraussetzen, dass der Artikel „weiß", mit welchem Flexionstyp er kombiniert werden soll. Unseren bisherigen Annahmen folgend ist dies jedoch unmöglich: die Information, dass es sich bei *Jungen* gerade um die schwache Flexion (das kontextuelle Merkmal [*n*-KASUS]) handelt, ist beim Anhängen der Endung -*n* schon „verbraucht" worden; der Artikel kann also gar nicht „wissen" (und somit auch keine Information darüber enthalten), mit welchem Flexionsparadigma er gerade kombiniert wird. Würde man dagegen annehmen, dass Flexionsklassenmerkmale „überleben" können, also projektiv sind, um in der Syntax sichtbar zu sein, würden sie die Generierung der Flexionsendung nicht erzwingen, denn die projektiven Merkmale mussten ja nicht überprüft werden. Die Idee, dass der Artikel *den* das Merkmal [*AKK*] generell nur *fakultativ* hat, scheitert an der Ungrammatikalität von **den Junge*: Bei *den* könnte aufgrund der Optionalität des Kasusüberprüfungsmerkmals ein solches Merkmal fehlen und *Junge* wäre ebenfalls nicht Kasus-spezifiziert, also müsste alles in Ordnung sein. Wollte man also generell an der Idee festhalten, dass kasuslose Nomina kasusunspezifiziert sind, hätte man mit ganz erheblichen zusätzlichen Komplikationen zu rechnen.

Die Annahme, dass kasuslose Formen tatsächlich abstrakte Kasusmerkmale haben, hat somit mindestens drei Vorteile:

1. Die Kongruenz zwischen D und N lässt sich ohne weitere Hilfsannahmen oder Ausnahmen beschreiben.
2. Die Relevanz (oder „Sichtbarkeit") des Flexionstyps kann auf die Morphologie beschränkt bleiben.
3. Die Annahme, dass alle Ds Kasusmerkmale als Komplementmerkmale haben, kann als „Motor" für die Generierung der (ggf. vorhandenen) Flexionssuffixe dienen.

Notationskonventionen für Phrasen 2.5.

Eine weitere Frage stellt sich im Zusammenhang mit der bisher benutzten Notation für Phrasen, also den traditionellen Bezeichnungen VP, DP usw. Dabei geht es lediglich um den Buchstaben „P", mit dem die phrasalen Kategorien üblicherweise versehen werden. Mit „üblicherweise" beziehe ich mich vor allem auf die traditionelle X-bar-Theorie (siehe auch Anhang (D.)), derzufolge der jeweilige Nicht-Kopf einer Projektionslinie als Phrase bezeichnet und als **XP** notiert wird. Das Komplement von D wäre daher nicht als N, sondern als NP zu notieren:

(22)

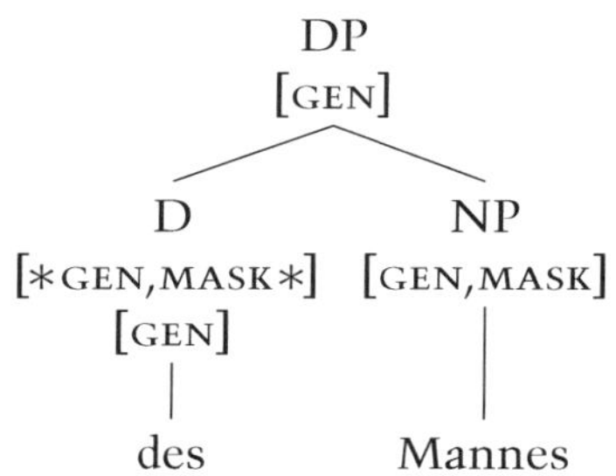

Da wir davon ausgehen, dass Merkmale, insbesondere die Kategorienmerkmale V, D, N usw. bei der Projektion nicht verändert werden können, ist die Schreibweise DP, NP, VP usw. eigentlich unzulässig. Wir verwenden sie hier nur rein konventionell als Lesehilfe und verbinden mit ihr keinerlei theoretische Aussage.

An dieser Stelle muss darauf hingewiesen werden, dass in der Literatur zwei verschiedene Konventionen verwendet werden. Betrachten wir einen nach traditionellem X-bar-Schema gebauten Baum wie (23-a):

(23)
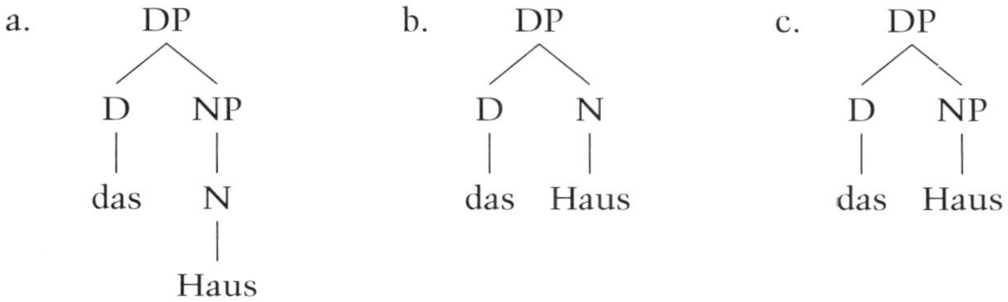

In (23-a) ist *Haus* einerseits eine NP, weil Nicht-Kopf, andererseits ein N, weil ein Wort. Da wir aufgrund des Binärprinzips solche Strukturen nicht zulassen können, müssen wir uns für eine der beiden Möglichkeiten in (23-b) oder (23-c) entscheiden. Erstere Möglichkeit wählt — ohne Begründung — Radford (1997*a*). Die zweite Möglichkeit entspricht eher der X-bar-theoretischen Intention, Köpfe von Nicht-Köpfen auch graphisch zu unterscheiden. Dieser Tradition schließen wir uns hier an. Die P-Notation bedeutet also lediglich Nicht-Köpfigkeit.

Um dies explizit zu machen, halten wir die Konvention, der wir künftighin folgen (und in (22) schon gefolgt sind), in (24) fest:

(24) *Notationskonvention für Bäume:*
Ein Kategoriensymbol X wird mit dem Buchstaben P erweitert genau dann, wenn entweder
(i) X die Wurzel eines Baumes ist und der Baum nicht aus nur einem Wort (oder Knoten) besteht, oder
(ii) X der (relative) Nicht-Kopf einer Verzweigung ist.

Eine ausführlichere Diskussion der X-bar-Theorie im Kontext unserer Merkmalsyntax findet sich im Anhang (D.).

(*Der*) *Nullartikel* 2.6.

Kommen wir nun endlich wieder auf unser Ausgangsbeispiel zurück:

(25) SPRECHER A: Was sollte die neue Regierung als erstes tun?
SPRECHER B: Die Steuern senken

Für (25-B) müssen wir zuerst eine DP bilden, die dann mit V zu fusionieren ist, wobei DP von *senken* subkategorisiert wird:

(26)

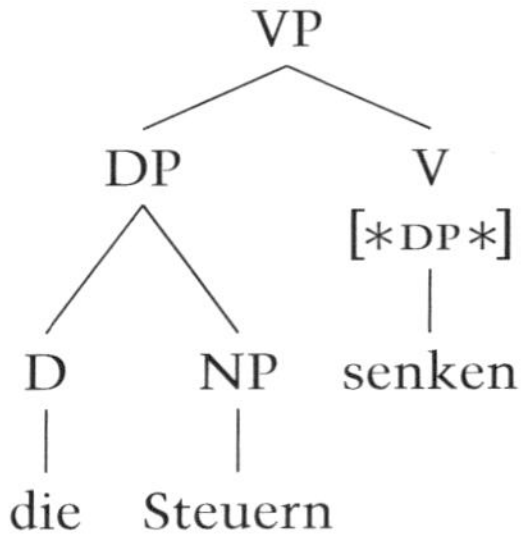

In diesem Abschnitt wollen wir die Frage beantworten, wie die alternative Antwort in (27) zu analysieren ist:

(27) SPRECHER A: Was sollte die neue Regierung als erstes tun?
SPRECHER B: Steuern senken

Eine Analyse wie (28) würde uns dazu zwingen, als Komplemente nicht nur DPs, sondern auch Nominale zuzulassen:

(28)

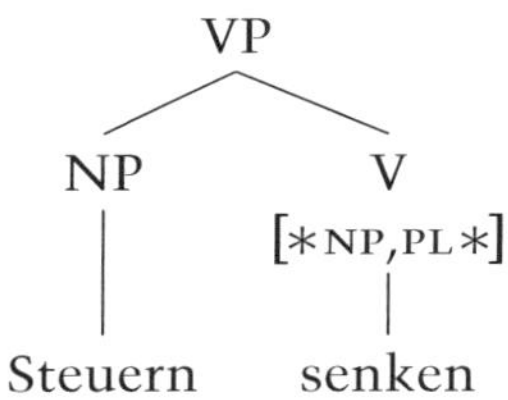

Eine solche doppelte Subkategorisierung ist aber sicher sehr unbefriedigend, denn sie müsste ja für alle transitiven Verben gleichermaßen gelten. Redundanzen dieser Art deuten immer darauf hin, dass die korrekte Generalisierung nicht erfasst wurde.

Die angestrebte Generalisierung wird daher lauten, dass *senken* uniform eine DP (im Akkusativ) verlangt, weswegen ein N im Plural (ohne Artikel) nun ebenfalls eine DP sein muss. Was könnte dann aber der Kopf einer solchen DP sein? Wir sind hier zu der (auch in einigen traditionellen Grammatiken zu findenden) Annahme gezwungen, dass der Kopf ein in diesem Falle ***leerer* Determinator** ist. Dies zeigt (29-a), die entsprechenden Merkmale sind in (29-b) ergänzt. In traditionellen Grammatiken spricht man auch vom **Nullartikel** (vergl. Grimm (1987) und die Diskussionen in Löbner (1986) oder Pérennec (1993)).

Die Fragestellung dieses Abschnitts ist, in welchen Kontexten ein solcher „Artikel" grammatisch ist. In der nun folgenden Diskussion beziehen wir uns ausdrücklich auf typische Verwendungen in „normalen" Texten: Zu beach-

(29) a.

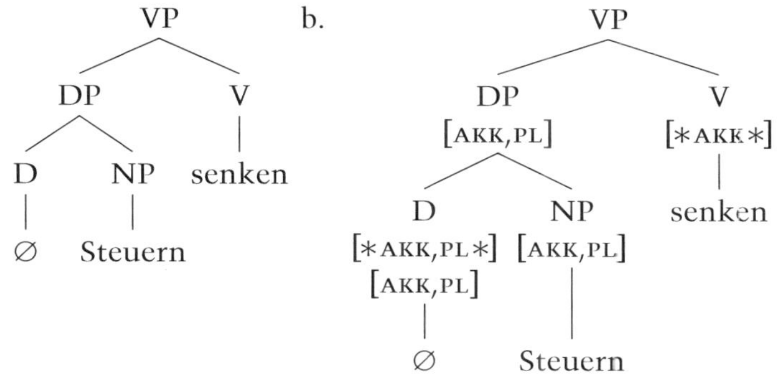

ten ist nämlich, dass es verschiedene Textsorten (z.B. Exklamative wie (30-a), Schlagzeilen wie (30-b-d)) oder Telegramme usf.) gibt, in denen Ns auch im Singular ohne Determinator vorkommen (s.a. Grimm (1987, S. 127ff)):

(30) a. Mann über Bord!
b. Regierung senkt Alkoholsteuer
c. Nach Diktatur verreist (*SZ* vom 15.4.03)
d. Jagdhund erschießt Katze (*Reuters* am 28.4.00)

Solche Texte weisen eine andere, „reduzierte" Syntax auf (auch „Telegrammstil" genannt), die hier ignoriert wird.

Frage 69: Auch die Semantik kann in solchen Kontexten von der üblichen abweichen: Der Satz

(31) Heftige Liebe im Auto endet im Fluss (*dpa* 26 4.00)

hat als Schlagzeile eine andere Bedeutung als im normalen Textzusammenhang. Worin besteht der Unterschied?

Wir fragen hier also lediglich nach den Standardbedingungen, unter denen ein Null-Determinator möglich ist. Eine hinreichende Bedingung ist sicher, dass das Komplement des Null-Determinators ein Plural ist. Aber auch Singular-NPs sind als Komplemente möglich:

(32) a. Der Wein schmeckt mir nicht
b. ∅ Wein schmeckt mir nicht
c. Dieses Obst ist besonders vitaminreich
d. ∅ Obst ist besonders vitaminreich
e. Jedes rote Gold ist kupferhaltig
f. ∅ Rotgold ist kupferhaltig

Bei diesen Ns handelt es sich um sog. **Massenterme** (oder Stoffnamen, Kontinuativa); sie kontrastieren mit den **Individualtermen** (oder Gattungsnamen, Individuativa), die im Singular einen Artikel benötigen. In dieser Hinsicht verhält sich der Nullartikel wie der Determinator *mehr*, hat also dieselbe Selektionsanforderung:

(33) a. *mehr Steuer, *mehr Mann, *mehr Haus
b. mehr Obst, mehr Wein, mehr Gold
c. mehr Steuern, mehr Männer, mehr Möbel

Die Frage ist nun, welche semantisch-konzeptuelle Eigenschaft den Nomina in (33-b) und (33-c) zukommt, die dann als Komplementmerkmal von *mehr* und vom Nullartikel deren Kontexteigenschaften kodieren könnte.

Wenn wir von typologisch relevanten Eigenschaften ausgehen (und somit eine Reihe von sprachspezifischen Subregularitäten ignorieren), scheint mir die gemeinsame Eigenschaft artikelloser DPs für den hier diskutierten Sprachtyp die zu sein, dass die semantischen Referenzobjekte von Massentermen und von Pluralobjekten nicht zählbar sind.[8] Dies mag für die Pluralobjekte überraschen; tatsächlich jedoch wäre es in keiner mir bekannten Semantik für den Plural sinnvoll, die Denotate von pluralen Ausdrücken zu zählen. Um dies zu illustrieren: Angenommen, die Referenz eines Nomens wie *König* ist die Menge $\{a, b, c\}$; d.h. auf jedes Element dieser Menge trifft das Prädikat *König* zu, so dass es demnach genau drei Könige gibt. Die Referenz des Nomens *Könige* ist dann die Menge von Mengen $\{\{a, b, c\}, \{a, b\}, \{b, c\}, \{a, c\}\}$, denn auf jedes Element dieser Menge trifft das Prädikat *Könige* zu.[9] Diese komplexe Menge aber ist in keinem sprachrelevanten Sinne zählbar, denn eine Zählung der Elemente dieser Menge würde die Zahl 4 ergeben. Dass das Denotat von *Könige* gerade vier Elemente hat, ist gänzlich irrelevant, weswegen die Pluraldenotation selbst in keinem linguistisch relevanten Sinne zähl- oder quantifizierbar ist! Nicht-Zählbarkeit ist daher eine konzeptuelle Eigenschaft der Denotate von Pluralobjekten, die darin begründet ist, dass wir in der natürlichen Sprache über solche Objekte nicht quantifizieren können.

Für nominale Eigenschaften dieser Art war es in der Generativen Grammatik seit Chomsky (1965, §2.3.2.) zeitweise Usus, Merkmale wie [±HUMAN] (für ±menschlich), [±ANIMATE] (für ±belebt) oder [±COMMON] (für ±Gattungsnamen) u.a.m. zu verwenden (s.a. Radford (1997*a*, S. 60ff)). Mithilfe solcher Merkmale sollten semantische Selektionsbeschränkungen, wie wir sie auch bei Verben finden (vergl. *#der Stein trinkt, träumt, schläft* usw.), durch semantisch motivierte Subkategorisierungsmerkmale erfasst werden. Für unsere Zwecke einschlägig ist das traditionelle Merkmal [±COUNT] (für ±zählbar). Da Massenterme (wie *Wein* und *Gold*) ebenfalls nicht zählbar sind, trifft auf sie ebenfalls das Merkmal [−COUNT] zu; hinzu kommen Abstrakta, die ebenfalls ohne Artikel auskommen können (vergl. hierzu Grimm (1987)). Mit [−COUNT] als dem Gemeinsamen dieser Denotationstypen können wir den Nullartikel und andere Determinatoren wie *mehr, weniger* u.a.m. gerade durch das Merkmal [∗−COUNT∗] charakterisieren, siehe (34).[10]

(34) a. b.

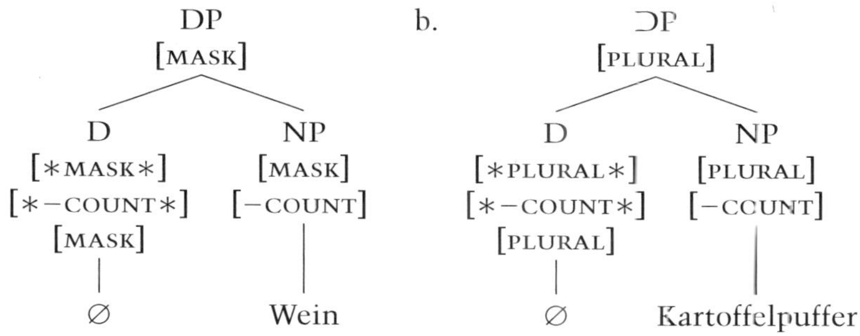

Die Verwendung solcher Merkmale innerhalb der Syntax war jedoch von Anfang an umstritten. Denn wie man sich anhand von Chomskys berühmtem Satz (35) klar machen kann, haben diese Selektionsbeschränkungen einen ganz anderen Status als die üblichen syntaktischen Beschränkungen.

(35) Colorless green ideas sleep furiously

Denn (35) kann als syntaktisch völlig wohlgeformt angesehen werden; die Anomalie ist lediglich eine semantische. Mit dem Aufkommen einer seriösen logischen Semantik in den sechziger Jahren degradierte die Verwendung solcher Merkmale in der Generativen Grammatik zu einer Art syntaktischer „Behelfssemantik", die von den Kritikern dieser Methode unter dem später dann allgemein pejorativ zu verstehenden Begriff ***markerese semantics*** gegeißelt wurde. Innerhalb einer seriösen Syntax sollten Merkmale für semantische Eigenschaften nicht mehr verwendet werden.

Dies bedeutet, dass auch wir die Selektionsbeschränkungen des Nullartikels (und anderer Ds) nicht über Merkmale repräsentieren; in unseren Bäumen wird sie somit gar nicht notiert. Dennoch werde ich im Folgenden von Merkmalen wie [*±COUNT*] gelegentlich Gebrauch machen, wobei immer klar sein sollte, dass damit keine syntaktische Wohlgeformtheit, sondern lediglich eine semantische Restriktion beschrieben werden soll. Ausdrücklich darauf hingewiesen sei, dass nun die semantisch motivierten Merkmale in (34) eigentlich nichts zu suchen haben, dass aber dennoch die Selektionsmerkmale für das Genus nicht überflüssig sind. Man könnte ja zunächst denken, dass der Nullartikel diese Merkmale nicht braucht, da er mit allen Genera verträglich ist; tatsächlich sieht das Merkmal in (34) redundant aus. An späterer Stelle jedoch werden wir auch die Kongruenz zwischen Adjektiv und Nomen beschreiben müssen, wie in *alter Wein*, *altes Gold* und *alte Kartoffelpuffer*. Und genau an dieser Stelle benötigen wir dann z.B. die Information, dass es sich bei *alter Wein* um einen Maskulinum handelt, diese Information muss in die NP hinein „weitergegeben" werden. Genau dies aber leistet das Sternmerkmal des Nullartikels in (34).

Frage 70: Worin besteht der Unterschied zwischen *ein* und *kein*? Warum ist *kein* nicht lediglich die Negation von *ein*? Betrachten Sie Beispiele wie:

(36) a. Als Molch holt man kein Gold[11]
b. *Als Molch holt man ein Gold
c. Als Molch holt man Gold

Eigennamen 2.7.

Im Standarddeutschen ist der Artikel bei Personennamen optional:

(37) a. *Peter* liebt *Luise*
b. *Peter* liebt ***die*** *Luise*
c. ***Der*** *Peter* liebt ***die*** *Luise*
d. ***Den*** *Peter* liebt ***die*** *Luise*

Kein Problem, würde man vielleicht sagen, denn hier scheint wohl wieder ein Fall für den Nullartikel vorzuliegen. Um die Einheitlichkeit der Analyse des Nullartikels zu wahren, müsste man jetzt nur noch plausibel machen können, dass das Denotat von Eigennamen nicht zählbar ist. Da die Referenz eines Eigennamens keine Menge ist, sondern ein Individuum, scheint es nicht unplausibel, als zählbar nur Mengen gelten zu lassen, aber keine Mengen von Mengen und auch keine Personen oder Dinge als Denotate von Namen.

Allerdings ergeben sich für eine solche Analyse zahlreiche Probleme. Nicht nur bräuchten wir für die Selektion von *mehr* eine alternative Analyse (von der ich nicht weiß, wie sie plausiblerweise aussehen sollte):

(38) *Mehr Peter liebt Luise

Problematisch sind auch jene Dialekte des Deutschen, in denen der Artikel beim Namen obligatorisch ist, wie z.B. im Schweizerdeutschen. Hier müsste die Eigenschaft [−COUNT], die den Nullartikel lizensiert, bei den Eigennamen fehlen. Da es sich aber um ein kognitiv/semantisch motiviertes Merkmal handelt, müssten wir annehmen, dass die Referenz von Eigennamen im Schweizerdeutschen, nicht aber in der Standardsprache, zählbar ist. Das ist jedoch ziemlich unplausibel.

Ein analoges Problem ergibt sich auch für Ländernamen in der Standardsprache. Einige verlangen den Artikel, andere nicht:

(39) a. Die Schweiz/Mongolei/Türkei ist ein reiches Land
b. *Schweiz/Mongolei /Türkei ist ein reiches Land
c. Italien/Österreich/Deutschland ist ein reiches Land
d. *Das Italien/Österreich/Deutschland ist ein reiches Land

Es müsste dann *Italien* die Eigenschaft [−COUNT] haben, *Türkei* jedoch nicht. Eine solche Konsequenz ist mit der ursprünglichen semantischen Motivation für das Merkmal unverträglich.

Als Alternative zum Nullartikel bei Eigennamen bietet es sich an, Eigennamen doppelt zu klassifizieren, nämlich zum einen als zur Kategorie D bzw. DP gehörend, wenn kein Artikel vorangeht, und zum andern als zur Kategorie N bzw. NP gehörend, wobei in diesem Falle der definite Artikel obligatorisch und der Nullartikel ausgeschlossen ist. Im Schweizerdeutschen sind dann Personennamen durchgängig Ns. Ländernamen unterscheiden sich dahingehend, ob sie obligatorisch zur Kategorie N gehören (und somit einen Artikel brauchen) oder nicht.

Eine solche doppelte Klassifikation von Namen scheint zwar vorderhand unökonomisch und daher eher unerwünscht, erklärt aber ohne jegliche weitere Komplikationen eine ganze Reihe von distributionellen Fakten.

(40) a. Ich mag Wein
b. Ich mag alten Wein
c. Ich mag Fritz/Heinrich/Gatsby
d. Ich mag den alten Fritz/grünen Heinrich/großen Gatsby
e. *Ich mag alten Fritz/grünen Heinrich/großen Gatsby

Eine Theorie mit Nullartikel kann nicht ohne weiteres erklären, warum Eigennamen ohne Artikel nicht ebenso wie [−COUNT]-Nomina durch Adjektive modifiziert werden können. Die doppelte Klassifikation hat hier überhaupt kein Problem, denn die Namen in (40-c) sind Ds bzw. DPs, in (40-d) Ns bzw. NPs; weil wir den Nullartikel bei Eigennamen nicht zugelassen haben, ist (40-e) automatisch ausgeschlossen.

Diese syntaktische Erklärung gestattet es auch, weitere distributionelle Unterschiede auf einen kategoriellen Unterschied zurückzuführen. Z.B. können Eigennamen nur als Ns prädikativ gebraucht werden, als Ds sind sie ausgeschlossen:

(41) a. Gibt es hier eine Claudia?
b. *Gibt es hier Claudia?
c. Hier gibt es keine Claudia
d. *Hier gibt es nicht Claudia

Nur als N kann ein Eigenname auch semantisch wie ein Appellativ verwendet werden:

(42) In den USA gibt es auch ***ein*** *Bonn*

Hier sind die Artikel entsprechend obligatorisch. Im Falle von *ein Bonn* liegt natürlich die Vorstellung zugrunde, dass es mehr als eine Stadt gibt, die so heißt (und bei der Claudia aus Bonn handelt es sich um eine Person namens Claudia, die aus Bonn kommt). D.h. hier wird der Name nicht referentiell, sondern wie ein Gattungsname, kategoriell also als N gebraucht.

Was für *Bonn* in (42) festgestellt wurde, gilt auch für jene Ländernamen, die normalerweise ohne Artikel verwendet werden können:

(43) a. Italien wurde farbenfroh dargestellt
b. Das Italien des 18. Jahrhunderts wurde farbenfroh dargestellt
c. *Italien des 18. Jahrhunderts wurde farbenfroh dargestellt

Der Name wird in (43-b) nicht bloß referentiell verwendet; vielmehr steht die Vorstellung im Vordergrund, dass über temporale Phasen einer Entität geredet wird, wobei eine Klassifikation in Epochen suggeriert wird. Fehlt der Artikel, kann der Name nur referentiell verwendet werden, weswegen eine Modifikation durch die Genitivphrase wie zuvor die Modifikation durch eine Adjektivphrase offenbar nicht möglich ist. Auch dies folgt aus der doppelten Klassifikation der Eigennamen, wenn wir annehmen, dass nur Nomina, aber keine Ds bzw. DPs durch Genitivphrasen modifiziert werden können.

Eine weitere Unterscheidung zwischen Namen als Ns und als Ds finden wir bei den Flexionsklassen. Man vergleiche:

(44) a. das Haus der/von Anna
b. *das Haus Anna
c. das Haus Annas
d. *das Haus der Annas

Gallmann (1996) spricht hier von syntaktisch gesteuertem **Flexionsklassenwechsel**: mit Artikel scheint eine andere Flexionsklasse vorzuliegen als ohne. Im Rahmen einer Nullartikel-Analyse lässt sich dies nicht ohne weiteres beschreiben, denn die Flexionsklassen waren ja, wie wir oben betont haben, unabhängig von der Wahl des Artikels.

Eine unproblematischere Lösung ergibt sich, wenn der Flexionsklassenwechsel mit einem Kategorienwechsel einhergeht: Dann könnten wir einfach sagen, dass die femininen Eigennamen je nach Kategorie verschiedenen Flexionsklassen angehören. Als Ns verhalten sie sich ganz regelkonform, haben also keine Flexion. Als Elemente der Kategorie D werden sie stark flektiert, haben also den *s*-Genitiv.

Ergänzt werden sollte, dass der Flexionsklassenwechsel nicht auf feminine Eigennamen beschränkt ist, s. (45); er ist jedoch bei den Feminina besonders spektakulär, da diese ja (als Nominale) nie flektiert werden.

(45) a. der Aufstieg des Arturo Ui
b. der Aufstieg Arturo Uis
c. Arturo Uis Aufstieg
d. *der Aufstieg des Arturo Uis

Die Ungrammatikalität von (45-d) beruht dann auf dem Faktum, dass der Eigenname *als N* nicht flektiert werden kann.[12] Generell lässt sich die plötzliche Flektierbarkeit des Eigennamens darauf zurückführen, dass der Genitiv innerhalb einer DP irgendwie morphologisch realisiert werden muss. Dies tut normalerweise der Artikel; wenn dieser aber fehlt, dann muss auch der Eigenname flektiert werden.

Aufgrund der ansonsten gültigen Generalisierung, dass Feminina eigentlich nicht flektiert werden, ist aufgrund von Daten wie (46) gegen eine Einordnung von *-s* als „normale Flexion" argumentiert worden.

(46) a. *der Verbrauch Wassers ist gestiegen
b. der Verbrauch Annas ist gestiegen
c. Fritzens/Annas wegen
d. *wegen Fritzens/Annas (Genitiv)
e. wegen Fritz/Anna (Dativ)

Offenbar verhält sich der Genitiv bei Namen anders als sonst. Im Zusammenhang mit Daten wie diesen fragt Eisenberg (1994, S. 180): „Hat das Paradigma zwei verschiedene Genitive oder handelt es sich um eine kasuslose Form?" Eisenberg bleibt uns leider eine Antwort schuldig. Die erste Alternative, dass es sich um zwei verschiedene Formen desselben Paradigmas handelt, ist in unserer Analyse ausgeschlossen, denn wir unterscheiden zwischen dem Genitiv des Namens als zur Kategorie D gehörend und dem Genitiv eines Namens als zur Kategorie N gehörend. Ersterer ist *-s* wie in *Annas*, letzterer ist leer, wie in *der Anna*. Für die zweite Alternative, dass das *-s* eigentlich kein Kasusmorphem und die Form *Annas* daher kasuslos ist, gibt es m.E. keinerlei wirkliche Evidenz (wir kommen aber auf die Frage noch einmal am Ende von Abschnitt (**6.1.**) zurück). Die Antwort ist daher: weder noch. Wie die merkwürdige Grammatikalitätsverteilung in (46) allerdings zu analysieren ist, ist damit in keiner Weise gesagt. Die Konstruktionen in (46-a) und (46-b) sind offenbar syntaktisch verschieden: in (46-a) haben wir einen Nullartikel, in (46-b) nicht. Dies allein genügt jedoch noch nicht für die Erklärung des Unterschieds. Ich nehme an, dass der problematische Genitiv in (46-a) bestimmten Lizensierungsbedingungen unterliegt, die für den Genitiv in (46-b) offenbar nicht gelten. Wir haben es also tatsächlich gewissermaßen mit zwei verschiedenen Genitivexponenten zu tun. Wie die Bedingungen für den Genitiv in (46-a) genau aussehen, diskutieren wir in Anhang (**C.1.**). Für die Ungrammatikalität von (46-d) kann ich als Erklärungshypothese nur anbieten, dass der offenbar ebenfalls mögliche (kasusunmarkierte) Dativ den Genitiv hier „verdrängt".

Ein weiteres Argument gegen den Nullartikel bei Eigennamen beruht auf der Beobachtung, dass die An- bzw. Abwesenheit des Artikels die Wahl der Präpositionen *in* und *nach* steuert:

(47) a. Ich fahre in die Schweiz/Tschechei
b. *Ich fahre nach der Schweiz/Tschechei

c. Ich fahre nach Brasilien/Tschechien
d. *Ich fahre in Brasilien/Tschechien

Wenn wir annehmen, dass *fahren* in (47) stets dasselbe bedeutet und wenn die Bedeutung von *Ich fahre nach Tschechien* und *Ich fahre in die Tschechei* dieselbe ist, müssen die beiden Präpositionen hier offenbar dieselbe direktionale Bedeutungskomponente haben (wobei nicht klar ist, welche Bedeutung von der Präposition selbst stammt und welche vom Verb; in jedem Falle bezeichnet das Komplement der Präposition den Endpunkt der vom Verb ausgedrückten Bewegung).

Offenbar muss diese nicht-temporale Verwendung von *nach* auf den Kontext von artikellosen Orts- oder Ländernamen beschränkt werden, denn üblicherweise muss bei „normalen DPs" *in* verwendet werden, vergl.:

(48) a. Wir fahren in die Berge
b. *Wir fahren nach den Bergen
c. Ich fahre in das sonnige Brasilien
d. *Ich fahre nach dem sonnigen Brasilien
e. Wir fahren in die Gegend von Bonn
f. *Wir fahren nach der Gegend von Bonn

Die Präposition muss sozusagen „sehen" können, dass ihr Komplement ein Name ist. Dies ist vollkommen unproblematisch, wenn der Name der Kopf der DP, also die DP selber ist (die Präposition hätte z.B. die Merkmale [∗LOKATION, NAME∗], die vom Komplement erfüllt würde). Hätten wir es hier mit einer Konstruktion mit Nullartikel zu tun, entstünden zusätzliche Probleme, denn hier blickte die Präposition buchstäblich ins Leere.

Frage 71: Analysieren Sie folgende Argumentation:
Offenbar erlaubt *in* einen Akkusativ, *nach* jedoch nicht. Verben wie *fahren*, die eine Richtung implizieren, induzieren den Akkusativ (*wir fahren in den Bergen* hat nicht die direktionale Bedeutung wie (48-a)). Deshalb ist (48-b) ungrammatisch.
Warum lässt sich so nicht argumentieren?

All dies lässt uns den Schluss ziehen, dass eine Theorie, welche Namen doppelt klassifiziert, nämlich als N und als D, wesentlich unproblematischer ist als eine Theorie, die mit einem leeren Artikel operiert.[13] Allerdings muss die doppelte Klassifikation durch Bedingungen ergänzt werden, die es gestatten, zwischen (49-a) und (49-c) ebenso zu differenzieren:

(49) a. Italien wurde farbenfroh dargestellt (= DP)
b. Das Italien des 18. Jahrhunderts wurde farbenfroh dargestellt (= NP)
c. *Das Italien wurde farbenfroh dargestellt (= NP)

(50) a. Wir flogen nach *Berlin* (= DP)

b. Wir flogen in das neue vereinigte *Berlin* (= NP)
c. *Wir flogen in das *Berlin* (= NP)

Die Verwendungen als NP und als DP sind in der Regel nicht wirklich optional. Zwar gibt es Namen, die eine solche echte Ambiguität aufweisen, indem sie (oft je nach Sprecher) ohne weitere Unterscheidung mit und ohne Artikel möglich sind:

(51) a. Uno-Inspektoren finden in Iran hochangereichertes Uran (*dpa* 26.8.03)
b. Uno-Inspektoren finden im Iran hochangereichertes Uran

Der Iran mit Artikel ist Grundlage für *im* in (51-b), wogegen *Iran* ohne Artikel Grundlage für (51-a) ist. Und ebenso:

(52) a. Wir sind zuversichtlich, dass Sie hier einen günstigen Flug nach Iran finden können (www.flug.discountrix.com)
b. Wir sind zuversichtlich, dass Sie hier einen günstigen Flug in den Iran finden können

In der Regel ist aber eine solche Optionalität ausgeschlossen. Für Namen wie *Iran* würden wir annehmen, dass sie von vornherein zwei verschiedene Lexikoneinträge haben, nämlich einmal als Name analog zu *die Schweiz*, und einmal als Name analog zu *Deutschland*. Aufgrund des ersten Eintrags ist (52-b) grammatisch, aufgrund des zweiten (52-a). Für die anderen Namen, die nur unter spezifischen Umständen als Ns verwendet werden können, nehmen wir an, dass es zunächst nur *einen* lexikalischen Eintrag gibt, der diese Namen als DPs ausweist. Eine lexikalische Redundanzregel transformiert dann solche DPs zu Ns. Für die Verwendung von Namen als Ns gelten zumindest bei Orts- und Ländernamen spezifische Anwendungsbedingungen, die wir vorher dadurch charakterisiert haben, dass keine rein referentielle, sondern eine eher prädikative Bedeutung vorliegt. Wenn sich ein solcher Bedeutungsunterschied nicht feststellen lässt, ist bei diesen Namen die Form mit Artikel ungrammatisch; sie wird von der artikellosen Form blockiert.

Frage 72: Im Englischen verhalten sich Determinatoren teilweise anders als im Deutschen; vergl. die Beispiele in (53):

(53) a. I have never visited the capital
b. *I have never visited the London
c. Peter is coming
d. *The Peter is coming

Wie lassen sich einige dieser Unterschiede mit Hilfe von Merkmalen beschreiben (vergl. etwa Quirk et al. (1985))?

Abschließend sei auf eine Unvollständigkeit der Analyse von Eigennamen verwiesen. Wenn es sich bei der NP von *die Karpaten* um eine plurale NP handelt, sollte diese auch artikellos, wie in (54-b), grammatisch sein:

(54) a. Wir fuhren in die Schweiz
b. *Wir fuhren in Karpaten

Dass *Schweiz* als N den bestimmten Artikel verlangt, mag damit zusammenhängen, dass nur der definite Artikel semantisch passt; statt einer semantischen Erklärung können wir auch ein entsprechendes syntaktisches Merkmal veranschlagen. Problematischer dagegen sind *die Karpaten*. Weil *Karpaten* ein N und ein Plural ist, sollte in (54-b) wider Erwarten der Nullartikel möglich sein. Weil (54-b) ungrammatisch und auch hier der Artikel obligatorisch ist, bestätigt sich die Annahme, dass Eigennamen (als Ns) im Lexikon mit kontextuellen Merkmalen versehen werden können, die offenbar nur vom bestimmten Artikel (durch ein entsprechendes optionales Merkmal als Gegenstück) überprüft werden können.[14] Wir können das Merkmal von *Karpaten* schlicht [D-EIGENNAME] nennen; der bestimmte Artikel hat dann [∗D-EIGENNAME∗] als optionales Merkmal. Das syntaktische Verhalten dieses Merkmals werden wir in Abschnitt (8.2.1.) noch einmal thematisieren.

Frage 73: Wie können die Daten in (55) erklärt werden? (Gehen Sie davon aus, dass *Albrecht* in (55-b,d) eine Apposition ist.)

(55) a. ein Geschenk für Prinz Albrecht
b. ein Geschenk für den Prinz-en Albrecht
c. ein Geschenk für den Prinz Albrecht
d. *ein Geschenk für Prinzen Albrecht

Pronomina 2.8.

Zu einer weiteren, oft als funktional bezeichneten Kategorie gehören die Pronomina. Wir unterscheiden Personal- und Possessivpronomina. **Personalpronomina** wie *ich, du, er, sie, es, wir, ihr, mir, dir, ihm* werden so genannt, nicht weil sie Personen denotieren (mit dem Pronomen *es* z.B. können wir auch auf eine Sache referieren), sondern weil sie die *grammatische Eigenschaft* **Person** (das Merkmal [PERSON]) ausdrücken: *ich, mir, mich, meiner, wir, uns, unser* sind Pronomina der ersten Person, indem sie Ausdrücke sind, deren Referenz den Sprecher mit einschließt; *du, dir, dich, deiner, ihr, euch, eurer* sind Pronomina der zweiten Person, deren Referenz den Adressaten mit einbezieht; *er, ihm, ihn, seiner, sie, ihnen, ihrer* sind Pronomina der dritten Person, mit denen man auf Entitäten referiert, die nicht den oder die Sprecher oder Hörer mit einbeziehen. Wir können die Pronomina als Bündel der grammatischen Kategorien Person, Genus, Numerus und Kasus auffassen, wie Tabelle (56) zeigt.[15]

(56)

PERSON	NUMERUS	GENUS	KASUS			
			NOMINATIV	GENITIV	DATIV	AKK.
1	SG	—	ich	meiner	mir	mich
1	PL	—	wir	unser	uns	uns
2	SG	—	du	deiner	dir	dich
2	PL	—	ihr	eurer	euch	euch
3	SG	M	er	seiner	ihm	ihn
3	SG	F	sie	ihrer	ihr	sie
3	SG	N	es	seiner	ihm	es
3	PL	—	sie	ihrer	ihnen	sie

Nun haben wir in Kapitel (I.) gesehen, dass wir die Flexion des Deutschen im Prinzip auch ohne Rekurs auf ein Merkmal wie 3. Person oder [SINGULAR] beschreiben können; daraus resultiert dann das vereinfachte Merkmalsystem (57):

(57)

PERSON	1	1	2	2	—	—	—	—
GENUS/NUMERUS	—	PL	—	PL	M	F	N	PL
KASUS	...							

Als Realisierung grammatischer Merkmale wird die Klasse der Pronomina als eine *funktionale Kategorie* aufgefasst. In vielen Grammatiken bilden Pronomina eine eigene Kategorie; wir subsumieren sie unter die DPs (vor der Erfindung der DP entsprechend: NPs). Zunächst einmal ist im Kontext des sog. Pronominalisierungstests leicht festzustellen, dass Pronomina dieselbe Distribution haben wie definite Nominalphrasen. Wir sehen dies in (58), wo wir sukzessive die kursiven DPs durch Pronomina ersetzt haben:

(58) a. Des Kaisers neue Kleider passen *den Schneidern* auch
b. *Des Kaisers* neue Kleider passen ***ihnen*** auch
c. ***Seine*** *neuen Kleider* passen ihnen auch
d. ***Sie*** passen ihnen auch

Und was eine gleiche Distribution hat, sollte auch die gleiche Kategorie haben.[16]

Schon vor der Erfindung der DP ist z.B. von Postal (1966) argumentiert worden, dass Pronomina eher Eigenschaften von Determinatoren als von NPs haben. Das Argument beruht auf der Beobachtung, dass Pronomina dort ungrammatisch sind, wo auch definite Nominalphrasen schlecht sind:

(59) a. There is *a* mouse on the table
b. *There is *the* mouse on the table
c. *There is *he/she/it* on the table

Das Merkmal der Definitheit ist nun jedoch kein Merkmal des Nomens, sondern des Artikels, so dass geschlossen wurde, dass Pronomina Determinatoren sind. In der Theorie der sechziger Jahre, die ja noch keine DPs kannte, waren Determinatoren Teile von NPs, indem NP als $[_{NP}$ Det + N $]$ analysiert wurde; daher führte Postals Beobachtung zu der Aporie, dass Determinatoren *als Nicht-Köpfe* dieselbe Distribution haben wie definite NPs und daher gleichzeitig NPs sein müssten. Dieser Widerspruch war ohne eine äußerst komplexe Analyse, wie sie von Postal und später auch von Stockwell et al. (1973) vorgeschlagen wurde, nicht zu lösen. Benötigt wurden leere Kategorien, Transformationen, Tilgungsregeln u.a.m. In einer DP-Theorie jedoch ist das Rätsel auf triviale Weise gelöst, denn das (Schein-)Problem eines die grammatische Eigenschaft des Ganzen bestimmenden Nicht-Kopfes wird hier ja dahingehend gelöst, dass der vermeintliche Nicht-Kopf tatsächlich der Kopf ist.

Demnach sind Pronomina gerade solche Determinatoren, die — im Gegensatz zu den üblichen Determinatoren — keine Komplementmerkmale haben. Wir analysieren daher Pronomina nicht als Ns, denen ein Determinator fehlt, sondern als „**intransitive Determinatoren**", also als Determinatoren, denen ein Komplement fehlt.

In diesem Kontext ist erwähnenswert, dass auch ansonsten „normale", d.h. **transitiv** verwendbare Determinatoren ebenfalls ohne Komplement (also als Pronomina und somit intransitiv) benutzt werden können:

(60) a. ***Beide*** *(Kinder)* sind gekommen
b. ***Der*** *(Hiwi)* kommt erst nächsten Monat
c. Ich nehme ***dieses*** *(Buch)* hier
Ich nehme ***dieses*** hier
d. ***Dem*** *(Mann)* geht's gut
e. ***Jedem*** *(Kunden)* gefiel's

Obwohl die meisten Determinatoren mit und ohne Komplement dieselbe Form haben, gibt es einige wenige, die sich diesbezüglich unterscheiden:

(61) a. Ich habe *kein* Kind gesehen
Ich habe ***kein(e)s*** gesehen
b. *Mein* Haus ist größer als *dein* Haus
Mein(e)s ist größer als ***dein(e)s***

Die Genusmarkierung des intransitiven Determinators folgt hier offenbar dem (pronominalen) Flexionstyp, zu dem auch der Artikel *der* gehört.

Frage 74: Wie lässt sich aufgrund dieses Unterschieds herausfinden, ob *mancher* in (62) als selbständiges Pronomen, also als intransitives D oder als transitiver Determinator gebraucht wird?

(62) a. ***Mancher*** *der Kandidaten* war für den Job geeignet
b. ***Mancher*** *Kandidat* war für den Job geeignet

Verwenden Sie den sog. **Substitutionstest** (oder die *Ersetzungsprobe*): Man substituiert (= ersetzt) das fragliche D durch ein D, das morphologisch eindeutig ist (ersetzen Sie *mancher* z.B. durch *kein* versus *keiner*).

Die Genusmerkmale der DP 2.9.

Im Folgenden diskutieren wir, ob die Genusmerkmale der DP wirklich notwendig sind. Es geht hier nicht darum, dass die Determinatoren morphologisch genusmarkiert sind, was, wie wir gesehen haben, schon dadurch erfasst werden kann, dass sie ein Komplementmerkmal [∗GENUS∗] haben, das mit dem N-Merkmal [GENUS] kongruiert. Sondern es geht darum, ob Ds bzw. deren Flexion darüber hinaus noch, wie bisher vorausgesetzt, ein Kopfmerkmal [GENUS] haben, das zur DP projiziert. Für die Beschreibung der Kongruenz mit dem finiten Verb benötigen wir sicher gewisse Personen- und Numerusmerkmale, eine analoge Genuskongruenz gibt es im Deutschen nicht. Es geht also hier um die interessante Frage, ob die Genusmerkmale der DP syntaktisch notwendig sind, oder ob wir sie auch einfach weglassen können, wenn das Genus *außerhalb* der DP keine Rolle spielt. Wenn DPs keine morphosyntaktischen Genusmerkmale haben, kann das für die Beschreibung der Kongruenz benötigte Merkmal [∗GENUS∗] keine Folge der Redundanzregel (62) sein. Es geht also darum, ob die Artikelflexion zugrundeliegend das Merkmal [GENUS] hat (welches dann qua (62) das Merkmal [∗GENUS∗] impliziert), oder lediglich das Merkmal [∗GENUS∗].

Dass Genusmerkmale außerhalb der DP tatsächlich keine Rolle spielen könnten, scheint auf den ersten Blick kontraintuitiv. Denn diese Merkmale sind ja doch für die pronominale Koreferenz entscheidend; d.h., sie sind relevant, wenn DPs wie in (63) denselben pronominalen Referenten haben sollen:

(63) a. Der Mond ist aufgegangen. Er (*sie/es) scheint nur schwach.
b. Die Sonne geht nicht auf. Sie (*er/es) versteckt sich.
c. Das Mädchen schläft. Es (*er/?sie) träumt.

Allerdings muss man zugestehen, dass es sich bei der anaphorischen Beziehung zwischen Antezedens und Anapher nicht um eine im engeren Sinne *syntaktische* Beziehung handelt; die satzübergreifende Beziehung scheint genuin syntaktischen Beschränkungen, wie wir sie von anderen typisch syntaktischen Erscheinungen her kennen, nicht zu unterliegen.

Die Frage, ob Genusmerkmale von DP in unserem Sinne überhaupt syntaktische Merkmale sind (und wie die Genusübereinstimmung in (63) ohne solche Merkmale zu beschreiben wäre), ist in der Literatur meines Wissens kaum untersucht worden. Für das Englische ist von Cooper (1983) und von Heim und Kratzer (1998, S. 244) eine rein semantische Methode beschrieben worden, welche Daten wie die in (63) erfassen könnte. Diese wollen wir hier kurz diskutieren. Im Unterschied zum Deutschen ist die Verwendung der Pronomina im Englischen allerdings am natürlichen Geschlecht orientiert. Die Frage wird dann sein, ob sich diese Methode auf das Deutsche, wo nicht das Geschlecht, sondern das grammatische Genus relevant ist, in modifizierter Form übertragen ließe.

Die Verwendung des richtigen Genus ist bei Cooper, Heim und Kratzer eine *semantische Präsupposition* der Pronomina: es wird vorausgesetzt, dass mit *she* nur auf weibliche Objekte referiert werden kann, mit *he* nur auf männliche, und mit *it* nur auf sächliche. Syntaktische Genusmerkmale für die DP sind dann überflüssig. Wenn es darum geht, so wenig syntaktische Notation wie notwendig anzusetzen, könnte diese Methode auch für die Beschreibung des Deutschen funktionieren: Jedes Nomen gehörte dann in eine von drei Genussorten und alles Übrige könnte über die Sortierung der Referenzobjekte geregelt werden. Wenn man annimmt, dass die Exponenten von Adjektiven oder Artikeln entsprechende Beschränkungen präsupponieren, wäre auch ein syntaktischer Kongruenzmechanismus überflüssig. Z.B. wäre *die guter Frau* dann syntaktisch wohlgeformt, semantisch jedoch ausgeschlossen, da die Präsupposition des Adjektivs und die Bedeutung des Nomens sich widersprechen.

Für das grammatische Genus jedoch kann diese Methode nicht so einfach funktionieren. Man betrachte z.B. (64):

(64) Max/der Physiotherapeut ist eine Person, die ihre/*seine Leistung auf ärztliche Anordnung hin erbringt und daher selber keine Diagnosen stellen darf

Physiotherapeut ist ein Maskulinum, auf das man sich mit *sein* durchaus beziehen können sollte; wie (64) zeigt, gibt es jedoch grammatische Beschränkungen, welche *ihr* bevorzugen, wofür die Gleichsetzung mit dem Femininum *Person* ausschlaggebend ist. Nicht nur kann ein und derselbe Referent durch Nomina mit verschiedenem Genus beschrieben werden (***der** Physiotherapeut* = ***die** Person;* ***der** Computer* = ***die** Rechenmaschine* usw.), schlimmer noch: es gibt ja auch Fälle von schwankendem Genus, wie die bekannten Frühstückstischdiskussionen über das Genus von *Nutella* belegen.[17] Das Problem entsteht nicht nur bei Produktnamen wie *Nutella* oder *Cola* (*das* oder *die*?). Heißt es nun ***das*** oder ***der*** *Argot, Barock, Bistro, Breisgau, Curry, Gelee, Halfter* (weitere Beispiele in Duden (1998, §360)); ***der*** oder ***die*** oder ***das*** *Joghurt*? Wollte man annehmen, dass die Denotate dieser Wörter Elemente zweier verschiedener, überlappender Sorten sind, könnte man, ähnlich wie zuvor in (64), die ungrammatischen Beispiele in (65) nicht ohne weiteres ausschließen.

(65) a. Eine große Cola bitte!
b. Ein großes Cola bitte!
c. *Eine großes Cola bitte!

d. *Ein große Cola bitte!

Die Annahme gesorteter Referenzobjekte kann daher einen syntaktisch gesteuerten Kongruenzmechanismus nicht ersetzen. Ein Einwand gegen die Präsuppositionstheorie des Genus lässt sich auch anhand des Englischen illustrieren. Man vergleiche etwa:

(66) a. John behaves himself/*herself
b. Mary behaves herself/*himself

Problematisch ist hier, dass die Pronomina aufgrund der Verbbedeutung überhaupt keine Referenten haben. Das Verb *sich benehmen* ist semantisch nur einstellig. Trotzdem kongruiert hier das Genus des Reflexivpronomens mit dem Subjekt. Dies ist semantisch nicht zu erfassen, da ja das Reflexivpronomen, weil es referenzlos ist, auch keine Präsupposition haben kann, welche die mögliche Referenz einschränkt. In diesen Fällen hat also das Genusmerkmal auch im Englischen nicht nur semantische, sondern auch grammatische Relevanz.

Die übliche Methode, Merkmalkongruenz in Beispielen wie (66) zu erzwingen, verwendet einen Mechanismus, den wir in der sog. Bindungstheorie in Abschnitt (9.) noch ausführlich diskutieren werden; dort wird angenommen, dass die Pronomina und ihre Bezugs-DP wie in (67) *koindiziert* sind:

(67) a. John_1 behaves himself_1/*herself_1
b. Mary_2 behaves herself_2/*himself_2
c. die Cola_i, die_i/*das_i habe ich doch schon vor einer Stunde bestellt
d. jenes Cola_j, das_j/*die_j ich schon vor einer Stunde bestellt habe

Die Art des Index (Zahlen oder Buchstaben) ist dabei unwesentlich, worauf es ankommt ist lediglich die Gleichheit bzw. Verschiedenheit von Indizes. Die Distribution der Indizes wird zunächst *unabhängig vom Genus* innerhalb der Bindungstheorie beschrieben. Z.B. wird dort gefordert, dass die Reflexivpronomina (*him-*, *her-* und *itself*, dt. *sich*) mit dem Subjekt desselben Satzes koindiziert sein müssen. Zur Erzwingung von Kongruenz muss dann zusätzlich gefordert werden:

(68) Koindizierte DPs haben das gleiche Genusmerkmal.

Dies setzt natürlich voraus, dass DPs überhaupt Genusmerkmale haben, und genau hierfür haben wir gerade argumentiert.

(68) lässt sich übrigens auch auf andere DP-Merkmale verallgemeinern:

(69) Koindizierte DPs haben die gleichen Genus-, Numerus- und Personenmerkmale.

Wir benötigen dieses Prinzip u.a. für die Beschreibung der Merkmalübereinstimmung in obligatorisch reflexiven Konstruktionen der 1. und 2. Person:

(70) Ich schäme mich, du schämst dich, wir schämen uns, ihr schämt euch usw.

Wichtig ist hier, dass die Akkusativ-Pronomina keinerlei Referenz haben, ihre Merkmale daher auch nicht semantisch interpretiert werden können, obwohl die Genus- und Personenmerkmale projektiv sind. Um sicherzustellen, dass die korrekten Formen gewählt werden (*ich schäme *dich, *uns* usw.), müssen sie ihre Merkmale durch einen syntaktischen Prozess von anderen DPs „beziehen", womit vorausgesetzt ist, dass diese anderen DPs die relevanten Merkmale auch haben. Der für die Merkmalübertragung relevante Prozess ist wieder die syntaktische Bindung. Wir kommen auf die damit zusammenhängende Theorie in Abschnitt (**9.**) zurück.

Wir haben also dafür argumentiert, dass DPs unter bestimmten Bedingungen (z.B. semantisch nicht interpretierbarer Koindizierung) Genusmerkmale haben sollten. Dies kann dann dahingehend verallgemeinert werden, dass wir bei DPs generell Genusmerkmale voraussetzen und gleichzeitig annehmen, dass Pronomen und Bezugsphrase immer koindiziert sind, wobei koindizierte referenzielle DPs semantisch dieselbe Referenz haben. Damit sind dann auch die ungrammatischen Daten in (63) erklärt, ohne dass wir voraussetzen müssen, dass das Pronomen und sein Antezedens in irgendeinem *syntaktisch* relevanten Sinne eine grammatische Beziehung zueinander haben. Denn für das Vorliegen einer Koindizierung wurde nicht vorausgesetzt, dass die koindizierten Elemente syntaktisch etwas miteinander zu tun hätten.

Dies bedeutet allerdings nicht, dass die Verwendung der Pronomina gänzlich unabhängig von Syntax und Semantik ist. Zusätzliche syntaktische Komplikationen müssen innerhalb der Bindungstheorie beschrieben werden; zusätzliche semantische Schwierigkeiten können sich z.B. aus der Diskrepanz zwischen natürlichem Geschlecht und grammatischem Genus ergeben. Vergleiche etwa:

(71) Mit dem Dekan ist in den nächsten Wochen nicht zu rechnen.
   a. Sie besteht auf ihrem Schwangerschaftsurlaub
   b. #Er besteht auf seinem Schwangerschaftsurlaub

Auch zeigt folgendes Beispiel (das in der einen oder anderen Variante Wolfgang Klein zugeschrieben wird), dass bei einem demonstrativen Gebrauch von maskulinem und femininem Personalpronomen nur das natürliche Geschlecht relevant sein kann:

(72) a. Hier ist ein Mann_i, hier eine Frau_j. Er_i ist größer als sie_j.
   b. Hier ist ein Suppenlöffel_i, hier eine Kuchengabel_j. #Er_i ist größer als sie_j.
   c. #Wo kommt *er/sie* denn hin? (gemeint ist: der Löffel/die Kanne)

Diese zusätzlichen Restriktionen müssen dann doch wieder, möglicherweise als semantische Präsuppositionen, in die Gebrauchsbedingungen der Pronomina eingebaut werden.

Verbalphrasen 3.

Nachdem wir einige Aspekte der DP-Syntax behandelt haben, betrachten wir im folgenden Unterabschnitt die DP als Komplement des Verbs. Wir beschäftigen uns mit der Projektion der Merkmale des Verbs und seinen Selektionseigenschaften. Als Beispiele betrachten wir in Abschnitt (3.1.) die Selektion des Kasus eines DP-Komplements und in Abschnitt (3.2.) die Selektion des Status eines VP-Komplements. In Abschnitt (3.3.) diskutieren wir dann die Kongruenz zwischen Subjekt und Verb und die Überprüfung des Nominativs. Abschnitt (3.4.) behandelt die Hilfsverben *sein* und *haben* des Partizip Perfekts.

Kasusselektion 3.1.

Kommen wir noch einmal auf unser Ausgangsbeispiel (1) zurück:

(1) Ich glaube, dass die Regierung *die Steuern senken* soll.

Inzwischen haben wir die DPs *die Steuern* und *die Regierung* eingehend analysiert und haben gesagt, dass DPs ein Kasusmerkmal haben, das überprüft werden muss. Dies ist der Akkusativ von *die Steuern* und der Nominativ von *die Regierung*. Auf den Nominativ kommen wir in Abschnitt (3.3.2.) zu sprechen. Für den Akkusativ können wir nun annehmen, dass das Verb *senken* das Kasusmerkmal seines Objektes überprüft; in traditioneller Terminologie spricht man davon, dass das Verb *senken* den Akkusativ **regiert**.

Diese **Rektion** genannte Beziehung zwischen Verb und DP können wir direkt durch ein Merkmal [∗AKKUSATIV∗] ausdrücken, das zum Lexikoneintrag jener Verben gehört, die in Grammatiken oft als „transitiv" bezeichnet werden. Man kann daher fordern:

(2) Transitive Verben haben das Merkmal [∗AKKUSATIV∗].

Dieses Merkmal sorgt dafür, dass das Objekt im richtigen Kasus erscheint, also nicht etwa im Dativ oder Genitiv:

(3) a. *Ich glaube, dass die Regierung *den Steuern senken* soll.
b. *Ich glaube, dass die Regierung *der Steuern senken* soll.

Daneben gibt es natürlich auch Verben, die gerade den Dativ oder Genitiv erfordern.

(4) a. Die Regierung soll *der Toten gedenken*

b. Die Regierung soll *mir helfen*

Diese sind traditioneller Terminologie zufolge jedoch nicht „transitiv" (weswegen (3) eigentlich keine Restriktion, sondern eine Nominaldefinition des Begriffs „transitives Verb" ist). Selbstverständlich überprüfen diese Verben den Kasus ihres Objektes, d.h. sie haben die Merkmale [∗DATIV∗] bzw. [∗GENITIV∗]. Die Funktionsweise solcher Merkmale sollte inzwischen so klar sein, dass sie nicht noch einmal mit Bäumen illustriert werden müssen.

Man geht davon aus, dass die Merkmale [∗DATIV∗] und [∗GENITIV∗] der Verben in (4) nicht vorhersagbar sind; Dativ und Genitiv werden auch als **lexikalische Kasus** bezeichnet. Der Akkusativ dagegen wird oft auch **struktureller Kasus** genannt. Dieser ist weitgehend vorhersagbar: Objekte von Verben, die weder das Merkmal [∗DATIV∗] noch das Merkmal [∗GENITIV∗] haben, stehen in der Regel im Akkusativ. Insofern ist das Merkmal [∗AKKUSATIV∗] der Default-Kasus. Wir können daher (2) durch die Regel (5) ersetzen und dabei gleichzeitig den unintuitiven Begriff der Transitivität vermeiden:

(5) Ein zweistelliges Verb, dessen Lexikoneintrag weder [∗DATIV∗] noch [∗GENITIV∗] enthält, erhält das Merkmal [∗AKKUSATIV∗].[18]

In der traditionellen generativen Literatur wird die Kasusselektion oft auch als **Kasuszuweisung** (***Case Marking***) aufgefasst. Intuitiv geht man dabei davon aus, dass die Kasusmerkmale der DP erst durch einen „Zuweisungsprozess" generiert werden. Demgegenüber wird hier die Auffassung vertreten, dass die Kasus nicht zugewiesen sondern überprüft werden. Die Kasus sind also „schon da" und müssen gecheckt werden (***Case Checking***).[19] Methodisch gesehen gibt es einen klaren Unterschied zwischen beiden Verfahren: Während die Kasuszuweisung darauf beruht, dass die ganze Morphologie der Syntax nachgeordnet ist, beruht unser ganzes bisheriges Vorgehen, Merkmale und somit auch Kasus(spezifikationen) vollständig aus dem Lexikon zu beziehen, gerade auf der umgekehrten Annahme, dass die Morphologie der Syntax vorangeht. Dies ist offenbar nur mit der Methode des *Case Checking* kompatibel.

Frage 75: Im Folgenden ist zu zeigen, dass das *Case Checking* nicht nur von Verben, sondern auch von anderen Kategorien geleistet werden kann. Analysieren Sie dafür die kursiven Konstruktionen als Merkmalkonfigurationen:

(6) a. Sie war *mir/*mich/*meiner fremd*
b. Ich bin *den Ärger/*dem Ärger/*des Ärgers leid*
c. Sie waren *des Mannes/*dem Mann/*den Mann überdrüssig*
d. (i) Das ist nicht *der Rede wert*
(ii) Das ist *keinen Pfifferling wert*
(Eine der beiden Möglichkeiten (i) oder (ii) könnte man als veraltet oder idiomatisch ansehen.)

Wie können die Kasus gecheckt werden? Welche Kategorien und Merkmale sind daran beteiligt?

Statusselektion 3.2.

Ein weiterer in (1) zu berücksichtigender Faktor ist der, dass nicht nur das DP-Objekt, sondern auch das Verb *senken* in der richtigen Form erscheinen muss; wie die folgenden ungrammatischen Beispiele zeigen, muss es sich um einen Infinitiv handeln:

(7) *Ich glaube, dass die Regierung die Steuern gesenkt/zu senken/senkt soll

Die Wahl der korrekten Verbform hängt offenbar vom darauf folgenden, übergeordneten Verb ab:

(8) a. dass die Regierung die Steuern gesenkt hat
b. *dass die Regierung die Steuern senken hat/scheint
c. dass die Regierung die Steuern zu senken hat/scheint

Es ist offensichtlich, dass *haben* ein Partizip oder einen *zu*-Infinitiv verlangt, während *sollen* nur den sog. „nackten" Infinitiv braucht und *scheinen* nur mit dem *zu*-Infinitiv zufrieden ist. Dies waren gerade die drei verschiedenen Status, die wir in Abschnitt (I.8.2.) mit Hilfe der Merkmale [INF], [ZU] und [PART] charakterisiert haben. Die Abhängigkeit dieser Status vom übergeordneten Verb ist nun leicht in den Griff zu bekommen: Es genügt ja, wenn die übergeordneten Verben entsprechende kontextuelle Merkmale haben, welche die Statusmerkmale der untergeordneten Verben überprüfen. Daher hat *sollen* das Merkmal [*INF*], *scheinen* das Merkmal [*ZU*] und *haben* alternativ die Merkmale [*ZU*] bzw. [*PARTIZIP*]. Für das Checking dieser Merkmale gäbe es die in (9) anhand von *sollen* illustrierten strukturellen Alternativen:

(9) a.

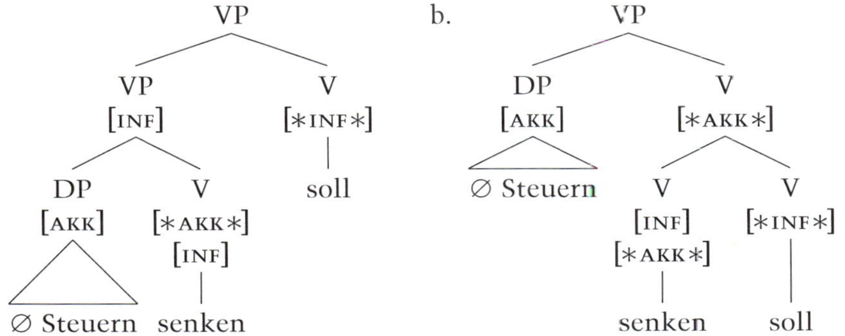

In (9-a) ist *soll* der Kopf des Ganzen, in dieser Struktur ist alles in Ordnung. In (9-b) müsste wegen der Projektion des Kasusmerkmals *senken* der Kopf sein. Eine solche Struktur kann jedoch nicht korrekt sein, denn wir könnten nun das Faktum nicht beschreiben, dass nicht das Hauptverb, sondern das Hilfsverb (Auxiliar) mit dem Subjekt **kongruieren** muss:

(10) a. dass die Regierung Steuern senken soll
b. dass die Regierungen Steuern senken sollen
c. *dass die Regierungen Steuern senken soll
d. *dass die Regierung Steuern senken sollen

Diese Kongruenz können wir leicht beschreiben, wenn wir annehmen, dass *sollen* entsprechende Merkmale hat, die zum Subjekt hin projiziert werden. Welche Merkmale dies sind, werden wir im nächsten Abschnitt diskutieren.

Frage 76: Die Struktur (9-b) lässt sich auch formal ausschließen, wenn man folgende Bedingung annimmt:

(11) *Wohlgeformtheitsbedingung für Merkmale der Form α:*
Ein syntaktisches kontextuelles Merkmal der Form [α] (oder eine seiner Projektionen) gilt als überprüft genau dann, wenn es einen Kopf X mit [$*\alpha*$] als Element gibt und [α] Element des Schwesterknotens von X ist.

Wie lässt sich (9-b) mit Hilfe von (11) ausschließen?

Frage 77: Analysieren Sie die Struktur der VPs in (8) unter der Annahme, dass auch das Subjekt Teil der VP ist. Welche binären Strukturierungsmöglichkeiten wären theoretisch möglich und welche davon muss aufgrund der Merkmalprojektionen die einzig korrekte sein?

Frage 78: Welche Merkmalstruktur haben die kursiven VPs in (12)?

(12) a. weil *die Steuern gesenkt werden sollen*
b. weil *die Steuern zu senken sein werden*

Subjektkongruenz 3.3.

Wie in (10) illustriert sind es im Deutschen gerade die **finiten** Formen des Verbs, die mit dem Subjekt in Person und Numerus kongruieren und die deshalb nach Person- und Numerusmerkmalen unterschieden werden müssen. Gleichzeitig ist es gerade das Subjekt des finiten Satzes, das im Nominativ steht. Diesen Zusammenhang sowie den Mechanismus der Kongruenz selber wollen wir in diesem Abschnitt präzisieren.

Kongruenzmerkmale 3.3.1.

Obwohl Kongruenz als Übereinstimmung grammatischer Merkmale an sich eigentlich eine recht einfache Sache sein sollte, wurde sie in der generativen Grammatik immer wieder anders analysiert. Wir beginnen historisch und stellen zunächst eine Analyse vor, wie sie der Tradition der Generativen Grammatik entspricht. Diese Analyse werden wir durch eine einfachere ersetzen.

Angenommen, Verb und Subjekt haben jeweils die in (13) gezeigten Merkmale:

(13) a.

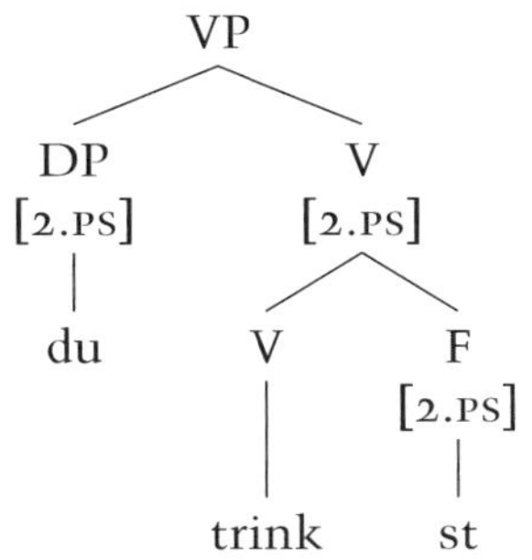

b.

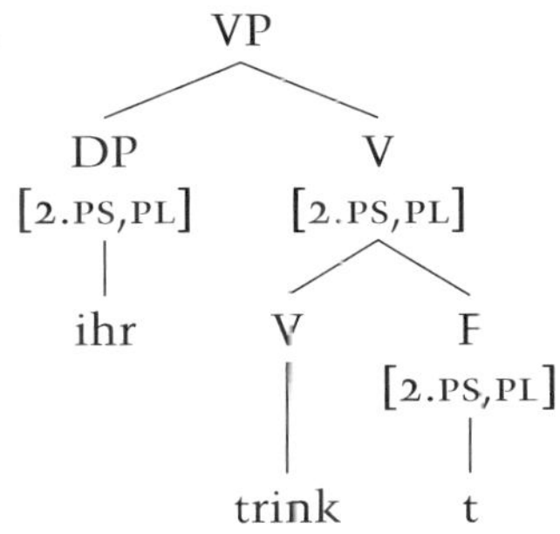

Die Aufgabe besteht also darin, Gleichheit der Merkmale von V und DP als Schwesterknoten zu garantieren. Dies erinnert an die analoge Situation, die wir schon zu Beginn unserer Analyse der Determinatorkongruenz in Beispiel (2.15) angetroffen haben. Hier wie dort entsteht das Problem, dass die Merkmale nicht in einer formalen Überprüfungsrelation stehen.

Einer der ältesten Vorschläge zur Beschreibung der Kongruenz innerhalb der Generativen Grammatik beruht darauf, dass es zwischen den beiden abzugleichenden Kategorien eine dritte, vermittelnde Instanz gibt, nämlich einen syntaktischen Knoten, der gleichzeitig Merkmale für das Subjekt und das Verb trägt. Dieser Knoten ist eine funktionale Kategorie, die von Chomsky (1981) als sog. **INFL-Knoten** bezeichnet wurde, wobei INFL für engl. *inflection* steht, was später als I abgekürzt wurde. Bei diesem Verfahren wird eine Struktur angenommen, in der die Flexion direkt in I erzeugt wird und durch eine Transformation (das sog. *Affix Hopping*) zum Verb bewegt wird:

(14) a.

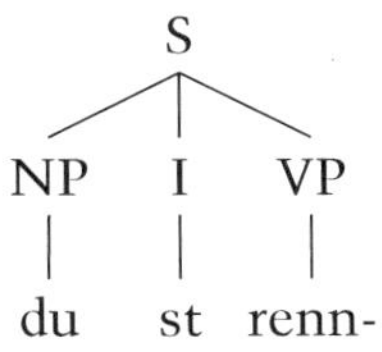

b.

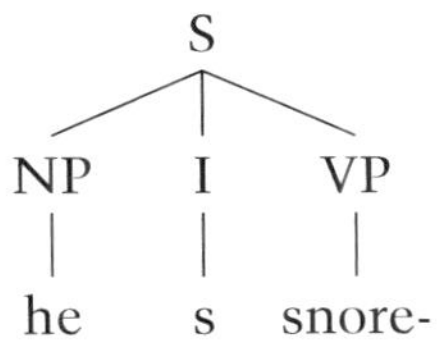

Die Einsetzung des Flexivs oder Exponenten *-st* in I bzw. INFL geschah durch eine kontextsensitive Einsetzungsregel, welche voraussetzt, dass der benachbarte linke Kontext aus einem Pronomen der zweiten Person Singular, also aus *du* besteht. Das in I erzeugte Flexiv wurde dann, wie gesagt, durch eine Transformationsregel zum Verb bewegt. Dieses auf Chomsky (1957) zurückgehende Verfahren wird in Abschnitt (IV.2.1.) ausführlich erläutert; es kommt offenbar ohne irgendwelche Merkmale aus, benötigt aber Transformationen und kontextsensitive lexikalische Einsetzungsregeln.

Nachdem Chomsky im Minimalismus morphologischen Merkmalen zu größtmöglicher syntaktischer Relevanz verholfen hatte, wurde auch die Beschreibung der Kongruenz verändert. Präzisiert man einen aus Chomsky (1995*b*) stammenden Vorschlag innerhalb unseres Merkmalsystems, so kann man sich das Verfahren wie in (15) vorstellen:

(15)

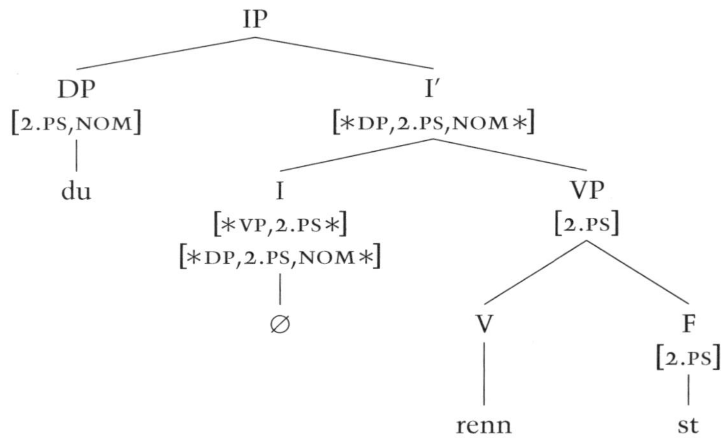

Die kongruierenden Merkmale von Subjekt und Verb stehen in einer Überprüfungsrelation zu entsprechenden Sternmerkmalen in I. Kongruenz bedeutet dann, dass die leere Kategorie I nur *identische* Person- und Numerusmerkmale von Verb und Subjekt checken kann. Der Satz als solcher ist eine Projektion dieser Kategorie, die hier IP, in späteren Arbeiten auch AgrS (= *agreement subject*) genannt wurde.

Dieses Vorgehen setzt einen wichtigen Mechanismus voraus, den wir im Folgenden ebenfalls benötigen werden. Denn betrachtet man lediglich die Merkmale von I, so ist offensichtlich, dass mit ihnen auch unerwünschte Strukturen wie (16-a) oder sogar (16-b) generiert werden können:

(16) a.

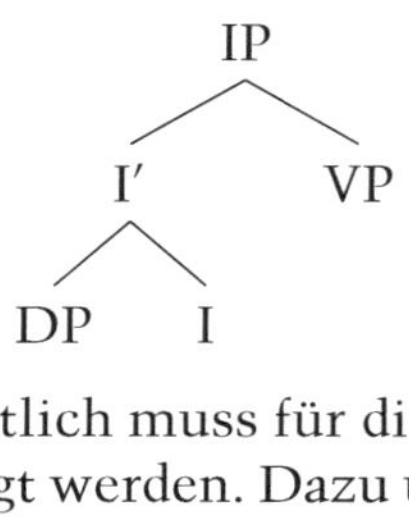

bzw. b.

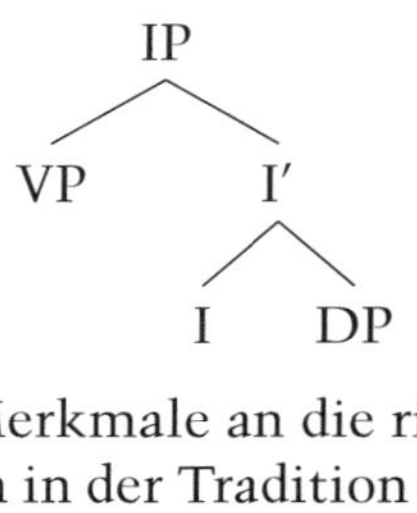

Offensichtlich muss für die Steuerung der Merkmale an die richtigen Positionen gesorgt werden. Dazu unterscheidet man in der Tradition der Generativen Grammatik zwischen **Komplementmerkmalen** und sog. **Spezifikatormerkma-**

len. Erstere sind Merkmale, die eine Komplementposition betreffen, letztere sind Merkmale, welche die sog. Spezifikatorposition betreffen. Der Begriff des Spezifikators stammt aus der X-bar-Theorie, in der es möglich ist, verschiedene Ebenen der Projektion zu unterscheiden. Die höchste Ebene ist die der Phrase (hier IP), und die XP, die von einer Phrase unmittelbar dominiert wird, ist ihr Spezifikator. Wie man sieht wäre in (16) gerade die VP der Spezifikator, ein unerwünschtes Resultat.

Nun steht uns im Minimalismus die X-bar-Theorie nicht mehr zur Verfügung, da nunmehr alle relevanten Merkmale aus dem Lexikon kommen und, wie wir schon an anderer Stelle gesehen haben, die Ebenenunterscheidung keine lexikalische sein kann. Wir müssen daher die beiden Begriffe Komplementmerkmal und Spezifikatormerkmal (vorläufig) als **Grundbegriffe** voraussetzen. Der Sinn der Unterscheidung zeigt sich dann lediglich in einer „Vorfahrtsregel" für den Abbau der Merkmale. Denn um (16) zu verhindern, müssen wir ja lediglich sagen, dass Komplementmerkmale abgebaut werden müssen, *bevor* Spezifikatormerkmale drankommen können. Oder anders gesagt:

(17) *Vorfahrtsregel für die Merkmalüberprüfung:*
Ein Spezifikatormerkmal von X kann keine Checking-Beziehung eingehen, wenn X noch ein (ungechecktes) Komplementmerkmal hat.

Damit haben wir denselben Effekt erzielt, den auch die Ebenenunterscheidung erzielen konnte. Die DP-Merkmale von I in (15) sind im Lexikoneintrag als Spezifikatormerkmale eingetragen, die VP-Merkmale als Komplementmerkmale.

Für das Englische lässt sich nun, wie wir in Kapitel (IV.) ausführlich diskutieren werden, eine solche Analyse der Kongruenz mittels einer speziellen syntaktischen I-Position halbwegs rechtfertigen. Das Ergebnis dieser Diskussion wird jedoch auch sein, dass sich *für das Deutsche* eine analoge Motivation nicht finden lässt: es gibt keinerlei empirische Evidenz für eine *syntaktische* Kategorie I im Deutschen. Wie kann dann aber die Kongruenz ohne eine solche Kategorie beschrieben werden? Im Prinzip natürlich genau so, wie wir dies schon bei der Kongruenz innerhalb der DP getan haben. Denn wie dort gezeigt, lässt sich Kongruenz auch ohne eine zusätzliche „vermittelnde" Kategorie analysieren. Wir müssen lediglich die bisherigen morphologischen Merkmale des Verbs bzw. des Flexivs als Sternmerkmale umdeuten, welche dann wie in (18) gezeigt die entsprechenden Merkmale beim Subjekt erfordern:

(18) a. b.

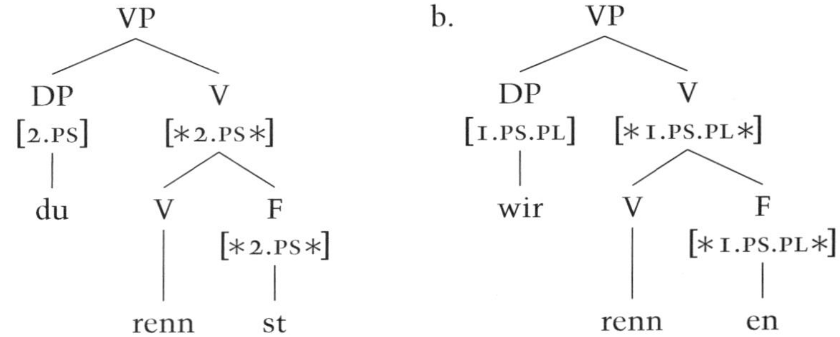

Das Vorgehen ähnelt also der Beschreibung der Kongruenz innerhalb der DP, wobei die Sternmerkmale der verbalen Flexive den Sternmerkmalen der Flexive des Determinators entsprechen; die Merkmale des Subjekts entsprechen den Merkmalen der NP. Diese Analogie ist jedoch in zwei Punkten nicht korrekt. Erstens sind die das Subjekt betreffenden Merkmale des Verbs Spezifikatormerkmale, während die die NP betreffenden Merkmale des Determinators Komplementmerkmale waren. Und zweitens hatten die Flexive des Determinators zusätzliche Kopfmerkmale, die qua Projektion Merkmale der ganzen DP wurden. Diese wurden jedoch nicht für die Beschreibung der Kongruenz *innerhalb* der DP benötigt, sondern deshalb, weil sie die Kasus- und Numerusmerkmale der ganzen DP sind, die *außerhalb* der DP überprüft werden müssen. Solche Merkmale gibt es in (18) nicht. Würde man auch bei der Verbkongruenz entsprechende Kopfmerkmale ansetzen, kämen wir zu der in (19) illustrierten Merkmalverteilung:

(19) a. b.

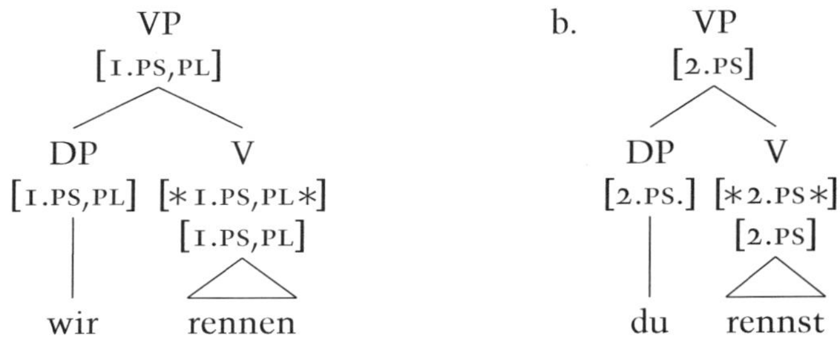

Diese zusätzlichen Merkmale der VP können nur dann sinnvoll sein, wenn sie zu irgendeinem Element *außerhalb* der VP eine Checking-Beziehung eingehen. Derartiges war bei den DPs gerade der Fall und diente als Motivation für diese Merkmale; bei den VPs aber hat die relevante Überprüfung von Person und Numerus ja schon innerhalb der VP stattgefunden. Da es vorderhand keine Notwendigkeit gibt, die Kongruenzmerkmale auch außerhalb der VP sichtbar zu machen, können wir annehmen, dass das finite Verb keine solchen zusätzlichen Kopfmerkmale hat. Trotzdem wären Strukturen wie die in (19) im Prinzip möglich; es wird sich in Abschnitt (5.) zeigen, dass wir sie für die Beschreibung eines dialektspezifischen Kongruenzphänomens tatsächlich verwenden können.

Kongruenz und Rektion werden daher formal gleich beschrieben: in beiden Fällen findet ein Merkmalabgleich statt. Der Unterschied zwischen beiden ist lediglich, dass nur im Falle der Kongruenz die beiden für die Checking-Relation als Gegenstücke fungierenden Merkmale eine jeweils eigene morphologische Realisierung erfahren; bei der Rektion ist dies nicht der Fall, da der Merkmaltyp [∗KASUS∗] beim Verb selber nicht morphologisch (sondern nur lexikalisch) realisiert wird. Dagegen charakterisieren die [∗NUMERUS∗]- und [∗PERSON∗]-Merkmale in (19) jeweils bestimmte Flexive des Verbs, gerade so, wie dies die Merkmale [PERSON] und [NUMERUS] vor ihrer Re-Interpretation als Sternmerkmale auch schon getan haben.

Zu beachten ist auch, dass die [α]-Merkmale für Person und Numerus beim Subjekt projektive (d.h. inhärente, interpretierbare) Merkmale der DP sind, die nicht überprüft werden müssen. Insofern kann man sagen, dass sich das Verb mit seinen kontextuellen Merkmalen nach dem Subjekt richtet, nicht umgekehrt. Bei der Rektion dagegen sind die regierten Merkmale kontextuell. Allgemein *regiert* der Kopf den Nicht-Kopf, wodurch der Kopf die Form des Nicht-Kopfes bestimmt, während bei *Kongruenz* umgekehrt der Nicht-Kopf die Form des Kopfes bestimmt (s. Zwicky (1985*a*, S. 9) und die dort zur Kongruenz zitierte Literatur). Dieses Verhältnis schlägt sich hier lediglich in der Unterscheidung zwischen kontextuellen und projektiven Merkmalen nieder.

Betrachtet man nun die projektiven Merkmale des Subjekts, so fällt auf, dass die 1. und 2. Person nur durch Pronomina realisiert werden können, während es bei den nicht-pronominalen DPs fraglich ist, ob sie sinnvollerweise ein Merkmal für die Person haben. Es scheint, als sei es gerade die Abwesenheit eines solchen Merkmals, welche die 3. Person (und auch die Verbalform der 3. Person) charakterisiert, oder, wie es Benveniste (1966, S. 228) formuliert:

> ... la « 3^e personne » n'est pas une « personne » ; c'est même la forme verbale qui a pour fonction d'exprimer la *non-personne*.

Nicht nur hätten wir es mit einer ungeheuren Redundanz zu tun, wenn wir alle Ds mit einem Merkmal für die 3. Person ausstatten müssen; auch dessen semantisch-funktionelle Plausibilität ließe sich bezweifeln: Denn während den Merkmalen für die 1. und 2. Person eine semantische Deutung zugesprochen werden kann (nämlich als äußerungsabhängigen indexikalischen Referenzbezug auf den Sprecher bzw. Hörer), trüge ein Merkmal für die 3. Person nichts zur Bedeutung der DP bei. Und auch bei der in (20) wiederholten Spezifizierung der morphologischen Merkmale des Verbs aus Abschnitt (I.8.1.) haben wir auf ein solches Merkmal verzichten können. Alles, was wir jetzt tun müssen, ist ja, die für die Kongruenz relevanten Vervollständigungen als Merkmale der Form [$\ast\alpha\ast$] umzudeuten:

(20)

Exponent	Lex. Merkmale	Kongruenzmerkmale
/t/	[pl,2.ps]	[∗2.PS,PL∗]
/en/	[pl]	[∗1.PS,PL∗]
		[∗PL∗]
/st/	[2.ps]	[∗2.PS∗]
/e/	[1.ps,+Ind,+Präs]	[∗1.PS∗]
/t/	[+Ind,+Präs]	—
/Ø/	—	[∗1.PS∗]
		—

Eingang in die Syntax finden wieder nur die maximal spezifizierten Flexive, daher gibt es für /en/ und für /Ø/ zwei mögliche Einträge für die 1. und 3. Person. Aufgrund der Tatsache, dass wir aber auch in der Syntax eine gewisse „Verarmung" von Merkmalen angenommen haben, indem Merkmale für die 3. Person und den Singular fehlen, sind auch diese Merkmale noch unterspezifiziert. Gänzlich ohne Kongruenzmerkmale verbleibt z.B. die 3. Person Singular in *renn-t* und *rann+te-∅*. Wegen der immer noch vorhandenen Unterspezifizierung genügt auch die innermorphologische „Vervollständigung" nicht, um ungrammatische Ableitungen auszuschließen. Betrachten wir zur Illustration die folgenden Strukturen, die in Bezug auf ihre Merkmalstruktur in Ordnung sind, von denen aber nur (21-a) korrekt sein kann:

(21)

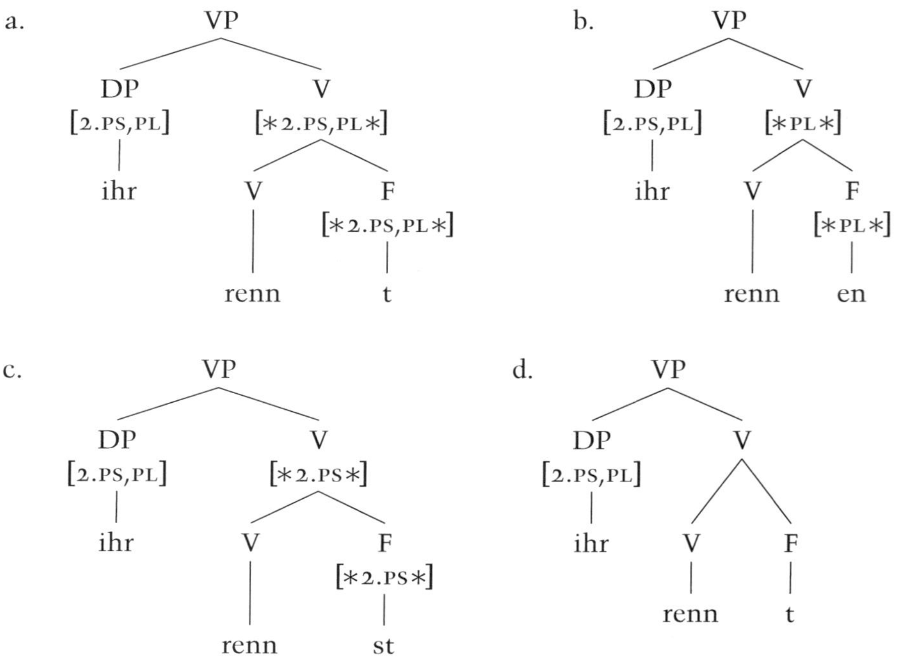

Wie bei jeder Art von Unterspezifizierung müssen wir auf einen zusätzlichen Mechanismus zurückgreifen, der ungrammatische Strukturen blockiert. Es ist klar, dass die Merkmale in (21-a) zum Subjekt „besser passen" (spezifischer sind) als die in den anderen Strukturen. Um diese zu verhindern, greifen wir wie immer bei Unterspezifikation auf die Methode des *Blocking* zurück, hier angewandt auf rivalisierende Exponenten: Wenn zwei Strukturen A und B sich höchstens in den Flexiven und ihren Merkmalen unterscheiden, ist A blockiert, wenn A weniger Merkmale benötigt als B.

Vergleichen wir als weiteres Beispiel *wir renn+en* mit **wir renn+e*. Für /en/ gibt es zwei Merkmalspezifikationen; da nicht nur das Pluralmerkmal, sondern auch das Merkmal für die 1. Person anwendbar ist, ist dieses auch zu benutzen. Damit ist die Merkmalspezifikation von /en/, also [∗1.PS,PL∗], spezifischer als die von /e/. Bemerkenswert ist dabei, dass ein unmittelbarer Vergleich der lexikalischen Merkmale vor Anwendung der Vervollständigungsregeln aus Kapitel (I.) nicht möglich ist, da die Merkmale [PL] bzw. [∗PL∗] von /en/ und [1.PS] bzw. [∗1.PS∗] von /e/ bezüglich Spezifizität nicht verglichen werden können.

Abschließend soll hier noch einmal auf die hypothetische Struktur in (9-b) eingegangen werden, die wir zugunsten von (9-a) verworfen haben. Wir sehen nun, warum dies so ist: Offenbar würde es eine Struktur mit *senken* bzw. *gesenkt* als Kopf der Konstruktion nicht gestatten, die Kongruenz zwischen Finitum und Subjekt in der hier vorgeschlagenen Weise zu beschreiben. Aufgrund dieses durch Kongruenz beeinflussten Projektionsverhaltens lässt sich die Struktur der verbalen Phrasen *eindeutig* bestimmen (was in den folgenden Übungen zu zeigen ist): Gerade bei komplexeren Einbettungen von Verben zeigt es sich, dass die Projektionsmöglichkeiten der Merkmale den Phrasenstrukturaufbau vollständig determinieren, sodass bezüglich potentiell verschiedener Strukturierungsmöglichkeiten keine Wahl bleibt: es gibt immer nur eine einzige Struktur, die mit unseren Prinzipien der Projektion und der Merkmalüberprüfung verträglich ist!

Frage 79: Warum gibt es für die beiden VPs in (22) nur eine mögliche Struktur?

(22) weil *Fritz kommen können wird*

Frage 80: Wie können die VPs *ich komme, du kommst* und *er kommt* möglichst vollständig mit Hilfe entsprechender Merkmale analysiert werden?

Der Nominativ 3.3.2.

In der Generativen Grammatik war der Nominativ als vorhersagbarer, struktureller Kasus stets von besonderem Interesse. Während der Nominativ in traditionellen Grammatiken vom Verb selbst (vom Verbstamm) *regiert* wird, steht er in der Generativen Grammatik nicht in Verbindung mit dem Verb, sondern wie schon in (15) illustriert, mit der INFL-Projektion, d.h. der Nominativ wird nicht von V, sondern von I gecheckt.[20] Die Eigenschaft von I, den Nominativ überprüfen zu können, ist in der GB-Theorie entscheidend für die Differenzierung zwischen finiten und nicht-finiten CPs. Denn Chomsky unterscheidet zwei Typen von I-Knoten; solche für finite Sätze, welche den Nominativ zuweisen, und solche für Infinitive mit *to*, die keinen Kasus überprüfen und deren Subjekt daher leer sein muss:

(23) John wants …

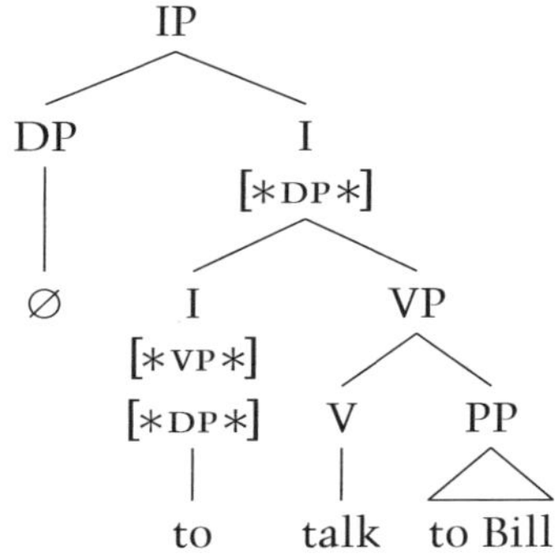

Generell fasst Chomsky (1981, S. 172) daher die Zuweisung (bzw. das Checking) des Nominativs als Begleiterscheinung der Kongruenz auf: *„nominative is assigned as a concomitant of agreement"*. Folglich kann als Redundanzregel angenommen werden, dass genau die Is mit Kongruenzmerkmalen auch das Merkmal [∗NOM∗] haben.[21] Überträgt man nun dieses Verfahren auf unsere Analyse des Deutschen, so können wir eine analoge lexikalische Redundanzregel annehmen, welche das Merkmal [∗NOM∗] bei allen Exponenten der finiten Flexion generiert, selbst bei solchen, die sonst keine Kongruenzmerkmale haben:

(24)

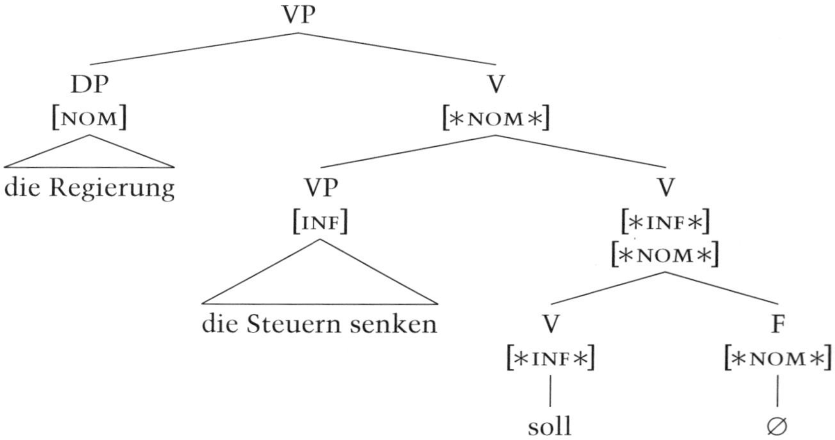

Dieses Vorgehen rechtfertigt dann zusätzlich die Annahme eines Nullmorphems, welches in offensichtlicher Weise dazu beiträgt, die lexikalische Regel einheitlich zu formulieren, die allen Flexiven mit dem (hier nicht mehr gezeigten) innermorphologischen Merkmal [*FINIT*] das syntaktische Spezifikatormerkmal [*NOMINATIV*] zuweist.

Neben dem Nominativ als Subjektskasus gibt es in prädikativen Konstruktionen mit einem Kopula-Verb (*sein, werden* oder *bleiben*) einen zweiten Nominativ, der von diesen Verben als ein lexikalischer Kasus gecheckt wird.

(25) weil er *ein Beamter* ist/wird/bleibt

In Konstruktionen wie *Das sind drei Kekse* wäre aufgrund des Kongruenzkriteriums *drei Kekse* das Subjekt, was jedoch möglicherweise mit der Auffassung konfligiert, dass dieselbe DP semantisch als Prädikat empfunden wird. Folgt man dieser semantischen Intuition, müsste die Kongruenzregel dann aber implizieren, dass *das* ein (semantischer) Plural ist, wofür es morphologisch keine weiteren Indizien gibt.[22] Kongruenz wäre dann semantisch, nicht aber morphologisch gesteuert: eine morphologisch als Singular zu analysierende DP wäre in Bezug auf das Verb ein Plural. Eine nahezu umgekehrte Situation liegt bei Koordinationen von Subjektsätzen vor: als Konjunkte sollten sie wie in (26-a) ein Plural sein, semantisch könnten sie jedoch als Singular interpretiert werden, womit dann auch die Kongruenz in (26-b) zu erklären ist.

(26) a. Fritz und Ede interessieren/*interessiert mich nicht
b. Dass Fritz kommt und dass Ede geht, interessiert/*interessieren mich nicht

Wie diese Konflikte zwischen Form und Bedeutung gelöst werden können, muss ich hier offenlassen.

Frage 81: Finden Sie (27) grammatisch? Kann der Satz in unserem System eine grammatische Analyse haben?

(27) „Wenn jemand verfassungskonform ist, dann ist es wir."
(Harald Schmidt in der *Harald Schmidt Show* vom 16.10.01)

Subjektlose Sätze 3.3.3.

Die im letzten Abschnitt angenommene Regel, dass jedes Kongruenz-Flexiv ein Kasusmerkmal hat, führt automatisch zu der Konsequenz, dass es eigentlich keine subjektlosen Sätze geben dürfte, da ja in jedem finiten Satz ein Nominativ überprüft werden muss. Subjektlose Sätze scheinen aber zweifelsohne zu existieren, siehe (28):

(28) a. weil mir graut
b. weil mich dürstet

c. weil getanzt wurde

Zunächst einmal ist festzustellen, dass das Verb keinesfalls mit einem Dativ- oder Akkusativ-Komplement kongruiert, denn sonst hieße es:

(29) a. *weil mich dürste
b. *weil dich dürstest
c. *weil uns dürsten

Zwar gehen manche Autoren davon aus, dass es sich bei solchen Argumenten des Verbs um „psychologische" oder „logische" Subjekte handelt, s. z.B. die Übersicht in Eisenberg (1999, S. 274ff). Streng davon zu unterscheiden und hier allein relevant ist der Begriff des **grammatischen Subjekts**. Dieses ist im Deutschen immer ein Nominativ.[23] In diesem Sinne sind die Sätze in (29) also subjektlos.

Zur Lösung dieses Problems sind theoretisch zwei Strategien denkbar. Die erste Möglichkeit ist die, den Nominativ bei den Flexiven ohne Kongruenzmerkmal nur fakultativ zu generieren. Dies würde subjektlose Sätze dann und nur dann ermöglichen, wenn das Verb in der 3. Person Singular steht. Die zweite Strategie besteht darin, an der Regel, die für alle Flexive ein Merkmal [*NOM*] einführt, nichts zu ändern, statt dessen aber für die Sätze in (28) ein **leeres** Subjekt anzunehmen:

(30) weil

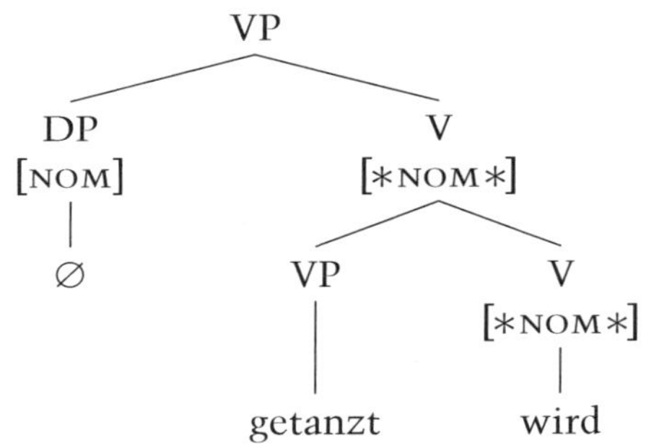

Aus weiter unten zu erläuternden Gründen wird dieses Subjekt in der Literatur auch **pro-Subjekt** genannt. Das pro-Subjekt ist ein lexikalisches Element mit dem Merkmal [NOM], das aufgrund dieses Merkmals nur an der Subjektposition stehen kann.

Beide Methoden setzen voraus, dass Sätze wie (31-b) (mit oder ohne pro-Element) als syntaktisch wohlgeformt generiert werden können:

(31) a. weil ($\emptyset_{pro}$) getanz wird
b. *weil ($\emptyset_{pro}$) getanzt hat

Um (31-b) auszuschließen benötigen wir einen semantischen Mechanismus, der unabhängig von dem in (31) illustrierten Problem ohnehin benötigt und in

Kapitel (V.) eingeführt wird. Der Mechanismus wird im Wesentlichen fordern, dass die semantischen „Mitspieler" oder „Argumente" des Verbs auch in der Syntax irgendwie realisiert werden müssen. Der Unterschied zwischen (31-a) und (31-b) ist dann in erster Linie ein semantischer: in (31-a) gibt es kein solches Argument, in (31-b) muss es ein solches geben, welches aber nicht realisiert wurde, entweder, weil keine Subjektposition zur Verfügung gestellt wurde, oder weil pro eine semantisch notwendige Argumentstelle des Verbs nicht einnehmen kann. Auf die semantische Valenz des Verbs gehen wir wie erwähnt in Kapitel (V.) näher ein.

Voraussetzung für das Funktionieren beider Methoden ist also ein Bezug auf die Semantik, daher sind beide Verfahren empirisch äquivalent, und die Methode, ein leeres Subjekt anzunehmen, scheint auf den ersten Blick die unökonomischere. Wir werden dennoch am leeren Subjekt festhalten, da es uns erlaubt, eine Reihe von *syntaktischen* Unterschieden zwischen den Sprachen auf einfache Weise auf *lexikalische* Unterschiede zu reduzieren. Z.B. kann es im Englischen grundsätzlich keine Sätze ohne sichtbares Subjekt geben, das Pendant zu (31-a) ist dort ungrammatisch. Dies lässt sich problemlos dadurch erfassen, dass wir sagen, dass es im Lexikon des Englischen kein pro-Element gibt.

Ein weiterer sprachspezifischer Unterschied ist der zwischen Deutsch und Italienisch. Im Italienischen ist das Pendant zu (31-b) grammatisch. Dies muss dann daran liegen, dass das Italienische ein pro besitzt, das semantisch „gehaltvoll" ist, also referentiell verwendet werden kann. Die Bedeutung dieses pro-Elementes ist dann gerade die eines normalen Personalpronomens. Im Deutschen dagegen ist das pro nicht referentiell, es wird gelegentlich auch Expletiv-pro genannt. Auf diese elegante Weise lassen sich die scheinbar strukturellen Unterschiede zwischen Deutsch, Englisch und Italienisch auf lexikalische Unterschiede reduzieren.[24]

Frage 82: Wie lässt sich erklären, dass das pro in Prädikativskonstruktionen nicht an Stelle der kursiv gesetzten DP in (25) vorkommen kann? Warum kann es nicht an Subjektposition stehen?

Die universelle Verfügbarkeit eines leeren Subjektes folgt aus der beliebten (aber letztlich empirisch wohl kaum zu rechtfertigenden) Verallgemeinerung, dass *jeder* Satz ein Subjekt hat (wenn auch wie hier ein leeres). Diese Generalisierung ist in der Literatur als **verallgemeinertes Projektionsprinzip** (*Extended Projection Principle, EPP*) bekannt (s. Chomsky (1981)).[25] Die Bezeichnung pro für das leere nominativische Subjekt ist seit Chomsky (1982) üblich und leitet sich daraus ab, dass es sich hierbei um ein (leeres) ***Pro****nomen* handeln soll; dies wiederum hat eine lange Tradition in der Beschäftigung mit Sprachen wie dem Italienischen. Wie wir gesehen haben, wird das Subjekt in dieser Sprache wie ein phonetisch leeres referierendes Pronomen interpretiert, was in den siebziger Jahren durch eine Transformation beschrieben wurde, die ein Pronomen getilgt hat. Diese Operation wurde *pronoun-drop* genannt, Sprachen, die so etwas zulassen, heißen *pro-drop*-Sprachen. Das Deutsche wäre in diesem Sinne keine *pro-drop*-Sprache, da sich grammatische Sätze wie (32-a) nicht in plausibler Weise aus (32-b) ableiten lassen.

(32) a. weil geschnarcht wurde
b. *weil er geschnarcht wurde

Die seit Chomsky (1982) übliche Analyse ohne die *pro-drop*-Transformation erzeugt an der Subjektposition direkt ein leeres Element. Man muss daher, wenn diese auch für das Deutsche anwendbar sein soll, mit zwei verschiedenen pro-Elementen rechnen: einem referentiellem wie im Italienischen, und einem nicht-referentiellem, wie im Deutschen. Sprachen, die nur über ein nicht-referentielles pro verfügen, werden **semi-pro-drop-Sprachen** genannt.

Dass es sich auch beim nicht-referentiellen pro um ein leeres Pronomen handeln soll, ist nicht ohne weiteres einsichtig, denn ein semantisch leeres Pronomen wie das *es* in (33-a) ist an der Position, wo wir bisher ein pro angenommen haben, nicht möglich:

(33) a. Es wurde geschnarcht
b. weil $\varnothing_{pro}$ geschnarcht wurde
c. *weil *es* geschnarcht wurde

Wir werden die Distribution von *es* und pro in Kapitel (III.) näher untersuchen. Wichtig ist an dieser Stelle allein, dass es in anderen Sprachen wie z.B. dem Holländischen durchaus ein funktional vergleichbares Element gibt, das als „sichtbares" Pronomen phonetisch realisiert werden muss:

(34) a. Hij zei dat [$_{DP}$ *er*] gedanst wordt
Er sagt dass es getanzt wird
b. *Hij zei dat [(pro) gedanst wordt]

Dies zeigt, dass es im Holländischen ein sichtbares Pendant zum leeren pro gibt, das überdies die Form eines Pronomens hat (*er* entspricht diachron dem deutschen *es*), sodass es auch fürs Deutsche gerechtfertigt sein mag, von einem leeren Pronomen zu sprechen.[26]

Spezifikator und Komplement 3.3.4.

In diesem Abschnitt illustriere ich noch einmal zwei wichtige formale Organisationsprinzipien unserer Grammatik: Erstens lassen sich Merkmale zu Bündeln zusammenfassen, die nur eine einzige Position im Baum betreffen; zweitens sorgt die „Vorfahrtsregel" für die Merkmalüberprüfung (17) dafür, dass bei der „Abarbeitung" der Merkmale eine Reihenfolge eingehalten wird. Das folgende Beispiel illustriert den ersten Punkt: die Kongruenzmerkmale und der Nominativ dürfen nur *zusammen* an dieselbe Position projiziert werden.

(35) *weil

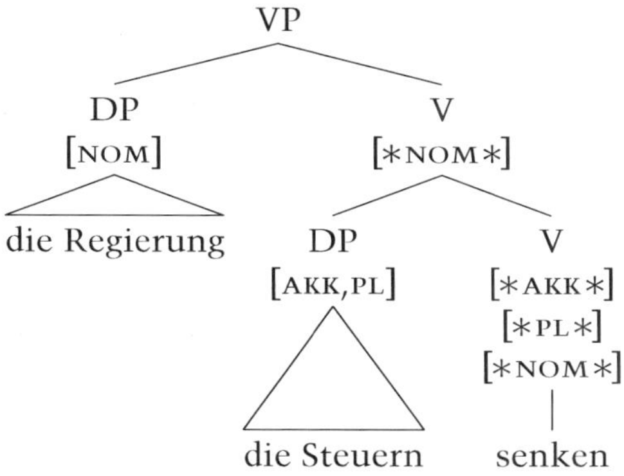

In (35) geht das Kongruenzmerkmal an die Objektposition; eine solche Merkmalverteilung, in der das Finitum nicht mit dem Subjekt, sondern mit dem Objekt kongruiert, muss verhindert werden, da sich alle Merkmale ja ansonsten regelkonform verhalten. Um (35) zu verhindern, dürfen Merkmale, die wie [*NOM*] und [*PL*] nur eine bestimmte *Position* betreffen, nur zusammen projizieren. Formal ist dies leicht dadurch zu bewerkstelligen, dass wir Merkmale jeweils in Mengen zusammenfassen. Informell präsentieren wir gleich projizierende Merkmale, indem wir solche Merkmale in dieselbe eckige Klammer schreiben. Dieser Konvention sind wir auch schon in (24) gefolgt; die korrekte Projektion der Verbmerkmale ist daher:

(36) weil

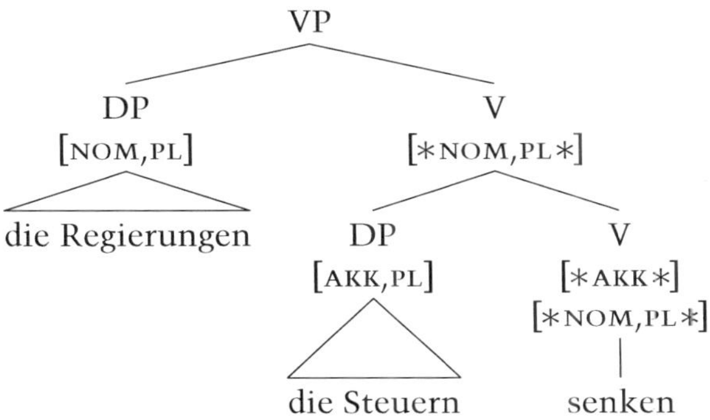

Das zweite Organisationsprinzip betrifft die Frage, warum die Zuweisung an die beiden DP-Positionen nicht genau umgekehrt verläuft:

(37) weil

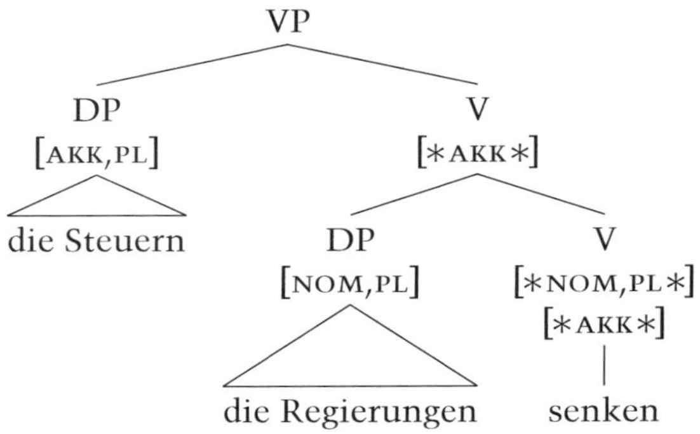

Auch diese Merkmalverteilung ist natürlich nicht intendiert. Die Vertauschung der Position von Subjekt und Objekt scheint zwar im Prinzip möglich, siehe (38):

(38) dass dem Subjekt ein Objekt vorangeht

Umstritten ist in der Literatur jedoch, ob diese Wortstellung direkt erzeugt („basisgeneriert") werden kann, oder ob sie mittels Transformationen aus einer zugrundegelegten Wortstellung „Subjekt vor Objekt" abgeleitet werden muss. Wenn man aus universalgrammatischen Erwägungen heraus davon ausgeht, dass Subjekte in der Regel Objekten vorangehen, und wenn dies bedeutet, dass (37) und (38) keine Strukturen sind, die in der Grundkomponente der Grammatik (vor Anwendung von Verschiebungsoperationen) generierbar sind, dann reicht die bloße Bündelung von Merkmalen nicht aus, um das gewünschte Resultat zu erzielen. Vielmehr muss es möglich sein, unter den Merkmalbündeln eine extrinsische Ordnung festzulegen. Genau dies aber haben wir schon getan, als wir die Unterscheidung zwischen Spezifikator- und Komplementmerkmalen eingeführt haben. Wir können daher sagen, dass [*NOM,PL*] Spezifikatormerkmale darstellt, während [*AKK*] ein Komplementmerkmal ist. Ich komme auf die Reihenfolge der Abarbeitung noch einmal in Abschnitt (4.2.) zu sprechen.

Auxiliarselektion 3.4.

In diesem Abschnitt geht es um die Beschreibung der Datenkontraste in (39):

(39) a. weil Fritz *gekommen* ***ist***
b. *weil Fritz *gekommen* ***hat***
c. *weil Fritz *gewonnen* ***ist***
d. weil Fritz *gewonnen* ***hat***
e. weil die Suppe *gekocht* ***hat***
f. weil die Suppe gekocht *worden* ***ist***
g. *weil die Suppe gekocht *worden* ***hat***

Man spricht hier in folgendem Sinne von Auxiliarwahl: Das jeweils von *haben/sein* unmittelbar subordinierte Verb steuert aufgrund seiner lexikalischen Eigenschaften die Wahl von *haben/sein*; andererseits wird der morphologische Status des eingebetteten Verbs, hier also das Partizip, in der Regel eindeutig (zu gelegentlichen Ausnahmen s. Reis (1979)) vom übergeordneten Verb selegiert. Die hier relevante Fragestellung ist natürlich, wie diese beiden Selektionsprozesse merkmaltheoretisch beschrieben werden können und wie die ungrammatischen Kombinationen ausgeschlossen werden können. Dabei ergibt sich aus unserer Beschreibung der Selektionsprozesse eine scheinbar paradoxale Situation. Denn im ersten Anlauf läge es ja nahe, die subordinierten Verben mittels zweier geeigneter Merkmale zu differenzieren, je nachdem, welches Hilfsverb sie benötigen. Im Partizip Perfekt muss dann jeweils eines dieser Merkmale aktiviert werden. Wir würden dann Strukturen wie in (40) erwarten:

(40)
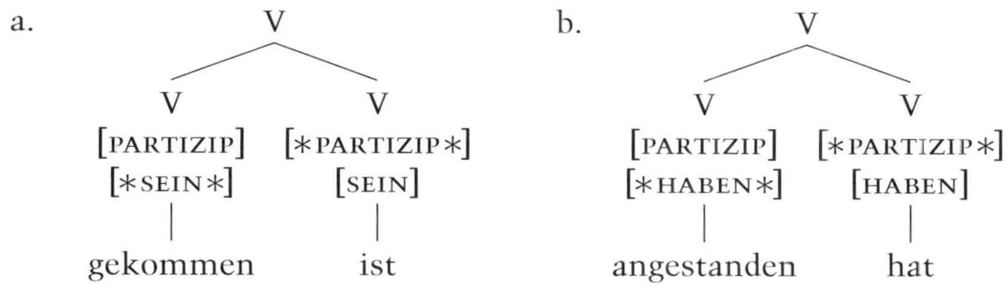

Solche Strukturen sind jedoch nicht zulässig: Da sowohl [PARTIZIP] als auch [SEIN] kontextuelle Merkmale sind, die gecheckt werden müssen, lässt sich anhand der in (40) dargestellten Merkmale nicht feststellen, welches der Kopf der Konstruktion ist. Dies ist eine in der Syntax atypische Situation, die wir in der Definition der Merkmalprojektion explizit ausgeschlossen haben. Ist das Auxiliar der Kopf, müsste [SEIN] bzw. [HABEN] projizieren, ist das Hauptverb der Kopf, müsste [PARTIZIP] projizieren. Beides aber wäre unerwünscht.[27]

Ein weiterer Einwand gegen das Selektionsverfahren ist der, dass das *sein*-Partizip mit nur relativ wenigen Verben gebildet wird, während das Partizip Perfekt mit *haben* der reguläre Fall zu sein scheint. Es wäre also zu erwarten, dass wir im regulären Fall mit weniger Merkmalen auskommen können als im markierten.

Als erster Schritt zu einer Lösung des Problems bietet es sich an, die Wahl zwischen *haben* und *sein* in Analogie zur Wahl der Flexionsklassen zu sehen: Wenn die Verben danach zu unterteilen sind, welches Auxiliar sie erfordern, und wenn man die Auxiliare in Analogie zu den Flexiven sieht, gehören die Verben in verschiedene „Quasi-Flexions"-Klassen. Damit werden die formalen Selektionsverhältnisse, wie in (41) gezeigt, gerade „umgepolt":

(41) a.

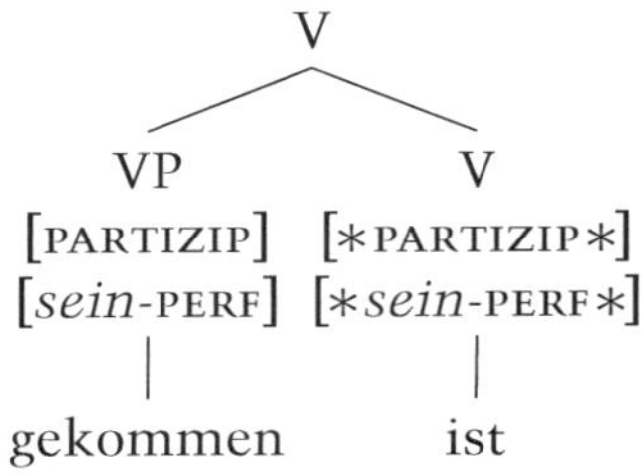

b.

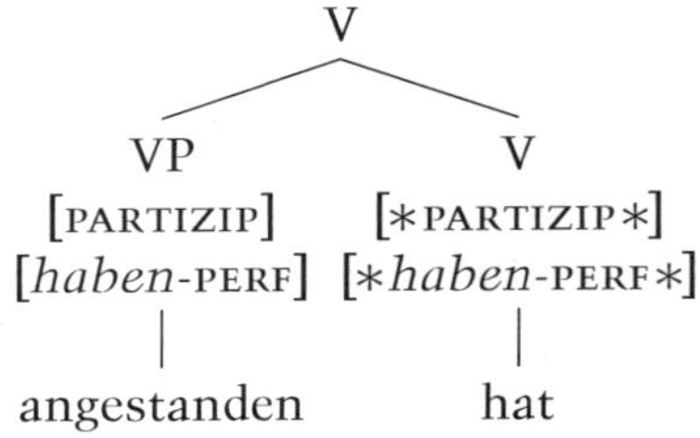

Die Merkmale [*sein/haben*-PERF] sind daher in Analogie zu den Flexionsklassenmerkmalen als formale, Lexem-spezifische Paradigmenmerkmale zu sehen, die überprüft werden müssen und die aktiv werden, wenn dies von einem Sternmerkmal des Hilfsverbs verlangt wird. Damit ist **Fritz ist geschlafen* ausgeschlossen, da *schlafen* das Merkmal [*sein*-PERF] nicht in seinem Paradigma hat.

Problematisch bleibt nun allerdings immer noch der Ausnahmecharakter der *sein*-Selektion. Nehmen wir an, wir verzichten auf die Merkmale [*haben*-PERF] und [**haben*-PERF*]. Dies wäre dann kein Nachteil, wenn es eine lexikalische Regel gäbe, die bei Vorhandensein des Merkmals [PARTIZIP] automatisch das Merkmal [*sein*-PERF] aktiviert, natürlich nur bei solchen Verben, bei denen es im Lexikon steht. Dies kann aber noch nicht die vollständige Lösung sein, da das Partizip ja auch beim Partizip Passiv, und zwar mit *werden*, nicht mit *sein* gebildet wird. Das passivische *werden* muss ein Merkmal [*PASSIV*] haben, wie in (42):

(42)

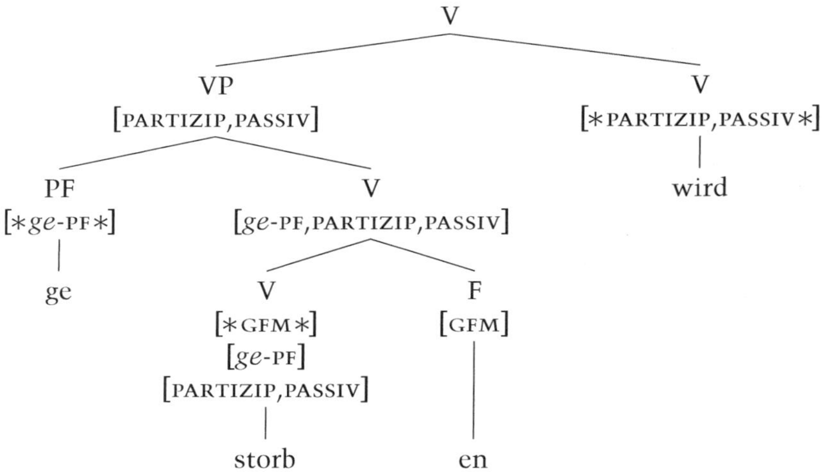

Die lexikalische Redundanzregel müsste dann so lauten, dass beim Partizip auf jeden Fall eines der Merkmale [PASSIV] oder [*sein*-PERF] aktiviert wird, falls dies möglich ist. Für die Selektion von *haben* ist nun kein spezielles Merkmal notwendig; *haben* benötigt lediglich das Merkmal [∗PARTIZIP∗]. **Fritz hat angekommen* ist ausgeschlossen, da bei *ankommen* das Merkmal [*sein*-PERF] aktiviert werden muss (ein Passiv ist ohnehin nicht möglich), das aber seinerseits nicht gecheckt werden kann.

Eine weitere Frage ist nun, ob nicht das lexikalische Merkmal [*sein*-PERF] aus unabhängigen semantischen Bedingungen (oder eventuell syntaktischen, vergl. hierzu etwa Haider (1984) und Grewendorf (1989)) abgeleitet werden kann. Wenn dem so ist, könnte auch auf dieses Merkmal möglicherweise verzichtet werden. Es lohnt sich insbesondere, die Bedingungen für eine *semantische* Herleitung zu diskutieren. Als Ausgangspunkt betrachten wir den Datenkontrast in (43):

(43) a. weil er geschlafen hat/*ist
 b. weil er eingeschlafen ist/*hat

einschlafen hat eine sog. **telische** Bedeutung, d.h. eine aspektuelle Bedeutungskomponente, welche das bezeichnete Ereignis als abgeschlossen beschreibt. *schlafen* dagegen hat diese Komponente nicht und ist daher **atelisch**. Die naheliegende semantische Generalisierung ist dann die, dass genau die telischen Verben *sein* als Auxiliar selegieren. Ein in diesem Zusammenhang oft genannter Beleg ist der Kontrast in (44):

(44) a. Er hat/*ist im Zimmer getanzt
 b. Er ist/*hat ins Zimmer getanzt

Hier verleiht die Hinzufügung einer Richtungsangabe dem eigentlich atelischen Verb *tanzen* einen telischen Charakter: Der Vorgang wird in (44-b) als abgeschlossen beschrieben, in (44-a) als andauernd.

Nun gibt es jedoch eine Reihe von Problemfällen wie etwa *gehen* oder *laufen*, die im Perfekt *sein* selegieren, semantisch jedoch eigentlich als atelisch anzusehen sind. Jedenfalls versagen hier die Telizität prüfenden Tests z.B. von Dowty (1979, S. 60), so etwa:

(45) ??Er hat eine Stunde gebraucht, um zu laufen/gehen

Wie Grewendorf (1989) gezeigt hat, haben diese Verben jedoch insofern telischen Charakter, als sie in der Konstruktion „*x* kommt + Partizip" vorkommen, in der sonst nur telische Verben möglich sind:

(46) a. Sie kommt ins Zimmer getanzt/gelaufen
 b. *Sie kommt im Zimmer getanzt/gelaufen

Es wären daher, wie in der Literatur oft vermerkt, zu den *sein* verlangenden Verben neben den eigentlich telischen Verben noch die Bewegungsverben hinzuzufügen.

Die Konstruktion „*x* kommt + Partizip" ist übrigens für die lexikalische Theorie der Voraussage der Merkmale beim Partizip-Stamm ein Problem, da der Kontext *kommen* bei der Vorhersage der Merkmale [PASSIV] bzw. [*sein*-PERF] noch nicht berücksichtigt wurde. Letztlich möchte man natürlich eine willkürliche Aufzählung solcher Alternativen vermeiden. Dies bedeutet, dass wir wieder zu einem Blockierungs-Mechanismus greifen müssen, der zwei Konstruktionen, eben die mit *haben* und mit *sein*, zueinander in Konkurrenz stellt. Ausschlaggebend für die Etablierung der Vergleichbarkeit der Konstruktionen ist dabei natürlich die Identität der perfektiven Bedeutung. Wenn in einer solchen Konfiguration das Merkmal [*sein*-PERF] beim Stamm aktiviert werden *kann*, dann *muss* es in dieser Konfiguration auch aktiviert werden. Auf diese Weise lassen sich dann ungrammatische Kombinationen mit *haben* verhindern, ohne dass andere Konstruktionen wie die mit *kommen* oder *werden* relevant wären.

Nicht erfasst wird von der semantischen Beschreibung der Wechsel zu *haben* beim Hinzutreten einer resultativen Komponente:

(47) Er hat/*ist die Sohle dünn gelaufen

Ausnahmen bilden weiterhin die Verben *sein* und *bleiben*, die keine telische Interpretation haben:

(48) weil Fritz im Zimmer gewesen/geblieben ist/*hat

Hier kann — in Ermangelung einer semantischen Erklärung — nur über ein syntaktisches Merkmal wie [*sein*-PERF] vorgegangen werden. Auch zu der häufig anzutreffenden Regel, dass nur intransitive Verben ein *sein*-Perfekt haben können, gibt es bei Derivationen von *gehen* Ausnahmen, vergl.:

(49) Er ist/*hat die Sache mit großem Elan angegangen

Darüber hinaus scheint es mir fraglich, ob der subtile semantische Unterschied zwischen telischen und atelischen Verben von Sprechern des Deutschen immer so deutlich empfunden wird. Vergl. etwa:

(50) a. Ich bin/habe lange angestanden
b. Fritz ist/hat mir auf den Fuß getreten

Tanja Kiziak (persönliche Mitteilung) berichtet von Sprechern, die für (50-a,b) jeweils nur eine Form akzeptieren. Dies würde bedeuten, dass selbst bei telischer Bedeutung einige Sprecher *haben* gegenüber *sein* präferieren. Lehrbücher des Deutschen (wohl in Anlehnung an Paul und Stolte (1962)) berichten über dialektale Unterschiede, wonach süddeutsche Sprecher eher *sein* benutzen als *haben*. Ich habe dies zwar nicht verifizieren können (vergl. hierzu auch die Studie von Keller und Sorace (2003)), es ist aber auf jeden Fall damit zu rechnen, dass zumindest ein Teil der Auxiliarselektion von semantischen Bedingungen unabhängig und somit syntaktisch gesteuert werden muss.

Frage 83: Wie lautet Ihr Vorschlag für eine syntaktische Analyse des Aufbaus der kursiven Phrasen in (51) (mitsamt aller notwendigen Merkmale und Regeln)?

(51) a. dass er *mir fremd ist*
b. *dass er *mir fremd hat*

Präpositionalphrasen 4.

Als Komplemente von V haben wir bisher nur DPs und VPs betrachtet; in diesem Abschnitt geht es um **Präpositionalphrasen**, also um Phrasen mit einer Präposition als Kopf. Diese können ebenfalls Komplemente von V sein; als solche bezeichnet man sie dann als **Präpositionalobjekte**.

Bei den Präpositionen handelt es sich in erster Linie um Relationen bezeichnende Inhaltswörter, die nicht flektiert werden und typischerweise eine Ergänzung, ein Objekt haben. Dass Präpositionen Inhaltswörter sein können, zeigt sich (wieder gemäß Radford (1997*a*, S. 42)) darin, dass sie durch vorangestellte Wörter (im Englischen *right* oder *straight*, im Deutschen z.B. *direkt* oder *ganz*) wie in (1) modifiziert werden können.

(1) a. Er ging *direkt* ***zu*** seiner Oma
b. Er schrieb *direkt* ***an*** seine Oma
c. *Ganz* ***in*** meiner Nähe eröffnete ein Café
d. Er handelte *etwas* ***außerhalb*** der Legalität
e. *Nahe* ***an*** der Tür befand sich eine Klingel
f. *Kurz* ***vor*** der Zielgerade gab er auf

Die Beispiele zeigen außerdem, dass Präpositionen drei verschiedene Kasus selegieren können; dieses Rektionsverhältnis können wir mittels der Stern-Merkmale wie in (2) darstellen:

(2) a.

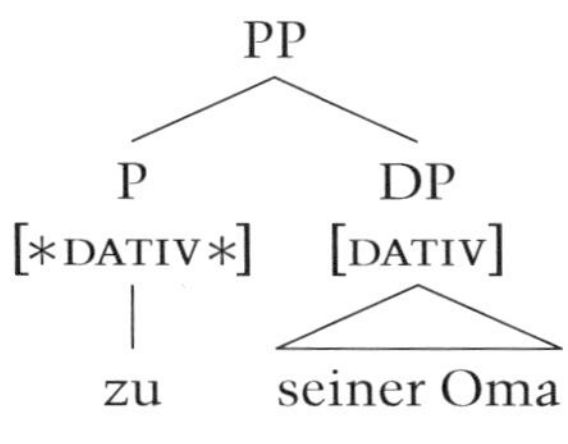

b.

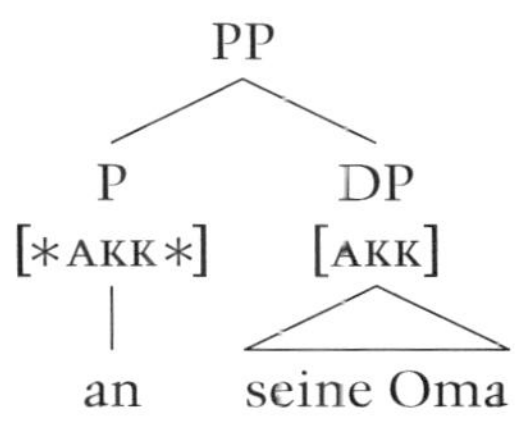

c. 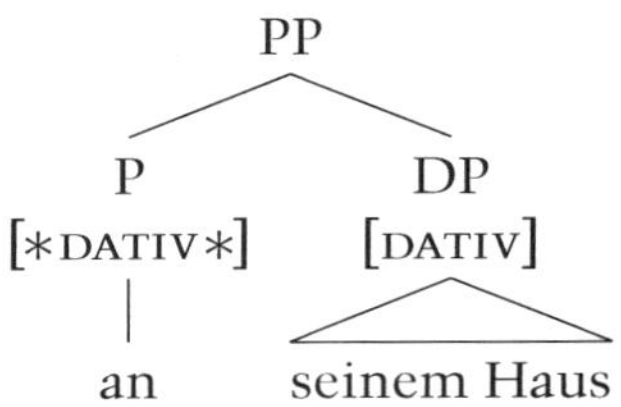

d. 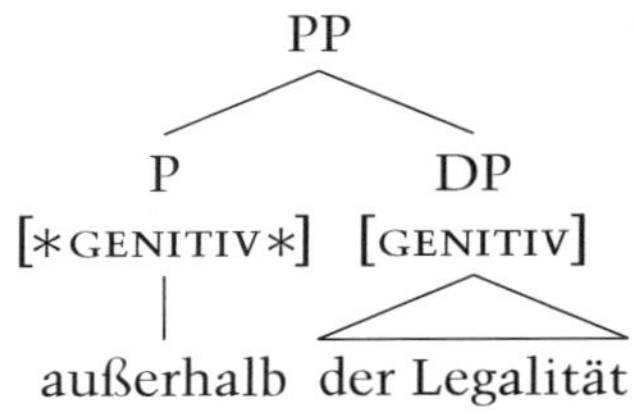

Ein Teil der Präpositionen regiert genau einen Kasus, andere zwei. „Besonders verbreitet sind die Kombinationen Genitiv/Dativ und Dativ/Akkusativ. Dabei ist die Wahl zwischen Dat und Akk syntaktisch-semantisch determiniert, die zwischen Dativ und Genitiv dagegen stilistisch. Alle drei Kasus regiert *entlang*." Eisenberg (1999, S. 188)

(3)

[*GEN*]	[*DAT*]	[*AKK*]	[*GEN*] od. [*DAT*]	[*DAT*] od. [*AKK*]
kraft	aus	für	trotz	in
seitens	bei	durch	wegen	neben
diesseits	zu	bis	statt	hinter
infolge	von	gegen	während	vor
zugunsten	seit	ohne	längs	über
aufgrund	laut	um	mittels	unter
links	mit		dank	an
südlich	nach		zwischen	auf
	gegenüber		entlang	

Zur syntaktischen und stilistischen Bedingtheit der Kasuswahl ist bei Eisenberg weiter nichts zu erfahren. Ein wesentlicher syntaktischer Faktor ist aber in jedem Falle die Rektionsrichtung, d.h. die Frage, ob die regierte DP der Präposition folgt oder dieser vorangeht; in einigen Fällen geht wohl beides (obwohl Sprachpuristen hier gerne Einwände erheben):

(4) a. meiner Meinung *nach*, *nach* meiner Meinung
b. der guten Sitten *wegen*, *wegen* der guten Sitten, *wegen* diesem Streit, ??diesem Streite wegen
c. *gemäß* seines Einkommens, seines Einkommens *gemäß*, *gemäß* seinem Einkommen, seinem Einkommen gemäß
d. allen Erwartungen *entgegen*; *entgegen* aller Erwartung, *entgegen* allen Erwartungen
e. den Gang *entlang*, *entlang* des Ganges, ?*entlang* dem Gang, *dem Gang entlang

Der Begriff „Präposition" ist natürlich dann ein *misnomer*, wenn die „Präposition" rechts vom Komplement steht; hier wäre eigentlich von einer **Post-**

position zu sprechen. In beiden Fällen verwenden wir den Buchstaben P. Der allgemeine Begriff, der sowohl Prä- wie Postpositionen umfasst, ist der Terminus **Adposition**. Wir können Adpositionsphrasen jedoch leider nicht mit AP abkürzen, da wir die Bezeichnung AP schon für Adjektivphrasen vergeben haben.

Präpositionen wie *entlang* und *entgegen* sind zu unterscheiden von den Verbzusätzen (Partikeln) in *entlanggehen*, *entgegengehen*; auch typische Präpositionen werden in der Literatur im Kontext von *ausgehen*, *umgehen*, *angehen* usw. als Partikeln bezeichnet. Diese Homonymie erklärt sich daraus, dass sich der Kernbestand der Präpositionen historisch aus Adverbialen entwickelt hat, wobei in den meisten Fällen neben der Präposition auch eine gleichlautende Verbpartikel entstanden ist. Z.B. kann aus der adverbialen Wurzel *forna* des Althochdeutschen (das heutige Adverb *vorne*) sowohl eine Präposition wie eine Partikel abgeleitet werden (s. Eisenberg (1999, S. 190)):

(5) a. Sie sitzt vor der Versammlung (Präposition)
 b. Sie sitzt der Versammlung vor (Partikel)

Für Fälle wie die in (4) genannten müssen sowohl die regierten Kasus als auch die Rektionsrichtungen durch geeignete Merkmale und Linearisierungsangaben des Lexems festgehalten werden, sie sind **idiosynkratisch**. Gewisse Subregularitäten sind aber zu erkennen: insbesondere aus Nominalen abgeleitete Präpositionen regieren den Genitiv. Eine ausführliche Übersicht zu Kasusrektion und Rektionsrichtung bietet Lindqvist (1994); zu Bedeutungsunterschieden, die von der Rektionsrichtung abhängen, siehe Meola (1998); eine schöne zusammenfassende Übersicht zur Semantik enthält Eisenberg (1999, S. 191ff).

Für die Präpositionen, die wahlweise einen Dativ oder Akkusativ regieren, ergibt sich eine partielle semantische Determination des regierten Kasus aus der Tatsache, dass der Kernbestand der Präpositionen eine lokale Bedeutung hat und diese Präpositionen in der Regel den Dativ regieren; kommt dann aber eine weitere temporale Bedeutungskomponente hinzu, so entsteht eine direktionale Bedeutung, in der die Präposition den Akkusativ regiert. Der von einer Präposition regierte Kasus ist daher aufgrund der semantischen Eigenschaften der Präposition und aufgrund seiner Verwendung in bestimmten Bedeutungskontexten vorhersagbar:

(6) Direktionale (richtungsangebende) Präpositionen verlangen den Akkusativ, lokalisierende Präpositionen den Dativ.

(7) a. Sie tanzten in dem Saal
 b. Sie tanzten in den Saal

(8) a. Sie liegen auf der Straße
 b. Sie fahren auf die Straße

In (7) wird die Unterscheidung zwischen direktionaler und lokaler Bedeutung allein durch die Kasuswahl geleistet; in (8) ist hieran auch die Bedeutung der Verben *liegen* und *fahren* beteiligt: dass *liegen* statisch ist und eine Lokation impliziert, *fahren* dagegen eine temporale Dimension hat (und somit etwas Direktionales impliziert), sind Eigenschaften der Verbbedeutungen, die mit den Deutungsmöglichkeiten der Präpositionen und somit mit der Kasuswahl interagieren.

Präpositionalobjekte 4.1.

In welcher syntaktischen Funktion können PPs im Satzgefüge auftreten? Für (7) und (8) ergeben sich unterschiedliche Antworten. In (7) ist diese Funktion adverbial, wogegen für (8) aufgrund der größeren semantischen Nähe zwischen der Verbbedeutung und der Präpositionsbedeutung angenommen wird, dass es sich bei den PPs um **Präpositionalobjekte** handelt. Dass es in (7-b) zu einer direktionalen Deutung einer an sich lokalen Präposition kommen kann, ist von der Bedeutung desjenigen Verbs abhängig, das diese Bedeutung zulässt; direktionale Ps sind nie V-unabhängig und somit Präpositionalobjekte.

Die Unterscheidung zwischen Präpositionalobjekt und sog. „freier" (adverbialer) PP ist demnach traditionell mit der Frage verbunden, wann eine PP zur semantischen Valenz eines Verbs gehört (Präp.-Obj.) und wann nicht. Bezüglich dieses Kriteriums sind die Antworten jedoch oft vage (s. z.B. Breindl (1989)). Klare Fälle von Präpositionalobjekten sind zumindest jene Konstruktionen, bei denen die Wahl der Präposition vom übergeordneten Verb eindeutig determiniert wird und die Präposition mit dem Verb eine feste Verbindung eingeht:

(9) a. Ich warte oft auf/*an/*von/*... Piroschka
b. Ich gehöre zu/*von/*an/*... Piroschka
c. Ich halte nichts von/*zu/*an/*... Piroschka

In vielen dieser Fälle ist die eigentliche Bedeutung der Präpositionen verblasst und in der Bedeutung des Verbes aufgegangen. Dies zeigt sich u.a. darin, dass die Präposition in solchen Fällen nicht modifizierbar ist. So ist z.B. *direkt* in (10) nur in der Bedeutung *unmittelbar* bzw. *sofort* und daher als temporale Bestimmung des Verbs zu verstehen:

(10) a. Ich dachte direkt an Piroschka
b. Er war direkt auf mich wütend

Im Gegensatz zu *direkt* in (1) kann hier keine Modifikation der Präpositionen *an/auf* vorliegen. Es muss dann davon ausgegangen werden, dass die beteiligten Verben wie in (11) gezeigt spezifische Präpositionen selegieren bzw. regieren.

(11) weil ich oft...

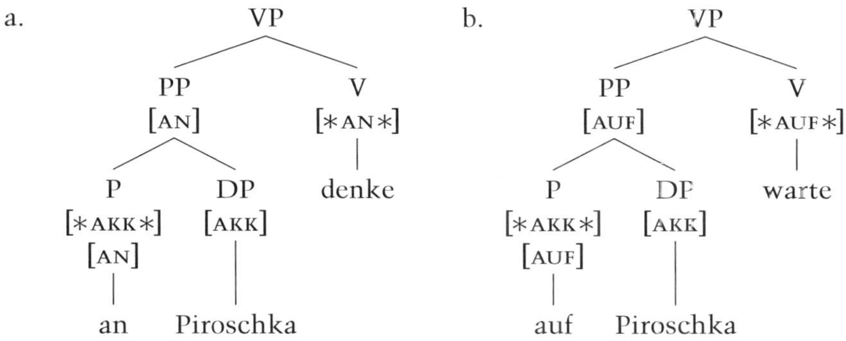

Diese idiosynkratischen lexikalischen Eigenschaften der Verben müssen (genau wie die Verteilung von *de* und *à* im Französischen) erlernt werden.

In der Literatur findet man häufig die Auffassung, dass Verb und Präposition gewissermaßen eine Einheit bilden, die zusammen ein DP-Komplement regieren, sodass die Kasuswahl nun nicht mehr allein (oder überhaupt nicht mehr) von der Präposition abhängt.[28] Inwieweit sich eine solche Idee in unser Merkmalmodell integrieren lässt (und ob dies überhaupt wünschenswert ist), soll im folgenden diskutiert werden.

Hält man an der sicher unbestreitbaren Annahme fest, dass die DP zumindest in der *syntaktischen* Struktur das Komplement einer (möglicherweise inhaltsleeren) Präposition ist, müsste eine direkte V-Abhängigkeit des Kasus der DP eine Merkmalverteilung wie in (12) implizieren:

(12) weil ich ...

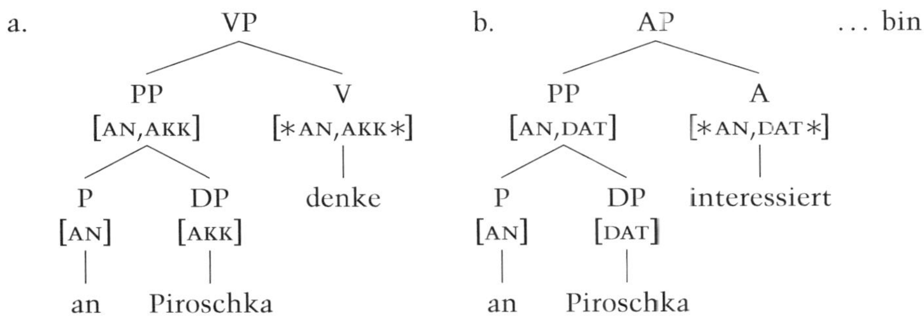

Wie man sieht müsste hier das Kasusmerkmal nicht an den Kopf der PP, sondern an das Komplement weitergegeben werden. Man spricht in solchen Fällen von **Merkmalperkolation**: Ein Merkmal sickert durch den Baum ohne sich an die Lokalitätsbedingungen für maximale Projektionen zu halten.[29]

Merkmalperkolation ist in unserem System formal nicht zulässig. Wir halten daher an einer der wichtigsten Eigenschaften der klassischen GB-Theorie von Chomsky (1981) fest, derzufolge Phrasen (also maximale Projektionen) Grenzen sind für Rektion. Eine Analyse wie die in (12) würde diesem Fundamentalgrundsatz widersprechen. Autoren, die eine Rektionsbeteiligung durch das Verb vorgeschlagen haben und gleichzeitig an den Prinzipien der GB-Theorie festhalten wollen, wie etwa Fries (1985, S. 161), fassen das Präpositionalobjekt denn auch nicht als PP, sondern als DP (bzw. NP) mit einer Präposition in Spezifikatorposition auf. Auch dieser Weg ist in unserem System nicht gangbar, da bei einer solchen Analyse zwar die Kasusselektion, nicht aber die gleichzeitige Selektion der Präposition durch das Verb erfasst werden kann.

Wenn man daher daran festhalten möchte, dass die Präposition auch dann den Kasus regiert, wenn sie bedeutungslos ist, muss gefragt werden, wie der Einfluss des Verbs auf die Kasuswahl implementiert werden kann. Kein Problem bilden Fälle wie *fern von* (*seinen Lieben*) oder *überzeugt von* (*dieser These*), da die Präposition *von* ohnehin nur einen einzigen Kasus regieren kann, sodass das Merkmal [∗DATIV∗] direkt im Lexikoneintrag notiert werden kann. Problematisch sind nur solche Fälle, wo eine Kasusalternanz vorliegt, die weder durch ein Merkmal der Präposition selber noch, nunmehr wegen Bedeutungslosigkeit der Präposition, aufgrund der Regel (6) vorhergesagt werden kann.

Eine mögliche Lösung beruht auf der Annahme, dass direktionale (richtungsangebende) Präpositionen ein inhärentes (projektives) Merkmal [DIR] haben, lokalisierende Präpositionen entsprechend ein Merkmal [LOK], und dass diese Merkmale auch bedeutungslose (oder „bedeutungsschwache") Präpositionen formal unterscheiden können. Es gilt dann genau wie zuvor:

(13) Ps mit dem Merkmal [LOK] haben das Merkmal [∗DATIV∗], Ps mit dem Merkmal [DIR] haben das Merkmal [∗AKKUSATIV∗].

Der Unterschied zu gehaltvollen Präpositionen ist dann lediglich der, dass die Merkmale [DIR] und [LOK] bei vielen Präpositionalobjekten semantisch nicht interpretiert werden. Es handelt sich dort um rein formale Distinktionen, die allein der Kasuszuweisung dienen; insbesondere steuern die übergeordneten Prädikate indirekt die Kasuswahl, da sie die Merkmale [DIR] und [LOK] von außen selegieren:

(14) a. b.

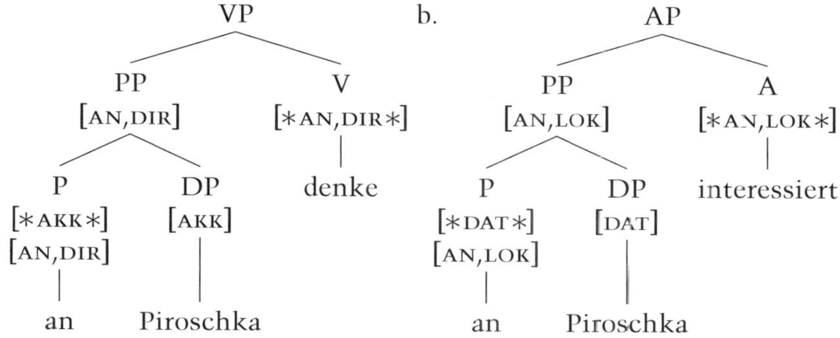

Ein naheliegender Einwand gegen ein solches Verfahren wäre folgender: Da die Merkmale [DIR] und [LOC] in den hier relevanten Fällen ohnehin nicht semantisch interpretierbar sind, könnte man sie doch gleich durch Kasusmerkmale ersetzen. Der empirische Effekt wäre, wie (15) illustriert, derselbe:

(15) a. b.

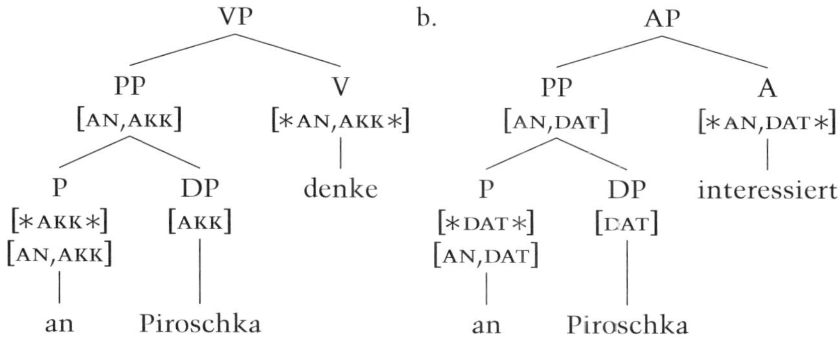

Auf diese Weise würden die Kasusmerkmale bei der Präposition formal den Status von Kongruenzmerkmalen erlangen, obwohl Kongruenz hier morphologisch nicht realisiert werden kann. Diese Art von Pseudo-Kongruenz ergäbe sich überdies quasi automatisch, wenn man die semantisch leeren Präpositionen zu funktionalen Kategorien erklärt: In diesem Fall ergibt sich die Perkolation schon aufgrund der Regel *AGREE!* und der Annahme, dass Ps Kasusmerkmale tragen können. Eine bemerkenswerte weitere Folgerung wäre demnach auch die, dass man den Effekt der Perkolation mithilfe dieses Tricks systemkonform nachspielen könnte: Sobald wir zulassen, dass gewisse Merkmale als Kopfmerkmale (von P) prinzipiell morphologisch unrealisiert bleiben, könnten entsprechende Komplementmerkmale gerade die Perkolation dieser Merkmale ermöglichen.

Dazu ist zweierlei zu sagen. Erstens ist es prinzipiell richtig, dass der Effekt der Perkolation in der beschriebenen Weise nachgespielt werden kann. Dies ist jedoch durchaus nicht intendiert, denn es untergräbt offenbar die ursprünglich vorausgesetzte Lokalität des Checking-Verfahrens. Wir werden daher nur im Notfall darauf zurückgreifen. Zweitens lässt sich gegen eine Analyse wie die in (15) inhaltlich argumentieren, sodass es im vorliegenden Fall nicht adäquat wäre, auf Perkolation zurückzugreifen. Zwar ist es formal richtig, dass der Austausch von Merkmalen nicht zu anderen Ergebnissen führt, jedoch liegt auf der Ebene der relevanten Generalisierungen ein Unterschied vor: Ausschlaggebend ist die Beobachtung, dass an Präpositionalobjekten gerade die „Kernpräpositionen" in (16) beteiligt sind:

(16) *an, auf, aus, durch, für, gegen, in, mit, nach, über, unter, um, von, vor* und *zu*.[30]

Genau diese aber haben ursprünglich eine direktionale oder lokale Bedeutung. Es ist z.B. nie der Fall, dass eine Präposition, die den Genitiv regiert, in PP-Objekten vorkäme. Wenn es erlaubt wäre, statt der beiden aus der Semantik abgeleiteten Merkmale [DIR] und [LOC] beliebige andere Merkmale zu verwenden, wäre es rein zufällig, dass es gerade die in (16) genannten Ps sind, die Anlass für unsere Überlegungen waren.

Ein zweiter Grund, der in der traditionellen Auffassung von der Kasusbestimmung direkt durch das Verb nicht hinreichend gewürdigt wird, resultiert aus der einfachen Beobachtung, dass passivierte Verben ihren Objekten nie Akkusativ-Kasus zuweisen können. Genau dies aber müsste für (17) möglich sein, wenn der Kasus von *ihn* durch *denken* regiert würde.

(17) weil nicht an ihn gedacht wurde

Die Folgerung ist daher, dass die Idee der direkten Kasusbestimmung durch das Verb nicht konsistent ist und dass deshalb nur der Umweg über andere, unabhängig motivierte Merkmale korrekt sein kann.

Frage 84: Welche Behauptung ist Ihrer Meinung nach am zutreffendsten: Hat ein Lexem der Kategorie P keine Bedeutung, so kann es (a) keinen, (b) nur einen, (c) im Prinzip verschiedene Kasus zuweisen.

Frage 85: Wiederholung. Wie sind die in (18) kursiven VPs zu analysieren?

(18) a. Ich glaube, dass *Willi in Bedrängnis ist*
b. Ich glaube, dass *Willi ein Idiot ist*
c. Ich glaube, dass *Willi krank ist*
d. Ich glaube, dass *ich auf Piroschka stolz bin*

Frage 86: Wie sind die kursiven PPs in (19) zu analysieren?

(19) a. Kniestrümpfe gehen *bis über die Knie*
b. Sie flogen *bis nach Südamerika*
c. Sie flog *nach vorne*

Doppelte Objekte 4.2.

Betrachten wir nun:

(20) als Emil das Buch auf den Tisch legte

Es ist klar, dass *auf den Tisch* ein Präpositionalobjekt ist, dem im Lexikoneintrag von *legen* das Merkmal [*LOK*] entspricht. Ebenso brauchen wir dort ein Merkmal für das Objekt *das Buch*, dessen Kasus vom Verb gecheckt werden soll. Das Verb braucht also zwei Merkmale für zwei Objekt-Positionen. Im Rahmen der klassischen X-bar-Theorie könnte dies so aussehen, dass die PP Komplement von V ist, das Objekt dagegen Spezifikator. Das Subjekt wäre dann Spezifikator der I-Projektion.

Da wir hier ohne I-Projektion auskommen wollen, lässt sich dieses Verfahren hier nicht nachspielen. Insbesondere gäbe es ja nunmehr zwei Spezifikatoren, deren Abfolge nicht dadurch geregelt ist, dass sie Spezifikatoren verschiedener Projektionen sind. Anstatt anzunehmen, dass es hier zwei Spezifikatoren gibt, scheint dagegen die Annahme viel sinnvoller, dass wir es mit zwei Komplementen des Verbs zu tun haben, deren Abfolge im Lexikon geregelt ist. Dass Merkmale in einer bestimmten Reihenfolge abgearbeitet werden müssen, ist ein allgemeineres Phänomen, das sich dadurch erfassen lässt, dass schon *im Lexikon* eine bestimmte Abfolge von Merkmalen festgelegt ist. Z.B. wollen wir davon ausgehen, dass (21-a) eine zulässige Abfolge ist, nicht aber (21-b):

(21) a. weil er der Susanne ehrlich vorkam
b. *weil er ehrlich der Susanne vorkam

Das Verb *vorkommen* verlangt in (21) also zuerst ein Adjektiv (bzw. eine AP) als erstes Komplement, hat daher das Merkmal [*A*], und dann einen Dativ, hat also das Merkmal [*DATIV*] als zweites Komplementmerkmal. Wir implementieren dies in unserer Formalisierung der Merkmalgrammatik in Anhang (D.4.) so, dass wir die Merkmale generell als eine **Folge** von Merkmalen oder Merkmalmengen auffassen. In unseren Baumdarstellungen notieren wir die Unterscheidung zwischen den Merkmalen, die verschiedenen Positionen zuzuordnen sind, meist so, dass die zuerst abzubauenden Merkmale *über* den später abzubauenden Merkmalen stehen. Notiert man die Folge nicht vertikal, sondern horizontal, ergibt sich (22) als **die allgemeine Form einer binären Verzweigung** [XP YP X]:

(22)

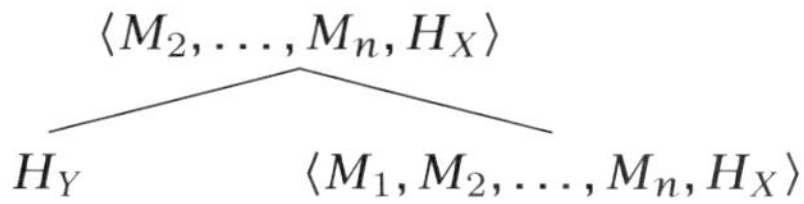

Darin sind H_X die Kopfmerkmale von X und H_Y die Kopfmerkmale von Y; jede Menge M_i enthält nur Merkmale der Form [$*\alpha*$]. Enthält jedes kontextuelle Merkmal in H_Y ein Gegenstück in M_1 und umgekehrt (d.h. alle Merkmale in M_1 haben ein Gegenstück in H_Y), dann ist die Verzweigung wohlgeformt.

Die Festlegung einer Folge im Lexikon kann daher die terminologische Unterscheidung zwischen Spezifikator- und Komplementmerkmalen ersetzen; idealerweise würden wir diese (intuitiv ohnehin völlig unklare) begriffliche Unterscheidung zwischen Typen von Merkmalen gerne zugunsten einer simplen Ordnung im Lexikon aufgeben. Dies funktioniert bei genauerem Hinsehen jedoch in genau einem Falle nicht ganz problemlos. Denn die morphologische Analyse von (3.37) offenbart, dass [∗NOM,PL∗] und [∗AKK∗] von *verschiedenen* Lexikoneinheiten stammen: [∗NOM,PL∗] stammt vom Flexiv, [∗AKK∗] vom transitiven Verbstamm. Da bei der Projektion von Merkmalen nichts hinzukommen sollte, was nicht in den Lexemen explizit vorhanden ist, ist eine „nachträgliche" Ordnung der Lexeme nicht zulässig. Ein gewisses Residuum der X-bar-Theorie bleibt also erhalten.

Angesichts der Tatsache, dass wir nunmehr zwei verschiedene Mechanismen angenommen haben, die letztlich dasselbe tun, nämlich eine Ordnung für den Abbau der Merkmale herstellen, stellt sich die Frage, wie solche Redundanzen vermieden werden können. Das Problem ist allgemein dies, dass das Kasusmerkmal für das Objekt semantisch induziert wird und vom Hauptverb der Konstruktion kommt, das Merkmal für das Subjekt jedoch syntaktisch von der Flexion kommt, die auch die Flexion eines Hilfsverbs sein kann. Formal projizieren die Merkmale dann unabhängig voneinander, selbst wenn sie zum gleichen Knoten gehören.[31]

Wenn man daher auf die traditionellen, aber eigentlich obsolet gewordenen Begriffe Spezifikator und Komplement verzichten will, muss es einen anderen Mechanismus geben, der die Abfolge von Nominativ und Akkusativ regelt. Diesen werden wir genauer erst in Kapitel (V.) diskutieren können. Dort gehen wir davon aus, dass die Semantik des Verbs *legen* drei Argumente verlangt, ein Agens (den Leger), ein Thema (das Gelegte) und einen Ort. Diese drei Argumente müssen syntaktisch identifiziert werden. Es ist klar, dass wir den Ort mit der Kategorie PP verbinden, für Thema und Agens bleiben die beiden DPs. Aber welche DP ist welches Argument? Wir nehmen an, dass es eine semantisch determinierte Hierarchie bezüglich Agens und Thema gibt: das Thema muss verbnäher, also vor dem Agens, mit der V-Projektion verbunden werden. Nehmen wir nun an, dass der Akkusativkasus nicht durch ein Merkmal gecheckt werden muss; vielmehr besteht die Aufgabe dieses Kasus gerade, dasjenige Argument des Verbs zu identifizieren, das gerade *kein* Subjekt ist (das Agens ist immer ein Subjekt). Dies bedeutet, dass ein Argument des Verbs nur dann durch eine Akkusativ-DP syntaktisch identifiziert werden kann, wenn die V-Projektion nach dem *MERGER* mit der Akkusativ-DP noch ein Argument übrig hat, das noch nicht syntaktisch identifiziert worden ist. Dieses übriggebliebene Argument ist natürlich das Agens. Damit ist erstens die Abfolge zwischen Nominativ und Akkusativ festgelegt, da diese durch die Abfolge von Agens und Thema bestimmt ist, und zweitens kann das Thema nicht als Nominativ-DP realisiert werden: wäre dies der Fall, müsste das Agens als Akkusativ realisiert werden; das Agens erfüllt aber gerade nicht die Bedingung, dass nach dem MERGER ein weiteres Argument übrigbleibt, welches noch identifiziert werden müsste. Dies ist so, weil das Agens immer das „höchste" Argument innerhalb eines Argumentrahmens ist.

Geht man also davon aus, dass es für die Verteilung der beiden Kasus einen unabhängigen Mechanismus gibt, so ist es möglich, generell auf Begriffe wie Spezifikator und Komplement zu verzichten. Der Grund hierfür ist der, dass deren Funktion einfach dadurch erfüllt wird, dass es in Syntax und Semantik **Hierarchien** gibt, welche die Abfolge von Operationen vorgeben.[32]

Im Folgenden werden wir in unseren informellen Darstellungen weitgehend am Gewohnten festhalten und die redundant gewordenen Begriffe dennoch verwenden. Dies ist nicht mehr als ein Zugeständnis an die Tradition und bedeutet nicht, dass die Begriffe inhaltlich irgendwie klar definierbar wären. Eine ausführlichere Diskussion des Umgangs mit diesen Begriffen in der Literatur findet sich in Anhang (D.1.).

Flektierte Präpositionen? 4.3.

Wörtern wie *am, zum, im, beim, vom* können keine Artikel folgen, weil sie selber schon gewissermaßen aus Präposition und Artikel (*zu+dem, in+dem, an+dem* usw.) bestehen; man sagt, dass die Präposition den Artikel „inkorporiert" hat. Analog verhält sich *zur* (*r=der*) und *ins, ans, fürs* (*s=das*). Man spricht in diesem Zusammenhang auch von Enklise (Anlehnung). Inkorporation und Enklise werden in der Syntax häufig so analysiert, dass Strukturen der Form (23-a) in solche der Form (23-b) umgewandelt werden:

(23) a.

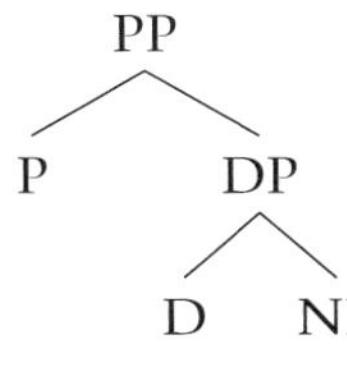

b.

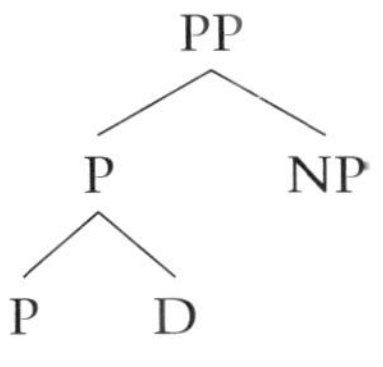

Der Determinator wurde in (23-b) in die Präposition inkorporiert. Dieser Prozess involviert eine Bewegungsregel, also eine Transformation; solche werden aber erst im nächsten Kapitel eingeführt. Es stellt sich hier daher die Frage, ob nicht eine einfachere, alternative Beschreibung des Phänomens möglich ist. Präposition-Artikel-Verschmelzungen könnten schon im Lexikon als *ein* Lexem, also als quasi **flektierte Präposition** mit einem NP-Komplement analysiert werden.[33] Für die Merkmale der so amalgamierten Kategorie bedeutet dies, dass sie einerseits die Kopfmerkmale der Präposition haben, also das kategoriale Merkmal P und ggf. die spezifischeren Merkmale [ZU], [IN] und [AN] usw. Ihre internen distributionellen Eigenschaften sind jedoch andererseits die des inkorporierten Artikels, sodass ihre Komplementmerkmale mit denen des „enklitischen" Artikels identisch sind.

Frage 87: Welches sind dann die Komplement- und Kopfmerkmale der eingangs genannten Präpositionen *am, zur* und *ins*?

Somit stellt sich die Frage, ob man sich für oder gegen eine transformationelle Analyse entscheiden sollte. M.E. gibt es keine überzeugenden Argumente, die dafür sprechen. Betrachten wir zwei solche Argumente aus der Literatur, eines, das aufgrund veränderter theoretischer Annahmen nicht mehr gültig ist, ein anderes, dessen empirische Grundlage nicht beweiskräftig ist.

Argument 1. Betrachten wir die Strukturen (24), wie sie vor Einführung der DP-Hypothese in Anschlag zu bringen waren:

(24) a.
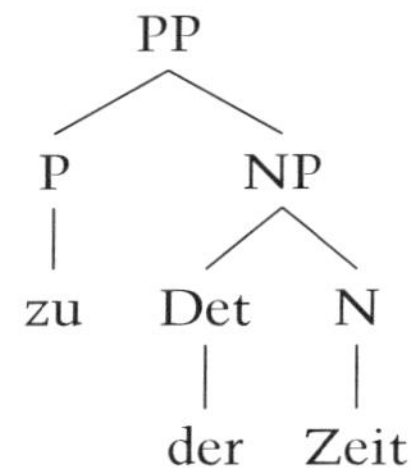

b.
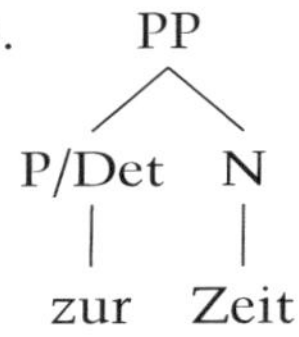

Schellinger (1988, S. 225f) argumentiert gegen (24-b) als eine direkt in der Phrasenstruktur generierbare Struktur, denn hier könnten die üblichen Beschränkungen für Phrasenstrukturregeln (die X-bar Theorie, siehe Anhang D.) nicht erfüllt werden, da das Komplement keine Phrase (keine NP mit Determinator) sein kann. Daher nimmt er an, dass (24-b) nur durch eine Transformation aus (24-a) entstehen kann.

Dieses Argument ist aber aufgrund der DP-Hypothese heutzutage nicht mehr geltend zu machen, denn das Komplement von *zur, ins* usw. wäre ja wie in (25-b) in jedem Fall Phrase:

(25) a.
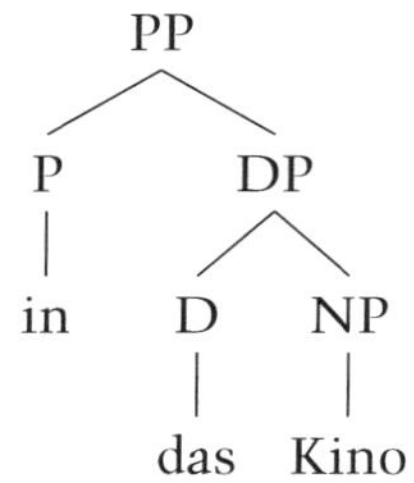

b.
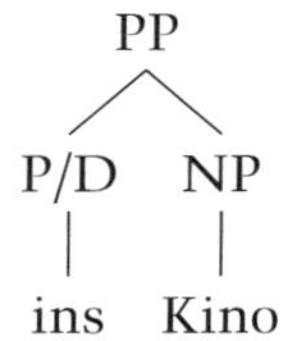

Da Phrasalität keine inhärente Eigenschaft von Konstituenten mehr ist (vergl. hierzu nochmals Anhang D.), sind (24-b) und (25-b) strukturell gleich, sodass sich nunmehr auch nicht argumentieren lässt, dass eine der Strukturen nicht wohlgeformt wäre.

Beispiel 2. Ein empirisches Argument für eine Transformationslösung gibt Beermann (1990, S. 73) mit den Beispielen in (26) und (27), wobei die Autorin annimmt, dass die (b.)-Sätze durch Inkorporation des Artikels aus den (a.)-Sätzen abgeleitet werden müssen.

(26) a. Er kommt *auf* mehr als ***das*** doppelte Gewicht
b. Er kommt **aufs** mehr als doppelte Gewicht

(27) a. Er gefällt sich *in* immer wieder ***dem*** gleichen Gestöhne
b. Er gefällt sich **im** immer wieder gleichen Gestöhne

Es ist klar, dass eine Fusion hier nur durch Bewegung zustande kommen kann. Nicht beachtet wird jedoch, dass nicht die (a.) Sätze, sondern die in (28) als Grundlage für die Amalgation angesehen werden können:

(28) a. Er kommt *auf* ***das*** mehr als doppelte Gewicht
b. Er gefällt sich *in* ***dem*** immer wieder gleichen Gestöhne

Genau wie in den üblichen Fällen von „Inkorporation" liegt hier eine ganz lokale Abfolge von P und D vor, die genauso gut auch lexikalisch als komplexe Kategorie analysiert werden könnte. Daher sind die (a.)-Sätze durchaus mit einer lexikalischen Analyse der (b.)-Sätze vereinbar und bieten keine Evidenz für eine transformationelle Analyse.

Soll das Argument funktionieren, müsste eine Konstruktion gefunden werden, die einerseits eine Inkorporation von nicht-benachbarten Köpfen zulässt, andererseits aber keine grammatische P+D-Abfolge als Variante hat. Eine solche Konstruktion scheint es aber m.W. nicht zu geben. Man vergleiche etwa:

(29) a. Er hat sich **zur** Hälfte der Anklagepunkte bekannt
b. Er hat sich *zu* mehr als ***der*** Hälfte der Anklagepunkte bekannt
c. *Er hat sich *zu* ***der*** mehr als Hälfte der Anklagepunkte bekannt
d. *Er hat sich **zur** mehr als Hälfte der Anklagepunkte bekannt

Hielte man an der Transformationsanalyse fest, wäre ja zusätzlich zu klären, warum Inkorporation in (26-a), (27-a) und (29-a) anscheinend möglich ist, nicht aber in (29-d). Eine offensichtliche Erklärung dieser Unterschiede scheint mir nicht trivial; dagegen ließe sich die Ungrammatikalität von (29-d) auf banale Weise dadurch erklären, dass schon (29-c) ungrammatisch ist. Dies folgt jedoch nur, wenn man annimmt, dass (a.) entweder die Transformation immer nur ganz lokaler P+D-Konfigurationen erfassen kann, oder (b.) der

Komplex P+D von vornherein lexikalisch analysiert wird und dann genau die internen Eigenschaften hat, die auch D hat.

Frage 88: Vollkommen ausgeklammert blieb hier die Frage, wie die internen syntaktischen Strukturen der beteiligten Phrasen PPs und DPs überhaupt zu analysieren sind. Dies ist keine Frage, die hier definitiv beantwortet werden soll. Dennoch sollte man sich durchaus die Frage stellen, welche Unterschiede zwischen den Konstruktionen zu berücksichtigen sind und wie sie phrasenstrukturell erfasst werden könnten.

Davon unabhängig gibt es einige distributionelle Unterschiede zwischen inkorporierten und nicht-inkorporierten Varianten, die sich weder automatisch aus der einen, noch aus der anderen Theorie ergeben. Z.B. kann die Möglichkeit, eine verschmolzene Form zu bilden, die „explizite Form" blockieren, vergl. (30):

(30) a. *Ich habe dich bei dem Schummeln erwischt
b. *In dem Schwarzwald ist es schön
c. *Er geht auf das Ganze

In diesen Kontexten ist die Verschmelzung vollständig grammatikalisiert worden. Von idiomatischen Wendungen wie (30-c) abgesehen, dürfte auch eine Rolle spielen, ob die Verschmelzung eine Art generische Bedeutung haben kann, welche die nicht-amalgamierte Form nicht haben kann: vergl.:

(31) a. *Am Sonntag* bleibt die Küche kalt
b. #*An dem Sonntag* bleibt die Küche kalt

In diesen Kontexten ist Verschmelzung obligatorisch, trotz der Tatsache, dass der Artikel selber diese generische Bedeutung ebenfalls haben kann, wie etwa in:

(32) *Der Sonntag* ist der erste Tag der Woche

Und umgekehrt gibt es Kontexte, die eine Fusion nicht zulassen, vergleiche:

(33) a. Ich gehe nur zu dem Arzt, dem ich wirklich vertraue
b. *Ich gehe nur zum Arzt, dem ich wirklich vertraue

Voraussetzung für die Verschmelzung ist die Unbetonbarkeit des Artikels, die in (33) wegen des restriktiven Relativsatzes nicht erfüllt ist. Denn der Relativsatz (abgekürzt: RS) verlangt einen betonten Artikel oder zumindest ein anderes betontes Element, von dem der RS semantisch abhängt; man vergleiche etwa:

(34) a. Ich saß in DEM Stuhl, in dem schon Thomas Mann gesessen hatte
b. *Ich saß im Stuhl, in dem schon Thomas Mann gesessen hatte

c. Ich saß in demSELben Stuhl, in dem schon Thomas Mann gesessen hatte
d. Ich saß im SELben Stuhl, in dem schon Thomas Mann gesessen hatte

Die Verschmelzung *im* in (34-d) mit nachfolgendem RS ist offenbar nur deshalb grammatisch, weil es ein anderes Element, nämlich *selben*, gibt, von dem der RS semantisch abhängt.

Die Bedingungen für die Distribution von komplexer und amalgamierter Form sind in der Literatur noch nicht gänzlich geklärt; vergleiche die Diskussion in Hinrichs (1984), Schellinger (1988) oder Beermann (1990). Die genannten Arbeiten versuchen insbesondere abzuklären, ob das Amalgat im Lexikon (als ein Wort) oder als Ergebnis eines syntaktischen Transformationsprozesses zu beschreiben ist. Wie gesagt finden sich dort keine stichhaltigen Argumente für oder gegen eine der Analysen. Wenn aber z.B. die Erklärung von (34-b) aufgrund mangelnder Betonbarkeit des Amalgats richtig ist, — vergl. diesbezüglich auch:

(35) a. Ich vertraue auf DAS, was mir geraten wurde
b. *Ich vertraue AUFS, was mir geraten wurde

so scheint mir eine lexikalische Analyse letztlich doch unproblematischer. Auf eine Analyse des hier schon angedeuteten engen Zusammenhangs zwischen Determinatoren und Relativsätzen komme ich in Abschnitt (III.7.3.) wieder zurück.

„Präpositionalien" 4.4.

In einer Gebrauchsgrammatik des Deutschen finden wir als Beispielsatz (36),

(36) Ihr Betragen war nicht ihrer Stellung gemäß

worin das Vorkommen von *gemäß* mit folgender Aussage kommentiert wird: „Wo das Adjektiv als Adverbium verwendet wird, wird es als Präposition aufgefasst." Ist *gemäß* nun Adjektiv, Adverbium oder Präposition, oder alles zugleich? Oder sollen wir es nur so „auffassen"? Von Lindqvist (1994, S. 3) „wird die Ansicht vertreten, dass sich die Präpositionen nicht ohne weiteres von solchen Ausdrücken abgrenzen lassen, die keine Präpositionen sind." Dies suggeriert zwar einen an sich inkonsistenten Sprachgebrauch, scheint aber der Sache nahe zu kommen. Unklarheiten zeigen sich z.B. schon in der Orthographie: *infolge* (*seiner Krankheit*) ist ein P, *in Folge* aber bei vielen Autoren merkwürdigerweise ebenfalls (oder wird hier eine Folge von P und N nur als P „aufgefasst"?). Einen Ein- und Überblick zu solchen Unklarheiten bietet Lindqvist (1994), der eine präzise Definierbarkeit von syntaktischen Kategorien ohnehin generell abstreitet und statt dessen ein Kontinuum von Präpositionen und präpositionsähnlichen Ausdrücken vorschlägt, die er wertneutral als „**Präpositionalien**" bezeichnet.

Dass eine solche generelle These von der Vagheit syntaktischer Hauptkategorien richtig (oder auch nur nützlich) ist, kann bezweifelt werden. Unbestreitbar ist jedoch ein terminologisches Gestrüpp in der germanistischen Literatur. Völlig unklar ist z.B. die Abgrenzung zwischen PPs und Adverbialen. So wird in Duden (1983) *zuliebe* als Adverb klassifiziert, in Duden (1989) als Präposition. *betreffend* wird als Partizip Präsens eines Verbs sowohl als Adverb wie als Adjektiv, aber eben auch als Präposition klassifiziert. Weder vermag hier die doppelte Klassifikation noch die Strategie, alle Kategorien vage zu halten, grundlegende Fragen zu klären.

Keinesfalls möchte ich hier insinuieren, für die vielen in der Literatur aufgeworfenen Detailprobleme Lösungen parat zu haben; ich möchte in diesem Abschnitt lediglich auf einige allgemeine Analysestrategien aufmerksam machen, die ich für sinnvoll erachte.

Schon zuvor war von einem gewissen „Kernbestand" von Ps die Rede. Was aufgrund von zahlreichen Tests als nicht zum Kernbestand gehörig ausgewiesen werden kann, wird von Lindqvist (1994) als weniger „präpositional" angesehen. Ich sehe jedoch keinen vernünftigen Grund, diesem Trend zur Gradierung von Kategorien zu folgen. Z.B. werden Ps wie die in (37), die nicht dem für Kern-Ps typischen Verhalten folgen, ausschließlich DP-Komplemente zuzulassen, als weniger präpositional angesehen. Es fragt sich aber, welchen Erklärungswert eine solche Aussage haben kann. Ich sehe keinen und habe keinerlei Schwierigkeiten damit, „untypische" Ps , die nicht nur DPs, sondern selber wieder PPs subkategorisieren, als Ps aufzufassen.

(37) a. *jenseits* von Eden, *fern* von seinen Lieben, *außerhalb* von Bayern
b. *bis* vor die Tür, *bis* (knapp) vor der Grenze
c. der Rock ist noch *von* vor dem Krieg

Ebenso bin ich für scharfe Distinktionen in der oben schon angeschnittenen Frage der Abgrenzung zwischen PP, AP und Adverb. Zunächst mag auffallen, dass wir die Kategorie Adverb in unserer Systematik bisher nicht vorgesehen haben. Adverbiale sind ja meist adverbial verwendete Adjektive (wie in: er schnarcht *laut*), und gehören unserer Klassifikation nach kategorial zum Typ Adjektiv. In adverbialer Funktion verwendet haben sie dann das Merkmal [∗V∗] bzw. [∗VP∗], wenn man davon ausgeht, dass es in jeder *MERGE*-Operation zu einem Merkmalabgleich kommt. Ausschlaggebend für die Verwendungsweise ist hier natürlich die Semantik, also die Frage, ob das Adjektiv sinnvollerweise auch von Ereignissen oder Zuständen prädiziert werden kann, also von Entitäten, die von Vs bezeichnet werden.

Daraus folgt dann aber auch, dass jene „Adverbien", die „auch" als PPs analysiert werden können, in unserer Klassifikation kategorial nichts anderes als PPs sind, die sich semantisch auf ebensolche Ereignisse oder Zustände beziehen können. Dazu gehört dann auch *zuliebe*, dessen Kernbestandteil *zu* eindeutig als P zu analysieren ist. Übrig bleiben dann lediglich Wörter wie *heute, gestern* u.a.m., die einerseits eindeutig nur Eigenschaften von Ereignissen beschreiben (nämlich deren zeitliche Realisierung in Relation zur Sprechzeit), die andererseits aber weder als prädikative noch als attributive Adjektive verwendet werden können und die daher auch nie wie Adjektive flektiert werden können. Diese Wörter bilden einen Restbestand, der formal eindeutig dadurch charakterisiert werden kann, dass bei allen Wörtern dieser Gruppe das Merkmal [*V*] bzw. [*VP*] obligatorisch ist.[34] Welcher Hauptkategorie diese Wörter angehören, ist dann m.E. eine rein terminologische Frage. Ich hätte nichts dagegen, eine eigene Kategorie (Adverb) für sie einzurichten; will man Kategorien sparen, kann man sie aber wohl ebensogut unter die Kategorie A subsumieren. Ich fürchte, dass die Handhabung in diesem Buch nicht einheitlich ist und lasse daher beide Möglichkeiten zu.

Frage 89: Zugegebenermaßen sind Verbindungen mit *am* beim Superlativ ein Problem; explizieren Sie dieses anhand von:

(38) Hier ist es *am* schönsten

Eisenberg (1999) rückt *am* in der rheinischen Verlaufsform (39) in die Nähe des *zu*-Infinitivs:

(39) Er ist *am* Laufen

Was spricht für bzw. gegen die Auffassung, *am* sei (a) ein P+D und (b) genau wie *zu* ein Flexionselement?

Komplementiererphrasen 5.

Finite CPs 5.1.

Die nächste Kategorie, die wir betrachten wollen, ist die der subordinierenden (=unterordnenden) Konjunktionen, zuweilen auch „Einleiter" genannt.

(1) SPRECHER A: Was erwartet das Volk von der Regierung?
SPRECHER B: *Dass* sie die Steuern senkt

Hier ist *dass* die satzeinleitende Konjunktion; ein anderer typischer Komplementierer ist *ob*:

(2) a. Ich wusste nicht, *dass* er krank ist
b. Ich wusste nicht, *ob* er krank ist

Da Konjunktionen wie *dass* und *ob* die Funktion haben, anzuzeigen, dass der *dass*- bzw. *ob*-Satz eine Ergänzung, engl. *complement*, des übergeordneten Verbs (hier: *erwarten, wissen*) ist, werden sie im Englischen *complementizer* genannt; im Folgenden übernehmen wir diese Terminologie und nennen die

Konjunktionen **Komplementierer**. Abgekürzt wurde diese Kategorie in älteren Arbeiten mit **COMP**, in neueren (die der Konvention folgen, nur einbuchstabige Kategorienkürzel zu verwenden) mit **C**.

Komplementierer wie *dass* scheinen lediglich die grammatischen Eigenschaften der *Subordination* anzuzeigen; dagegen hat *ob* darüber hinaus die semantische Funktion, eine indirekte Frage zu kodieren. Andere satzeinleitende Konjunktionen haben ebenfalls die Aufgabe, eine spezifische semantische Relation zum Hauptsatz auszudrücken; so bezeichnet *wenn* eine konditionale Beziehung zum Hauptsatz, *als* eine temporale, *sodass* eine finale und *weil* eine kausale:

(3) a. *Wenn* Kattelbach kommt, wird alles gut
b. *Als* Kattelbach kam, wurde alles gut
c. Kattelbach kam, *sodass* alles gut wurde
d. *Weil* Kattelbach kam, wurde alles gut

Diese semantische Funktion ist adverbial; daher können Komplementierer sowohl Adverbialsätze als auch Ergänzungssätze einleiten.

Offenbar lassen sich die Konjunktionen im Deutschen nicht mit *daß* und *ob* kombinieren, obwohl beide am Beginn eines Satzes stehen. Kombinationen wie *wenn dass, weil dass, wenn ob* usw. sind ungrammatisch. Dies wurde zum Anlass genommen, die Konjunktionen unter eine einzige syntaktische Kategorie C zu subsumieren: das syntaktisch Gemeinsame all dieser C-Konjunktionen ist es, dass ihr Komplement eine finite VP ist, was bedeutet, dass der Kopf der VP (also das nicht unter einem andern Verb eingebettete Verb des Satzes) im Präsens oder Präteritum steht und die Kongruenzmerkmale für das Subjekt hat:

(4) wenn Kattelbach *kommen, *zu kommen, *gekommen

Die Eigenschaft der Finitheit, die den Verben in (3) gemeinsam ist, haben wir in der Tabelle zu Beginn von Abschnitt (I.8.1.) durch das Merkmal [+FINIT] charakterisiert. Es scheint daher möglich, wie in (5) gezeigt, das Merkmal [∗+FINIT∗] auch zu verwenden, um den Selektionszusammenhang zwischen den Komplementierern und dem finiten Verb zu erfassen; die Projektion des Komplementierers ist wie üblich die **Komplementiererphrase** CP.

Eine solche Analyse würde jedoch eine Modifikation des bisher Angenommenen erzwingen. Denn im vorangegangenen Kapitel haben wir das Merkmal [FINIT] als nicht-projektives, innermorphologisches Merkmal angesehen, das, wenn es aktiv wird, eine Personalendung mit dem Merkmal [∗FINIT∗] erzwingt. Mithilfe des Finitheitmerkmals haben wir garantiert, dass finite Verben flektiert sind. Belassen wir es dabei, kann das Merkmal [FINIT] in der Syntax nicht mehr sichtbar sein, da es schon in der Morphologie gecheckt werden musste. Quasi das Gegenteil gilt indes für die anderen drei Status-Merkmale

(5)

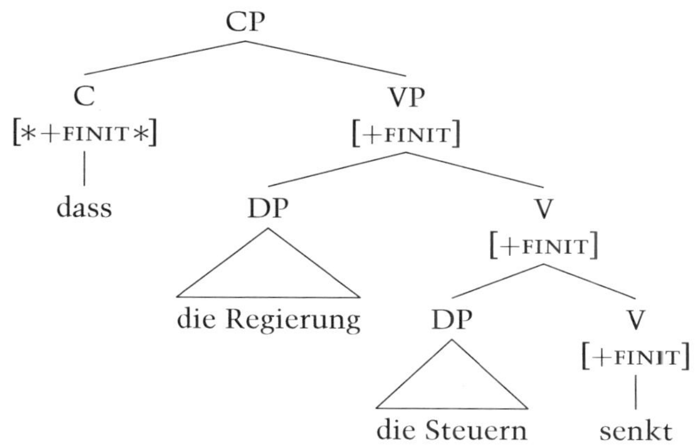

[ZU], [INF] und [PARTIZIP], welche in der Syntax kontextuelle Merkmale sind, die überprüft werden müssen. Da wir also davon ausgehen können, dass ein Verb genau dann finit ist, wenn es keines dieser drei syntaktisch motivierten Statusmerkmale hat, können wir auf das Finitheitsmerkmal von C verzichten. Denn es ist klar, dass ein C-Element wie *wenn* in (4) keines dieser Merkmale überprüfen kann, sodass (4) ungrammatisch sein muss. Einzig verbleibende Möglichkeit ist dann die, dass das Komplement finit ist. Es genügt daher, wenn „finite Cs" das Merkmal [*VP*] haben.

Infinitivische CPs 5.2.

In der Literatur geht man davon aus, dass es neben den „finiten" Komplementierern auch einige wenige „nicht-finite" Komplementierer wie *um, statt* oder *ohne* gibt, also Konjunktionen, die eine Infinitiv-VP mit *zu* einbetten:

(6) SPRECHER A: Warum macht die Regierung das?
SPRECHER B: ***Um*** Steuern *zu* senken

Wie der Name schon andeutet haben nicht-finite Komplementierer nur Infinitive als Komplement, und zwar Infinitive mit *zu*; andere verbale Komplemente sich nicht möglich, vergl.:

(7) a. Fritz ging nach Hause, um zu arbeiten
b. *Fritz ging nach Hause, um arbeiten
c. *Fritz ging nach Hause, um (er) arbeitet/arbeiten

Andererseits ist der Begriff „Komplementierer" hier eher irreführend, denn die *um*-Sätze leiten ja keine Sätze ein, die Komplemente wären, vielmehr handelt es sich dabei immer um freie Ergänzungen, auch Adjunkte genannt.

In gewissen, von manchen als antiquiert angesehenen Texten kann *um* auch phonetisch leer bleiben:

(8) Und es zogen alle aus, ∅ sich schätzen zu lassen, ein jeder in seine Stadt

Man spricht dann von einem leeren Komplementierer. Solche leeren Komplementierer können, wie wir weiter unten noch sehen werden, in dem Sinne Komplementierer sein, als dass sie tatsächlich Komplementsätze „einleiten"; dies ist in (9) der Fall:

(9) a. Die Regierung versprach uns $[_{CP}$ ∅ die Steuern zu senken]
b. Es ist nicht notwendig $[_{CP}$ ∅ sich zu freuen]
c. Es ist zu früh $[_{CP}$ ∅/um sich zu freuen]

In (9-a) ist die CP Komplement von *versprechen*, in (9-b) ist sie Komplement des Adjektivs *notwendig*; ein um-Satz könnte allenfalls in Konstruktionen wie (9-c) als Komplement (von *zu früh*) angesehen werden. Die interne Struktur der Infinitiv-CPs ist (10):

(10)

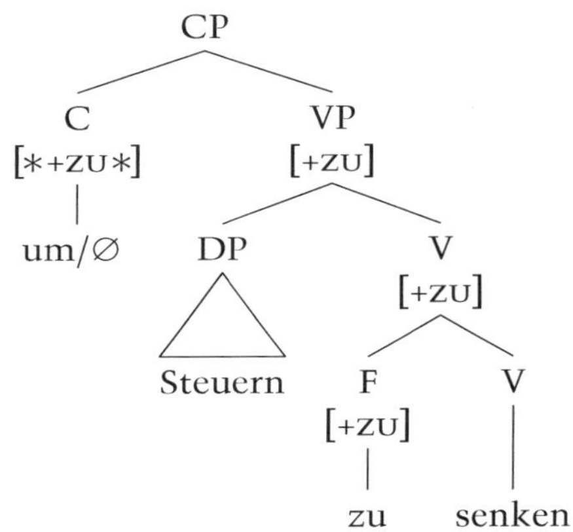

Die Tatsache, dass infinitivische CPs kein Subjekt haben, könnte nun einfach eine Folge davon sein, dass *zu*-Verben keinen Nominativ checken können. Eine solche Hypothese ist jedoch zu einfach. Wenn es lediglich um die An- bzw. Abwesenheit des Nominativs geht, sollten wir aus der Grammatikalität der Sätze in (11) (ohne sichtbaren Nominativ) auch auf die von (12) schließen können (ebenfalls ohne sichtbaren Nominativ):

(11) a. weil mir graut
b. weil mich dürstet
c. weil getanzt wurde

(12) a. *um mir zu grauen
b. *um mich zu dürsten
c. *um getanzt zu werden
d. *um zu regnen[35]

Und nach allem, was wir bisher gesagt haben, wäre es ja auch tatsächlich möglich, (12) zu generieren.

Nun haben wir schon in Abschnitt (3.3.3.) eine Analyse diskutiert, die auf dem *Extended Projection Principle* beruht und impliziert, dass die scheinbar subjektlosen Sätze in (11) dennoch eine Subjektposition besitzen, die von einem lexikalischen Element besetzt wird, das wir kleines pro genannt haben. Analog hierzu können wir davon ausgehen, dass auch nicht-finite CPs Sätze sind, die diesem Prinzip gehorchen und deshalb ebenfalls eine Subjektposition besitzen, die von einem lexikalischen Element besetzt wird. Dieses wird als (großes) PRO bezeichnet. Ein wichtiger Unterschied zwischen pro und PRO besteht darin, dass sie diametral entgegengesetzte semantische Eigenschaften haben. Während das kleine pro semantisch leer ist und deshalb keine Argumentstelle des Verbs ausfüllen kann, ist es beim großen PRO gerade umgekehrt: für dieses muss das Verb eine Argumentstelle bereithalten. Der Kontrast zwischen (11) und (12) lässt sich daher unmittelbar dadurch erklären, dass in (11) eine CP mit pro-Subjekt, in (12) dagegen eine CP mit PRO-Subjekt vorliegt, und dass ein jedes PRO semantisch referentielle Eigenschaften hat, die in (12) deshalb nicht vorliegen können, weil das Verb für PRO kein semantisches Argument mehr übrig hat.

Damit diese Erklärung auch technisch funktioniert, müssen wir die PRO-Position irgendwie syntaktisch *erzwingen*. Die Generalisierung, die wir erfassen wollen, lautet deshalb nicht bloß:

(13) Eine leere Subjektposition ist genau dann pro, wenn C finit ist, und genau dann PRO, wenn C nicht-finit ist.

Denn (13) setzt ja schon voraus, dass eine solche Subjektposition existiert. Vielmehr wollen wir merkmaltheoretisch implementieren, dass überhaupt ein großes PRO generiert wird. Zu beachten ist dabei insbesondere, dass (14) keine korrekte Generalisierung ist:

(14) VP hat genau dann ein PRO-Subjekt, wenn V das Merkmal [+ZU] hat.

Denn unsere Analyse von Beispielen wie in (15) kam ja ohne irgendein PRO aus!

(15) a. dass er zu schlafen scheint
b. dass man zu gehorchen hat
c. dass niemandem zu helfen ist

Frage 90: Warum kann es in diesen Beispielen aus „inhaltlichen", d.h. semantischen Gründen kein PRO geben? (Hinweis: PRO muss eine referentielle Funktion haben).

Technisch gesehen scheint es nun auf den ersten Blick kein Problem, das nicht-finite C mit einem Komplementmerkmal wie [∗−FINIT∗] zu versehen, welches beim Komplement-Kopf *zu* das Merkmal [−FINIT] verlangt, das dann seinerseits das Spezifikatormerkmal [∗PRO∗] zur Folge hat. Eine solche Analyse könnte dann wie in (16) aussehen, wobei wir durchaus auch annehmen können, dass PRO als Subjekt einen unsichtbaren Nominativ hat:

(16)

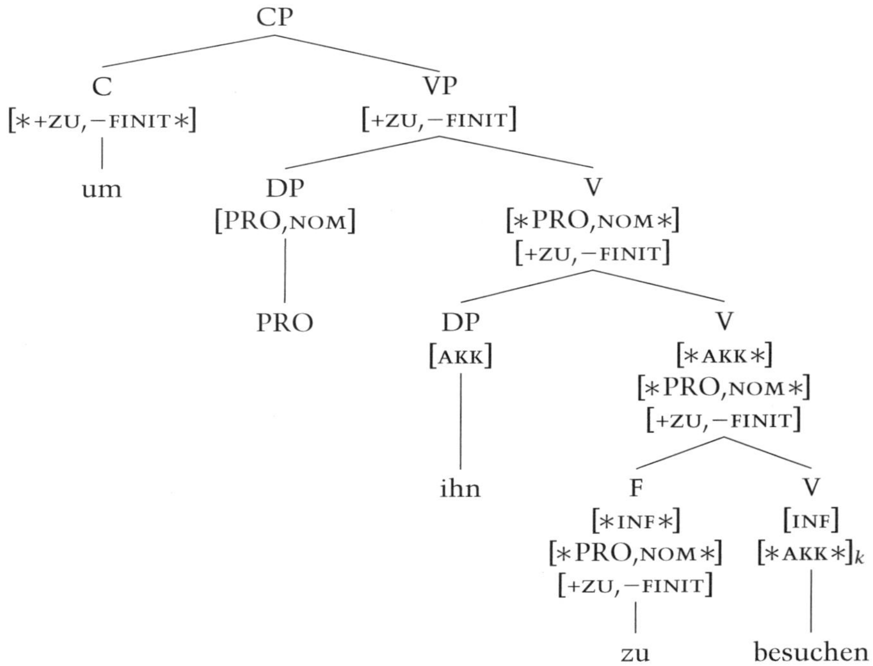

Annahme ist dann, dass [−FINIT] ein optionales Merkmal von *zu* ist, das, wenn es aktiv ist, eine entsprechende Redundanzregel für die Spezifikatormerkmale von PRO auslöst. Das Wesentliche ist hier, dass PRO indirekt durch genau jene C erzwungen wird, die auch das Merkmal [∗+ZU∗] haben.

Frage 91: Welche Redundanzregeln wären bei einem solchen Verfahren anzusetzen?

Ein solches Verfahren ist natürlich recht artifiziell; seine Plausibilität hängt davon ab, ob es für das bisher noch nicht benötigte Merkmal [−FINIT] eine unabhängige Motivation gibt.[36] Ich lasse diese Frage hier offen, weise aber darauf hin, dass ich in Abschnitt (V.3.3.2.) eine alternative Analyse diskutieren werde, welche die Abhängigkeit zwischen PRO und nicht-finitem C in direkter Weise auszudrücken vermag (was allerdings voraussetzt, dass der Bereich, innerhalb dessen Merkmale überprüft werden können, erweitert wird).

Präposition oder Komplementierer? 5.3.

Die im letzten Abschnitt genannten Beispiele für infinitivische Komplementierer, nämlich *um, statt* und *ohne* weisen eine offensichtliche Homonymie zu Präpositionen auf, und das gleiche gilt auch für viele finite Komplementierer: z.B. werden temporale Nebensätze von Konjunktionen eingeleitet, die auch Präpositionen sind (*bis, seit, während* u.a.m.) oder zumindest von Präpositionen abgeleitet sind (*nach — nachdem; vor — bevor*), vergl. (17), und ebenso findet sich in (18) kein Unterschied in der adverbialen Funktion der Präposition bzw. des Komplementierers:

(17) a. (i) ***Bis*** er kommt, bin ich fertig
(ii) *Bis* Sonntag bin ich fertig
b. (i) ***Seit*** sie da ist, geht es mir besser
(ii) *Seit* ihrer Ankunft geht es mir besser

(18) a. (i) Sie zahlte ***ohne*** *Bargeld*
(ii) Sie zahlte, ***ohne*** *Bargeld zu haben*
b. (i) ***Statt*** *Gertrude* kam Franz
(ii) ***Statt*** *zur Arbeit zu gehen*, ging Ede ins Freibad

Folglich werden unterordnende Konjunktionen gerne mit Präpositionen identifiziert. Dass gewisse Präpositionen auch Konjunktionen sein können, wird von der traditionellen Grammatik als nichts Außergewöhnliches betrachtet; wir müssen uns daher fragen, ob wir die hervorgehobenen Ausdrücke in (18) *doppelt* klassifizieren wollen, also sowohl als Präpositionen als auch als Komplementierer, oder ob nicht entgegen dem immer etwas vagen Sprachgebrauch von Gebrauchsgrammatiken an einer *einheitlichen* Kategorisierung festgehalten werden sollte (was sicher erstrebenswert ist) und daher viele der bisher als Komplementierer bezeichneten Konjunktionen letztlich Präpositionen mit einem VP-Komplement sind.

Betrachten wir zunächst *ohne* aus (18-a). Gegen eine Einordnung als Komplementierer spricht die Tatsache, dass typische Komplementierer wie *dass, ob, um(-zu)* im Deutschen, genau wie Determinatoren innerhalb von DPs, normalerweise nicht iteriert werden können. Normalerweise kann daher die C-Kategorie keine CP als Komplement haben. Genau dies aber würden wir in Fällen wie (19) annehmen müssen:

(19) a. Sie zahlte, ***ohne*** [$_{CP}$ *dass* sie Bargeld gehabt hatte]
b. Ede badete, ***statt*** [$_{CP}$ *dass* er Caroline vom Bahnhof abgeholt hätte]

Wenn wir annehmen, dass C-Elemente im Satz typischerweise nur einmal auftauchen, so scheint die Annahme zwingend, dass es sich bei den fett gedruckten Wörtern in (19) nicht um Komplementierer, sondern um Präpositionen handelt, die eine CP einbetten können. Diese kann wie in (19) entweder finit oder wie in (20) infinit sein:

(20) a. Sie zahlte [$_{PP}$ ohne [$_{CP}$ ∅ [$_{VP}$ PRO Bargeld gehabt zu haben]]]
b. Ede badete [$_{PP}$ statt [$_{CP}$ ∅ [$_{VP}$ PRO Caroline abzuholen]]]

Die möglichst einheitliche Kategorisierung von *ohne* erzwingt hier übrigens ein CP-Komplement ohne sichtbaren Komplementierer. Es ist klar, dass der Null-Komplementierer wie alle nicht-finiten Komplementierer die Merkmale [∗+ZU,−FINIT∗] hat. Dagegen ist die Einbettung einer bloßen VP nicht möglich, da VPs im unmarkierten Fall finit sind; wie (21) zeigt, wäre das Resultat ungrammatisch:

(21) a. *Sie zahlte, ***ohne*** sie Bargeld gehabt hatte
b. *Ede badete, ***statt*** er Caroline vom Bahnhof abgeholt hätte

Daneben finden sich aber auch Konstruktionen mit fakultativem finitem Komplementierer:

(22) a. ...***bis*** (*dass*) der Tod euch scheidet (eher biblisch)
b. ?***Nachdem/Statt*** (*dass*) sie arbeitet (eher umgangssprachlich)

Aufgrund des bisher Gesagten würde somit folgen, dass *bis* drei verschiedene Komplementtypen zulässt: DP, *dass*-CP und (finite) VP. Dagegen wäre *nachdem* eine im Sinne der Diskussion aus Abschnitt (4.4.) „untypische Präpositionalie" , da *nachdem* kein DP-Komplement (das entsprechende Komplement *dem* wurde schon in P inkorporiert), statt dessen aber finite *dass*- und VP-Komplemente zulässt.

Als echte Komplementierer verbleiben dann diejenigen Konjunktionen, die sich nicht auf eine Präposition zurückführen lassen. Dazu gehören neben *dass* und *ob* die adverbial unterordnenden Konjunktionen *weil, wenn, als, sodass,* u.a.m., eventuell aber auch *um* (*zu*), obwohl *um* wie eine Präposition aussieht. Die Motivation hierfür ist rein semantisch: *um* in finaler adverbialer Funktion scheint mit der lokalen Präposition *um* semantisch nichts gemeinsam zu haben, daher ist eine Rückführung auf dasselbe Wort und somit auf dieselbe P-Kategorie eher zweifelhaft. Wie die bisherigen Analysen jedoch gezeigt haben, folgt nicht viel daraus, ob man *um* letztlich als C oder als P analysiert. Bei einer Analyse als P wäre das Komplement eine CP mit leerem C-Kopf, bei einer Analyse als C wäre das Komplement eine *zu*-VP. Die zweite Analyse scheint die einfachere, weshalb wir hier angenommen haben, dass *um* zur Kategorie C gehört.[37]

Komplement-CPs und Kontrolle 5.4.

Die Analyse von finiten und nicht-finiten CPs wird im nächsten Kapitel von enormer Bedeutung sein, da die CP auch die Kategorie für Hauptsätze sein wird. Als Kategorie des Satzes schlechthin — sowohl des Hauptsatzes als auch des Nebensatzes — ist die CP somit für jede Grammatik essentiell. Bisher haben wir nur Nebensätze betrachtet. Die nicht-finiten CPs des letzten Abschnitts hatten eine adverbiale Funktion. Daneben gibt es aber auch CPs, die Argumente eines Prädikats realisieren: diskutiert haben wir schon die finiten CPs mit *dass* oder *ob*. In der Literatur geht man nun davon aus, dass es daneben auch nicht-finite, sog. satzwertige Infinitive als Komplemente eines Prädikats gibt; diese werden in der Tradition der Generativen Grammatik ebenfalls als CPs analysiert. Beispiele finden sich in (23):

(23) a. dass er [$_{CP}$ ∅ [$_{VP}$ PRO sie bestohlen zu haben]] keineswegs leugnet
b. dass sie ihm [$_{CP}$ ∅ [$_{VP}$ PRO ihn zu suspendieren]] versprach
c. dass sie ihn [$_{CP}$ ∅ [$_{VP}$ PRO sich untersuchen zu lassen]] bitten wollte
d. dass sie [$_{CP}$ ∅ [$_{VP}$ PRO ihm [$_{CP}$ ∅ [$_{VP}$ PRO es zu tun]] zu befehlen]] nicht vermochte

Im Deutschen haben alle diese CPs einen **leeren Komplementierer**. Zur Vereinfachung der Darstellung werden wir diesen allerdings im Folgenden meist weglassen. Wir gehen auf diese Konstruktionen im nächsten Kapitel unter dem Aspekt ein, dass alle diese CPs auch hinter dem Finitum stehen können, wo sie teilweise erheblich natürlicher klingen als in (23); man spricht in (24) auch von **extraponierten** Infinitiven:

(24) a. dass er keineswegs leugnet [$_{CP}$ PRO sie bestohlen zu haben]
b. dass sie ihm versprach [$_{CP}$ PRO ihn zu suspendieren]
c. dass sie ihn bitten wollte [$_{CP}$ PRO sich untersuchen zu lassen]
d. dass sie (es) nicht vermochte [$_{CP}$ PRO ihm zu befehlen [$_{CP}$ PRO es zu tun]]

Dort und in den folgenden Kapiteln werden wir auch genauer rechtfertigen, dass es sich bei den Infinitiven nicht lediglich um VPs, sondern um CPs handelt. An dieser Stelle mag die Beobachtung genügen, dass sich VPs und CPs unterschiedlich verhalten. Beginnen wir mit einer weiteren terminologischen Unterscheidung. Alle Konstruktionen mit *zu*-Infinitiven, die wir als CPs analysieren, werden als **inkohärente Konstruktionen** bezeichnet; der Infinitiv ist traditioneller Terminologie folgend **satzwertig**. Infinitive wie in (15) (ohne CP, hier wiederholt als (25)) heißen dagegen **kohärent**.

(25) a. dass er zu schlafen scheint
b. dass man zu gehorchen hat
c. dass niemandem zu helfen ist

Nicht alle *zu*-Infinitive sind satzwertig, aber alle satzwertigen Infinitive sind *zu*-Infinitive. Wichtigstes Kriterium für die Satzwertigkeit ist es, extraponierbar zu sein, also hinter dem Finitum stehen zu können. Wie (26) zeigt, sind die Infinitive in (25) nicht satzwertig, weil sie nicht extraponierbar sind:

(26) a. *dass er scheint zu schlafen
b. *dass man hat zu gehorchen
c. *dass ist niemandem zu helfen

Daraus folgt, dass wir nur dann einen Infinitiv extraponieren können, wenn er als CP analysiert werden kann. Die Unterscheidung zwischen den Infinitiven als CPs und als VP wird dabei von den übergeordneten Verben getroffen: Das Verb *scheinen* z.B. nimmt ein VP-Komplement und kann, wie (26-a) zeigt, kein infinitivisches CP-Komplement haben, und ebenso gilt dies für *haben* und *sein*.

Von Bedeutung für die Unterscheidung ist auch das PRO-Element der CP und die **Referenz von PRO**. Wie man anhand von (24) leicht nachvollziehen kann, ist das unsichtbare, aber mitverstandene PRO-Subjekt koreferent mit einem anderen Satzglied. Diese Koreferenz wird meist durch Koindizierung repräsentiert. Die Frage ist: worauf bezieht sich PRO in der Semantik? Ich illustriere die Koindizierung für die Sätze in (26):

(27) a. dass er_i keineswegs leugnet [$_{CP}$ PRO_i sie bestohlen zu haben]
b. dass sie_i ihm versprach [$_{CP}$ PRO_i ihn zu suspendieren]
c. dass sie ihn_i bitten wollte [$_{CP}$ PRO_i $sich_i$ untersuchen zu lassen]
d. dass sie_i (es) nicht vermochte [$_{CP}$ PRO_i ihm_j zu befehlen [$_{CP}$ PRO_j es zu tun]]
e. weil die $Öffentlichkeit_j$ von den $Politikern_i$ verlangt, [$_{CP}$ PRO_i ihr_j die Wahrheit zu sagen]

Diese auch **Kontrolle** genannte Relation unterscheidet zwischen Koindizierung mit dem Subjekt und dem Objekt des Matrixsatzes, erstere heißt **Subjektkontrolle**, letztere **Objektkontrolle**. Die Verben, die eine solche CP einbetten, heißen auch **Kontrollverben**. In (27) sind *leugnen, versprechen* und *vermögen* Subjektkontrollverben, während *bitten* und *befehlen* Objektkontrollverben sind. Die Kontrolleigenschaft scheint allerdings bei gewissen Verben je nach Kontext variieren zu können, z.B. liegt oberflächlich betrachtet bei *bitten* in (27-c) und bei *verlangen* in (27-e) Objektkontrolle vor, in (28) jedoch Subjektkontrolle:

(28) a. dass sie_j ihn_i gebeten hatte [$_{CP}$ PRO_j ihn_i untersuchen zu dürfen]
b. weil $Anna_j$ von ihrem Chef $_i$verlangt [$_{CP}$ PRO_j die Unterlagen sofort einsehen zu dürfen]

Normalerweise würde man erwarten, dass *bitten* Objektkontrolle aufweist. Man spricht daher in (28) von einem (eher unerwarteten) **Kontrollwechsel**. Ob dies ein semantisch und/oder syntaktisch ernstzunehmendes Phänomen ist, ist umstritten. Denn Sätze mit Kontrollwechsel lassen sich semantisch durchaus so paraphrasieren, dass die beteiligten Verben ihre „normalen" Kontrolleigenschaften haben: vergl. (29) als Paraphrase von (28):

(29) dass sie$_j$ ihn$_i$ gebeten hatte [$_{CP}$ PRO$_i$ ihr$_j$ zu erlauben [$_{CP}$ PRO$_j$ ihn$_i$ zu untersuchen]

Hier sind die Kontrollverhältnisse wieder genau die, die man üblicherweise für *bitten* und *erlauben* erwarten würde.

Über die (Ko-)Referenzmöglichkeiten von PRO ist weit mehr geschrieben worden, als man in einem (B.A.-)Semester lesen kann. Relativ aktuelle Referenzen, von der aus man die Literatur weiter erforschen kann, sind Landau (2000, 2003) und Grosse (2005), eine ältere Zusammenfassung der Forschung bietet Stechow und Sternefeld (1988, Kap. 9); einflussreich scheinen mir auch Larson et al. (1992), Harbert (1995). Ich intendiere hier keine gründliche Diskussion der Eigenschaften von PRO; lediglich eine Nebenbemerkung gilt der häufig gemachten Beobachtung, dass die semantische Interpretation von PRO (wie in allen bisher betrachteten Fällen) eine belebte Entität sein muss. Dies gilt insbesondere, wenn PRO kein syntaktisches Antezedens hat, wie in (30):

(30) a. Er ordnet an [$_{CP}$ PRO liegen zu bleiben]
b. Es ist schön [$_{CP}$ PRO in der Sonne zu liegen]

PRO kann sich hier nicht etwa auf irgendwelche liegengebliebenen Arbeiten oder auf Steine im Sand beziehen. Hat PRO ein Antezedens, so überträgt sich die Belebtheits-Eigenschaft auf die koindizierten, daher „kontrollierenden" DP-Argumente der sog. Kontrollverben: Die kontrollierenden Argumente von Kontrollverben sind notwendigerweise belebt. Allerdings lässt sich in gewissen Kontexten, wo ein koreferentes (und somit allgemeinem Sprachgebrauch zufolge ein kontrolliertes) PRO vorliegt, auch ein nicht belebtes Antezedens finden, wie anhand von (31) illustriert werden kann:

(31) a. [$_{CP}$ um [$_{VP}$ PRO$_i$ veröffentlicht werden zu können]] muss der Artikel$_i$ erheblich überarbeitet werden
b. Diese Aussagen$_i$ waren (dazu) geeignet/angetan, [$_{CP}$ PRO$_i$ seine Karriere zu zerstören]

Die normalerweise zu beobachtende Belebtheit von PRO scheint daher keine inhärente, notwendige Eigenschaft von PRO zu sein, sondern jeweils aus den semantischen Eigenschaften des Kontextes der PRO-CP zu folgen.

Neben CPs als Komplementen von Adjektiven und Verben sind sie auch als Komplemente von Nominalen möglich:

(32) a. [$_{\text{DP}}$ die Kunst [$_{\text{CP}}$ ∅ [$_{\text{VP}}$ PRO [$_{\text{V'}}$ ein Zebra zu melken]]]] beherrschen nur wenige
b. [$_{\text{DP}}$ der Versuch [$_{\text{CP}}$ ∅ [$_{\text{VP}}$ PRO [$_{\text{V'}}$ ein Zebra zu melken]]]] gelang nur wenigen

Auch hier gehen wir davon aus, dass der Infinitiv eine CP mit leerem Komplementierer und mit leerem Subjekt ist.

Zur syntaktischen Selektion von CPs 5.5.

Die Nominale in (32) selegieren CP-Infinitive und können — im Gegensatz zu anderen Nominalen in (34)— keine finiten Komplemente selegieren:

(33) a. *[$_{\text{DP}}$ die Kunst [$_{\text{CP}}$ dass [$_{\text{VP}}$ ein Zebra [$_{\text{V'}}$ gemolken wurde]]]] beherrschen nur wenige
b. *[$_{\text{DP}}$ der Versuch [$_{\text{CP}}$ dass [$_{\text{VP}}$ ein Zebra [$_{\text{V'}}$ gemolken wurde]]]] gelang nur wenigen

(34) a. [$_{\text{DP}}$ die Tatsache [$_{\text{CP}}$ dass [$_{\text{VP}}$ ein Zebra [$_{\text{V'}}$ gemolken wurde]]]] bestritten nur wenige
b. [$_{\text{DP}}$ der Beweis [$_{\text{CP}}$ dass [$_{\text{VP}}$ ein Zebra [$_{\text{V'}}$ gemolken wurde]]]] gelang nur wenigen

Ganz analoges gilt auch für die Komplemente der entsprechenden Verben:

(35) a. [$_{\text{CP}}$ PRO ein Zebra zu melken] versuchte nur Arnim
b. [$_{\text{CP}}$ dass er ein Zebra melken konnte] hatte Arnim bewiesen

(36) a. *[$_{\text{CP}}$ PRO ein Zebra zu melken] hatte Arnim bewiesen
b. *[$_{\text{CP}}$ dass er ein Zebra melken konnte] versuchte nur Arnim

Eine interessante, aber schwierige Frage ist die, ob die Selektion syntaktischer oder semantischer Art ist. In der Semantik könnte danach unterschieden werden, ob Matrixverben Eigenschaften einbetten (Infinitiv-CPs) oder Propositionen (finite CPs). Eine Paraphrase von (35-a) wäre dann etwa:

(37) Nur Arnim möchte in einer Welt leben, in der er die Eigenschaft „ein Zebra melken" hat.

Andererseits gibt es Sprachen wie das Griechische, in denen ein Verb mit der angeblich gleichen Bedeutung wie z.B. *versuchen* auch propositionale Argumente haben kann; die folgenden Beispiele stammen aus Joseph (1992, S. 208) mit der dort gegebenen englischen Glosse:

(38) a. eγó prospaáθisa m' óli mu ti δinamí na érθis
I/NOM tried/1SG with all my the- strength SUBJUNC come/2SG
'I tried with all my might for you to come'

b. prospaáθó na érθi o jánis
try/1SG SUBJUNC come/3SG the- John/NOM
'I try for John to come'

Auch die englische Glosse scheint nicht völlig ungrammatisch[38], was darauf hindeutet, dass die Bedeutung von *versuchen* in der Semantik auch mit propositionalen Argumenten kompatibel ist, also solchen, die keine Eigenschaften sind. Wenn aber *versuchen* in allen Sprachen eine einheitliche Bedeutung hat (und von Lewis (1979) ist gezeigt worden, dass Verben mit Propositionen und Eigenschaften als Komplementen durchaus eine einheitliche Semantik haben können), ist zu schließen, dass die im Deutschen zu beobachtende Beschränkung auf infinitivische Komplemente keine allgemeingültige Eigenschaft der Bedeutung von *versuchen* ist. Wenn dies stimmt, ist man zu der Konklusion gezwungen, dass die Selektion der Komplemente *syntaktisch* gesteuert ist. Wir müssen daher für finite CPs und nicht-finite CPs unterschiedliche Kopfmerkmale annehmen. In diesem Zusammenhang ist oft vorgeschlagen worden, dass finite CPs nominale Merkmale haben, infinite aber verbale. Wie dies genau zu implementieren ist, werden wir erst im nächsten Kapitel ausführlicher motivieren können.

Komplementierererflexion 5.6.

In Abschnitt (3.3.) hatten wir eine zur DP analoge Merkmalverteilung wie in (39) mit dem Argument verworfen, dass die an die VP projizierten Merkmale syntaktisch nicht relevant sind und für die Beschreibung der Kongruenz nicht benötigt werden.

(39)

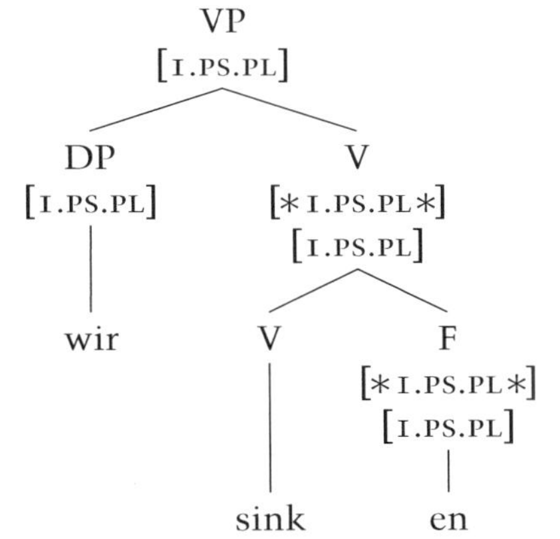

Nun gibt es aber in einer Reihe von Dialekten des Deutschen und Holländischen tatsächlich ein Phänomen, das eine Analyse wie die in (39) motivieren könnte: Wie die folgenden Beispiele aus dem Westflämischen zeigen, verändert sich der Komplementierer in Abhängigkeit von Numerus und Person:

(40) a. dank ik kom
dass ich komme

b. daj gie komt
dass du kommst

c. datj ij komt
dass er kommt

d. dase zij komt
dass sie kommt

e. dame wunder komen
dass wir kommen

f. daj gunder komt
dass ihr kommt

g. danze zunder komen
dass sie kommen

Analoge Phänomene finden wir auch im Bairischen:

(41) a. wennst de kummst

b. das-ma mir nach Minga fahrn

Diese Daten werden als Flexion des Komplementierers beschrieben — ein Phänomen, das in der Literatur erhebliche Beachtung gefunden hat (man konsultiere die beeindruckend lange Literaturliste hierzu in Zwart (1997, S. 137)).

Offenbar müssen wir annehmen, dass der Komplementierer Flexionsmerkmale hat, die mit anderen Merkmalen kongruieren. Genau dies aber lässt sich in Merkmalstrukturen wie (39) leicht bewerkstelligen: Es genügt ja die Annahme, dass die Flexion des Komplementierers durch entsprechende Überprüfungsmerkmale repräsentiert wird:

(42) a.

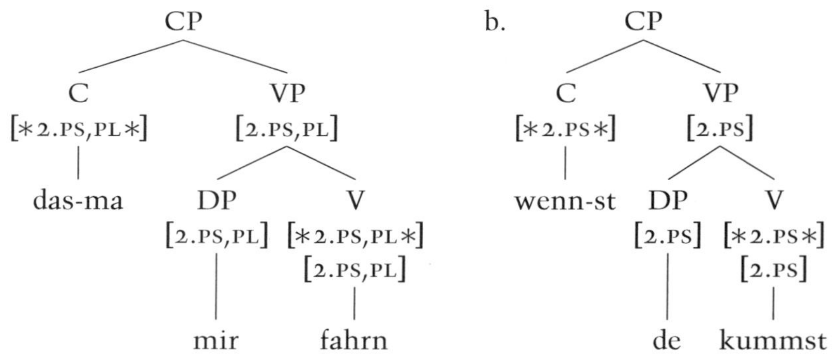

Ein technischer Gesichtspunkt dieser Analyse ist es, dass die Komplementiererflexion in erster Linie als Kongruenz mit dem Verb beschrieben wird und nur sekundär Kongruenz mit dem Subjekt ausdrückt. Möglicherweise lässt sich dies auch empirisch verifizieren. Wenn wir davon ausgehen, dass Vergleichskonstruktionen wie (43) so analysiert werden können, dass das Adjektiv *groß* zwar semantisch, nicht aber phonologisch sichtbar ist, könnte gleiches auch für das Verb *sein* in (43-b) gelten (Daten aus Bayer (1984, S. 269)):

(43) a. D'Resel iss gresser als wia'st du groß bist
b. D'Resel iss gresser als wia du groß bist
c. *D'Resel iss gresser als wia'st du groß bist

Die Ungrammatikalität von (43-c) lässt darauf schließen, dass ein stummes Verb auch keine Kongruenzmerkmale hat, sodass sich dann auch keine Merkmale ableiten lassen, welche die Merkmale der C-Flexion erfüllen könnten.

Frage 92: Diese Analyse der Komplementierererflexion ist in verschiedener Hinsicht nicht vollständig und weist andererseits auch Eigenschaften auf, die auf einen engen Nexus zwischen C-Flexion und Subjekt hinweisen. Z.B. scheint Komplementierererflexion (in der dritten Person) nur dann möglich, wenn das Subjekt ein Pronomen ist; zum anderen kann dieses Pronomen in einigen Sprachen, u.a. auch im Bairischen (hier allerdings nur in der zweiten Person) genau dann weggelassen werden, wenn der Komplementierer flektiert. Diese beiden Eigenschaften lassen sich zumindest im Prinzip (wenn auch nicht besonders natürlich) in die vorgeschlagene Analyse einarbeiten. Wenn wir für Pronomina ein (fakultatives) Merkmal [PRON] ansetzen und für ein leeres Subjekt ein Merkmal [PRO], wie müssen die entsprechenden lexikalischen Regeln fomuliert werden?

Genitivattribute 6.

Pränominale Genitive 6.1.

Das muss ich meinen Jammer nennen, dass keines Traumes unbewusste Mahnung und keiner Lust und keines Leides Ahnung mir mehr die Seele rühren darf. Hermann Hesse

Ziel dieses Abschnittes ist die Analyse der Genitivphrasen *keines Traumes*, *keiner Lust* und *keines Leides* im Hesse-Zitat. Für den Anfang genügt jedoch auch die Betrachtung von einfacheren Beispielen wie *Willi's Imbiss* oder *Irmgard's Grillecke* — immer gern mit Apostroph. Aus Abschnitt (2.7.) wissen wir, dass *Willis* ein (intransitiver) Determinator mit dem Merkmal [GEN] ist. Ferner beobachten wir in (1), dass ein pränominaler Genitiv und ein Determinator sich gegenseitig ausschließen:

(1) a. *Ein/*der/*mancher Willis Imbiss ist offen
b. Willis *ein/*der/*mancher Imbiss ist offen

Aus dieser komplementären Verteilung wäre dann eigentlich zu schließen, dass *Willis* der Kopf der DP ist. Dagegen spricht jedoch, dass die Subjekt-DP in (1) keine Genitiv-DP sein kann, sondern ein Nominativ ist. Weiterhin ist *Annas Imbiss* kein Femininum, sondern ein Maskulinum. Daher sind wir gezwungen, auch in dieser Konstruktion einen **leeren Kopf** anzunehmen, vergl.:

(2) a.

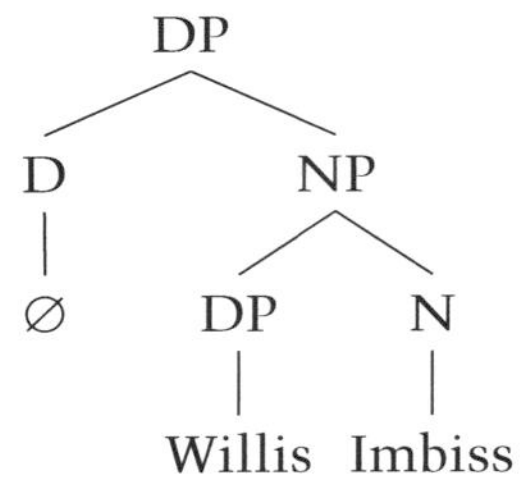

b.

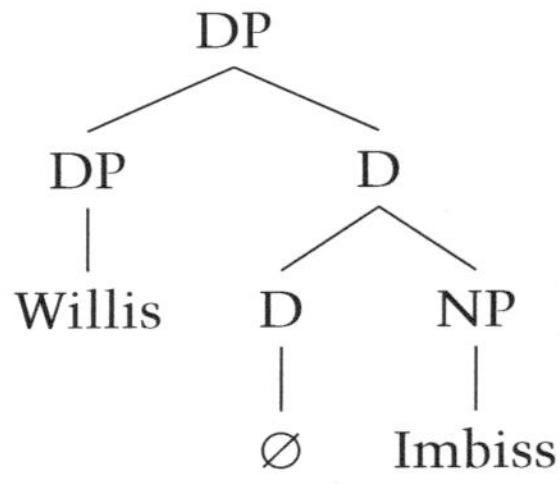

(2-a) kann nicht korrekt sein, denn diese Struktur bietet uns keine Handhabe, eine Kookkurenz von Determinator und Genitiv-DP zu verhindern:

(3) [$_{\text{DP}}$ der [$_{\text{NP}}$ Willis [$_{\text{N}}$ Imbiss]]]

Um die Ungrammatikalität von (3) erfassen zu können, müsste *der* ja sozusagen „wissen", ob seine Komplement-NP ein pränominales D hat oder nicht. Der Determinator „sieht" jedoch nur den Kopf der NP.[39] Deshalb ist nur (2-b) korrekt, denn hier „sieht" der leere Determinator sowohl die NP als Komplement als auch den Genitiv; beiden kann er geeignete Merkmale zuweisen.

Erinnert sei daran, dass die oberste Position innerhalb einer Phrase traditionellerweise **Spezifikator** des Kopfes der Phrase genannt wird, sodass die Genitiv-DP der Spezifikator des leeren Determinators ist.[40] Welches sind dann aber die Spezifikatormerkmale des leeren Kopfes? (4) illustriert, dass es sich dabei nicht um den Nullartikel handeln kann, denn dieser ist ja mit [+COUNT]-Komplementen nicht kompatibel:

(4) *Ich verkaufe $\varnothing_{\text{D}}$ Imbiss$_{\text{N}}$

Daraus folgt, dass der hier relevante Null-Kopf einerseits das Spezifikatormerkmal [∗GENITIV∗] hat, andererseits aber die Restriktion des Nullartikels nicht erfüllen muss. Als Grundstruktur benötigen wir daher eine Projektion eines leeren D-Kopfes wie in (5):

Frage 93: Ergänzen Sie die notwendigen Merkmale in (5).

(5) 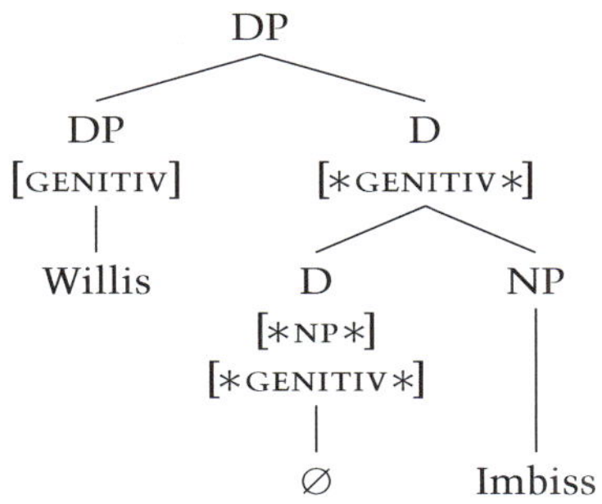

ist spitze!

Darüber hinaus ist klar, dass ein „offener" (d.h. phonetisch sichtbarer) Determinator das Spezifikatormerkmal [∗GENITIV∗] nie haben kann, denn (6) ist ja ungrammatisch:

(6) 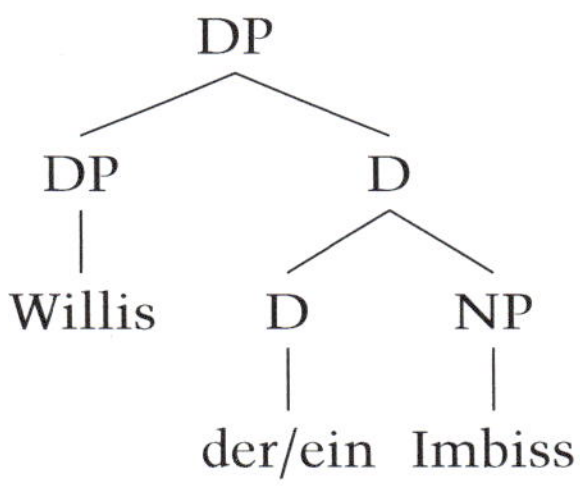

(6) ist schlecht, weil das Kasusmerkmal von *Willis* nicht überprüft werden kann. Die Forderung, dass alle Kasus überprüft werden müssen, ist übrigens als **Kasusfilter** in der Literatur bekannt, siehe Chomsky (1981, S. 49).

Es folgt daher, dass der leere Possessiv-Determinator sowohl Kongruenzmerkmale für das Komplement beherbergen muss, als auch das Genitivmerkmal des Spezifikators. Wie üblich gilt, dass die Merkmale in der richtigen Reihenfolge zugewiesen werden müssen, sodass (7) ausgeschlossen werden kann:

(7) 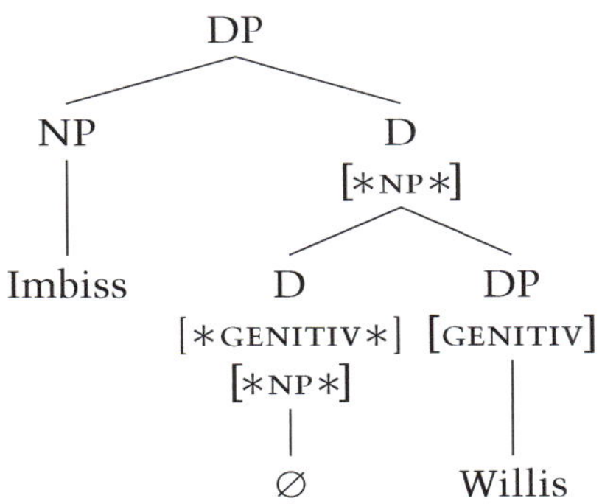

ist offen

Frage 94: Welche Merkmale haben die leeren Determinatoren in folgenden Beispielen?

(8) a. Ich kaufe *Willis Wein*
b. *Wein* schmeckt mir
c. *Hoffstaetters Petra* kam

Einige Linguisten gehen davon aus, dass an der Spezifikatorstelle im heutigen Sprachgebrauch praktisch nur artikellose Eigennamen oder Verwandtschaftsbezeichnungen stehen (wie bei *des Vaters Wut*), die ohnehin wie Eigennamen (nämlich artikellos) verwendet werden können:

(9) Gestern ist Vater schon wieder nüchtern nach Hause gekommen

Wollte man dies als grammatische Restriktion implementieren, müsste das leere D seiner Spezifikatorposition ein Chomskysches Merkmal wie [+PROPER NOUN] oder [+KINSHIP] abverlangen. Dennoch würde ich nicht davon ausgehen, dass es sich bei der genannten Restriktion um ein hartes syntaktisches Faktum handelt, vergl.:

(10) a. eines jeden Mannes Zier
b. des Rätsels Lösung
c. des einen Leid, des anderen Freud
d. Wodka Gorbatchov — des Wodkas reine Seele
e. Rasches Requiem: des Dirigenten Fabio Luisi Mozart-Probleme (Überschrift in der *SZ* vom 13.12.00)
f. Des Antikörpers alter ego. Wie es zu Allergien und Immunschwächekrankheiten kommt. (Überschrift in der *SZ* vom 4.3.03)
g. des Deutschlandromans größter Förderer (Jürgen Roth (op. cit.) über M. Reich-Ranicki und seinen „Rabaukenrattenschwanz")
h. des deutschen Wirtschaftswunders liebstes Kind

Diese Daten sind jedenfalls gänzlich unverträglich mit der gelegentlich vertretenen These (s. Hartmann und Zimmermann (2001)), der pränominale Genitiv könne deshalb nicht komplex sein, weil er der Kopf der DP ist. Auch andere Thesen sind mit den hier vertretenen Grundannahmen kaum vereinbar, vergl. etwa Olsen (1991), Lattewitz (1994) oder Krause (2000). Meine Folgerung ist dagegen, dass diese Konstruktionen syntaktisch regulär gebildet sind und somit ohne weitere Restriktionen generiert werden können sollten.[41]

Dass sich historisch ein Trend zur Verkürzung des pränominalen Genitivs feststellen lässt, ist andererseits unumstritten und mittels Korpusrecherche empirisch bestätigt (s. Eisenberg und Smith (2003)). Im diachronen Zusammenhang stellt Demske (2001, S. 223) fest, dass es noch im Frühneuhochdeutschen „keine Restriktion in Bezug auf rechte Erweiterungen der pränominalen Genitive" gab: so konnten, wie (11) zeigt, auch Präpositionen oder Appositionen dem Kopfnomen vorangehen:

(11) „...eines Tuchmacher Gesellen [$_{PP}$ aus Winsen an der Aller] Beschreybung von dem Himmel und der Hölle..."

Wenn man daher volle DPs an der Possessorposition erlaubt, sind auch Konstruktionen wie die in (11), etwa mit der Struktur in (12), ohne weiteres generierbar:

(12) [$_{DP}$ [$_{DP}$ eines Gesellen [$_{PP}$ aus Winsen] ∅ [$_{NP}$ Beschreibung]]]

Die Ungrammatikalität von (12) im heutigen Deutsch muss dann durch einen zusätzlichen Mechanismus beschrieben werden, der im nächsten Kapitel auch für die Beschreibung des Kontrastes in (13) und (14) benötigt wird, wo die rechte Erweiterung von pränominalen Adjektiven ebenfalls zur Ungrammatikalität führt.

(13) a. a proud woman
b. Mary is pround of John
c. *a proud of John woman

(14) a. eine stolze Frau
b. Maria ist stolz auf Johann
c. eine auf Johann stolze Frau
d. *eine stolze auf Johann Frau

Vergl. die Diskussion von Williams' *Head-Final Filter* auf S. 421.

Postnominale Genitive 6.2.

Betrachten wir nun die postnominale DP in (15); offenbar muss diese im Genitiv stehen.

(15) das Geld [$_{DP}$ des/*der/*dem/*den Dagobert Duck]

Wie ist dieser Zusammenhang zu beschreiben?

In der Literatur wird oft zwischen sog. *strukturellem* und *lexikalischem* Kasus unterschieden: ersterer ist aufgrund der bloßen syntaktischen Umgebung vorhersagbar, während letzterer idiosynkratisch ist und von spezifischen lexikalischen Einheiten abhängt (also auch zusammen mit diesen erlernt werden muss). So ist der Genitiv in *der Toten gedenken* oder in *außerhalb der Legalität* lexikalisch, da er von einer idiosynkratischen Eigenschaft des jeweiligen Regens (also *gedenken* bzw. *außerhalb*) abhängt, also aufgrund einer lexikalischen Eigenschaft des regierenden Kopfes überprüft wird. Dagegen ist der Genitiv in (15) strukturell, da er nicht von der lexikalischen Füllung von N abhängt. Offenbar ist es nicht der Kasus selber, der strukturell oder idiosynkratisch ist, sondern ein bestimmtes Vorkommen.

In der GB-Theorie gab es daher zwei Mechanismen zur Kasuslegitimation. Der eine beruhte auf einer Rektionsbeziehung, in welcher der Kopf der

Konstruktion einen Kasus determinierte. Der andere bestand darin, eine strukturelle Konfiguration vorzugeben, in der ein struktureller Kasus legitim ist und keiner weiteren Überprüfung durch einen Kopf bedarf. Beim postnominalen Genitiv ist dies gerade die Konfiguration (16), in der der Genitiv im Schwesterknoten eines lexikalischen N-Kopfes steht:

(16)

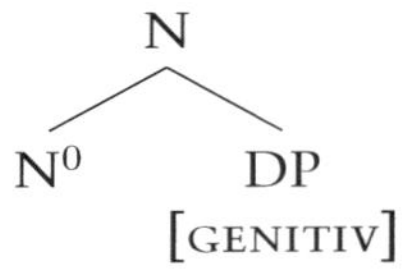

(16) wurde als Zulassungsbedingung für die beschriebene Verzweigung angesehen. Für uns stellt sich damit die Frage, ob wir diese Betrachtungsweise übernehmen wollen, oder ob wir daran festhalten wollen, dass jedes Kasusmerkmal ein formales Gegenstück hat. Insbesondere fragt sich also, wie wir das strukturelle Vorkommen des Genitivs in (16) analysieren wollen.

Bevor wir diese Frage (tentativ) beantworten, möchte ich eine wichtige Konsequenz aus (16) aufzeigen. Erstens erfasst (16) die Tatsache, dass postnominal nur ein einziger Genitiv möglich ist:[42]

(17) Der Präsident begnadigt den Gefangenen
- a. die Begnadigung des Präsidenten (Subjekt)
- b. die Begnadigung des Gefangenen (Objekt)
- c. die Begnadigung des Gefangenen durch den Präsidenten
- d. *die Begnadigung des Präsidenten des Gefangenen
- e. *die Begnadigung des Gefangenen des Präsidenten

(18) Drei Wochen lang bereiteten die Kinder das Fest vor
- a. die Vorbereitung der Kinder (Subjekt)
- b. die Vorbereitung des Festes (Objekt)
- c. die Vorbereitung der Kinder auf das Fest
- d. *die Vorbereitung der Kinder des Festes
- e. *[die Vorbereitung des Festes] der Kinder

Zweitens, und eng damit zusammenhängend, wird selbstverständlich auch erfasst, dass der Genitiv, wie (19) zeigt, unmittelbar auf N folgen muss:

(19)
- a. *die Begnadigung durch den Präsidenten des Gefangenen
- b. *die Vorbereitung auf das Fest der Kinder
- c. *die Vernichtung durch die Römer Carthagos
- d. *die Suche nach Vermissten der Helfer

Beide Tatsachen folgen daraus, dass die Kategorie, die den Genitiv in (16) letztlich legitimiert, eine lexikalische N^0-Kategorie ist.

Frage 95: Wie ließe sich auf analoge Art und Weise der pränominale Genitiv charakterisieren?

Insbesondere muss daher gelten, dass N^0 und der Genitiv Schwesterknoten sind, womit die sog. **Adjazenz** (von lat. *adjacere*, wörtlich: beiliegen), also die strikte Nachbarschaft von nominalem Kopf und Genitivmarkierung erfasst wird.

Nun ist klar, dass uns ein solcher Zugriff auf Elemente wie X^0 oder X′ verwehrt ist, da uns generell die Kennzeichnung von Komplexitätsebenen nicht zur Verfügung steht. Daher ist es ohnehin nicht möglich, die grammatischen Vorkommen des postnominalen Genitivs lediglich durch die Angabe seiner Position zu legitimieren. Wenn wir daran festhalten wollen, dass zur Legitimation ein Merkmal der Form [*GENITIV*] notwendig ist, scheint dieses nur über eine optionale lexikalische Redundanzregel beim Nomen eingeführt werden zu können. Um eine Struktur wie (20) zu generieren, ist dann die Anwendung der Regel (21) notwendig:

(20)

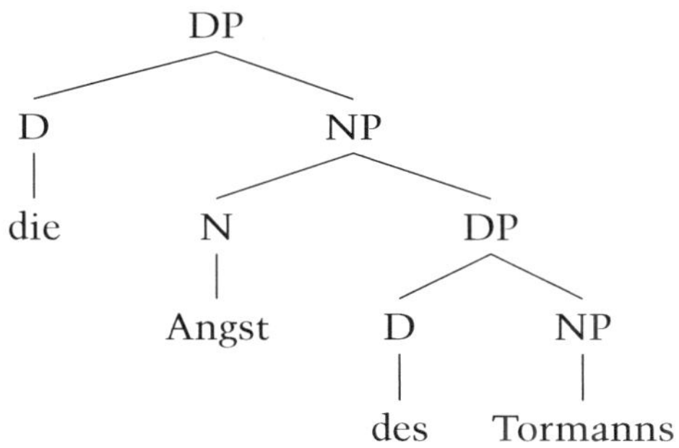

(21) *Lexikalische Redundanzregel für N:*
N kann das Komplement-Merkmal [*GENITIV*] bekommen.

Ebenso hatten wir ja auch den Nominativ als strukturellen Kasus über eine lexikalische Redundanzregel eingeführt, welche die finiten Flexive betraf.

Es ist klar, dass (21) nicht sinnvoll iteriert werden kann, sodass nur ein einziger postnominaler Genitiv gecheckt werden kann. Unklar ist dagegen noch, wie die verlangte Adjazenz garantiert werden kann, denn die Struktur (22) scheint ja im Prinzip wohlgeformt:

(22)

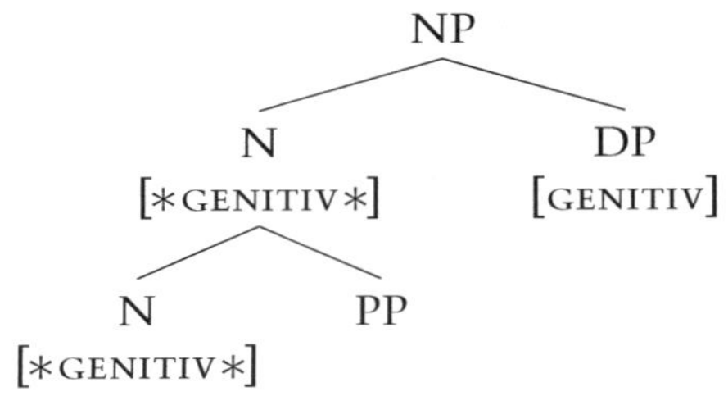

Generell sind zwei Fälle zu unterscheiden. Erstens: die PP ist ein (fakultatives) Komplement von N. Dieser Fall ist eher unproblematisch, denn es genügt dann, die Komplemente DP und PP in die empirisch beobachtete Ordnung zu bringen, indem die Regel (21) die entsprechenden Merkmale von N so ordnet, dass die Genitiv-DP maximal subordiniert wird. Zweitens: die PP ist ein sog. freies Adjunkt, wie etwa in (23):

(23) a. die Ausbildungsstätte in Lustnau
b. *die Ausbildungsstätte in Lustnau der Behinderten

Die PP hängt in keiner Weise vom N ab und kann nach allem was wir angenommen haben im Prinzip mit irgendeiner Projektion von N fusioniert werden (auf Adjunkte und deren Eigenschaften werden wir in späteren Abschnitten noch ausführlicher eingehen). Dieser Fall ist eher problematisch, denn es folgt für diesen Fall nicht, warum (23) ungrammatisch ist.

Lassen wir nun aber einmal alle bisher betrachteten Konfigurationen revue passieren, in denen ein direkt selegiertes Element (in unserer Terminologie: ein Komplement) rechts von einem Kopf erscheinen muss. Dies betraf die Köpfe und Komplemente in (25-a-c); im Englischen haben wir aufgrund der IP-Hypothese statt (23-c) (25-d,e) anzunehmen. Und wenn wir die AP in (24) mitberücksichtigen, kommt noch die Konfiguration (25-f) hinzu:

(24) Sie ist *stolz auf ihren Sohn* gewesen

(25) a. [$_{DP}$ D NP]
b. [$_{PP}$ P DP], [$_{PP}$ P VP], [$_{PP}$ P CP], [$_{PP}$ P PP]
c. [$_{CP}$ C VP]
d. [$_{CP}$ C IP]
e. [$_{IP}$ I VP]
f. [$_{AP}$ A PP]

Dabei sind die Phrasen rechts vom Kopf jeweils dessen Komplemente. In all diesen Konfigurationen müssen Kopf und Komplement adjazent sein, d.h., es ist nicht möglich, den Kopf durch irgendetwas so zu modifizieren, dass Kopf und Komplement nicht mehr benachbart sind:

(26) a. *[$_{DP}$ [$_{D}$ D XP] NP]

b. $^*[_{PP}\ [_{P}$ P XP] YP]
c. $^*[_{CP}\ [_{C}$ C XP] VP]
d. $^*[_{CP}\ [_{C}$ C XP] IP]
e. $^*[_{IP}\ [_{I}$ I XP] VP]
f. $^*[_{AP}\ [_{A}$ A XP] PP]

Dies kontrastiert mit der umgekehrten Serialisierung „Komplement vor Kopf", in der eine Modifikation des Kopfes durchaus erlaubt ist:

(27) a. Er ist [$_{AP}$ [$_{PP}$ auf seinen Sohn][$_{A}$ sehr [$_{A}$ stolz]]]
b. Er hat [$_{VP}$ [$_{PP}$ auf seinen Sohn][$_{V}$ nicht [$_{V}$ gewartet]]]

Daher scheint die folgende Generalisierung zutreffend:

(28) Ein linksköpfiges Komplementmerkmal (d.h. ein Komplementmerkmal, dessen Gegenstück auf einem rechten Ast zu suchen ist,) kann auf einem linken Ast nicht projizieren.

Genau dieser Effekt war aber gerade erwünscht, um die Konfiguration (22) zu blockieren.[43]

Frage 96: Welches sind die zu unterscheidenden Analysen von (29)? Sind die Unterschiede semantisch, syntaktisch, oder beides?

(29) a. das *Geschenk für das Kind in der Schachtel*
b. Jetzt sieht es wieder nach einer Regierung mit *Tolerierung der rot-grünen Minderheit* aus

Frage 97: In Abschnitt (2.2.8.) hatten wir *keines der Kinder* nicht vollständig analysiert, sondern lediglich die Form *keines* als intransitiv bezeichnet. Wie kann nun der Genitiv von *der Kinder* nach dem bisher Gesagten analysiert werden? (Diskutieren Sie auch eine transitive Analyse von *keines* mit einem leeren N-Kopf als Komplement.)

Frage 98: Die folgenden Belege scheinen Gegenbeispiele zu der Hypothese zu liefern, dass ein N nur eine einzige Genitiv-DP toleriert. Warum sind die Konstruktionen in (30) dennoch akzeptabel? (Hinweise: der *Rechte Weg* ist groß geschrieben! Handelt es sich um Notkers Syntax des Deutschen?)

(30) a. Sihanlioglu, der *der Partei des Rechten Weges der früheren Ministerpräsidentin Tansu Ciller* angehörte, lieferte sich einen Faustkampf mit den MHP-Politikern und ging nach einem Haken seiner Gegner zu Boden
b. das *Gespenst der Freiheit des Luis Buñuel*
c. Die *Syntax Notkers des Deutschen* in seinen Übersetzungen (Buchtitel)

Possessivpronomina 7.

In diesem Abschnitt greifen wir noch einmal die schon in Abschnitt (2.1.) angesprochene Frage auf, wie Possessivpronomina zu analysieren sind. Dort hatten wir provisorisch angenommen, dass es sich um Köpfe, nämlich um „transitive" Determinatoren handelt, wie in (1) gezeigt.

(1)

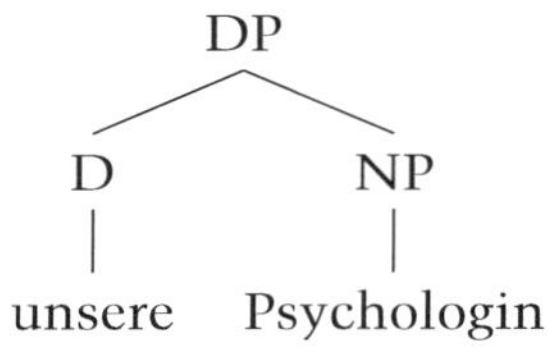

Diese These wollen wir in diesem Abschnitt kritisch überprüfen und letztlich bestätigen.

Die Alternativen *7.1.*

Als Ausgangsmotivation für (1) haben wir angeführt, dass Possessivpronomina und Determinatoren „komplementär verteilt" sind, d.h., wo ein Possessivpronomen steht, kann kein Determinator vorkommen und umgekehrt. In der Phonologie schließen wir aufgrund einer komplementären Verteilung auf etwas zugrundeliegend Gemeinsames, sodass die Folgerung nahe liegt, dass Possessiva Determinatoren *sind*.

Eine analoge Verteilung hatten wir in Abschnitt (**6.1.**) aber auch schon für die pränominalen Genitive festgestellt, ohne daraus jedoch die Konsequenz zu ziehen, dass es sich bei diesen um den Kopf dieser DP handelt; vielmehr haben wir die pränominalen DPs als Spezifikatoren eines leeren D-Kopfes analysiert. Das Argument von der komplementären Verteilung ist also in der Syntax keineswegs logisch zwingend.[44] Es stellt sich daher die Frage, ob nicht Possessivpronomina wie pränominale Genitive zu analysieren sind, also nicht wie in (1), sondern wie in (2) als Spezifikatoren eines leeren Determinators:

(2)

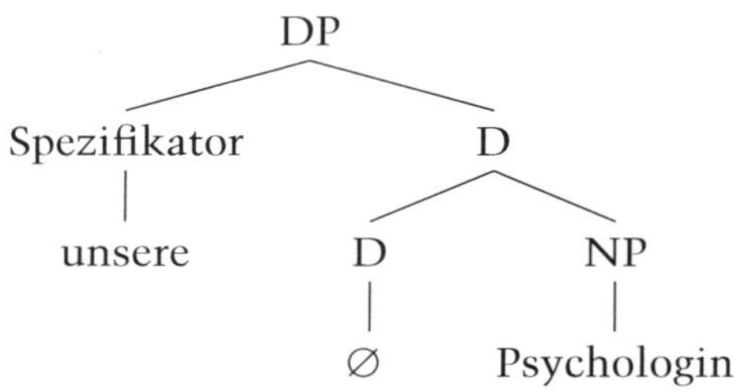

Wenn man sich für (2) entscheidet, wäre neben der Analyse des Pronomens als DP auch noch die in Abschnitt (**2.1.**) angedeutete Möglichkeit zu diskutieren, es wie z.B. Lindauer (1995) als Adjektiv zu analysieren; dies entspräche traditioneller Terminologie, derzufolge Possessivpronomina auch „**Pronominaladjektive**" genannt werden. (2) erlaubt dann die beiden Alternativen in (3):

(3) a.

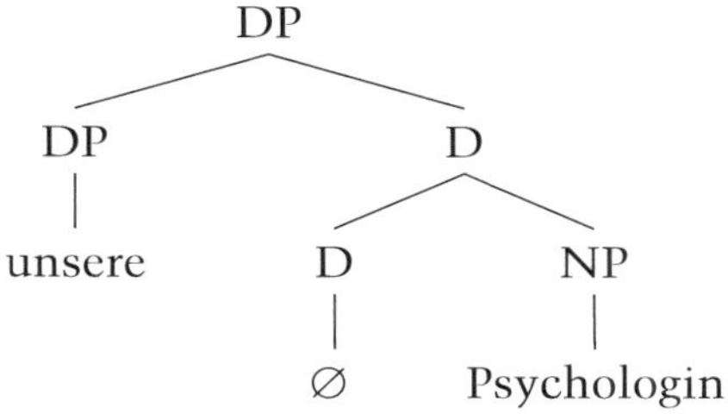

b.

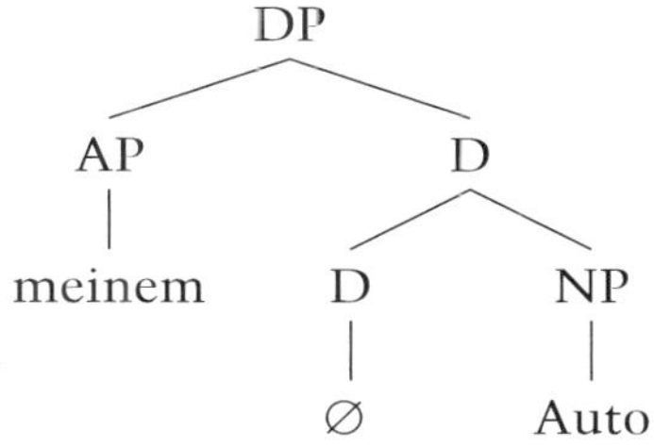

In allen drei Analysen können wir — die jeweils erforderlichen Merkmale vorausgesetzt — folgende Eigenschaften des Possessivpronomens problemlos erfassen:

a. Es steht an der linken Peripherie einer DP.
b. Es kann nicht gleichzeitig mit einer possessiven Genitiv-DP auftreten.
c. Es kann nicht gleichzeitig mit einem sichtbaren Determinator auftreten.

Frage 99: Welche Prinzipien können garantieren, dass folgende DPs in keiner der drei vorgeschlagenen Analysen generiert werden können? M.a.W., wie müssen die entsprechenden lexikalischen Einträge in den jeweiligen Analysen aussehen, damit diese PPs nicht generiert werden können?

(4) a. *in Willis seinem Imbiss
b. *in seinem Willis Imbiss
c. *in sauberem seinem Imbiss
d. *in deinem der Imbiss
e. *in dem deinem Imbiss

Blickt man in die Literatur, scheint es keineswegs einfach, zwischen diesen drei Alternativen zu entscheiden. Für das Englische wird oft eine (3-a) entsprechende Analyse angenommen:

(5) with

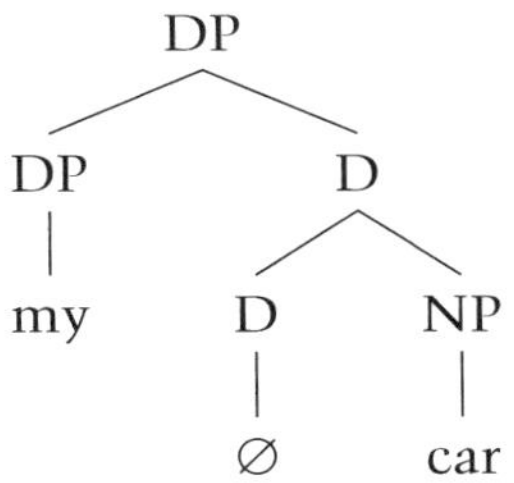

Dabei geht z.B. Radford (1997*a*, S. 212) davon aus, dass *my* ein Genitiv-Determinator ist. Betrachten wir jedoch das Analogon im Deutschen, also (6),

(6) mit

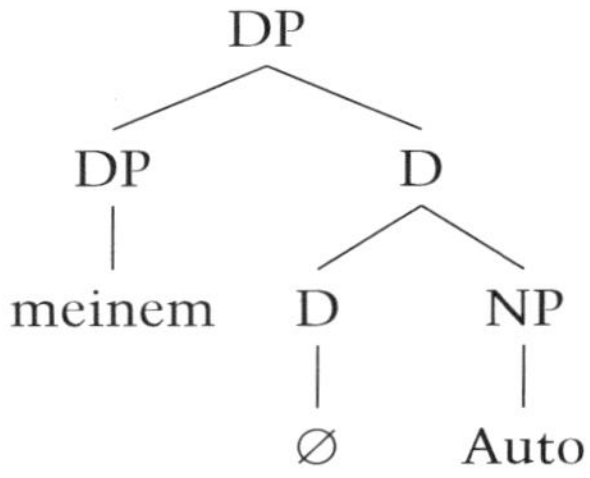

so ist klar, dass in (6) kein Genitiv, sondern ein Dativ vorliegt. Dies unterscheidet das Possessivpronomen von den übrigen Spezifikatoren, denen wir in Abschnitt (**6.1.**) ja das Merkmal [GENITIV] gegeben haben. Dieses Merkmal ist zwar, wie (7) zeigt, für die **Frage-** und **Relativpronomina** in der Spezifikatorposition von D korrekt (*-en* ist hier Genitivendung und *Liebe* ein Nominativ), nicht aber für das Possessivpronomen, dessen Genitivendung in (7-d) ja *-er* sein muss:

(7) a. der Gott, *dess**en** Liebe* unermesslich ist
b. die Göttin, *der**en** Liebe* unermesslich ist
c. *Wess**en** Liebe* ist unermesslich?
d. **Sein**er*** Liebe ist unermesslich

Es ist klar, dass diese Beobachtung noch nicht gegen die Struktur (6) als solche sprechen muss, solange der leere Komplementierer die richtigen Spezifikatormerkmale hat. Diese Merkmale müssen natürlich entsprechende Kongruenzmerkmale sein, in (7-d) also u.a. [∗NOMINATIV∗] und in (6) [∗DATIV∗].

Frage 100: Wie lässt sich die Kasuskongruenz mit Hilfe geeigneter Merkmale in den anderen alternativen Analysen beschreiben?

Für eine Analyse des Possessivpronomens als Adjektiv ist z.B. von Giorgi und Longobardi (1991) anhand des Italienischen argumentiert worden: Daten wie *il mio libro* (wörtlich: „das mein Buch") und *il libro mio* zeigen, dass das Possessivum im Italienischen kein Determinator, sondern ein Adjektiv ist. Auch in älteren Sprachstufen des Deutschen hat es analoge Konstruktionen gegeben, siehe z.B. Demske (2001). Da jedoch im Gegenwartsdeutsch die zum Italienischen analoge Konstruktion **das mein Auto* nicht grammatisch ist, liegt der Verdacht nahe, dass der Begriff des Pronominaladjektivs inzwischen veraltet und sachlich inadäquat ist.

Die nun folgenden Überlegungen betreffen ausschließlich das Deutsche. Vorausgeschickt sei, dass ich keines der in den nächsten Unterabschnitten vorgebrachten Argumente für hundertprozentig stichhaltig halte. Die entscheidende Motivation für die Analyse von Possessivpronomina als Determinatoren ergibt sich für mich erst aus den Beobachtungen in Abschnitt (**7.2.**).

Schreinemakers ihre Schwester 7.1.1.

Der Titel dieser Super-RTL-Serie stellt eine kleine Herausforderung an die Analyse der DP dar. Die Konstruktion ist identisch mit der in (8), woraus ersichtlich wird, dass es sich bei *Schreinemakers* um einen Dativ handelt:

(8) a. Das ist *dem Fischer seine Frau*
b. Der Dativ ist *dem Genitiv sein Tod*

Folgt man nun der Ansicht, dass der Dativ gerade der Kasus ist, der typischerweise von Adjektiven regiert wird (s. z.B. Riemsdijk (1993)), so ergäbe sich die Dativzuweisung auf relativ natürliche Art und Weise, wenn die Dativ-DP Komplement des Possessivums als Adjektiv ist:

(9)

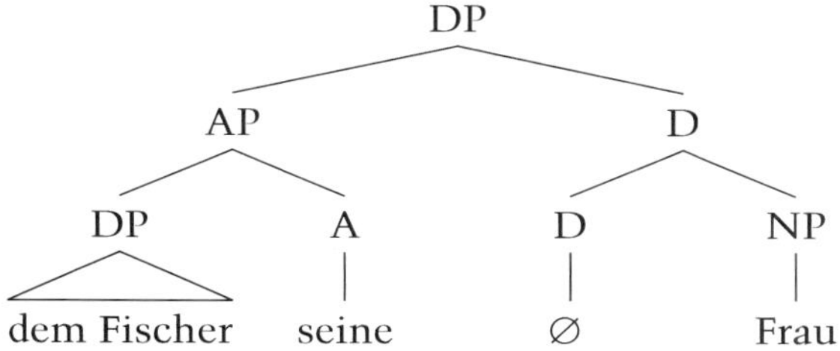

Ist dagegen *seine* bzw. *ihre* ein Kopf, müsste wohl eine Struktur wie (10) angenommen werden, wobei nicht ganz klar ist, wie der Dativ behandelt werden soll:

(10)

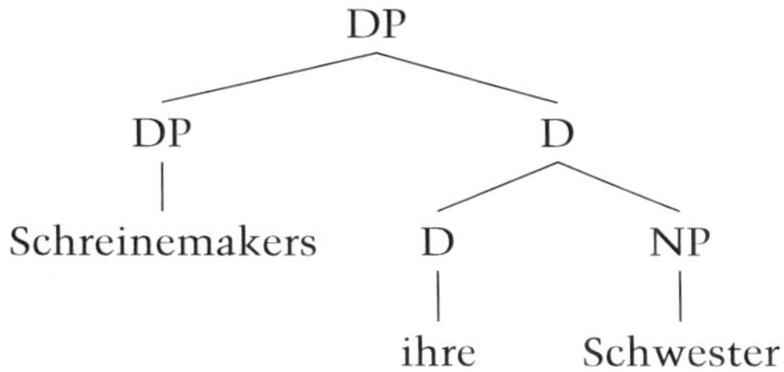

Trotz dieser Unklarheit wäre aber gegen die Struktur (10) als solche möglicherweise wenig einzuwenden, da ja für eine ähnliche Konstruktion, nämlich (11), eine offenbar analoge Struktur ohnehin benötigt zu werden scheint:

(11)

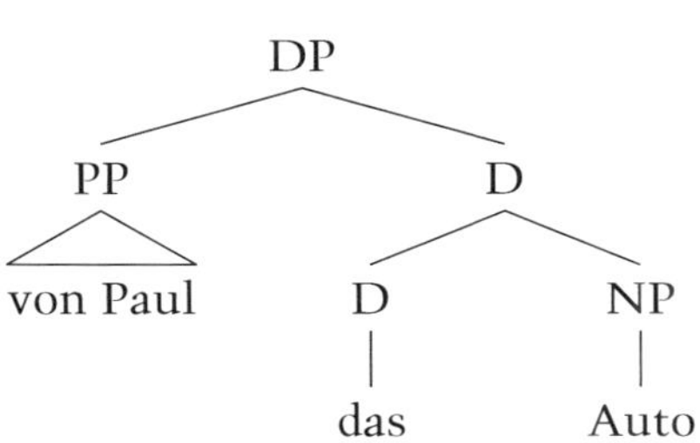

In beiden Fällen könnten PP und DP entweder als Spezifikatoren von D selegiert werden, oder sie könnten an die DP adjungiert werden; der Dativ in (10) wäre dann als sog. „freier" (struktureller) Dativ zu deuten. Wie dem auch sei, ich sehe nicht, dass die Annahme, der Dativ müsse von einem Adjektiv kommen, zwingend wäre.

Frage 101: Welches sind alle notwendigen Merkmale für eine von Ihnen gewählte Analyse der kursiven DP in (12-a) (das Beispiel wird Gerhard Schröder zugesprochen) sowie der übrigen Beispiele in (12)? Wie lassen sich die ungrammatischen Beispiele blockieren?

(12) a. Es haben verdammt viele *Doris ihrem Mann seine Partei* gewählt
b. dem seine Frauen
c. *dem Fischer deine Frau
d. *dir deine Frau
e. *euch seine Frauen

Frage 102: Wie lässt sich die relevante Konstruktion in folgendem Hörbeleg mithilfe von Merkmalen beschreiben und welches zusätzliche Problem ergibt sich (unabhängig von der Merkmalverteilung innerhalb der DP), wenn man die Antwort von B für grammatisch hält?

(13) SPRECHER A: Ist das ihr Schlüssel?
SPRECHER B: Das weiß ich doch nicht, ob das ihr seiner ist.

*Unser Schwester 7.1.2.

Dass zwischen Possessiv- und Personalpronomen morphologisch unterschieden werden muss, zeigt (14-c):

(14) a. Singular:
(i) sie gedachten mein-/dein-/sein-er
(ii) sie gedachten mein-/dein-/sein-er Schwester
b. Plural:
(i) sie gedachten eur-/ihr-er
(ii) sie gedachten eur-/ihr-er Schwester
c. Aber:
(i) sie gedachten uns-er
(ii) *sie gedachten uns-er Schwester
(iii) sie gedachten unser-er Schwester

uns und *unser* sind verschiedene Grundformmorpheme für das Personal- und Possessivpronomen. Allein hieraus eine unterschiedliche Kategorisierung nach D (für Personal-) bzw. A (für Possessivpronomina) abzuleiten, wäre m.E. ebenfalls nicht zwingend. Denn die von den (normalen) Adjektiven verschiedene Distribution der Possessiva erfordert für diese ohnehin ein *besonderes* Merkmal, das alle „anderen" Adjektive nicht haben können, und das sie darüber hinaus auch von den übrigen Personalpronomina in den jeweiligen (i)-Beispielen unterscheidet.

Ein sehr indirektes Argument für das Possessivpronomen als Spezifikator und gegen die Analyse als Adjektiv ergibt sich aus der Tatsache, dass das Possessivpronomen auch syntaktisch in Konkurrenz zum Personalpronomen tritt. Zu beachten ist nämlich, dass bei der Analyse von *Willis Imbiss* nur gefordert wurde, dass der Spezifikator eine Genitiv-DP ist. Diese Forderung könnte nun aber theoretisch auch von einem *Personal*-Pronomen im Genitiv, also z.B. von *unser* erfüllt werden, wodurch sich die falschen Formen *unser Schwester* (als Nominatv), *mit *unser Schwester* (als Dativ) usw. ergeben. Wohlgemerkt: *unser* ist hier kein Possessiv-, sondern ein genitivisches Personalpronomen, also eine DP.

Um solche Pronomina aus der SpecD-Position zu verbannen, könnten wir wieder auf einen Blockierungsmechanismus zurückgreifen, den wir bei den Pronomina schon im Kontext von **unser wegen* gegenüber *unseretwegen* oder **ihrer wegen* vs. *ihretwegen* usw. bemüht haben (s. Fußnote 16). Unter der plausiblen Annahme, dass (15-a) und (15-b) dasselbe bedeuten,

(15) a. *mit unser Schwester
     b. mit unserer Schwester

muss dann die allgemeinere Form (das Personalpronomen) durch die spezialisiertere Form (das Possessivpronomen) blockiert werden, sodass (15-a) ungrammatisch wird. Diese Argumentation setzt aber gerade voraus, dass die zu vergleichenden Strukturen *hinreichend ähnlich* sind. Wenn man nun annehmen möchte, dass Ähnlichkeit nur dann erfüllt ist, wenn identische Strukturen mit denselben Kategorien vorliegen, müssen Possessivpronomina Spezifikatoren sein und idealerweise müsste dann das Possessivpronomen als eine spezielle Form des Personalpronomens angesehen werden. Alles hängt hier davon ab, wie strikt man die Forderung der Ähnlichkeit auffassen will. Dass ein vollständiger struktureller Parallelismus vorliegen muss, wird allerdings in anderen Anwendungsfällen von Blocking (insbesondere in der optimalitätstheoretischen Syntax) nicht notwendigerweise angenommen; oft genügt ja die Gleichheit der Bedeutung.

Wir werden auf ein analoges Argument noch im Zusammenhang mit der Koordination im Anhang (E.3.) zurückkommen; auch dort wird sich zeigen, dass für vergleichbare Prozesse eine vollkommene strukturelle Parallelität nicht notwendig vorausgesetzt werden muss. Der Blockierungsmechanismus könnte demzufolge funktionieren, auch wenn Possessivpronomina keine Spezifikatoren sind.

Diese meine größte Sorge 7.1.3.

Ein scheinbares Argument für Possessiva als Adjektive könnte die Abfolge „diese meine...“ darstellen: Unter der Voraussetzung, dass *diese* ein Determinator ist, liegt es hier nahe, Possessivpronomina nun als „normale“ Adjektive zu analysieren. Denn genau so müssen wir ja anscheinend auch gewisse Determinatoren analysieren, die ebenfalls eine solche Doppelfunktion haben können:

(16) a. *Ein* Mann, dieser *eine* Mann, *einem* Mann, diesem *einen* Mann
b. *Beide* Schwestern, die *beiden* Schwestern

Diese doppelte Klassifikation von *ein* als Determinator und als Adjektiv ergibt sich aus dem in (16-a) illustrierten unterschiedlichen Flexionsverhalten.

Gerade das Flexionsverhalten von Possessivpronomina spricht nun allerdings auch gegen eine Analyse als Adjektiv, denn Possessivpronomina zeigen gerade keine adjektivische Flexion, sondern unterliegen der Artikelflexion, vergl.:

(17)	m/(k)ein	Mann	m/(k)ein*e*	Frau	m/(k)ein*e*	Männer
	m/(k)ein*es*	Mannes	m/(k)ein*er*	Frau	m/(k)ein*er*	Männer
	m/(k)ein*em*	Mann	m/(k)ein*er*	Frau	m/(k)ein*en*	Männern
	m/(k)ein*en*	Mann	m/(k)ein*e*	Frau	m/(k)ein*e*	Männer

Dieses Flexionsverhalten bleibt auch dann stabil, wenn das Possessiv einem Determinator wie in (18) untergeordnet wird

(18) a. dieser mein guter Freund
b. dieser gute Freund
c. *dieser meine Freund
d. *dieser mein gute Freund

Zwar ist es in (16) in der Tat so, dass sich *ein* als Zahlwort in seiner Morphologie vollständig dem adjektivischen Paradigma unterwirft und dasselbe gilt für *beide*; (18) zeigt nun aber, dass dies bei den Possessivpronomina gerade nicht der Fall ist: wir würden sonst erwarten, dass entweder (18-c) okay ist, wenn *mein* wie ein Adjektiv flektiert, oder dass (18-d) gut ist, wenn *mein* als Adjektiv gar nicht flektiert.

Das Flexionsverhalten spricht daher stark für eine Analyse, in der *dieser* ein zusätzlicher Determinator ist, der selber wieder die DP *mein guter Freund* einbettet:

(19) a. $[_{DP}$ dieser $[_{DP}$ mein guter Freund $]]$
b. *$[_{DP}$ dieser $[_{DP}$ meine guter Freund $]]$
c. *$[_{DP}$ dieser $[_{DP}$ meine gute Freund $]]$

Die Sterne folgen dann daraus, dass schon die inneren DPs ungrammatisch sind.[45]

Die einzige kleine Lücke dieses Argumentes ist die, dass der Schluss von der Flexion auf die Kategorie im Allgemeinen nicht logisch zwingend ist. Z.B. haben gewisse Nomina wie *Beamter* adjektivische Flexion (siehe Abschnitt (8.2.1.)), ohne dass wir sie deshalb zur Kategorie A rechnen würden. Damit bliebe aber wieder offen, wie die eingebetteten DPs in (19) zu analysieren sind.

Frage 103: Was zeigen uns die Daten in (20-a,b)? Kann *meinem* ein Adjektiv sein? Wie lassen sich die Daten überhaupt analysieren? Welche Analyse ist besser: *diesem* ist in der Spezifikatorposition von *meinem*, oder *diesem* ist ein eigener D-Kopf mit einem DP-Komplement? Wie kann die in (20-c,d) illustrierte Restriktion erfasst werden, dass die Konstruktion offenbar nur mit bestimmten demonstrativen Determinatoren (*dieser, jener*) möglich ist?

(20) a. diesem meinem guten Wein
b. *diesem meinen guten Wein
c. *dem meinem guten Wein
d. *dem meinen guten Wein

Flexionstypenselektion (1) 7.2.

Im letzten Abschnitt haben wir gesehen, dass Possessiva wie indefinite Artikel flektiert werden, sodass es nahe liegt, sie als Determinatoren aufzufassen. Dieselbe Folgerung ergibt sich aus der Parallelität von Quantoren und Possessiva hinsichtlich ihrer Flexion in intransitiven Kontexten:

(21) a. Dies ist ein Auto, aber dies ist keins
b. Dies ist kein Auto, aber dies ist eins
c. Dies ist mein Auto, aber dies ist deins

Der Flexionswechsel in (a.) und (b.) lässt sich als Folge der Detransitivierung verstehen: aus einem transitiven Determinator wurde ein intransitiver mit einer anderen Flexion. Vollkommen analog verhält sich das Possessivum in (21-c).

Diese Analogie zur Determinatorflexion lässt sich nun aber noch in entscheidender Weise verstärken, berücksichtigt man die Tatsache, dass Possessiva genau wie Determinatoren einen morphologischen Einfluss auf eventuell nachfolgende Adjektive ausüben. Genau diese Parallelität vermag uns endgültig davon zu überzeugen, sie als Determinatoren zu analysieren.

Um diesen Einfluss zu illustrieren, erinnern wir an die in Abschnitt (I.7.) eingeführte starke und schwache Flexion der Adjektive; die Wahl des Flexionstyps hing offenbar vom vorangehenden Determinator ab. In Kapitel (I.) haben wir, aus guten Gründen, wie wir sogleich sehen werden, einen Flexionstyp ignoriert, der in folgender Tabelle unter A_2 zu finden ist; es handelt sich um die sog. „gemischte Adjektivflexion", eine in traditionellen Grammatiken offenbar unentbehrliche Flexionsklasse.

(22)

MASK.SG.	A_1	A_2	A_3
NOMINATIV	der gute Wein	ein guter Wein	∅ guter Wein
GENITIV	des guten Weines	eines guten Weines	∅ guten Weines
DATIV	dem guten Wein	einem guten Wein	∅ gutem Wein
AKK	den guten Wein	einen guten Wein	∅ guten Wein

Zur Erinnerung: Das Paradigma A_1 wurde in Kapitel (I.) als „schwach" bezeichnet; man sagt, dass die Adjektive in dieser Reihe „schwach flektieren". Demgegenüber heißt das Paradigma A_3 mit Nullartikel „stark"; Adjektive in dieser Reihe werden „stark flektiert". (Die Terminologie richtet sich offenbar danach, wie differenziert die Formen des Paradigmas sind.) Im Paradigma A_2 ist die Nominativflexion mit der von A_3 identisch, die übrigen Formen stimmen mit denen in A_1 überein. Daher wird das Paradigma A_2 traditionell als „gemischt" bezeichnet.

Die gemischte Flexion stimmt genau dann mit der schwachen Flexion überein, wenn der vorangehende Determinator selber flektiert ist, ist er leer oder unflektiert, sind die Formen der gemischten Flexion mit denen der starken Flexion identisch. Zur Unterscheidung der Flexionen brauchen wir also höchstens zwei Kategorien „stark" und „schwach", deren Abhängigkeit vom vorangehenden Determinator wie in (23) beschrieben werden kann:

(23)

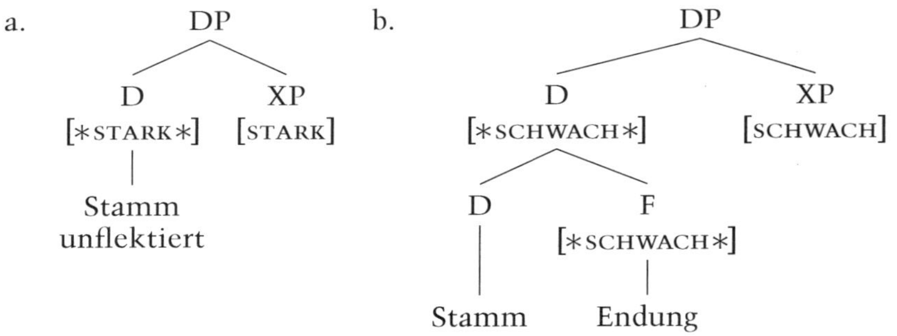

Ist der Stamm der leere Determinator, muss nachfolgend immer stark flektiert werden. Konkrete Beispiele sind demgemäß:

(24)

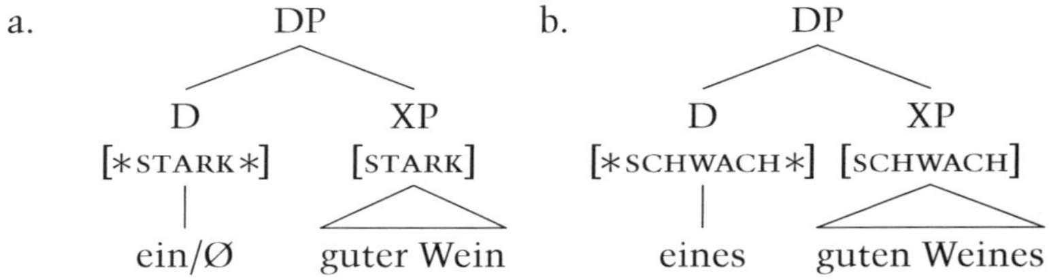

Die starken und schwachen Formen der Adjektive haben wir in Abschnitt (I.7.) schon analysiert, es fehlte allerdings eine Analyse der Determinatoren. Damit die mit (23) ausgedrückte Generalisierung funktioniert, ist daher anzunehmen, dass *der* in *d+er* zu zerlegen ist und somit genau wie *dies+er* flektiert wird, ebenso *da+s* und *dies+es* usw. Die Zuordnung des Merkmals [*SCHWACH*] zu den D-Flexiven und des Merkmals [*STARK*] zu den unflektierten Stämmen geschieht über eine lexikalische Redundanzregel. Diese Regel ist fakultativ, da ja nachfolgende Adjektive immer optional sind.

Eine Ausnahme zu (23) bilden einige wenige Ds im Nominativ/Akkusativ und im Genitiv Plural (im Dativ gibt es keine Opposition zwischen stark und schwach). Vergl.:

(25) *Regulär, schwach:*
- a. die/diese/jene/manche/irgendwelche großen Erfolge (nom./akk.)
- b. der/dieser/jener/mancher/irgendwelcher großen Erfolge (gen.pl.)

Irregulär, stark:
- c. einig+e/mehrerer+e/manch+e/irgendwelch+e große Erfolge (nom./akk.)
- d. einig+er/mehrer+er/manch+er/irgendwelch+er großer Erfolge (gen.pl.)

Diesen Ausnahmen können wir nun ohne weiteres gerecht werden, wenn wir für die Stämme *einig-* und *mehrer-* das Merkmal [*STARK*] schon im Lexikon spezifizieren. Die Anwendung der (optionalen) Redundanzregel auf das Flexiv ist dann nicht mehr anwendbar, da dies zu einer widersprüchlichen Merkmalkombination führen würde. Für Fälle mit schwankender Deklination, wie bei *manch-* und *irgendwelch-* ist die lexikalische Spezifikation von [*STARK*] beim Stamm offenbar optional.

Offen ist an dieser Stelle immer noch die Frage, wie das Merkmal des Adjektivs innerhalb der XP beim Adjektiv realisiert wird. Wir kommen darauf in Abschnitt (8.2.1.) ausführlich zurück. Wichtig ist hier allein, dass Possessivpronomina sich in Bezug auf die Flexionswahl vollkommen analog zu den Determinatoren *ein/kein* verhalten. Dieses analoge Verhalten der Possessiva ließe sich natürlich am einfachsten in einer mit (25) identischen Struktur implementieren, in der das Possessivum Kopf der Konstruktion ist:

(26) a. b.

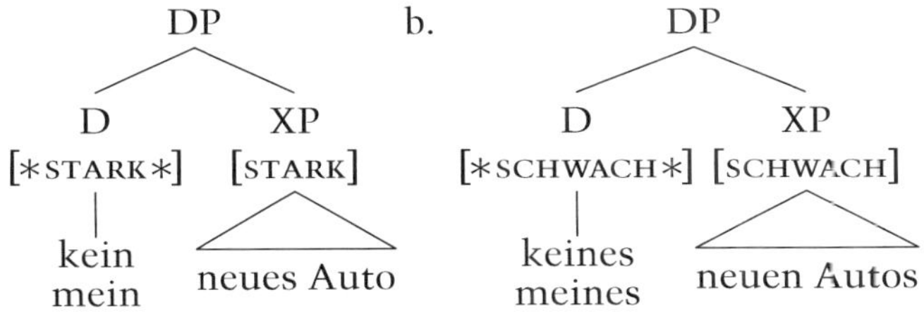

Stünde dagegen das Possessivpronomen in Spezifikatorposition, ließe sich dieser Zusammenhang nicht mehr implementieren. Zunächst mache man sich klar, dass von der Spezifikatorposition aus generell kein Merkmal überprüft werden kann. Die Gründe hierfür sind in unserem Merkmalsystem zu finden: nur der Kopf kann Merkmale des Komplements überprüfen, nicht umgekehrt. Wir müssten demzufolge annehmen, dass es der leere Komplementierer ist, der das Merkmal für die Adjektivflexion trägt:

(27)

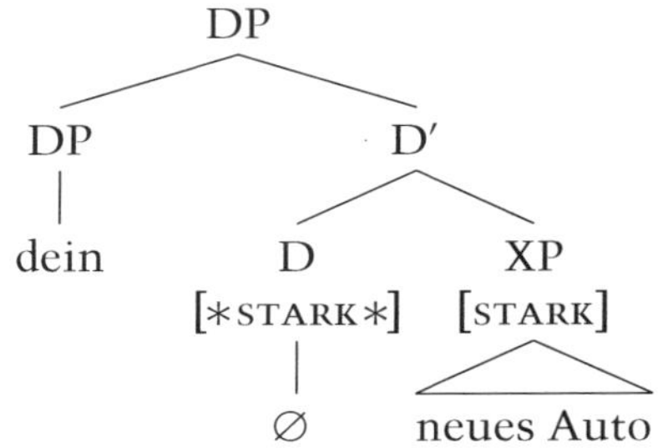

Dies führt jedoch zu einer gänzlich unbefriedigenden Beschreibung der Fakten, da der Zusammenhang zwischen der Flexion des Possessivums und der schwachen Flexion nicht mehr direkt erfasst werden kann. (Man müsste die Flexion des Spezifikators vom Komplementmerkmal des leeren Determinators abhängig machen.) M.a.W., eine Struktur wie (27) ließe es nicht nur als gänzlich zufällig erscheinen, dass die Morphologie des indefiniten (offenen) Determinators mit der des Possessivums identisch ist, sie kann auch die Konsequenzen für die nachfolgende Adjektivflexion nicht adäquat beschreiben. Aufgrund dieses Selektionsverhaltens gehen wir somit für den Rest des Buches davon aus, dass Possessiva Determinatoren sind. Diese Auffassung werden wir im folgenden Abschnitt mit Analysen aus der Literatur vergleichen, die den Zusammenhang zwischen der Flexion von Possessivum und Adjektiv in analoger Weise erfassen wollen, aber immer noch vor der Konsequenz zurückschrecken, das Possessivum in D anzusiedeln.

Unzusammenhängende Wörter? 7.3.

Im letzten Abschnitt haben wir dafür plädiert, Possessivpronomina als Determinatoren zu analysieren. Diese Analyse wird — zu unrecht, wie ich meine — von einigen Autoren als problematisch angesehen.

Eine gegen die Kopflösung zu sprechen scheinende Beobachtung ist die, dass die Possessiva in Bezug auf ihr Genus sozusagen doppelt klassifiziert werden müssen. Einerseits kongruiert ihre Flexion mit dem Genus des nachfolgenden Nominals. Andererseits aber haben sie (wegen der Unterscheidung zwischen *sein* und *ihr*) auch ein inhärentes semantisches Genus, und aufgrund der Unterscheidung zwischen *mein* und *unser* (bzw. *dein, euer*) auch einen inhärenten semantischen Numerus. Diese inhärenten Eigenschaften dürften bei der Kopfanalyse aber auf keinen Fall wie die üblichen grammatischen Merkmale behandelt werden, denn sonst würden sie sich ja fälschlicherweise auf die ganze DP vererben. Nur die Flexionsmerkmale dürfen grammatisch relevant sein, die übrigen Merkmale müssten ignoriert werden. Dies aber scheint dem sonst üblichen Projektionsverhalten von semantisch-grammatischen Eigenschaften zu widersprechen: wenn der Kopf eine semantisch interpretierbare grammatische Eigenschaft hat, wird diese in der Regel vererbt, weswegen die Kopfanalyse (26) recht problematisch zu sein scheint.

Dagegen sieht (27), die Spezifikatorlösung, unverfänglicher aus. Zwar bleibt die Diskrepanz zwischen semantischen und morphologischen Eigenschaften hier bestehen, könnte aber als unvermeidliches Faktum auf das Lexem des Possessivums selbst beschränkt bleiben und hätte, da seine Kategorie ja nicht projiziert, keine weiteren negativen Konsequenzen für die Eigenschaften der ganzen DP. Das Problem wären nun aber die im letzten Abschnitt angeführten flexionsmorphologischen Zusammenhänge. In einer solch dilemmatischen Situation sollte man kreativ sein und eine unorthodoxe Methode bevorzugen, welche die Vorteile beider Analysen in sich zu vereinen vermag. Eine solche Kompromisslösung ist in der Literatur zuerst von Olsen (1989) vorgeschlagen worden und sieht wie in (28) aus:

(28) mit

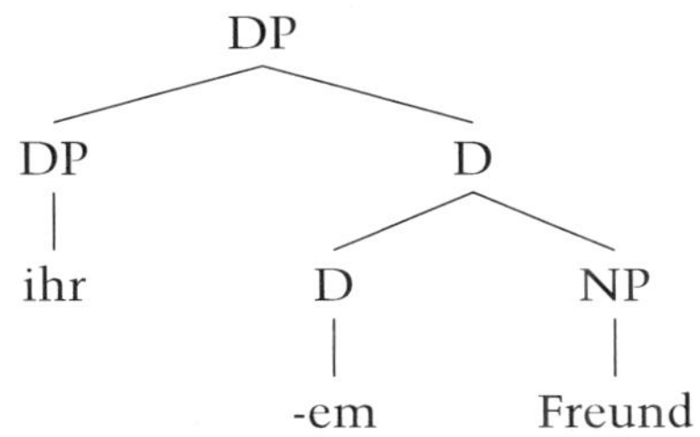

Hier erscheint im D-Kopf die Flexion des Possessivs als Determinatorflexion — in dieser Hinsicht unterscheidet sich die Analyse nicht von einer, in der das ganze Possessiv im Kopf der DP steht. Andererseits steht das Pronomen selbst in der Spezifikatorposition, woraus sich der offensichtliche Vorteil ergibt, dass wir die beiden sich widersprechenden Eigenschaften, nämlich einerseits inhärente Genus- und Numerusmerkmale zu haben, andererseits aber davon unabhängige Flexionsmerkmale aufzuweisen, nunmehr auf zwei verschiedene Knoten verteilt haben, so dass dieser Konflikt mithilfe von (28) vollständig aufgelöst werden kann. Wir illustrieren dies anhand der widerstreitenden Numerusmerkmale in (29):

(29) in

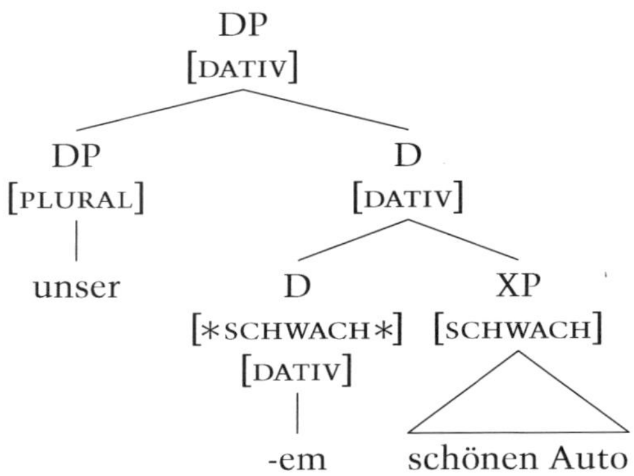

Hier ist die DP insgesamt ein Singular, das Possessivum semantisch ein Plural. Angemerkt werden sollte allerdings, dass eine Merkmalverteilung wie die in (29) nicht die Motivation von Olsen für (28) war; ihr ging es vielmehr darum, dass das Possessiv in der Spezifikatorposition *einheitlich* ein Genitiv-Merkmal habe, was wir wie in (30) darstellen können:

(30) mit

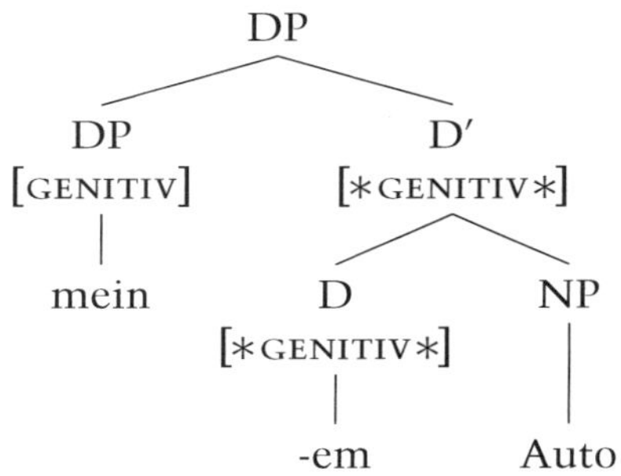

Natürlich kann es sich bei dem von Olsen angesetzten Merkmal keinesfalls um einen *morphologischen* Genitiv handeln; Olsen spricht bezüglich des Possessivpronomens denn auch lediglich von einem *Genitivstamm*. Diese Redeweise ist zumindest ungewohnt, denn in den Flexionsparadigmen der nichtfunktionalen Kategorien haben wir keine separaten Kasusstämme angenommen, sondern sind von einer einheitlichen Grundformflexion ausgegangen. Offenbar war es Olsens Intention, die für das Englische angenommene, eingangs erwähnte Analyse (5) von *my* als Genitiv-Determinator auf das Deutsche zu übertragen. Verwiesen sei auch auf die für das Englische motivierte Analyse des Genitivs in (31):

(31)

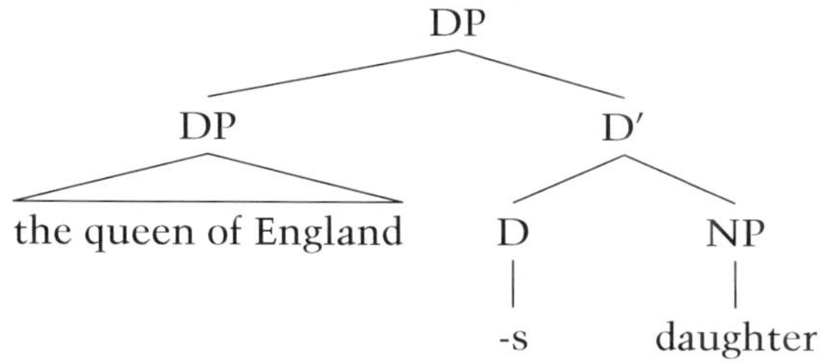

Hier bildet *-s* eine syntaktische Kategorie, die lediglich auf der phonologischen Ebene zusammen mit *England* ein phonologisches Wort bildet. Es kann also zu Recht bestritten werden, dass *-s* ein genitivisches Flexiv ist, vergl. auch *yesterday's lecture*, wo *-s* an ein Adjektiv klitisiert.

Ganz anders dagegen die Situation in (30). Hier ist *-em* zweifellos ein Flexiv; der Zusammenhang zwischen Flexion und Syntax ist hier „syntaktisiert". Eine solche Analyse ist nicht möglich, wenn man die Flexion zur Gänze *vor* den Aufbau von syntaktischen Strukturen stellt (und somit die gesamte Syntax extrinsisch der Flexion nachordnet). Eine Theorie, in der diese Vermischung von Flexion und Syntax verboten ist, ist als **Starke Lexikalistische Hypothese** bekannt; diese These würde es nicht zulassen, Flexive „in der Syntax" zu generieren. Die sog. **Schwache Lexikalistische Hypothese** erlaubt dies; sie verbietet lediglich, Derivationsmorpheme in der Syntax zu generieren und dort syntaktischen Operationen zu unterwerfen. Die Schwache Lex. These wurde als solche in Chomsky (1970) formuliert; seine Theorie des Englischen ist nur schwach lexikalistisch, da sie, wie schon in (3.14) gezeigt, eine syntaktische Generierung der verbalen Flexion erlaubt, somit gegen die Starke Lex. Hypothese verstößt.

Es ist klar, dass unser bisheriges Vorgehen mit Olsens Analyse nicht vereinbar ist, da wir bisher der Starken Lex. Hypothese gefolgt sind. Ich denke auch nicht, dass die Possessiva genügend Motivation bieten, von dieser These abzurücken. Zunächst einmal sollte man sich klarmachen, dass Olsens Analyse die Identität der Flexion des Indefinitums (*ein, kein*) mit der des Possessivums formal noch nicht erfassen kann. Wollte man dies erreichen, müsste z.B. *-em* in beiden Fällen einheitlich als Flexiv eines D-Stammes analysiert werden: im Einklang mit der Intention von Olsens Analyse wäre dieser D-Stamm im Fall des Possessivpronomens jedoch leer. Dies würde dann zu der noch abstrakteren Struktur (32) führen, wobei wir Olsens Genitiv-Merkmal durch das unverfänglichere [POSS] ersetzt haben (dieses Merkmal benötigen wir, um garantieren zu können, dass an der Stelle des Spezifikators nur ein Possessivpronomen stehen kann):

(32) mit

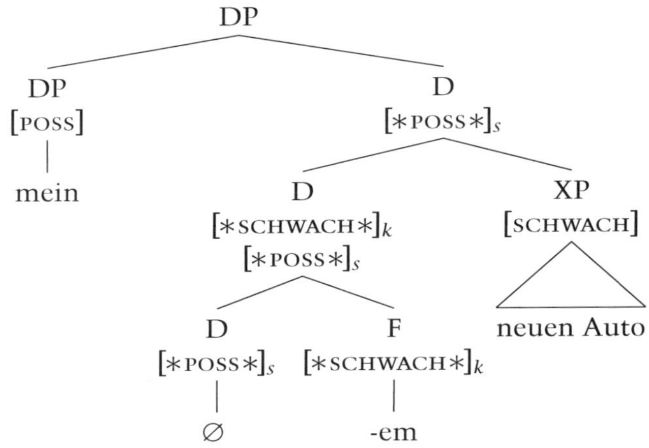

Frage 104: Ergänzen Sie alle weiteren, für die Analyse benötigten Merkmale des Baumes (32). Wie sähe ein Baum für *mein neues Auto* aus?

Ob diese Analyse der Starken Hypothese ent- oder widerspricht, ist nun nicht mehr ganz klar, denn das Flexiv ist ja an sich kein eigener syntaktischer Knoten mehr, sondern Flexiv eines leeren Kopfes. Damit verschärft sich aber andererseits die noch offene Frage, wie sich die Morphologie mit dem „richtigen Stamm" verbindet. Im Allgemeinen gibt es in der Literatur hierzu im Wesentlichen drei Vorschläge. Erstens: Diese Verbindung ist lediglich eine Sache der Phonologie, wobei phonologische Wörter oder Phrasen von syntaktischen Wörtern oder Phrasen zu unterscheiden sind. Ein einschlägiger Fall ist (31). Zweitens: Flexiv und Stamm werden durch eine syntaktische Transformation verbunden; dabei wird entweder das Possessiv in den leeren D-Kopf bewegt, oder das Flexiv wird zum Possessivstamm hin bewegt. Transformationen behandeln wir ausführlicher im nächsten Kapitel. Drittens: Der existierenden Struktur ist eine zweite, **duale Struktur** beizugesellen, in der die „Integrität des Wortes" gewahrt bleibt:

(33) mit

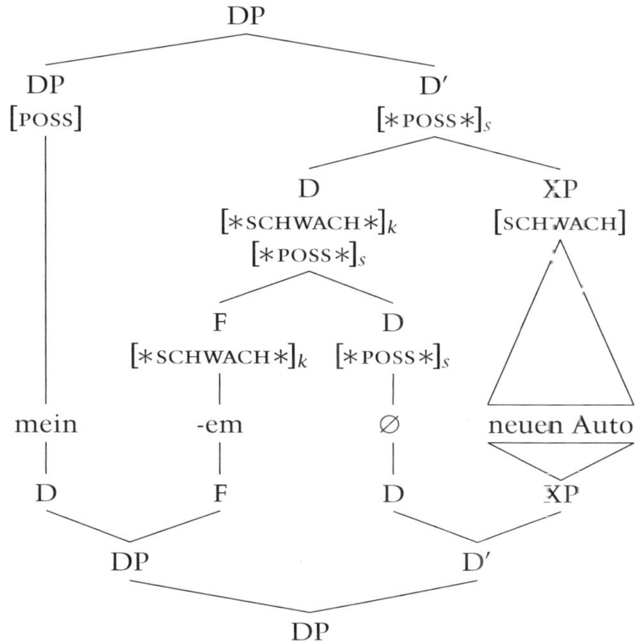

Ein solches „**Koanalyse**" genanntes Verfahren wurde in der Literatur auch innerhalb der Syntax, d.h. für die Analyse rein syntaktischer Phänomeme benutzt.[46] Koanalyse für die Possessivkonstruktion des Englischen wird z.B. auch von Di Sciullo und Williams (1987) empfohlen. Für Beispiel (33) ist es allerdings notwendig, die Abfolge von F und D umzudrehen, was aufgrund des Mobile-Charakters der Bäume an sich kein Problem darstellen sollte.

Diesem Bäumchen-wechsel-dich-Spiel lässt sich noch eine weitere Variante hinzufügen. Ohne Koanalyse und ohne Transformationen käme man aus, folgte man einem Vorschlag von Hans-Thilo Tappe (unveröffentlicht; zitiert nach dem sehr lesenswerten Überblick zur DP-Syntax in Haider (1992, S. 315)). Seine Analyse lässt sich so deuten, dass das eigentliche, semantisch relevante Pronomen leer ist und als PRO[47] analysiert werden sollte, das sichtbare Pronomen ist nur ein formaler Reflex, ein abstraktes funktionales Element, das die Anwesenheit eines solchen PRO's morphologisch anzeigt. Seine Analyse ist (an unsere Merkmalsyntax angepasst und unter der verdeutlichenden traditionellen Annahme, dass der Singular merkmalmäßig angezeigt wird) die in (34):

(34)

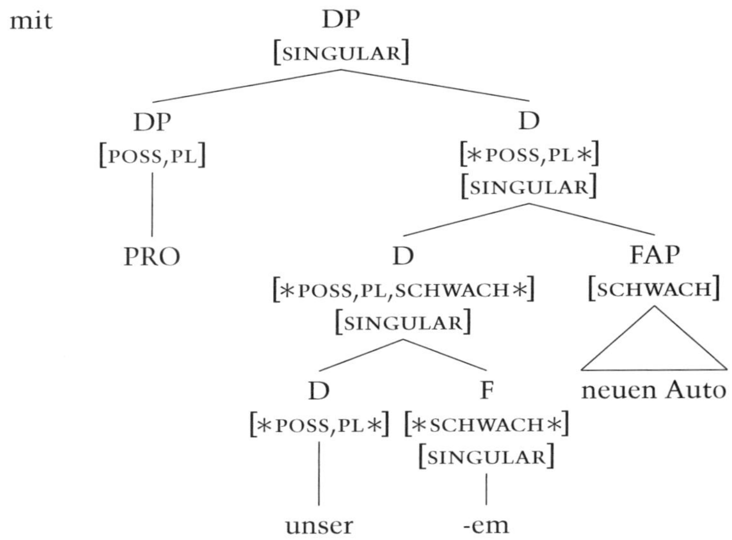

Damit wird der gravierendste Nachteil von Olsens Analyse vermieden: Flexiv und Stamm bilden eine Konstituente und die Starke Lexikalistische Hypothese gilt uneingeschränkt; der angebliche Vorteil ihrer Analyse wird beibehalten, denn die inhärenten Merkmale des Possessivpronomens sind nun die von *pro*; sie sind nicht beim Possessivum selber anzusiedeln.

Auch diese Analyse lebt von dem postulierten Widerspruch zwischen inhärenten und kontextuellen Merkmalen. Aber ist diese Diskrepanz für die Analyse wirklich relevant? Wäre dem nicht entgegenzuhalten, dass sich Possessiva auch so analysieren lassen, dass jenes Paradoxon, das die treibende Kraft der vorangegangenen Analyse(n) war, überhaupt nicht entsteht? Denn dass die Possessiva inhärente (also in erster Linie *semantisch* relevante) Personen- und Numerus-Spezifikationen haben können, bedeutet nicht automatisch, dass diese auch *in der Syntax* relevant sein müssen. Folgt man der semantischen Analyse von Zimmermann (1995), so sind Possessivpronomina semantisch *relational*, also nicht bloß *referentiell* — ein Unterschied, der in der Semantik dahingehend zu explizieren ist, dass Possessiva sowohl einen deskriptiven semantischen Gehalt als auch grammatische Information tragen. Dies bedeutet, dass sich die Konstruktion semantisch genau so verhält wie ein leerer Determinator mit Genitiv-Spezifikator (*Willis Ø Imbiss*), mit dem Unterschied, dass der Spezifikator in den Determinator syntaktisch inkorporiert ist. M.E. spricht also nichts gegen eine Analyse der Possessiva als Determinatoren mit der quantifizierenden Funktion des bestimmten Artikels und dem deskriptiven Gehalt der Possessor-Relation. Die sog. inhärenten semantischen Eigenschaften (Person, Numerus, in manchen Sprachen auch das Genus) sind in dieser semantischen Analyse gerade keine Kopfeigenschaften, sondern Eigenschaften des Arguments einer semantischen Possessor-Relation. Als solche sind sie aber für die Projektion des Kopfes irrelevant. Die referentiellen Eigenschaften des quasi inkorporierten Arguments wären nach wie vor keine Kopf-Eigenschaften des Possessivpronomens; nur von referentiellen Eigenschaften der Personalpronomina wäre anzunehmen, dass sie projizieren können.

Folgt man dieser Auffassung, hat man ein Argument gegen eine Analyse des Possessivums als D-Element entkräftet: die sog. inhärenten semantischen Eigenschaften sind für die syntaktische Projektion gänzlich irrelevant, weil es keine relevanten syntaktischen Kopf-Eigenschaften sind, sondern allenfalls semantische Argumenteigenschaften einer Possessor-Relation. Insbesondere gibt es daher keinen Anlass, die ***Extended Level Ordering Hypothesis*** (ELOH), welche die Syntax der Morphologie nachordnet, oder die Starke Lexikalistische Hypothese aufzugeben. Daran wird also auch im Folgenden festgehalten.

Insgesamt lässt sich feststellen, dass es im Bereich der Analyse von nominalen Projektionen eine große Variationsbreite gibt und die Literatur hierzu entsprechend unübersichtlich ist. Entscheidend ist wie immer, welche Generalisierungen, welches Grammatikmodell und welche Daten von welchen Autoren als entscheidend angesehen werden. Es ist offensichtlich, dass wir uns in diesem Abschnitt hauptsächlich auf die im Deutschen verfügbare morphologische Evidenz gestützt haben. Es darf daher nicht verwundern, dass Analysen für Sprachen wie beispielsweise das Englische, in denen keine entsprechende Morphologie vorhanden ist, in der Regel zu anderen Ergebnissen kommen; eher willkürlich herausgegriffen vergleiche man Postal (1966), Abney (1987), Longobardi (1994) oder Uriagereka (1995); für das Deutsche schon genannt wurden die lesenswerten Zusammenfassungen von Haider (1992) und Demske (2001, Kapitel 3).

Frage 105: Wiederholung: Was gewährleistet, dass die kursiven DPs in (35) die Position des Spezifikators in den geklammerten DPs nicht einnehmen können?

(35) a. *[*Der Mann* ∅ Schwester] kam
b. *Sie kam mit [*dem Mann* ∅ Auto]
c. *Er fuhr es in [*den Mann* ∅ Garage]

Frage 106: Wie lässt sich *Das ist **mein** Auto* und *Das ist **meins*** mit Hilfe geeigneter Merkmale unterscheiden?

Frage 107: Wie würden Sie *Meinige* in *Das ist das Meinige* morphologisch analysieren?

Attributive Adjektive 8.

"We still have no good phrase structure theory of such simple matters as attributive adjectives..."

Chomsky (1995*b*, S. 382, Fn. 22)

Adjunkt oder Komplement? 8.1.

Adjektive kommen nicht nur in **prädikativen** Kontexten wie (1-a) vor, wo sie zusammen mit der Kopula *sein* das Prädikat des Satzes bilden (siehe Frage 83 S. 179), sie haben wie in (1-b) auch eine pränominale Verwendung, in der sie die Funktion eines **Attributs** haben. Der Begriff „pränominal" besagt nichts anderes, als dass das Adjektiv dem Nomen vorangeht; wir verwenden „pränominal" und „attributiv" in diesem Kontext gleichbedeutend.

(1) a. dass Max [$_{V'}$ [$_{AP}$ groß [$_{V}$ ist]]]
b. [$_{DP}$ der [$_{XP}$ [$_{AP}$ große] [$_{NP}$ Gatsby]]]

Die meisten Adjektive lassen sowohl prädikative wie attributive Verwendungen zu. Ausnahmen wie *flügge, schade, egal, schuld, freund, feind, quitt*, welche nur prädikative Verwendungen zulassen, scheinen relativ selten; Ausnahmen wie *scheinbar, angeblich, temporär, derzeitig* andererseits, die nur attributiv vorkommen, beruhen auf mehr oder weniger produktiven derivationellen Prozessen (Ableitungen auf *-bar, -lich, -isch*) und sind daher weitaus häufiger als die zuvor genannten, durchweg underivierten Ausnahmen des komplementären Typs.

In diesem Abschnitt geht es ausschließlich um attributive Adjektive. Deren Beschreibung scheint, wie das Chomsky-Zitat insinuiert, keine einfache Sache zu sein. Obwohl nicht ganz klar ist, was eine „good phrase structure theory" leisten soll, was also das Kriterium sein soll, um eine Theorie als gut einzustufen, lässt sich doch relativ leicht bestimmen, was so eine Theorie überhaupt erfassen muss. Als erstes Erfolgskriterium wäre zu nennen, dass die Theorie das schon in Abschnitt (2.1.) erwähnte Faktum beschreiben können muss, dass beliebig viele Adjektive vor demselben Nomen stehen können; m.a.W. die Theorie muss den rekursiven Charakter der Attribution erfassen können. Als zweites Kriterium ist zu fordern, dass die Theorie die Kongruenz des pränominalen Adjektivs in den folgenden Dimensionen erfassen muss:

(2) *Genus:* ein dicker Mann, ein dickes Kind
Kasus: ein dicker Mann, einem dicken Mann
Numerus: ein dicker Mann, (zwei) dicke Männer

Wie kann diese Kongruenz mit Hilfe von Merkmalen beschrieben werden? Und als drittes Kriterium muss das schon in Abschnitt (7.2.) demonstrierte Faktum erfasst werden können, dass der Determinator die Wahl zwischen starker und schwacher Flexion determiniert.

Wenn wir davon ausgehen, dass Adjektiv und Nomen zusammen eine Konstituente bilden, wäre — in Analogie zu der Frage, ob in der Konfiguration [D+N] N oder D projiziert (vergl. Beispiel (2.12)) — zu fragen, ob A oder N projiziert und wie in Abhängigkeit davon die Merkmalkongruenz implementiert werden kann.

Die traditionelle Analyse ist die, dass das Nomen projiziert. Möglich erscheinen daher die Merkmalstrukturen in (3):

(3) a.

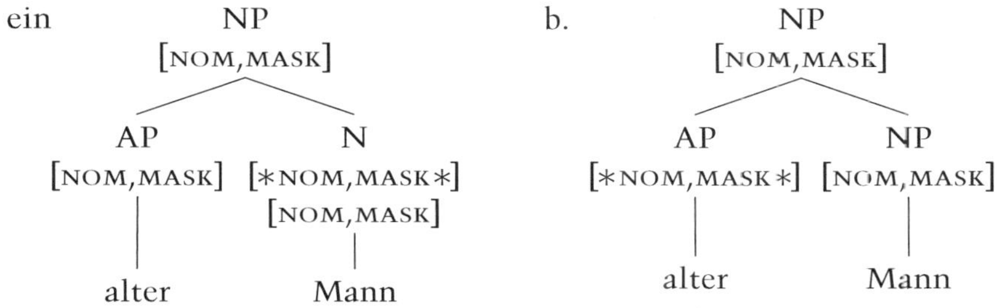

(3-a) stellt ein Problem für die Merkmalüberprüfung dar, wenn Adjektive wie in *der reiche alte Mann* iteriert werden. Denn wenn jedes Merkmal des Adjektivs ein entsprechendes Merkmal beim Nomen „verbraucht", müsste das Nomen genau so viele Überprüfungsmerkmale haben, wie Adjektive vorkommen. Dies wären im Prinzip unbeschränkt viele; wir müssten über eine lexikalische Redundanzregel beliebig viele Merkmale generieren können, die darüber hinaus unendlich viele Positionen erzeugen müssten. Dies widerspricht einer der Grundideen über die Einfachheit des Generierungsverfahrens, derzufolge eine Kategorie nur eine bestimmte endliche Anzahl von Merkmalen haben kann. Phrasenstrukturgrammatiken sind insbesondere deshalb berühmt geworden, weil sie es gestatten, die Rekursion mit endlichen Mitteln zu beschreiben. Genau dies aber ist paradoxerweise mit (3-a) nicht möglich. Damit wird aber schon das erste Adäquatheitskriterium nicht erfüllt.

Erfolgversprechender scheint (2-b). Analog zur Subjekt-Verb-Kongruenz nehmen wir hier an, dass die Flexionsmorpheme über die Stern-Merkmale charakterisiert sind, welche in die Syntax projizieren und so den Abgleich mit den nominalen Merkmalen bewerkstelligen. Nach dem bisher Gesagten würden wir allerdings erwarten, dass das Kasusmerkmal des Nomens nach der Kongruenzüberprüfung eigentlich gar nicht mehr projizieren dürfte, was für (2-b) sicher ein höchst unerwünschtes Resultat ist.

Der traditionellen Analyse gemäß werden Adjektive als sog. *Adjunkte* analysiert; man sagt, dass A an N oder NP adjungiert ist. Kennzeichen für die **Adjunktion** an eine Kategorie *X* ist, dass sich die Merkmale von *X* im Zuge der Operation *MERGE* nicht verändern dürfen. Dies wurde auch in der traditionellen X-bar-Theorie berücksichtigt: Wenn an eine Kategorie *X* adjungiert wird, darf sich mit der Adjunktion der Komplexitätsstatus (also die Anzahl der *bars*) nicht ändern. Genau über diese Bedingung ist Adjunktion definiert. Wir haben dies in (3-b) dadurch zum Ausdruck gebracht, dass die Kategorie *X* hier nicht einfach ein N ist, sondern eine NP. Entsprechend ist dann auch die Struktur von *ein reicher alter Mann* wie in (4) zu notieren:

(4) $[_{DP}$ ein $[_{NP}$ reicher $[_{NP}$ alter $[_{NP}$ Mann]]]]

Offenbar ist es notwendig, das X-bar-Schema für den Fall der Adjunktion zu erweitern; auch in unserer Merkmaltheorie sind in der Konfiguration [YX] mit X als Kopf zwei verschiedene Checking-Mechanismen zu definieren: einen für die „Saturation" von Merkmalen, die wir in (4.22), hier wiederholt als (5-a), angegeben haben, und eine weitere Konfiguration für die Adjunktion, die in (5-b) definiert wird:

(5) a. *Saturation:* $\langle M_2, \ldots, M_n, H_X \rangle$

$\langle H_Y \rangle$ $\langle M_1, M_2, \ldots, M_n, H_X \rangle$

Wohlgeformtheitsbedingungen:

(i) Jedes Merkmal der Form $[*\alpha*]$ in M_1 hat ein Gegenstück in H_Y.

(ii) Jedes kontextuelle Merkmal der Form $[\alpha]$ in H_Y hat ein Gegenstück in M_1.

b. *Adjunktion*: $\langle M_1, M_2, \ldots, M_n, H_X \rangle$

$\langle H_Y \rangle$ $\langle M_1, M_2, \ldots, M_n, H_X \rangle$

Wohlgeformtheitsbedingungen:

(i) Jedes Merkmal der Form $[*\alpha*]$ in H_Y hat ein Gegenstück in H_X.

(ii) Jedes kontextuelle Merkmal in H_Y hat die Form $[*\alpha*]$.

Da die Merkmale von *X* nicht verändert werden, ist auch die Iteration von Adjektiven, wie (6) zeigt, kein Problem. Damit erfüllt diese Analyse die ersten beiden Kriterien; wir werden jedoch im nächsten Abschnitt zeigen, dass das dritte Kriterium leider nicht erfüllt werden kann.

(6)

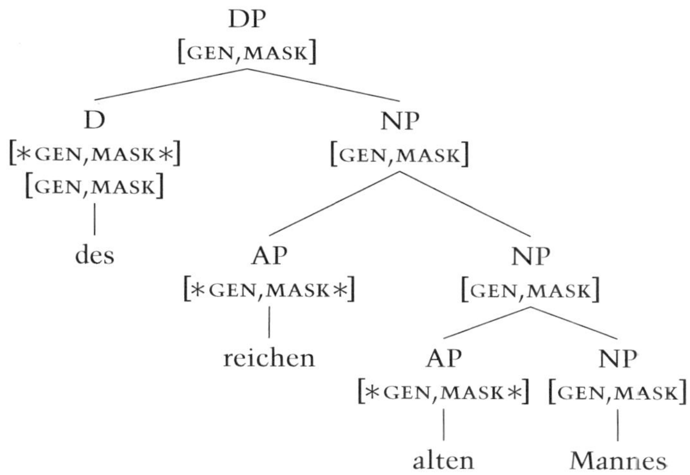

Bevor wir dazu übergehen, wäre jetzt noch die unorthodoxe Möglichkeit in Betracht zu ziehen, dass nicht N sondern A projiziert. Wie (7) zeigt, gibt es wieder zwei zu untersuchende Merkmalverteilungen:

(7) a.

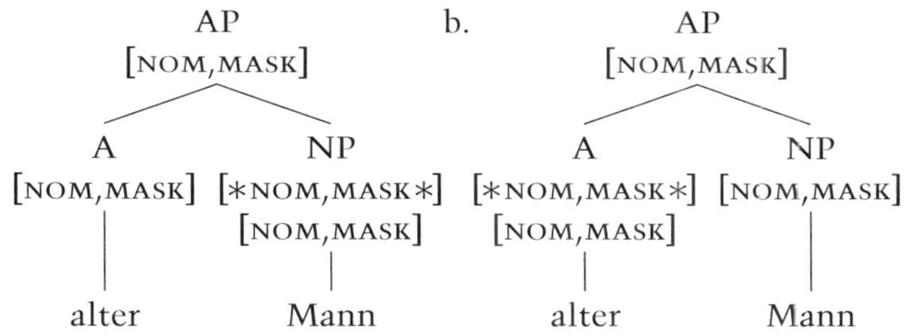

Frage 108: Warum ist eine Merkmalverteilung wie in (7-a) ausgeschlossen?

Überraschenderweise ist (7-b) mit unseren Projektionsprinzipien durchaus verträglich. Die etwas ungewohnte Konsequenz aus (7-b) wäre nicht nur, dass das Adjektiv Kopf der Konstruktion ist, sondern auch, dass Determinatoren AP-Komplemente haben können. Ebenso können bei der Iteration von Adjektiven diese selber wieder AP-Komplemente haben. Damit werden die beiden ersten Kriterien erfüllt, und wir werden im nächsten Abschnitt zeigen, dass auch das dritte Kriterium erfüllt werden kann: dort werden wir eine (7-b) ähnelnde Struktur rechtfertigen und damit eine Entscheidung gegen die traditionelle Analyse von Adjektiven als Adjunkten herbeiführen.

Frage 109: Wie könnte bzw. müsste unter den Voraussetzungen von (7-b) die Iteration von Adjektiven gehandhabt werden? Wie würden die dafür benötigten lexikalischen Redundanzregeln aussehen?

AgrD-Phrasen **8.2.**

Flexionstypenselektion (2) **8.2.1.**

Als relevantes Entscheidungskriterium kommt an dieser Stelle daher die Selektion der Flexionstypen der Adjektivflexion ins Spiel, die wir in Abschnitt (7.2.) illustriert haben. Unsere Annahme dort war, dass die in (8) als XP bezeichnete Phrase neben Kasus- und Genusmerkmalen (wobei wir den Plural hier und im Folgenden grundsätzlich unter das Genus subsumieren) ein Flexionsmerkmal [STARK] bzw. [SCHWACH] hat, das von den Flexiven des Determinators gecheckt wird.

(8) a.

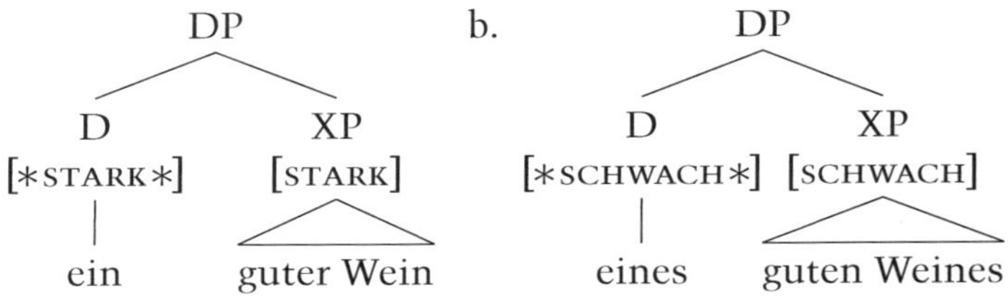

Unsere Frage ist jetzt: Welche Kategorie hat XP und wie kommt das Adjektiv zu seinem Merkmal? In einer Struktur mit einer NP als Komplement von D könnte der Determinator nur den N-Kopf „sehen", und dessen Flexionsmorpheme sind von der des Adjektivs unabhängig. Im Rahmen unserer Annahmen über die Projektion von Merkmalen und über die Lokalität der Checking-Konfiguration kann die traditionelle Analyse des Adjektivs als Adjunkt daher nicht funktionieren.

Eine Lösung des Problems könnte daher in einer gewissen Liberalisierung der Checking-Domäne gesucht werden; tatsächlich wurden Rektionsbeziehungen seit Chomsky (1986) so liberal definiert, dass Adjunkte am Rande einer Phrase „sichtbar" werden. Problematisch bleibt dann aber immer noch die Iteration von Adjektiven: zum einen, weil beliebig viele Positionen des Randes sichtbar sein müssten, zum anderen, weil eine simultane Checking-Operation zwischen einem D-Merkmal und beliebig vielen A-Merkmalen definiert werden müsste. Diese Analyse erfüllt daher nicht das erste Adäquatheitskriterium für eine gute Theorie. Vielversprechender scheint daher (9) mit dem Adjektiv als ein mögliches Komplement des Determinators.

(9) a.

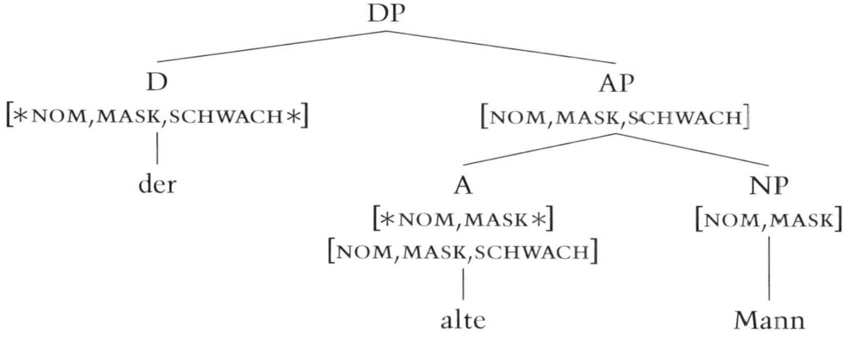

b.

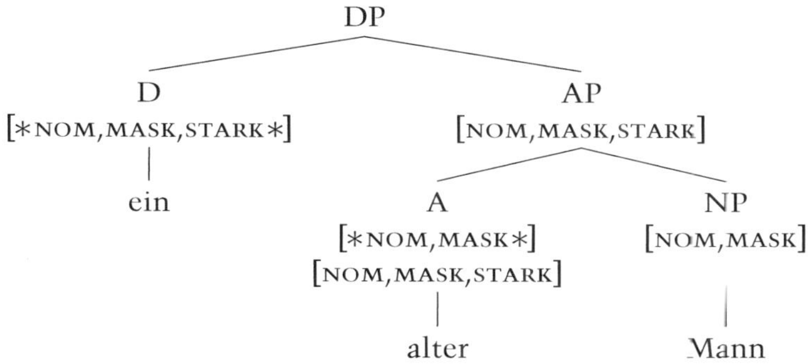

Eine solche Struktur ermöglicht es dem Determinator, in die AP „hineinzuschauen", um dort das Flexionsmerkmal zu überprüfen. Ebenso können die übrigen kontextuellen Merkmale des Adjektivs vom Determinator überprüft werden. Andererseits kann der Determinator die Merkmale des Nomens nicht mehr direkt überprüfen; ein solcher direkter Bezug zwischen D und N ist in (9) offenbar nicht möglich. Vielmehr kann diese Beziehung nurmehr indirekt, also über den Umweg der Adjektivflexion erfasst werden. Da flektierte Adjektive grundsätzlich Kasus- und Genusmerkmale haben, und da dies auch genau die Merkmale sind, welche wir für die Nominale angenommen haben, sollte eine solche Analyse im Prinzip funktionieren können. Damit wären alle drei Kriterien erfüllt.

Ein Problem für (9) stellt nun allerdings die Tatsache dar, dass Adjektive wie in (10) erweitert werden können:

(10) a. Der Kerl war [$_{AP}$ *zwei Meter* lang]
b. Der Kerl war [$_{AP}$ *mir* unheimlich]

Die kursiven DPs sind als Komplemente des Adjektivs zu analysieren. Andererseits aber ist in (9) die NP Komplement des Adjektivs. Diese beiden Forderungen kommen dann in (11) miteinander in Konflikt:

(11) a. der *zwei Meter* lange Kerl
b. der *mir* unheimliche Kerl

Wenn wir daran festhalten, dass nicht die NP, sondern die kursiven DPs in (10) die „eigentlichen" Komplemente von A sind, müsste das ursprüngliche NP-Komplement von *fremd* in der attributiven Konstruktion zum Spezifikator werden:

(12) der [$_{AP}$ [$_{A'}$ mir fremde][$_{NP}$ Mann]]

Ein solcher Wechsel in der Relation zwischen Kopf und Argument wäre aber höchst ungewöhnlich und widerspräche einer Reihe von Prinzipien, die in der Literatur überwiegend anerkannt werden. So wird in der *Government and Binding* Theorie von Chomsky (1981) eine solche Veränderung von Subkategorisierungseigenschaften von Lexemen explizit ausgeschlossen; in neuerer Literatur bezieht man sich üblicherweise auf die ***Uniformity of Theta Assignment Hypothesis*** von Baker (1988), derzufolge alles, was in Relation zu einem Kopf *X* die gleiche semantische Funktion hat, auch die gleiche Position relativ zu *X* einnehmen muss.[48]

Als ein weiteres Problem erweisen sich auch die nicht-flektierbaren Adjektive (*klasse, rosa, lila, orange, oliv, beige*). Die morphologische Beziehung zwischen Nomen und Determinator müsste über solche Adjektive vermittelt werden, was zur Folge hätte, dass sie bezüglich aller für das Nomen relevanten morphologischen Dimensionen spezifiziert sein müssten. Diese Adjektive müssten in einem abstrakten Sinne voll flektiert sein, was eine unakzeptable Redundanz mit sich brächte.[49]

Eine weniger problematische Analyse beruht auf der Grundidee, dass die Beziehungen zwischen den beteiligten Kategorien, nämlich Determinator, Adjektiv und Nomen, durch eine dritte, funktionale Kategorie vermittelt wird.[50] Eine solche Kategorie nennt Gallmann (1996) AgrA (mit „Agr" für engl. *agreement*, dt. Kongruenz); wir werden aus diachronen und typologischen Gründen hier die Bezeichnung AgrD vorziehen, denn es sind im Wesentlichen die Eigenschaften von D, die sich beim Adjektiv noch einmal manifestieren. Eine AgrDP muss demnach von D selegiert werden und kann ihre Eigenschaften sowohl an das Adjektiv bzw. die AP als auch an das Nomen bzw. die NP weitergeben, wobei die AP der Spezifikator des Kopfes AgrD von AgrDP ist und die NP das Komplement der AgrD, wie in (13) gezeigt:

(13)

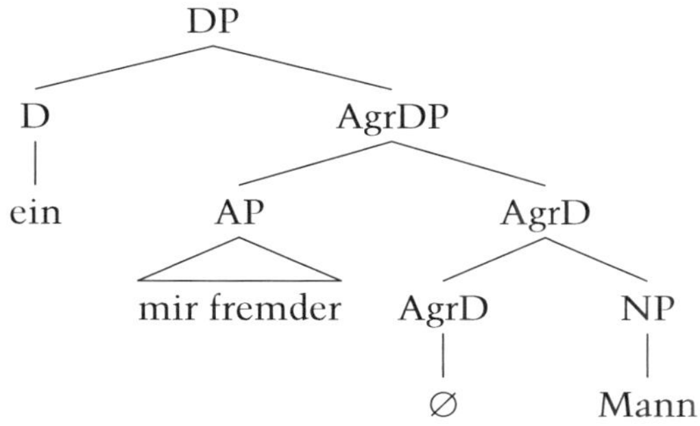

Diese Struktur löst das Uniformitätsproblem, da ja das Komplement *mir* des Adjektivs auch in attributiver Position einheitlich ein Komplement bleibt, wobei die NP nun zum Komplement von AgrD wird. Die Verteilung der Merkmale ergibt sich im Wesentlichen daraus, dass der funktionale Kopf AgrD kongruierende Komplement- und Spezifikatormerkmale hat:

(14)

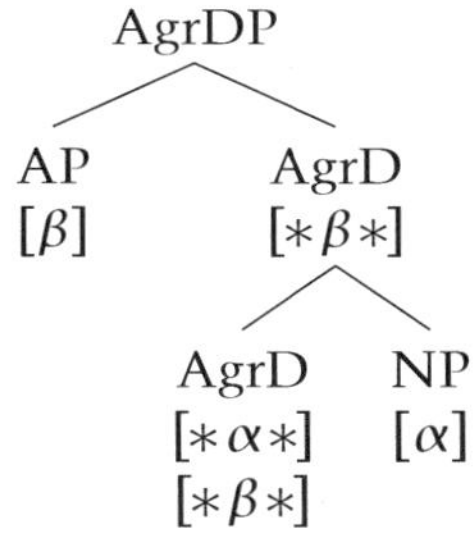

[$*\alpha*$] steht für die Komplementmerkmale, [$*\beta*$] für die Spezifikatormerkmale. Wir erinnern nochmals daran, dass Spezifikatormerkmale dadurch charakterisiert sind, dass sie in der Abfolge der Merkmale graphisch niedriger dargestellt werden als Komplementmerkmale; Merkmale, die im Laufe der Derivation eher abgebaut werden, stehen höher in der Merkmalliste als später abzubauende Merkmale. Die Spezifikatormerkmale sind gerade die formalen Gegenstücke zu den Merkmalen, die das Adjektivflexiv in der vorherigen Analyse hatte. Kongruenz ergibt sich aus der Forderung, dass die Merkmale in α und β ganz oder zumindest teilweise identisch sind. Die Abhängigkeit vom Determinator ergibt sich aus den Kopfmerkmalen von AgrD, die in (15) ergänzt wurden. Zur besseren Unterscheidung zwischen Komplement- und Spezifikatormerkmalen habe ich jeweils die Indizes *k* und *s* benutzt; Kopfmerkmale haben den Index *h* (von engl. *head*); die kongruierenden Merkmale werden in (15) als Merkmalmenge γ zusammengefasst:

(15)

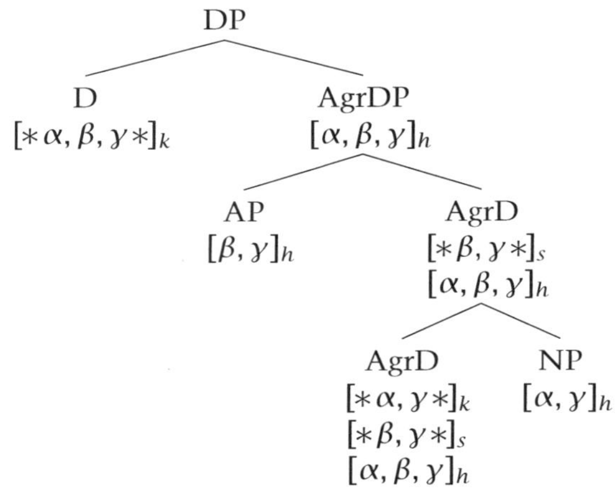

Wenn α und β nicht leer sind, unterscheiden sie sich von den Kongruenzmerkmalen. In der Regel ist α das Flexionsmerkmal der Adjektive, das normalerweise kein Merkmal der NP ist. β z.B. kann das Merkmal für Eigennamen sein, das für *die Karpaten* in (2.54-b) benötigt wurde, um sicherzustellen, dass sich die Plural-NP *Karpaten* nicht mit dem Nullartikel kombiniert. Das N-Merkmal [+EIGENNAME] muss dann vom bestimmten Artikel überprüft werden, hat aber mit einem dazwischentretenden Adjektiv natürlich nichts zu tun, es muss über AgrD nach N weitergegeben werden. Nehmen wir als konkretes Beispiel den Artikel *die* im Nominativ Plural und konzentrieren wir uns auf die Komplementmerkmale von D und die Kopfmerkmale von AgrD. Eine Instanz von (15) ist dann (16) (mit SCHW für schwach und NM für Nominativ (Singular) Maskulinum). Ausgehend von den Kopfmerkmalen von AgrD sind dessen Komplement- und Spezifikatormerkmale zu bestimmen. Es ist klar, dass Numerus und Kasus kongruieren, diese γ-Merkmale müssen sowohl Kopf- als auch Spez.-Merkmale sein. Dagegen verteilen sich [∗SCHW∗] und [∗EIGENNAME∗] auf Spezifikator und Komplement respektive.

(16)

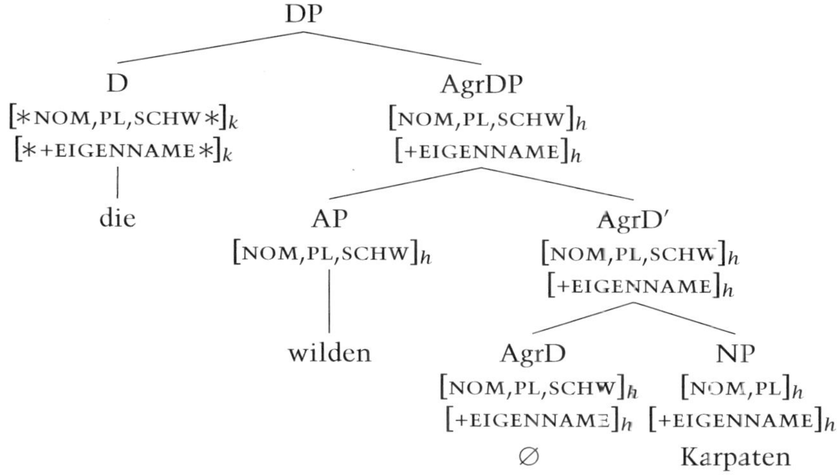

Die Komplement- und Spezifikatormerkmale von AgrD sind entsprechend zu ergänzen.

Betrachten wir nun die Iteration von Adjektiven in (17) (mit ST für stark).

(17)

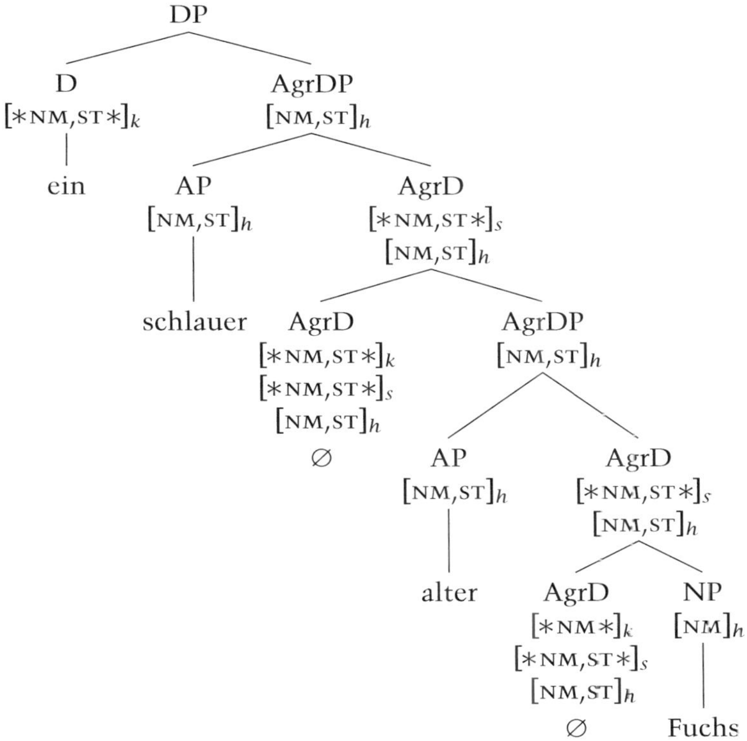

Wenn AgrD wieder eine AgrDP als Komplement nimmt, liegt Rekursion vor. Die Adjektive (bzw. APs) sind dann die jeweiligen Spezifikatoren beliebig vieler AgrDs. Die Kongruenzmerkmale, die zuvor an das NP-Komplement weitergegeben werden, gehen nun an das nächste AgrDP-Komplement, wie in (17) gezeigt. Dabei wurden die kategoriellen Selektionsregeln (18) als selbstverständlich unterstellt:

(18) a. AgrD und transitive Ds nehmen wahlweise eine ArgDP oder eine NP als Komplement.
b. AgrD hat eine AP als Spezifikator.
c. D, AgrD und N sind für die Dimensionen Kasus und Genus spezifiziert.
d. AgrD hat darüber hinaus kontextuelle Merkmale für eine adjektivische Flexionsklasse.

Die Merkmalkongruenz zwischen D, AgrD und N wird dann durch die allgemeine Regel *AGREE!* erfasst. Dies ist klar für die Kasus- und Genusmerkmale. Für die Merkmale der stark/schwach-Unterscheidung ist klar, dass diese bei Iteration von Adjektiven von AgrD nach AgrD weitergegeben werden. Eine Weitergabe an ein N-Komplement scheint nicht möglich. Dabei übersieht man jedoch eine Klasse von Nominalen, die wir in Kapitel (I.) ignoriert haben: Tatsächlich gibt es eine spezifische Klasse von Nomina mit adjektivischer Flexion. Als Beispiel betrachten wir das Nomen *Beamter*:

(19)	ein schläfrig+*er* Beamt+*er*	der schläfrig+*e* Beamt+*e*	
	eines schläfrig+*en* Beamt+*en*	des schläfrig+*en* Beamt+*en*	
	einem schläfrig+*en* Beamt+*en*	dem schläfrig+*en* Beamt+*en*	usw.

Das Nomen *Beamt-* hat in allen Formen dieselbe Flexion wie ein Adjektiv. Das gleiche Verhalten zeigen Nomina, die aus Adjektiven bzw. Partizipien von Verben abgeleitet sind, wie *Verlobter, Verwandter, Verwundeter* usw. Wir können deren Flexion leicht mithilfe der vorhandenen Merkmale analysieren, indem wir sie mit einem für sie spezifischen Flexionsmerkmal versehen. Da die adjektivischen Flexionsmorpheme das Merkmal [*A*] ohnehin haben, können wir annehmen, dass adjektivisch flektierende Ns gerade das formidentische Merkmal [A] haben. Im Unterschied zu dem kategorialen Merkmal für Adjektive ist dies jedoch ein innermorphologisches Flexionsklassenmerkmal für die adjektivische Flexion.

Es folgt nun, dass die flektierten Ns obligatorisch eines der adjektivischen Flexionsklassenmerkmale [STARK] oder [SCHWACH] haben. Es gilt dann aber, dass die Dimension stark/schwach zumindest für eine Teilklasse der Ns spezifizierbar ist und die Kongruenzregel *AGREE!* sich dann auch auf diese Merkmale bezieht. Eine Weitergabe der Merkmale für normale Ns ist dennoch nicht möglich und wird durch *AGREE!* ja auch nicht erzwungen, da diese Regel verletzbar ist und nur dann angewendet wird, wenn sie überhaupt angewendet werden kann.[51]

Kommen wir nun zu den notwendigen Annahmen für die Spezifikatorposition von AgrD. Im Prinzip sollte für diese genau dasselbe gelten, wie für die Komplementposition; d.h., Kopfmerkmale, die kongruieren können, also an SpecAgrD weitergegeben werden können, müssen auch weitergegeben werden. Dies wird explizit in (20) festgehalten:

(20) SpecAgrD verhält sich in Bezug auf *AGREE!* wie eine Komplementposition.

Betroffen sind gerade die Kasus-, Genus- und Flexionsmerkmale. Allerdings waren diese im Lexikon bisher unterspezifiziert, d.h., sie waren nur durch eine distinktiv relevante Teilmenge der möglichen Merkmale charakterisiert, s. Abschnitt (I.7.). Wir können nun annehmen, dass die Spezifikatormerkmale ebenfalls unterspezifiziert sind, in dem Sinne, dass die aktual vorliegenden Kopfmerkmale in AgrD Vervollständigungen der partiell spezifizierten in SpecAgrD sind.

Frage 110: Wie werden die Merkmale von AgrD in *der fleißige Beamte* und in *ein fleißiger Beamter* bestimmt?

Frage 111: Inwiefern lässt sich mit folgenden Daten argumentieren, dass Adjektive nicht an N adjungiert sind? Wie lassen sich die Daten aufgrund des zuvor Gesagten beschreiben?

(21) a. Fritz wurde Lehrer
b. Fritz wurde ein hochangesehener Lehrer
c. *Fritz wurde hochangesehener Lehrer
d. Alle wurden hochangesehene Lehrer

Unflektierbare Adjektive 8.2.2.

Kommen wir nun zurück auf die nicht-flektierbaren Adjektive *klasse, rosa, lila, orange, oliv, beige* usw. Zunächst ist festzuhalten, dass der Kongruenzmechanismus (20) die Flexion beim Adjektiv überhaupt erst erzwingt. Nur weil die Merkmale an SpecAgrD transportiert und dort erfüllt werden müssen, wird das Adjektiv flektiert. Für nicht-flektierbare Adjektive brauchen wir also einen ergänzenden Mechanismus, der die Flexion bei diesen As gerade unterdrückt. Nehmen wir an, diese Adjektive haben obligatorisch das Flexionsklassenmerkmal [−FLEXION]. Nehmen wir weiter an, es gibt zwei Nullflexive mit dem Merkmal [∗−FLEXION∗], das eine mit dem Merkmal [STARK], das andere mit [SCHWACH]. Diese Annahmen genügen; aber warum?

Wie schon bei den Flexionsklassenmerkmalen der Nomina gilt ein Präferenzprinzip für die Verwendung dieser Merkmale. Bei den Nomina führte dies dazu, dass, wenn overte Flexion möglich war, diese auch stattfand. Analog hierzu ergibt sich beim Adjektiv, dass, wenn das Nullflexiv möglich ist, dieses auch verwendet wird, sodass wir annehmen können, dass nicht-flektierbare As in attributiver Position ein Nullflexiv haben, und nur dort, denn nur in dieser Position kann deren Merkmal [STARK] bzw. [SCHWACH] überprüft werden. Diese Merkmale beim Nullmorphem sind wesentlich, damit die Analyse funktioniert: Denn diese Merkmale werden vom Nullmorphem saturiert und verhindern damit, dass andere overte Flexive sozusagen nachträglich noch das Adjektiv [$_A$ A+ $F_\emptyset$] flektieren. Der Punkt war gerade der, solch eine Flexion auf jeden Fall zu verhindern, und die einfachste Methode, dies zu bewerkstelligen, scheint mir hier die Verwendung des Nullmorphems.

Sicher sind hier alternative Methoden denkbar, die ohne Nullmorphem auskommen und vor allem die doppelte Klassifikation in die zwei Varianten „stark" und „schwach" vermeiden. Nichts von allem, was ich versucht habe, ist jedoch einfacher als das hier beschriebene Verfahren. Da ganz generell die Motivation für Null-Morpheme keine empirische sein kann, sich daher nur an der Einfachheit der Beschreibung orientieren kann, scheint mir der Rekurs auf Nullmorpheme auch in diesem Fall nicht völlig unplausibel.

Flexionsklassenwechsel 8.2.3.

Ein gewisses Problem stellt in unserer Analyse der starke Dativ Singular im Maskulinum und Neutrum dar. Vorausgesagt wurde vom bisherigen System die Propagation des Kasus wie in (22):

(22) a. mit scharf*em* philosophisch***em*** Verstand
b. in Erikas tiefst*em* Inner***em*** (Beleg aus Gallmann (2002, S. 41))
c. mit gültig*em* entwertet***em*** Fahrschein (Beleg aus Schachtl (1989, S. 110))
d. Beide oben skizzierten Ansätze gehen davon aus, dass die Interpretation von E-Typ-Pronomen essentiellen Gebrauch von bestimmt*em* semantisch***em*** Material im Antezedenssatz macht. (Magisterarbeit)

Daneben lässt sich aber auch ein Flexionsklassenwechsel wie bei (23) beobachten

(23) gut*em* alt***en***(!) Wein spricht man gerne zu

Folgen wir der bisherigen Analyse mit funktionalen Adjektivprojektionen und entsprechenden Spezifikatormerkmalen, so hätten wir eine Struktur wie in (24) anzunehmen.

(24)

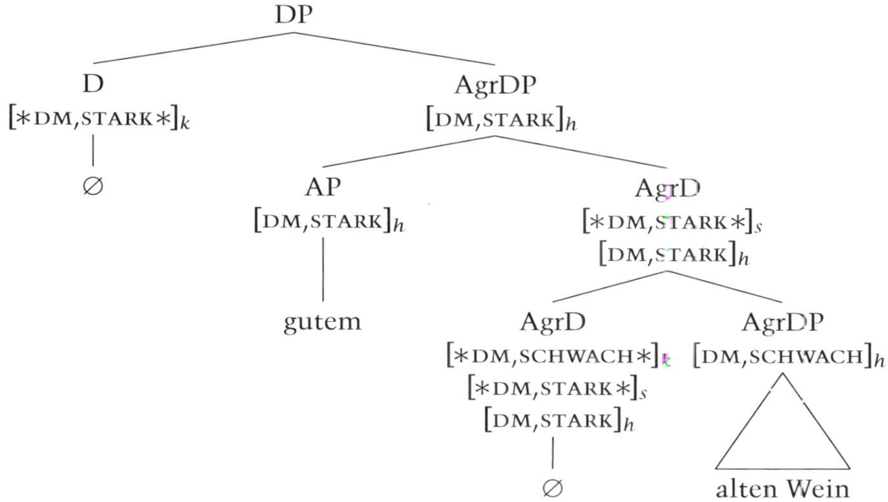

Die Kombination des Kopfmerkmals [STARK] in AgrD mit dessen Komplementmerkmal [*SCHWACH*] scheint regelwidrig, entspricht jedenfalls nicht der Defaultregel *AGREE!*.

Rein deskriptiv bietet es sich an, eine Variante von AgrD anzunehmen, bei der das Komplementmerkmal [SCHWACH] fest im Lexikon steht und somit den *AGREE!*-Default außer Kraft setzt. Die Kongruenz zwischen Kopf- und Spezifikatormerkmal ist davon nicht betroffen. Nennen wir diesen Knoten AgrDschwach. Die syntaktische Bedingung muss dann lauten, dass AgrDschwach nur von einem D im [DATIV,−FEMININ] selegiert werden kann. Damit sind die Verhältnisse beschrieben, wiewohl diese Beschreibung recht ad hoc aussieht.

Frage 112: Deskriptiv betrachtet handelt es sich hier darum, die erste Phrase innerhalb der DP morphologisch oder zumindest phonetisch besonders auszuzeichnen. Ein analoges Phänomen ist die Definitheitsmarkierung in Sprachen wie Bulgarisch, die entweder an das Nomen gehängt wird, wenn kein Adjektiv vorangeht, oder beim ersten Adjektiv vor dem Nomen erscheint:

(25) a. [DP ∅ [NP pălto-to]] (= der Mantel)
b. goljamo-to zeleno(*-to) pălto(*-to)
groß-DEF,NEUTRUM grün Mantel
der große grüne Mantel
c. tvŭrde goljamo-to za nego pălto(*-to)
zu große-der für ihn Mantel

Folgt man Ortmann und Popescu (2000) sowie Schürcks und Wunderlich (2003), ist die Definitheitsmarkierung *-to* weder ein klitisches Pronomen noch der definite Artikel selber, sondern ein Flexionselement, das sich ähnlich wie die starke Flexion von Adjektiven in den Ur-Germanischen Sprachen verhält. Im Rahmen unserer Merkmalanalyse lässt sich die Position der Definitheitsmarkierung leicht beschreiben, wenn wir folgende Annahmen machen. Erstens: Die D-Projektion ist phonetisch leer, trägt aber das Merkmal [*DEFINIT*]. Zweitens: Das korrespondierende Merkmal [DEFINIT] geht dann an das Komplement von D, nämlich entweder an das Nomen wie in (25-a) oder an den AgrD-Kopf. Drittens: Das Merkmal [*DEFINIT*] ist dann ein Spezifikatormerkmal von AgrD. — Welche zusätzliche Annahme benötigen wir für die Auszeichnung der *ersten* Position innerhalb der DP?

Das Bulgarische verhält sich übrigens anders als z.B. das Rumänische:

(26) a. faimosul-ul inteligent-ul lingvist(*-ul)
berühmter-der intelligenter-der Linguist

b. *deosebit de inteligent-ul lingvist
besonders PREP intelligent-DEF.M Linguist

Wie man sieht haben im Rumänischen *alle* pränominalen Adjektive eine Definitheitsmarkierung. Allerdings ist es, wie (26-b) zeigt, nicht erlaubt, das Adjektiv anderweitig morphologisch oder syntaktisch zu modifizieren (ich folge hier dem Urteil meiner rumänischen Studenten, entgegen der Datenbeurteilung in Ortmann und Popescu (2000)). Wir können daher davon ausgehen, dass die Definitheitsmarkierung *-l* hier direkt in AgrD generiert wird; das eingeklammerte *u* ist ein Fugenelement (ein sog. Themavokal):

(27) $[_{DP}\ \emptyset\ [_{AgrDP}$ inteligent $[_{AgrD'}$ (u)l $[_{AgrDP}$ faimos $[_{AgrD'}$ (u)l $[_{NP}$ lingvist $]]]]]]$

Die Definitheitsmarkierung muss dann über eine Bewegungsregel zum Adjektiv transportiert werden. — Welche weiteren Annahmen zum Merkmalverhalten unterscheidet das Rumänische vom Bulgarischen? Vergleiche zu dieser Verdoppelung der Definitheitsmarkierung auch Abschnitt (8.3.3.).

Ich habe an anderer Stelle in Sternefeld (2004) versucht, die Intuition zu implementieren, dass sich das stark flektierte Adjektiv quasi die Determinatorflexion zu eigen gemacht hat, sodass die danach schwach flektierenden Adjektive regulär dem Muster „pronominal (=stark) flektierter Determinator plus schwach flektiertes Adjektiv" folgen. Diese These vermag jedoch nicht zu erklären, warum die Alternation auf *-em* und *-en* beschränkt bleibt. Vielleicht ist daher das Phänomen zu jenen marginalen Erscheinungen des Deutschen zu rechnen, für die es eine systematische Explikation nicht geben kann.

Mehr zu funktionalen Projektionen zwischen D und N 8.3.

Dass die hier vorgetragene Analyse der Adjektivkongruenz mit Hilfe einer leeren funktionalen Projektion sinnvoll ist, sei in diesem Abschnitt anhand von drei weiteren Beispielen illustriert. Erstens bietet das Russische weitere Evidenz dafür, dass AgrD vom Determinator stammende Information enthalten muss, die für A und N getrennt voneinander zu kodieren ist. Zweitens zeigt das Italienische Wortstellungsphänomene, die sich recht einfach so beschreiben lassen, dass N in eine AgrD-Position hineinbewegt wird. Das dritte Beispiel beschäftigt sich mit einer funktionalen Projektion zwischen D und N im Griechischen, in welcher der Determinator verdoppelt werden kann.

AgrD-Projektionen im Russischen 8.3.1.

Im Russischen verhalten sich Sequenzen von Zahlwort, Adjektiv und Nomen im Nominativ und im Akkusativ (diese Formen fallen synkretistisch zusammen) höchst merkwürdig (als Quelle wurde die Referenzgrammatik von Maltzoff (1984) benutzt). Normalerweise kongruieren die drei Elemente wie im Deutschen. Auf Zahlwörter, die mit den Ziffern 2, 3 und 4 enden (außer 12, 13 und 14), stehen nachfolgendes A und N im Genitiv, was bedeutet, dass diese als Determinatoren aufzufassenden Zahlwörter das Merkmal [∗GEN∗] haben. Merkwürdigerweise nun steht das N im Singular, das A aber im Plural:

(28) dv-a bol'š-ix stol-a
zwei-nom groß-gen,pl Tisch-gen,sg
'zwei große Tische'

Dies lässt sich in unserem System ohne eine vermittelnde AgrD-Instanz nicht beschreiben. Gehen wir davon aus, dass die o.g. Zahlwörter den Merkmalkomplex [∗NP,GEN,GENUS∗] haben (wobei das Genusmerkmal ein Kongruenzmerkmal ist), so ist klar, dass sich dieser Komplex über AgrD nach N vererbt. Andererseits aber benötigen wir für das Adjektiv die Spezifikation [∗AP,GEN,PL∗] (sie haben im Plural kein Genus). Die Merkmalkomplexe bei AgrD sind dann zwei Mengen von Kopfmerkmalen [NP,GEN,GENUS] und [∗AP,GEN,PL∗]. Die kongruierenden Sternmerkmale von AgrD müssen nun entsprechend als Komplement- und Spezifikatormerkmale wieder aufgenommen werden. Es ist klar, dass der Merkmalkomplex mit [∗NP∗] als Element Komplementmerkmal sein muss; der Merkmalkomplex mit [∗AP∗] als Element ist als Spezifikatormerkmal aufzufassen. Falls Adjektive iteriert werden, ist dieser Komplex gleichzeitig ein Komplementmerkmal für die nächste AgrDP.

Für Feminina ist darüber hinaus beim Adjektiv der Nominativ (statt des ebenfalls möglichen Genitivs) bevorzugt, weswegen wir zusätzlich ein Genusmerkmal benötigen.[52]

(29) dv-e bol'š-ie komnat-y
zwei-nom,fem groß-nom,pl Raum-gen,sg
'zwei große Räume'

Einige Details der Analyse in (30) müssten zwar noch geregelt werden; klar ist aber, dass in Abhängigkeit von D die Information für A und N getrennt kodiert werden muss; weder für A noch für N wäre es sinnvoll, Merkmale anzunehmen, die jeweils nur bei der anderen Kategorie realisiert werden. Als vermittelnde Instanz, die beide Eigenschaften simultan kodiert, bietet sich daher eine funktionale Projektion an, die wir AgrD genannt haben:

(30)

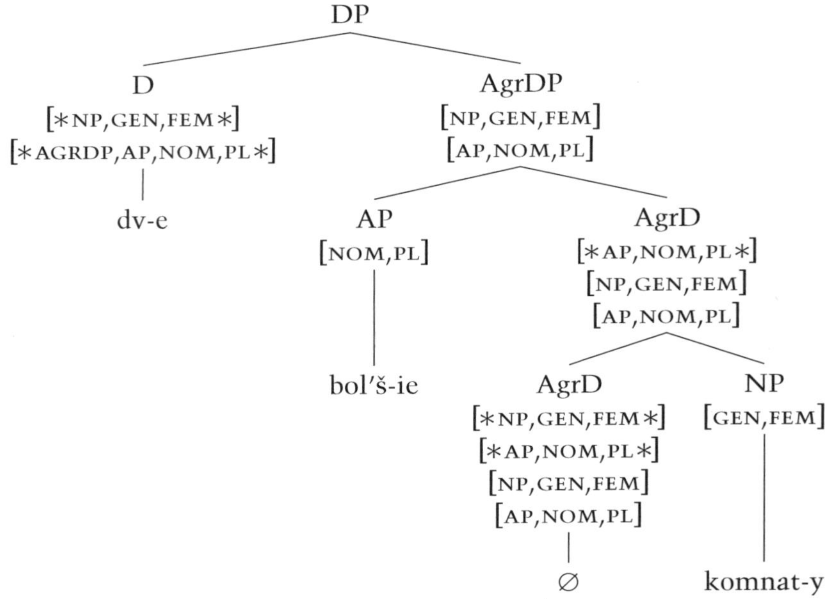

N-Bewegung im Italienischen **8.3.2.**

Im Italienischen können Adjektive sowohl vor als auch hinter dem Nominal stehen:

(31) a. un bellissimo rosso vaso di terracotta
eine schöne rote Vase aus Terracotta
b. un bellissimo vaso rosso di terracotta
eine schöne Vase rote aus Terracotta

Insbesondere kann das Nominal getrennt von einem seiner Komplemente stehen, wie in (32-b):

(32) a. la loro brutale *aggressione all'Albania*
die ihre brutale Aggression gegen Albanien
b. la loro *aggressione* brutale *all'Albania*
die ihre Aggression brutale gegen Albanien

Cinque (1995, Kapitel 10) nimmt daher an, dass die Grundlage für die Struktur von (32-b) eine Struktur für (32-a) sein sollte, aus der dann (32-b) durch eine Bewegungstransformation abgeleitet wird. Diese Struktur ist (33), wobei ich hier mit AgrD jene Positionen bezeichne, für die Cinque im Orginal *X* und *Y* verwendet (und ich auch sonst die Struktur unseren Gepflogenheiten angepasst habe).

(33)

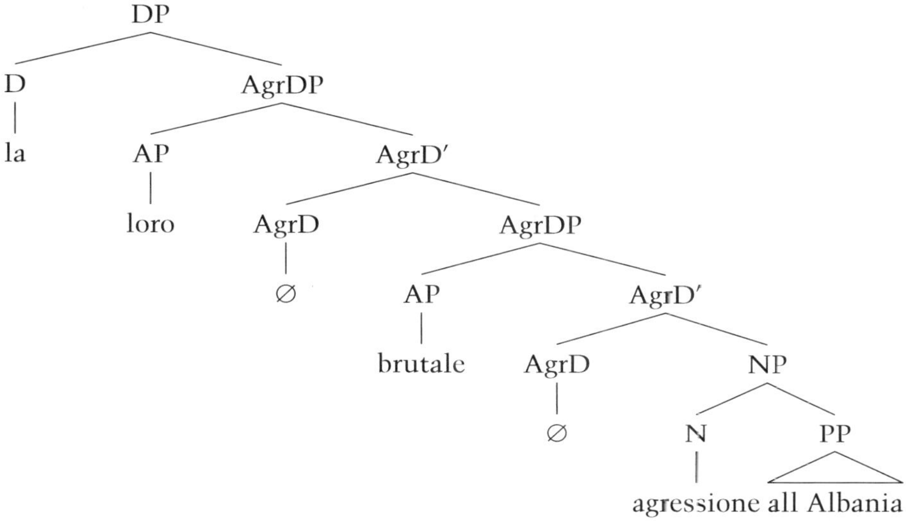

Cinque argumentiert nun dafür, dass das Nominal in die leeren AgrD-Positionen bewegt werden kann. Dabei handelt es sich um eine sog. *Transformation*; Operationen dieser Art werden wir erst im nächsten Kapitel systematisch einführen. Jedenfalls ist klar, dass die gewünschte Wortstellung gerade dann entsteht, wenn N in die obere der beiden Leerstellen bewegt wird.

Als weitere Motivation für eine solche Analyse führt Cinque auch gewisse Abfolgebeschränkungen zwischen Adjektiven an. Diese waren von je her Gegenstand zahlreicher Untersuchungen; einen leicht lesbaren Überblick bietet Schecker (1993). Solche Beschränkungen finden wir auch im Deutschen:

(34) a. die brutale italienische Aggression
b. *die italienische brutale Aggression

(35) a. die beiden alten Jungfern
b. *die alten beiden Jungfern

Das Verfahren von Cinque besteht nun darin, die Adjektive in verschiedene Klassen einzuteilen, denen verschiedene Typen von AgrD-Köpfen entsprechen. In unser System übersetzt sähe dies etwa so aus: Nehmen wir an, wir haben eine bestimmte A-Klasse wie die quantifizierenden Adjektive, die anderen Adjektiven vorangehen müssen (hierzu gehören die Numeralia sowie *beide* aus (35)). Nennen wir diese Klasse K_i und den entsprechenden Kopf $AgrD_i$. Dann kann im Spezifikator eines solchen Kopfes nur ein Adjektiv der Klasse K_i stehen, sodass als Spezifikatormerkmal $[*\kappa_i*]$ und ein entsprechendes

Subklassifizierungsmerkmal [κ_i] beim Adjektiv anzusetzen sind. Als Komplement kommen dann nur AgrD$_j$-Phrasen mit einem Index $j \geq i$ in Frage. Die Höhe des Index bestimmt demnach, wie tief eingebettet die Adjektive vorkommen können. Quantifizierende Adjektive haben im Deutschen immer den niedrigsten Index, deren AgrD hat also alternative Subkategorisierungsmerkmale [*AGRD$_i$P*] für alle möglichen i. Adjektive wie *italienisch* können nur ganz rechts stehen und haben daher den höchsten Index, deren Agr$_n$ hat nur [*NP*] als Subkategorisierungsmerkmal. Der Determinator nimmt ein beliebiges AgrD$_i$ als Komplement.[53] Letztlich geht es hier also um (fakultative) Subkategorisierungsverhältnisse „zwischen Adjektiven", die jedoch als Subkategorisierung zwischen funktionalen Köpfen dargestellt werden.

Cinques Theorie sagt nun auch voraus, dass die Abfolgebeschränkung der Adjektive untereinander unabhängig von der Position des Nominals in einer der AgrD-Positionen ist. D.h., wenn eine Abfolge A_i A_j N grammatisch ist, sollte auch die Abfolge A_i N A_j grammatisch sein, und wenn A_j A_i N ungrammatisch ist, sollte auch A_j N A_i ungrammatisch sein, jedenfalls dann, wenn es keine zusätzlichen Restriktionen für die Bewegung von N gibt. (vergl. hierzu die zitierte Arbeit von Cinque; zu weiteren Analysen des Romanischen mit Hilfe leerer Funktionaler Projektionen s. z.B. auch Bernstein (1993) oder Zamparelli (1995)).

In der Literatur sind solche Klassenbildungen von Adjektiven primär unter dem Aspekt der Einteilung in verschiedene *semantische* Klassen diskutiert worden. Es liegt daher die Frage nahe, ob die syntaktisch modellierte Abfolgerestriktion nicht letzlich ein Reflex von *konzeptuellen* Bedingungen ist, welche die Abfolgeregularitäten erklären könnten. Läge dem Ganzen eine semantische-konzeptuelle Bedingung zugrunde, wäre es nicht nötig, die Beschränkungen in der Syntax noch einmal zu kodieren. Und in der Tat ist Cinques Beschreibung ja auch in dem Sinne ad-hoc, als dass er von allen inhaltlichen Gegebenheiten abstrahiert; die Restriktion über die Indizes wird zudem mithilfe eines reinen Rechenmechanismus implementiert, dessen Verwendung in der Syntax höchst bedenklich ist. Analog zu Einsteins Bonmot „Gott würfelt nicht" könnte man sagen: „Syntax kennt keine Zahl": ein numerisches Rechnen dürfte es demnach in der Syntax nicht geben. Vielmehr sollten alternative Subkategorisierungen natürlichen Klassen zugrunde liegen. Solche sind aber in einem „kartographischen" Ansatz wie dem von Cinque nicht in Sicht.

Ansätze zu einer alternativen semantisch/pragmatischen Analyse bieten z.B. Hetzron (1978) und darauf aufbauend Schecker (1993). Letzterer weist auch auf zahlreiche Schwierigkeiten für eine Klassifikation der Adjektive in diskrete Klassen A_n hin; er schlägt dagegen ein Kontinuum vor, dessen Punkte den jeweils vom Attribut ausgedrückten Grad des subjektiven „Affiziert-Seins" auf einer Affiziertheitsskala entsprechen. In der Links-Rechts-Abfolge sprachlicher Einheiten trägt die linkeste Einheit den höheren Affiziertheitswert auf einer Skala des subjektiven Affiziertseins. Obwohl dieser Ansatz noch recht vage ist und die Begrifflichkeit sicher noch präziser ausgearbeitet werden sollte, haben wir es hier, im Gegensatz zum rein syntaktischen Vorgehen, mit dem Versuch zu tun, die beobachteten semantischen Klassen in einen Erklärungszusammenhang mit der Abfolge zu bringen. Ein solcher Ansatz wäre, wenn er sich präzisieren lässt, dem syntaktischen weit überlegen. Das Fazit der Überlegungen ist daher, dass wir hier nicht, wie Cinque, von einer Art syntaktischer Subkategorisierung bzw. Selektion zwischen Adjektiven bzw. zwischen funktionalen AgrD-Projektionen ausgehen, sondern darauf hoffen, dass semantisch-konzeptuelle Linearisierungs-Präferenzen soweit präzisierbar sind, dass sie eine syntaktische Selektion überflüssig machen. Dessen ungeachtet bleibt aber als syntaktisches Element von Cinques Analyse die Bewegungsanalyse für die relative Position von N gegenüber den Adjektiven bestehen und damit auch die Rechtfertigung für AgrD. Ich werde auf eine ähnliche Analyse für Abfolgeregularitäten zwischen Ns und den semantischen Argumenten von N in Abschnitt (V.2.6.) zurückkommen.

Determinatorverdoppelung 8.3.3.

Eine weitere Evidenz für funktionale Köpfe zwischen D und N beruht darauf, dass diese nicht nur, wie in den italienischen Beispielen, als alternative Positionen für ein Nominal dienen können, sondern auch als Position für einen weiteren Determinator. Z.B. scheint es im Chinesischen möglich (s. Simpson (2001)), die Definitheitsmarkierung *-de* beim Adjektiv zu verdoppeln:

(36) lüde-de xiao-de huaping
grüne-die kleine-die Vasen

In gewissen Dialekten des Süddeutschen gibt es das Phänomen des sog. *Negative Concord*, eine logisch-semantische einfache Negation kann hier morphologisch mehrfach realisiert werden:

(37) Ich hab *kein* blaues Kleid *nicht*

Der Dialektforscher Simon (2004) berichtet nun von abenteuerlichen *Negative Concord*-Konstruktionen wie (38), in denen der negative Artikel wiederholt werden kann:

(38) Ich hab *kein* blaues *kein* Kleid nicht

Für das zweite *kein* benötigen wir natürlich eine weitere Position, die wir mit AgrD identifizieren können.

Im Griechischen kann der bestimmte Artikel *to* wie in (39-b) nach Adjektiven wiederholt werden (s. Androutsopoulou (1996) sowie Alexiadou und Wilder (1998)):

(39) a. to megalo kokkino vivlio
the big red book
b. to megalo to kokkino to vivlio
the big the red the book

Dieses Phänomen wird von den genannten Autoren als ***Determiner Spreading*** bezeichnet. Alexiadou und Wilder (1998, S. 324f)) haben gezeigt, dass es hier interessante Vererbungsbedingungen gibt, die wir analog zur Vererbung von Merkmalen im Deutschen behandeln können. Diese werden in den folgenden Daten illustriert:

(39) c. ?to megalo to kokkino vivlio
the big the red book
d. *to megalo kokkino to vivlio
the big red the book

Ausgehend davon, dass (39-c) noch grammatisch, (39-d) aber ungrammatisch ist, dürfte die hier einschlägige Generalisierung folgende sein:

(40) Wenn ein D/AgrD nicht als *to* realisiert wird, so können auch die folgenden AgrDs nicht als *to* realisiert werden.

Dies wiederum lässt sich im Rahmen unseres Systems leicht beschreiben. Nehmen wir an, der leere Determinator bzw. ein leeres AgrD im Griechischen habe das Merkmal [PF-∅]. Dieses Merkmal muss bezüglich des Komplements dieser Kategorie ein Kongruenzmerkmal sein, d.h. wenn das Komplement eines leeren D-Kopfes wieder eine DP ist, muss deren Kopf ebenfalls leer sein. Gegen diese Bedingung wird in (39-d) gerade verstoßen. Wieder zeigt sich, dass Information von links nach rechts über das Adjektiv hinweg weitergegeben werden muss, was sich in unserem System leicht bewerkstellen lässt, wenn die relevante Information mit Hilfe der Kongruenzmerkmale von funktionalen Köpfen übertragen wird.

Frage 113: Was könnte zu einer möglichst vollständigen Merkmalanalyse der griechischen Daten fehlen?

Aufgrund des bisher Gesagten zieht ein einmal leerer AgrD-Kopf notwendigerweise weitere leere AgrD-Köpfe nach sich. Diese Beschreibung ist zwar korrekt, aber noch nicht vollständig. Denn AgrD kann nur dann mit *to* gefüllt werden, wenn D selber definit, also mit *to* gefüllt ist. M.a.W., der Kongruenzzusammenhang zwischen D und AgrD ist formal noch nicht erfasst worden.

Frage 114: Wurde dieser Zusammenhang zwischen der spezifischen Form des definiten Ds und AgrD in Ihrer Antwort auf die letzte Frage erfasst? Wie ließe er sich erfassen?

Ihre Antwort sollte nicht darauf beruhen, dass *to* in AgrD ein zu überprüfendes Merkmal, sagen wir [TO] hat, während ein leeres AgrD dieses Merkmal nicht hat, denn dann kämen wir unweigerlich in Konflikt mit der allgemeinen Kongruenzregel *AGREE!*. Vielmehr ist hier anzunehmen, dass das leere AgrD ein „leeres *to*" ist, das genau wie das offene *to* in AgrD ein zu überprüfendes Merkmal ([TO] oder vielleicht besser: [DEFINIT]) hat. Wir fassen unsere Annahmen in (41) zusammen:

(41) a. Subkategorisiert D=*to* ein AgrD, so hat es das Merkmal [*DEFINIT*].
b. Ein AgrD mit dem Merkmal [DEFINIT] kann als *to* realisiert werden, oder es ist leer. Im zweiten Fall hat es neben dem Merkmal [DEFINIT] das Merkmal [PF-∅].
c. [PF-∅] und [DEFINIT] unterliegen *AGREE!*.

Wesentlich für diese Beschreibung ist also, dass sich das sog. *Spreading*, also die von einem Element ausgehende, sich mittels *AGREE!* linear fortsetzende Information durch die ganze DP zieht; der Eindruck eines nur partiellen *Spreading*, das an einem beliebigen Punkt unterbrochen werden kann, ist daher trügerisch: er entsteht nur dadurch, dass an einem beliebigen Punkt ein weiteres Merkmal, nämlich [PF-∅], hinzukommt, welches selber dem *Spreading* unterliegt und dadurch das darunter liegende *Spreading* des *to*-Merkmals sozusagen unsichtbar macht.

Frage 115: Die Position des Demonstrativartikels *afta* (diese(r,s)) ist nicht auf den linken Rand der DP beschränkt:

(42) a. afta ta nea fenomena
diese die neuen Phänomene
b. ta nea afta fenomena
c. afta nea fenomena
d. *ta nea afta ta fenonema
e. afta ta nea ta fenomena
f. *afta (ta) nea afta fenomena

Welche Generalisierungen lassen sich aus den Daten ermitteln und wie könnten sie formal implementiert werden?

Grundzüge der Bindungstheorie 9.

Motivation 9.1.

In diesem Kapitel habe ich versucht, allein anhand einer restriktiven Theorie über das Projektionsverhalten morphologischer Merkmale Wesentliches über die Phrasenstruktur des Deutschen herauszufinden; diese Methode erwies sich als stark genug, die theoretisch möglichen Strukturierungen einer Folge von Wörtern so weit einzuschränken, dass oft nur eine einzige Struktur übrig blieb, die mit den Prinzipien von Projektion und Merkmalüberprüfung kompatibel war.

Eine naheliegende Frage ist nun, wie in Sprachen zu verfahren ist, die über nur wenig oder über gar keine Morphologie verfügen. Glücklicherweise gibt es von der Morphologie unabhängige weitere Strukturierungsprinzipien, die gerade in elementaren Darstellungen der Syntax benutzt werden (und dort nachzulesen sind, s. z.B. Gallmann (1996)): es handelt sich um die sog. Verschiebeprobe, den Weglasstest, die Ersetzungsprobe, den Pronominalisierungstest u.a.m. Darüber hinaus gibt es aber auch einen in allen Sprachen anzutreffenden Phänomenbereich, der in den elementaren Darstellungen nicht diskutiert wird, für den es aber eine Theorie gibt, die es uns ebenfalls gestattet, mögliche Baumstrukturen so einzuschränken, dass oft nur wenige Strukturierungsoptionen offen bleiben. Bei den zu erfassenden Phänomenen handelt es sich um die Distribution von Pronomina; diese unterliegt bestimmten strukturellen Gesetzmäßigkeiten, deren Grundzüge hier vorgestellt werden sollen.

Die grammatiktheoretische Relevanz dieser Gesetze wurde schon früh erkannt. Als zentrale Bereiche der generativen Theoriebildung wurden sie in den sechziger Jahren des letzten Jh. ausgewiesen und dort traditionell als Regeln der *Pronominalisierung* und der *Reflexivierung* formuliert; seit Chomsky (1980, 1981) werden die hier relevanten Regularitäten als sog. **Bindungstheorie** kodifiziert. Die m.E. elementarsten und zugleich instruktivsten Darstellungen der älteren Ansätze sind Perlmutter und Soames (1979) und Solan (1983); in neuerer Zeit gibt es eine unübersehbare Menge von Monographien zur Bindungstheorie, von denen hier nur Lust (1986, 1987), Safir (1997, 2004), Huang (2000) und Büring (2005) genannt werden sollen. Schauen wir anhand von (1) an, worum es geht.

(1) weil Fritz möchte, dass Karl ihm die Haare schneidet

In einer naheliegenden Interpretation des Satzes sind es Fritzens Haare, die geschnitten werden, sodass sich *ihm* auf Fritz beziehen muss. In diesem Fall wird das Pronomen **anaphorisch** gebraucht. Eine andere Interpretation ist die, dass sich *ihm* auf jemanden bezieht, der in (1) nicht erwähnt wird. Dies ist beim sog. **deiktischen** Gebrauch des Pronomens der Fall. Ausgeschlossen ist eine anaphorische Interpretation, bei der sich *ihm* auf Karl bezieht. Im Folgenden geht es gerade um die Erfassung und Beschreibung von syntaktischen Kontexten, in denen ein anaphorischer Gebrauch der Pronomina *nicht* möglich ist.

Zur Desambiguierung möglicher Lesarten ist es üblich, DPs mit Indizes zu versehen — ein Verfahren, das wir schon in Abschnitt (2.3.) erwähnt haben. Indizes sind meist natürliche Zahlen oder Variablen i, j, k usw. Koindizierung drückt eine Koreferenzbeziehung aus, Kontraindizierung das Fehlen einer solchen. Der anaphorischen Lesart entspricht eine Indizierung wie in (2-a), liegt keine anaphorische Beziehung vor, indizieren wir wie in (2-b); die ungrammatische Lesart wird mit (2-c) repräsentiert:

(2) a. weil Fritz$_i$ möchte, dass Karl$_j$ ihm$_i$ die Haare schneidet
b. weil Fritz$_i$ möchte, dass Karl$_j$ ihm$_k$ die Haare schneidet
c. *weil Fritz$_i$ möchte, dass Karl$_j$ ihm$_j$ die Haare schneidet

Der Stern in (2-c) bezieht sich nicht auf die Struktur, sondern lediglich auf die Indizierung. Ungrammatische Indizierungen in an sich grammatischen Strukturen lassen sich meist durch die Wahl eines anderen lexikalischen Materials in grammatische Indizierungen überführen. Wollte man das ausdrücken, was die Indizierung in (2-c) sagt, müsste die sprachliche Form (3-a) verwendet werden, gleichzeitig müssen (3-b,c) ausgeschlossen werden:

(3) a. weil Fritz$_i$ möchte, dass Karl$_j$ sich$_j$ die Haare schneidet
b. *weil Fritz$_i$ möchte, dass Karl$_j$ sich$_i$ die Haare schneidet
c. *weil Fritz$_i$ möchte, dass Karl$_j$ sich$_k$ die Haare schneidet

Gegenstand der Bindungstheorie (abgekürzt als **BT**) ist nun die Distribution der Indizes von Reflexiv- und Personalpronomen, also die Frage, welche Indizierungen bei welcher Pronomenart ungrammatisch sind. Genau die ungrammatischen Indizierungen müssen von der BT ausgefiltert werden.

Phrasenstruktur und Prinzip C 9.2.

Bevor wir auf die Daten in (2) und (3) näher eingehen können, betrachten wir Indizierungen derselben Struktur mit einer anderen Verteilung von Namen und Pronomina:

(4) a. *weil Fritz$_i$ möchte, dass er$_j$ Karl$_j$ die Haare schneidet
b. *weil er$_i$ möchte, dass Karl$_j$ Fritz$_i$ die Haare schneidet
c. *weil er$_i$ möchte, dass Karl$_i$ Fritz$_j$ die Haare schneidet

Wieder ist es nicht möglich, das Pronomen und die koindizierte DP koreferent zu interpretieren. In all diesen Fällen geht das Pronomen seinem koreferenten Bezugswort voran. Dass dies jedoch letztlich nicht der Grund für die Ungrammatikalität von (4) sein kann, zeigen die Sätze in (5), in denen das Pronomen ebenfalls dem Namen (gewissermaßen seinem „Ante"-zedens) vorangeht und dennoch eine koreferente Interpretation viel eher möglich ist:

(5) a. weil Fritz$_i$ möchte, dass seine$_j$ Mutter Karl$_j$ die Haare schneidet
b. weil seine$_i$ Mutter möchte, dass Karl$_j$ Fritz$_i$ die Haare schneidet
c. weil seine$_i$ Mutter möchte, dass Karl$_i$ Fritz$_j$ die Haare schneidet

Die Präzedenzbeziehung kann daher nicht der entscheidende Faktor für die Ungrammatikalität in (4) sein. (Gehen Pronomen ihrem „Ante"-zedens voraus, werden sie nicht *anaphorisch* sondern *kataphorisch* genannt). Noch kann als Grund für die Grammatikalität von (5) angeführt werden, dass es sich bei den grammatischen Pronomina um Possessivpronomina handelt. Dies zeigen Daten wie (6): Das Pronomen ist kataphorisch, ohne ein Possessivpronomen zu sein.

(6) a. Dass er_i zu spät gekommen ist, hat mir $Hans_i$ nicht verraten wollen
b. Bevor er_i Besuch empfangen konnte, musste $Hans_i$ seine Bude noch aufräumen

Der Unterschied zwischen den grammatischen und den ungrammatischen Indizierungen ist daher kein rein linearer, sondern eher ein struktureller. In den grammatischen Fällen ist Koreferenz offenbar deshalb möglich, weil das Pronomen innerhalb einer weiteren Phrase (DP oder CP) tiefer eingebettet ist als in den ungrammatischen Fällen: in (5) ist das koreferente Pronomen innerhalb der DP *seine Mutter* eingebettet und in (6) steht es innerhalb einer CP, die das Antezedens nicht enthält.

Der für die Einbettung relevante strukturelle Faktor lässt sich präzisieren mit Hilfe des Begriffs des **c-Kommandos** (engl. **constituent command** oder **c-command**, dt. auch K-Herrschaft). Unsere Definition des Begriffs lautet:

(7) Eine Konstituente *A* **c-kommandiert** *B* genau dann, wenn *B* von der Schwester von *A* dominiert wird.

Diese Definition lässt zwei Deutungen zu, je nachdem, ob wir den Dominanzbegriff reflexiv oder irreflexiv verstehen. Im ersten Fall würden sich Schwesterknoten gegenseitig c-kommandieren, im zweiten Fall wäre dies nicht möglich. Wir gehen hier — was für das Folgende keine empirischen Konsequenzen hat — von dem restriktiveren, **asymmetrischen c-Kommando**-Begriff aus, bei dem die Dominanzbeziehung irreflexiv verstanden wird.

Frage 116: Es sollte an dieser Stelle hinzugefügt werden, dass (7) nicht die übliche Definition ist, derzufolge sich nämlich zwei Schwesterknoten üblicherweise wechselseitig c-kommandieren. Die in der Literatur übliche Verwendung erhält man, wenn man Dominanz in (7) reflexiv versteht. Welche Deutung (Reflexivität oder Irreflexivität von Dominanz) kann bzw. muss vorausgesetzt werden, damit die Aussage „Es gibt ein Gliedwort, das alle anderen c-kommandiert" jeweils für alle zwei-, drei-, bzw. viergliedrigen Komposita gültig ist? (Ein Gliedwort ist ein Teilwort des Kompositums, welches selber kein Kompositum ist.)

Schaut man sich nun die Sätze in (4) an, so wird man feststellen, dass die Namen hier durchweg vom Pronomen c-kommandiert werden. In den übrigen grammatischen Fällen von Koreferenz war dies nicht der Fall. Da wir im Folgenden die Relation des c-Kommandos auf die Beziehung zwischen koreferentiellen DPs beziehen wollen, können wir das c-Kommando für die Zwecke der BT auf koindizierte Phrasen einschränken. Dies leistet definitorisch gerade der Begriff der **Bindung**:

(8) *A bindet B* genau dann, wenn *A* und *B* koindiziert sind und *B* von *A* c-kommandiert wird.

Unsere bisherige Generalisierung lautete, dass Namen nicht von koreferenten Pronomina c-kommandiert werden dürfen. Dies lässt sich nun etwas allgemeiner als (9) formulieren:

(9) Namen dürfen nicht gebunden sein.

Der Ausdruck *Bindung* kommt eigentlich aus der Logik und bezieht sich dort auf die Variablenbindung. Die Analogie wird durch folgende Beispiele nahegelegt:

(10) a. weil niemand$_i$ möchte, dass Karl ihm$_i$ die Haare schneidet
b. weil jeder$_i$ sich$_i$ die Haare schneidet

In der Logik werden die Pronomina als gebundene Variablen interpretiert. Koindizierung von *jeder* bzw. *niemand* mit einem Pronomen kann hier nicht als Koreferenz aufgefasst werden, da das Antezedens ein Quantor ist. Notwendige Bedingung für Variablenbindung ist c-Kommando und Koindizierung, also Bindung des Pronomens bzw. der Variable durch einen Binder (eine Quantorenphrase). M.a.W., wenn ein Pronomen als semantisch gebundene Variable interpretiert wird, muss es von seinem Binder syntaktisch c-kommandiert werden (der Zusammenhang zwischen semantischer und syntaktischer Bindung wird ausführlich in Heim und Kratzer (1998) diskutiert). Der generativ-syntaktische Begriff der Bindung bezieht sich sowohl auf Fälle von semantischer Koreferenz (in denen das Antezedens kein semantischer Binder, also z.B. keine Quantorenphrase ist, sondern ein referentieller Ausdruck), als auch auf Fälle von semantischer (Variablen-)Bindung.

Die **Bindungstheorie** klassifiziert DPs danach, welches ihrer Gesetze auf welche Typen von DPs Anwendung finden. Insbesondere sollen auch Beispiele wie die des letzten Abschnitts, also ungrammatische Daten mit gebundenen Reflexiv- und Personalpronomen erfasst werden. Unterschieden wird daher zwischen drei Klassen von Ausdrücken:

(11) a. Typ-A-Ausdrücke: Dies ist im Deutschen das Reflexivpronomen *sich* und das Reziprokpronomen *einander*.
b. Typ-B-Ausdrücke: Dies sind im Deutschen die Personalpronomina.
c. Typ-C-Ausdrücke: Diese Klasse besteht aus den nicht-pronominalen, also „selbständig referierenden" DPs.

In diesem Abschnitt betrachten wir lediglich Typ-C-Ausdrücke. Insbesondere fallen die Eigennamen unter die Typ-C-Ausdrücke und nur Eigennamen sollen hier als Beispiele für Typ-C-Ausdrücke dienen. In der Terminologie von Chomsky (1981) werden die Typ-C-Ausdrücke auch als R-Ausdrücke bezeichnet. „R" ist von „Referenz" abgeleitet: gemeint sind die „frei" oder „selbständig referierenden" Ausdrücke.

Wir können nun eines der drei Prinzipien der BT formulieren, das seit Chomsky (1981) als Prinzip C bekannt ist:

(12) **Prinzip C der Bindungstheorie:**
Ein Typ-C-Ausdruck (=R-Ausdruck) ist nicht gebunden.

Da nicht gebundene Variablen in der Logik auch als freie Variablen bezeichnet werden, ist (12) synonym zu:

(13) Ein Typ-C-Ausdruck ist frei.

Dass ein solcher Ausdruck „frei" ist, bedeutet gerade, dass er nicht gebunden ist.

Auffällig ist, dass in (13) der Binder selber gar nicht erwähnt ist: da von spezifischen Antezedentien nicht die Rede ist, schließt (13) auch Indizierungen wie die in (14) aus:

(14) *Fritz$_i$/Jeder$_i$/Niemand$_i$ weiß nicht, dass Fritz$_i$ krank ist

Dieses Resultat ist unproblematisch, obwohl es wohl ohnehin nicht möglich wäre, die Koindierung zwischen dem Eigennamen *Fritz* und den Quantoren *jeder* und *niemand* semantisch vernünftig zu interpretieren.[54]

In Bezug auf unsere Fragestellung, inwieweit die BT uns die Struktur von Sätzen induziert, betrachten wir noch einmal Beispiel (4), hier wiederholt als (15):

(15) a. *weil Fritz$_i$ möchte, dass [$_{VP}$ er$_j$ [$_V$ Karl$_j$ die Haare schneidet]]
b. *weil [$_{VP}$ er$_i$ [$_V$ möchte, dass [$_{VP}$ Karl$_j$ [$_V$ Fritz$_i$ die Haare schneidet]]]]
c. *weil [$_{VP}$ er$_i$ [$_V$ möchte, dass [$_{VP}$ Karl$_i$ [$_V$ Fritz$_j$ die Haare schneidet]]]]

Die Ungrammatikalität der Indizierung folgt korrekt genau dann, wenn wir so strukturieren, wie dies durch die linken Klammern in (15) vorgegeben ist: die linke Klammer in (15-a) garantiert gerade, dass *Karl* von *er* c-kommandiert wird; alles übrige, u.a. die Position von *die Haare* und *schneidet* und auch die Position der entsprechenden rechten Klammern, kann noch offen bleiben. In (15-b,c) kommt nun noch hinzu, dass das Subjekt des übergeordneten Satzes Koreferenz mit den beiden Namen ausschließen muss. Dies impliziert die beiden Klammern um er$_i$ in (15-b,c); dabei haben wir vorausgesetzt, dass sich die Struktur im untergeordneten Satz nicht ändert, wenn wir Namen und Pronomen oder Indizes austauschen.

Damit haben wir den komplexen Satz zumindest grob vorstrukturiert. Da die BT etwas über die Verteilung von DP-Indizes aussagt, setzt sie die Analyse von DPs und somit der DP-Klammern um *die Haare* in (15) voraus; diese kann nicht selber von der BT deduziert werden. Immerhin aber lässt sich die

Struktur wie in (16) gezeigt noch etwas verfeinern, wobei ich die strukturinduzierenden DPs hier durch Variable ersetzt habe:

(16) weil [$_{VP}$ X$_{DP}$ [$_{V}$ möchte, dass [$_{VP}$ Y$_{DP}$ [$_{V}$ Z$_{DP}$ [$_{DP}$ die Haare] schneidet]]]]

Die einzige strukturelle Beziehung zwischen den DPs, die bisher noch nicht geklärt wurde, ist die zwischen Z und *die Haare*. Wir werden im folgenden Abschnitt sehen, dass die BT auch die in (16) noch fehlenden Klammern voraussagen kann.

Prinzipien A und B 9.3.

Wo es ein Prinzip C gibt, sollte ein Prinzip B nicht fern sein. Die Wirkungsweise von Prinzip B sei anhand von (17) erläutert:

(17) a. *Fritz$_i$ möchte, dass Karl$_j$ ihm$_j$ die Haare schneidet
b. Fritz$_i$ möchte, dass Karl$_j$ sich$_j$ die Haare schneidet

Klarerweise wird (17-a) nicht durch Prinzip C ausgeschlossen, obwohl wir *ihm* nicht auf Karl beziehen dürfen. Hier lässt sich wieder argumentieren, dass unzulässig gebunden wurde. Dass auch hier Bindung, also c-Kommando, relevant ist, lässt sich wieder anhand von (18) zeigen:

(18) Fritz$_i$ möchte, dass Karls$_j$ Mutter ihm$_j$ die Haare schneidet

Klarerweise wird das Pronomen in (18) vom Namen nicht c-kommandiert, was dagegen in (17-a), wie wir schon gesehen haben, sicher der Fall ist.

Ein anderer Kontrast, nämlich der zwischen (17-a) und grammatischen Fällen von Pronomenbindung wie z.B. (2-a), resultiert aus der „Nähe" des c-kommandierenden Antezedens: Solange das Antezedens weit genug weg ist, ist Bindung grammatisch, ist jedoch das Antezedens nahe am Pronomen, entsteht Ungrammatikalität. Die einschlägige Bedingung lautet daher:

(19) **Prinzip B der Bindungstheorie:**
Ein Typ-B-Ausdruck ist lokal frei.

Was genau mit „lokal" gemeint ist, ist seit den sechziger Jahren Gegenstand verschiedenster Implementierungen gewesen. Eine der historisch gesehen ersten Versuche, bindungstheoretische Lokalität zu präzisieren, beruht auf dem Konzept der sog. Satzgenossenschaft: Antezedens und Personalpronomen dürfen keine Satzgenossen (engl. *clause mates*) sein, d.h., sie dürfen nicht Glieder desselben minimalen Satzes sein. Für die Grammatikalität von gebundenen Typ-B-Ausdrücken muss daher eine CP-Grenze zwischen Pronomen und Antezedens liegen.

(20) a. weil Fritz$_i$ möchte [$_{CP}$ dass Karl ihm$_i$ die Haare schneidet]

b. weil Fritz_i möchte $[_{\text{CP}}$ dass er_i Karl die Haare schneidet]

Das Pronomen ist hier lokal frei, weil es innerhalb der CP kein c-kommandierendes Antezedens hat.

Für unsere Herleitung der Satzstruktur aus der BT folgt daraus, dass die partielle Struktur (16) durch die CP-Grenze aus (20) vervollständigt werden kann.

(21) weil $[_{\text{VP}}\ \text{X}_{\text{DP}}\ [_{\text{V}}$ möchte $[_{\text{CP}}$ dass $[_{\text{VP}}\ \text{Y}_{\text{DP}}\ [_{\text{V}}\ \text{Z}_{\text{DP}}\ [_{\text{DP}}$ die Haare] schneidet]]]]]

Für Prinzip A ist nun die Beobachtung entscheidend, dass überall dort, wo Personalpronomina okay sind, Typ-A-Pronomen ungrammatisch sind und umgekehrt, also überall dort, wo Typ-A-Pronomen grammatisch sind, Typ-B-Pronomen ungrammatisch sind. Man spricht von einer **komplementären Verteilung** von A- und B-Elementen. In Chomskys BT lautet daher das zu Prinzip B komplementäre Prinzip A:

(22) **Prinzip A der Bindungstheorie:**
Ein A-Typ-Ausdruck ist lokal gebunden.

In Chomskys Terminologie heißen Typ-A-Ausdrücke *anaphors* (dt. Anaphern), Typ-B-Ausdrücke heißen *pronominals* (dt. Pronominale); eine Darstellung der Lokalitätsbedingungen für Anaphernbindung aus Chomskys *Government und Binding* findet sich in Stechow und Sternefeld (1988, Kapitel 6).

Vorausgesagt werden kann nun noch ein letztes Detail der Struktur (21), wenn wir davon ausgehen, dass *die Haare* semantisch wie ein anaphorischer Ausdruck gedeutet werden muss, dass also *die* hier semantisch wie *seine* zu interpretieren ist. Das Phänomen gehört zur sog. Grammatik des unveräußerlichen (inalienablen) Besitzes. Analoge Beispiele sind:

(23) a. Fritz brach (sich) *das Bein*
b. Ihm raucht *der Kopf*
c. Mir schmerzen *die Augen*

In all diesen Fällen muss der kursive anaphorische Ausdruck lokal gebunden sein. Implementieren wir dies in (21) als Bindung von Z und *die* (oder *die Haare*), entsteht als weitere Klammerung die zwischen Z_{DP} und *die Haare*:

(24) weil X_{DP} möchte dass $\text{Y}_{\text{DP}}\ \text{Z}_{\text{DP}}\ [_{\text{V}}\ [_{\text{DP}}$ die Haare] schneidet]

Selbstverständlich kann die BT nicht die Kategorien der Label vorhersagen; immerhin aber ist es uns gelungen, den Ausgangssatz mit Hilfe der BT *vollkommen* zu strukturieren, was das Ziel dieses Abschnitts war.

Dabei sind wir den Themen und Problemen der BT in keiner Weise gerecht geworden; die Literatur hierzu füllt Regale. In der Mehrzahl der Abhandlungen geht es irgendwie um die Lokalität, die wir hier grob über die CP-

Grenze definiert haben. Dass die exakte Definition der Lokalität ein Problem ist, soll hier nur durch ein einziges Beispiel illustriert werden. Im Englischen ist offenbar ein anaphorischer Bezug über die CP-Grenze hinaus möglich, im Deutschen nicht:

(25) a. John$_i$ knows [$_{CP}$ that pictures of him$_i$/himself$_i$ are on sale]
b. Fritz$_i$ wusste, dass Bilder von ihm$_i$/*sich$_i$ zum Verkauf stehen

Die Bedingungen für das Englische scheinen daher weitaus komplizierter, ganz abgesehen davon, dass sich Sprachen in Bezug auf die hier nicht näher definierte Lokalitätsbedingung ohnehin erheblich unterscheiden können (die ersten restriktiven Theorien der parametrischen Variation in der BT wurden in Koster (1987) und Manzini und Wexler (1987) entwickelt). Wenn man im Deutschen CP als Lokalitätsdomäne für die Bindung annimmt, was für (25-b) korrekt ist, könnte man andererseits mit Beispielen wie (26) in Bedrängnis kommen:

(26) Fritz und Paul wussten, dass die verräterischen Bilder voneinander ins Netz gestellt wurden

Das Reziprokpronomen scheint sich hier liberaler zu verhalten als das Reflexivpronomen. Wie die Verhältnisse im Deutschen genau einzuschätzen sind, ist eine empirische Frage, die erst durch weitere Forschung erhellt werden kann.

Frage 117: Sind Possessivpronomina im Deutschen Typ-A-, Typ-B- oder Typ-C-Elemente?

Erzwungene leere Subjekte 9.4.

PRO 9.4.1.

Da sich die BT nur auf DPs bezieht, kann sie auch nur die strukturellen Verhältnisse zwischen DPs determinieren und somit eine Struktur voraussagen, die in der Regel gröber ist als die tatsächlich angenommene.[55] Gelegentlich scheint es jedoch möglich, dass die BT etwas mehr Struktur impliziert, als dies aufgrund anderer Kriterien zu erwarten wäre. Dies ist z.B. dann der Fall, wenn die BT leere DPs vorhersagt. Betrachten wir die Sätze in (27) und die Grobstruktur ihrer Subjekte in (28):

(27) a. Dass (die) einander fremden Kulturen Krieg führten, störte niemanden
b. Nachdem der auf sich so stolze König eingeschlafen war, schneite es

(28) a. [$_{DP}$ (die) [$_{AgrDP}$ [$_{AP}$ *einander* fremden] Kulturen]]
b. [$_{DP}$ der [$_{AgrDP}$ [$_{AP}$ [$_{PP}$ auf *sich*] [$_{A}$ so stolze]] ∅ König]]

Das Problem sind die kursiven Typ-A-Ausdrücke, die weder innerhalb ihrer jeweiligen DP (28) noch innerhalb des ganzen Satzes in (27) eine sie c-kommandierende DP als Antezedens haben. Trotzdem sind die Sätze bzw. die DPs grammatisch. Eine offensichtliche Lösung dieses Problems besteht nun darin, für die Adjektive *leere* Subjektpositionen anzusetzen. Solche leeren Subjekte bezeichnet man wie in Abschnitt (5.2.) als PRO-Elemente:

(29) a. $[_{DP}$ die $[_{AgrDP}$ $[_{AP}$ PRO$_i$ $[_{A'}$ einander$_i$ fremden]] Kulturen]]
b. $[_{DP}$ der $[_{AgrDP}$ $[_{AP}$ PRO$_i$ $[_{A'}$ $[_{PP}$ auf sich$_i$] $[_{A}$ so stolze]] König]]]

Diese leeren AP-internen Subjekte können als Antezedens für die Typ-A-Elemente fungieren, sodass diese Pronomina nun gebunden werden können. In Anhang (I.) werden wir die Existenz solcher PRO-Elemente mit Hilfe rein morphologischer Kriterien erschließen. Die BT gestattet diese Folgerung aber auch ohne morphologische Evidenz und somit insbesondere auch für Sprachen, die morphologisch ärmer sind als das Deutsche und denen daher eine unabhängige Evidenz für PRO fehlen könnte.

Ein weiteres Argument für PRO lässt sich daraus ableiten, dass gewisse Ambiguitäten einheitlich erfasst werden können. Untersuchen wir zunächst eine Konstruktion ohne PRO. Bei näherer Betrachtung wird klar, dass (30) zwei Lesarten erlaubt:

(30) Der König lässt die Bauern für sich arbeiten
a. Der König lässt die Bauern$_i$ für sich$_i$ arbeiten
b. Der König$_i$ lässt die Bauern für sich$_i$ arbeiten

Diese Lesarten werden durch die verschiedenen Indizierungen repräsentiert. Entscheidend für das Argument pro PRO ist nun, dass sich dieselbe Ambiguität auch in Infinitiv-Konstruktionen wie (31) ausmachen lässt:

(31) weil es unmöglich war, die Bauern für sich arbeiten zu lassen
a. weil ..., PRO die Bauern$_i$ für sich$_i$ arbeiten zu lassen
b. weil ..., PRO$_i$ die Bauern für sich$_i$ arbeiten zu lassen

Diese Ambiguität lässt sich nur dann einheitlich repräsentieren, wenn wir für die Subjekte von (30-b) und von (31-b) uniform eine Position ansetzen, von der aus die Anapher gebunden werden kann.

Ein anderes Argument für PRO ergibt sich aus syntaktischen Restriktionen für die Kontrollbeziehung. Die Evidenz lässt sich anhand des Englischen direkter zeigen, da dort Reflexivpronomina genusmarkiert sind und somit eine Koindizierung mit PRO die Referenz von PRO desambiguieren kann:

(32) a. It is likely that [PRO$_i$ washing herself$_i$ in public] disturbs Luise$_i$
b. It surprised Pete that [PRO$_i$ washing herself$_i$ in public] disturbs Luise$_i$

c. It surprised Pete$_j$ that [PRO$_j$ washing himself$_j$ in public] disturbs Luise$_i$

Je nachdem, worauf sich das leere PRO semantisch bezieht, finden wir auch beim Reflexiv ein entsprechendes Genus. Wichtig ist auch, dass das Antezedens von PRO nicht notwendigerweise mit einem Argument des unmittelbar höheren Satzes koreferieren muss, wie die Satzgrenzen in (33) zeigen:

(33) It surprised Pete$_j$ that [$_{CP}$ [$_{CP}$ PRO$_j$ washing himself$_j$ in public] disturbs Luise$_i$]

In einer frühen Phase der generativen Grammatik, als koreferente leere Elemente noch durch Tilgung generiert wurden, hieß dieser Konstruktionstyp auch ***Super-Equi-NP-Deletion***. Entscheidend für die Argumentation ist nun, dass die Referenz bzw. Indizierung des mitverstandenen PRO-Subjekts syntaktischen Bedingungen unterliegt; dies zeigt sich darin, dass Koindizierung in ganz ähnlichen Konstruktionen nicht möglich ist:

(34) a. *[PRO$_i$ washing herself in public] is likely to disturb Luise$_i$
b. *Pete$_j$ said it would it would disturb Luise [PRO$_j$ to wash himself in public]

Wie diese Restriktionen genau zu formulieren sind, ist Teil einer Theorie der Kontrolle, die hier nicht ausführlich dargestellt werden kann, vergl. hierzu Perlmutter und Soames (1979) sowie Landau (2000); für (34-b) liegt jedenfalls die Vermutung nahe, dass ein syntaktisch lokalerer (potentieller) Kontrolleur, nämlich *Luise*, die Kontrolle durch *Pete* blockiert; für (34-b) wurde vermutet, dass ein Bewegungsprozess die Infinitiv-CP aus dem zugänglichen Bereich von *Luise* herausgehoben hat. Wesentlich ist hier allein, dass es um die Koindizierung zweier Elemente geht, die syntaktischen Restriktionen unterliegt und daher syntaktisch repräsentiert werden sollte, und genau diese Funktion hat PRO.

Eine weitere Motivation für PRO lässt sich aus Uniformitätsannahmen zur thematischen Markierung gewinnen, die wir in Kapitel (V.) ausführen werden.

Frage 118: Wie beurteilen Sie die Grammatikalität von (35-c)? Wie müssen die Daten in (35) aufgrund des bisher Gesagten analysiert werden? Welche davon werden von unserer Theorie als ungrammatisch vorhergesagt?

(35) a. Man ließ sich einen Kuchen backen
b. die Kunst [$_{CP}$ sich einen Kuchen backen zu lassen]
c. dass sich ein Kuchen gebacken wurde, war unbestreitbar
d. Ziel des Gesprächs: dass eine Sensibilisierung für einander möglich wird

pro 9.4.2.

Als weitere Motivation für die Annahme leerer Subjekte gelten Daten wie die folgenden:

(36) a. weil sich hier nicht gestritten wird!
b. ?weil einander nur gefoppt wurde
c. ?Toll, wie einander geholfen wurde
d. Die Art und Weise, wie hier miteinander umgegangen wird, ist auch für mich nicht nachvollziehbar

Für die Analyse dieser Passivkonstruktionen fehlt ein sichtbares Antezedens für die Anaphern; es drängt sich also auch hier auf, als Subjekt ein leeres pro-Element anzusetzen, also eine Struktur, die wir schon beim unpersönlichen Passiv in Abschnitt (3.3.3.) kennengelernt haben.

(37) a. weil [$_{\text{VP}}$ pro$_i$ [$_{\text{V}'}$ [$_{\text{VP}}$ sich$_i$ hier nicht gestritten] wird]]
b. ?weil [$_{\text{VP}}$ pro$_i$ [$_{\text{V}'}$ [$_{\text{VP}}$ einander$_i$ geholfen] wurde]]
c. ?weil [$_{\text{VP}}$ pro$_i$ [$_{\text{V}'}$ [$_{\text{VP}}$ einander$_i$ nur gefoppt] wurde]]

Das leere pro-Subjekt könnte nun als syntaktisches Antezedens für die Anapher dienen, sodass Prinzip A der Bindungstheorie, das zuerst verletzt schien, nunmehr problemlos erfüllt werden kann.

Zu beachten ist dabei allerdings wieder, dass Koindizierung nicht Koreferenz bedeuten kann, denn pro referiert nicht. Ähnliches galt ja auch für die Indizierung des obligatorischen *sich* in (38), das ebenfalls nicht referiert.

(38) Hans$_i$ kann sich$_i$ nicht benehmen

Erinnert sei nun daran, dass Koindizierung Merkmalübereinstimmung für Genus- und Personenmerkmale impliziert. Für den Numerus als 4. Genus scheint die in (38-b,c) gezeigte Koindizierung mit pro aber auf den ersten Blick problematisch, denn *einander* ist semantisch ja pluralisch, sodass wir nun auch — entgegen unserer früheren Annahmen — ein pro mit Pluralmerkmal erwarten würden. Dagegen spricht jedoch die Kongruenz mit dem Verb im Singular, also die Ungrammatikalität von (39):

(39) a. *weil [$_{\text{VP}}$ pro$_i$ [$_{\text{V}'}$ [$_{\text{VP}}$ einander$_i$ geholfen] wurden]]
b. *weil [$_{\text{VP}}$ pro$_i$ [$_{\text{V}'}$ [$_{\text{VP}}$ einander$_i$ nur gefoppt] wurden]]

Die wohl einfachste Lösung des Problems besteht in der Annahme, dass *einander* zwar semantisch eine Pluralität bezeichnet, syntaktisch jedoch ein Singular sein kann. Man sieht dies auch in (40), wo Koindizierung mit *man* völlig unproblematisch ist:

(40) a. Man$_i$ konnte einander$_i$ nichts vormachen
b. Man$_i$ kennt einander$_i$

Hier liegt ebenfalls der Schluss nahe, dass *man* semantisch ein Plural sein kann, syntaktisch jedoch ein Singular sein muss.

In diesem Zusammenhang ist auch die Beobachtung erwähnenswert, dass beim regulären Passiv gelegentlich der Akkusativ erhalten bleiben kann, wenn auch die folgenden Sätze ((41-a-d) aus Plank (1993), (41-e) von Marga Reis, persönliche Mitteilung) nur marginal akzeptabel sein dürften:

(41) a. ?Grossen(!) Wert wurde gelegt auf die Feststellung, ...
b. ?Darauf wird zumindest von offizieller Seite großen und übergroßen Wert gelegt
c. ?Deshalb dürfe auch keinen Druck auf diejenigen ausgeübt werden, die ...
d. ?Hier wird sich täglich den Hals gewaschen
e. ?So, jetzt wird mich lieb gestreichelt

Wenn Checking des Akkusativs nur dann zulässig ist, wenn es auch eine Nominativ-Position gibt, so könnten diese Kasusdaten eine weitere Motivation für pro bieten.[56] Analoge Bestätigung bietet auch (42), wo es wider Erwarten keine Kongruenz zwischen dem semantischen Objekt im Plural und dem Verb im Singular gibt:

(42) Heute wird Karten gespielt und morgen wird Teppiche geklopft

Auch dies deutet wieder darauf hin, dass der Nominativ zusammen mit evtl. vorhandenen Kongruenzmerkmalen an ein pro-Subjekt geht, welches dann auch die Rolle des Antezedens für die Bindung spielen kann.[57]

Ganz ähnlich zu Passiv-Konstruktionen mit *sich* verhalten sich auch die sog. Medialkonstruktionen (43-a,b) und die anti-kausativ-Konstruktion (43-c):

(43) a. Hier lässt es sich aushalten
b. Mit Flöten und Geigen und Tröten im Rücken
singt sich's leicht beim Blumenpflücken
Mit Kuchen und Keksen und Kaffee im Magen
spricht sich's leicht von Sommertagen
c. die Tür öffnet sich

Weder ist *sich* hier semantisches Argument der Prädikate, noch sind diese semantisch transitiv. Offenbar hat *sich* selber eine de-transitivierende Funktion.[58] Die Bindung von *sich* ist hier eher unproblematisch, denn es steht ja ein offenes Antezedens zur Verfügung (*es* bzw. *die Tür*). Zum Problem aber wird die Frage, ob und wie der Kasus von *sich* überprüft werden soll. Denn in allen passivartigen Konstruktionen ist es normalerweise nicht möglich, einen Akkusativ zu checken. Sollte dann *sich* in diesen Konstruktionen kasuslos sein, oder sollte der Akkusativ wie in (41) dennoch ausnahmsweise gecheckt werden können? Auf diese Frage habe ich noch keine konklusive Antwort gefunden und ich enthalte mich an dieser Stelle jeder weiteren Diskussion (vergl. aber Ágel (1997)).

Ein letzter Punkt betrifft die Beobachtung, dass gelegentlich ungebundene reziproke Pronomina möglich sind, die anscheinend weder auf ein offenes noch auf ein syntaktisch plausibles leeres Subjekt bezogen werden können; vergleiche die relative Akzeptabilität der ungebundenen Anapher in (44-b):

(44) a. Sie_i stellten $einander_i$ die $Briefe_j$ zu
b. ?Die $Briefe_j$ wurden $einander_i$ zugestellt
c. #Die $Briefe_j$ wurden $einander_j$ zugestellt

Sicher wird *einander* hier nicht auf die Briefe bezogen. Beispiele wie (44-b) sind daher prima facie Gegenbeispiele zur BT; auch ein leeres nominativisches pro-Subjekt wäre in (44-b) ja nicht möglich, da die Subjektposition schon durch *die Briefe* besetzt ist. In Sternefeld und Featherston (2003) wird eine Analyse des Reziproks als eine Art Adverbial erwogen, analog zum Adjektiv *gegenseitig* in (45); Indikator hierfür ist die Möglichkeit der Verdoppelung von *sich* und *einander* in (46):

(45) die gegenseitige Sensibilisierung war möglich

(46) a. dass die Teilnehmer sich gegenseitig/einander vorstellen/sensibilisieren
b. Die Leute stellten sich ihnen gegenseitig/einander vor.
c. *Aus Mahlers „Lied von der Erde“:*
Zwischen Büschen und Blättern sitzen sie,
Sammeln Blüten in den Schoß und rufen
Sich einander Neckereien zu...

Für *einander* als Adverbial wäre möglicherweise keine syntaktische Bindung erforderlich, genausowenig wie für *gegenseitig* eine Bindung in (45) notwendig ist. Die Grammatikalität von (45) könnte auf einer adverbialen Verwendung von *einander* beruhen. Das Gemeinsame antezedensloser Konstruktionen scheint dann zu sein, dass es eine Diskrepanz zwischen vorhandener semantischer und (scheinbar?) nicht-vorhandener syntaktischer Bindung gibt.

Nun ist, unabhängig von diesen Beispielen, in der BT des letzten Jahrzehnts der Trend zu beobachten, neben der rein syntaktischen auch eine semantische Bindung als relevanten Faktor für Grammatikalität anzuerkennen, sodass Reziprok- und Reflexivpronomen im Prinzip auch ohne syntaktische Bindung lizensiert werden können. Wichtigste richtungsweisende Arbeit ist die Bindungstheorie von Reinhart und Reuland (1993), die sich von einer rein syntaktischen Koindizierungstheorie abwenden und neben syntaktischer auch semantische Bindung als Kriterium für die Grammatikalität von Typ-A-Ausdrücken zulassen. Eine solche semantische Bindung liegt ja bei den Reziprokpronomen durchweg vor: in (44-b) ist der semantische Binder natürlich gerade das syntaktisch unterdrückte Subjekt. Eine ausführliche Würdigung dieser Ansätze ist im Rahmen dieses Buches nicht möglich; daher hier nur einige wenige Hinweise auf die Literatur. Eine kritische Weiterentwicklung der Reinhart/Reuland-Theorie bietet Safir (1997, 2004), einen Methodologie-Vergleich zwischen der klassischen BT von Chomsky (1981) mit Reinhart und Reuland (1993) findet sich bei Everaert (2003); eine ausgezeichnete Einführung in die moderne Bindungstheorie ist Büring (2005).

Frage 119: Die folgenden Beispiele enthalten eine Reihe von Phänomenen, die in der BT meines Wissens kaum thematisiert werden. Zeigen Sie, warum diese Beispiele problematisch sind und welchen Einfluss semantische Faktoren auf die Beurteilung der Daten haben können. Stimmen Sie mit den Datenbeurteilungen überein? (Die Kontraste wurden von mir etwas „übertrieben", um Hypothesenbildung zu erleichtern.) Ändert sich Ihre Datenbeurteilung, wenn sie „Anklage gegen" durch „Drohbriefe gegen" ersetzen?

(47) a. (i) als Ole$_i$ die Anklage gegen sich$_i$ zurückziehen wollte
(ii) *als Ole$_i$ die Anklage gegen ihn$_i$ zurückziehen wollte
(iii) als Ole$_i$ die Anklage gegen ihn$_i$ verhindern wollte
(iv) als Ole$_i$ die Anklage gegen sich$_i$ verhindern wollte
b. (i) *als die Anklage gegen sich$_i$ zurückgezogen wurde
(ii) *als die Anklage gegen sich$_i$ verhindert wurde
c. (i) als Ole$_i$ die gegen ihn$_i$ gerichtete Anklage verhindern wollte
(ii) *als Ole$_i$ die gegen sich$_i$ gerichtete Anklage verhindern wollte
(iii) *als Ole$_i$ die gegen ihn$_i$ gerichtete Anklage zurückziehen wollte
(iv) als Ole$_i$ die gegen sich$_i$ gerichtete Anklage zurückziehen wollte
d. (i) ??als die gegen sich$_i$ gerichtete Anklage verhindert wurde
(ii) als die gegen sich$_i$ (selbst) gerichtete Anklage zurückgezogen wurde
e. (i) als die Anklagen gegeneinander zurückgezogen/verhindert wurden
(ii) als die gegeneinander gerichteten Anklagen zurückgezogen/verhindert wurden

Anmerkungen

1. Einige Sätze werden akzeptabler, wenn man das Satzende intonatorisch durch Betonung stärkt, etwa in dem man vor *Wanzen* ein *nur* einfügt. Die teilweise subtilen Unterschiede zwischen Varianten dieser Art sind nicht Gegenstand dieses Buches. Ich analysiere hier nur die Grobstruktur; die pragmatischen und semantischen Konsequenzen von Umordnung werden hier ignoriert. (Zu den Konsequenzen unterschiedlicher Positionen von *nur* s. Henscheid (1980*b*); zu den Stellungsmöglichkeiten von *sich* s. Henscheid (1980*a*).
2. Selbst in Fällen, in denen sowohl *Steuern* als auch *Steuern senken* in gleicher grammatischer Funktion möglich sind, nämlich wie in (i-a,c) als Subjekt, zeigt sich ein Unterschied in der zentralen Eigenschaft, pluralfähig zu sein, die, wie (i) zeigt, auf *Steuern*, nicht aber auf *Steuern senken* zutrifft.

   (i) a. *Steuern* stehen im Mittelpunkt der Debatte
   b. * *Steuern senken* stehen im Mittelpunkt der Debatte
   c. *Steuern senken* steht im Mittelpunkt der Debatte

3. Auch innerhalb einer einzigen Wortart wie etwa bei den Präpositionen insbesondere des Englischen ist die Unterscheidung zwischen funktionalen und lexikalischen Präpositionen einerseits gebräuchlich, andererseits aber notorisch unklar; relevante Unterscheidungskriterien definiert z.B. Rauh (1997). Das im gegenwärtigen Zusammenhang vielleicht einfachste Kriterium für Funktionalität ergibt sich daraus, dass bestimmte Determinatoren systematisch fehlen bzw., wie wir sehen werden, phonetisch leer sein können. Nur funktionale Kategorien können einerseits leer sein, andererseits eine bestimmte Bedeutung oder grammatische Funktion haben.
4. In der Werbung scheint es möglich, sich über diese Sortenanforderung hinwegzusetzen:

   (i) Hier bekommen Sie mehr Auto fürs Geld als bei jedem andern Händler

   Offenbar wird *Auto* jedoch genau im Sinne der Sortenbeschränkung als reine Quantität umgedeutet, sodass (i) gerade kein Gegenbeispiel ist.
5. Aufgrund dieses semantischen Gehalts erfüllen quantifizierende Determinatoren wie *jeder* und *alle* auch nicht das in Radford (1997*a*) genannte Kriterium für funktionale Ausdrücke: sie lassen sich, wie in (i) illustriert, durch Partikeln semantisch modifizieren:

   (i) a. Ich habe mit ***fast*** *jedem* Teilnehmer gesprochen
   b. Ich habe ***fast*** *alle* schlechten Witze vergessen
   c. ***Nur*** *diese* Palme gefällt mir

   Daher ist seine Generalisierung, dass Ds als funktionale Kategorien nicht modifizierbar sind, zu stark. Einige Ds haben offenbar genug semantisch-lexikalischen Gehalt, um von passenden Partikeln modifiziert werden zu können.
6. Einige dieser Schwierigkeiten wurden in einem ganz anderen Kontext (und vor allem ohne die Intention, sie als Argumente *für* eine DP-Analyse zu verwenden) von Zwicky (1985*a*) illustriert. Dass D der Kopf sein könnte, wird von Zwicky nie ernsthaft erwogen. Er setzt (wie in der Tradition bis dahin absolut üblich) apodiktisch voraus, dass N der Kopf ist, wobei als Hauptevidenz hierfür die morpholo-

gische Markierung des Plurals im Englischen dient, die ja bei *the song/the songs* nicht beim D, sondern beim N vorgenommen wird. Dass es im Deutschen, wie *das Zimmer, die Zimmer* illustriert, gerade umgekehrt ist, zeigt, dass dies als Evidenz nicht genügt. Zwickys Problem ist, dass die Generalisierungen, die er für den Kopfbegriff konstatiert, der üblichen NP-Analyse widersprechen. Problematisch sind aus heutiger Sicht nicht die Generalisierungen, das Problem ist die NP-Analyse.

Zwickys Aufsatz ist übrigens auch über die NP/DP-Hypothese hinaus unter folgendem Gesichtspunkt sehr lehrreich: Der Aufsatz zeigt uns heutigen, dass neuere Annahmen zur Phrasen- oder Satzstruktur einen echten Fortschritt darstellen, da sie die meisten der von Zwicky damals als desaströs dargestellten Probleme auf einfache Weise lösen.

7. In der Morphologie gab es noch eine weitere Ausnahme: dort konnten die Präfixe Merkmale des Stammes überprüfen, ohne Köpfe zu sein. Wir gehen davon aus, dass eine solche Konfiguration in der Syntax nicht möglich ist. In diesem Sinne werden auch bei Adjunktion die Merkmale des Kopfes nicht „überprüft". Ich komme wie gesagt auf die Adjunktion später noch zu sprechen.

8. Für einige Semantiker ist deshalb der ontologische Status beider Objekttypen identisch; s. z.B. Link (1983, 1991). Ich gehe dagegen von einem klaren konzeptuellen Unterschied aus: während ein Pluralobjekt ein aus Urelementen zusammengesetztes mengentheoretisches Konstrukt ist, dessen Referenz je nach Situation wechseln kann, ist die Referenz von Massentermen ein sog. „starrer Designator" im Sinne von Kripke (1972) und Putman (1975). Zur Pluralsemantik s.a. Schwarzschild (1996) oder Sternefeld (1998c).

9. Aus technischen Gründen, die wir hier nicht diskutieren können (s. Schwarzschild (1996)), sollte die Referenz des Pluralterms auch die Einermengen $\{a\}$, $\{b\}$ und $\{c\}$ einschließen. Dies hat auf die Gültigkeit des folgenden Arguments jedoch keine Auswirkung.

10. Ignoriert werden müsste jedoch die in (i) illustrierte Komplikation, dass es in bestimmten Kontexten möglich ist, Nominale ohne Artikel zu verwenden, obwohl sie das Merkmal [+COUNT] hätten:

(i) a. Er ging ohne Hut aus dem Haus
b. Fritz wird Beamter

Plausibel ist hier allerdings die Annahme, dass die Kopula-Verben *werden* und *sein* nicht nur eine DP sondern auch ein N bzw. eine NP als Komplement selegieren können. Die näheren Bedingungen sind jedoch teilweise konventionalisiert; vergl. (i-b) mit (ii):

(ii) a. *Fritz wird (vollkommener) Idiot
b. *Fritz wurde/ist Genie

Laut Duden (1998, §561) gilt: „Gleichsetzungsnominative, mit denen die Zugehörigkeit zu einer sozial etablierten und anerkannten Gruppe ... angegeben wird, werden vor allem nach den Verben *sein, werden* und *bleiben* ohne Artikel angeschlossen." Als relevantes Beispiel (für „sozial etabliert und anerkannt") wäre hier zu nennen:

(iii) Fritz wurde Alkoholiker.

Als weitere Ausnahme erscheinen Fälle wie (iv):

(iv) a. Die Wahl zwischen Hut und Mütze
b. Das kostet ihn Haus und Hof

Wenn das Konjunkt als Ganzes dann zur Kategorie DP gezählt werden sollte, haben wir es hier mit einer Irregularität zu tun, die aber erstaunlicherweise auch in anderen Sprachen anzutreffen ist; vergl. hierzu auch Heycock und Zamparelli (2003).

11. Franz-Josef Wagner über Franziska von Almsick in der *SZ* vom 11.10.00 unter der Überschrift: *Der Molchstoß*.

12. Keinen Wechsel finden wir bei Namen, die auch als N flektiert werden:

(i) a. des (Bundeskanzler) Schröders Ausführungen
b. *des (Bundeskanzler) Schröder Ausführungen

Für einige Namen als N gibt es Varianten mit und ohne Flexion: *des Iran* und *des Irans* sind beide grammatisch.

13. Natürlich ist und bleibt eine doppelte Klassifikation unbefriedigend. Gallmann (1997) schlägt daher vor, artikellose Eigennamen als Ns zu analysieren, die aber gleichzeitig Ds sein können, weil sie durch eine Bewegungstransformation in einen leeren D-Kopf bewegt werden. Allerdings steht uns einerseits das Konzept der Transformation an dieser Stelle noch nicht zur Verfügung, andererseits ist nicht klar, wie eine solche Lösung die distributionellen Fakten ohne weitere Zusatzannahmen erklären könnte. Eine ausführliche Auseinandersetzung mit Gallmanns Theorie kann hier nicht geleistet werden.

14. Aus verschiedenen Gründen problematischer wäre die Annahme, dass *Karpaten* nicht im relevanten Sinne [−COUNT] ist, oder, dass der bestimmte Artikel (bzw. dessen Stamm) zusammen mit dem Namen schon als komplexes Gebilde im Lexikon steht. Komplikationen entstehen dann aber durch adjektivische Modifikation wie *die wilden Karpaten*.

15. In der generativen Literatur seit Chomsky (1981) werden die Merkmale für die vier Kategorien Genus, Numerus, Person und Kasus auch Φ-*feature* genannt. Dies sind gerade die Merkmale, welche die Pronomina im Englischen und Deutschen charakterisieren, s. Chomsky (1981, S. 330).

16. Die Gleichheit der Distribution ist allerdings nicht total, vergl.:

(i) a. Gottes Liebe, die Liebe Gottes
b. seine Liebe, ABER: *die Liebe seiner

Das ungrammatische nachgestellte Personalpronomen wird durch das grammatische vorangestellte Possessivpronomen quasi **blockiert**. Andere Fälle von Blockade finden wir bei den Präpositionen:

(ii) a. wegen des tyrannischen Vaters
b. *wegen seiner, *seiner wegen
c. aber: seinetwegen

Es ist klar, dass z.B. *deinetwegen* nicht *wegen dir* blockiert, da es sich bei *deine(r)* und *dir* um unterschiedliche Kasus handelt.

17. Auf der FAQ-Internetseite von Ferrero heißt es dazu: „nutella ist ein im Marken-

register eingetragenes Fantasiewort, das in der Regel ohne Artikel verwendet wird. Es bleibt jedem selbst überlassen, welchen Artikel er vor nutella setzt."

18. Über dreistellige Verben mit direktem Akkusativ-Objekt und indirektem Dativ-Objekt wird hier noch nichts gesagt. Auch hier sind beide Kasus Default-Kasus, obwohl nur der Akkusativ als struktureller Kasus angesehen wird. Das Thema wird in Kapitel (V.) wieder aufgenommen.
19. Subtile empirische Unterschiede zwischen *Case Marking* und *Case Checking* werden in Stechow und Sternefeld (1988, §5.3.) beschrieben, diese sind hier jedoch nicht relevant und betreffen die dort angenommene Kasuslosigkeit von PRO. An anderer Stelle werden wir dieser Annahme ohnehin nicht folgen, sodass es keine empirischen Argumente für eine Theorie der Kasuszuweisung gibt.
20. Eine solche Analyse geht mit der generellen Annahme der sog. GB-Theorie von Chomsky (1981) einher, dass maximale Projektionen Grenzen für Rektion darstellen: nur innerhalb der VP-Projektionen können vom Verb regierte Kasus überprüft oder zugewiesen werden, nur innerhalb der IP-Projektion kann von einem kongruierenden I der Nominativ zugewiesen werden.
21. Ausdrücklich erwähnt sei noch, dass Chomsky auch Alternativen zur Kopplung der Nominativzuweisung an die Kongruenz in Erwägung zieht, z.B. für Sprachen ohne Kongruenz, aber mit Kasus. Vorstellbar wäre auch eine Kopplung des Nominativs an das Finitheitsmerkmal des Verbs. Alle finiten Formen des Deutschen weisen ja Kongruenz auf und umgekehrt, daher fallen Finitheit und Kongruenz im Deutschen zusammen. Nicht jedoch in anderen Sprachen: so gibt es z.B. im Griechischen, Portugiesischen oder Rumänischen auch bei nicht-finiten Formen des Verbs Kongruenz und Nominativzuweisung. Dies bestätigt einerseits die Kopplung des Nominativs an die Kongruenz, wirft aber andererseits die Frage auf, wie die Kategorie der Finitheit überhaupt genauer zu definieren ist. Ich lasse diese Frage hier offen; vergl. zur Beziehung zwischen Finitheit und Kongruenz auch die verstreuten Bemerkungen, die unter dem Stichwort „*case, nominative*" des Sachindex von Chomsky (1981) zu finden sind.
22. Kriterien, die das grammatische Subjekt unzweideutig identifizieren sollen, sind generell keineswegs unproblematisch; vergl. hierzu Williams (1994, S. 42ff) und Fußnote 23.
23. Subjekte sind in anderen Sprachen nicht immer nominativisch, siehe im Folgenden die Bemerkungen zum Isländischen; außerdem gibt es ja auch Sprachen ohne jegliche Kasusmarkierungen. Eine allgemeine, sprachunabhängige Charakterisierung des grammatischen Subjektbegriffs, also eine universell gültige Definition des Begriffs „grammatisches Subjekt" ist schwierig, wenn nicht unmöglich; vergl. hierzu beispielsweise die o.g. Arbeit von Eisenberg (1999) und Reis (1982).
24. Da es das referentielle pro im Italienischen für jede Person und jeden Numerus gibt, hätten wir es mit leeren Dubletten für jedes phonologisch sichtbare Pronomen im Nominativ zu tun. Eine solche Verdoppelung ist vom explanativen Standpunkt aus sicher nicht wünschenswert. Wenn also davon die Rede ist, dass die Unterschiede zwischen den Sprachen aus lexikalischen Unterschieden folgen, muss diese Behauptung für das Italienische insofern modifiziert werden, als dass wir einen innerlexikalischen Prozess annehmen, der ein nominativisches pro-Element mit

beliebigen Merkmalen für Person und Numerus versehen kann. Diesen Prozess kann es in jenen Sprachen nicht geben, wo pro expletiv ist und somit gerade die Default-Merkmale für die dritte Person haben kann.

25. Diese Bezeichnung wird verständlich, wenn man davon ausgeht, dass das (einfache, nicht erweiterte) Projektionsprinzip fordert, dass lediglich die Subkategorisierungseigenschaften des Verbs auf allen syntaktischen Ebenen (D-Struktur, S-Struktur, Logische Form) erfüllt werden müssen. Subkategorisiert wurden bzw. werden aber nur Objekte. Die Erweiterung betrifft also gerade die Subjektposition, von der nun ebenfalls gefordert wird, dass sie auf allen Ebenen — unabhängig von den Eigenschaften des Verbs — vorhanden ist. Die Generalisierung lässt sich letztendlich auf die Phrasenstrukturregel S ⟶ NP VP zurückführen, die als allgemeine Regel nun auch für den Fall der (scheinbaren) Subjektlosigkeit gültig bleiben sollte.

26. Gegen die Annahme eines *pro*-Subjektes im Deutschen ist von Hubert Haider in einer Reihe von Arbeiten vehement argumentiert worden; s. insbesondere Haider (1993, §6.2). Sein Hauptargument lautet, dass wir **erklären** können, warum Konstruktionen wie **als es getanzt wurde* ungrammatisch sind, wenn wir annehmen, dass die Grammatik des Deutschen von vornherein keine *Position* bereit stellt, die ein *es* (oder ein *pro*) aufnehmen könnte. Dabei korreliert Haider die An- bzw. Abwesenheit eines sichtbaren periphrastischen Subjektpronomens mit der An- bzw. Abwesenheit einer funktionalen INFL-Projektion: Das Deutsche hat keine IP, also auch kein *es*-Subjekt, während das Holländische über eine IP verfügt und daher ein *er*-Pronomen hat. Vorausgesetzt werden muss dabei also, dass jede Position innerhalb der VP vom Hauptverb semantisch selegiert wird. Gerade dieser Voraussetzung haben wir jedoch in unserer Analyse mit pro nicht entsprochen: wir haben angenommen, dass dieses Element von den üblichen Subjektmerkmalen syntaktisch selegiert werden kann (wie dies in anderen Theorien auch über die INFL-Projektion geschieht). Wir kommen auf die spezifischen Subjektprobleme, die mit Haiders Argumenten zusammenhängen, in Abschnitt (IV.3.9.) noch zurück.

27. Man könnte zur Lösung dieses Problems vorschlagen, dass die Projektionsprinzipien tatsächlich nicht denen der Syntax folgen sollten, sondern denen der Flexionsmorphologie, wo wir einen symmetrischen Merkmalabgleich nicht ausgeschlossen haben. Wir werden diese Möglichkeit hier nicht verfolgen, denn die Projektionsprinzipien sind sehr liberal und würden bei mehr als zwei Verben zu viele unerwünschte Strukturen generieren.

28. Vergl. etwa Eisenberg (1999, S. 190). Dass hier das Verb im Gegensatz zur Präposition eine besondere Rolle spielt, könnte daraus geschlossen werden, dass bei semantisch verblassten Präpositionen mehrheitlich der Akkusativ als Kasus der DP auftritt, und der Akkusativ ist ja gerade der typische, *vom Verb* vergebene Kasus. Während also *denken-an* ein Akkusativkomplement verlangt, selegiert *interessiert-an* ein Dativkomplement, was der Generalisierung entspricht, dass Verben typischerweise Akkusativ-Objekte haben und Adjektive typischerweise Dativ-Objekte (s. Riemsdijk (1993)). Dies als Motivation für eine direkte Zuweisung der Kasus durch ein Verb oder Adjektiv ist jedoch angesichts von Gegenbeispielen wie *stolz auf* + Akkusativ oder *es liegt an* + Dativ mehr als problematisch; wir wer-

den diese Idee hier nicht ernsthaft verfolgen. Der nachfolgende Exkurs ist daher eher methodischer Art, er soll zeigen, warum die Implementierung dieser Idee aus systematischen Gründen nicht wünschenswert ist.

29. Leider wird in älteren Arbeiten statt des Begriffs „Perkolation" der Ausdruck „Projektion" verwendet, wobei lediglich ein Wechsel der Perspektive stattfindet: Projektion steht für Merkmalweitergabe „von unten nach oben", Perkolation für ein „Merkmaldurchsickern von oben nach unten". Dieser Unterschied spielt formal hier keine Rolle. Andererseits verstehen wir hier unter Projektion gerade nicht das, was wir hier als Perkolation bezeichnen: Projektion ist strikt lokal, da wir die Projektion eines Merkmals nur dann erlaubt haben, wenn das Merkmal Element des Kopfes einer Konstruktion ist.
30. Selten sind *hinter* und *zwischen*: *hinter ein Geheimnis kommen, zwischen A und B unterscheiden.*
31. Dies erfordert, dass die Merkmale nicht in einer einzigen Folge untergebracht werden können, was in (4.22) noch nicht vorgesehen ist.
32. Dies bedeutet konkret, dass es tatsächlich möglich bzw. erforderlich ist, *zwei* Folgen zu projizieren: eine morpho-syntaktische und eine semantische für die sog. thematischen Merkmale. Beide Ebenen können in der sog. kohärenten Konstruktion unabhängig voneinander operieren, was das Thema von Kapitel (V.) sein wird.
33. Dass es sich hierbei nicht tatsächlich um Flexion im engeren Sinne handeln kann, hat Nübling (1998) gezeigt.
34. Ob dies aus rein semantischen Kategorisierungen folgt, bleibe dahingestellt. Erinnert sei an dieser Stelle noch einmal daran, dass der Buchstabe P keine formale Relevanz hat; in dem Augenblick, wo ein Adverbial mit einer V-Projektion fusioniert wird, ist ja die V-Projektion konventionsgemäß eine VP; nach der Fusion mit einer adverbial gebrauchten Kategorie ist die vormalige VP wieder eine V-Projektion (ohne P).
35. Vorausgesetzt wird hier, dass die Verben intransitiv verstanden werden.
36. Gäbe es keine solche unabhängige Motivation, könnten wir [∗−FINIT∗] einfach durch [∗PRO∗] ersetzen, wodurch die Analyse dann auf eine Merkmalperkolation hinausläuft, die wir nach Möglichkeit vermeiden wollten.
37. Dies mag jedoch ein sprachspezifischer Zufall sein: nicht auszuschließen sind Dialekte, in denen nicht nur die Kombination *um-zu*, sondern auch *um-dass* grammatisch ist; vergl. auch Holländisch *om dat*. Leider bietet das Niederländische auch in anderer Hinsicht Problematisches: In verschiedenen Dialekten des Holländischen finden wir Vorkommen von *ob* (of) zusammen mit dem prototypischen Komplementierer *dat*:

(i) a. Ik vraag me of (dat) hij komt
ich frage mich ob dass er kommt
b. Ik weet (of) dat hij komt
ich weiß ob dass er kommt
c. Ik weet niet of (dat) hij komt
ich weiß nicht ob dass er kommt

Hier muss *dat* Kopf der CP sein, während das holländische Pendant von *ob* eine andere Position einnimmt — nehmen wir an, es ist dieselbe Position, die auch von

Fragepronomen eingenommen wird, wenn sie in Dialekten des Deutschen vor dem Komplementierer stehen:

(ii) Da ich nicht weiß [$_{CP}$ wer [$_{C}$ (dass) [$_{VP}$ gekommen ist]]]

Hieraus würde dann folgen, dass der Komplementierer bzw. die Komplementiererposition im Standarddeutschen nicht nur in (ii), sondern auch in *ob*-Sätzen wie (iii) leer ist:

(iii)a. Ich weiß [$_{CP}$ ob [$_{C'}$ ∅ [$_{VP}$ er kommt]]]
b. Ich weiß [$_{CP}$ wann [$_{C'}$ ∅ [$_{VP}$ er kommt]]]

Der leere Komplementierer sollte dann dieselben Merkmale haben wie *dass* in (ii). Zu welcher Kategorie *ob* gehört, ist demgegenüber relativ unwichtig. (Für die kleinen Wörter, deren Kategorie unklar ist, hat sich die Bezeichnung *Partikel* eingebürgert.)

38. Eine Google-Abfrage für „*tried for him to*" erbrachte immerhin 52 Treffer.

39. Die Struktur als solche scheint übrigens als Repräsentation von *der Imbiss Willis* vollkommen korrekt; allerdings brauchen wir hier eine andere Linearisierung. Wir kommen auf NPs mit postnominalem Genitiv in Abschnitt (6.2.) zu sprechen.

40. Einer anderen Nomenklatur zufolge spricht man vom Spezifikator *einer Phrase*, wonach dann *Willis* der Spezifikator von *Willis Imbiss* ist. Beide Redeweisen laufen auf dasselbe hinaus, sind aber nicht vollkommen gleichbedeutend. Denn eine Phrase hat keine Spezifikatormerkmale; die hat nur ein Kopf.

41. Auf der anderen Seite scheint es eine Restriktion für die artikellosen Verwandschaftsbezeichnungen zu geben, die nicht ohne weiteres erklärt werden kann. M.E. ist der artikellose Genitiv wie in (i-a) nur in der pränominalen Position möglich:

(i) a. [$_{DP}$ [$_{DP}$ Vaters] Ø[$_{NP}$ Bücher]] stehen im Regal
b. *Wegen Vaters verließ sie das Haus
c. *Vaters überdrüssig verließ sie das Haus
d. *einige Bücher Vaters stehen im Regal

Möglicherweise sind es gerade Daten dieser Art, die zu der auf S. 147 geäußerten Vermutung Eisenbergs führten, dass das *-s* in (i-a) keine echte Kasusmarkierung ist. Diese Auffassung haben wir zwar zurückgewiesen, eine Erklärung für die Distribution in (i) haben wir andererseits aber auch nicht.

42. Dieses Urteil scheint nicht von allen Linguisten geteilt zu werden: Hartmann und Zimmermann (2001) halten (i) für grammatisch:

(i) a. die Zerstörung Roms des cholerischen Diktators
b. die Belagerung Leningrads der dritten Heeresgruppe

M.E. verdienen diese Konstruktionen einen Stern.

43. Die m. E. einzige Annahme, die hier möglicherweise etwas zweifelhaft erscheinen kann, ist die, dass es sich beim postnominalen Genitiv um ein *Komplement* von N handelt. Intuitiv verbindet man mit Komplementen eher semantische Argumente des Kopfes, und dieses Kriterum wird z.B. durch Possessiv-DPs wie *Dagobert Duck* in (6.15) nicht erfüllt. Ein weiterer Grund, der zu einer Modifikation dieser Analyse führen wird, ist die häufig anzutreffende Annahme, dass ein struktureller Kasus immer von einer funktionalen Kategorie determiniert wird. Dieser Generalisierung wird jedoch in der bisherigen Analyse nicht entsprochen, da der Genitiv

wegen (6.21) von einer lexikalischen Kategorie ausgeht. Wir werden daher unsere Analyse in Abschnitt (V.2.6.) modifizieren.

44. Dass solche Argumente methodisch nicht haltbar sind, wurde in Stechow und Sternefeld (1988, §11.8) kommentiert.

45. Haider (1992, S. 315) argumentiert gegen Possessiva als Spezifikatoren mit dem Hinweis, dass die Position des Spezifikators eigentlich für Partikel wie *all* reserviert sein sollte:

 (i) a. all die Bücher
  b. all meine Bücher

 Die Kookurrenz von *all* und *mein* in (i-b) wäre dann aber unanalysierbar, weil ja gemäß traditioneller Auffassung jede Phrase nur eine Spezifikatorposition hat. Diese Position wird in der Literatur oft als **SpecX-Position** bezeichnet, wobei X für eine beliebige Kategorie steht. Folglich sollte *mein* nicht in SpecD-Position stehen können. Dagegen könnte angeführt werden, dass die Position von *all* bzw. *alle* auch die eines Kopfes sein könnte, wie in (ii):

 (ii) $[_{DP}$ alle $[_{DP}$ meine Freunde $]]$

46. Ich denke hier insbesondere an den Aufbau von komplexen Verb-Verb-Kombinationen wie in den Analysen von Goodall (1984) und Zubizaretta (1985) für das Französische, von Pesetsky (1995) für das Englische, von Haegeman und Riemsdijk (1986) (s.a. die Darstellung in Stechow und Sternefeld (1988, §12.3)) für das Deutsche.

47. Im Original steht hier ein kleines pro. Dies wäre mit unserer Annahme unverträglich, dass das kleine pro nie referentiell sein kann. Dass in der Literatur oft kein großes PRO steht, wo wir es erwarten würden, hat mit der Annahme der GB-Theorie zu tun, dass PRO nicht regiert sein darf, also nicht an einer Position stehen kann, an der ein Kasus gecheckt werden könnte. Diese Annahme wird von uns nicht geteilt, was in Anhang (I.) näher begründet wird.

48. Wenn wir weiterhin annehmen, dass die klassische X-bar-Theorie Recht hat, wenn sie Spezifikatoren von *X* universell links vom Kopf *X* ansiedelt, wäre die Linearisierung wie in $[_{AP}$ $[_{A'}$ mir fremde $]_{[NP}$ Mann $]]$ ebenfalls nicht zulässig. Man müsste dann bestreiten, dass es sich bei der NP um einen Spezifikator im üblichen Sinne des Wortes handelt. Möglicherweise haben diese Begriffe im Minimalismus ohnehin ihren Sinn verloren, vergl. Anhang (D.); dennoch sollten uns diese Bedenken in Bezug auf die vorgeschlagene Struktur eher skeptisch stimmen.

49. Letztlich würden nicht-flektierbare Adjektive eine Art Merkmalperkolation induzieren, also einen Mechanismus, den wir bisher als vermeidbar erachtet haben.

50. Die Idee geht meiner Erinnerung nach auf unveröffentlichte Arbeiten von Thilo Tappe Ende der achtziger Jahre zurück; eine genauere Quelle konnte ich leider nicht ausfindig machen.

51. Analoges gilt für andere Merkmale wie z.B. das Merkmal für Eigennamen, das vom definiten Artikel überprüft werden muss.

52. Der Genitiv Singular fällt mit dem Nominativ Plural zusammen, was aber für die Analyse von (8.29) nicht wichtig ist, da wegen (8.28) ohnehin auch hier ein Genitiv zu erwarten ist.

53. Tatsächlich schlägt Cinque in Abhängigkeit vom zu modifizierenden Nominal zwei verschiedene Hierarchien vor, s. Cinque (1995, S. 298).

54. Problematischer dagegen ist die Koindizierung in (i), die laut BT ungrammatisch sein sollte, obwohl der Satz völlig verständlich ist:

    (i) Fritz$_i$ weiß nicht mehr, dass er$_i$ Fritz$_i$ ist

    Es ist klar, dass *er$_i$* den Namen gemäß BT nicht binden darf. Eine mit Prinzip (C) verträgliche Indizierung wäre (ii):

    (ii) Fritz$_j$ weiß nicht mehr, dass er$_j$ Fritz$_i$ ist

    Es scheint nun aber, dass mit Koindizierung intendierte koreferente Lesarten nicht mehr repräsentiert werden, denn koreferente Ausdrücke sind in (ii) ja kontraindiziert. Genau an dieser Stelle ist es daher notwendig, die Kontraindizierung neu zu interpretieren: Kontraindizierung bedeutet, dass eine Nicht-Koreferenz lediglich präsupponiert wird; diese PräsuppositionPräsupposition kann in gewissen Kontexten aufgehoben werden, dann nämlich, wenn die Bedeutung des Satzes notwendigerweise (und unabhängig von jeder Indizierung) schon *besagt*, dass die indizierten Ausdrücke korefent sein müssen. Dies ist natürlich gerade bei Identitätsaussagen wie in (ii) der Fall. Hier ist eine koreferente Interpretation der Kontraindizierung zulässig, weil der Satz überhaupt nur so einen Sinn ergibt: Die Semantik impliziert Koreferenz (zu diesen und anderen Feinheiten der Interpretation s. Heim (1993)). Wir beschränken uns im Folgenden auf die normalen Fälle, also auf solche, bei denen Kontraindizierung stets Nicht-Koreferenz bedeutet.

55. Was mit „gröber" gemeint ist, lässt sich leicht präzisieren, wenn wir den Begriff der Einbettung einer Struktur in eine andere zugrundelegen:

    (i) Eine Funktion f ist eine *Einbettung* von m in x genau dann, wenn f jedem Knoten von m einen Knoten von x so zuordnet, dass gilt: wenn m_1 von m_2 c-kommandiert wird, so wird auch $f(m_1)$ von $f(m_2)$ c-kommandiert.

    Die Funktion f beschreibt eine homomorphe Einbettung von m in x; m ist gröber als x wenn x und m das gleiche lexikalische Material verwenden und es eine solche Einbettung f von m in x gibt. Nach dem bisher Gesagten soll dann gelten:

    (ii) Sei M die Menge der Strukturen, die BT-kompatibel sind, d.h., in denen die DPs in den von der BT verlangten strukturellen Verhältnissen stehen. Dann gibt es ein $m \in M$, sodass sich m in die von uns in diesem Kapitel aufgrund morphologischer Kriterien entwickelte Struktur x einbetten lässt.

56. Davon zu unterscheiden ist der ruhrdeutsche Kasusgebrauch in (i):

    (i) a. Da [in der 2. Liga] wird auch 'nen guten Fußball gespielt
        b. Da is'n grünen Sessel

57. Andererseits sind diese Akkusative nicht mit dem Mechanismus vereinbar, mit dem ich in Kapitel (V.) die Passivierung und die sog. Absorption des Akkusativs beschreiben werde. Konsistenz mit den Kasusdaten ließe sich eigentlich nur dann erreichen, wenn an der Stelle des Subjekts kein kleines pro, sondern ein konstruktionsspezifisches großes PRO anzunehmen wäre. Beim Passiv würde dann nicht, wie ich in Kapitel (V.) annehme, die thematische Rolle des Agens unterdrückt,

sondern an PRO zugewiesen (zum Verbleib des semantischen Subjekts beim Passiv in der Syntax vergl. auch Baker et al. (1989)). Ob dies wirklich eine zulässige Option sein soll, muss ich hier offen lassen.

58. Möglicherweise sorgt eine lexikalische Regel dafür, dass einerseits eine Art Passivierung stattfindet, andererseits aber *sich* in die syntaktische Stelligkeit des jeweiligen Verbs integriert wird und sich somit wie ein Quasi-Argument verhält.

III. Sätze

Einleitung **1.**

Der Inhalt dieses Kapitels ist die syntaktische Charakterisierung von Haupt- und Nebensätzen des Deutschen. Diese Satztypen werden durch Eigenarten der deutschen Verbstellung bestimmt, die sich im Wesentlichen durch fünf Regeln beschreiben lassen:

Regel 1. Das Finitum (d.h. das Verb, das die Tempus-, Modus- und Kongruenz-Information trägt) steht in Aussagesätzen (Deklarativsätzen) an zweiter Stelle im Satz:

(1) a. Er *schreibt* seiner Mutter heute morgen einen Brief
 b. Einen Brief *schreibt* er seiner Mutter heute morgen
 c. Heute morgen *schreibt* er seiner Mutter einen Brief
 d. Seiner Mutter *schreibt* er heute morgen einen Brief

(2) a. Du *kannst* jetzt nicht damit aufhören
 b. Aufhören *kannst* du damit jetzt nicht
 c. Damit *kannst* du jetzt nicht aufhören
 d. Damit aufhören *kannst* du jetzt nicht
 e. Jetzt *kannst* du endlich damit aufhören

Die erste Stelle kann von einem beliebigen Satzglied (Subjekt, Objekt, Adverbial usw.) eingenommen werden.

Regel 2. In Befehlssätzen (Imperativsätzen) und in Entscheidungsfragen (Ja-Nein-Fragen) steht das Finitum an erster Stelle im Satz:

(3) a. *Spiel* mir das Lied vom Tod!
 b. *Spielst* du mir das Lied vom Tod?
 c. *Kannst* du damit nicht aufhören?

Regel 3. Nicht-finite Verben (also Verben im Infinitiv oder im Partizip) stehen immer in geordneter Abfolge am Ende des Satzes (Ausnahmen hiervon erfasst Regel 5):

(4) a. Lässt du mich das Lied vom Tod *spielen*?
 b. Willst du mich das Lied vom Tod *spielen lassen*?
 c. Hast du mich das Lied vom Tod *spielen lassen wollen*?
 d. Gestern wird das Lied schon längst *gespielt worden sein*

Regel 4. In eingebetteten Sätzen steht auch das finite Verb und stehen somit *alle* verbalen Elemente in geordneter Abfolge am Satzende (Ausnahmen hiervon erfasst Regel 5):

(5) a. Wenn man sich einen Satz im Mund *zergehen lässt*, dann diesen

b. Wenn man sich einen Satz im Mund *zergehen lassen muss*, dann diesen
c. Wenn man sich einen Satz im Mund *zergehen lassen müssen wird*, dann diesen

Regel 5. Bestimmte Satzglieder, insbesondere PPs und CPs (Relativsätze, Komplementsätze, Adverbialsätze), können hinter den durch Regel 3 und 4 charakterisierten Positionen der Verben stehen:

(6) a. Kannst du nicht endlich ***aufhören*** *damit*?
b. Willst du endlich (damit) ***aufhören*** *mich zu ärgern*!
c. Ich hatte ***gedacht***, *dass du aufhören* ***willst***, *mich damit zu* ***ärgern***

Als wir im vorangegangenen Kapitel den Aufbau von Verbalphrasen beschrieben haben, haben wir lediglich die Nebensätze in (5) und die in Regel 4 erwähnte Abfolge der Verben am Ende eines Satzes diskutiert. Die Abfolge ergab sich aus den Subordinierungsverhältnissen zwischen den Verben und der Linearisierungsregel der Rechtsköpfigkeit, sodass die vom Verb subkategorisierten VPs immer links vom Verb generiert werden müssen.[1] Die bisher verwendeten Methoden reichen jedoch nicht aus, um Hauptsätze und die damit verbundene Verbstellung am Beginn des Satzes zu beschreiben, auch wenn man von der bisher implizit unterstellten Linearisierung absieht. Dies kann man sich anhand der folgenden Überlegung klar machen. Nehmen wir an, wir wollen den Satz „Ist der Fritz nach Ulm gefahren?" generieren, der aus den Lexemen in (7-a) besteht. Nachdem wir im Lexikon die Merkmale der Wörter in (7-a) gefunden haben, stellen wir fest, dass die *einzige* Möglichkeit, aus den gegebenen Wörtern eine (grammatische) Struktur zu generieren, die in (7-b) ist:

(7) a. der, Ulm, Fritz, nach, ist, gefahren
b. (als)

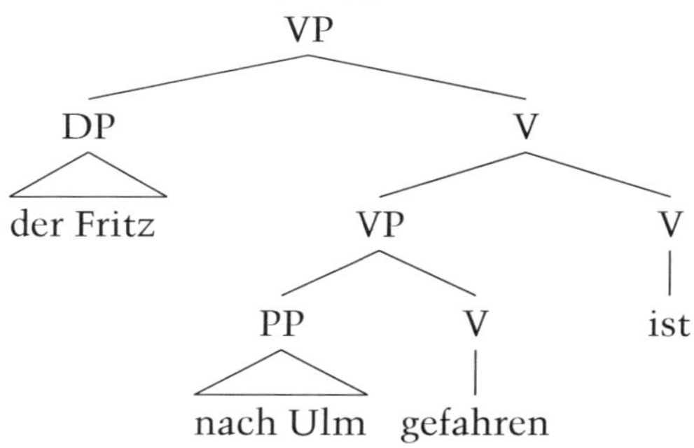

Denn da *nach Ulm* ein Komplement von *gefahren* ist, dessen Subkategorisierung durch ein Merkmal wie [∗ZIEL∗] des Lexems *fahren* erfasst werden kann, bildet *nach Ulm gefahren* eine Konstituente. Die weitere Strukturierung folgt aus den Subkategorisierungs- und Kongruenzmerkmalen des Finitums: *ist* erlaubt ein VP-Komplement mit dem Partizip-Merkmal und hat als Spezifikatormerkmal [*NOM*]. Es verbleibt dann *fahren* mit direktionalem Komplementmerkmal. Diese Lexikoneinträge legen die Struktur (7) eindeutig fest; insbesondere wurde festgelegt, dass zuerst die Komplementmerkmale, dann die Spezifikatormerkmale für das Subjekt abgebaut werden, sodass das Subjekt die VP c-kommandiert. Selbst wenn wir von der in (7) vorausgesetzten Linearisierung abstrahieren und (7) als Mobile betrachten (also die Äste „verdrehen" können), würde es uns lediglich gelingen, (8-a,b) zu erzeugen; es gibt jedoch noch keine Methode, die Abfolgen in (8-c,d) über irgendeine zulässige Permutation der Äste zu generieren:

(8) a. Der Fritz ist nach Ulm gefahren
    b. Nach Ulm gefahren ist der Fritz
    c. Ist der Fritz nach Ulm gefahren?
    d. Nach Ulm ist der Fritz gefahren

Frage 120: Warum gelingt es nicht, mit den bisherigen Mitteln Satz (9) zu generieren?

(9) Gestern fingen wir einen Floh

Ihre Antwort sollte darauf hinauslaufen, dass (9) nur dann generierbar wäre, wenn *fingen* sich zuerst mit dem Subjekt und dann mit dem Objekt *einen Floh* verbindet. Erstens widerspräche dies der festgelegten Abfolge von Komplement- und Spezifikatormerkmal, zweitens hätte die umgekehrte Abfolge, wenn also das Objekt das Subjekt c-kommandiert — verheerende Folgen für die Bindungstheorie.

Frage 121: Warum würde die Bindungstheorie für Sätze wie (10) die falschen Resultate liefern? (Hinweis: Zeigen Sie, dass (10-a) Prinzip (B), (10-b) Prinzip (C) und beide Sätze Prinzip (A) widersprechen.)

(10) a. Gestern fing er sich einen Floh
     b. Gestern fing Fritz sich einen Floh

Um diese Sätze korrekt generieren zu können, benötigen wir ein ausdrucksstärkeres Mittel: das der syntaktischen **Transformation**. Es ist somit das Ziel dieses Kapitels, die oben beschriebenen Regeln (1), (2) und (5) in unser bisheriges Grammatikmodell so zu integrieren, dass die verschiedenen Satztypen mittels der Phrasenstrukturen des letzten Kapitels und jeweils einer Transformationsregel generiert werden können.

Frage 122: Warum lässt sich aus (11-a) mittels alternativer Linearisierungen nicht wie gewünscht (11-c) ableiten, sondern nur (11-b) generieren?

(11) a. ich heute einen Prüfungstermin habe
     b. *Ich heute habe einen Prüfungstermin
     c. Habe ich heute einen Prüfungstermin?

Ich beginne dieses Kapitel mit einem Abriss der traditionellen Lehre vom Satzbau, wie sie mit der sog. Theorie der **Felder** — auch **topologisches Modell** genannt — vorliegt. Dabei sei vorab angemerkt, dass diese traditionelle Beschreibung des Deutschen kaum über das hinausgeht, was mit den Regeln 1.-5. oben ohnehin schon beschrieben wurde. Der Abschnitt dient lediglich dazu, an die übliche germanistische Terminologie anzuknüpfen und einen intuitiven Zugang zur Satzanalyse zu bekommen. Der eigentlichen Analyse mittels Transformationen wird im übernächsten Abschnitt eine Synopse zur Transformationsgrammtik vorangestellt, in der dieses Grammatikmodell und seine historische Genese referiert werden. In den darauf folgenden Abschnitten zeige ich dann ausführlich, wie die traditionelle Felderanalyse partiell in die transformationelle Grammatik integriert werden kann. Insbesondere motiviere ich die transformationelle Ableitung der Hauptsatzstellung aus der zugrunde gelegten Nebensatzstellung.

Das topologische Modell 2.

Grundlage des Feldermodells bilden die möglichen Positionen des Verbs, um die sich herum das **Vorfeld**, das **Mittelfeld** und das **Nachfeld** gruppieren. Für die Sätze mit Verbzweit- und Verberststellung des ersten Abschnitts wird das folgende Schema angenommen:

(1)

Vorfeld	Finitum	Mittelfeld	Nachfeld
Du	solltest	endlich aufhören	damit
	Kannst	du damit nicht endlich aufhören	
Damit aufzuhören	ist	nicht schwer	
	Hör	endlich auf	damit
Gestern	fingen	wir einen Floh	

Das Feldermodell ist in vielen Varianten diskutiert worden (vergl. etwa die Darstellungen in Heidolph et al. (1981, Kapitel 4), Höhle (1986), Grewendorf et al. (1987, S. 215) oder Haftka (1993)); es gibt keine Standardversion, auf die man sich berufen könnte. Ich folge hier im Wesentlichen der Terminologie von Bech (1955/57). Der grundlegende Begriff ist hier das **Kohärenzfeld**. Dieses wiederum wird wie in (2) gezeigt in das **Schlussfeld** und das **Restfeld** unterteilt:[2]

(2)

Vorfeld	Finitum	Kohärenzfeld		Nachfeld
		Restfeld	Schlussfeld	
Du	solltest	endlich	aufhören	damit
	Kannst	du damit endlich	aufhören	
Damit aufzuhören	ist	nicht schwer		
	Hör	endlich	auf	damit

Das Schlussfeld enthält **per definitionem** die nicht-finiten Verben oder eine zum Verb gehörende Partikel (hier: *auf*). Darüber hinaus besteht die syntaktische Analyse mehr oder weniger nur noch aus der Annahme, dass die Abfolge der verschiedenen Felder fest vorgegeben ist.

Für Nebensätze ist nun zu entscheiden, ob das finite Verb ebenfalls innerhalb des Schlussfeldes angesiedelt sein soll. Für Bech, der sich in seiner Arbeit „Studien über das deutsche verbum infinitum" auf die nicht-finiten Verben konzentriert, ist das Finitum — was oft übersehen wird — kein Teil des Schlussfeldes, sondern gehört zum (nunmehr diskontinuierlichen) Restfeld:

(3)

	Kohärenzfeld			Nachfeld
	Restfeld	Schlussfeld	Restfeld	
weil	du schon lange	aufhören	wolltest	zu rauchen
weil	Fritz jemanden		sah	der ihm ähnelte
als		zu rauchen aufgehört	wurde	

Dieser rechte Teil des Restfeldes wird üblicherweise die **rechte Satzklammer** genannt. Per definitionem kann in der rechten Klammer nur das Finitum stehen. Die Position des Finitums im Hauptsatz, also die Stelle zwischen Vorfeld und Kohärenzfeld, nennen wir die **linke Satzklammer**. Wie im Laufe dieses Kapitels ausführlicher zu rechtfertigen sein wird, stehen der Komplementierer des Nebensatzes und das finite Verb des Hauptsatzes in derselben Position, also in der linken Satzklammer:

(4)

Vorfeld	l.Kl.	Restfeld	Schlussfeld	r.Kl.	Nachfeld
	weil	ich nicht	gewusst	habe	wo ich war
	hast	du	gewusst		wer ich bin
	nachdem	du jetzt		weißt	woran du bist
Wo ich bin	weiß	ich nicht			

Zu beachten ist, dass in der letzten Zeile von (4) ein Verbzweitsatz vorliegt, wobei das erste Satzglied wieder einen Satz mit Verb-Endstellung enthält. Da Sätze selber wieder in Sätze eingebettet werden können, ist die Analyse in Topologische Felder **rekursiv**. Wir erläutern dies anhand eines weiteren Beispiels, dessen Nachfeld selber wieder ein Nachfeld mit einem Nachfeld enthält. Betrachten wir dazu (5-b), eine Variante von (1.6-c), hier wiederholt als (5-a):

(5) a. Ich hatte gedacht, *dass du aufhören willst,* ***mich*** DAMIT ***zu ärgern***
b. Ich hatte gedacht, *dass du aufhören willst,* ***mich zu ärgern*** DAMIT

Der *dass*-Satz (6) steht im Nachfeld des von *gedacht* begrenzten Schlussfeldes.

(6) dass du aufhören willst, **mich zu ärgern** DAMIT

In (6) wiederum steht *willst* in der rechten Klammer des *dass*-Satzes, sodass nun der Infinitiv *mich zu ärgern damit* wieder ein Nachfeld bildet. Innerhalb von diesem ist *damit* ein weiteres Nachfeld, sodass (6) insgesamt drei Nachfelder enthält, die ineinander geschachtelt sind.

Frage 123: Gibt es in diesem Satz andere rekursive Felder?

Auch Relativsätze, die sich, wie in (3) gezeigt, leicht im Nachfeld finden, haben im Prinzip dieselbe topologische Gliederung, die wir für einen Hauptsatz erwarten würden:

(7)

Vorfeld	l.Kl.	Restfeld	Schlussfeld	r.Kl.	Nachfeld
der		ihm		ähnelte	
dem		er ähnelte			

Entscheidender Unterschied ist allerdings, dass die linke Klammer, die wir ansonsten für das Finitum und die Komplementierer reserviert haben, im Relativsatz in der Regel leer ist. Dies werden wir in den folgenden Abschnitten genauer rechtfertigen.

Frage 124: Wie lässt sich die Aufteilung in Nachfelder in (8) rechtfertigen?

(8) weil Fritz gesagt hat [$_{NF}$ er habe jemanden getroffen [$_{NF}$ den er schon gekannt hatte [$_{NF}$ als er an der Schule unterrichtet hatte [$_{NF}$ die ...]]]]

Frage 125: Ist es möglich, dass sich ein Mittelfeld innerhalb eines Mittelfeldes befindet, oder ein (nicht-leeres) Vorfeld innerhalb eines Vorfeldes?

Das topologische Modell setzt also eine rekursive Analyse voraus, die es selber jedoch in keiner Weise erfassen, ausdrücken oder implementieren kann, für die die Phrasenstrukturgrammatik aber gerade geschaffen wurde; es kann daher letztlich eine Phrasenstrukturgrammatik nicht vollständig ersetzen.

Im Kapitel (II.) haben wir uns hauptsächlich dem Aufbau des Kohärenzfeldes gewidmet; unsere Analyse dort hat zur Folge, dass ein Restfeld, das aus mehr als zwei Satzgliedern besteht, keine Konstituente ist. Dies ist evident, betrachtet man etwa:

(9)

Vorfeld	l.Kl.	Restfeld	Schlussfeld	r.Kl.
	weil	sie nicht nach Ulm	gefahren sein	wird

Frage 126: Auch das Schlussfeld zusammen mit dem Restfeld kann in unserer Analyse keine Konstituente sein. Warum nicht?

Vielmehr ist unsere Konstituentenanalyse völlig orthogonal zum Feldermodell, was sich etwa darin zeigt, dass *nach Ulm gefahren* (*sein*) eine Konstituente sein kann, wie die Vorfeldfähigkeit dieses Satzgliedes in (10) beweist:

(10)

Vorfeld	l.Kl.	Restfeld	Schlussfeld	r.Kl.
nach Ulm gefahren (sein)	wird	sie nicht		

Ebenfalls orthogonal zu den bisherigen Begriffen ist der Bech'sche Begriff des **Verbalfeldes**. Ein Verbalfeld enthält genau ein Verb und ggf. davon *semantisch* abhängige Satzglieder. In (10) etwa gibt es drei Verbalfelder, nämlich *wird*, *sein* und *sie nach Ulm gefahren*. Als semantisches Argument von *fahren* gehört das Subjekt *sie* also zum Verbalfeld von *gefahren*. Auch dem Verbalfeld entspricht in unserer Analyse keine Konstituente. Denn wegen der Kongruenz zwischen Subjekt und Finitum muss unseren bisherigen Annahmen zufolge das Subjekt *sie* und das kongruierende Verb *wird* Teil einer Konstituente sein. Diese Konstituente wäre Bech zufolge aber das ganze Kohärenzfeld.

Der Begriff des Verbalfeldes ist bei Bech von größter Relevanz, um Kohärenzfeld und Nachfeld voneinander abzugrenzen und damit einen Unterschied zu definieren, der zentral ist für seine Theorie der sog. Kohärenz bzw. Inkohärenz. Ein Kohärenzfeld besteht Bech zufolge aus einem oder mehreren Verbalfeldern. Zu einem *einzigen* Restfeld können aber laut Bech nur Elemente von Verbalfeldern gehören, deren Verben *unmittelbar benachbart* sind. Relevante Beispiele waren für Bech die Konstruktionen in (11):

(11) a. weil Fritz versuchte, den Schrank zu reparieren
b. weil Fritz den Schrank zu reparieren versuchte

In (11) gehört *Fritz* zum Verbalfeld von *versuchen*, *den Schrank* zum Verbalfeld von *reparieren*. In (11-b) bildet *Fritz den Schrank* ein gemeinsames Restfeld, da die Verben *zu reparieren versuchen* benachbart sind. (11-b) nennt Bech eine **kohärente Konstruktion**, es liegt ein Kohärenzfeld vor. In (11-a) dagegen liegen zwei verschiedene Restfelder vor; Bech nennt die Konstruktion **inkohärent**. Das zweite Verbalfeld steht Bech zufolge im Nachfeld des ersten Verbalfeldes. Es folgt, dass die Infinitive nicht zu einem Kohärenzfeld gehören können, da sie zwei Restfelder beinhalten, deren Verben nicht benachbart sind. Da zwei Kohärenzfelder vorliegen müssen, kann das zweite nur im Nachfeld des ersten stehen.

In den Abschnitten dieses Kapitels sollen jene Teile des topologischen Modells in unsere bisherige Analyse integriert werden, die mit dem Vorfeld, der linken Klammer und dem Nachfeld zu tun haben. Insbesondere werden wir dafür argumentieren, die linke Satzklammer mit der C-Position einer CP zu identifizieren. Die Vorfeldposition ist demzufolge der Spezifikator von C, üblicherweise als SpecC(-Position) bezeichnet. Das Kohärenzfeld ist bei uns nach wie vor eine (möglicherweise recht komplexe) VP, an die das Nachfeld adjungiert ist. Die eingangs genannten Satzstellungstypen des Deutschen lassen sich dann mittels folgender Transformationen ableiten:

a. Eine leere C-Position (die linke Klammer) kann durch Bewegung des finiten Verbs in diese Position gefüllt werden; Ausgangspunkt der Finitumvoranstellung ist die rechte Satzklammer.

b. Das Vorfeld des Hauptsatzes kann durch Voranstellung irgendeines Satzgliedes in die SpecC-Position besetzt werden; Ausgangspunkt dieser Bewegung, die Topikalisierung genannt wird, ist das Kohärenzfeld.

c. Das Nachfeld wird durch die sog. Ausklammerung oder Extraposition eines Satzgliedes gebildet; diese Bewegung adjungiert das Satzglied an eine Projektion der rechten Klammer. Ausgangspunkt der Bewegung ist das Restfeld.

Das Wesentliche dieses Kapitels ist demnach, dass wir wichtige Aspekte des Feldermodells durch Bewegungstransformationen in Positionen der CP-Projektion erfassen. Man merke sich insbesondere, dass diese drei Bewegungstransformationen **Finitumvoranstellung** (Bewegung des Finitums nach C in die linke Klammer), **Topikalisierung** (Bewegung nach SpecC in das Vorfeld) und **Extraposition** (Adjunktion an eine V-Projektion im Nachfeld) genannt werden. Integriert werden muss in dieses Modell dann nur noch die interne Struktur von Relativ- und von indirekten Fragesätzen.

Bevor wir zur Ausarbeitung dieser Bewegungsanalysen kommen, geben wir im nächsten Abschnitt, quasi als Hintergrundinformation zur generativen Theoriebildung, noch einen skizzenhaften Überblick zur Geschichte der Transformationsgrammatik.

Frage 127: In Meibauer (2002) findet sich ebenfalls eine Darstellung des topologischen Modells, wobei die Felderstruktur in einigen Details von unserer abweicht. Welche der folgenden Aussagen aus Meibauer (2002, S. 125) sind auch in unserem Feldermodell gültig, welche nicht? (Abkürzungen: V1 = Verb-erst, V2 = Verb-zweit, FINIT = linke Satzklammer, VL = Verb-letzt, VK = Verbkomplex.)

(12) a. Mittelfeld und Nachfeld müssen nie besetzt sein.
b. In allen V1- und V2-Sätzen muss FINIT besetzt sein, VK jedoch nicht.
c. Weil infinite Verben nicht in FINIT stehen können, sind alle V1- und V2-Sätze finit und alle infiniten Sätze VL-Sätze.
d. In allen VL-Sätzen muss VK besetzt sein.
e. In allen finiten VL-Sätzen muss neben VK auch C besetzt sein, das heißt, alle finiten VL-Sätze werden durch irgendeinen (nicht leeren) Ausdruck eingeleitet.
f. Nur V2-Sätze haben ein Vorfeld.

Zur Geschichte der Transformationsgrammatik 3.

Die sogenannte Standardtheorie 3.1.

Eine der elementaren Intuitionen über Sprache kommt dadurch zum Ausdruck, dass Muttersprachler darüber urteilen können, ob Wörter oder Sätze gleichbedeutend (synonym) sind. Z.B. ist es kaum vorstellbar, dass von den folgenden Paaren jeweils ein Satz wahr und der andere *in der gleichen Situation* falsch ist.

(1) a. (i) Dass Fritz nicht kommt, stört mich
(ii) Es stört mich, dass Fritz nicht kommt
b. (i) Ich glaube nicht, dass Fritz kommen können wird
(ii) Ich glaube nicht, dass Fritz wird kommen können
c. (i) Ich glaube, dass Fritz nicht kommen wird
(ii) Ich glaube nicht, dass Fritz kommen wird[3]
d. (i) Ich glaube, dass Peter sich nicht freuen kann
(ii) Ich glaube, dass sich Peter nicht freuen kann
e. (i) Ich glaube, dass niemand damit gerechnet hat
(ii) Ich glaube, dass da niemand mit gerechnet hat
f. (i) Er hat diejenigen, die ihn bewundern, beleidigt
(ii) Er hat diejenigen beleidigt, die ihn bewundern
g. (i) Fritz hat andere Bücher als Harald gekauft
(ii) Fritz hat andere Bücher gekauft als Harald

Dass diese Sätze die gleichen **Wahrheitsbedingungen** haben, wäre wohl als eine Sache der Semantik anzusehen. Zu einer Zeit jedoch, als es noch keine durchformalisierte Semantik natürlicher Sprache in unserem heutigen Sinne gab, wurde semantische Äquivalenz von Sätzen oft syntaktisch beschrieben; insbesondere nahmen Linguisten der vierziger und fünfziger Jahre des letzten Jahrhunderts an, dass Synonymität durch eine formale *syntaktische* Relation zwischen den beteiligten Ausdrücken erfasst wird. Diese Relation wurde von Harris (1951) als **Transformation** bezeichnet.

Ein solches Vorgehen liegt schon deshalb nahe, weil es sich bei den äquivalenten Sätzen in (1) auch um *syntaktische* Stellungsvarianten handelt. Nicht immer jedoch muss dies als selbstverständlich unterstellt werden. Vergleiche die folgenden synonymen Satzpaare:

(2) a. Ede isst eine Pizza, die recht schmackhaft ist
b. Ede isst eine recht schmackhafte Pizza

(3) a. Luise verfolgt Peter
b. Peter wird von Luise verfolgt

Wir würden heutzutage (aus gutem Grund, wie wir sehen werden) nicht davon ausgehen, dass es sich hier um Strukturen handelt, die syntaktisch aufeinander mittels Transformationen bezogen sind. Dennoch gab es zu Harris' Zeiten kein anderes Verfahren, deren Synonymie zu beschreiben; eine Reihe von elementaren morphosyntaktischen Äquivalenzen sollte die Sätze zueinander in Beziehung setzen. Für (3) z.B. ist die Verbmorphologie der beiden Sätze in einen systematischen Zusammenhang zu bringen, das Subjekt in (3-a) korrespondiert mit der *von*-Phrase von (3-b), das Objekt von (3-a) mit dem Subjekt von (3-b) usw. Wir werden in (4) sehen, wie dies zu verstehen ist.

Im Zuge der Ausarbeitung des Konzepts der Transformation durch Noam Chomsky (in seinem ebenso genialen wie unlesbaren Werk von (1955)) plädierte dieser dafür, jeweils eine der beiden zu beschreibenden Strukturen als *grundlegend* oder *zugrundeliegend* auszuzeichnen und die eine aus der anderen mit Hilfe formaler syntaktischer Operationen — Bewegungstransformationen, Tilgungen, Einsetzungen u.a.m. — abzuleiten (oder zu „derivieren"). Die zugrundeliegende Strukturebene wurde **Tiefenstruktur** oder **D-Struktur** (von engl. *deep structure*) genannt. Das Resultat von Transformationen ist die sog. **Oberflächenstruktur** oder **S-Struktur** (engl. *surface structure*). Wenn auf eine gegebene D-Struktur keine Transformation angewendet werden kann, fallen D-Struktur und S-Struktur zusammen.

Beispielsweise fallen im Aktivsatz (3-a) D-Struktur und S-Struktur zusammen. Für den Passivsatz wurde eine komplexe Korrespondenzregel (eine Transformation) angenommen, die in Chomsky (1957, S. 43) wie folgt formuliert wurde:

(4) If S_1 is a grammatical sentence of the form

$$NP_1 — Aux — V — NP_2$$

then the corresponding string of the form

$$NP_2 — Aux + be + en — V — by + NP_1$$

is also a grammatical sentence.

Aux entspricht INFL; *-en* ist eine Notation für die Allomorphe /en/ (*taken, chosen, given*) und /ed/ (*arrested, loved*); *-en* wird durch eine weitere Transformation zu V bewegt, s. (IV.2.1.). Verallgemeinert man dieses Verfahren, ist zuerst zu bestimmen, welche Struktur als D-Struktur anzunehmen ist und welche daraus deriviert werden muss. Aufgrund verschiedener Kriterien, denen wir hier nicht im einzelnen nachgehen können, wäre wohl davon auszugehen, dass alle (ii)-Sätze aus den Beispielen in (1) mittels unterschiedlicher Transformationsregeln aus den jeweiligen (i)-Sätzen abzuleiten sind.

Chomskys Anliegen war eine linguistisch adäquate, rekursive Definition der syntaktisch wohlgeformten Sätze einer Sprache. Die Semantik spielte dabei nur eine untergeordnete Rolle. Insbesondere schien Chomsky, anders als Harris, nicht der Meinung gewesen zu sein, dass Transformationen Paare von notwendigerweise synonymen Sätzen aufeinander beziehen müssen. Für die meisten Sprecher des Deutschen dürften z.B. die Sätze in (5-a) und (5-b) nicht gleichbedeutend sein:

(5) a. Jeder Junge wurde von seiner Mutter bewundert

b. Seine Mutter bewunderte jeden Jungen

Während das Pronomen *seiner* in (5-a) eine Lesart als sog. gebundene Variable haben kann (vergl. die Ausführungen zur Bindung in Abschnitt (II.9.)), ist eine solche Lesart, in der sich *seine* auf *jeden Jungen* bezieht, in (5-b) unmöglich. Aktiv- und Passiv-Sätze können sich daher auch in Bezug auf ihre Wahrheitsbedingungen unterscheiden. Tatsächlich argumentierte Chomsky (1957, S. 101): „... not even the weakest semantic relation (factual equivalence) holds between active and passive."

Chomskys Äußerungen zur Semantik sind in jener Zeit nicht eindeutig und oszillieren zwischen völliger Autonomie der Syntax und völliger Abhängigkeit von der Semantik. Unterdessen aber hat sich der Einfluss logischer Systeme und Methoden in der Linguistik so weit durchgesetzt, dass ein allgemeines Grammatikmodell die Semantik immer weniger ignorieren konnte: Ein Modell, das die semantische Komponente stärker integriert und zwischen D-Struktur und S-Struktur einerseits und zwischen den entsprechenden semantischen und phonologischen Komponenten andererseits präzise unterscheidet, wurde mit Chomskys Buch *Aspekte der Syntaxtheorie* (s. Chomsky (1965), dt. Chomsky (1969)) so populär, dass es in der Folgezeit weltweit als **Standardtheorie** bezeichnet wurde. Dieser Theorie zufolge sieht die Organisation einer generativen Grammatik wie in (6) aus:

(6) Chomskys *Aspects*-Modell von 1965 (nach Horrocks (1987)):

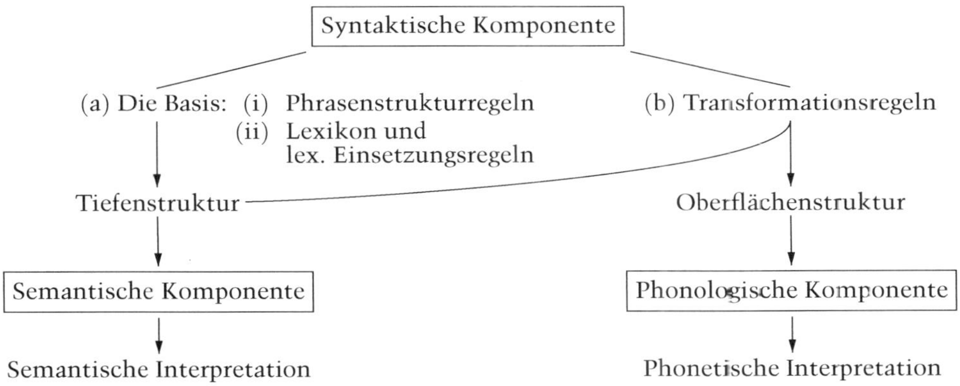

Die syntaktische Komponente besteht aus einem strukturaufbauenden Teil auf der linken Seite und einem strukturverändernden Teil auf der rechten Seite. Strukturaufbauend ist die sog. **Basis**, worin die Phrasenstrukturregeln in (i) den rekursiven Teil der Grammatik bereitstellen und dafür sorgen, dass potentiell unendlich viele Sätze gebildet werden können. Diese Regeln bilden für sich genommen schon eine primitive Syntax, nämlich eine **kontextfreie Phrasenstrukturgrammatik**.

Folgt man diesem Modell und dem, was wir am Anfang dieses Kapitels skizziert haben, so haben wir im letzten Kapitel D-Strukturen aufgebaut, welche *für die Nebensätze* des Deutschen mit den S-Strukturen zusammenfallen und aus denen die Hauptsätze mittels Transformationen abgeleitet werden. Tatsächlich jedoch unterscheidet sich unsere Beschreibung ganz wesentlich von dem, was 1965 möglich gewesen wäre: die sog. Basis besteht in diesem Modell aus einer kontextfreien Phrasenstrukturgrammatik, deren Regeln die allgemeine Form $X \longrightarrow Y_1, Y_2, \ldots Y_n$ haben, wobei die Symbole für die Knoten nicht weiter analysierbar sind. Erlaubt waren nur solche Knoten, die aus einem einzigen Symbol bestehen, wogegen jeder Knoten bei uns als (strukturierte) *Menge* von Symbolen aufzufassen ist. Infolgedessen musste fast alles, was wir mithilfe von Merkmalen haben kodieren können, anders beschrieben werden, nämlich über Transformationen. Wie eine solche Analyse aussehen könnte, werden wir anhand des sog. *Affix Hopping* im nächsten Kapitel genauer illustrieren.

Ein weiterer, zentraler Unterschied zu unserem Vorgehen lässt sich anhand der Analyse transitiver und intransitiver Verben illustrieren. Es geht dabei um die Erfassung der Ungrammatikalität von (7-b):

(7) a. (i) Fritz schlägt seine Tante
(ii) Fritz schläft
b. (i) *Fritz schläft seine Tante
(ii) *Fritz schlägt

In einer Theorie ohne Merkmale liegt es zunächst nahe, zwei verschiedene Symbole V_{trans} und $V_{intrans}$ mit entsprechenden kontextfreien Phrasenstrukturregeln einzuführen; im Rahmen der frühen Grammatikmodelle wären dies die Regeln VP $\longrightarrow$ V_{trans} NP und VP $\longrightarrow$ $V_{intrans}$. Andererseits aber könnte man nun nicht mehr erfassen, dass es sich bei *schlafen* und *schlagen* jeweils um *Verben* handelt, denn die Symbole V_{trans} und $V_{intrans}$ sind als einzelne unzusammengesetzte Zeichen zu interpretieren und als solche nicht weiter analysierbar. Wollte man nun etwa formulieren, dass das Verb von der rechten Klammer in die linke Klammer bewegt werden soll, so hätte man zwei formal verschiedene Transformationsregeln anzunehmen, eine für V_{trans} und eine für $V_{intrans}$. Ein solches Verfahren ist aber nicht geeignet, die linguistisch relevanten Generalisierungen adäquat zu erfassen.

Erster Bestandteil einer Lösung war damals Phrasenstrukturregel (8):

(8) VP $\longrightarrow$ # V (NP) #

Einklammerung der NP bedeutet: die NP ist optional. Damit wird sowohl der transitive wie der intransitive Fall abgedeckt. Auf die Rolle des Doppelkreuzes komme ich sofort zu sprechen. Zweiter Bestandteil waren kontextsensitive lexikalische Einsetzungsregeln (formal gesehen: spezielle

Transformationsregeln), welche die einzelnen Lexeme erst nach Erstellung einer Struktur in die richtigen Umgebungen einsetzt. Für die Einsetzung von transitiven Verben ist klar, dass sie einen Kontext der Form V+NP verlangen. Bei den intransitiven Verben genügt es jedoch nicht, lediglich V als Kontext anzugeben, denn es muss ja zusätzlich erfasst werden, dass keine NP folgt. Dies wäre möglich, wenn man die ganze Struktur betrachten dürfte, in der V einziger Bestandteil der VP sein muss. Tatsächlich jedoch durfte man in der damaligen Theorie der Transformationsgrammatik für die Formulierung von Transformationen nur die Endkette von Symbolen betrachten. Es war daher notwendig, in die Endkette gewisse *Grenzsymbole* einzuschmuggeln, welche das Ende von Phrasen markierte. Als Symbol wurde # benutzt, welches durch Phrasenstrukturregeln wie oben gezeigt eingeführt und schlussendlich gelöscht wurde. Es wurde daher angenommen, dass die jeweils erzeugten rechten Umgebungen von V, also V NP# für den transitiven und V# für den intransitiven Fall, die korrekte Wahl der Lexeme (also die Einsetzung der richtigen Verben) steuern.

Ein massiver konzeptioneller Unterschied zu dem in diesem Buch angewandten Verfahren besteht darin, dass eine syntaktische Struktur erzeugt werden muss, *bevor* es zu einer lexikalischen Einsetzung kommen kann. Perspektivisch primär ist hier die syntaktische Struktur, welche die Möglichkeit der kontextsensitiven Einsetzung von Lexemen determiniert. Das Verfahren wird auch *Top-down*-Verfahren genannt, mit der Wurzel des Baumes als Spitze (*top*). Dagegen haben wir bisher angenommen, und werden dies auch künftighin tun, dass die Lexeme und deren Merkmale die Struktur erst determinieren. Dieses Vorgehen wird *Bottom-up*-Verfahren genannt. Trotz (oder aufgrund?) dieses großen konzeptuellen Unterschiedes ist es m.E. bis heute nicht wirklich klar, ob beide Verfahren äquivalent sind. Lässt sich, was in der einen Theorie formulierbar ist, in die andere übersetzen, und umgekehrt?

Ein aufgrund des bisher Gesagten eher verblüffendes Merkmal der Standardtheorie war es, dass die D-Struktur Grundlage für eine Bedeutungsrepräsentation bilden sollte. Dies impliziert, dass Transformationen **bedeutungserhaltend** oder bedeutungsneutral sein müssen. Gerade im Zusammenhang mit dem Passiv haben wir aber anhand von (5) argumentiert, dass Aktiv-Passiv-Paare nicht synonym sein müssen. Ein ähnliches Beispiel diskutiert auch Chomsky (1971, Beispiel (97)):

(9) a. Each of Mary's sons hates his brothers
b. His brothers are hated by each of Mary's sons

In (9-a) ist Bindung des Pronomens *his* durch *each* (*of Mary's sons*) möglich, in (9-b) ist dies nicht möglich und *his* muss als deiktisches Pronomen interpretiert werden.

Die Lösung des Problems bestand zunächst nicht in einer Modifikation der Standardtheorie, sondern in einer anderen Analyse des Passivs. Während eine Regel wie (4) eine sehr komplexe Operation darstellt, die Hilfsverben, Präpositionen u.a.m. einfügt, sollten Transformationen in der neuen Theorie auf einige wenige sog. Elementaroperationen zurückgeführt werden. Z.B. durften Morpheme mittels Transformationen nicht ohne weiteres verändert oder ausgetauscht werden und die Rolle des Lexikons wurde gestärkt. Letztendlich waren die einzig relevanten strukturverändernden Prozesse **Bewegungstransformationen**.[4] Insbesondere wurde angenommen, dass Sätze mit derselben Bedeutung durchaus *unterschiedliche* Tiefenstrukturen haben können.

Für die Passivierung, die Chomsky bis zu Beginn der siebziger Jahre in informellen Darstellungen immer noch als eine Transformation beschreibt, die das Subjekt zum Objekt „degradiert" (diese Transformation wurde *agent-postposing* genannt) und die gerade dafür verantwortlich gemacht werden kann, dass die Passivierung bedeutungsverändernd wirken konnte, wurde schon in der Standardtheorie eine Struktur angenommen, die das logische Subjekt nicht nach unten bewegt, sondern direkt dort als eine *by*-PP erzeugt. Weiterhin wurde eine abstrakte zugrundeliegende Struktur angenommen, die nicht gleichzeitig die S-Struktur eines grammatischen (Aktiv-)Satzes sein konnte. Denn während die D-Struktur eines Aktiv-Satzes wie *John adores Mary* nach wie vor mit dessen Oberflächenstruktur identisch blieb, wurde für einen Passiv-Satz wie *Mary was admired by John* eine D-Struktur mit leerer Subjektposition angenommen:

(10)
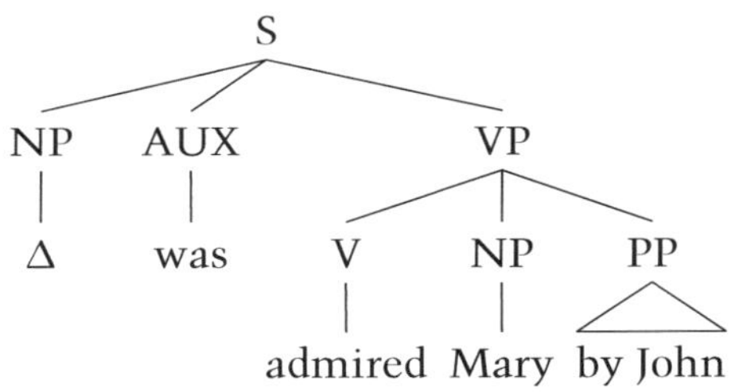

Die Grundidee war die, die **leere Subjektposition** durch eine Transformation zu füllen, die dem entspricht, was wir auch vorher schon als Teil der Passivierung angenommen hatten, nämlich die Bewegung eines Objekts in die Subjektposition. Weggefallen sind dagegen die transformationellen Veränderungen der Morphologie und das sog. *agent-postposing*.

Neben der semantischen Motivation für diese Analyse, auf die wir sogleich zu sprechen kommen, hatte diese Vereinfachung der Analyse auch einen weiteren positiven syntaktischen Effekt. Das Problem war, dass eine Regel wie (4) nicht zugleich (11-b) und (11-c) generieren konnte. Möchte man trotzdem an einer allgemeinen Transformationsregel für das Passiv festhalten,

(11) a.

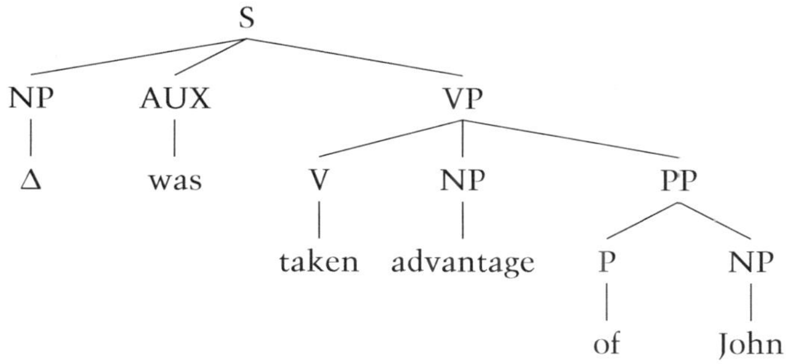

b. Advantage was taken of John
c. John was taken advantage of

muss diese recht allgemein formuliert werden. Eine solche Regel könnte dann einfach besagen, dass irgendeine NP an die Δ-Position bewegt werden muss.

Kommen wir nun zurück zu Chomskys Beispielen (9), die für das Aspekte-Modell in semantischer Hinsicht problematisch schienen. Aufgrund der modifizierten Analyse ergibt sich nunmehr, dass die D-strukturelle Quelle von (12-a) nicht (12-b) ist, sondern (12-c):

(12) a. Everyone was admired by his mother (S-Struktur)
b. His mother admired everyone (D/S-Struktur)
c. Δ was admired everyone by his mother (D-Struktur)

In (12-b) fallen D- und S-Struktur zusammen und es besteht kein c-Kommando zwischen *his* und *everyone*, weswegen hier keine Bindung des Pronomens möglich ist; in der Struktur von (12-c) muss jedoch — wie man anhand der analogen Bindungsmöglichkeit in (13) intuitiv nachvollziehen kann — c-Kommando vorliegen, sodass die D-Struktur von (12-c) der Baum in (14) sein muss:

(13) John introduced *everyone* to *his* mother

(14)

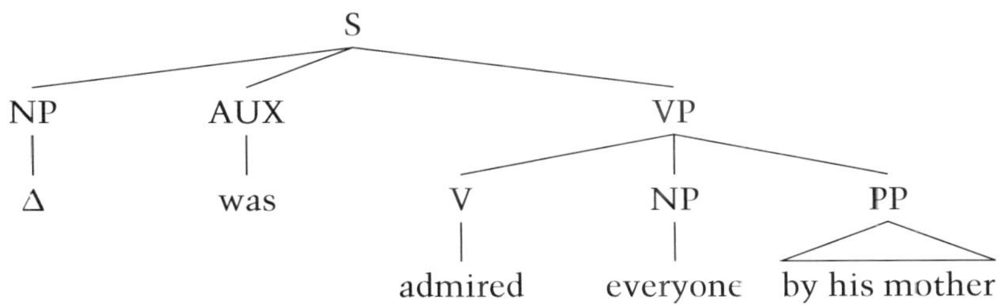

Entscheidend ist nun, dass die in (14) vorliegenden strukturellen Verhältnisse bei der Bewegung von *everyone* in die Δ-Position nicht wesentlich verändert werden, insbesondere sind die relevanten c-Kommandobeziehungen zwischen den NPs erhalten geblieben. Damit schien das ursprüngliche Problem, dass die

D-Struktur nicht Input für die Semantik sein kann, gelöst. Denn da das für die Interpretation relevante c-Kommando sowohl in der D-Struktur als auch in der S-Struktur in gleicher Weise vorliegt, kann in beiden Strukturen korrekt gebunden werden. Folglich ist es — jedenfalls für die bisher betrachteten Daten — nach wie vor möglich, allein die D-Struktur als Input für die Semantik anzusehen.

Frage 128: Betrachten Sie die Sätze in (15):

(15) a. Johanns Mutter liebt ihn
b. Er wird von Johanns Mutter geliebt

Es ist klar, dass Koreferenz zwischen *ihn* und *Johann* in (15-a) möglich ist; dagegen ist eine analoge anaphorische Beziehung zwischen *Er* und *Johann* im passivierten Satz (15-b) unmöglich. Welches wären, gemäß Kapitel (II.), die möglichen D-Strukturen für diese Sätze und was folgt aus diesen Sätzen für die These, dass Transformationen bedeutungsneutral sind?

Frage 129: Wie lässt sich durch Abwandlung (z.B. durch Einsetzung und Vertauschung von Namen und Pronomen) eines der Satzpaare in (1) zeigen, dass auch diese nicht notwendigerweise synonym sein müssen? Geben Sie ein Beispiel.

Revisionen der Standardtheorie 3.2.

Sehr zum Nachteil von Chomskys Standardtheorie hatte jedoch Jackendoff schon 1968 auf die Existenz weiterer Daten hingewiesen (zitiert in Chomsky (1971)), die dann doch noch den Zusammenbruch des Aspekte-Modells herbeiführten. Diese sind von folgender Art:

(16) a. Mary didn't adore only John
b. Only John wasn't adored by Mary

Man mache sich klar, dass diese Sätze nicht synonym sind. Auch im Deutschen bedeuten (17-a) und (17-b) total verschiedenes:

(17) a. Maria hat nicht nur Johann bewundert
b. Nur Johann wurde nicht von Maria bewundert

Aufgrund des zuvor Gesagten müsste die Grundlage der Interpretation von (16-b) die Struktur in (18) sein:

(18) Δ wasn't adored only John by Mary

Leider ist nun aber festzustellen, dass eine direkte semantische Interpretation von (18) exakt den Wahrheitsbedingungen von (16-a) entspricht, nicht denen von (16-b). Entscheidend ist offenbar, dass sich diesmal die relevanten c-Kommando-Verhältnisse bei der Bewegung in die Delta-Position ändern. Während die Negation bzw. das negierte Verb *wasn't* in (18) und in (16-a) *only John* c-kommandiert, ist dies in (16-b), also nach der Bewegung, genau umgekehrt.

Frage 130: Zeichnen Sie die entsprechenden Baumdiagramme.

Und genau diese Verschiedenheit dieser strukturellen Verhältnisse determiniert dann auch die Verschiedenheit des semantischen Skopus. Daher kann nun doch wieder geschlossen werden, dass die D-Struktur nicht mehr alleiniger Input für die Semantik sein kann.[5]

Weitere Evidenz gegen die Bedeutungsneutralität von Transformationen ergibt sich aus einer schon in (1) genannten Konstruktion, hier wiederholt als (19), die wir in (20) geringfügig variieren:

(19) a. Es stört mich sehr, dass Fritz nicht kommt
b. Dass Fritz nicht kommt, stört mich sehr

(20) a. Es stört ihn sehr, dass Fritz nicht kommen kann
b. Dass Fritz nicht kommen kann, stört ihn sehr

Ausgegangen waren wir von der Annahme, dass das Paar in (19) synonym ist, was daraus folgen würde, dass es dieselbe Tiefenstruktur hat. Dies sollte auch für (20) zutreffen. Nehmen wir nun aber an, dass die Ausdrücke *Fritz* und *ihn* koreferent sind, sich also auf dasselbe Individuum beziehen sollen. Eine solche Deutung ist für (20-a) m.E. ausgeschlossen, wogegen die koreferente Lesart in (20-b) möglich scheint. Dies bedeutet aber, dass durch Umstellung generierte Sätze semantisch nicht immer synonym sind.[6]

Mit Beispielen wie diesen wurde in Chomsky (1970) gegen die sog. **Generative Semantik** argumentiert. Diese Theorie propagierte ein Grammatikmodell, das der D-Struktur eine Ebene der Semantischen Form vorlagert, aus der die D-Struktur dann transformationell abgeleitet wurde. Auch in diesem Modell müssen Transformationen gleich welcher Art bedeutungsneutral sein. Dass Chomskys Argumente gegen die Generative Semantik gleichzeitig auch gegen sein eigenes Aspekte-Modell sprachen, hat die generativen Semantiker einigermaßen konsterniert (s. z.B. den rückblickenden Kommentar in McCawley (1982)). Zu einer effektiven Klärung der Verhältnisse kam es dann erst später.[7] Zunächst einmal setzte sich unter dem Einfluss insbesondere von Jackendoff (1972) zunehmend die Auffassung durch, dass *sowohl* die S-Struktur *als auch* die D-Struktur in die semantische Interpretation einzubeziehen ist. Dabei ergab sich folgende Arbeitsteilung: Für die Skopus- und Bindungsaspekte war die S-Struktur zuständig, für Aspekte der sog. **konzeptuellen** oder *funktionalen Struktur* die D-Struktur.[8] Unter letzterem verstand man im Wesentlichen die Prädikat-Argument-Beziehung, also semantische Relationen wie Agens, Patiens, Thema bzw. Subjekt-von, Objekt-von etc., sowie die Modifikation, wie sie z.B. bei Adverbialen, Adjektiven und Relativsätzen vorliegt. Betrachten wir zur Illustration der Relevanz der D-Struktur die ambige S-Struktur (21-a), in der zwischen den Funktionen Subjekt und Objekt nicht unterschieden werden kann. Die Ambiguität wird dadurch sichtbar, dass (21-a) die Fragen (21-b,c) beantworten kann:

(21) a. Die Mutter liebt nur die Tochter
b. Wen liebt nur die Tochter?
c. Wer liebt nur die Tochter?

Es ist klar, dass abstrakte Kasusmerkmale wie die im letzten Kapitel benutzten die Ambiguität auflösen könnten. Bedenken wir nun allerdings, dass solche Merkmale seinerzeit nicht üblich waren (weder abstrakte, noch konkrete), so blieb nichts anderes übrig, als die Ambiguität dieses Satzes unter Rekurs auf die verschiedenen D-Strukturen in (22) aufzulösen:

(22) a. (weil) nur die Tochter die Mutter liebt
b. (weil) die Mutter nur die Tochter liebt

Während in (22-a) *die Tochter* das Subjekt und *die Mutter* das Objekt ist, sind diese semantischen Rollen in (22-b) gerade umgekehrt verteilt. Genau diese Differenz aber wird in der D-Struktur strukturell kodiert; und aus diesen verschiedenen D-Strukturen wurde dann die *syntaktisch eindeutige* S-Struktur (21-a) abgeleitet.

Ein weiterer organisatorisch bedeutsamer Gesichtspunkt, der für alle späteren Modelle des Zusammenhangs zwischen Syntax und Semantik zentral wurde, war die Ambiguität von Sätzen wie (23):

(23) Everyone on Cormorant Island speaks two languages

Hier sind die semantischen Funktionen der beteiligten NPs bzw. DPs unzweideutig. Dennoch lässt der Satz zwei Lesarten zu: Entweder gibt es zwei Sprachen, die von allen Einwohnern von Cormorant Island gesprochen werden, oder jeder einzelne Einwohner spricht zwei Sprachen, welche von Einwohner zu Einwohner verschieden sein können. Die entscheidende Beobachtung war nun die, dass die syntaktische Struktur von (23) vollkommen eindeutig aufgebaut ist, ohne dass ein Unterschied zwischen S- und D-Struktur erkennbar wäre.[9] Wenn aber dieser Unterschied weder in der S- noch in der D-Struktur repräsentiert werden kann, muss es folglich eine dritte Strukturebene geben, in der die Desambiguierung möglich ist. Dies wurde die Ebene der **Logischen Form** genannt. Ohne hier darauf eingehen zu können, wie diese Ebene genau aussehen soll, hat sich als Anforderung an die LF die Forderung durchgesetzt, dass die Skopusverhältnisse eindeutig mittels struktureller c-Kommando-Verhältnisse repräsentiert werden müssen. Es gilt auf LF:

(24) Hat α Skopus über β, so wird β von α c-kommandiert.

Für die Desambiguierung von (23) würde es also genügen, LF-Strukturen wie in (25) zu unterscheiden:

(25) a. everyone [speaks two languages]
b. two languages [everyone speaks]

Denn in (25-a) wird *two languages* von *everyone* c-kommandiert, in (25-b) ist es gerade umgekehrt.

Aus dem Gesagten lässt sich nunmehr das Grammatikmodell in (27) ableiten:

(26)

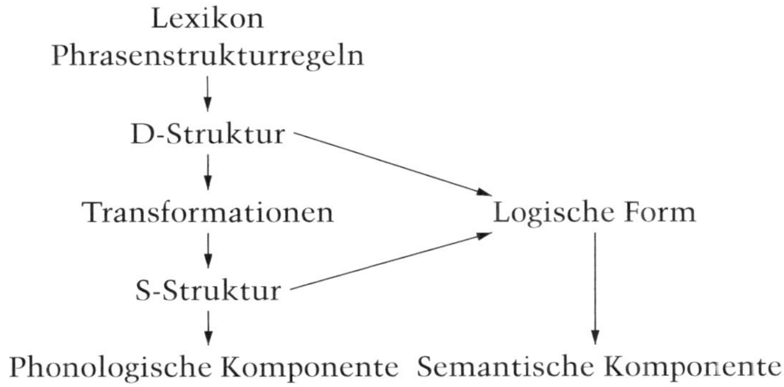

Zu einer wirklich präzisen Ausarbeitung dieses Modells ist es jedoch meines Wissens nie gekommen. Hinderungsgrund war die Frage, wie es formal möglich sein kann, dass die Logische Form gleichzeitig durch *zwei* Strukturebenen determiniert wird. Dieses Problem ist dann recht bald mit Hilfe der sog. **Spurentheorie** von Chomsky gelöst worden. Die Idee war, dass Bewegungstransformationen die einmal erzeugte D-Struktur nicht wesentlich verändern dürfen; insbesondere muss an der Stelle, an der vor der Bewegung eine Konstituente gestanden hat, nach der Bewegung eine Lücke in Form einer sog. **Spur** (engl. *trace*) hinterlassen werden. Ich illustriere dies anhand der Subjekt-Objekt-Desambiguierung in (27):

(27) Die Mutter liebt nur die Tochter
a. (weil) nur die Tochter die Mutter liebt
b. (weil) die Mutter nur die Tochter liebt

Wenn der Hauptsatz im Deutschen dadurch entsteht, dass die Vorfeldbesetzung eine Transformation erfordert und wir den Hauptsatz aus zwei verschiedenen Strukturen ableiten können, so können wir folgende Ableitungen vornehmen, wobei jede Bewegung eine koindizierte Spur hinterlässt:

(28) *Die VP aus (27-a):*
a. nur die Tochter die Mutter liebt
Voranstellung des Finitums:
b. liebt$_i$ [$_{\text{VP}}$ nur die Tochter die Mutter t$_i$]

Voranstellung eines Satzgliedes (Topikalisierung):

c. die Mutter$_j$ liebt$_i$ [$_{VP}$ nur die Tochter t$_j$ t$_i$]

(29) *Die VP aus (28-b):*

a. die Mutter nur die Tochter liebt

Voranstellung des Finitums:

b. liebt$_i$ [$_{VP}$ die Mutter nur die Tochter t$_i$]

Voranstellung eines Satzgliedes (Topikalisierung):

c. die Mutter$_j$ liebt$_i$ [$_{VP}$ t$_j$ nur die Tochter t$_i$]

Die Ergebnisse können phonetisch möglicherweise gleich interpretiert werden, auf jeden Fall aber beruhen sie auf unterschiedlichen Strukturen, die sich aus den unterschiedlichen Positionen der Spuren ergeben. Diese Positionen kodieren gerade die sog. konzeptuelle Struktur, also die Tatsache, dass *die Mutter* in der einen Struktur Subjekt, in der anderen Objekt ist.

Aufgrund der Spurentheorie wird es daher möglich, die von der D-Struktur gelieferte Information auf der S-Struktur zu erhalten, sie dort abzubilden und für die Zwecke der Interpretation wiederzufinden, sodass nunmehr die S-Struktur alleiniger Input für die Logische Form sein kann:

(30)

Lexikon
Phrasenstrukturregeln
↓
D-Struktur
↓
Transformationen
↓
S-Struktur
↙ ↘
Phonologische Form | Logische Form
↓ | ↓
Phonetische Interpretation | Semantische Interpretation

Dies ist das Grammatikmodell der sog. **Revidierten (erweiterten) Standardtheorie** sowie der **Rektions- und Bindungstheorie (GB-Theorie)** von Chomsky (1981), dem bis heute erfolgreichsten Modell der generativen Syntax.

Weitere Entwicklungen 3.3.

Nachdem das Konzept der D-Struktur als genuin semantische Ebene aufgegeben worden war und andererseits die Prädikat-Argument-Struktur auch aus der S-Struktur abgelesen werden konnte, kam die Ebene der D-Struktur als selbständige Repräsentationsebene zunehmend in Misskredit. Denn mit Hilfe der Spurentheorie lässt sich ja die D-Struktur aus der S-Struktur rekonstruieren (indem man Bewegungen einfach rückgängig macht), sodass immer mehr bezweifelt werden konnte, dass der D-Struktur eine wesentliche Rolle im Grammatikmodell zukommen kann. Welches sollten die für die D-Struktur konstitutiven Eigenschaften sein, die nicht gleichzeitig auch Eigenschaften von wohldefinierbaren Teilen der S-Struktur wären?

Hinzu kam eine eher metaphorische Auffassung von Bewegung, die von Chomsky (1981, Kap. 6) selber angeregt wurde: wenn wir annehmen können, dass Spuren genau wie andere leere Kategorien im Lexikon stehen und somit in basisgenerierte Strukturen eingesetzt werden, und wenn dann auch das quasi bewegte Element nicht bewegt wird, sondern ebenfalls in die Struktur eingesetzt wird, so lässt sich die vormalige Bewegung als Koindizierung zwischen einem pseudo-bewegten Element und einer basis-generierten Spur repräsentieren. Was früher durch Bewegung entstand, nämlich eine Spur und die entsprechende Koindizierung, wird nunmehr auf andere Weise generiert: die Spur und ihr Index (eine beliebige Zahl) wird basisgeneriert, und die Koindizierung mit einem anderen (vormals: bewegten) Element wurde über grammatische Prinzipien erzwungen.[10] Mit Abschaffung einer im materialen Sinne zu verstehenden Bewegung sind dann aber auch zwei verschiedene Strukturebenen nicht mehr nötig.

Aus dieser Situation heraus (und dem damit verbundenen Problem, die unterschiedlichen Ebenen überhaupt sauber zu definieren, vergl. dazu Sternefeld (1991*a*)), haben sich verschiedene Richtungen entwicklelt, die explizit auf die D-Struktur verzichteten und auf nur einer Strukturebene operierten. Prominenteste Grammatiktypen dieser Art waren die *Lexikalisch-Funktionale Grammatik* (LFG) von Bresnan (1982) sowie die *Generalized Phrase Structure Grammar* (GPSG), die mit Gazdar (1981) ihren Anfang und mit Gazdar et al. (1985) ihr Ende nahm und danach in die jetzt gänzlich spurenlose *Head Driven Phrase Structure Grammar* (HPSG) mündete. Da es nur eine einzige Repräsentationsebene gibt, spricht man hier von **monorepräsentalen** Theorien.

Das Gegenstück hierzu war eine rein derivationelle Theorie, die im Minimalismus der neunziger Jahre entwickelt wurde, in der die Phrasen inkrementell aufgebaut werden. Auch hier wird die D-Strukturebene gewissermaßen abgeschafft, aber auf gänzlich andere Art und Weise. In einer rein derivationellen Theorie gehen Strukturaufbau und Transformationen Hand in Hand. Betrachten wir zunächst eine D-Struktur, wie sie noch in der GB-Theorie angenommen wurde:

(31) $[_S$ John INFL $[_{VP}$ believed $[_{S'}$ that $[_S$ Δ was $[_{VP}$ arrested everyone $]]]]]$

Die Grundannahme war hier, dass *everyone* ein abstraktes Kasusmerkmal hat, das überprüft werden muss. *In situ*, also in der Objektposition, kann kein Kasusmerkmal gecheckt werden, denn die Passivierung bewirkt gerade eine Art Kasusabsorption: das passivierte Verb verliert seine Fähigkeit, den Akkusativ zu überprüfen. Damit der Kasus dennoch überprüft werden kann, muss die NP an eine Stelle bewegt werden, wo dies möglich ist, also in die leere Subjektposition, deren Kasus von INFL, also der Position von *was*, überprüft wird. Es folgt daher, dass *everyone* nur ein Nominativ sein kann, ein anderer Kasus kann in dieser Struktur nicht gecheckt werden. Gleichzeitig bildet die Kasusüberprüfung die Motivation für die Bewegung. Man spricht von **kasusgetriebener Bewegung**. Wesentlich ist hier, dass die Phrasenstrukturregeln die Struktur zunächst komplett aufbauen und erst danach die Transformationen applizieren. Die Struktur existiert also auch ohne Bewegung.

Im Minimalismus ist Bewegung auf dieselbe Weise kasusgetrieben. Allerdings wird dieselbe Struktur in anderer Reihenfolge generiert. Bewegung in eine schon vorher existierende Position ist nicht erlaubt. Vielmehr muss diese Position erst im Zuge einer Bewegung geschaffen werden. Die einschlägige Bedingung ist die, dass Transformationen eine vorher generierte Struktur *erweitern* müssen. In einer rein derivationellen Theorie beginnen wir mit der Anwendung der *MERGE*-Operationen in (32):

(32) a. [$_{\text{VP}}$ admired everyone]
b. [$_{\text{IP}}$ was [$_{\text{VP}}$ admired everyone]]

Der nächste Schritt bereitet die Bewegung sozusagen vor: da das Kasusmerkmal von *everyone* wie schon in (31) auch in (32) nicht gecheckt werden kann, wird *everyone* zunächst kopiert und die untere Kopie als Spur markiert:

(33) a. everyone, [$_{\text{IP}}$ was [$_{\text{VP}}$ admired everyone]]
b. everyone$_i$, [$_{\text{IP}}$ was [$_{\text{VP}}$ admired t$_i$]]

Als nächstes wird *everyone* mittels *MERGE* mit der IP fusioniert, wobei auf die übliche Weise die Merkmalüberprüfung, insbesondere die des Nominativs stattfindet. Das Resultat ist:

(34) [$_{\text{IP}}$ everyone$_i$ [$_{\text{I}'}$ was [$_{\text{VP}}$ admired t$_i$]]]

Erst jetzt kann der Komplementierer hinzugefügt werden und die Generierung läuft wie gewohnt weiter:

(35) a. [$_{\text{CP}}$ that [$_{\text{IP}}$ everyone$_i$ [$_{\text{I}'}$ was [$_{\text{VP}}$ admired t$_i$]]]]
b. [$_{\text{VP}}$ believes [$_{\text{CP}}$ that [$_{\text{IP}}$ everyone$_i$ [$_{\text{I}'}$ was [$_{\text{VP}}$ admired t$_i$]]]]]
c. [$_{\text{IP}}$ ∅ [$_{\text{VP}}$ believes [$_{\text{CP}}$ that [$_{\text{IP}}$ everyone$_i$ [$_{\text{I}'}$ was [$_{\text{VP}}$ admired t$_i$]]]]]]
d. [$_{\text{IP}}$ John [$_{\text{I}'}$ ∅ [$_{\text{VP}}$ believes [$_{\text{CP}}$ that [$_{\text{IP}}$ everyone$_i$ [$_{\text{I}'}$ was [$_{\text{VP}}$ admired t$_i$]]]]]]]

Offenbar ist das Ergebnis dasselbe, wir setzten nur nicht voraus, dass es eine komplette Struktur gibt, innerhalb derer bewegt wird. Dass aus diesem konzeptuellen Unterschied auch ein empirischer Unterschied folgt, ist keineswegs trivial und erfordert eine sorgfältige Argumentation, der ich hier nicht nachgehen kann. Jedenfalls haben wir den inkrementellen Aufbau von Phrasen schon unserer Darstellung im letzten Kapitel zugrunde gelegt und ich nehme auch weiterhin an, dass sich Bewegungstransformationen wie in (35) gezeigt in diesen Ansatz integrieren lassen. Es ist dann klar, dass es eine Tiefenstruktur im alten Sinne in einem solchen Design nicht gibt.[11]

Das Problem der Lokalität 3.4.

Motivation für die Annahme von Transformationen war nicht nur die Intuition, dass verschiedene Sätze in einer Paraphrasebeziehung zueinander stehen, sondern oft auch die, dass bestimmte Konstruktionen nicht adäquat in einer syntaktischen Theorie zu erfassen waren, die nur *strikt lokale* Beziehungen modelliert, wie dies in der Basis der Grammatik und in der Merkmaltheorie des vorigen Kapitels der Fall ist. Lässt man nun aber Transformationen beliebiger Art zu, so umgeht man die zuvor als konstitutiv für syntaktische Prozesse angesehene Lokalität und es besteht die Gefahr, dass Transformationen zu viele ungrammatische Strukturen generieren können.

Um das Problem genauer identifizieren zu können, betrachten wir zunächst die Art und Weise, wie Transformationen in der sog. Standardtheorie notiert wurden. Zunächst wurde der Baum, auf den eine bestimmte Transformation angewendet werden soll, auf eine Kette von benachbarten Knoten reduziert. Durch einen Baum wie dem in (11-a), hier wiederholt als (36-a), können die in (36-b) aufgezählten Ketten als Schnitte gelegt werden:

(36) a.

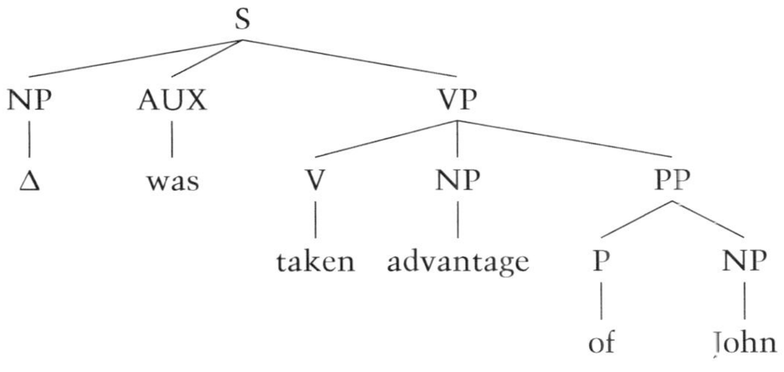

b. S
NP-AUX-VP, NP-AUX-V-NP-PP, NP-AUX-V-NP-P-NP
Δ-AUX-VP, Δ-AUX-V-NP-PP, Δ-AUX-V-NP-P-NP
NP-was-VP, NP-was-V-NP-PP, NP-was-V-NP-P-NP
NP-AUX-taken-NP-PP,NP-AUX-taken-NP-P-NP
...

Δ-was-VP, Δ-was-V-NP-PP, Δ-was-V-NP-P-NP

...

usw. bis zur Endkette Δ-was-taken-advantage-of-John

Zur Formulierung einer Transformationsregel bezog man sich auf solche Ketten, also etwa auf die Ketten in (37), deren Elemente in sog. Strukturbeschreibungen (*structural descriptions* SD) nummeriert wurden:

(37) a.	Δ	be+en	V	NP	PP	b.	Δ	be+en	V	NP	P	NP
	1	2	3	4	5		1	2	3	4	5	6

Eine Transformation war auf einen Baum anwendbar genau dann, wenn der Baum die Strukturbeschreibung erfüllt, d.h., wenn sich durch den Baum ein Schnitt legen lässt, welcher mit der SD der Regel identisch ist. Die intendierte Strukturveränderung (*structural change* SC) wurde dann zunächst einfach als Umnummerierung notiert:

(38) a.		Δ	be+en	V	NP	PP	
	SD:	1	2	3	4	5	
	SC:	4	2	3		5	
b.		Δ	be+en	V	NP	P	NP
	SD:	1	2	3	4	5	6
	SC:	6	2	3	4	5	

Frage 131: Wie viele verschiedene Schnitte lassen sich durch einen binären strikt rechtsverzweigenden Baum mit n Endknoten legen? Lässt sich das Ergebnis auf beliebige Bäume verallgemeinern?

Man sieht schon an diesem einfachen Beispiel, dass man zur Ableitung der beiden Konstruktionen zwei verschiedene SDs braucht, und weitere kämen hinzu, wenn wir die Struktur verändern, etwa durch Wegfall der PP wie in (39-a) oder durch Einfügen eines Adverbials, wie in (39-b):

(39) a. Δ was arrested John
b. Δ frequently was taken advantage of John

Die Anzahl der Kombinationen erhöht sich dramatisch und man verliert jegliche Chance, eine einheitliche Passivregel zu formulieren. Die Idee war dann die, in die Strukturbeschreibung Variablen einzuführen, die für beliebige Ketten in den Schnitten stehen können. Die Passivierung sähe dann einfach wie in (40) aus und erfasst (38) und (39) in einem.

(40)		Δ	*Z*	be+en	V	*X*	NP	*Y*
	SD:	1	2	3	4	5	6	7
	SC:	6	2	3	4	5		7

Wichtig ist, dass *X* und *Y* auch für leere Ketten stehen dürfen; darüber hinaus ist klar, dass diese Ketten nicht notwendigerweise Konstituenten sind; z.B. setzt *John was taken advantage of* den Schnitt in (41) voraus:

(41)

	be+en	take	advantage of	John	
Δ	was	V	*X*	NP	*Y*

Hier ist *Y* leer und *X* besteht aus NP+P, was keine Konstituente ist.

Der Gebrauch von Variablen war nicht nur nützlich, um Generalisierungen zu erfassen, er war auch wesentlich, um bestimmte Regularitäten überhaupt erfassen zu können. So ist ja, bezogen auf linke und rechte Satzklammer im Deutschen, die Beziehung zwischen der End- und Erstposition des Finitums ohne den Gebrauch von Variablen durch eine endliche Zahl von Schnitten nicht zu beschreiben, da ja im Mittelfeld völlig heterogenes Material stehen kann. Die Finitumvoranstellung könnte jedoch mithilfe von Variablen etwa wie in (42) beschrieben werden:

(42)

	Δ	$\#_S$	*X*	Finitum	$\#_S$	*Y*
SD:	1		2	3	4	
SC:	3		2		4	

Dabei dienen die Doppelkreuze als Grenzsymbole für den Satz vor der Voranstellung, für dessen Struktur die seinerzeit übliche Regel S ⟶ NP+VP vorausgesetzt werden kann. (Passt man die Analyse den Strukturen an, die wir in Kapitel (II.) generiert haben, sollte in (42) statt S eine VP stehen.)

Leider führt praktisch jeder sinnvolle Gebrauch von Variablen auch zu völlig ungrammatischen Übergenerierungen. Z.B. wären mit (41) nicht nur die intendierten (b)-Sätze, sondern auch die in (c) ableitbar:

(43) a. (weil) die Regierung jeden aufgeboten hatte, der eine Waffe trug
b. Hatte$_i$ die Regierung jeden aufgeboten t$_i$, der eine Waffe trug?
c. *Trug$_i$ die Regierung jeden aufgeboten hatte, der eine Waffe t$_i$

(44) a. (weil) die Regierung jeden, der eine Waffe trug, aufgeboten hatte
b. Hatte$_i$ die Regierung jeden, der eine Waffe trug, aufgeboten t$_i$?
c. *Trug$_i$ die Regierung jeden, der eine Waffe t$_i$, aufgeboten hatte

Offenbar entsteht der Fehler dadurch, dass das Finitum des Relativsatzes, nicht das des Hauptsatzes vorangestellt wird. Diese Übergenerierung scheint in (44-b) eine Folge des Faktums, dass die Methode der Schnitte zusammen mit der Verwendung von Variablen es nicht auszudrücken gestattet, dass es sich bei den Grenzsymbolen um die Grenze *desselben* S-Knotens handeln muss.

Frage 132: Wie sehen die Schnitte aus, die jeweils zum grammatischen und zum ungrammatischen Resultat in (44) führen? (Hinweis: Bedenken Sie, dass ein Grenzsymbol Teil der Kette sein kann, für die die Variable X steht).

Wie die Lösung der Aufgabe gezeigt haben sollte, kann auch die Beschränkung auf gleichzeitig eingeführte Grenzsymbole, also Grenzsymbole desselben Satzes, nicht der Grund für den Stern in (44-c) sein. Denn wenn (45) eine Struktur für (44) ist, wäre diese Bedingung ja erfüllt.

(45) *Trug$_i$ [$_{S_1}$ [$_{S_2}$ die Regierung jeden aufgeboten hatte]$_{S_2}$ der eine Waffe t$_i$]$_{S_1}$

Frage 133: Welches analoge Problem ergibt sich dann im deutschen Nebensatz für die Beschreibung der Kongruenz zwischen Subjekt und Verb in der Standardtheorie?

Übergenerierungen dieser Art müssen natürlich verhindert werden. Die historisch wichtigste Arbeit hierzu ist die Dissertation von Ross (1967): *„Constraints on Variables in Syntax"*, in der erstmalig die grundlegende Einsicht formuliert wurde, dass die Methode der Schnitte ohne Verwendung von Variablen inadäquat ist, und dass es aber andererseits unbedingt notwendig ist, Beschränkungen für Variable zu formulieren, welche strukturelle Information für die Anwendbarkeit von Transformationen kodieren. Immer wenn im Folgenden davon die Rede ist, dass gewisse Kategorien sog. **Inseln** für Bewegung sind, ist das dahinter stehende Konzept auf Ross zurückzuführen. Die Metapher ist die, dass Transformationen schwimmunfähige Landtiere sind, die auf einer Insel leben und diese nicht verlassen können:

(46) *. . . X$_i$ . . . [$_{\text{INSEL}}$ . . . t$_i$ . . .]

Transformation

Welche Konstruktionen solche lokalen Domänen für Transformationen sind, war Gegenstand der Arbeit von Ross, der eine große Zahl von Konstruktionstypen untersuchte und entsprechende **Inselbeschränkungen** (*island constraints*) aufstellte. So ist z.B. jeder Relativsatz eine Insel für Bewegung, wie sich auch anhand der Topikalisierung feststellen lässt:

(47) a. *Was$_i$ hatte die Regierung jedem, der t$_i$ trug, aufgetragen?
b. *Was$_i$ hatte die Regierung jedem aufgetragen, der t$_i$ trug?

Frage 134: Eine andere Erklärung für (47-a) ist die Inselhaftigkeit von Dativ-DPs im Deutschen. Darauf ließe sich möglicherweise auch die Ungrammatikalität von (47-b) zurückführen. Daher bleibt es ein Desiderat, anhand von anderen Beispielen nachzuweisen, dass Relativsätze Inseln sind. Welcher Art könnten solche Beispiele sein, wenn man davon ausgeht, dass Akkusativ-DPs keine Inseln für Bewegung sind?

Andere Inseln sind z.B. Koordinationen: aus Konjunkten darf man nichts herausbewegen (*Coordinate Structure Constraint*):

(48) a. weil Johann [kam und sich beschwerte]
b. *beschwerte$_i$ Johann [kam und sich t$_i$]?
c. *kam$_i$ Johann [t$_i$ und sich beschwerte]?

In dieser Weise wurden von Ross eine ganze Reihe von verschiedenen Konfigurationen als Inseln erkannt. Allerdings wollte man sich im Folgenden mit einer bloßen (möglicherweise sprachspezifischen) Auflistung solcher Inseln nicht zufrieden geben; vielmehr war eine allgemeine Theorie der Beschränkungen intendiert, die das strukturell Gemeinsame dieser Konstruktionen erfasst. Die Relevanz einer allgemeinen Theorie der Beschränkungen wurde auch dadurch verstärkt, dass in der GB-Theorie nicht nur die spezifischen Phrasenstrukturregeln der Anfangszeit durch ein generelleres Schema, die X-bar-Theorie, ersetzt wurden, sondern auch die (sprach-)spezifischen Transformationsregeln wie etwa die Passivregel oder die Verb-Zweitbewegung von einer völlig allgemeinen Anweisung — Bewege irgendwas irgendwohin! — abgelöst wurden. Diese allgemeine Regel wurde *Move-α* genannt. Gleichzeitig mussten die Restriktionen an *Move-α* so weit verschärft werden, dass Übergenerierungen verhindert werden. In der GB-Theorie war man diesbezüglich relativ optimistisch: alles war erlaubt, was nicht explizit verboten war. Im Minimalismus dagegen hat sich das Verfahren umgekehrt: zunächst ist aus Ökonomiegründen jegliche Art von Bewegung verboten, die nicht explizit (über morphologischen Merkmalabgleich wie bei der kasusgetriebenen Bewegung) erzwungen werden kann. Dies schließt jedoch, wie wir gesehen haben, die Notwendigkeit von Beschränkungen in keiner Weise aus.

In der Generativen Grammatik ist man immer noch auf der Suche nach einer adäquaten, möglichst allumfassenden Inseltheorie; es würde den Rahmen dieses Buches sprengen, hierauf näher einzugehen.[12] Als Hindernis für diese Bemühungen stellt sich m.E. immer wieder eine gewisse Variabilität zwischen verschiedenen Sprachen heraus: Ein bestimmter Konstruktionstyp, der in einer Sprache akzeptabel erscheint, ist in einer anderen zweifelhaft oder ungrammatisch. Oder es ist umgekehrt: was in einer Sprache klar ungrammatisch ist, scheint in einer anderen zweifelhaft oder akzeptabel. Man vergleiche etwa:

(49) a. %Wer$_i$ meinst du dass t$_i$ angerufen hat
b. *Who$_i$ do you think that t$_i$ has called

Hier ist es die Bewegung des Subjektes aus dem *dass*-Satz heraus, die im Englischen gänzlich ungrammatisch ist (es handelt sich hier um den sog. ***that-trace*-Effekt**), während sie von vielen Sprechern des Deutschen (angeblich besonders des Süddeutschen) eher akzeptiert wird. Die Diskussion hierüber ist noch nicht zu einem befriedigenden Abschluss gelangt und wird daher in diesem Kurs bis auf weiteres ignoriert; um Diskussionen zu vermeiden, die hier nicht geführt werden können, nehme ich an, dass finite Sätze im Standarddeutschen Inseln sind. (Ausnahmen wie (49-a) werden somit vorerst ignoriert.) Einen instruktiven Überblick zum Problem der Charakterisierung von Inseln bieten Szabolcsi und Dikken (2003), zum Problem der Extraktion aus *dass*-Sätzen vergl. man auch Featherston (2005*b*).

Frage 135: Gibt es in (1) Fälle, in denen die Ableitung des einen Satzes aus dem anderen eine Inselverletzung involvieren würde?

Das Problem der Abstraktheit 3.5.

Welche Phänomene mittels Transformationen zu beschreiben sind, ist weniger eine empirische Frage, als vielmehr dadurch bedingt, welche Strukturen auf der Ebene der Phrasenstrukturregeln überhaupt generiert werden (können, dürfen, sollen oder müssen). Je restriktiver die Theorie des Phrasenaufbaus (oder der *MERGE*-Operationen) gehandhabt wird, desto mehr müssen die Transformationen leisten, und umgekehrt. Dass die Frage nach dem Verhältnis zwischen beiden Grammatikkomponenten, Strukturaufbau und -veränderung, keine empirische zu sein scheint, führt zum Problem der **Abstraktheit** der zugrundeliegenden Struktur: Die Annahmen diverser Linguisten über die zulässigen *MERGE*- und *Agree!*-Operationen im Minimalismus können so restriktiv sein, dass eine kompensierende *MOVE*-Operation, um zur beobachtbaren Oberfläche zu kommen, so viel Arbeit zu leisten hat, dass eine empirische Motivation für die Restriktionen an den Strukturaufbau nicht mehr erkennbar ist. Z.B. ersetzt Kayne (1994) die X-bar-Theorie durch eine ungeheur restriktive Strukturtheorie, die axiomatisch festlegt, dass alle c-Kommandorelationen lineare Präzedenzrelationen induzieren. (Das Axiom heißt ***Linear Correspondance Principle***). Das Ergebnis ist dann eine uniform linearisierte D-Struktur, in der das X-bar-Schema zwar als (50) in einer restriktiven Variante wieder auftaucht, die aber vor allem impliziert, dass das einzig mögliche Komplement rechts vom Kopf, das einzig mögliche Adjunkt (welches den Spezifikator ersetzt) links vom Kopf steht:

(50)

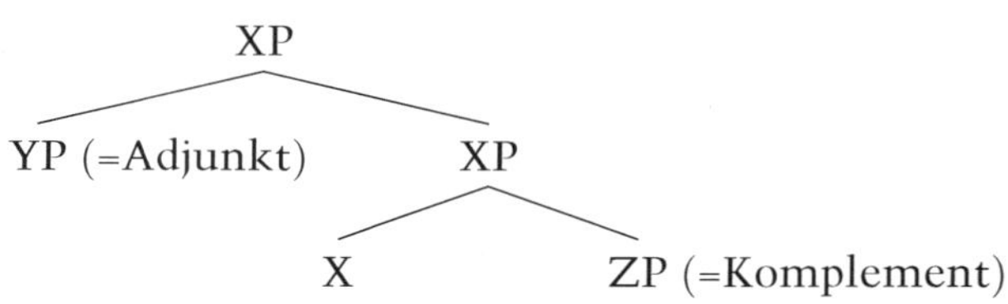

Klarerweise c-kommandiert X hier den Kopf von ZP und geht diesem Kopf voran. Die ZP selber c-kommandiert nichts, da wir von einem asymmetrischen c-Kommando ausgehen. YP c-kommandiert X und ZP und geht diesen voran. Die (untere) XP c-kommandiert nicht den Kopf von YP, da c-Kommando in dieser Theorie so definiert wird, dass Knoten, an die etwas adjungiert ist, nicht als einzelne c-kommandieren können. Es lässt sich dann zeigen, dass (50) die einzige X-bar-Struktur ist, die mit dem *Linear Correspondance Principle* verträglich ist.

Das Deutsche (wie alle anderen Sprachen auch) muss dieser Theorie zufolge eine Subjekt-Verb-Objekt(SVO)-Sprache sein. Es versteht sich von selbst, dass wir dieser Extremposition nicht gefolgt sind. Die Begründung hierfür kann aber keine rein empirische sein: Das Problem der Abstraktheit besteht ja gerade darin, dass Liebhaber von Extremsportarten so viel Strukturveränderung in (m.E. empirisch ansonsten unmotivierte) Bewegungstransformationen stecken, dass die D-Struktur einer empirischen Verifizierung nicht mehr zugänglich ist. Je restriktiver die Annahmen zur D-Struktur sind, desto mehr Transformationen müssen möglich sein, um den Fakten genüge zu tun; je restriktiver die Annahmen zu den Transformationen sind, desto liberaler muss mit den Aufbauprinzipien zur D-Struktur verfahren werden und desto weniger Transformationen sind nötig.

Wie in diesem Buch verfahren wird, sollte inzwischen, was den strukturaufbauenden Teil der Grammatik betrifft, relativ klar sein: alles, was sich mit Hilfe der in Kapitel (II.) generierten Verfahren generieren lässt, ist in unserer Theorie eine potentiell zulässige Struktur, und nur wenn es keine sinnvolle Methode gibt, die zur Debatte stehende Struktur mithilfe der in Kapitel (II.) dargestellten Mittel linguistisch adäquat (d.h. unter Erfassung der relevanten Generalisierungen) syntaktisch zu generieren, sind Transformationen erlaubt. Ein zweites Kriterium ist ein semantisches: In der Regel müssen alle S-Strukturen mithilfe von Standardmethoden *semantisch* gedeutet werden können. Nur wenn dies nicht möglich sein sollte, darf es eine Transformation geben, welche die S-Struktur in eine semantisch unmittelbar deutbare LF überführt. Beide Kriterien, das rein syntaktische und das semantische, sind selber natürlich hochgradig theorieabhängig: Das erste Kriterium setzt eine spezifische Theorie der Lokalität bzw. der Projektion voraus; das zweite eine Theorie der Semantik. Idealerweise aber gehen beide Kriterien hand in hand.

Obwohl in einem Syntax-Buch naturgemäß keine Semantik entwickelt werden kann, sei doch ein Beispiel für das semantische Kriterium genannt. (51) illustriert die Motivation für die Extraposition (=Bewegung ins Nachfeld) aus der Hypothese heraus, dass sich ein Satz wie (51-b) dann am einfachsten semantisch interpretieren lässt, wenn der Relativsatz syntaktisch von seinem Bezugsnomen wegbewegt worden ist, semantisch aber an der Position der Spur interpretiert wird, die Bewegung also *rekonstruiert* wird:

(51) a. Regierung und Alliierte hatten [$_{DP}$ jeden, der eine Waffe tragen konnte] aufgeboten
b. Regierung und Alliierte hatten [$_{DP}$ jeden t] aufgeboten, der eine Waffe tragen konnte

Eine Analyse ohne eine Bewegungstransformation ließe eine solche Rekonstruktion zunächst einmal nicht zu und brächte Komplikationen auf der Ebene der Logischen Form mit sich. Wir kommen auf die semantische Motivation noch einmal in den Abschnitten zur Rekonstruktion von Bindung (VI.H.) zurück. Dort wird sich auch zeigen, dass die Bewegungsanalyse und somit die Existenz der Spur auch durch die Bindungstheorie gestützt werden kann.[13]

Adjunktion, Rekonstruktion und Scrambling 3.6.

Das Problem der Abstraktheit, also die Frage, ob eine bestimmte Konstruktion über Transformationen beschrieben oder ob sie basisgeneriert werden kann, soll hier anhand einer Fallstudie noch einmal ausführlicher diskutiert werden: Zu entscheiden ist, an welcher Position Adverbiale im Deutschen generiert werden können und wie die Antwort auf diese Frage bestimmt, mit welchen Transformationen wir im Deutschen zu rechnen haben.

Adjunktion an VP und Scrambling 3.6.1.

Die in der Literatur übliche These ist, dass Adverbiale an VP adjungiert werden. Die empirische Motivation stammt aus dem Englischen, wo es unmöglich scheint, zwischen Verb und Objekt ein Adjunkt anzusiedeln:

(52) a. *John [$_{VP}$ kisses often Mary]
b. John [$_{VP}$ often [$_{VP}$ kisses Mary]

Hier scheint die Adjunktion eines phrasalen Nicht-Kopfes an die VP einigermaßen plausibel.[14] Dies führte zu der Generalisierung, dass Adjunktion von Phrasen immer an Phrasen zu gehen hat. Wendet man dies auf das Deutsche an, so müsste bei einem Satz wie (53-a), in dem wir sicherheitshalber drei Adverbiale und drei Argumente untergebracht haben, mit drei Transformationen gerechnet werden, welche wie in (53-b) gezeigt die Argumente des Verbs vor die Adverbiale *gestern*, *mal wieder* und *nicht* bewegt:

(53) a. weil Fritz sich dessen gestern mal wieder nicht erinnerte
b. weil [$_{VP}$ Fritz$_i$ [$_{VP}$ sich$_i$ [$_{VP}$ dessen$_k$ [$_{VP}$ gestern [$_{VP}$ mal wieder [$_{VP}$ nicht [$_{VP}$ t$_i$ t$_j$ t$_k$ erinnerte]]]]]]]

Eine Bewegungstransformation, deren Ursprung und Ziel im Mittelfeld zu finden ist, wird seit Ross (1967) ***Scrambling*** genannt. Es ist klar, dass mehrfaches *Scrambling* die Distanz zwischen D-Struktur und S-Struktur erheblich vergrößert; gleichzeitig macht dies die Analyse aber auch einigermaßen suspekt, denn Struktur und Ableitung ließen sich ja ganz erheblich vereinfachen, wenn man es zuließe, die Adverbien innerhalb der VP an eine beliebige V-Projektion zu adjungieren. Innerhalb unserer Theorie der Projektion ist dies nicht verboten, im Gegenteil: wir hätten größere Schwierigkeiten, eine solche Restriktion überhaupt zu formulieren, denn Maximalität von Phrasen war ja ein relativer, kein absoluter Begriff. Basisgenerierung der adverbialen Phrasen ist daher ohnehin nicht zu verhindern und erspart uns darüber hinaus auch das dreifache *Scrambling.*[15]

Frage 136: Wie lässt sich beweisen, dass es in unserer Theorie nicht möglich ist, Adjunktion an Phrasen mit Hilfe von Merkmalen zu erzwingen? Wie könnte der empirische Effekt der These, dass nur an Phrasen adjungiert werden darf, dennoch formal implementiert werden, wenn wir für Adjunkte eine spezielle Adjunktionsphrase mit leerem Kopf annehmen, die das eigentliche Adjunkt als Spezifikator aufnimmt?

Ihre Antwort auf die erste Frage sollte berücksichtigen, dass *zum Zeitpunkt der Adjunktion* **jede** V-Projektion notwendigerweise maximal ist, also eine VP; dies schließt jedoch eine weitere Projektion der VP *nach* der Adjunktion (wodurch sie ihren phrasalen Status verliert!) nicht aus. Das VP-Adjunktionsgebot kann also als solches gar nicht derivationell formuliert werden, sondern müsste eine Bedingung an die am Ende resultierende Repräsentation sein.[16] Die Antwort auf die zweite Frage ergibt sich daraus, dass ja das Komplement des speziellen (leeren) Adjunktionsphrasenkopfes ein VP, also eine maximale Projektion sein muss.

Betrachten wir jetzt noch einmal den Skopus der Negation, diesmal nicht in passivierten Sätzen, sondern in Konstruktionen wie denen in (54):

(54) a. weil Fritz zweimal nichts aß
b. weil Fritz nichts zweimal aß

Die Negation versteckt sich hier in dem kohäsiven Wort *nichts* = nicht etwas. Versuchen Sie einmal, die Sätze ohne den Gebrauch von *nichts* zu paraphrasieren. Sie werden sehen: die Sätze können unter keinen Umständen dasselbe bedeuten. Haben sie nun aber identische oder verschiedene D-Strukturen? Blickt man nur auf die Subjekt-Objekt-Relation und deren Kodierung in der D-Struktur, so stellt man fest, dass diese in beiden Sätzen identisch ist: *Fritz* ist Subjekt, *nichts* ist Objekt von *essen*. Argumentiert man, dass aufgrund identischer thematischer Eigenschaften die gleiche D-Struktur vorliegt, müsste (54-b) aus (54-a) durch eine Bewegungstransformation, also durch *Scrambling* aus der gemeinsamen D-Struktur (55-a) abgeleitet sein:

(55) a.

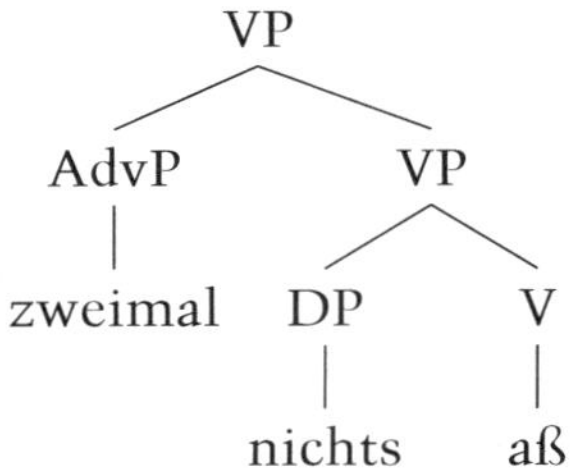

b.

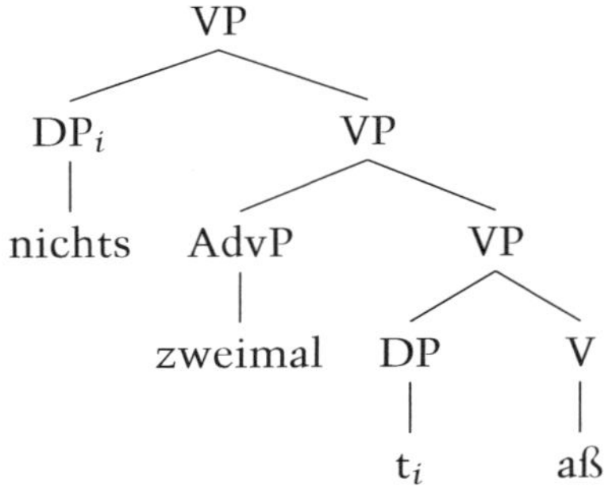

Nimmt man dagegen an, dass Adverbiale in der D-Struktur quasi unsichtbar sind, da sie ja offenbar nichts zur Identifikation von Subjekt und Objekt beitragen, könnten sie an beliebiger Stelle eingesetzt werden, sodass statt (55-b) nunmehr (56) angenommen werden kann:

(56)

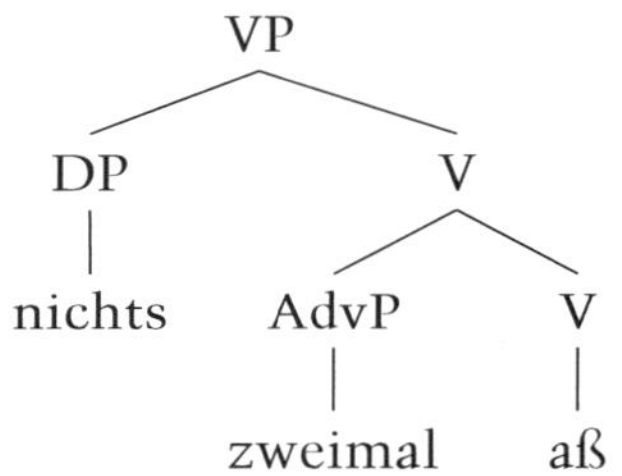

Wie soll man sich nun entscheiden?

Ein Argument, das gegen Bewegung spricht, hängt mit der Möglichkeit zusammen, Bewegung auf der Ebene der LF zu **rekonstruieren**. Ich illustriere dies noch einmal anhand von (57):

(57) Seine$_i$ Mutter liebt jeder$_i$

Aufgrund des bisher Gesagten setzt die Interpretation des Pronomens als gebundene Variable c-Kommando durch *jeder* voraus. Dies ist in der S-Struktur von (57) offenbar nicht möglich. Andererseits aber kann diese Struktur nur aus (58-a) entstehen:

(58) a. *Die VP aus (57-a):*
[$_{VP}$ jeder$_i$ seine$_i$ Mutter liebt]
b. *Finitumvoranstellung:*
liebt$_j$ [$_{VP}$ jeder$_i$ seine$_i$ Mutter t$_j$]
c. *Topikalisierung:*
[$_{DP}$ seine$_i$ Mutter]$_k$ liebt$_j$ [$_{VP}$ jeder$_i$ t$_k$ t$_j$]

Da vor der Topikalisierung Bindung vorliegt, muss für die Zwecke der semantischen Interpretation die Bewegung auf der Ebene der Logischen Form rückgängig gemacht (rekonstruiert) werden. Dies scheint auch für das *Scrambling* (=Bewegung im Mittelfeld) in (59) zuzutreffen:

(59) weil [$_{VP}$ [$_{DP}$ seine$_i$ Mutter]$_j$ [$_{VP}$ doch [$_{VP}$ jeder$_i$ t$_j$ liebt]]]

Denn bei der Bewegung vor das Subjekt haben wir ein eindeutiges Indiz für Bewegung vorliegen; eine solche Struktur lässt sich mit unseren Regeln ohne Transformationen nicht generieren. Offenbar kann sowohl Topikalisierung als auch *Scrambling* semantisch rekonstruiert werden.

Aufgrund dieser Generalisierung wird dann die Struktur (55-b) zum Problem. Denn die durch Rekonstruktion generierte Lesart ist gerade die von (55-a), und diese Bedeutung kann (55-b) nie haben. Man kann weiterhin beobachten, dass im Deutschen Rekonstruktion unter ein Adverbial nie möglich ist. Was könnte hierfür eine Erklärung sein? Eine Analyse, in der erst gar nicht bewegt wird, ist also *prima facie* nicht nur deshalb einfacher, weil gar nicht bewegt werden muss, sondern auch deshalb, weil sich das Problem, warum Rekonstruktion gerade in diesem Fall nicht möglich ist, erst gar nicht stellt (denn wo nicht bewegt wurde, kann auch nicht rekonstruiert werden).[17]

In gleicher Weise lässt sich nun auch bezüglich der Abfolge von DP-Objekten untereinander argumentieren. Betrachten wir die Beispiele in (60):

(60) a. ??weil wir seinem$_i$ Vater [jedes Kind]$_i$ anvertrauen
b. weil wir [jedes Kind]$_i$ seinem$_i$ Vater anvertrauten
c. weil wir [jedem Vater]$_i$ sein$_i$ Kind anvertrauten
d. ??weil wir sein$_i$ Kind [jedem Vater]$_i$ anvertrauten

Die Bindungsmöglichkeiten werden hier klar durch die Oberflächenabfolge determiniert. Wenn wir die Abfolge Akkusativ vor Dativ durch *Scrambling* generieren würden, warum könnten wir dann nicht genauso wie in (59) rekonstruieren? Die Alternative ist natürlich auch hier die, es gar nicht erst mit Bewegung zu versuchen, und die S-Struktur in all diesen Fällen mit der D-Struktur zu identifizieren. Der Preis, der dafür dann gezahlt werden muss, besteht offenbar darin, bei der Kasusüberprüfung alternative Abfolgen von Dativ- und Akkusativmerkmalen zuzulassen. Wir kommen auf die Abfolge Akkusativ vor Dativ noch einmal in Abschnitt (V.2.2.) zurück.

Frage 137: Zu welcher Konklusion lädt die Analyse der folgenden Daten ein? Wir nehmen an, dass die Bindungstheorie vor dem *Scrambling* überprüft wird. Daher ist (61-b) sowohl mit Prinzip (A) als auch mit Prinzip (C) verträglich. Welche Probleme entstehen, wenn alternative Abfolgen von Objekten über *Scrambling* generiert werden?

(61) a. weil der Vater$_i$ sich$_i$ dem Alkohol überantwortete
b. weil sich$_i$ der Vater$_i$ dem Alkohol überantwortete
c. obwohl man die Kinder dem Pfarrer überantwortete
d. obwohl man dem Pfarrer die Kinder überantwortete

e. wenn man das Geistesleben$_i$ sich selbst$_i$ überantwortet
f. *wenn man sich selbst$_i$ das Geistesleben$_i$ überantwortet
g. weil sie den Vater$_i$ sich selber$_i$ überließ
h. *weil sie sich selber$_i$ den Vater$_i$ überließ
i. wenn das Geistesleben$_i$ sich selbst$_i$ überantwortet wird
j. *wenn sich selbst$_i$ das Geistesleben$_i$ überantwortet wird

Wie lassen sich die Daten auf dem Hintergrund folgender Annahme erklären: Wenn sich durch Regeln der Phrasenstrukturkomponente sowohl die Abfolge XY als auch die Abfolge YX generieren lässt, dann sind Scramblinganalysen der Art Y_iXt_i oder X_iYt_i unzulässig. (Als Konsequenz hieraus muss sich ergeben, dass sich die Abfolge Dativ vor Nominativ im Passivsatz (61-j) basisgenerieren lässt, siehe Abschnitt (V.2.5.).)

Daraus folgt, dass *Scrambling* in fast allen Fällen auf die Bewegung eines Arguments vor das Subjekt eingeschränkt werden kann. Ausnahmen davon wären allenfalls Konstruktionen wie die in (62), wenn man denn annehmen möchte, dass die *über*-PP ein Argument von *Urteil* ist:

(62) weil ich [$_{PP}$ über diesen Studenten]$_i$ jetzt kein [$_{NP}$ Urteil t$_i$] fällen will

Auf weitere *Scrambling*-Fälle gehe ich in Abschnitt (V.2.2.) noch einmal ein.

Generell verfolgen wir hier die Strategie, Strukturen möglichst **oberflächennah** anzusetzen und Generalisierungen, die aufgrund empirischer Daten anderer Sprachen gewonnen wurden, nicht automatisch als universell, d.h. für alle Sprachen gültig anzusehen. Man erspart sich sehr viel an unfruchtbarer Diskussion und unmotivierter Bewegung, wenn man im Deutschen alle Arten von Adverbialen an beliebige Projektionen von V adjungieren kann (s. auch die Diskussion der Adverbiale am Ende von Abschnitt (5.1.)).

Restriktionen bei Basisgenerierung 3.6.2.

Damit wird jedoch keinesfalls gleichzeitig behauptet, dass die Position von Adverbialen (oder die von Objekten) innerhalb des Mittelfeldes in Relation zu anderen Satzgliedern vollkommen willkürlich ist. Hier ist mit allen möglichen zusätzlichen Beschränkungen zu rechnen. Vergleiche etwa:

(63) a. Wenn morgen der Briefträger klingelt
b. Wenn der Briefträger morgen klingelt
c. Wenn er morgen klingelt
d. *Wenn morgen er klingelt

(64) a. Warum gibst du ihm die Flasche nicht?
b. Warum gibst du ihm nicht die Flasche?
c. *Warum gibst du nicht ihm die Flasche?
d. *Warum gibst nicht du ihm die Flasche?

Die Daten in (64-c,d) werden nur dann akzeptabel, wenn *ihm* in (64-c) und *du* in (64-d) betont und somit fokussiert sind. Unbetonte Pronomina hinter Adjunkten sind ungrammatisch, was Vogel (im Erscheinen) auf eine phonologische Bedingung für die Verkettung von phonologischen Wörtern und Phrasen zurückführt. Diese Theorie sagt voraus, dass dem Adjunkt nur ein betontes Pronomen (unmittelbar) folgen kann. Dies bedeutet nicht, dass unbetonte Pronomina nicht auch rechts vom Adjunkt vorkommen könnten, dann allerdings nur, wenn sie nicht adjazent (d.h. benachbart) dazu sind, vergleiche:

(65) a. Festzuhalten bleibt aber auch, dass *wahrscheinlich* nur Koblenz oder Siegen ***es*** schaffen könnten
b. Leider wurde es so beschrieben, dass *wahrscheinlich* nur Insider ***es*** verstehen konnten
c. ... dass (*wahrscheinlich*) nur der Fritz *es* zu lesen vermag

Zur Positionierung der Pronomina im Deutschen gibt es eine umfassende, aber meist wenig erhellende Literatur. Cardinaletti (1999) z.B. argumentiert, dass betonbare und unbetonbare Pronomina zwei verschiedene syntaktische Klassen bilden, die im Deutschen segmental zusammenfallen (d.h. aus den jeweils gleichen Phonemen bestehen), in anderen Sprachen aber unterschieden werden (vergl. etwa französisch *moi/je*). Insbesondere sei die Voranstellung der unbetonten Pronomina syntaktisch zu unterscheiden vom *Scrambling*; letzteres sei fakultativ, ersteres obligatorisch. Dies aber widerspricht den Daten in (65). Und selbst wenn die Pronomenbewegung obligatorisch wäre, impliziert dies ja nicht, dass es sich bei der Bewegung nicht doch um eine Instanz von *Scrambling* handeln kann, allerdings eine, die durch zusätzliche prosodische Faktoren zwingend ausgelöst wird.

Eine andere Beschränkung für die Position von Adverbien im Mittelfeld wird in (66-c,d) illustriert:

(66) a. Hast du wirklich kein Geld?
b. *Hast wirklich du kein Geld?
c. *Hast du kein Geld wirklich?
d. Hast du das Geld wirklich?

Während sich (66-b) durch die eben genannte Beschränkung ableiten lässt, ist dies für (66-c) nicht möglich. Woran liegt das? Hier scheint relevant, dass Adverbiale selber Skopus und Fokus haben. Betrachten wir dazu zunächst Nebensätze wie:

(67) a. Ich glaube, dass wahrscheinlich Peter wieder verliert
b. Ich glaube, dass wahrscheinlich wieder Peter verliert
c. Ich glaube, dass Peter wahrscheinlich wieder verliert

Diese Sätze bedeuten verschiedenes, was daran liegt, dass das Adverbial durch unterschiedliche c-Kommandoverhältnisse (die den linearen Verhältnissen hier genau entsprechen) unterschiedliche Konstituenten fokussieren kann. Steht das Adverbial am Schluss, wie in (66-c,d), kann nur die Wahrheit des ganzen Satzes fokussiert sein, alles andere muss Hintergrundinformation sein. Damit unverträglich scheint aber das Auftauchen einer Negation im kohäsiven Quantor *kein*. Wenn (67-c) so etwas bedeuten soll wie (68-a), müsste die Negation im Skopus von *wirklich* sein, wie in (68-b,c):

(68) a. Ist es wirklich so, dass du kein Geld hast?
b. Hast Du es wirklich nicht?
c. *Hast du (ein) Geld wirklich nicht?

Dass auch (68-c) im Standarddeutschen nicht möglich ist, liegt wiederum daran, dass die indefinite DP *(ein) Geld* im Skopus der Negation stehen müsste, was in (68-c) nicht der Fall sein kann.

Eine weitere Beschränkung betrifft die Abfolge der Adverbiale untereinander:

(69) a. Ich glaube, dass Peter wahrscheinlich wieder verliert
b. Ich glaube, dass wahrscheinlich wieder Peter verliert
c. Ich glaube, dass wahrscheinlich Peter wieder verliert
d. ??Ich glaube, dass Peter wieder wahrscheinlich verliert
e. ??Ich glaube, dass wieder Peter wahrscheinlich verliert
f. ??Ich glaube, dass wieder wahrscheinlich Peter verliert

Generell stehen temporale Adverbiale und solche der Art und Weise im Skopus von Satzadverbialen, was idealerweise aus der Semantik der betreffenden Adverbiale folgen sollte. Idealerweise bedeutet hier, dass es sich erübrigen sollte, für die Abfolge der Adverbiale spezifische Strukturen anzunehmen, wie dies in der generativen Literatur seit Cinque (1999) leider nur allzu üblich ist. Die Kritik an diesem Ansatz ist dieselbe, die wir schon in Abschnitt (II.8.3.2.) für die Abfolgebeschränkungen der pränominalen Adjektive formuliert haben.

Als Fazit dieser Diskussion ist festzuhalten, dass Transformationen für jede Einzelsprache sorgfältiger zu begründen sind, als dies in der Literatur üblicherweise der Fall ist. Rein theoretisch motivierte Annahmen über die D-Struktur sind um so spekulativer und um so sorgfältiger zu begründen, je mehr Transformationen eine bestimmte Theorie erzwingt; diese Transformationen können die S-Struktur so weit von der D-Struktur entfernen, dass die Identifikation der D-Struktur willkürlich und in keiner Weise mehr empirisch motivierbar wird.

Nach dieser methodologischen Vorbemerkung widmen wir uns jetzt eingehender den vorher schon en passant genannten Transformationen des Deutschen; es geht um die Topikalisierung, die Finitumvoranstellung und die Extraposition. Auf die vierte Transformation, nämlich das *Scrambling*, wird aus verschiedenen Gründen nicht näher eingegangen; hierzu gibt es in der germanistischen Forschung eine unübersehbare, vielfältige Literatur. Die Rezeption dieser Literatur wird auch durch die allseits herrschende Uneinigkeit darüber erschwert, was die auslösenden Faktoren für das *Scrambling* sind, und ob bestimmte Daten als syntaktisch wohlgeformt angesehen werden können oder nicht. Man betrachte etwa (70-a). Ist dieser Satz syntaktisch wohlgeformt? Die Umstände, die ein *Scrambling* auslösen, sind m.E. keine syntaktischen; so führt z.B. Lenerz (1977, S. 118) den Kontrast in (70) auf *semantische* Faktoren zurück, nämlich der zweifelhaften „Agenshaftigkeit" von negierten Quantoren wie *niemand* oder *keiner*:

(70) a. *Ich vermute, dass dieses Buch die Studenten brauchen
b. Ich vermute, dass dieses Buch niemand braucht

Demzufolge wäre (70-a) trotz des Sterns syntaktisch generierbar, aber semantisch abweichend. Andere Faktoren betreffen die Informationsgliederung (das Prinzip „neue vor alte Information") und die damit interagierenden Prinzipien für die Position des Satzakzents und der fokussierten Phrasen. Auf all dies kann hier nicht eingegangen werden (vergl. als Überblicksaufsatz Haider und Rosengren (1998, 2003)).

Wie schon angedeutet wollen wir im Folgenden ausführlich dafür argumentieren, Hauptsätze durch zwei Transformationen zu generieren: Im ersten Schritt werden Verb-Erst-Sätze dadurch erzeugt, dass das finite Verb vom Ende des Satzes an den Anfang bewegt wird. Im zweiten Schritt kann dann ein beliebiges weiteres Satzglied vor das Finitum bewegt werden. Das Resultat ist die Verb-Zweit-Stellung des Finitums, also der Hauptsatz des Deutschen.

Verb-Erst-Stellung 4.

Bewegung nach C 4.1.

Die zu Beginn des Kapitels unter Regel 2 illustrierte Erst-Stellung des finiten Verbs kürzen wir als V/1-Stellung ab und sprechen im Folgenden von V/1-Sätzen. Neben der schon genannten Verwendung der V/1-Sätze als Befehlssätze oder als Entscheidungsfragen können sie eine Reihe von weiteren Funktionen ausüben, z.B. als selbständige Exklamativsätze wie in (1-a) oder als Konditionalsätze wie in (1-b); in Dialekten des Deutschen wie dem Berndeutschen scheinen sie aber auch als subordinierte Komplemente bestimmter Matrixprädikate auftreten zu können, s. (2):

(1) a. *Käme er doch!*
b. *Wäre er gekommen*, hätte ich nicht bleiben müssen

(2) a. Es freut mich, *kommst du rechtzeitig nach Hause*[18]
 b. Gut *gibt es täglich acti-vit*! (Schweizer TV-Werbung)

V/1-Sätze erfüllen somit die verschiedensten Bedeutungsfunktionen, die wir hier als solche erst einmal ignorieren, da wir die V/1-Stellung zunächst als rein syntaktisches Phänomen diskutieren.

Unter diesem rein syntaktischen Gesichtspunkt bezeugen V/1-Sätze die Notwendigkeit einer Transformation. Transformationsregeln für V/1-Sätze sind zuerst für das Englische motiviert worden. Wie aus den folgenden Beispielen ersichtlich, in denen die Verben kursiv und die Subjekte fett gesetzt sind, findet bei der Bildung von V/1-Sätzen offenbar eine „Vertauschung" der Positionen von Subjekt und Verb statt:

(3) a. ***You*** *can* speak Japanese ⟹ *Can* **you** speak Japanese?
 b. ***It*** *is* raining ⟹ *Is* ***it*** raining?

Man spricht in diesem Zusammenhang auch von **Inversion**. Wie die Daten in (4) zeigen, können im Englischen nur Hilfsverben invertiert werden. Falls das Hauptverb finit ist, muss ein Platzhalter- oder Dummy-Hilfsverb *do* verwendet werden — eine Regel, die ***do*-support** genannt wird:

(4) a. (i) **Intends* **he** to come?
 (ii) *Does* **he** intend to come?
 b. (i) **Saw* **you** the mayor?
 (ii) *Did* **you** see the mayor?
 c. (i) **Plays* **he** the piano?
 (ii) *Does* **he** play the piano?

Offenbar gibt es im Deutschen keine analoge Unterscheidung zwischen Haupt- und Hilfsverben und daher auch kein Analogon zum *do-support*; im Deutschen können beliebige finite Verben am Satzanfang stehen. Das Gemeinsame scheint jedoch zu sein, dass in beiden Sprachen eine Inversion stattfindet. Für das Englische wurde gelegentlich angenommen, dass Inversion einfach eine Vertauschung von Ästen ist, wie dies z.B. in einer Struktur wie (5) möglich wäre (die Kategorisierung der Verben ist Radford (1997*a*) entnommen). Denn wenn wir uns noch einmal an die Mobile-Metapher erinnern, können wir dies leicht als eine unterschiedliche Linearisierung der obersten Äste beschreiben, ohne die strukturellen Beziehungen innerhalb des Satzes zu verändern. In einer binär verzweigenden Struktur ist eine solche Analyse jedoch nicht möglich. Wenn wir annehmen, dass das Modalverb im Englischen zu jener Kategorie gehört, die wir INFL oder I (für engl. *inflection*) genannt haben — wir kommen auf den Status von Modalen als I-Elementen im nächsten Kapitel noch öfter zurück —, dann ist mit der seit Stowell (1981) angenommenen binär verzweigenden Struktur (6-a) eine Inversion durch bloßes Umdrehen

(5)

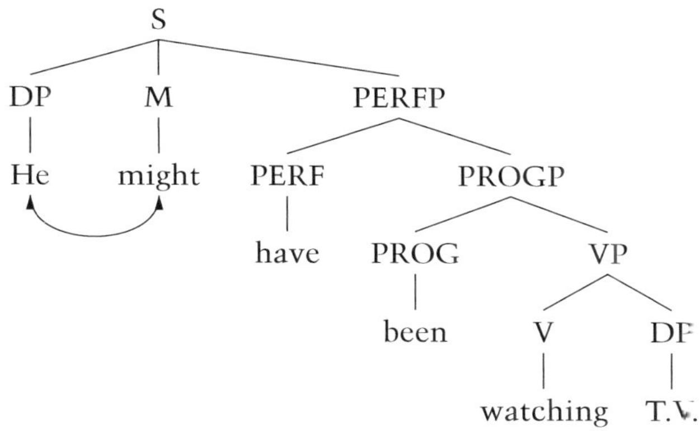

der Äste nicht mehr möglich, da diese zu der in (6-b) gezeigten unstatthaften Überkreuzung von Ästen führen muss:

(6) a.

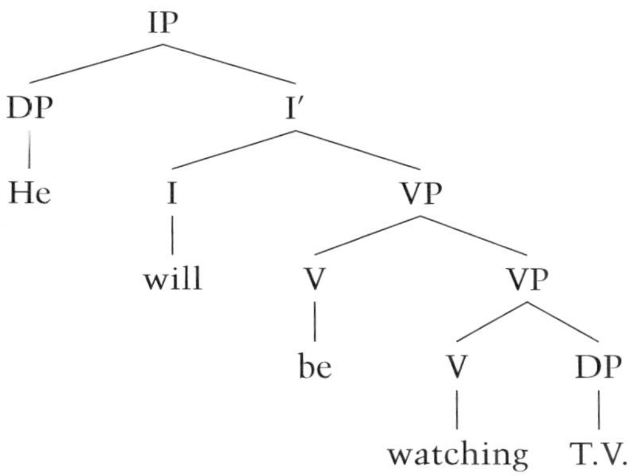

b.

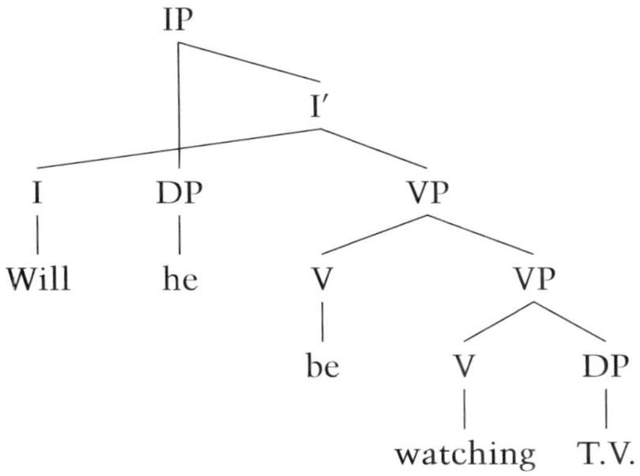

Wir müssen daher annehmen, dass es sich bei der Fragesatzbildung um eine komplexe syntaktische Operation handelt, welche einen gegebenen Baum so modifiziert, dass ein neuer Baum mit der beobachteten Wortabfolge entsteht. Da wir davon ausgehen, dass eine solche Bewegungsoperation keine „Senkungsoperation" sein darf — eine theoretische Generalisierung, die sich bewährt hat und die daraus folgt, dass Bäume mittels Transformationen größer werden müssen — können wir das Subjekt nicht „unter" das Verb bewegen; vielmehr müssen wir umgekehrt das Verb über das Subjekt hinweg nach vorne bewegen. Aber wohin?

In der Tradition der Generativen Grammatik ist dies die C-Position. Im vorangegangenen Kapitel hatten wir schon gesehen, dass Komplementierer wie *dass* oder *weil* eine satzinitiale Position C einnehmen, die Kopf einer *Komplementierer-Phrase* CP ist. Die relevante Beobachtung ist nun die, dass immer dann, wenn ein *dass*-Satz vorliegt, das finite Verb *nicht* an dieser Position stehen kann (weil ja *dass* schon in dieser Position steht), und wenn umgekehrt das Finitum nicht in der rechten Satzklammer steht, kein *dass*-Satz vorliegen kann. Man könnte also quasi von einer komplementären Distribution ausgehen.[19] Die Tatsache, dass kein Satz ein gleichzeitiges Auftreten von Komplementierer und Verb am Beginn erlaubt, lässt sich auch anhand von (7) leicht verifizieren. Als Komplement von *als* ist sowohl ein V/1-Satz als auch ein Komplementierer-Satz möglich, nicht aber eine Kombination von beidem:

(7) a. Er redet, als *hätte* er die Wahrheit gepachtet
b. Er redet, als *ob* er die Wahrheit gepachtet hätte
c. *Er redet, als *ob hätte* er die Wahrheit gepachtet
d. *Er redet, als *hätte ob* er die Wahrheit gepachtet

Aus der Distribution von Komplementierer und Finitum wird daher üblicherweise geschlossen, dass diese in derselben satzinitialen Position, also in der C-Position stehen.

C als Positionskategorie 4.2.

Wie aber kann es sein, dass ein Verb in eine Position bewegt wird, deren Kategorie von V ganz verschieden ist? Zur Beantwortung dieser Frage ist es nützlich, einen Blick in die Geschichte zu werfen. In den Zeiten vor der Ausdehnung des X-bar-Schemas auf Kategorien wie I und C gehörte der Satz (des Englischen) zur Kategorie S, wobei das Symbol S als NP + VP expandiert wurde. Satzeinleitende Komplementierer wurden meist einfach vor das Subjekt gestellt und durch eine Linie mit S verbunden (vergl. etwa die exzellente Einführung Perlmutter und Soames (1979) oder die Low-Level-Einführung von Aarts (2001)); jedoch wurde seit etwa Bresnan (1972) langsam damit begonnen, den Konjunktionen eine speziell ausgezeichnete Kategorie zuzuweisen, die mit COMP bezeichnet wurde; innerhalb des X-bar-Schemas wurde S zu $\overline{S}$ erweitert.

(8) We knew

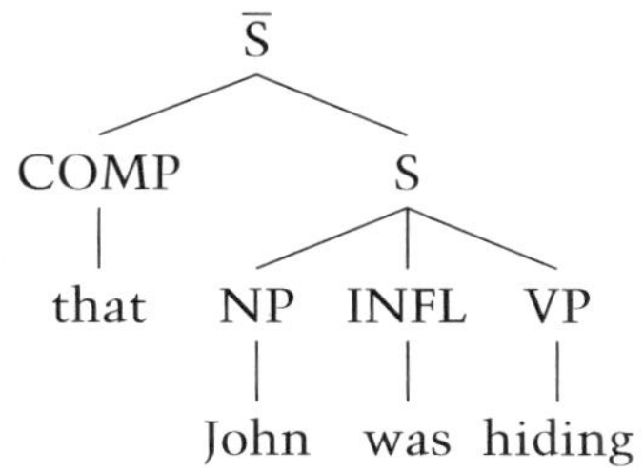

In COMP stand dann typischerweise der Komplementierer *that*. Jedoch hat man sich COMP nicht als genuin lexikalisch-syntaktische Kategorie vorgestellt, sondern in erster Linie als eine bestimmte initiale Satz-**Position**; diese Position war auch die Zielposition von allen möglichen Bewegungsoperationen. Alles, was im Englischen vor dem Subjekt steht, landete in dieser Position, s. (9):

(9) We knew

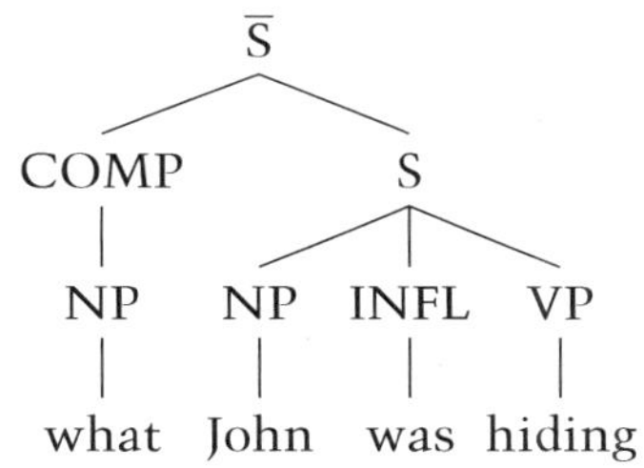

Wie man sieht konnte COMP sowohl eine Art Kopf (den Komplementierer *that* in (8)) als auch eine Phrase (die NP *what* in (9)) beherbergen. In diesem Zusammenhang sprechen Stechow und Sternefeld (1988) von COMP als einer „**Positionskategorie**".

Mit der Ausdehnung der X-bar-Theorie auf COMP wurde dann erst in Chomsky (1986) zwischen dem C-Kopf und seinem Spezifikator unterschieden. In C waren nur Köpfe erlaubt, wogegen DPs wie *what* in (9) nach SpecC bewegt werden. Der C-Kopf hat aber seinen Charakter als Positionskategorie behalten. Z.B. könnten wir die Redeweise, dass bestimmte Präpositionen auch Komplementierer sind, so verstehen, dass diese Präpositionen gerade in C-Position stehen können:

(10)

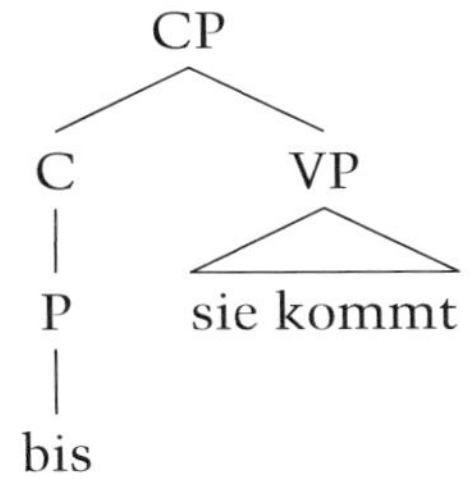

Dieser Auffassung von C als einer Positionskategorie werden wir uns im Folgenden anschließen: C ist keine spezifische Kategorie wie N, V, P, A usw., sondern kategoriell unterdeterminiert. C ist ein Merkmal, das per definitionem eine propositional deutbare Kategorie einbettet, im Deutschen daher ein VP-Komplement hat. (10) ist daher nicht als eine nicht-verzweigende Struktur zu lesen; vielmehr sind C und P als Merkmale eines einzigen Knotens zu interpretieren. C impliziert im Deutschen notwendigerweise das Merkmal [*VP*].

Mit der Annahme, dass es sich bei C lediglich um ein Positionsmerkmal handelt, stellt sich die Frage, welcher syntaktischen Kategorie die „ursprünglichen" Komplementierer angehören. Gelegentlich findet man in der Literatur die Auffassung (der wir uns anschließen), der Komplementierer *dass* habe „nominale" Merkmale, was aufgrund der diachronen Verwandtschaft mit dem (intransitiven) Determinator *das* recht plausibel ist. Die syntaktische Kategorie von *dass* wäre aufgrund der DP-Analyse also ein D mit lexikalischem C-Merkmal; die CP ist demnach gleichzeitig eine DP. Aus unserer Notationskonvention für Phrasen folgt dann, dass Verben, die finite CPs als Komplemente haben, die Komplementmerkmale [*CP,DP*] haben. Für Infinitiv-CPs, deren C-Kopf ja leer ist, bietet es sich an, V als lexikalische Kategorie für C anzusetzen. Die einbettenden Verben haben dann die Subkategorisierungsmerkmale [*CP,VP*].

Nun ist es in der Generativen Grammatik leider gänzlich unüblich, statt der eingefleischten Schreibweise CP nunmehr, wie eigentlich zu erwarten sein müsste, PP, DP oder VP zu notieren. Aus Referenz an diese Tradition werde ich an der CP-Notation festhalten und als spezifische Notationskonvention festlegen, das eigentliche Projektionsmerkmal bei Anwesenheit eines C-Merkmals nicht zu notieren. Aufgrund dieser Konvention können wir nun die Voranstellung des Hilfsverbs zur Bildung einer Entscheidungsfrage wie in (11) notieren. Dabei wurde in der GB-Theorie vorausgesetzt, dass die einmal aufgebaute Struktur (hier also die IP) durch Bewegung nicht strukturell verändert wird; zugleich wird der Bedingung entsprochen, dass nur an eine Position bewegt werden kann, die unabhängig von der betrachteten Bewegung ohnehin vom phrasenstrukturellen Teil, also von der Basis der Grammatik, generiert werden kann. Dieses in der GB-Theorie allgemein akzeptierte Prinzip wird Emonds (1976) zugeschrieben und **Strukturerhaltungshypothese** genannt. Es impliziert also einerseits, dass im Zuge der Bewegung die Kopfposition von *will* erhalten bleibt: an der Ausgangsposition der Bewegung bleibt eine leere Kategorie, die sog. **Spur** der Bewegung zurück — wir schreiben sie als „t" (von engl. *trace*) —; andererseits muss die Zielposition unabhängig von der Bewegung in der Basis generierbar sein, was der Fall wäre, wenn wir dort statt das Verb zu bewegen, einen Komplementierer erzeugen.

(11)

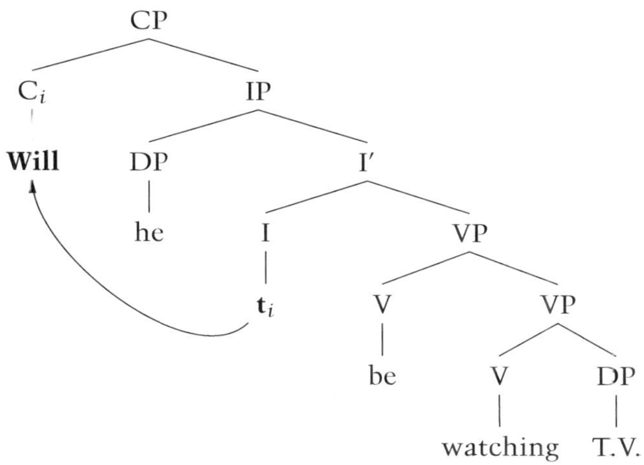

Was und wie wird bewegt? 4.3.

Fragen wir uns nun genauer, was bei Bewegung eigentlich bewegt wird. Üblicherweise wird angenommen, dass es sich bei Bewegung um eine Kombination aus zwei Operationen handelt: einem Kopierprozess und einer Tilgung. Kopfmerkmale werden zuerst kopiert und an eine andere Position gebracht, danach werden die PF-Merkmale (die phonologische Matrix) in der Ausgangsposition getilgt oder unsichtbar gemacht. Das Ergebnis dieser Tilgung wird als Spur notiert. Komplement- und Spezifikatormerkmale müssen vor der Bewegung abgearbeitet werden und können somit nicht bewegt werden. Auch das Kategorienmerkmal V ist ein Kopfmerkmal und muss kopiert werden, denn dieses verhilft C erst zu seiner syntaktischen Projektionskategorie. Ob die semantische Information als Kopfeigenschaft überhaupt bewegt werden kann, ist bei der Kopfbewegung höchst zweifelhaft; in der Regel darf Kopfbewegung keine semantischen Effekte haben, weshalb wir hier bis auf weiteres annehmen, dass die semantische Information für die Zwecke der semantischen Interpretation *in situ* verbleibt.[20]

Halten wir also fest: bei der Kopfbewegung wird die PF-Information am Ausgangspunkt getilgt, die LF-Information wird nicht bewegt. Die Spezifikator- und Komplementmerkmale werden ignoriert bzw. sind nicht mehr vorhanden, wenn sie im Zuge der Checking-Operation getilgt werden. Alle übrigen Kopfmerkmale werden bei der Bewegung verdoppelt.[21]

Wodurch aber wird diese Bewegung erzwungen? Einige Autoren gehen davon aus, dass die treibende Kraft für die Bewegung nach C darin besteht, dass C vor der Bewegung unerlaubterweise PF-leer ist, was wir in analogen Fällen durch die Notation mittels Δ angedeutet haben. Diese Auffassung ist nicht unproblematisch. Vorausgesetzt werden muss bei dieser Auffassung, dass zwischen „gutartigen" und „bösartigen" leeren Kategorien unterschieden wird.

PRO- bzw. pro-Elemente sowie die mit ∅ dargestellten leeren Kategorien sind gutartig, das mit Δ markierte Fehlen von PF-Merkmalen ist bösartig, führt daher auf der PF-Ebene zur Ungrammatikalität. Gut- und Bösartigkeit lässt sich im Lexikon leicht festlegen. Als Problem erweist sich allerdings die Charakterisierung der Spuren als gutartig, da diese in einer Theorie, welche Bewegung als Kopier- und Tilgungsprozess beschreibt, nicht im Lexikon stehen. Wenn wir lediglich PF-Merkmale kopieren und tilgen, haben wir noch keine Handhabe, zwischen gut und böse unterscheiden zu können: nach der Bewegung ist die Ausgangsposition genauso PF-leer wie die Zielposition vor der Bewegung.[22] Es müsste also bei den Spuren irgendetwas hinzukommen, das vorher noch nicht da war und die Kategorie als gutartig charakterisiert. Ein solches zusätzliches Merkmal wäre aber eines, das im Lexikon noch nicht vorhanden ist und somit in die Derivation eingeführt werden müsste. Ein solches Verfahren wäre dann aber strenggenommen mit der minimalistischen Idee unvereinbar, dass im Laufe der Derivation nichts Wesentliches hinzukommen kann.

Als alternative Motivation für die Bewegung genügt uns hier die These, dass C als Positionskategorie noch keine syntaktische Hauptkategorie hat. Auf die Kennzeichnung von „bösartigen" leeren Kategorien können wir also verzichten, wenn wir fordern, dass Positionskategorien ohne Projektionskategorie ungrammatisch sind. Wer sich die Formalisierung der Merkmalsyntax im Anhang des letzten Kapitels angeschaut hat, wird bemerkt haben, dass eine Fusion von Knoten (*MERGE*) nur dann zulässig ist, wenn die Merkmalmenge der zu fusionierenden Knoten eine Hauptkategorie hat. Diese Kategorie wird im Zuge der Bewegung durch den Kopierprozess (als Duplikat) streng genommen erst geschaffen. Um präzise zu sein muss jetzt auch noch geklärt werden, in welcher Weise wir mit der Extensionsbedingung umgehen, also der minimalistischen Annahme, dass Bäume durch Bewegung immer vergrößert werden. Dies erleichtert uns auch eine weitere Präzisierung des Begriffs der Positionskategorie.

Ausgehend davon, dass zunächst eine VP generiert wird, werden im ersten Bewegungsschritt die relevanten V-Merkmale kopiert, die PF-Merkmale werden getilgt. Das Resultat ist die modifizierte VP, nennen wir sie VP_t, und die Kopie von V, nennen wir sie V_K. Als nächstes folgt ein weiterer Zugriff auf das Lexikon, wo wir die Positionskategorie C (ohne PF-Merkmale) vorfinden (mit dem entsprechenden Komplementmerkmal [∗VP∗]). Entscheidend ist der nächste Schritt: die Kopfmerkmale von C werden mit denen von V_K fusioniert und die eventuell vorhandenen Komplement- und Spezifikatormerkmale werden von C in die komplexe Kategorie V_K+C übernommen. Der letzte Schritt ist dann die Fusion (*MERGER*) der so gebildeten V_K+C-Kategorie mit der VP_t. Per Konvention notieren wir dies als CP, lassen also hier die Kopfinformation, dass es sich kategoriell um eine verbale Projektion handelt, einfach weg.

Dieses Vorgehen realisiert die Forderung, dass Bäume bei Bewegung größer werden müssen. Dagegen wurde in früheren Theorien angenommen, dass Bewegung in eine im Baum schon präexistierende Position erfolgt; diese Bewegung wurde **Substitution** genannt. Substitution ist *strukturerhaltend*, Bewegung im Minimalismus ist *strukturaufbauend*. Ich glaube allerdings nicht, dass dieses unterschiedliche Design der Theorien in irgendeiner Weise empirische Konsequenzen haben kann. Dennoch macht die Theorie des inkrementellen Strukturaufbaus eine Vorhersage, die nicht automatisch in der Theorie der Substitution folgt. Denn sie prognostiziert (korrekt, wie ich meine), dass Bewegung immer nur „nach oben", also an die Wurzel des aktual generierten Teilbaumes gehen kann. Diese Vorhersage wird in einer Theorie der Substitution in schon existierende Positionen nicht gemacht und muss daher zusätzlich stipuliert werden. In der Literatur ist dies als **Spurenbedingung** bekannt: Spuren müssen gebunden sein. Dies folgt automatisch, wenn Bäume bei Bewegung immer erweitert werden.[23]

Die Kopfbewegungsbeschränkung 4.4.

Die Bewegung des Verbs aus seiner ursprünglichen Position (im Deutschen also: seiner Position *am Ende des Satzes*) an den Anfang des Satzes in die C-Position ist eine sog. **Kopf-zu-Kopf-Bewegung**, oder einfach **Kopf-Bewegung** (engl. *head movement*):

(12)

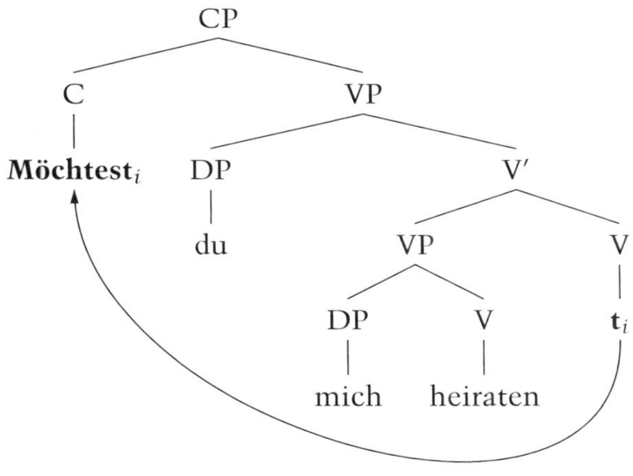

Um zu erkennen, dass es sich bei den bewegten PF-Merkmalen um die des Verbs handelt (und dass C die Kategorie V hat, was in (12) nicht notiert wurde), nimmt man an, dass die Spur zusammen mit dem „bewegten Verb" eine sog. **Kette** bildet. Um die Bewegungskette in der Struktur zu markieren, werden deren Elemente in (12) **koindiziert**.

Erinnern wir uns noch einmal an die allgemeine Charakterisierung von Bewegungsregeln, die wir als *Move-α* zitiert und als „Bewege irgendetwas irgendwohin" übersetzt haben. Eine naheliegende Frage ist nun, warum wir nicht irgendetwas anderes nach C bewegen können. Hier sind zwei Beschränkungen relevant. Die erste besagt, dass wir nur Köpfe an eine Kopfposition bewegen können; nur die Merkmale zweier Köpfe lassen sich wie beschrieben fusionieren.[24] Die zweite Frage ist dann, woher wir wissen, dass es gerade das finite Verb ist, das nach C bewegt werden muss. Warum bewegen wir nicht etwa den Infinitiv, wie in (13-a), oder ein D, wie in (13-b,c)?

(13) a. *Heiraten$_i$ du mich t$_i$ möchtest?
b. *mich$_i$ du t$_i$ heiraten möchtest?
c. *du$_i$ t$_i$ mich heiraten möchtest?

Darauf gibt der sog. ***Head Movement Constraint*** (***HMC***) von Travis (1984) eine einfache, universell gültige Antwort:

(14) *Kopf-Bewegungs-Beschränkung:*
Wird *X* in einen Kopf *Y* bewegt, so ist *X* der Kopf des Komplementes (und somit des Schwesterknotens) von *Y*.

Da die VP in (12) Komplement eines Cs ohne das Merkmal [∗+ZU∗] ist, kann der Kopf dieser VP nur finit sein; nach C bewegt werden kann aufgrund von (14) also nur das Finitum. Wir kommen auf den HMC noch in Anhang (**F.**) zurück.

Nebenbei sei bemerkt, dass es bei der Ableitung von Entscheidungsfragen einen wesentlichen Unterschied zwischen Deutsch und Englisch gibt. Im Englischen haben wir Entscheidungsfragen aus einem *Hauptsatz* abgeleitet, während im Deutschen von der Nebensatzstellung ausgegangen wurde, also von einer VP, die selber noch kein vollständiger Satz sein kann. Der entscheidende Unterschied ist also folgender: Sätze sind im Englischen IPs oder auch CPs, im Deutschen jedoch immer nur CPs.

Im Englischen werden somit die Entscheidungsfragen aus fertigen Sätzen abgeleitet, im Deutschen aus VPs. Wäre es aber nicht viel naheliegender, im Deutschen gerade so wie im Englischen vorzugehen, nämlich die Entscheidungsfragen *aus Hauptsätzen* des Deutschen (die wir bisher freilich noch nicht analysiert haben) abzuleiten? Denn Deutsch und Englisch scheinen ja gerade bei der Fragesatzbildung so verschieden nicht zu sein. Wir werden diese Frage vorerst zurückstellen und in den folgenden Abschnitten im Zuge unserer Diskussion der Verbzweitstellung negativ beantworten.

Frage 138: Chomsky (1971, S. 209) diskutiert die Joseph Emonds zugeschriebene Beobachtung, dass Modalverben in C u.U. eine andere Bedeutung haben können als *in situ*:

"⟨87⟩ (i) I shall go downtown
(ii) shall I go downtown
(iii) I asked/wonder whether I shall go downtown.

In ⟨87i⟩ and ⟨87iii⟩, the modal is essentially a tense marker. In ⟨87ii⟩ however, it has a different meaning, namely the meaning of should."
Chomsky benutzt diese Daten als Argument für eine Theorie, welche die S-Struktur und nicht die D-Struktur interpretiert. Man wäre also dazu gezwungen, die Bedeutungen von Lexemen von ihrem Vorkommen in der Struktur abhängig zu machen. Was spricht gegen ein solches Verfahren? Ein anderer Weg wäre der, zwei verschiedene Lexeme *shall*$_1$ und *shall*$_2$ anzunehmen, deren syntaktische Eigenschaften eine unterschiedliche Distribution erzwingen. Wie könnte dies im Rahmen einer Theorie der Merkmalüberprüfung ausformuliert werden?

Präfix- und Partikelverben 4.5.

Kommen wir noch einmal auf den traditionellen Begriff der Satzklammer zurück. Unsere Implementierung der traditionellen Terminologie lässt erwarten, dass die rechte Klammer genau dann leer ist, wenn das Finitum in C steht. Dies ist jedoch nicht immer so, denn im Feldermodell stehen wie in (15) illustriert die Partikeln *um, auf, weg* usw. in der rechten Satzklammer:

(15) a. *Fällt* der Kasper jetzt ***um***?
b. *Hörst* du jetzt ***auf***, Pappi!
c. *Läuft* der Kasper jetzt ***weg***?

Die Verben in diesen Sätzen, also *umfallen, aufhören, weglaufen*, heißen **Partikelverben**, d.h., das Verb ist zusammengesetzt aus einer präfigierten Partikel (*um+, auf+, weg+*), auch **Verbzusatz** genannt, und einem Verbstamm. Die Bedeutung der so zusammengesetzten Verben lässt sich aus der Bedeutung der Teile nicht immer erschließen. Z.B. hat *aufhören* mit den Bedeutungen von *auf* und *hören* nichts zu tun. Die Bedeutung des Ganzen muss somit im Lexikoneintrag des komplexen Verbs gespeichert sein. Diese Tatsache lässt es völlig evident erscheinen, dass das Verb bzw. ein Verbteil von der Partikel wegbewegt worden sein muss:

(16)

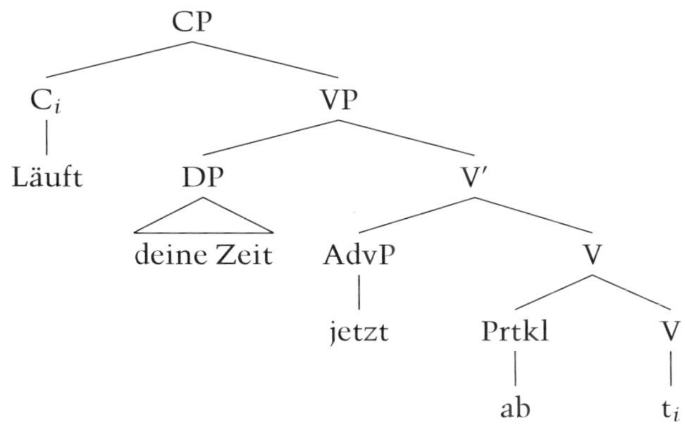

Die Partikel bildet daher einen sichtbaren „Rückstand" des Verbs — ein Indiz für die ursprüngliche Position des Verbs in der rechten Satzklammer — und bietet wie gesagt weitere Motivation für eine Bewegungsanalyse.

Eine naheliegende Frage ist nun die, wie die Abtrennbarkeit von der Nicht-Abtrennbarkeit in der Syntax, also bei der Bewegung, formal unterschieden werden kann. Für die Syntax entscheidend ist ja, dass der Verbzusatz nicht zusammen mit dem finiten Verbteil vorne stehen kann:

(17) a. ***Umfällt* der Kasper?
b. ***Aufhörst* du, Pappi!
c. ***Wegläuft* der Kasper?

In dieser Hinsicht unterscheiden sich die Partikelverben von den sog. **Präfixverben**:

(18) a. *Befällt* dich der Schnupfen?
b. *Erhöre* mich!
c. *Verläuft* sich die Menge?

Diese enthalten ein offenbar nicht „abtrennbares" Präfix *be-*, *er-*, *ver-* usw.[25]

Frage 139: Welche von der Syntax unabhängigen Kriterien (ein phonologisches und ein morphologisches) vermögen zwischen Präfix- und Partikelverb zu unterscheiden?

Abtrennbare Verben stellen ein Kuriosum dar, denn sie erlauben es der Syntax, in ein Wort „hineinzuschauen" und es auseinanderzureißen. Wörter sind aber normalerweise opak für syntaktische Prozesse. Dies zeigt sich nicht nur in Bezug auf Bewegung wie in (19),

(19) a. Spielt Leah nicht Fussball?
b. *Fuss spielt Leah t-Ball nicht
c. *Ball spielt Leah Fuss-t nicht

sondern auch in Bezug auf anaphorische Prozesse; Wörter sind sog. *anaphoric islands*.

(20) a. *Leah spielt Handball, die sie sich neulich leider verletzt hat
b. *Leah spielt Handball, den sie neulich leider verloren hat

Schon in Kapitel (I.) hatten wir die Abgrenzung zwischen verschiedenen Modulen wie Komposition und Derivation nicht mit Hilfe struktureller Eigenschaften eines Baumes erfasst, sondern anhand der modularen Organisation der Grammatik selber. Relevant waren nicht die *Strukturen* per se, sondern welche Gesetzmäßigkeiten in ihnen gelten. Die Grammatik zieht daher innerhalb der Strukturen eine (nicht notwendigerweise in der Struktur selber abgebildete) Linie zwischen dem, was die Syntax „sehen" kann, und dem, was für die Syntax opak ist. Diese Linie verläuft bei den abtrennbaren Verben gerade durch das „Wort" hindurch, — wobei *Wort* hier deshalb in Anführungszeichen steht, weil notorisch unklar ist, wann und in welchem Sinne man überhaupt von einem syntaktischen Wort reden will, s. hierzu insbesondere Di Sciullo und Williams (1987). Die Präfixverben sind in dieser Hinsicht jedenfalls opak. Diese Opazität erklärt die Ungrammatikalität von (21):

(21) a. *Fällt dich der Schnupfen be?
b. *Höre mich er!
c. *Läuft sich die Menge ver?

Die Ungrammatikalität von (17) muss nun daraus folgen, dass *umfallen* syntaktisch komplex ist, obwohl es sich um eine schon „im Lexikon" zusammengesetzte Projektion von V handelt; dies macht gerade den besonderen Status der Konstruktion aus. Dass komplexe syntaktische Strukturen schon im Lexikon stehen können, ist an sich nichts ungewöhnliches und wurde z.B. auch für idiomatische Wendungen angenommen, s. wiederum Di Sciullo und Williams (1987).

Formal repräsentieren wir den Unterschied zwischen Partikel und Präfix hier darin, dass erstere vom Verb mittels eines Sternmerkmals subkategorisiert wird, sodass sich der abtrennbare Teil wie ein Komplement des Verbs verhält.[26] Dagegen hat ein Präfix wie z.B. *be-* in Kapitel (I.) selber ein Sternmerkmal, was aus der Verallgemeinerung folgt, dass alle Derivationsmorpheme Sternmerkmale haben.[27] Das Vorhandensein dieses Merkmals zeigt also an, dass wir uns (noch) in der (derivationellen) Morphologie befinden.

Dennoch stellen Partikelverben ein Problem für die hier vorausgesetzte syntaktische Analyse dar: Derivationen wie *abrufbar, zumutbar, zulässig* usw. können offenbar nicht so gebildet werden, dass innerhalb der Morphologie zuerst *rufbar, mutbar* oder *lässig* deriviert wird, um dann in der Syntax durch die Partikel präfigiert zu werden. Und umgekehrt sollte nicht angenommen werden müssen, dass *abruf-* ein Syntagma ist, das dann als solches wieder Input für die Morphologie sein kann. Dies würde die Abfolge von Morphologie und Syntax auf den Kopf stellen. Genau hierin besteht das oft als **Klammerparadox** beschriebene Problem der Partikelverben; weder können sie ganz zur Syntax gerechnet werden, noch können sie völlig in der Morphologie angesiedelt werden, denn dort wären sie opak für den syntaktischen Abtrennungsprozess.

Gewissermaßen scheinen Partikelverben sowohl morphologisch als auch syntaktisch zu existieren. Ein solches Sowohl-als-auch wird uns in der Analyse von Verbzusätzen noch öfter begegnen; ich muss allerdings gestehen, dass ich eine solche Redeweise nie wirklich verstanden habe, wenn gemeint ist, dass Partikelverben simultan *beide* Eigenschaften haben. M.E. wäre es viel einsichtiger, nicht ein Sowohl-als-auch, sondern ein Entweder-oder anzunehmen. D.h., Partikelverben sind bezüglich ihres Status als morphologische oder syntaktische Gebilde nicht festgelegt. Diese Unterspezifikation erlaubt es ihnen, alternativ beides zu sein. Dies erklärt zunächst ihre Eigenschaft, Input für weitere Derivationen zu sein, was sie ja qua Option „morphologisches Objekt" sein können. Es erklärt auch die Eigenschaft der Abtrennbarkeit qua Option „syntaktisches Objekt". Nicht erklärt wird damit (17). Ist der modulspezifische Ort der Präfigierung nicht festgelegt oder optional, sollte (17) möglich sein.

Zur Erklärung der Ungrammatikalität von (17) können wir auf ein Prinzip zurückgreifen, das wir in Kapitel (I.) schon bemüht haben, als es um die Abfolge von Derivation und Komposition ging. Dort wurde darauf hingewiesen, dass N+V-Komposita gemeinhin deshalb nicht möglich sind, weil es eine alternative Option gibt, N+V als syntaktische Struktur zu generieren. Dies können wir das **syntaktische Präferenzprinzip** nennen. Dieses Prinzip wird jedoch dann außer Kraft gesetzt bzw. ist nicht mehr anwendbar, wenn der Komplex N+V weiteren Wortbildungsprozessen unterworfen wird.

Eine analoge Situation liegt nun auch bei der Kombination Partikel+V vor. Wenn diese Kombination sowohl morphologisch als auch syntaktisch generierbar ist, sagt das syntaktische Präferenzprinzip zunächst, dass die morphologische Analyse nicht möglich ist, weswegen (17) ungrammatisch ist. Andererseits aber ist die syntaktische Analyse nur dann möglich, wenn die morphologische in Konkurrenz zur syntaktischen tritt. Dies ist aber gerade dann nicht mehr der Fall, wenn die Partikel+V-Kombination einem weiteren derivationellen Prozess unterworfen wird. In diesem Fall wird die Ambiguität oder Unterspezifikation in die andere Richtung aufgelöst.

Das in der Literatur oft als paradoxal bezeichnete Problem lässt sich so auf völlig natürliche Weise lösen und auf das Zusammenwirken von Unterspezifikation, Präferenz und Konkurrenz zurückführen.

Verb-Zweit-Stellung 5.

Topikalisierung 5.1.

Nachdem wir die V/1-Stellung über eine Transformation abgeleitet haben, verfügen wir über eine verblüffend einfache Methode, die Hauptsatzstellung des Deutschen zu beschreiben. Erstens ist festzustellen, dass auch im Hauptsatz die „Distanzstellung" zwischen Finitum und abtrennbarem Teil anzutreffen ist, die wie beschrieben durch Bewegung des finiten Verbs in die C-Position entsteht:

(1) a. Der Zug *fährt* in fünf Minuten ***ab***
 b. Ich *höre* damit sofort ***auf***!
 c. Gestern *fiel* der Unterricht ***aus***

Und zweitens braucht für die Generierung der Hauptsatzstellung nur noch eine Position vor der C-Position besetzt zu werden. Diese Position haben wir den Spezifikator von C oder die SpecC-Position genannt. Jede Konstituente, die in einem der Sätze in (2) vor dem Finitum *hat* steht, erscheint in den jeweils anderen Sätzen von (2) hinter dem Finitum (in einer bestimmten Position des Kohärenzfeldes):

(2) a. *Er* ***hat*** gestern einen Brief geschrieben
b. *Einen Brief* ***hat*** er gestern geschrieben
c. *Gestern* ***hat*** er einen Brief geschrieben
d. *Einen Brief geschrieben* ***hat*** er gestern

Da das Kohärenzfeld eine VP ist, müssen diese Konstituenten wie in (3) gezeigt Teile dieser VP sein, und die Abfolgen in (2) entstehen dann plausiblerweise durch die Bewegung eines beliebigen Satzgliedes an die SpecC-Position, s. (3-b-e):

(3) a.

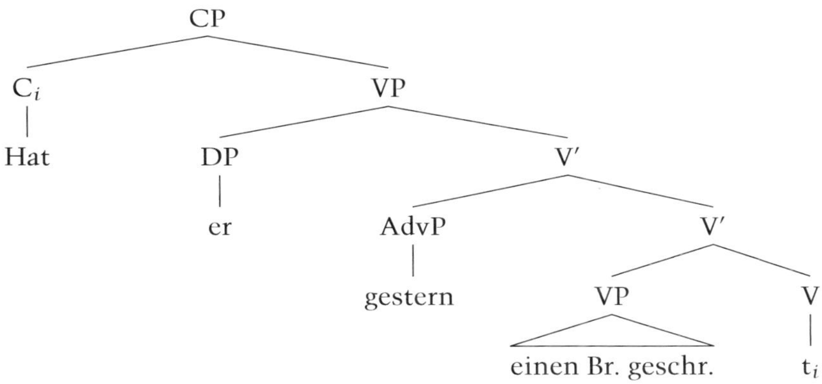

b.

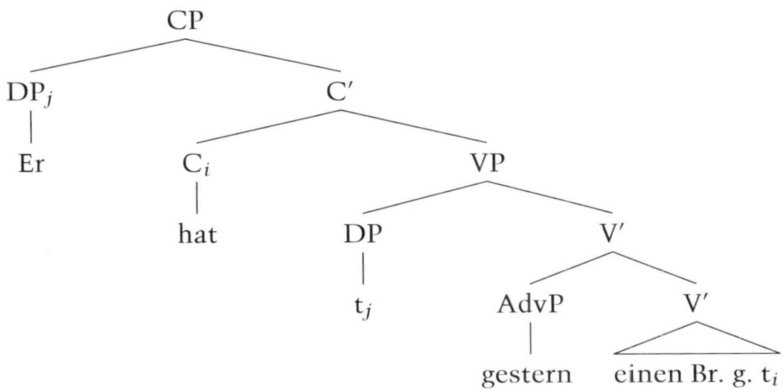

c.

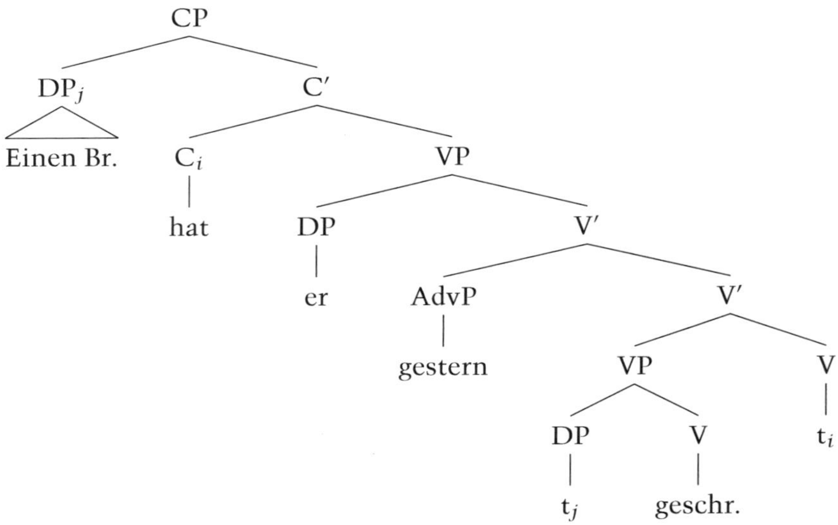
CP
DPj
C′
Einen Br.
Ci
VP
hat
DP
V′
er
AdvP
V′
gestern
VP
V
DP
V
ti
tj
geschr.

d.

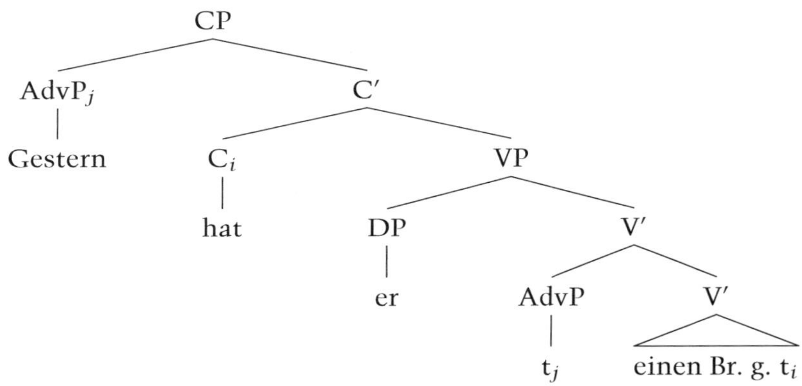
CP
AdvPj
C′
Gestern
Ci
VP
hat
DP
V′
er
AdvP
V′
tj
einen Br. g. ti

e.

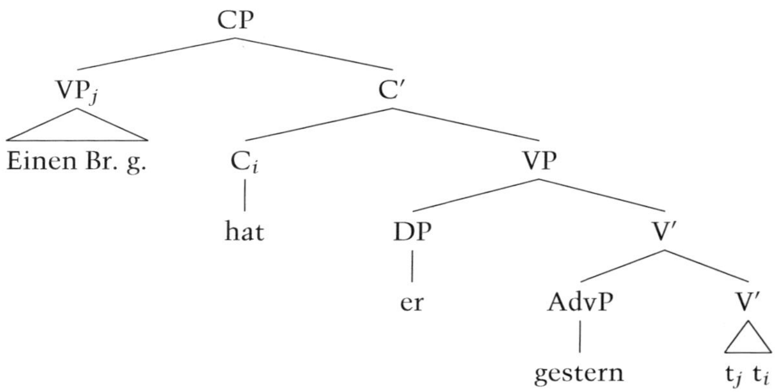
CP
VPj
C′
Einen Br. g.
Ci
VP
hat
DP
V′
er
AdvP
V′
gestern
tj ti

Die hier gewählte Methode, ausgehend von der Nebensatzstellung die Hauptsatzstellung mittels zweier Transformationen über den Umweg der V/1-Stellung abzuleiten, geht auf Thiersch (1978) zurück.[28]

Einen empirisch und theoretisch interessanten Aspekt dieser Analyse stellt die häufig anzutreffende Annahme dar, dass jede funktionale Projektion nur *eine* Spezifikatorposition haben kann. Dieser theoretischen Generalisierung entspricht hier die empirische Vorhersage, dass nur *eine* Konstituente topikalisiert, also nach SpecC und somit vor das Finitum bewegt werden kann (weswegen man natürlich vom Verb-*Zweit*-Satz spricht). Die Vorhersage wird durch die folgenden Daten bestätigt:[29]

(4) a. *Er gestern *hat* einen Brief geschrieben
 b. *Einen Brief gestern *hat* er geschrieben
 c. *Einen Brief geschrieben gestern *hat* er
 d. *Er einen Brief *hat* gestern geschrieben
 e. *Gestern einen Brief *hat* er geschrieben
 f. *Einen Brief er *hat* gestern geschrieben
 g. *Gestern er *hat* einen Brief geschrieben
 h. *Einen Brief geschrieben er *hat* gestern
 i. *Er einen Brief geschrieben *hat* heute morgen
 j. usw.

Dennoch scheint es eine Reihe von Ausnahmen zu dieser Generalisierung zu geben. So argumentiert Jacobs (1983, S. 46), dass Partikeln wie *nicht, nur, sogar, vermutlich* u.a.m. nicht Teil der topikalisierten Konstituente sind; vielmehr sind sie an CP adjungiert.

(5) [$_{CP}$ Sogar/nur/nicht [$_{CP}$ [$_{PP}$ gegen die Regierung]$_i$ hat sie [$_{DP}$ eine [$_{NP}$ Proklamation t_i]] unterzeichnet]]

Entscheidend ist für Jacobs ein semantisches Argument, welches zeigen soll, dass Partikel wie *nur* oder *nicht* generell keine DP-Bestandteile sein können. Dies lässt sich recht suggestiv anhand einer historisch älteren Beobachtung mittels (6-a) demonstrieren, was sich semantisch als (6-b) paraphrasieren lässt:

(6) a. Not every boy can be above average height
 b. Es ist nicht möglich, dass jeder Junge größer als der Durchschnitt ist

(6-b) zeigt, dass in der Logischen Form nur *every boy* an einer Position steht, die im Skopus von *can* liegt. Das Modal dagegen ist im Skopus der Negation. Nehmen wir an, dass das Subjekt im Englischen, ähnlich wie im Deutschen, aus der VP an die Subjektposition bewegt wird (im Englischen also nach SpecI), so enthält die Oberflächenstruktur von (6-a) die Spur in (7-a), die LF entsteht dann durch Rekonstruktion des Subjekts unter den Skopus des Modals wie in (7-b):

(7) a. [$_{IP}$ Not [$_{IP}$ [$_{DP}$ every boy]$_i$ [$_{I'}$ can [$_{VP}$ t_i be above average height]]]]
b. [$_{IP}$ Not ∅ [$_{I'}$ can [$_{VP}$ [$_{DP}$ every boy]$_i$ be above average height]]]

Ein analoges Argument entwickeln Büring und Hartmann (2001) anhand von (8). Da in (8-a) keine Bindung des Possessivpronomens vorliegt, diese aber für die semantische Interpretation notwendig ist, muss *seine Mutter* an die Stelle des Objekts im Mittelfeld rekonstruiert werden. Wäre *nur* Teil dieser DP, wäre zu erwarten, dass das Resultat der Rekonstruktion mit (8-b) semantisch äquivalent ist:

(8) a. [Nur seine$_i$ Mutter] liebt jeder$_i$
b. Jeder$_i$ liebt [nur seine$_i$ Mutter]

Dies ist aber nicht der Fall: (8-b) impliziert, dass jeder nur jeweils eine Person liebt. (8-a) impliziert dies nicht. Während (8-b) es ausschließt, dass jemand z.B. seine Oma liebt, ist dies für (8-a) nicht ausgeschlossen, solange nicht jeder seine Oma liebt. Es lässt sich dann zeigen, dass die Wahrheitsbedingungen eine Logische Form wie in (9) voraussetzen:

(9) Nur [$_{CP}$ [$_{VP}$ jeder$_i$ seine$_i$ Mutter liebt]]

Entscheidend ist wieder, dass lediglich *seine Mutter* (und das Verb), nicht jedoch *nur seine Mutter* in der Logischen Form im Skopus von *jeder* steht, *nur* daher in situ verbleiben muss, damit die richtigen Wahrheitsbedingungen herauskommen.[30] Dies bedeutet, dass *nur* wie in (10) gezeigt an die CP adjungiert werden muss:

(10) [$_{CP}$ nur [$_{CP}$ seine Mutter$_i$ [$_C$ liebt$_j$ [$_{VP}$ jeder t_i t_j]]]]

Damit ist gezeigt, dass *nur* eine weitere Konstituente ist, die vor dem Finitum steht.

Neben den von Jacobs untersuchten Fällen[31] erhärten die vielen von Müller (2003) durch Internetrecherche zusammengestellten Belege die These, dass mit der Möglichkeit der mehrfachen Vorfeldbesetzung in der Tat gerechnet werden muss. Die eher willkürlich herausgegriffenen Beispiele in (11) vermitteln einen Eindruck davon, mit welchen Konstruktionen zu rechnen ist; insbesondere scheinen sich im Vorfeld zusätzliche Adverbiale zu tummeln, die man dort nicht erwarten würde:

(11) a. Gezielt Mitglieder im Seniorenbereich wollen die Kendoka allerdings nicht werben
b. Dauerhaft mehr Arbeitsplätze gebe es erst, wenn ...
c. Vor wenigen Wochen im Deutschen Theater sagte ich: ...

d. Einsam am Eingang steht ein blitzblank neues Infoterminal und will über das neue Preissystem Auskunft geben
e. Der Universität zum Jubiläum gratuliert auch Bundesminister Dorothee Wilms,...

Trotz dutzender solcher Belege ist allerdings nicht klar, wie die grammatischen sich von den eher als ungrammatisch einzuschätzenden Topikalisierungen unterscheiden ließen.[32] Als Konsequenz aus diesem Befund wollen wir jedenfalls grundsätzlich mit der (markierten) Möglichkeit rechnen, dass ein Kopf mehrere Spezifikatoren haben kann.

Eine andere traditionelle Generalisierung der X-bar-Theorie besagt, dass an der Spezifikator-Position stets ein Nicht-Kopf und somit definitionsgemäß eine maximale Projektion, also eine Phrase, zu stehen habe. Nun gibt es aber Topikalisierungen wie in (12), wo es offenbar möglich ist, einen V-Kopf in SpecC zu haben:

(12) Gemietet$_i$ hat$_j$ [$_{VP}$ er das Haus nicht t$_i$ t$_j$]

Wenn es richtig wäre, dass nur Phrasen topikalisiert werden können, könnte das Verb nicht topikalisiert werden, sondern nur die ganze VP. Tatsächlich aber führt dies zu einer ungrammatischen Struktur:

(13) *[$_{VP}$ er das Haus nicht gemietet] hat

Wir müssen also einerseits erklären, warum (12) grammatisch und warum (13) ungrammatisch ist. Beginnen wir mit letzterem. Durch Topikalisierung der ganzen VP bekämen wir eine Struktur, die mit der Ausgangsstruktur des Nebensatzes identisch ist. Neben einer eher pragmatischen Erklärung, die darauf hinausliefe, dass eine gewisse funktionale Äquivalenz zur V/E-Struktur die richtige semantische Interpretation als V/2-Struktur blockiert, wollen wir hier eine syntaktische Erklärung versuchen.[33] Dazu beachte man, dass bei der VP-Bewegung in (13) die Spur von *hat* nicht mehr von seinem Antezedens c-kommandiert wird:

(14) *[$_{CP}$ [$_{VP}$ er das Haus nicht gemietet t$_i$]$_j$ [$_{C'}$ hat$_i$ t$_j$]]

Möglicherweise führt dies zu dem Problem, dass der Kopf der VP nun nicht mehr „identifizierbar" ist. Wir werden hier und an anderer Stelle generell annehmen, dass enthauptete Kategorien generell nicht bewegt werden können. Dies lässt sich wie in (15) formulieren.

(15) In der Konfiguration

$$[\ \alpha_i \ldots [_\beta \ldots \mathrm{t}_i \ldots] \ldots\ ]$$

ist β immobil (= nicht bewegbar), wenn t$_i$ der Kopf von β ist.

Nach diesem Exkurs zur Ungrammatikalität von (14) nun zu der Frage, warum (12) grammatisch ist. Daran erinnert sei, dass Phrasalität in der traditionellen X-bar-Theorie ein absoluter Begriff war: in der SpecC-Position darf per definitionem nur eine Phrase stehen, weil Phrasen gerade die relativen Nicht-Köpfe waren. In einer minimalistischen Auffassung von Phrasen ist Phrasalität jedoch ein rein relationaler Begriff, der lediglich Nicht-Köpfigkeit beinhaltet. Insbesondere ist sie keine inhärente Eigenschaft einer Konstituente. Insofern ist also gegen (12) nichts einzuwenden, denn *gemietet* ist in der SpecC-Position als Nicht-Kopf gewissermaßen automatisch „lokal phrasal".[34]

Aus unserer bisherigen Charakterisierung des Hauptsatzes folgt die Notwendigkeit von mindestens zwei Transformationen: C-Besetzung und Topikalisierung. In Abschnitt (3.6.) wurde argumentiert, dass Adverbiale als Adjunktionen an verschiedene V-Projektionen ohne syntaktische Beschränkungen generiert werden können; Abfolgebeschränkungen für Adverbien unterliegen nicht syntaktischen, sondern semantischen Gesetzmäßigkeiten. Eine naheliegende Frage ist dann natürlich, ob Adverbiale auch ohne Bewegungstransformation, also an Ort und Stelle (*„in situ"*) in SpecC basisgeneriert werden können. So könnte das Satzadverbial *wahrscheinlich* in (16-a) direkt in SpecC generiert werden. Diese Analyse wäre semantisch völlig äquivalent mit einer, in der das Adverbial wie in (16-b) direkt hinter der C-Position generiert wird.

(16) a. Wahrscheinlich guckt wieder kein Schwein
b. Wahrscheinlich$_i$ guckt t$_i$ wieder kein Schwein

M.E. spricht wenig gegen die Basisgenerierung in (16-a). In der traditionellen X-bar-Theorie wäre dies eher problematisch: da Adverbiale Adjunkte (an eine V-Projektion) sind, erhöhen sie die Komplexität nicht, sodass die Struktur (16-a) eine Adjunktion an C′ sein müsste, nur (16-b) wäre eine CP. In der abgeschwächten Theorie gibt es jedoch keine festen Komplexitätsstufen und somit muss zwischen (16-a) und (16-b) kategorial nicht unterschieden werden. Man beachte auch, dass der Begriff des Spezifikators bei uns eigentlich gar nicht definiert ist. Wenn man also einen V/1 Satz hat, hat man schon eine CP. Wenn man ein Adverb dazu tut, hat man im Ganzen immer noch eine CP. Anders in der klassischen X-bar-Theorie: Wenn man sagt, dass der V/2-Satz eine CP ist und der V/1-Satz ein C′, hat man mit Adjunkten in SpecC ein Problem, da sie nicht gleichzeitig Adjunkte und Spezifikatoren sein können. Dieses Problem entfällt in der liberaleren Theorie, insofern wir annehmen, dass allein die Anzahl der Kategorien vor dem Kopf relevant ist. Und diese ist, wie wir gesehen haben, im Normalfall auf genau eine beschränkt; wie wir gezeigt haben und wie (17) noch einmal illustriert, gibt es aber durchaus auch Ausnahmen:

(17) Gestern in der Nacht neben meinem Bett erschien ein Gespenst

Dies bedeutet nicht notwendigerweise, dass Adverbiale nicht — zumindest im Prinzip — ins Vorfeld bewegt werden können. Der folgende Satz hat ja präferiert nicht die Bedeutung in (18-a) sondern die in (18-b):

(18) Eines Tages wird es jeden einmal erwischen
   a. Es wird einmal einen Tag geben, an dem es jeden erwischt
   b. Für jeden gilt: eines Tages wird es ihn einmal erwischen

Diese zweite Bedeutung könnte so analysiert werden, dass das Adverbial tatsächlich im Mittelfeld generiert wird und dann die Bedeutung durch Rekonstruktion an die Position der Spur erfasst wird:

(19) Eines Tages$_i$ wird es jeden t$_i$ einmal erwischen

Dies wäre jedoch nicht die einzige Analysemöglichkeit. Denn ebenso wäre es m.E. möglich, den Quantor *jeden* auf LF nach vorne zu bewegen. Man erhält dann Struktur (18-b). Diese Möglichkeit wird oft übersehen und es wird gerade bei der Betrachtung der Adverbiale immer davon ausgegangen, dass unerwartete Skopusmöglichkeiten ein Indiz für Rekonstruktion sind. So wurde z.B. in Frey (1993, S. 195) argumentiert, dass die Möglichkeit, den Satz in (20) wie in (20-a) zu interpretieren, darauf schließen lässt, dass das Adverbial eine feste Position vor dem Subjekt einnehmen muss und dass die Interpretation nur durch Rekonstruktion eines gescrambelten Subjekts zustande kommen kann.

(20) weil mindestens einer fast jedesmal geschlafen hat
   a. weil fast jedesmal mindestens einer geschlafen hat
   b. weil [mindestens einer]$_i$ fast jedesmal t$_i$ geschlafen hat

Diese Argumentation übersieht, dass die Lesart auch durch Quantorenbewegung von *fast jedesmal* auf der LF-Ebene generiert werden könnte. Man vergleiche etwa:

(21) weil in Barcelona ein Polizist vor jeder Bank stand

Auch dieser Satz hat eine Lesart (die einzige sinnvolle), worin (*vor*) *jeder Bank* weiten Skopus über das Subjekt haben kann. Würden wir jetzt argumentieren, dass diese Lesart auf Bewegung und Rekonstruktion zurückzuführen ist, bekämen wir (22) als Struktur für (21):

(22) weil in Barcelona [ein Polizist]$_i$ vor jeder Bank t$_i$ stand

(22) ist aber keine mögliche Struktur für (21), denn die PP ist ein Präpositionalobjekt von *stehen* und muss daher näher beim Verb generiert werden als das Subjekt. Dementsprechend muss von (21) als zugrundeliegender Struktur ausgegangen und die intendierte Lesart durch LF-Bewegung der Lokalangabe generiert werden:

(23) weil in Barcelona [vor jeder Bank]$_i$ ein Polizist t$_i$ stand

Ebenso scheint es mir möglich, Adverbiale auf LF zu bewegen, sodass die intendierte Lesart von (20) durch LF-Bewegung des Adverbials zustande kommt:

(24) weil [fast jedesmal]$_i$ mindestens einer t$_i$ geschlafen hat

Welche Analyse die richtige ist, scheint mir immer noch ein offenes Problem; jedenfalls sehe ich hier wieder meine Konklusion aus Abschnitt (3.6.) bestätigt, dass Annahmen über Bewegung und zugrundeliegende Struktur sorgfältiger zu begründen sind, als dies in der Literatur üblicherweise der Fall ist.

Eine weitere, wichtige Ausnahme zur Vorfeldbesetzung mit Bewegung stellt die These dar, dass auch Subjekte direkt, also in situ und ohne Bewegung ins Vorfeld, in SpecC generiert werden können.

Frage 140: Warum ist es aufgrund unserer bisherigen Annahmen in keinem Falle möglich, das Subjekt direkt in SpecC zu generieren?

Diese These wird ausführlich in den Abschnitten (IV.3.) und (V.3.3.2.ff) diskutiert; das Resultat wird sein, dass wir eine solche Analyse tatsächlich für möglich halten, was dazu führt, dass wir in Kapitel (V.) eine Reihe von Annahmen über die Einsetzung und Vererbung der Kongruenzmerkmale von V modifizieren werden.

Ergänzungsfragen 5.2.

Die Verb-Zweit-Analyse des letzten Abschnitts legt es nahe, direkte Fragen wie (25) als eine spezielle Art von „Topikalisierung" zu analysieren.

(25) a. Was$_i$ hat er gestern t$_i$ geschrieben?
b. Wer$_i$ hat t$_i$ gestern einen Brief geschrieben?
c. Wem$_i$ hat er gestern einen Brief t$_i$ geschrieben?

Prima facie werden Fragesätze syntaktisch genau so gebildet wie normale Hauptsätze; einziger Unterschied scheint der, dass SpecC ein Fragewort, also ein W-Pronomen, enthält. Dabei muss SpecC nicht ausschließlich aus einem W-Wort bestehen, das W-Pronomen kann in SpecC auch tiefer eingebettet sein:

(26) a. *Mit* ***wem*** hast du korrespondiert?
b. ***Wessen*** *Brief* hast du gelesen?
c. ***Welchen*** *Brief* hast du gelesen?
d. *An* ***wessen*** *Brief* hast du gedacht?

Wie tief das W-Wort eingebettet werden kann, ist eine Frage, der wir uns in Abschnitt (7.6.) ausführlich widmen.

Die Bewegung einer Phrase mit einem W-Wort wird auch **W-Bewegung** genannt. W-Bewegung wird in der Generativen Syntax im Allgemeinen von dem, was Topikalisierung genannt wird, unterschieden. Dass es sich um unterschiedliche syntaktische Prozesse handeln kann, zeigt ein Blick auf das Englische: W-Bewegung hat einen Verb-Zweit-Effekt, Topikalisierung wie in (27-b,c) nicht:

(27) a. What$_i$ will$_j$ you t$_j$ buy t$_i$?
b. *[$_{DP}$ A gift]$_i$ will$_j$ I t$_i$ buy t$_i$
c. [$_{DP}$ A gift]$_i$ I will buy t$_i$

Da im Deutschen auch die Topikalisierung einen V/2-Effekt hat, ist nicht klar, ob eine analoge Unterscheidung für das Deutsche übernommen werden muss: prima facie scheint dies nicht notwendig, sodass Topikalisierung und W-Bewegung derselbe syntaktische Prozess sein könnten.

Ein Argument für die Abgrenzung von W-Bewegung gegenüber anderen Bewegungen bezieht sich typologisch direkt auf die W-Bewegung als solche: es gibt Sprachen, in denen ein Zwang zur Bewegung von W-Elementen nach vorne nicht existiert. Solche Sprachen (wie Französisch, Koreanisch, Japanisch, Chinesisch) heißen W-in-situ-Sprachen. Ob ein Fragewort nach vorne bewegt wird oder in situ verbleibt, scheint daher ein eigenständiger, von der Topikalisierung unabhängiger syntaktischer Parameter zu sein.

Ob wir allerdings auch im Deutschen einen solchen Parameter brauchen, ist wiederum nicht ganz klar, denn der Effekt dieses Parameters könnte ja durch den viel allgemeineren V/2-Effekt überdeckt oder überlagert worden sein. Hinzu kommt, dass es ja auch im Deutschen keinen absoluten syntaktischen Zwang gibt, W-Wörter zu bewegen. Falls diese wie in (28) nicht bewegt werden, entstehen Fragesätze, deren Anwendungsbedingungen von den üblichen Fragesätzen abweichen.

(28) a. Du hast WEN gesehen?
b. Den Brief hast du WEM gegeben?
c. Den Brief von WEM hattest du gelesen?

Diese Fragen werden als sog. **Echofragen** bezeichnet, was bedeutet, dass ein typischer Äußerungskontext für solche Fragen dann gegeben ist, wenn in einem vorangehenden Kontext die Antwort schon als irgendwie bekannt vorausgesetzt werden kann. Typischerweise ist dies eine Situation, in der schon ein Satz geäußert wurde, der als Antwort auf die Frage zählen könnte, der aber vom Hörer nicht ausreichend verstanden wurde, worauf dieser den Satz wieder aufnimmt, den nicht-verstandenen Teil durch ein Fragepronomen ersetzt und das Ganze mit einer Frageintonation versieht. Der Unterschied zwischen „echten" Fragesätzen und W-in-situ Sätzen beliefe sich dann lediglich auf die semantischen und pragmatischen **Anwendungsbedingungen** der sprachlichen

Formen; wir hätten es hier nicht mit einem syntaktisch gesondert zu erfassenden Phänomen zu tun, sondern mit der Frage, wie Sätze semantisch interpretiert werden. Echte Fragesätze nennen wir im Folgenden W-Fragen, Echofragen nennen wir E-Fragen.

Bemerkenswert ist nun allerdings, dass (28-c), obwohl kaum als W-, sondern als E-Frage zu verstehen, dennoch die für W-Fragen notwendige, aber eben offenbar nicht hinreichende Bedingung erfüllt, dass SpecC ein W-Wort enthält. Warum aber kann der Satz nicht wie jene Sätze in (26) als W-Frage verstanden werden? Sicher wäre *Wessen Brief hast du gelesen?* dafür eine adäquatere Ausdrucksweise. Handelt es sich hier wieder um ein Ökonomiephänomen, welches dazu zwingt, ohne entsprechenden Echo-Kontext dem kürzeren Ausdruck den Vortritt zu geben?

Dass es nicht allein um die Kürze der Sätze als Ganze geht, zeigt der Vergleich zwischen (29-a) und (29-b):

(29) a. *Wem zugehört hat niemand?
b. Wem hat niemand zugehört?

Der Stern bezieht sich hier auf die Lesart, in der (29-a) nicht als E-Frage interpretiert wird; in einem Echo-Kontext wäre der Satz grammatisch. Man könnte daher versucht sein, zu argumentieren, dass (29-a) deshalb unzulässig ist, weil es eine grammatische Alternative gibt, deren SpecC kürzer ist. Diese Erklärung funktioniert jedoch nicht wirklich. Betrachten wir etwa (30):

(30) a. Der Verdacht, sie habe wen gesehen, wurde nicht diskutiert?
b. *Wen wurde der Verdacht, sie habe gesehen, nicht diskutiert?
c. *Sie habe wen gesehen wurde der Verdacht nicht diskutiert?

Ist *wen* in (30-a) unbetont, so muss *wen* wie *jemand* verstanden werden, und der Satz ist kein Fragesatz sondern ein Deklarativsatz. Ist dagegen *wen* betont, so kann der Satz nur als E-Frage grammatisch sein, obwohl SpecC ein W-Wort enthält und der Ausschluss einer Interpretation als Informationsfrage nicht dadurch bedingt sein kann, dass es eine grammatische Alternative gibt, die weniger Material in SpecC enthält, aber das Gleiche bedeutet. Die Alternativen, bei denen weniger bewegt wird, sind nämlich alle ungrammatisch, wie in (30-b,c) illustriert wird.

Das Phänomen, dass mehr Material im Vorfeld steht, als für die semantische Interpretation eigentlich benötigt werden würde, wird in der Literatur seit Ross (1967) ***Pied Piping*** genannt; der *Pied Piper* ist der Rattenfänger von Hameln, der bildlich gesprochen die Konstituenten hinter sich herzieht, die für die Interpretation als Frage eigentlich nicht benötigt werden. Die Idee ist, dass es wie in (31) idealerweise (auf der LF-Ebene) nur die kleinste W-Phrase sein sollte, die nach SpecC bewegt wird, um eine sinnvolle semantische Interpretation zu bekommen; in der Syntax dagegen muss wie in (32) mehr bewegt werden, damit keine Ungrammatikalität entsteht:

(31) a. *Wem$_i$ hast du [$_{PP}$ mit t$_i$] korrespondiert?
b. *Wessen$_i$ hast du [$_{DP}$ t$_i$ Brief] gelesen?
c. *Wessen$_i$ hast du [$_{PP}$ an [$_{DP}$ t$_i$ Brief]] gedacht?

(32) a. *Mit* ***wem*** hast du korrespondiert?
b. ***Wessen*** *Brief* hast du gelesen?
c. *An* ***wessen*** *Brief* hast du gedacht?

Die geklammerten Phrasen in (31) dürfen durch Bewegung nicht verlassen werden: sie sind **Inseln** für Bewegung.

Man könnte nun vermuten, dass *Pied Piping* genau dann zulässig ist, wenn eine Inselverletzung umgangen werden kann. Wenn dies stimmt, sollte man eigentlich erwarten, dass (30-a) ebenfalls ein Fall von zulässigem *Pied Piping* ist. Dennoch ist der Satz eben gerade nicht wie die anderen als W-Frage zu interpretieren. Wir müssen also irgendwie unterscheiden können, wann eine Interpretation als E-Frage die einzig mögliche ist, und wann eine Interpretation als W-Frage in Betracht kommt, und genau zur Erfassung dieses Unterschieds haben wir bisher kein präzises Kriterium.

Es scheint, als sei die Interpretation als W-Frage dann nicht möglich, wenn die W-Phrase in einem zu spezifizierenden Sinne „zu tief" in SpecC eingebettet ist. Wenn der Sinn des *Pied Piping* darin besteht, eine W-Frage unter Umgehung einer Inselverletzung zu bilden, brauchen wir ein *syntaktisches* Kriterium, um zwischen zulässigen und unzulässigen Fällen von *Pied Piping* zu unterscheiden. Unzulässig nenne ich das *Pied Piping*, wenn es nicht zu einer Interpretation als W-Frage führt. In diesem Falle spreche ich weiterhin von Topikalisierung, nicht von W-Bewegung.

W-Bewegung ist somit ein Spezialfall von Topikalisierung; nicht jede Topikalisierung eines Ausdrucks, der eine W-Phrase enthält, ist eine W-Bewegung. Wie diese terminologische Unterscheidung implementiert werden kann, und wie vor allem die zulässigen von den unzulässigen Fällen von *Pied Piping* unterschieden werden sollen, ist damit natürlich noch nicht geklärt. Ich komme auf dieses komplizierte Problem in Abschnitt (7.6.) ausführlich zu sprechen.

Restriktionen für die C- und SpecC-Besetzung 6.

Nachdem wir die Grundzüge der CP-Analyse des Hauptsatzes im Deutschen kennengelernt haben, muss ergänzend noch auf einige spezifische Restriktionen für die Besetzung der SpecC- und der C-Position eingegangen werden.

Diese werden auch im folgenden Kapitel eine Rolle spielen, wo es um eine vertiefte Rechtfertigung unserer Analyse geht.

C-phobische Verben 6.1.

Eine Reihe von Verben können nur in V/E-Stellung vorkommen, können also nicht in die C-Position versetzt werden; ein häufig genanntes Beispiel ist das Verb *uraufführen*:

(1) a. Der Regisseur hat das Stück uraufgeführt
b. dass er es uraufführte
c. ??Uraufführte er es?
d. *Führte er es urauf?
e. ??Schlingensief uraufführte das Stück in Berlin

Weitere Verben dieser Art finden sich in (2) (aus Stiebels und Wunderlich (1994, S. 944ff)); in vielen Fällen handelt es sich um jenen problematischen X+V-Typ, der als sog. **Rückbildung** aus komplexen Nominalen (hier: aus *Uraufführung*) analysiert wird: Der Begriff Rückbildung deutet an, dass die Grundlage ein Verb, also *aufführen* ist, das zuerst zu einem Nominal deriviert (also *Aufführung*, — *Uraufführung*) und dann zurückkehrt zu einem Verb (*uraufführen*):

(2) auferstehen, auferwecken, bauchlanden, bauchreden, bausparen, bergsteigen, bruchlanden, ehebrechen, erstaufführen, feuerverzinken, gefriertrocknen, gegensprechen, generalüberholen, hartlöten, hohnlächeln, hohnsprechen, kopfrechnen, kunststopfen, manndecken, preiskegeln, prämiensparen, punktschweißen, rückfragen, schutzimpfen, sonnenbaden, strafversetzen, teilzahlen, voranmelden, wettrudern

Die in (1) illustrierte Merkwürdigkeit bietet prima facie Evidenz für die These, dass die V/E-Stellung als zugrundeliegend anzusehen ist. Dass wir entsprechende Beispiele nicht früher genannt haben, hat seinen Grund schlicht darin, dass es keine naheliegende *Erklärung* dafür gibt, warum diese Verben die beobachtete C-Phobie aufweisen. Es scheint, als könne sich der Sprecher bzw. die Sprachgemeinschaft nicht so recht entscheiden, ob der Erstbestandteil abtrennbar sein soll oder nicht; s.a. Vikner (2001), der nachweist, dass es große sprecherspezifische Schwankungen bezüglich der Beurteilung von V/2-Sätzen mit solchen Verben gibt.

Bei manchen Verben kommt ein morphologischer Defekt hinzu: einige von ihnen haben Schwierigkeiten, eine finite Form zu bilden, andere können darüber hinaus kein Partizip bilden; auch der Infinitiv mit *zu* variiert:

(3) a. Fritz muss 20 Jahre lang bausparen
b. ?dass Fritz seit 20 Jahren bauspart

c. ??Fritz bauspart seit 20 Jahren
d. *Fritz spart seit 20 Jahren bau
e. *Fritz hat seit 20 Jahren gebauspart
f. *Fritz hat seit 20 Jahren baugespart
g. *?Fritz schien 20 Jahre lang bauzusparen
h. *Fritz schien 20 Jahre lang zu bausparen

Auch diese Urteile schwanken für einige dieser Verben stark; wir kommen auf die theoretische Signifikanz der C-Phobie dieser Verben in Abschnitt (IV.3.7.) noch ausführlicher zurück.

Paralysierung durch fokussierende Operatoren 6.2.

Haider (1997*a*, S. 121ff) und Haider (1997*b*, S. 23f) machen darauf aufmerksam, dass gewisse präverbale Kontexte Bewegung nach C unterbinden. Die folgenden Beispiele stammen aus Meinunger (2000):

(4) a. (i) Der Wert hat sich *mehr als/denn* verdreifacht
(ii) *Der Wert verdreifachte sich mehr als/denn
b. (i) Der Angeklagte hat *so gut wie* gestanden
(ii) *Der Angeklagte gestand so gut wie
c. (i) Der Besuch hat *sowas von* geprahlt
(ii) *Der Besuch prahlte sowas von
d. (i) Die Kommission hat *nichts als* gemeckert
(ii) *Die Kommission meckerte nichts als

Eine mögliche Erklärung könnte hier die sein, dass die kursiven Ausdrücke eine betonte, fokussierte Konstituente in ihrem Skopus verlangen; der Skopus ist der von den kursiven Ausdrücken c-kommandierte Bereich. Dort befindet sich jedoch in den (b.)-Sätzen nur die Spur der Topikalisierung, der Akzent kann selbstverständlich nicht auf einer Spur liegen, noch darf er, dieser Erklärung zufolge, über Bewegung verschoben werden. Auch auf diese Beispiele kommen wir in Abschnitt (IV.3.2.) wieder zurück.

Frage 141: Lässt sich folgender Datenkontrast mit der obigen Diskussion in einen Zusammenhang bringen?

(5) a. Der Hamster hat *eine Art* Husten
b. *Husten hat der Hamster *eine Art*

Vorfeld-affines es 6.3.

Während wir in den vorangegangenen Abschnitten Restriktionen für die Besetzung der C-Position illustriert haben, geht es im Folgenden um Restriktionen für die Besetzung der SpecC-Position. Wir betrachten dabei sowohl Elemente, die nie in SpecC stehen können, als auch Elemente, die nur in SpecC stehen können, und beginnen mit letzteren. Betrachten wir dazu den beruhigenden Kommentar des Deutschen Zentrums für Luft und Raumfahrt (DLR) zum Absturz eines Forschungssatelliten (*SZ* vom 31.1.02): Halb so schlimm, hieß es dort, denn ... (Zitat):

(6) Es ist noch nie jemand von einem Satelliten getroffen worden

Vergleichen wir diese Aussage nun mit den Nebensatzkonstruktionen in (7):

(7) a. Klinkmann, der Leiter des Zentrums, betonte, dass *noch nie jemand von einem Satelliten getroffen worden sei*
b. *Klinkmann, der Leiter des Zentrums, betonte, dass *es noch nie jemand von einem Satelliten getroffen worden sei*

Offenbar besteht der Grammatikalitätskontrast zwischen den Sätzen darin, dass es im Deutschen neben dem üblichen referentiellen Pronomen *es*, mit dem man sich auf Dinge oder Personen beziehen kann, ein nicht-referentielles *es* gibt, das an bestimmte Vorkommenskontexte gebunden ist. Dieser Sachverhalt wurde schon in Abschnitt (II.3.3.3.) diskutiert und wir sehen nun, dass der relevante Vorkommenskontext gerade die SpecC-Position ist. Das nicht-referentielle *es* kann *nur* im Vorfeld stehen; da es im Mittelfeld ungrammatisch ist, wird es auch **Vorfeld-*es*** genannt. Es wird direkt in SpecC („*in situ*") generiert und nicht dorthin bewegt. (Evidenz dafür, dass solche sog. explitiven Elemente generell nicht bewegt werden dürfen, bietet Bošković (2002).) Hier einige weitere Beispiele für den Gebrauch des Vorfeld-*es*:

(8) a. Es spielte das Dänische Rundfunkorchester
b. Es war einmal ein König, ...
c. Es haben gewonnen Frau Uta Schwertl aus Sigmaringen, Frau Regine Kupffer aus Stuttgart, und Herr Wolfgang Haas aus München

Die Ungrammatikalität von (7-b) ergibt sich daher direkt aus der Mittelfeldphobie dieses *es*-Typs.

Eine formale Beschreibung der Vorfeld-Restriktion für dieses *es* lässt sich recht einfach über entsprechende Merkmalspezifikationen dieses *es*-Typs einerseits und optionalen Spezifikatormerkmalen der C-Position andererseits bewerkstelligen. Nehmen wir an, das Vorfeld-*es* habe das formale Merkmal [ES_{SpecC}], das überprüft werden muss; das korrespondierende Gegenstück [$*\text{ES}_{SpecC}*$] ist dann ein fakultatives Merkmal des leeren kategoriell unterspezifizierten C-Kopfes, d.h. des Kopfes, in den ein V hinein bewegt werden muss.[35]

Andere es-*Typen* 6.3.1.

Zur Abgrenzung des nicht-referentiellen Vorfeld-*es* von anderen nicht-referentiellen *es*-Typen seien hier noch die vom Verb subkategorisierten *es*-Elemente in (9) erwähnt:

(9) a. weil es regnet/schneit/donnert
 b. weil es sich um vom Verb subkategorisierte Elemente handelt
 c. weil es nur einen Rudi Völler gibt

Dass sie nicht-referentiell sind, zeigt sich darin, dass sie nicht erfragt werden können:

(10) a. *Was hat geregnet/geschneit/gedonnert?
 b. *Wer oder was hat sich um vom Verb subkategorisierte Elemente gehandelt?
 c. *Was gibt nur einen Rudi Völler?

Der *es*-Typ bei *regnen* etc. wird auch **Wetter-*es*** genannt, scheint aber auch andere Naturereignisse zu betreffen:

(11) Wo Spaniens Blüten blühen grünt es so schön

Wir nehmen an, dass es die jeweiligen Verben sind, die mittels eines Spezifikatormerkmals wie [*ES*] dieses *es* subkategorisieren. Es ist klar, dass dieser *es*-Typ im Mittelfeld generiert werden muss und ins Vorfeld bewegt werden kann.

Ein weiterer *es*-Typ, der ebenfalls im Mittelfeld beheimatet ist, liegt beim sog. **Korrelat** oder **Vorgreifer-*es*** vor:

(12) a. weil ich *es* nicht gewusst habe, dass sie kommen
 b. weil *es* nicht nötig ist, dass sie kommen
 c. weil ich *es* nicht zulasse, wenn/dass sie kommen

Das *es* ist hier „Stellvertreter" für eine CP im Nachfeld. Dieses *es* ist ebenfalls nicht erfragbar; diesem Kriterium zufolge ist jedes sog. Korrelat nicht-referentiell. Weiterhin ist bei diesem *es*-Typ zu unterscheiden: 1., ob es sich um den Stellvertreter eines Subjekts oder eines Objekts handelt, und 2., ob es fakultativ oder obligatorisch ist. Der erste Punkt ist relativ leicht zu entscheiden: versucht man, das Argument des Verbs durch DPs zu ersetzen, ergibt sich ein Unterschied im Kasus; entsprechend muss *es* ein Nominativ oder ein Akkusativ sein. Für Genitiv- oder Dativ-Argumente sind *es*-Korrelate naturgemäß nicht möglich; Vorgreifer oder Korrelate im Dativ oder Genitiv sind die Pronomina in (13):

(13) a. weil ich (dem) zustimme, dass 2+2=4
 b. weil ich mich (dessen) schämte, dass ich zu spät kam

Zur zweiten Frage nach der Fakultativität der Korrelate gibt es keine einfache Antwort. Die Klammern in (13) bedeuten gerade Fakultativität, beobachtet worden ist jedoch auch, dass es bei dem Dativ in (14) offenbar einen Zwang zur Realisierung eines Korrelats gibt:

(14) a. Wir messen dem große Bedeutung zu
b. *Wir messen t_i große Bedeutung zu, $[_{CP}$ dass Reagan wiedergewählt wurde $]_i$
c. Wir messen dem große Bedeutung zu, dass Reagan wiedergewählt wurde

Die Obligatorik bzw. Fakultativität hängt wohl unter anderem von der Art des Verbs ab, aber auch grammatische (und möglicherweise pragmatische) Faktoren spielen hier eine Rolle. Wenn der *dass*-Satz aus (14-c) zum Subjekt wird, ist dagegen kein Korrelat mehr möglich:

(15) a. Dass Reagan wiedergewählt wurde, bekam große Bedeutung zugemessen
b. *Es/Das/Dem bekam große Bedeutung zugemessen, dass Reagan wiedergewählt wurde

Die Ungrammatikalität von (15-b) muss jedoch nicht notwendigerweise am Korrelat selber liegen, denn (16) zeigt, dass schon die Extraposition kaum akzeptabel ist:

(16) ??Große Bedeutung bekam zugemessen, dass Reagan wiedergewählt wurde

Eine Theorie, die all dies erklären könnte, ist mir nicht bekannt. Generell gibt es zum *es*-Korrelat eine umfangreiche Literatur, auf die wir hier nicht eingehen können (s. etwa Bergenholtz und Ulvestad (1979, 1983), Cardinaletti (1990) oder die Datensammlung von Sandberg (1998)). Die Arbeit erschwerend kommt hinzu, dass viele Grammatikalitätsurteile unsicher oder schwankend sind. Z.B. versucht Reis (2000*b*) in einem unveröffentlichten Vortrag zu zeigen, dass Sandbergs Generalisierungen teilweise unzutreffend sind. So klassifiziert Sandberg das *es* in (17) wie gezeigt als ungrammatisch:

(17) Für wie wichtig halten Sie (*es), dieser Sache nachzugehen

Für mich ist umgekehrt die Abwesenheit von *es* wesentlich schlechter als dessen Anwesenheit. Die korrekten Generalisierungen gilt es wohl noch zu erforschen.

Bei all diesen *es*-Typen ist eine Vorfeldbesetzung wie in (18) durchaus möglich:

(18) Es schneit. Es ist nicht nötig, sich warm anzuziehen

Insbesondere handelt es sich hier nicht um das oben diskutierte Vorfeld-*es*, denn für dieses war (es?) ja charakteristisch, dass es nicht im Mittelfeld stehen kann. Offenbar ist das Vorfeld-*es* mit anderen *es*-Typen inkompatibel:

(19) a. *Es schneit es gestern
b. *Es ist es nicht nötig, sich warm anzuziehen

Ebenso wurde schon in Brugmann (1917, S. 35) beobachtet, „dass bis auf den heutigen Tag das syntaktische *es* nicht zugelassen ist, wenn der Satz mit einem Personalpronomen als Subjekt anhebt, also nicht *es kam er, es kamen sie* ...". Diese Unverträglichkeit folgt keineswegs aus dem bisherigen generativen System, und es ist mir nicht klar, wie sie erklärt werden soll.

Frage 142: Um welche *es*-Typen könnte es sich in den folgenden Beispielen handeln? (Die bisher genannten Kriterien lassen nicht in allen Fällen eine eindeutige Klassifikation zu! Insbesondere könnte bei fakultativem Mittelfeld-*es* ein *es* im Vorfeld theoretisch ambig sein.)

(20) a. Es ist nicht leicht, dieses Problem zu lösen
b. Es drängt sich einem der Eindruck auf, dass Toll Collect eine Kündigung des Vertrages geradezu provoziert. Die Berliner Staatsanwaltschaft teilte (*es) mit, dass sie ein Ermittlungsverfahren gegen Toll Collect eingeleitet habe. Es liege die Anzeige einer Privatperson vor. (*SZ*, 12.2.04)
c. Es harret deiner: dein Willi
d. Es scheint, als könne es keine Gegenbeispiele geben
e. Es darf als gesichert angesehen werden, dass die Hausbewohner mehr wissen als sie zugeben
f. Es kommt mir komisch vor, dass niemand im Haus das Opfer kennen will
g. Es ist wichtig, dass die Studiengänge gestrafft werden
h. *Es halte ich für wichtig, dass die Studiengänge gestrafft werden
i. *Es wolle er nicht zulassen, dass Studiengebühren eingeführt werden
j. Es trinkt der Mensch, es säuft das Pferd, doch heute ist es umgekehrt

Wie (20-h,i) zeigt, ist es offenbar nicht immer möglich, ein Mittelfeld-*es* zu topikalisieren. Dies scheint nur dann grammatisch, wenn das *es* als Subjekt bzw. als Nominativ analysiert werden kann. Wir diskutieren diese Restriktion ausführlich in Abschnitt (6.4.).

Hauptsätze als Basis für Entscheidungsfragen? 6.3.2.

In diesem Abschnitt soll das bisherige Vorgehen noch einmal reflektiert und gegen eine naheliegende Alternative kurz abgesichert werden. Unser Vorgehen bestand darin, V/1-Sätze aus *Nebensätzen*, also aus V/E-Sätzen abzuleiten. Im Englischen dagegen haben wir Entscheidungsfragen aus *Hauptsätzen* abgeleitet. Wer meint, dass beide Sprachen so verschieden nicht sein können, würde denken, dass es auch im Deutschen angebracht sein könnte, V/1-Sätze wie im

Englischen aus Hauptsätzen, also aus V/2-Sätzen abzuleiten. Insbesondere ist vorgeschlagen worden, das Deutsche mit dem Englischen weitgehend zu parallelisieren, indem auch für das Deutsche eine IP angenommen werden soll. Der Unterschied zum Englischen bestünde dann zunächst nur darin, dass in der SpecI-Position des Englischen nur Subjekte stehen können, während im Deutschen diese Position beliebig besetzt werden kann. Diese IP entspräche also weitgehend unserer bisherigen CP. Allerdings würden nun Entscheidungsfragen wie im Englischen aus Hauptsätzen abgeleitet, wie in (21):

(21) a. $[_{IP}$ Kilroy war hier $]$
b. $[_{CP}$ War$_i$ $[_{IP}$ Kilroy t$_i$ hier $]]$

Dagegen sprechen jedoch einige Gründe, die in diesem und den folgenden Abschnitten diskutiert werden. Ein rein konzeptuelles Argument beruht auf der Eleganz und Einfachheit der Analyse: Da eine Verbbewegungsoperation und insbesondere eine V/1-Struktur für die Ableitung der Hauptsatzstellung des Deutschen (nicht aber des Englischen!) ohnehin benötigt wird, wäre es vollkommen überflüssig, eine zweite V/1-Struktur nochmals aus der V/2-Stellung abzuleiten.[36]

Ein hoffentlich ebenso einleuchtendes wie einfaches empirisches Argument ergibt sich aus der Betrachtung des Vorfeld-*es* in (6), hier wiederholt als (22-a):

(22) a. Es ist noch nie jemand von einem Satelliten getroffen worden
b. *Ist es noch nie jemand von einem Satelliten getroffen worden?

Wäre (22-a) die Quelle für (22-b), können wir nicht erklären, warum (22-b) ungrammatisch ist. Denn *es* wäre in (a) als SpecI-Element legitim, wäre aber in (b) immer noch ein SpecI-Element und als solches immer noch legitimiert. In unserer Analyse dagegen wäre *es* in (a) ein SpecC-Element; dagegen kann es in (b) kein SpecC-Element sein, sondern ein Element des Mittelfeldes, also der VP. Hier aber lässt sich *es* nicht lizensieren.

Vorfeld-phobisches es 6.4.

Eine andersartige Evidenz gegen die Ableitung von V/1- aus V/2-Sätzen bieten die Daten in (23):

(23) SPRECHER A: Wo ist eigentlich mein Mäppchen?
SPRECHER B: Keine Ahnung.
a. Hat es dein Bruder vielleicht versteckt?
b. Ich glaube, dass es dein Bruder vielleicht versteckt hat
c. *Es hat dein Bruder vielleicht versteckt

Dieser Fall ist anders gelagert als der des Vorfeld-*es*, denn diesmal ist nicht der V/1-Satz oder V/E-Satz das Problem, sondern der V/2-Satz. Wenn die Hauptsatzstellung (23-c) Grundlage für den Fragesatz wäre, sollte es für die Bildung der Frage (23-a) keine grammatische Grundlage geben und der (a)-Satz sollte genauso ungrammatisch sein wie der (c)-Satz. Ist dagegen der Nebensatz in (23-b) Ausgangspunkt für (23-a), so stellt sich das Problem nicht, denn hier ist das Personalpronomen *es* in seiner Mittelfeld-Position ja grammatisch.

Damit haben wir zwar die schon bestehende Evidenz argumentativ gestützt, aber die Unakzeptabilität des problematischen Satzes (23-c) selbst noch nicht erklärt. Grundlage hierfür bildet die Annahme, dass es eine Reihe von Elementen gibt, die nicht vorfeldfähig sind, also nicht nach SpecC bewegt werden können. Hierzu gehört das referentielle Objektpronomen *es*, das Pronomen *ihn*, aber auch das Reflexivpronomen *sich*, solange es nicht durch *selbst* verstärkt wird:

(24) a. ??Sich hat er immer vernachlässigt
b. Sich selbst hat er immer vernachlässigt
c. Er hat sich nicht gut benommen
d. *Sich hat er nicht gut benommen
e. *Sich selbst hat er nicht gut benommen
f. *weil er sich selbst nicht gut benommen hat

In (24-a) ist *sich* referentiell und kann durch *selbst* verstärkt werden; in (24-c-f) ist das Reflexiv nicht-referentielles Argument eines reflexiven Verbs; offenbar können nur referentielle Pronomina durch *selbst* verstärkt werden, daher der Kontrast zwischen (24-b) und (24-e). Der Unterschied zwischen *sich* und *sich selbst* scheint zu sein, dass *sich selbst* betont ist, *sich* alleine jedoch schlecht betonbar ist. Als Bedingung für die Voranstellbarkeit wird daher die Betonbarkeit angeführt.

Gelegentlich wird aber auch angenommen, dass Akkusativ-Pronomina nur dann voranstellbar sind, wenn das durch sie Bezeichnete belebt ist. So behaupten etwa Gärtner und Steinbach (1997, S. 3) unter Berufung auf Lenerz (1993), dass (25) akzeptabel sei:

(25) SPRECHER A: Gestern hat Hans im Zug einen alten Freund (eine alte Freundin) aus Groningen getroffen.
SPRECHER B: Ihn (Sie) KENN ich doch!

(Die Großschreibung markiert den Akzent.) Diese Intuition kann ich jedoch nicht nachvollziehen; m.E. müsste *Ihn* (*Sie*) hier durch *Den* (*Die*) ersetzt werden.[37] Dagegen scheint mir das *es* in folgendem Hörbeleg (auch belegt in Lenerz (1994, S. 162)) akzeptabel, obwohl es weder betont noch belebt ist:

(26) SPRECHER A: (Frage eines TV-Interviewers an einen Wirtschaftsjournalisten anlässlich eines NEMAX-Kurseinbruchs:) Haben Sie

denn auch Geld verloren?

SPRECHER B: Äh, nein, da hilft nur das Sprichwort: Das Geld ist ja nicht weg, es haben nur andere.

Auch Gärtner und Steinbach beobachten ihrer Ansicht nach akzeptable Vorkommen eines Akkusativ-*es* im Vorfeld:

(27) Das wissen nicht nur die Experten, es wissen auch die Laien

Welche Faktoren die Voranstellung hier begünstigen, bleibt zu erforschen.

Der Befund zur Erklärung des Kontrastes zwischen (28-a) und (28-b,c) beruht daher auf der Asymmetrie, dass es einerseits im Allgemeinen nicht möglich ist, ein Objekt-*es* in das Vorfeld zu bewegen, dass es aber wie in (28-b,c) durchaus möglich ist, das Pronomen innerhalb des Mittelfeldes vor das Subjekt zu stellen.

(28) a. *Es hat dein Bruder vielleicht versteckt
b. Hat es dein Bruder vielleicht versteckt?
c. Ich glaube, dass es dein Bruder vielleicht versteckt hat

Dass Personal- und Reflexivpronomina die Tendenz zeigen, an den Anfang des Mittelfeldes gestellt zu werden, führte Jacob Wackernagel (1853-1938)[38] dazu, eine spezielle Position vor dem Subjekt zu postulieren, die seitdem als **Wackernagelposition** bezeichnet wird.

(29) a. weil niemand *ihn* mag
b. weil *ihn*$_i$ niemand t$_i$ mag
c. weil alle *sich* über ihn lustig machten
d. weil *sich*$_i$ alle t$_i$ über ihn lustig machten

Dennoch würde ich nicht davon ausgehen, dass die Pronomenbewegung eine spezielle Bewegung in eine spezifische funktionale Wackernagel-Projektion ist; vielmehr fasse ich die Pronomenvoranstellung als eine Instanz von *Scrambling* auf. Ein offenes Problem ist dabei, dass es für die Abfolge von Pronomen Restriktionen gibt, die sich über eine *Scrambling*-Analyse allein nicht automatisch ergeben. Vergleiche etwa:

(30) a. weil *es ihm* niemand gesagt hat
b. ?weil *ihm es* niemand gesagt hat
c. ?weil *ihn ihr* niemand gezeigt hat
d. ??weil *ihr ihn* niemand gezeigt hat
e. weil *es ihr* niemand gesagt hat
f. weil *ihr es* niemand gesagt hat

Wie diese Restriktionen im Einzelnen zu erklären sind, muss hier offen bleiben.[39] Neben den eher als fraglich klassifizierten Abfolgen gibt es jedoch zumindest einen klaren Fall von Ungrammatikalität, den es zu erklären gilt: vor ein *pronominales* Subjekt darf nicht bewegt werden:

(31) a. *weil es ihr er gesagt hat
b. *weil sie er liebt

Ganz generell scheint *Scrambling* auch von nicht-pronominalen DPs vor ein solches Subjekt ungrammatisch:

(32) a. *weil *die Kinder*$_i$ ***er*** t_i liebt
b. *weil es *den Kindern*$_i$ ***er*** t_i gesagt hat

Vergleiche auch:

(33) a. weil das Haus$_i$ niemand t_i bezahlen wollte
b. *weil das Haus$_i$ man t_i bezahlen wollte

Schon im Zusammenhang mit der möglichen Position von Adjunkten haben wir festgestellt, dass diese innerhalb des Mittelfeldes nicht vor unbetonbaren Elementen stehen können, wie in (34) gezeigt:

(34) a. weil man oft vorbei kam
b. weil oft jemand vorbei kam
c. *weil oft man vorbei kam

Eine analoge Restriktion scheint es nun auch für gescrambelte, also vor das Subjekt bewegte Elemente und somit ebenfalls an VP adjungierte Elemente zu geben. Dies zeigt sich auch daran, dass die Sätze sofort besser werden, wenn das Pronomen betont wird, vergl.:

(35) a. weil es ihr *nur ER* gesagt haben kann
b. ?weil sie *nur ER* liebt

Damit haben wir die ungrammatische Abfolge auf das Verbot der Adjunktion vor unbetonten Pronomina zurückgeführt. Ein offenes Problem bleibt allerdings: Zwar ist die Abfolge *es ihm niemand* aus (30-a) insofern unproblematisch, als dass *niemand* nicht unbetont ist, dennoch aber darf die Restriktion für die beiden vorangestellten Pronomina selber nicht gelten, denn *es* ist ja unmittelbar vor *ihm* adjungiert und *ihm* selber ist unbetont. Möglicherweise werden die Pronomina „gleichzeitig" nach vorne bewegt, so dass sie einander nicht „sehen" können.

Betrachten wir abschließend noch einmal unser Argument gegen eine Ableitung von V/1- aus V/2-Sätzen: Wir haben dagegen argumentiert, dass (36-a) aus (36-b) entsteht, denn (36-b) widerspricht einer Restriktion, der dann eo ipso auch (36-a) widersprechen müsste.

(36) a. Hat es dein Bruder vielleicht versteckt?
b. *Es hat dein Bruder vielleicht versteckt

Gegen diese Argumentation ließe sich ein Einwand vorbringen, den es jetzt noch auszuräumen gilt. Denn angenommen, nicht (36-b) ist die Quelle für (36-a), sondern (37-a). Die Generierung von (36-a) involviert dann zwar immer noch eine Umstellung des Pronomens im Mittelfeld in (37-c), die aber erst *nach* der Verbbewegung in (37-b) erfolgt:

(37) a. Dein Bruder hat es vielleicht versteckt
b. Hat dein Bruder es vielleicht versteckt?
c. Hat es dein Bruder vielleicht versteckt?

Die Ungrammatikalität von (36-b) hätte nun mit dem Verbstellungsproblem nichts mehr zu tun, sodass das Argument gegen die V/1-aus-V/2-Ableitung in sich zusammenfällt.

Glücklicherweise gibt es eine theoretische Überlegung, die das Argument rehabilitiert: Die Ableitung in (37) verletzt nämlich eine Bedingung, die besagt, dass Transformationen nicht innerhalb von *Teilen* bestehender Strukturen angewendet werden können. Dieses wichtige architektonische Prinzip der Grammatik wurde (in etwas anderer Formulierung) in den sechziger Jahren aus der Phonologie in die Syntax übernommen, es wurde (in der Phonologie wie in der Syntax) das **Zyklusprinzip** genannt. Eine elementare Darstellung des klassischen Zyklusprinzips der Syntax bietet Perlmutter und Soames (1979). Unsere Formulierung folgt hier dem, was im Minimalismus die **Extensionsbedingung** genannt wird, welche verlangt, dass syntaktische Operationen Bäume stets in ihrem Wurzelbereich vergrößern. Es ist klar, dass die Wackernagelbewegung (die Pronomenvoranstellung) beim Übergang von (37-b) zu (37-c) diesem Prinzip widerspricht. Akzeptiert man diese Prämisse, so ist unser ursprüngliches Argument rehabilitiert.

Frage 143: Erläutern Sie, warum die Extensionsbedingung das Argument rettet, insbesondere, dass sie auch in allen anderen relevanten Beispielen dieses Kapitels erfüllt werden kann.

Frage 144: Wie ließe sich anhand der folgenden Daten gegen die Ableitung von V/1 aus V/2-Sätzen argumentieren?

(38) a. Das Kind hatte man schon vermisst
b. *Hatte das Kind man schon vermisst?
c. *Ich glaube, dass das Kind man schon vermisst hatte

Zur Vorfeld-Phobie weiterer „leichter" Satzglieder 6.5.

Auch in diesem Abschnitt geht es um Evidenz für die Unterscheidung zwischen Vorfeld- und Mittelfeld-Positionen; diese Asymmetrie bietet uns wieder indirekte Evidenz gegen die Ableitung von V/1- aus V/2-Sätzen.

Schon oben haben wir gesehen, dass Reflexivpronomina nicht vorfeldfähig sind. Das dort genannte Kriterium der Betonbarkeit scheint nicht nur bei diesen Pronomina, sondern auch bei atypischen Verwendungen bestimmter indefiniter Ausdrücke relevant zu sein, z.B. bei der Verwendung von Fragepronomina als Indefinita in (39):

(39) a. (i) Für dich hat wer (=jemand) angerufen
(ii) *Wer (=Jemand) hat für dich angerufen
b. (i) Ich wollte wen (=jemanden) anrufen
(ii) *Wen (=Jemanden) wollte ich anrufen

Offenbar ist es nicht nur das Objektpronomen, sondern auch das Subjektpronomen, dessen Vorfeldbesetzung ungrammatisch wird. Gleiches gilt für generisches *einer*:

(40) a. In Deutschland erhält einer alle vier Jahre Post vom Wahlausschuss.
b. *Einer (=man) erhält in Deutschland alle vier Jahre Post vom Wahlausschuss.

(41) a. Die Betriebsleitung stellt es einem frei, Urlaub zu beantragen
b. *Einem stellt es die Betriebsleitung frei, Urlaub zu beantragen

Aber auch hier scheint es Kontexte zu geben, die eine Voranstellung zumindest für einige Sprecher nicht ausschließen.

(42) a.%Einen bedrückt es schon, wenn einem keiner mehr glaubt
b.%Einem wird hier alles geklaut

Möglicherweise könnte hier eine eher pragmatische Bedingung für die Vorfeldbesetzung relevant sein, dass nämlich SpecC eine gewisse (semantische) Schwere mit sich bringen sollte. Diese Bedingung scheint jedoch für viele Elemente, die ohnehin im unmarkierten Fall im Vorfeld stehen, nicht relevant: für die personalen Subjektpronomina und das Vorfeld-*es* z.B. ist diese Bedingung nicht einschlägig. Leider ist festzustellen, dass die speziellen Bedingungen für die Vorfeldbesetzung in ihrer Gänze wohl noch nicht verstanden sind; vergl. die ausführliche Diskussion in Gärtner und Steinbach (1997).

Weitere Vorfeld-phobische Elemente sind die Negationspartikel *nicht* in (43) und gewisse negierte Adverbiale wie in (44):

(43) a. weil Ede nicht kommt
b. Kommt Ede nicht?
c. *Nicht kommt Ede

(44) a. weil er nicht mehr kommen mag
b. Mag er nicht mehr kommen?
c. *Nicht mehr mag er kommen

Nun ist die Syntax der Negation ohnehin ein sehr komplexes Gebiet, das kontrovers diskutiert wird.[40] Da ich davon ausgehe, dass die Negation ein Satzglied (ein Adjunkt) und nicht etwa ein Kopf ist, habe ich zunächst keine Erklärung für (43-c) und (44-c). Nun haben wir andererseits in Abschnitt (5.1.) gesehen, dass die Negation in Fällen wie (45) dennoch im Vorfeld stehen kann und dort, folgt man der Argumentation in Jacobs (1983, S. 46), an die CP adjungiert ist.

(45) $[_{CP}$ Nicht $[_{CP}$ Peter$_i$ $[_{C'}$ kommt$_j$ $[_{VP}$ t_i t_j]]]]

Es gibt also kein absolutes Vorfeldverbot, vielmehr scheint folgende Restriktion zu gelten:

(46) Steht die Negation im Vorfeld, so befindet sich auch ihr Fokus im Vorfeld.

(45) erfüllt diese Lokalitätsbedingung, denn hier ist *Peter* der Fokus. In den ungrammatischen (c)-Sätzen dagegen ist *kommen* bzw. *kommen mögen* der Fokus, dieser aber steht nicht in SpecC.

Neben der Negationspartikel gibt es auch für andere Partikel Beschränkungen, auf die hier nicht weiter eingegangen werden kann. Als Beispiele seien nur *nun* und *ja* genannt. Erstere hält uns nicht davon ab, (47) als Imperativ zu interpretieren, obwohl hier keine V/1-Stellung mehr vorliegt (und die Partikel im Mittelfeld schlecht wäre):

(47) Nun/jetzt komm (??nun/jetzt) doch endlich!

Dagegen zeigt *ja* eine ausgesprochene Vorfeldphobie:

(48) a. Onkel Eberhard hat ja auch noch ein Klavier
b. *Ja hat Onkel Eberhard auch noch ein Klavier

Eine andere Instanz von Vorfeldunfähigkeit finden wir bei „negationserheischenden" Ausdrücken, auch **negative Polaritätselemente** genannt. Das sind Ausdrücke, die von einem negativen Element c-kommandiert werden müssen, wie etwa *jemals* in (49):

(49) a. ***Niemand*** hat das *jemals* behauptet
b. Ich ***bezweifle***, dass er das *jemals* behauptet hat
c. ***Niemand*** glaubt, dass sie das *jemals* schaffen wird
d. *Ich habe das *jemals* behauptet
e. *Ich vermute, dass er das *jemals* behauptet hat
f. *Jemand glaubt, dass sie das *jemals* schaffen wird

Wenn negative Polaritätsausdrücke aus dem c-Kommandobereich ihres lizensierenden Elementes, also eines negativen Elements, herausbewegt werden, entsteht Ungrammatikalität:

(50) a. weil ihm niemand jemals etwas Schlechtes nachsagen konnte
b. *Jemals$_i$ hat ihm niemand t_i etwas Schlechtes nachsagen können

Als mögliche Hypothese zur Erklärung der Ungrammatikalität würde sich daher die Forderung anbieten, dass die Polaritätselemente auf der S-Struktur, also nach der Bewegung lizensiert sein müssen. Diese Bedingung kann in (50-b) nicht erfüllt werden, denn *jemals* kann hier von *niemand* nicht c-kommandiert werden. Leider jedoch funktioniert diese Erklärung nicht reibungslos. Denn für Bewegung nach C ist die oben genannte Restriktion zu stark, da ein negatives Polaritätselement wie *brauchen* durchaus nach C bewegt werden kann:

(51) a. da Peter nicht zu kommen braucht
b. *da Peter zu kommen braucht
c. Braucht$_i$ Peter nicht zu kommen t$_i$?

Und ein weiteres Problem gibt es für eingebettete Verbzweitsätze. Die im eingebetteten Satz in SpecC stehenden Elemente sind in (52) hervorgehoben:

(52) a. Karl sagte, *nie zuvor* sei er in Entenhausen gewesen
b. Niemand behauptete, *Karl* sei jemals in Entenhausen gewesen
c. Niemand behauptete, jemals in Entenhausen gewesen zu sein
d. ??Niemand behauptete, *jemals* sei Karl in Entenhausen gewesen

Wie (52-b,c) zeigen, kann *niemand* das Polaritätselement einer eingebetteten CP lizensieren; dennoch scheint mir ein solches Element in SpecC wie in (52-d) nicht akzeptabel. Dies zeigt, dass die Vorfeldunfähigkeit dieser Elemente möglicherweise nicht aus deren Lizensierungsbedingungen abgeleitet werden kann.

Vorfeldunfähig sind laut Fleischer (1997, S. 49f) auch Teile von gewissen Idiomen:

(53) **Über einen Kamm* hat er bei der Besprechung wieder *alles geschoren*

Dagegen macht Fanselow (unveröffentlicht) auf Daten aufmerksam, in denen Topikalisierung von Idiomteilen akzeptabel ist:

(54) a. *Ins Bockshorn* hat er sich nicht *jagen* lassen
b. *Den roten Hahn* haben wir ihm *aufs Dach gesetzt*
c. *Ins Wort* ist sie ihm noch nie *gefallen*

Auch hier gehören die kursiven Teile als Idiom zusammen; für die unterschiedliche Datenbeurteilung habe ich keine Erklärung.

Zur Vorfeld-Phobie gewisser dass*-Sätze* 6.6.

Im Folgenden betrachten wir einen weiteren Typ von Vorfeldunfähigkeit, für den sich diesmal möglicherweise eine (leider recht komplexe) rein syntaktische Erklärung finden lässt. Relevante Fälle sind diese:

(55) a. (i) Ich freue/wundere/ärgere mich sehr, dass du nicht kommst
(ii) *Dass du nicht kommst, freue/wundere/ärgere ich mich sehr
b. (i) Ich bin nicht begeistert, dass er kommt
(ii) *Dass er kommt, bin ich nicht begeistert
c. (i) Ich informierte ihn, dass Hans kommt
(ii) *Dass Hans kommt, informierte ich ihn

Warum ist hier eine Topikalisierung der *dass*-Sätze unmöglich? Aufschluss hierüber gibt möglicherweise die Tatsache, dass in all diesen Fällen statt der CP auch eine PP stehen kann. Im Vorgriff auf Abschnitt (8.) stellen wir zunächst fest, dass aus PPs heraus problemlos extraponiert, also nach rechts bewegt werden kann, wogegen eine Topikalisierung nicht möglich ist:[41]

(56) a. *CP im Mittelfeld:*
Ich habe mich darüber, dass du kommst, gefreut/gewundert/geärgert/informiert
b. *CP-Extraposition:*
Ich habe mich darüber gefreut/gewundert/geärgert/informiert, dass du kommst
c. *PP-Extraposition:*
Ich habe mich gefreut/gewundert/geärgert/informiert darüber, dass du kommst
d. *PP-Topikalisierung:*
Darüber, dass du kommst, habe ich mich gefreut/gewundert/geärgert/informiert
e. *CP-Topikalisierung:*
*Dass du kommst, habe ich mich darüber gefreut/gewundert/geärgert/informiert

Eine analoge Vorfeldphobie zeigen auch gewisse Infinitive

(57) a. Sie drohten mir, keine Rechnung zu bezahlen
b. *Keine Rechnung zu bezahlen drohten sie mir

Auch hier beobachten wir eine mögliche PP und wieder bestätigt sich, dass aus solchen PPs heraus extraponiert, nicht aber topikalisiert werden kann:

(58) a. weil sie mir damit drohten, keine Rechnung zu bezahlen
b. *Keine Rechnung zu bezahlen drohten sie mir damit

Was aber hilft uns dies für die Erklärung der Kontraste in (55)? Instruktiv ist hier ein Vergleich mit dem Englischen, wo eine ganz analoge Situation vorzuliegen scheint. Folgt ein *dass*-Satz unmittelbar auf ein Verb, so ist bei bestimmten Verben der Komplementierer nur fakultativ; steht jedoch der *dass*-Satz an irgendeiner anderen Stelle im Satz, ist der Komplementierer obligatorisch:

(59) a. Everyone knew (that) John will win
b. *(That) John will win everyone knew in advance
c. *(That) John will win was known by everyone
d. Everyone knew in advance *(that) John will win

Offenbar ist für das Fehlen von *that* eine bestimmte lokale Konfiguration Bedingung: der *that*-Satz muss in der Komplementposition des Verbs stehen. Dies ist im Englischen unmittelbar rechts vom Verb. Das mögliche Fehlen von *that* kann dann so beschrieben werden, dass es eine PF-Regel gibt, welche den Komplementierer in genau dieser Konfiguration tilgen kann. Es ist wichtig, dass Bewegungsregeln vor dieser Tilgungsregel operieren; wäre Bewegung nach Tilgung möglich, könnten gerade die ungrammatischen Sätze aus (59) generiert werden.

Für das Deutsche können wir eine vollkommen analoge PF-Regel ansetzen, die nun jedoch nicht *dass* tilgt, sondern das Pronominaladverb *da(r)+P*. Wir nehmen daher an, dass das Matrixverb in allen Beispielen dieses Abschnitts keine CP, sondern eine PP subkategorisiert, die eine CP enthält. Optional kann das Pronominaladverb getilgt werden, aber nur dann, wenn die PP nicht bewegt wurde und somit im Rektionsbereich des Verbs steht. Die Regel scheint vielleicht nicht ganz so optional wie die Tilgung im Englischen, denn nach einer solchen Tilgung entsteht ja ein nicht sehr akzeptabler Satz:

(60) a. Ich habe ihn [$_{PP}$ darüber [$_{CP}$ dass Hans kommt]] nicht informiert
b. *Ich habe ihn [$_{PP}$ ∅ [$_{CP}$ dass Hans kommt]] nicht informiert

Dass (60-b) schlecht ist, liegt aber möglicherweise an einer unabhängigen Bedingung, welche bestimmte finite CPs im Mittelfeld ausschließt; vergl. Abschnitt (8.). Idealerweise sollte diese Tilgung daher erst nach Extraposition der CP stattfinden.

Die Annahme, dass die Matrixverben in diesen Beispielen nie eine CP, sondern immer eine PP selegieren, kann durch folgende Beobachtung unabhängig motiviert werden: Im Allgemeinen gilt nämlich folgende Redundanzregel:

(61) Selegiert ein Verb eine CP als Objekt, so kann es statt dieser auch eine pronominale DP im Akkusativ selegieren; vergleiche:

(62) a. Ich glaube *das/diese Behauptung* einfach nicht
b. Ich habe *es/das* einfach nicht gewusst
c. Ich habe *es/das* gestern schon versucht

Eine analoge Ersetzung einer CP durch eine DP ist aber in den hier interessierenden Fällen gerade nicht möglich:

(63) a. *Ich habe *das/es* mich gefreut/gewundert/geärgert
b. *Ich habe *das/es* mich nicht informiert

c. *Sie haben *das/es* gestern schon gedroht

Dies bestätigt, dass in diesen Fällen keine CP-Selektion vorliegen kann. Wenn nun aber klar ist, dass eine PP selegiert wird, können wir dann annehmen, dass in den uns interessierenden Fällen eine *optional unsichtbare* PP selegiert wird, also eine PP mit leerem Kopf?

Frage 145: Entstehen Probleme, wenn wir nicht von einer PF-Tilgung ausgehen, sondern davon, dass die Verben eine optional leere PP-Hülle selegieren?

Dass die CP in unseren Beispielen nicht im Vorfeld stehen kann, folgt nun aus der Tatsache, dass die PP, auch wenn ihr Kopf leer ist, für die Topikalisierung (nicht aber für die Extraposition) eine Insel ist. Die Topikalisierung der PP mit leerem Kopf dagegen ist durch das generelle Verbot der Bewegung von Phrasen mit unsichtbarem lexikalischem Kopf abgeleitet worden.

Unsere Analyse ist damit noch nicht ganz vollständig, denn wir müssen zusätzlich noch ausschließen, dass das Extraponat, das ja die PP verlassen konnte, in einem zweiten Schritt topikalisiert wird. Das Resultat wäre wieder ein ungrammatischer Satz mit der Ableitung (64):

(64) a. ich ihn [$_{PP}$ darüber [$_{CP}$ dass Hans kommt]] nicht informiert habe
b. ich ihn [$_{PP}$ darüber t_i] nicht informiert habe [$_{CP}$ dass Hans kommt]$_i$
c. habe$_k$ ich ihn [$_{PP}$ darüber t_i] nicht informiert t_k [$_{CP}$ dass Hans kommt]$_i$
d. *[$_{CP}$ dass Hans kommt]$_i$ habe$_k$ ich ihn [$_{PP}$ darüber t_i] nicht informiert t_k t_i
e. *[$_{CP}$ dass Hans kommt]$_i$ habe$_k$ ich ihn [$_{PP}$ $\varnothing$ t_i] nicht informiert t_k t_i

Eine mögliche Erklärung wäre die, dass der Schritt von (64-c) nach (64-d) deshalb illegitim ist, weil dasselbe Element nicht zuerst nach rechts und dann nach links bewegt werden kann. Generell wird eine Vermischung von „Bewegungstypen", wie sie auch in (64) vorliegt, in der Literatur ***Improper Movement*** genannt. Diese ist ganz generell auszuschließen, wie in Müller und Sternefeld (1993) anhand vieler anderer Kontexte gezeigt werden konnte.

Frage 146: Wie kann (65-b) analysiert werden? Betrachten Sie sämtliche Ableitungen, die möglich sind. Warum handelt es sich hier nicht um einen Fall von *Improper Movement*?

(65) a. Ich habe mich gefreut/gewundert/geärgert/informiert darüber
b. *Dass du kommst, habe ich mich gefreut/gewundert/geärgert/informiert darüber

Was hier für finite CPs beobachtet wurde, gilt in gleicher Weise für infinite CPs als Komplemente einiger weniger Verben wie in:

(66) a. Ich habe mich (darüber) gefreut, behilflich sein zu können

b. *Behilflich sein zu können habe ich mich (darüber) gefreut

Bei den Infinitivkomplementen fast aller anderen Verben wäre eine PP-Hülle jedoch allenfalls fakultativ, denn die PP-Hülle erklärt ja gerade die Nicht-Topikalisierbarkeit des Infinitivs; in der Regel ist dieser jedoch, genau wie der *dass*-Satz, topikalisierbar, siehe (67-c).

(67) a. Ich bin nicht bereit, mir den Hahn abdrehen zu lassen
b. Ich bin nicht dazu bereit, mir den Hahn abdrehen zu lassen
c. Mir den Hahn abdrehen zu lassen bin ich nicht bereit
d. *Mir den Hahn abdrehen zu lassen bin ich nicht dazu bereit

Daraus folgt, dass das Verb entweder wie in (68-a,c) eine CP subkategorisiert, oder wie in (68-b,d) eine PP, mit entsprechenden Folgen für die Topikalisierung. Eine Tilgung oder eine leere PP-Hülle ist dann nicht notwendig.

Leider können wir mit der Annahme der PP-Subkategorisierung nicht alle Fälle von illegitimer Topikalisierung erfassen. Ein Problem bleibt das vollkommen idiosynkratische Verhalten des Komplements von *scheinen*. Auch hier beobachten wir fehlende Topikalisierbarkeit:

(68) a. weil mir schien, dass er bald kommt
b. *Dass er bald kommt, schien mir (nicht)

Hierfür kann ich nur eine sehr hypothetische Lösung anbieten. Wenn wir diese Daten auf analoge Weise erklären wollen, brauchen wir einen PF-leeren Kopf, der die Topikalisierung blockiert. Eine offene Realisierung dieses Kopfes als Präposition bzw. als Pronominaladverb gibt es nicht, die Subkategorisierung einer PP scheint somit ausgeschlossen. Vielmehr bietet sich hier lediglich das pronominale „Vorgreifer-*es*" an, das optional realisiert wird, aber wie in (70) zu sehen die Topikalisierung von *dass*-Sätzen blockiert:

(69) weil (es) mir (so) schien, dass er bald kommt

(70) a. Ich konnte es nicht glauben/wissen, dass sie kommt
b. Ich habe es nicht gewusst/verraten, wer kommt
c. *Dass sie kommt, konnte ich es nicht glauben/wissen
d. *Wer kommt, habe ich es nicht gewusst/verraten

Es liegt dann nahe, das *es* als Korrelat der CP zusammen als Konstituente zu generieren:

(71) a. *Ich konnte [$_{DP}$ es, dass sie kommt] nicht glauben/wissen,
b. *Ich habe [$_{DP}$ es, wer kommt] nicht gewusst/verraten

Wie zuvor müssen wir stipulieren, dass der Zwang zur Extraposition hier sehr stark ist, und auch hier muss eine Topikalisierung des *dass*-Satzes syntaktisch ausgeschlossen werden: die DP ist eine Insel für Topikalisierung, nicht für Extraposition.

Der Unterschied zwischen den Verben, die ein Korrelat und eine CP-Topikalisierung ohne Korrelat erlauben, und dem Verb *scheinen*, welches keine CP-Topikalisierung erlaubt, kann nun so erklärt werden: Während normalerweise entweder direkt eine CP selegiert werden kann (die dann ohne weiteres topikalisierbar ist) oder eine komplexe DP mit *es*-Korrelat selegiert wird, kann *scheinen* nie eine CP selegieren; in Sätzen wie (72) wird immer eine DP mit *es*-Kopf subkategorisiert. Wie zuvor kann dann dieser Kopf fakultativ getilgt werden bzw. er ist von vornherein leer:

(72) weil $[_{DP}\ \varnothing\ t_i\ ]$ mir schien $[_{CP}$ dass er bald kommt $]_i$

Topikalisierung der CP oder der DP mit leerem Kopf ist ausgeschlossen, Topikalisierung der DP mit sichtbarem Kopf wäre möglich; das Resultat in (73-a) unterliegt dann aber derselben Beschränkung wie (71), es muss also nachfolgend extraponiert werden:

(73) a. *$[_{DP}$ es $[_{CP}$ dass er bald kommt $]_i$ $]$ schien mir
b. $[_{DP}$ es t_i $]$ schien mir $[_{CP}$ dass er bald kommt $]_i$

Ein offenes Problem bleibt, warum die Extraktion aus PPs oder DPs bei Extraposition gut ist, bei Topikalisierung dagegen schlecht. Es obliegt einer allgemeinen Theorie der Bewegung, die wohl erst noch entwickelt werden muss, hierfür eine Erklärung zu liefern.[42]

Frage 147: Auch gewisse V/2-Sätze sind nicht topikalisierbar:

(74) a. *weil mir (so) als käme er bald schien
b. weil mir (so) schien, als käme er bald
c. *Als käme er bald, schien mir (so)

(75) a. weil (es) besser wäre, du kämest
b. *Du kämest wäre (es) besser

Welche Analyse wäre denkbar?

Relativsätze und indirekte Fragesätze 7.

Nachdem wir in den letzten Abschnitten Topikalisierung als Bewegung in die SpecC-Position analysiert haben, betrachten wir nun eine weitere Instanz von Bewegung nach SpecC, wie sie in Relativsätzen und indirekten Fragesätzen anzutreffen ist. Beispiele für diese Satztypen sind die kursiven Konstituenten in (1); nach vorne bewegt wurden die fett gedruckten Konstituenten:

(1) a. Hier sind Bücher, ***mit denen*** *man heute Geld verdienen kann*
b. Ich weiß, ***mit welchen Büchern*** *man heute Geld verdienen kann*

Unstrittig ist, dass es sich bei den kursiven Sätzen um V/E-Sätze handelt. Nicht ganz klar scheint dagegen, wie die Bewegung zu analysieren ist. So wird im Einführungsbuch von Meibauer et al. (2002) angenommen, dass *mit denen* und *mit welchen Büchern* in derselben Position stehen wie die Komplementierer, also in der C-Position. Man vermeidet dann die Annahme einer leeren C-Kategorie. Wir dagegen hatten im Rahmen des Feldermodells aus Abschnitt (1.) unterstellt, dass die linke Satzklammer in diesen Sätzen leer ist und die Bewegung ins Vorfeld, also nach SpecC erfolgt:

(2) a. Hier sind Bücher, ***mit denen*** *∅ man heute Geld verdienen kann*
b. Ich weiß, ***mit welchen Büchern*** *∅ man heute Geld verdienen kann*

Wir werden in diesem Abschnitt motivieren, dass eine leere C-Position wie in (2) durchaus gerechtfertigt werden kann und ohnehin die einzig mögliche Analyse ist, die mit unseren theoretischen Prinzipien vereinbar ist.

C und SpecC *7.1.*

Unstrittig ist zunächst einmal — und dies zeigt der Grammatikalitätsunterschied zwischen (3) und (4) —, dass im Relativsatz (im Folgenden: **RS**) die fett hervorgehobenen Relativpronomina obligatorisch nach vorne *bewegt* werden.

(3) a. der Student, ***dem/welchem*** *ich geholfen habe*
b. der Student, ***den/welchen*** *ich getroffen habe*

(4) a. *der Student, *ich* ***dem/welchem*** *geholfen habe*
b. *der Student, *ich* ***den/welchen*** *getroffen habe*

Gleiches gilt für Bewegung eines Fragepronomens (oder W-Wortes) im indirekten Fragesatz:

(5) a. Ich weiß, ***wen*** *der Fritz getroffen hat*
b. Ich weiß, ***warum*** *der Hans gesoffen hat*
c. Ich weiß, ***was*** *der Fritz gemacht hat*
d. Ich weiß nicht mehr, ***wie*** *ich nach Hause gekommen bin*

(6) a. *Ich weiß, *der Fritz* ***wen*** *getroffen hat*
b. *Ich weiß, *der Hans* ***warum*** *gesoffen hat*
c. *Ich weiß, *der Fritz* ***was*** *gemacht hat*
d. *Ich weiß nicht mehr, *ich* ***wie*** *nach Hause gekommen bin*

Nebenbei zeigt sich bei den RSätzen, dass Frage- und Relativpronomina formgleich sein können. Dass Fragepronomina die Funktion von Relativpronomina einnehmen können, scheint sprachhistorisch gesehen jüngeren Datums zu sein. Diese Formgleichheit kann zu Unklarheiten darüber führen, ob CPs als RSätze, als Fragesätze, als Komplemente oder als Adverbiale zu analysieren sind. So wird etwa (7-a) in Schulgrammatiken als Adverbialsatz des Ortes gekennzeichnet und mit Adverbialsätzen des Grundes wie (7-b) formal gleichgestellt:

(7) a. Wir treffen uns dort, ***wo*** *ich dir zum ersten Mal begegnet bin*
b. Wir treffen uns, ***weil*** *wir was zu bereden haben*

Diese Gleichsetzung ist falsch, denn syntaktisch gibt es einen klaren Unterschied: die CP in (7-b) ist topikalisierbar, die in (7-a) nicht:

(8) a. ****Wo*** *ich dir zum ersten Mal begegnet bin*, treffen wir uns dort
b. ***Weil*** *wir was zu bereden haben*, treffen wir uns

Dies lässt sich erklären, wenn die CP in (8-a) ein Relativsatz (=**RS**) ist, die CP in (8-b) ein Adverbialsatz; letztere sind genau wie indirekte Fragesätze, s. (9), grundsätzlich topikalisierbar, RSätze sind es nie.

(9) ***Wo*** *ich dir zum ersten Mal begegnet bin*, weiß ich nicht

Bei der indirekten Frage besteht eine lexikalisch-semantische Abhängigkeit vom übergeordneten Verb: der Fragesatz ist Argument des Verbs, während der Adverbialsatz das Verb oder sein Ereignisargument modifiziert.[43]

Im Folgenden kommt es uns zunächst nicht auf die Funktion, sondern nur auf die interne syntaktische Form der CPs an. Charakteristisch hierfür ist, dass nicht nur ein W-Pronomen nach vorn bewegt wird, sondern eine ganze *Phrase*, vergleiche:

(10) a. Ich weiß, $[_{DP}$ welchen Wein $]_i$ der Fritz t_i gekauft hat
b. *Ich weiß, welchen$_i$ der Fritz $[_{DP}$ t_i Wein $]$ gekauft hat

Morphologisch und syntaktisch sicher unproblematisch ist die Annahme, dass *welcher* ein pronominal flektierender transitiver Determinator ist, der den Kopf einer DP bildet. Die Bewegung in (10-b) wird daher durch die Kopfbewegungsbeschränkung blockiert. Satz (10-a) zeigt, dass es sich bei der Voranstellung um eine phrasale Bewegung handeln muss.[44] Daraus wiederum ergibt sich: Wenn das, was wir die C-Position genannt haben, eine Kopf-Position ist, und wenn phrasale Elemente nicht an Kopf-Positionen bewegt werden können, so muss in R- und Frage-Sätzen an die SpecC-Position bewegt werden.

Für diese Konklusion liefern auch die süddeutschen Dialekte des Deutschen eine gewisse Evidenz:

(11) Auch ich kenne den Mann, *den$_i$* ***wo*** der Fritz t_i getroffen hat

Bayer (1983/84) analysiert *wo* als speziellen RS-*Komplementierer*, also als ein Element in C. Der Zielpunkt der Bewegung des Relativpronomens *den* muss dann die SpecC-Position vor der C-Position von *wo* sein. Im Standarddeutschen, das keinen RS-Komplementierer kennt, muss die dem Komplementierer entsprechende Position dann leer bleiben:

(12) a. der Student, *dem/welchem* ∅ ich *t* geholfen habe
b. der Student, *den* ∅ ich *t* getroffen habe

Auch bei den Fragesätzen zeigt die Betrachtung süddeutscher Dialekte (s. Bayer (1983/84)), dass die Landeposition dieser Bewegung vor der C-Position zu lokalisieren ist. Dies wird evident aufgrund der Tatsache, dass in diesen Dialekten der Komplementierer *dass* möglich ist:

(13) Ich weiß, *wen* ***dass*** Ede getroffen hat

Im Standarddeutschen dagegen muss C phonetisch immer leer bleiben.

Ähnliches gibt es übrigens auch im Belfast-Englisch (cf. Henry (1995), zitiert nach Radford (1997*a*, S. 283)):

(14) a. I wonder *which dish* ***that*** they picked
b. They didn't know *which model* ***that*** we had discussed

Die Landestelle der W- bzw. Wh-Bewegung ist daher wie bei den RSätzen eindeutig die SpecC-Position. Die C-Position ist in (14) mit einem Komplementierer gefüllt, im Standardenglischen muss diese Position leer bleiben.

Interessanterweise kann die C-Position im Bairischen auch lediglich durch die Komplementiererflexion gefüllt sein:

(15) I woass net, wo'ts ihr a Madl g'sehn hoabts

wo ist hier zu unterscheiden vom Komplementierer-*wo* in RSätzen; in (15) handelt es sich um ein echtes Fragepronomen. Daher muss die Komplementiererflexion *-ts* beim leeren Komplementierer generiert werden:

(16) I woass net $[_{CP}$ wo$_i$ $[_{C'}$ ∅'ts $[_{VP}$ ihr a Madl t$_i$ g'sehn hoabst]]]

Auf der Ebene der PF klitisiert die Flexion dann an die Phrase in SpecC.

Wie lässt sich nun die schon in (4) und (6) beobachtete Obligatorik der Bewegung nach SpecC erfassen? Betrachtet man (17), so scheint dies relativ problemlos möglich:

(17) der Mann,

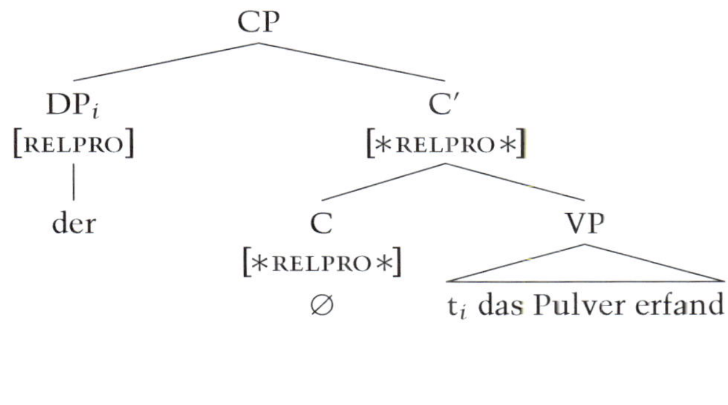

Das Relativpronomen (im Folgenden RP abgekürzt) kann nicht im Mittelfeld verbleiben, weil dort das Merkmal [*RELPRO*] nicht überprüft werden kann. Analog hierzu lässt sich für den Fragesatz ein entsprechendes Spezifikatormerkmal [*W*] in C (mit entsprechendem Gegenstück [W] beim Fragepronomen) veranschlagen, welches dann die Ungrammatikalität in (6) erklärt. Zu beachten ist, dass dies auch dann Bewegung erzwingt, wenn sie wie in (17) auf der PF-Ebene unsichtbar („ketteninvariant") ist.

Eine weitergehende Frage ist nun die, ob eine solche syntaktische Analyse überhaupt notwendig ist, oder ob alternativ hierzu sich der Bewegungszwang aus unabhängigen semantischen Gründen ableiten lässt, wie dies z.B. in der RS-Analyse von Heim und Kratzer (1998) der Fall wäre: eine syntaktische Herleitung der Bewegung wäre hier überflüssig, da das Relativpronomen (im Folgenden RP) vor der Bewegung nicht korrekt interpretierbar ist.[45] Ebenso ergeht es den Fragepronomina in der semantischen Theorie von Karttunen (1977); auch diese müssen nach vorne bewegt werden, weil sie im Mittelfeld nicht interpretiert werden können. Da aber eine semantische Interpretation einer Struktur ja ohnehin notwendiger Bestandteil einer grammatischen Analyse ist, wäre *prima facie* eine semantische Begründung für die Bewegung vorzuziehen. Dies würde implizieren, dass wir auf einen besonderen syntaktischen Mechanismus, also auf Merkmale wie [*RELPRO*] oder [*W*] verzichten könnten.

Leider ist eine semantische Herleitung des Bewegungszwangs, so wünschenswert sie auch sein mag, mit Problemen behaftet. Die erste Schwierigkeit entsteht bei Fragesätzen mit mehr als einem Fragepronomen:

(18) a. Ich weiß nicht mehr, wie ich wann nach Hause gefunden habe
b. Ich weiß nicht mehr, was der Fritz wann gemacht hat
c. Ich weiß nicht mehr, wann der Fritz was gemacht hat

Offenbar kann, wie (18) zeigt, nur ein einziges W-Element nach vorn bewegt werden. Wie ist dies mit der semantischen Annahme vereinbar, dass W-Elemente Operatoren sind, die im Mittelfeld nicht interpretiert werden können? In der Fragesemantik von Karttunen (1977), die davon ausgeht, dass W-Pronomina Operatoren sind, würde folgen, dass in der Tat sämtliche Pronomina nach vorne, in die SpecC-Position bewegt werden müssen. Tatsächlich besteht auf der S-Struktur jedoch nur für eine einzige W-Phrase ein Bewegungszwang; die übrigen W-Phrasen können und müssen dann erst auf der Ebene der Logischen Form nach vorne bewegt werden.

Dieser Unterschied zwischen S-Struktur und LF ist aber ein genuin syntaktischer, d.h., wir brauchen eine nicht-semantische Erklärung dafür, warum die Bewegung aller W-Phrasen unterbleibt. Genau dies aber leistet die Annahme, dass sich in C nur ein einziges entsprechendes kontextuelles Merkmal befindet. Sind die W-Merkmale der jeweiligen W-Pronomina projektiv, so gibt es nur ein kontextuelles Merkmal, das überprüft werden muss, nämlich [∗w∗] in C, und nur ein Fragewort wird nach vorne bewegt.[46]

Nun ließe sich aber immer noch argumentieren, dass man im Prinzip auch ohne ein solches Merkmal auskommen könnte. Traditionell wurde angenommen, man könne über Phrasenstrukturregeln genau eine (zunächst leere) SpecC-Position generieren. Um dann die Bewegung der W-Phrase in diese Position zu erzwingen, könnte man ein Prinzip bemühen, das von Pesetsky (1989) das **Earliness Principle** genannt wurde: es besagt, dass so früh wie möglich bewegt werden soll. Oder konkreter formuliert: Wenn auf LF eine Konfiguration vorliegen muss, bei der eine W-Phrase bewegt werden muss, so sollte sie schon auf der S-Struktur bewegt werden, wenn dies möglich ist. Dies ist für gerade eine W-Phrase möglich, da auf der S-Struktur nur eine SpecC-Position vorgesehen ist. Das gewünschte Resultat folgt also im Wesentlichen immer noch aufgrund der These, dass aus semantischen Gründen nach vorn bewegt werden muss.

Andererseits aber wurde von Chomsky im Minimalismus das ***Last Resort*** Prinzip propagiert, auch ***Procrastinate*** genannt, welches fordert, dass „so spät wie möglich" bewegt werden soll. Das Prinzip besagt also genau das Gegenteil des *Earliness* Prinzips. Beide Prinzipien sind als universelle Prinzipien der Grammatik konzipiert, können also nicht konstruktionsspezifisch verstanden werden. Folglich können nicht beide Prinzipien zugleich richtig sein. Wie soll man sich nun entscheiden?

Einerseits gibt es Sprachen wie Bulgarisch oder Polnisch, die Pesetskys *transformatio praecox* sichtbar zu realisieren scheinen, indem alle W-Phrasen schon in der S-Struktur nach vorne bewegt werden müssen und die daher mehr als eine Position als Landestelle für Bewegung zur Verfügung stellen müssen (s. Rudin (1986, 1988)); andererseits gibt es Sprachen wie Chinesisch, in der alle W-Wörter erst auf LF bewegt werden können (s. Huang (1981, 1982)) und die daher Chomskys Prinzip zu folgen scheinen. Der Unterschied zwischen Deutsch und Englisch einerseits und Chinesisch andererseits muss also irgendwie ein syntaktischer sein. Chinesisch erlaubt keine SpecC-Position für Fragewörter, Deutsch genau eine. Die Frage ist dann, wie man dies implementiert.

Im Minimalismus hat sich offenbar das als allgemeines Ökonomieprinzip konzipierte Verzögerungsprinzip gegenüber der Frühzeitigkeit durchgesetzt. Dieses verhindert, dass im Chinesischen in der S-Struktur bewegt wird. Soll die S-strukturelle W-Bewegung erzwungen werden, so muss dies über einen Merkmalabgleich geschehen; genau dies hatten wir als Analyse des Deutschen und Englischen erwogen. Ein Problem stellen nun allerdings jene Sprachen dar, in denen alle W-Phrasen bewegt werden müssen. Hierzu gibt es unterschiedliche Auffassungen und Theorien, die wir hier nicht behandeln können.

All dies schließt eine semantisch erzwungene LF-Bewegung dieser W-Phrasen als Operatoren natürlich nicht aus. Ob allerdings W-Wörter überhaupt als Operatoren interpretiert und ob sie überhaupt auf LF bewegt werden müssen, ist insbesondere von Reinhart (1992, 1994) bezweifelt worden;[47] mittlerweile gibt es jedenfalls verschiedene semantische Methoden, W-Phrasen auch in situ semantisch zu interpretieren, weshalb es keinen semantischen Zwang für eine W-Bewegung geben kann und somit die syntaktische Motivation für eine W-Bewegung gestärkt wird.[48] Darüber hinaus gibt es mit den schon erwähnten Rattenfängerkonstruktionen einen hier relevanten Phänomenbereich, der unabhängig von diesen Überlegungen eine syntaktische Behandlung der Bewegung nach SpecC erzwingt. Diesem Phänomen widmen wir uns in Abschnitt (7.6.).

Vor Verlassen dieses Abschnitts sei mir noch eine Anmerkung zur Besetzung der C-Position gestattet. Wir haben festgestellt, dass diese Position im Standarddeutschen leer bleiben muss. Insbesondere muss verhindert werden, dass das Verb in diese Position bewegt wird; solche Sätze sind ungrammatisch:

(19) a. *Ich weiß, *mit welchen Linguistik-Büchern* ***kann*** man heutzutage Geld verdienen
b. *Linguistik-Bücher, *mit denen* ***kann*** man Geld machen, lese ich nicht

Dass hier die Bewegung nach C irgendwie verhindert werden muss, war für Meibauer et al. (2002) Anlass für die Annahme, dass C schon durch die Frage- bzw. Relativphrase selber besetzt ist — eine oben schon zurückgewiesene These. Ein Blick in andere Sprachen zeigt, dass die C-Position auch über Kopf-Bewegung durch das *Verb* gefüllt werden kann; zu diesen Sprachen gehört das Belfast-Englisch, wo gemäß Henry (1995, S. 106), zitiert nach Radford (1997*a*, S. 282), auch im indirekten Fragesatz V/2 möglich ist:

(20) a. She asked who *had* I seen
b. They wondered what *had* John done
c. They couldn't understand how *had* she had time to get her hair done
d. He didn't say why *had* they come

Genau diese Bewegung muss im Deutschen verhindert werden. Erinnert sei noch einmal daran, dass wir C in Abschnitt (II.4.2.) als reine Positionskategorie charakterisiert haben, also als einen Knoten, der für eine genuine syntaktische Kategorie noch nicht spezifiziert ist. Daher müssen wir nun noch die syntaktische Hauptkategorie für C in diesen Konstruktionen festlegen. Für die Sätze in (20) sieht es so aus, als könne diese Kategorie durch Bewegung von V spezifiziert werden; um dagegen V-Bewegung nach C im Deutschen auszuschließen, genügt uns hier die Annahme, dass der C Kopf von Relativ- und eingebetteten Fragesätzen gerade nicht kategorial unterbestimmt ist, sondern schon eine spezifische syntaktische Kategorie besitzt, die mit der

V-Bewegung unverträglich ist. Üblicherweise werden *dass*-Satz-Komplemente in irgendeiner Weise als „nominal" angesehen; aufgrund des dialektalen Vorkommens von *dass* (und engl. *that*) als Fragesatzkomplementierer ist diese Wahl auch für die Fragesatzkomplemente plausibel. Dem nominalen Charakter entspricht in einer DP-Theorie dann die Annahme, dass diese CP kategoriell eine DP ist, woraus sich D als Kategorie für den Komplementierer eingebetteter Fragesätze ergibt.

Für die RSätze scheint mir eine Entscheidung schwieriger; diese CPs kategorial als PPs anzusehen, dürfte noch am ehesten mit der Kategorie des dialektalen *wo*-Komplementierers vereinbar sein. Die Kategorie von C wäre in diesem Fall also P. Andererseits werden wir in Abschnitt (7.3.) argumentieren, dass RSätze in der Regel optionale Argumente von Determinatoren sind und semantisch eher wie NPs funktionieren; in diesem Falle könnte auch N die Kategorie von C sein. Ich lasse die Frage, wie RSätze zu kategorisieren sind hier offen; in jedem Falle aber blockiert die lexikalische Festlegung einer Kategorie die Bewegung von V: da C schon eine Kategorie hat, gibt es keine weitere Motivation für eine solche Bewegung, weshalb sie aus Ökonomiegründen unzulässig ist.

Einbettung von Fragesätzen unter Matrixverben 7.2.

Nachdem wir die interne Struktur von indirekten Fragen und von RSätzen diskutiert haben und zu dem Schluss gekommen sind, dass die Bewegung nach SpecC über ein entsprechendes Merkmal getriggert wird, gilt es jetzt, deren externe Distribution zu klären, d.h., die syntaktischen Kontexte zu charakterisieren, in denen sie vorkommen können. Wir widmen uns in diesem Abschnitt den indirekten Fragesätzen, im nächsten Abschnitt den RSätzen.

Offenbar sind es bestimmte Verben, die Fragesätze als Komplemente zu sich nehmen können:

(21) a. Fritz *fragt*, warum das so ist
b. *Fritz *glaubt*, warum das so ist

Und umgekehrt:

(22) a. *Fritz *fragt*, dass das so ist
b. Fritz *glaubt*, dass das so ist

Daher wird gemeinhin davon ausgegangen, dass die einbettenden Verben entsprechende syntaktische Selektionsmerkmale haben, die ein entsprechendes Merkmal des Kopfes der CP überprüfen. Z.B. könnten wir annehmen, dass *fragen* das Komplementmerkmal [∗+Q∗] und der leere Komplementierer des Fragesatzes das Kopfmerkmal [+Q] hat,[49] während *glauben* ein Merkmal [∗−Q∗] hat; entsprechend hätte dann *dass* im Standarddeutschen das Merkmal [−Q], während es in bairischen Dialekten (wegen Sätzen wie (13)) sowohl [−Q] als auch [+Q] haben könnte.

Wir werden hier jedoch nicht so vorgehen, da eine einfache Merkmalsubkategorisierung nicht erklären kann, warum (23-b) und (23-c) grammatisch sind:

(23) a. *Fritz wird schon *glauben*, wen ich eingeladen habe
b. Du wirst nicht *glauben*, wen ich eingeladen habe
c. Ich kann nicht *glauben*, was er für mich getan hat

Ausgangspunkt für die Erklärung des Kontrastes in (23) ist vielmehr, dass die Selektionseigenschaften der Verben in erster Linie *semantisch* determiniert sind. Unterscheidet man zwischen morphologischer, syntaktischer und semantischer Selektion als **m-Selektion**, **c-Selektion** und **s-Selektion**, wobei „m" für morphologisch, „s" für semantisch und „c" für engl. *constituent*, also für eine syntaktische Konstituentenwahl steht, lässt sich die oft nur vermeintliche c-Selektion als bloße Folgeerscheinung der s-Selektion als ihrer semantischen Grundlage zurückführen.

Zur s-Selektion von CP-einbettenden Verben gibt es in der Literatur eine Reihe von Vorschlägen[50]; am vielversprechendsten schneidet m.E. die Analyse von Zeno Vendler (1972, 1980) ab. Dieser unterscheidet zwischen ***„facts"*** und ***„propositions"***. Letztere sind der Gegenstand des Glaubens und Wünschens, sie stellen Gedanken subjektiver Art dar; erstere beziehen sich auf die objektive Dimension der mentalen Welt des Menschen. „Objektive Verben" beziehen sich auf *facts*, „subjektive" auf *propositions*. Während *propositions* wahr oder falsch sein können, können *facts* nur bestehen oder nicht bestehen. Ein hinreichendes Kriterium dafür, Fragesätze einbetten zu können, besteht darin, dass sich diese Verben auf *facts* beziehen können: *Facts* können in Form von Fragesätzen wiedergegeben werden, *propositions* nicht, was Vendler auf die spezielle referentielle Opakheit von Propositionen zurückführt.

Dies erklärt zumindest teilweise den Kontrast in (23): Im Kontext von (23-b,c) bekommt der Fragesatz einen exklamativen, behauptenden Charakter (vergleiche *Was hat er bloß für mich getan!*) und setzt damit Faktivität voraus; es ist eine Tatsache, dass er etwas (Wichtiges) für mich getan hat; es ist eine Tatsache, dass ich jemanden (Wichtigen, Überraschenden) eingeladen habe. Analoges gilt auch für die folgenden Datenkontraste:

(24) a. *Ich denke mir, wen du eingeladen hast
b. Ich kann mir denken, wen du eingeladen hast

(25) a. *Ich vermute, wer unten vor der Tür steht
b. Ich kann nur vermuten, wer unten vor der Tür steht

(26) a.?*Hans streitet ab, wen er umgebracht hat
b. ?Hans streitet nicht ab, wen er umgebracht hat

Wenn ich z.B. vermute, dass jemand vor der Tür steht, drücke ich eine möglicherweise unbestätigte Vermutung, eine Proposition aus, in (25-b) dagegen muss ich als Faktum *voraussetzen*, dass jemand vor der Tür steht; darauf beziehe ich mich als „*fact*".

Ein teilweise analoger Fall ist die Selektion von *ob*-Sätzen. In exklamativen Kontexten wie in (27) und (28) ist ein *ob*-Komplement nicht möglich, was wohl damit zusammenhängt, dass es keine exklamativen *ob*-Sätze gibt, s. (28-c):

(27) a. Ich kann nicht glauben, was er für mich getan hat
b. *Ich kann nicht glauben, ob er etwas für mich getan hat

(28) a. Es ist unglaublich, was er für mich getan hat
b. *Es ist unglaublich, ob er das für mich getan hat
c. *Ob er das bloß für mich getan hat!

Die folgenden Daten aus Fortmann (1994) zeigen jedoch, dass bestimmte Verben auch in nicht-exklamativen Kontexten gerade die Einbettung von *ob*-Sätzen verbieten:

(29) a. Es erstaunt mich, warum die Sache nicht aufgefallen ist
b. Es erstaunt mich, dass die Sache nicht aufgefallen ist
c. *Es erstaunt mich, ob die Sache nicht aufgefallen ist

(30) a. Es hat alle erschüttert, wer sich hier als Denunziant betätigt hat
b. Es hat alle erschüttert, dass sich jemand als Denunziant betätigt hat
c. *Es hat alle erschüttert, ob sich jemand als Denunziant betätigt hat

Als semantisches Kriterium für die s-Selektion dieser Verben bringt Fortmann hier den Aspekt der Offenheit der semantischen Ereignisinstantiierung ins Spiel; diese sei nur bei *ob*-Sätzen gegeben und diene daher als semantisches Kriterium für den Ausschluss der *ob*-Sätze in (29) und (30): Verben wie *erstaunen* und *erschüttern* verlangen eine nicht offene Ereignisinstantiierung. Hinzu kommt m.E., dass diese Verben ein faktisches Komplement haben: (30-a) z.B. impliziert, dass sich jemand als Denunziant betätigt hat, (30-b) impliziert die Wahrheit des *dass*-Satzes. Mit dieser Faktivität aber ist ein *ob*-Satz, der ja seine Wahrheit gerade offen lässt, nicht verträglich.

Es ist klar, dass eine bloße c-Selektion an solchen Daten scheitern muss. Fortmann schreibt hierzu: „Verben, die einen Komplementsatz nehmen, sind mit einer oder mehreren [...] Spezifizierungsoptionen kompatibel. Die Relation von Prädikat und Komplement kann jedoch nicht über ein syntaktisches Subkategorisierungsmerkmal hergestellt werden, da sie nicht allein vom Verb abhängt, sondern ebenso von weiteren Konstituenten des Matrixprädikats. Hierbei spielen Tempus, Negation und Auxiliar eine Rolle. Das Komplement wird semantisch selegiert." Wie dies innersemantisch genau funktionieren soll, ist meines Wissens kaum erforscht. So betrachtet z.B. Vendler (1972) keine Verben, die nur Fragesätze einbetten, also *begründen, forschen, fragen, kontrollieren, nachfragen, nachsehen, sich erkundigen, untersuchen, zweifeln* usw.; Vendler erklärt lediglich die *dass*-Einbettung bei Verben ohne Fragesatzkomplement *ex negativo*, indem er feststellt, dass sich solche Verben nicht auf Fakten beziehen können; die fehlende *dass*-Einbettung bei den o.g. Verben bleibt jedoch unerklärt und müsste nun ebenfalls semantisch charakterisiert werden. Fortmann bringt hier den Aspekt der Offenheit der semantischen Argumentreferenz ins Spiel; Verben, die nur Fragesätze einbetten, verlangen eine offene Argumentreferenz.

Leider sind die für die semantische Charakterisierung verwendeten Begriffe (offene Argumentreferenz, offene Ereignisinstantiierung) zunächst rein deskriptiv und nicht so präzise, wie es für eine formale Semantik wünschenswert wäre. Dennoch mögen diese Überlegungen davon überzeugt haben, von einer syntaktischen Selektion der Satzargumente abzusehen.

Ein weiteres Indiz hierfür sind die sog. *Was-W*-Konstruktionen, auf die in systematischem Zusammenhang zuerst Tappe (1981) aufmerksam gemacht hat. Oben wurde beobachtet, dass Verben wie *glauben* oder *meinen* eigentlich keine Fragesatzkomplemente haben können. Umso erstaunlicher daher die sog. *Was-W*-Konstruktion in (31):

(31) a. Was glaubst du, wen ich gesehen habe?
b. Was meint denn Peter, wen wir einladen sollen?

Über diese Art von Konstruktion gibt es mittlerweile eine ausufernde Literatur (s. etwa Lutz et al. (2000) und Sternefeld (2001*a*)). Einigkeit besteht darüber, dass die genannten Verben in der Semantik kein Fragekomplement haben; oft wird angenommen, dass sich (31) als (32) paraphrasieren lässt:

(32) a. %Wen glaubst du denn, dass ich gesehen habe?
b. %Wen meint denn Peter, dass wir einladen sollen?

Dies deutet darauf hin, dass die syntaktische Subkategorisierung eines Fragesatzes durch das Verb keine adäquate Beschreibung der Konstruktion ist; vielmehr scheint es sich in (31) um eine Art partieller W-Bewegung zu handeln, die nicht bis ganz nach oben geht, wie in (32), sondern in einer Zwischenposition verharrt, daher auch der Begriff **partielle W-Bewegung** für diese Art von Konstruktion. Die eigentliche W-Bewegung geschieht dann auf der Ebene der LF, wo der Skopusmarker *was* durch das partiell bewegte Pronomen ersetzt wird. Für die Beschreibung der Konstruktion ist m.E. dennoch anzunehmen, dass der Komplementsatz die Form eines Fragesatzes hat und daher die entsprechenden W-Merkmale. Der Punkt ist hier der, dass dieser Satz nicht sinnvollerweise vom Matrixverb als Fragesatz subkategorisiert werden kann.

In Sternefeld (2001*a*) wurde vor der Bewegung eine Struktur wie in (33) angenommen:

(33) du denn [$_{DP}$ was [$_{CP}$ wen wir eingeladen haben]] glaubst

Nachfolgend wird dann *was* topikalisiert und die CP extraponiert. Die CP wird hier als semantisches und syntaktisches Komplement von *was* aufgefasst. Insbesondere wird nicht angenommen, dass nach Extraposition noch eine weitere Bewegung von *wen* notwendig wäre. Zugrundegelegt wird dort eine semantische Analyse, die sich etwa wie in (34) paraphrasieren ließe:

(34) a. Was glaubst du, ist die Antwort auf die Frage, wer Recht hat?
b. Was meinst du, ist die Antwort auf die Frage, wen wir einladen sollen?
c. Was sagte er, ist die Antwort auf die Frage, mit wessen Bruder sie verwandt sei?

Hier lässt sich der indirekte Fragesatz ohne weiteres als solcher interpretieren; aber eben nicht als Komplement des Verbs: damit die Konstruktion möglich wird, muss etwas Spezifisches hinzukommen, das sich aus der Form alleine zunächst gar nicht ergibt, sondern aus dem spezifischen Konstruktionskontext entnommen werden muss. Die Analyse der Konstruktion ist ohnehin umstritten (vergl. auch Lutz et al. (2000)). Wie immer man sie analysiert: wichtig ist, dass der Fragesatz als solcher kein syntaktisches Argument von *glauben* ist.

Gegen eine syntaktische Subkategorisierung spricht auch die Beobachtung, dass sich *dass*-Sätze und Fragesätze koordinieren lassen:

(35) Ich weiß, dass und wann er kommt

Komplementierer und adverbiales Fragepronomen sind sicher so verschieden, dass es keine sinnvolle Möglichkeit gibt, *dass und wann* als Konstituente aufzufassen. Eine dreidimensionale Analyse wie die in Anhang (E.) diskutierte, scheint jedoch möglich, wie in (36) skizziert:

(36) weil ich

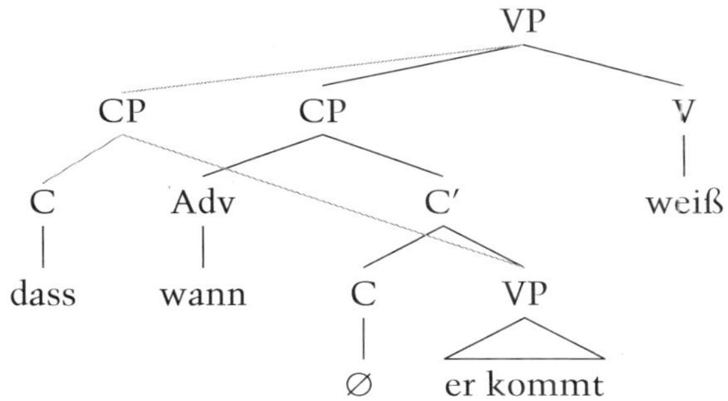

Eine solche CP-Koordination wirft natürlich die Frage auf, in welchem Selektionsverhältnis das Matrixverb *wissen* zu seinen Komplementen steht. Läge eine c-Selektion vor, so hätte *wissen* hier zwei sich widersprechende Merkmale zu vergeben. Dies spricht eher gegen die c-Selektion. Liegt eine s-Selektion vor, so muss es in der Semantik zumindest möglich sein, *dass*-Sätze und Fragesätze zu koordinieren. Gerade Sätze wie (36) haben Groenendijk und Stokhof (1982) als Motivation für eine Frage-Semantik gedient, in der *dass*-Sätze und Fragesätze denselben logisch-semantischen Typ haben, also koordiniert werden können. Andererseits müssen sie auch semantisch differenziert werden können, um bei anderen Verbtypen die ungrammatischen Kombinationen von Matrixverb und Komplementtyp semantisch ausschließen zu können. In der Semantik von Groenendijk und Stokhof (1982) sind sowohl *dass*-Sätze als auch Fragesätze Funktionen von möglichen Welten in Propositionen. *Dass*-Sätze unterscheiden sich dennoch von Fragesätzen, weil diese konstante Funktionen sind, also in jeder Welt dieselbe Proposition bezeichnen. Auf genau solche Komplementtypen ist z.B. das Verb *glauben* eingeschränkt, und mit genau diesem Komplementtyp ist das Verb *fragen* unverträglich. Dies sind semantische Einschränkungen an die beteiligten Verben; offenbar unterliegt *wissen* diesen Einschränkungen nicht und kann daher beide Satztypen als Komplement haben und — wegen der typentheoretischen Gleichartigkeit — diese auch koordinieren, sodass die Selektion von CP-Komplementtypen auch unter diesem Gesichtspunkt weitgehend eine Sache der Semantik ist. Diese Konklusion, dass Verben *keine* sog. W-Merkmale subkategorisieren, und dass die C-Köpfe dementsprechend *keine* solchen Merkmale haben, halte ich für überzeugend, wiewohl es sich wohlgemerkt nicht um die Standardauffassung handelt.

Wenn die Selektion von finiten CP-Komplementen semantisch determiniert ist, ist dann auch die unterschiedliche Selektion von finiten und infinitivischen Komplementen eine Sache der s-Selektion? Dies scheint ziemlich unwahrscheinlich, wenn man bedenkt, dass ein Verb wie *glauben* im Deutschen ein Infinitivkomplement haben kann, im Englischen nicht.

(37) a. Er glaubt ein Genie zu sein
b. *He believes to be a geneous

Es ist kaum anzunehmen, dass *glauben* und *believe* eine unterschiedliche Bedeutung haben. Gegen eine c-Selektion des Infinitivs spricht allenfalls die Konstruktion in (38-c), auf die in Stechow und Sternefeld (1988) hingewiesen wurde:

(38) a. *Ich sage, kein Unbekannter zu sein
b. Er sagt, dass er kein Unbekannter sei
c. Ich kann/darf sagen, kein Unbekannter zu sein

Mir ist keine Abhandlung bekannt, in der eine semantische Charakterisierung des Selektionsverhaltens dieser Verben versucht worden wäre. Die Grammatikalität von (38-c) beruht auf der Kombination vieler lexikalischer Faktoren; die Konstruktion ist als idiosynkratisch (oder besser: idiomatisch) anzusehen. Die beteiligten Ausdrücke müssen daher wie idiomatische Wendungen behandelt werden. Daher ist daran festzuhalten, dass Infinitivsubkategorisierung nicht auf s-Selektion reduzierbar ist, und dass die Unterscheidung zwischen finiten und nicht-finiten Komplementen nach wie vor durch die entsprechenden Selektionsmerkmale zu leisten ist.

Frage 148: Die folgenden Beispiele sind Zitate, die man ohne weiteres für ungrammatisch halten kann. In (39) zitiert die *Harald Schmidt Show* vom 19.11.02 Fifa-Präsident Sepp Blatter mit den Worten:

(39) Mal sehn, ob und was uns da erwartet.

Heribert Prantl kommentiert den Irak-Krieg in der *SZ* v. 24.2.03 wie folgt:

(40) Wir führen Krieg, wenn, wann und gegen wen es uns passt

Versuchen Sie eine Analyse; wo liegen die Probleme?

Relativsatz und Bezugsphrase 7.3.

In diesem Abschnitt soll die Frage diskutiert werden, welche syntaktischen Beziehungen zwischen einem RS und der Konstituente bestehen, auf die er sich „bezieht". Dabei geht es im nächsten Unterabschnitt um die syntaktische Anbindung, also die Struktur, im darauffolgenden Abschnitt um die Genusmerkmale des RPs.

Frage 149: Warum ist es nicht ganz selbstverständlich, worauf sich der RS strukturell bezieht? Diskutieren Sie:

(41) Hans Heinrich Ehlen (CDU) propagiert zusammen mit der deutschen Eierwirtschaft Massenkäfige für Hennen, die nicht im Entferntesten den Vorstellungen der Tierrechtler entsprechen.

Wichtig ist es, zu erkennen, dass sich der RS in (41) sowohl auf *Hennen* als auch auf die komplexere Phrase *Massenkäfige für Hennen* beziehen kann.

Der Relativsatz: Komplement oder Adjunkt? 7.3.1.

Aber selbst nach einer solchen Desambiguierung bleibt offen, ob der RS mit einer NP oder einer DP zusammengeklammert wird. Zu diskutieren sind die vier Möglichkeiten in (42):

(42) 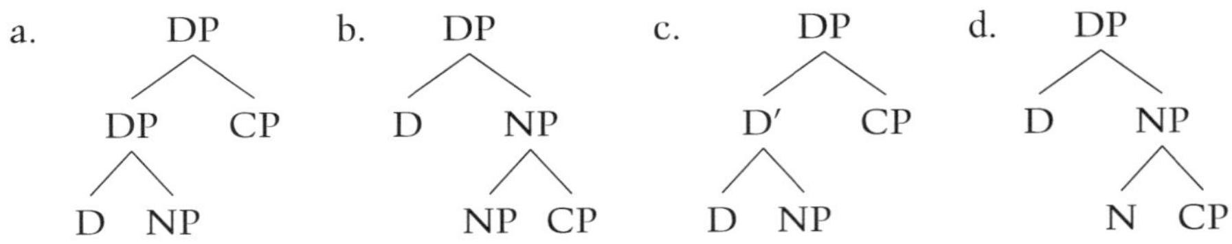

In (42-d) ist der RS als (optionales) Komplement des Nomens aufzufassen. Eine solche Analyse scheint semantisch wenig sinnvoll, ich schließe daher (41-d) als Möglichkeit von vornherein aus.

Frage 150: Welche potentielle *syntaktische* Ambiguität weist der kursiv markierte RS in (43) auf? (Der Satz als Ganzes ist aufgrund pragmatischer Gegebenheiten eindeutig.) Welche Strukturen müssten aufgrund von (41-a-c) zugrunde gelegt werden?

(43) Zwei Wochen lang hatte der Vogel in einem Hohlraum zwischen Mauerresten gesessen und überlebt. Der Besitzer des Papageis, *der nach all der Aufregung kein Wort herausbekommt*, konnte noch nicht ausfindig gemacht werden. („Aus den Trümmern eines eingestürzten Mietshauses geborgen", *SZ* vom 4.9.02)

Für jede der drei verbliebenen Möglichkeiten ist in der Literatur argumentiert worden. (42-a) und (42-b) sind Adjunktionsstrukturen und allgemein üblich. Der RS wird entweder an die DP adjungiert, wie etwa bei Ross (1967), oder er wird an N bzw. NP adjungiert, wie bei Stockwell et al. (1973). Unter Semantikern ist die NP-Adjunktion weit verbreitet, wie im Lehrbuch von Heim und Kratzer (1998) nachzulesen ist. Werfen wir daher zunächst einen Blick auf die semantische Plausibilität der vorgeschlagenen Analysen.

Motivation für die NP-Adjunktion in (42-b) bietet eine relativ simple Semantik: NP sowie CP denotieren Eigenschaften, sodass die Klammerung [NP CP] einfach als neue Eigenschaft gedeutet wird, und zwar als semantische Konjunktion der Bedeutungen von NP und CP. Die so entstandene Eigenschaft bildet dann die sog. restringierende Eigenschaft des Determinators.

Bei einer Adjunktion an die DP wie in (42-a) scheint eine kompositionale semantische Analyse wesentlich schwieriger, da es kaum möglich ist, die Bedeutung einer DP (als sog. Generalisierter Quantor, dh. als Menge von Eigenschaften) durch die eines RSes zu modifizieren. Wie Stechow (1979) gezeigt hat, ist unter bestimmten Umständen dennoch eine recht komplexe Semantik möglich; die technischen Details sind jedoch so verzwickt, dass (42-a) den anderen Strukturen klar unterlegen scheint.

Ein Argument gegen die NP-Adjunktion und für die Adjunktion an DP beruht auf den sog. **Hydras**; dies sind Konstruktionen, bei denen der RS offenbar auf zwei Köpfe bezogen werden muss (der Ausdruck stammt meines Wissens aus der Pluralsemantik von Link (1984)):

(44) der Mann und die Frau, die einander lieben

Es wird argumentiert, dass die Bezugsphrase *im Plural* nur durch die Koordination zweier DPs zustande kommen kann. Daher muss, so das Argument, die CP an die komplexe DP adjungiert sein (wobei die korrekte Koindizierung die in (45) ist):

(45) [$_{DP}$ [$_{DP_i}$ [$_{DP}$ der Mann] und [$_{DP}$ die Frau]][$_{CP}$ die$_i$ einander lieben]]

Es ist klar, dass Adjunktion an NP hier ausgeschlossen ist. Die Semantik der Adjunktion an DP ist wie zuvor jedoch recht kompliziert.

Damit kommen wir zu (42-c). Hier scheint sich auf den ersten Blick dasselbe semantische Problem zu ergeben wie in (42-a). Dennoch ist in dieser Struktur eine einfache semantische Analyse möglich, die allerdings nicht wie üblich eine DP-Bedeutung (als generalisierter Quantor) mit einer Eigenschaft kombiniert. Während üblicherweise der Determinator nur eine einzige restringierende Eigenschaft hat, nämlich die Bedeutung der NP, hat er in dieser Analyse zwei solche Eigenschaften. Wir müssen also lediglich die Stelligkeit des Determinators (optional) um eine Position erweitern und das CP-Argument genauso interpretieren wie das NP-Argument. Aus einem transitiven Determinator wird so ein bitransitiver. Die semantischen Analysen von (42-a) und (42-c) sind dann logisch äquivalent.

Für die Hydras würde (42-c) implizieren, dass wir es mit einer Koordination von „D-bars" zu tun haben:

(46) [$_{DP}$ [$_{D'}$[$_{D'}$ der Mann] und [$_{D'}$ die Frau]]][$_{CP}$ die$_i$ einander lieben]]

Die Semantik der Konjunktion bleibt aber weiterhin kompliziert, sodass Hydras lediglich gegen eine NP-Adjunktion sprechen.

In der semantisch motivierten Tradition wurde sowohl NP-Adjunktion als auch DP-Adjunktion erwogen, jedoch nicht als Alternativen, sondern als zwei mögliche Strukturen mit unterschiedlicher Semantik. Bei der semantischen Deutung spielten bei uns bisher nur solche RSätze eine Rolle, die man **restriktive RSätze** nennt. Die Terminologie ist semantisch motiviert: die RSätze schränken den semantischen Bereich des durch D bezeichneten Quantors ein. In Kontrast hierzu stehen sog. **appositive RSätze**, welche die Interpretation des Determinators nicht beeinflussen. Diese Unterscheidung lässt sich dann leicht nachweisen, wenn D phonetisch leer ist. Denn der RS in (47) hat zwei Lesarten:

(47) Ich mag Minimalisten nicht, die ihre Möglichkeiten nicht voll ausschöpfen (Günter Netzer, ARD vom 17.6.04)

Der RS kann in der restriktiven Lesart dazu dienen, jene Minimalisten auszuschließen, welche ihre Möglichkeiten voll ausschöpfen, oder es wird in der appositiven Lesart als bekannt unterstellt oder erklärend hinzugefügt, dass Minimalisten generell ihre Möglichkeiten nie ausspielen (sonst wären sie keine Minimalisten), und der RS kann dann, wie in (48), mit *übrigens* oder *ja* erweitert werden:

(48) Minimalisten, die (ja/übrigens) ihre Möglichkeiten (ja/übrigens) nicht ausspielen, mag ich nicht

Oft wurde dann behauptet (vergl. etwa Partee (1975)), dass sich der semantische Unterschied zwischen den Verwendungen der RSätze syntaktisch darin widerspiegelt, dass restriktive RSätze wie in (42-b), appositive wie in (42-a) zu analysieren seien. Dabei geht man davon aus, dass der RS in (42-b) im Skopus des Quantors und somit von D sein muss, was in (42-a) aufgrund der Adjunktion nicht der Fall sei, sodass diese Struktur appositiv ist.

Tatsächlich würde man zwar üblicherweise annehmen, dass Adjunkte nicht im semantischen Skopus des Kopfes stehen, sodass (42-a) für die Interpretation des restriktiven RSes nicht geeignet erscheint. Andererseits aber kann man nicht schließen, dass (42-b) als Position für einen appositiven RS ungeeignet wäre, denn wenn der RS im syntaktischen Skopus des Quantors steht, impliziert dies ja noch lange nicht, dass er damit automatisch restriktiv interpretiert werden muss. Denn nimmt man an, dass der Inhalt des appositiven RSatzes **präsupponiert** wird und somit ohnehin nicht zum Inhalt der DP oder des Satzes gehört, ist die Deutung des RSatzes skopusunabhängig und es ist müßig (bzw. unmöglich), die syntaktische Position des appositiven RSes semantisch (in Relation zum Artikel) bestimmen zu wollen. Meine Konklusion ist daher, dass es trotz unterschiedlicher semantischer Interpretationsmöglichkeiten keinen zwingenden syntaktischen Grund gibt, den appositiven vom einschränkenden RS in Hinsicht auf deren jeweilige syntaktische Position zu unterscheiden.[51] Für die folgende Diskussion werde ich daher nur restriktive RSätze betrachten.

Eine in der frühen Tradition der Generativen Grammatik stehende Beobachtung läuft darauf hinaus, dass der RS eine enge Beziehung zum Determinator unterhält — eine These, die mit der unter Semantikern üblichen Adjunktion an NP unvereinbar ist. Augenfällig wird diese Beziehung im Deutschen bei Determinatoren wie etwa *derjenige* in (49):

(49) derjenige Mann, der das Pulver erfand

Hier ist der RS obligatorisch. In Stechow und Sternefeld (1981) wurde der enge Zusammenhang zwischen *derjenige* und dem RS so implementiert, dass letzterer als Komplement von ersterem erscheint. Diese Analyse, die schon von Smith (1964) vorgeschlagen wurde, musste auf dem Hintergrund der früher üblichen NP-Analyse (dem Vorgänger der DP-Analyse) annehmen, dass der RS wie in (50-a) gezeigt nicht an der Stelle generiert werden kann, wo man ihn sieht; auf die DP-Struktur übertragen sähe die Analyse wie in (50) aus:

(50) a.

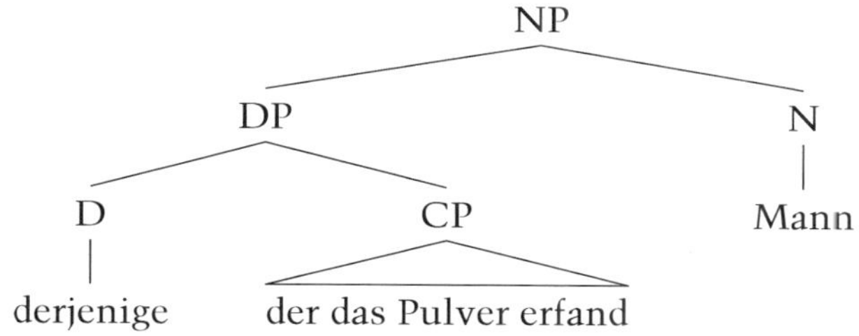

b.

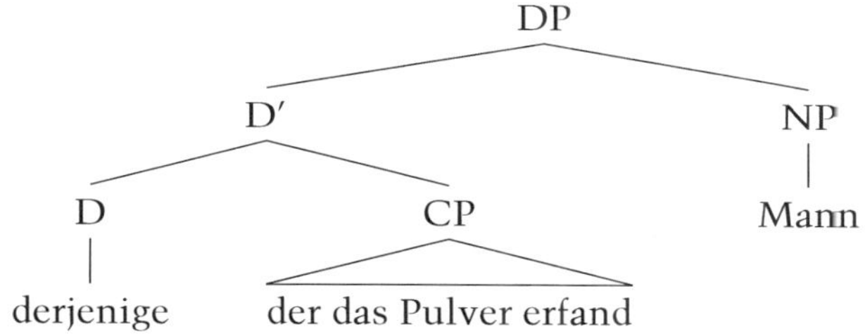

In beiden Strukturen muss der RS obligatorisch extraponiert werden. Diese Analyse stärkt m.E. die Auffassung, dass der RS ein Argument des Determinators ist. Insbesondere wird klar, dass es innerhalb einer DP-Analyse wie (50-b) letztlich gar nicht notwendig ist, eine oberflächenferne Abfolge zu generieren. Es genügt ja, die Reihenfolge der Argumente des Determinators einfach umzudrehen; das Resultat ist dann (42-c). *derjenige* hätte dann den RS obligatorisch als Argument, während der RS normalerweise nur fakultatives Argument des Determinators ist.[52]

Während der Zusammenhang zwischen Determinator und RS hier darauf beruht, dass der RS quasi schon syntaktisch selegiert wird, ergibt sich ein enger Bezug zum definiten Determinator auch aus den Akzentverhältnissen, vergl. (51):

(51) a. Nur der BRIEF, den ohnehin jeder kannte, wurde vermisst
b. Nur DER Brief, den (ohnehin) jeder kannte, wurde vermisst

In (51-a) scheint mir für den RS keine restriktive Lesart möglich; soll der RS dennoch restriktiv interpretiert werden, muss *der* stark betont werden. Eine solche Betonung ist bei restriktiver Lesung generell oft notwendig, insbesondere wenn der RS extraponiert wird; beim nicht-restriktiven RS ist ein solcher Akzent auf dem Determinator gerade nicht möglich.

Eine (51) entsprechende Unterscheidung zwischen restriktivem und appositivem RS findet sich auch in jenen Dialekten des Deutschen, die zwischen verkürzten, klitisierenden Formen des Artikels und den sonst üblichen Vollformen grammatisch unterscheiden. Nur mit letzteren ist der restriktive RS kompatibel (Daten aus Prinzhorn (2005)):

(52) a. Alle Kinder hom'n Arm ghobn

b. Alle Kinder hom den Arm ghobn

(53) a. *Alle Kinder hom'n Arm, der dreckat woa, ghobn
b. Alle Kinder hom den Arm, der dreckat woa, ghobn

(54) a. *D'Maria hot's Pferd, wos aus Mexiko kummt, fia gfealich
b. D'Maria hot des Pferd, wos aus Mexiko kummt, fia gfealich

Ein weiterer Zusammenhang zwischen Artikel und RS haben Carlson und Sussman (2005) mit folgendem Beispiel illustriert:

(55) Mary heard about the riot on the radio, and Bob did, too

Fragt man danach, was Bob tat, so stellt sich heraus, dass er über denselben Aufstand gehört hat, aber wahrscheinlich in einem anderen Radio. Der erste Gebrauch von *der* scheint der übliche, definite, der zweite ein indefiniter, bei dem es um eine Identifikation des Radios gar nicht gehen kann. Carlsson und Sussman beobachten nun, dass bei indefinitem Gebrauch des sog. definiten Artikels das Nomen semantisch nicht durch Adjektive modifiziert werden darf:

(56) Mary heard about the riot on the red radio (nur definit, nicht indefinit)

Bei einer Fortsetzung wie *and Bob did too* kann nur ein gemeinsames Hören vor demselben Radio gemeint sein. Gleiches gilt nun auch für die Modifikation durch restriktive RSätze, sodass gefolgert werden kann, dass die semantische Interpretierbarkeit des RSatzes mit der Bedeutung des Determinators zu tun haben muss. Ich komme auf ein analoges Beispiel im Deutschen noch einmal unter (65) zurück.

Ein zusätzliches Argument für (42-c) ergibt sich aus der semantischen Interaktion zwischen RS und gewissen Adjektiven. Wenn der RS wie schon bei Smith (1964) und Chomsky (1965) zum Determinator-System gehört und wenn Adjektive eher als Modifikatoren von NP zu interpretieren sind, müssen Adjektive einen engeren Skopus haben als restriktive RSätze. Dies lässt sich anhand eines Beispiels demonstrieren, das ich einem Vortrag von Richard Larson verdanke und ins Deutsche übertragen habe:

(57) die meisten angeblichen Diebe, die sich auf freistehende Landhäuser spezialisiert haben

Die Behauptung von Larson ist, dass nur *Diebe* im Skopus von *angeblich* steht, nicht etwa *Diebe die sich auf Landhäuser spezialisiert haben*. Dies folgt automatisch, wenn RSätze nicht an NP adjungiert werden, sondern wie in (58) Argumente von D sind.

(58) [$_{DP}$ [$_{D'}$ alle [$_{AgrDP}$ angeblichen [$_{NP}$ Diebe]]][$_{CP}$ die sich auf freistehende Landhäuser spezialisiert haben]]

Ein weiteres Plausibilitätsargument ergibt sich daraus, dass es ja ohne weiteres möglich ist, auch intransitive Determinatoren durch einen restriktiven RS zu modifizieren:

(59) Jeder/keiner, der mich kennt, mag mich

Eine Adjunktion an NP wäre nur dann vorstellbar, wenn eine solche NP leer ist. Für eine leere NP gibt es aber keine guten Argumente; auch eine Ellipse kann hier nicht vorliegen: welcher Ausdruck sollte hier wohl getilgt worden sein? Die plausibelste Paraphrase von (59) wäre wohl:

(60) Jede/keine Person, die mich kennt, mag mich

Eine Tilgung scheitert hier aber gerade an der morphologischen Inkongruenz zwischen (59) und (60), also am „falschen" Genus von *Person*.

Eine weitere Beobachtung, die für einen engen Zusammenhang zwischen D und RS spricht, scheint sich daraus zu ergeben, dass in (60) und weniger noch in (59) die Ersetzung des RPs durch *welcher/welche* kaum möglich ist; es scheint, als würde D hier nur das eigentliche RP *d-* selegieren. Dabei dürfte es sich jedoch lediglich um eine Tendenz handeln, die in der Schriftsprache gelegentlich ignoriert wird. Dies belegen zahlreiche Google-Gegenbeispiele, von denen Ihnen das vielleicht bizarrste nicht vorenthalten werden soll:

(61) Nutzer der Bibliothek ist jeder, welcher in jedweder Weise jedwede Leistungen der SBP nutzt, sowie jeder, welcher sich in den Räumen einer jedweden Bibliothek aufhält.

Ein letztes Argument betrifft die Opposition zwischen restriktiven und appositiven RSätzen bei (bezüglich NP) intransitiven Ds.

(63) SPRECHER A: (Intendant Jürgen Flimm zum Ensemble bei einer Abschiedsrede)
Ich entschuldige mich bei allen, die ich ungerechtfertigt angeschrieen habe.
SPRECHER B: (Zwischenruf eines Betroffenen)
Dann kannst du dich ja bei allen entschuldigen!

B impliziert, dass der RS nicht restriktiv gedeutet werden sollte, da er de facto keine Einschränkung des Quantors darstellt. M.E. ist aber eine solche Interpretation als Bedeutung der Aussage von A nicht möglich. Dies scheint daran zu liegen, dass NP-intransitive Determinatoren eine Interpretation des RS als Apposition nicht zulassen; der RS rückt automatisch an die Stelle der NP, also der Einschränkung des Quantors, und kann dann nur restriktiv interpretiert werden. Dies spricht für einen starken Bezug zwischen D und RS und somit für die hier angenommene Analyse des RSatzes als Komplement von D.

Kongruenz von Relativpronomen und Bezugsphrase 7.3.2.

Fazit dieser Diskussion ist also, RSätze an die D-Projektion zu koppeln, wobei wir die Idee aufgegriffen haben, restriktive RSätze als (optionale semantische) Argumente des Determinators zu analysieren. Offen geblieben ist nun allerdings die Frage, wie die Kongruenz zwischen dem RP und seinem Bezugselement zu beschreiben ist. In traditioneller Terminologie spricht man davon, dass der RS ein **Bezugs-** oder **Kopfnomen** hat, mit dem das RP bezüglich Genus und Numerus kongruiert, vergleiche:

(64) a. **die Frau, der* das Pulver erfand
b. **der Mann, die* das Pulver erfand
c. **die Männer, der* das Pulver erfand
d. **der Mann, die* das Pulver erfanden

Offenbar ist die Redeweise vom Kopfnomen in unserer Analyse inadäquat, denn der unmittelbare syntaktische Bezug kann hier ja nur zum D-Kopf gestiftet werden, und dieser Kopf ist gerade kein Nomen. Dieser Kongruenzbezug lässt sich merkmaltheoretisch leicht beschreiben: Da die Kategorie D ohnehin entsprechende Genus- und Numerusmerkmale für die NP als erstes Argument hat, könnte D dieselben Merkmale auch für die CP als zweites Argument haben. Diese gehen dann an den C-Kopf. Von dort werden sie als Spezifikatormerkmale zusammen mit [∗RELPRO∗] an das Pronomen weitergeleitet.

Die Frage ist nur, ob wir einen solchen syntaktischen Mechanismus wirklich brauchen. Denn die Kongruenz in Bezug auf Numerus und Genus besteht ja *generell* zwischen *jedem* Typ von Pronomen und seinem Antezedens; in Abschnitt (II.2.3.) hatten wir argumentiert, dass diese Beziehung durch Koindizierung zustande kommen kann und nicht notwendigerweise einen Checking-Mechanismus voraussetzt. Klar scheint mir, dass es für Relativpronomina dann einen *syntaktischen* Mechanismus geben muss, wenn sie, wie in vielen semantischen Theorien, eigentlich bedeutungsleer sind. Dies ist bei restriktiven RSätzen der Fall, und da diese D restringieren, scheint mir hier ein Merkmalabgleich die unproblematischere Alternative. Ein potentielles Problem für die Koindizierung besteht nämlich darin, dass diese nur zwischen c-kommandierenden DPs üblich ist, was in unserer Analyse jedoch prima facie nicht möglich ist, da der RS ja nicht an eine DP adjungiert ist, sondern Argument von D ist.[53]

Ist aber der RS appositiv, so würde ich denken, dass das RP referentiell gedeutet wird und die Überprüfung der Merkmale eines referentiellen Pronomens nicht notwendig ist. Man kann dann das Pronomen koindizieren, muss es aber nicht. Betrachten wir ein Beispiel, das für eine Koindizierung potentiell problematisch sein könnte. Wenn wir, wie in Abschnitt (II.4.3.) angenommen, flektierte Präpositionen wie *zur* nicht syntaktisch zerlegen wollen, gibt es in (65) für *die* keine Antezedens-DP, sondern allenfalls eine koindizierte P-Projektion:

(65) Er ging täglich zur Schule, die nur wenige Meter von seiner Wohnung entfernt war

Zu beachten ist nun, dass der inkorporierte, versteckte Artikel genau von der Sorte ist, die wir in (55) als indefinit charakterisiert haben:

(66) Fritz ging täglich zur Schule, und Ede ebenfalls

Denn keinesfalls ist impliziert, dass Fritz und Ede zur selben Schule gehen. Wie oben schon beobachtet, kann der RS dann nicht restriktiv sein. Vielmehr könnte (65) durch (67) paraphrasiert werden:

(67) Er ging täglich zur *Schule*. ***Die*** war nur wenige Meter von seiner Wohnung entfernt.

Hier handelt es sich um einen sog. **weiterführenden RS** mit charakteristischer V/2-Stellung (s. Holler-Feldhaus (2003); Holler (2005)). Die anaphorische Funktion des referierenden Pronomens *die* muss hier aus dem Kontext erschlossen werden: *die* referiert hier auf die Schule, in die er täglich geht. Folglich brauchen wir hier auch keinen syntaktischen Mechanismus, der Kongruenz garantiert. Wenn dies generell für Relativsätze gilt, die als weiterführend interpretiert werden können, brauchen wir auch für die appositiven RSätze keinen syntaktischen Kongruenzmechanismus.[54]

Nebenbei sei bemerkt, dass kategorial uniforme Koindizierung ohnehin bei solchen Pronomina problematisch ist, die zwar morphologisch und distributionell gesehen zur Kategorie DP gehören, sich aber anaphorisch nicht auf eine DP als Antezedens beziehen, wie z.B. *es* in (68-a); das entsprechende RP *was* in (68-b) bezieht sich auf die AP *im Kopf gesund*:

(68) a. „Ich bin im Kopf gesund und hoffe, meine Spieler sind *es* auch" (Otto Rehagel)
b. Ich bin im Kopf gesund, was meine Spieler hoffentlich auch sind
c. Ich bin im Kopf gesund; das sind meine Spieler hoffentlich auch

Es ist klar, dass die *was*-CP in (68-b) kein Fragesatz sein kann; wir kategorisieren hier *was* als RP. Folglich handelt es sich um einen Relativsatz, der nun eigentlich nicht restriktiv, sondern eher als weiterführend zu interpretieren ist. Ich nehme an, dass solche Sätze immer Adjunkte sind; einen Kongruenzmechanismus muss es hier wie auch in (69) nicht geben:

(69) Ein solches Antezedens steht in (69) nicht zur Verfügung [$_{CP}$ *weshalb* ∅ [$_{VP}$ der RS notwendigerweise nicht-restriktiv sein muss]]

Die semantische Bezugsphrase für die *weshalb*-CP ist die vorangehende Proposition; als Position für die CP käme daher wohl nur die Adjunktion an die vorangehende CP (oder eventuell die darin enthaltene VP) in Frage, sodass der leere C-Kopf hier das Kopfmerkmal [∗CP∗] hat. Eine daran anknüpfende Frage ist nun, ob wir den Zusammenhang zwischen diesem Adjunktionsmerkmal und dem entsprechenden RP *weshalb* in der Spezifikatorposition formal explizieren müssen, z.B. indem *weshalb* ein kontextuelles Merkmal [REL-PP] und C das entsprechende Spezifikatormerkmal [∗REL-PP∗] bekommt. Ich lasse diese Frage hier offen. Jedenfalls sind nicht alle Relativsätze Argumente (und somit restringierende Eigenschaften) von Quantoren; einige sind Adjunkte, deren RP auch nicht notwendigerweise ein koindiziertes Antezedens braucht.

Frage 151: Geben Sie für die beiden kursiv gekennzeichneten RSätze zwei Analysen; die eine könnte man als „versteckte Koordination" bezeichnen, die andere als sog. *Relative Stacking*. Welche Analyse kommt Ihnen plausibler vor?

(70) ... wir sehen uns mal wieder finsteren und auf vielfache Weise erklärbaren Geheimnissen gegenüber angesichts eines dieser opportunen Todesfälle, der das Gütesiegel *eines Modeschöpfers* trägt, *dessen Name zwar unbekannt bleibt, dessen handwerkliches Können aber für jeden erkennbar das Etikett 'made in Italy' trägt.*

Frage 152: Worin besteht der Unterschied zwischen dem betonten Pronomen *DEM* in (71-b) und der unbetonten Konstruktion in (71-a)?

(71) a. Ich gehe zum Arzt, der bei mir um die Ecke wohnt
b. Ich gehe zu *DEM* Arzt, der bei mir um die Ecke wohnt

Frage 153: Welche Probleme ergeben sich für die Analyse der adverbial benutzten AP in (72)? Sollte der *wie*-Satz Argument oder Adjunkt sein? Erläutern Sie die relevanten Aspekte der Analyse in (72) und erörtern Sie Alternativen.

(72) weil es 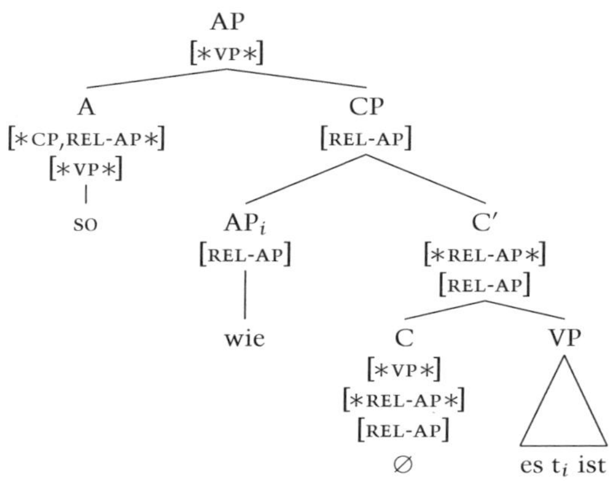 gut ist

Kasus-Checking bei leeren Relativpronomina 7.4.

Dieser Abschnitt hat eine vorrangig theoretische Motivation. Wie in Anhang (B.2.) noch ausführlicher diskutiert werden wird, ist es im minimalistischen Programm vorgesehen, dass alle formalen, d.h. kontextuellen Merkmale getilgt werden, sobald sie eine Checking-Relation eingegangen sind. In diesem Abschnitt soll nun gezeigt werden, dass der Checking-Mechanismus für die Kasusüberprüfung keine damit verbundene Tilgung der Kasusmerkmale implizieren sollte. Eine solche Tilgung hätte zur Folge, dass das RP, dessen Kasus ja vor der Bewegung gecheckt werden muss, nach der Bewegung keine Information mehr über seinen Kasus mit sich führt. Diese Information wird jedoch zur Beschreibung eines Phänomens benötigt, das in diesem Abschnitt analysiert werden soll.

Im Englischen finden wir häufig Relativkonstruktionen ohne sichtbares RP, wie in (73):

(73) the man I met yesterday

Üblicherweise wird als RP hier ein sog. **leerer Operator** angenommen, siehe (74):

(74) the man

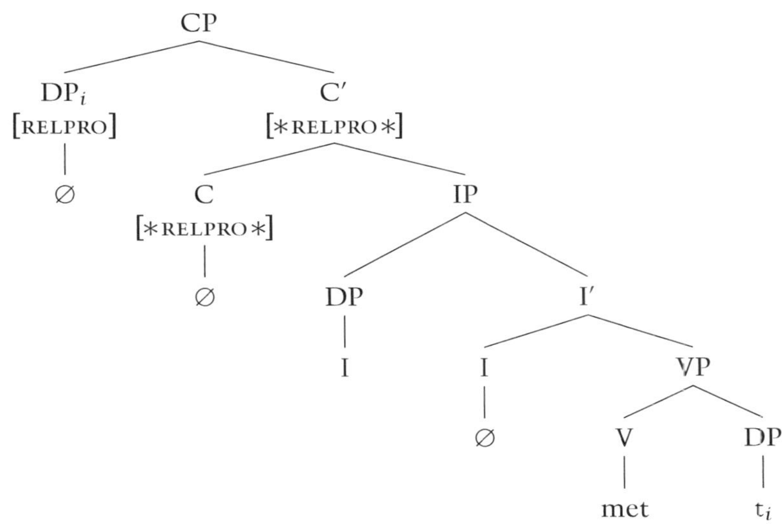

Nun haben wir schon darauf hingewiesen, dass es in süddeutschen Dialekten den RS-Komplementierer *wo* gibt; wir beobachten nun, dass bei Anwesenheit von *wo* auch im Deutschen das RP leer sein kann:

(75) Man muss wieder stolz darauf sein, für ein Land anzutreten, wo Deutschland heißt (Jürgen Klinsmann)

Allerdings führt eine nähere Betrachtung der Daten zu ungeahnten Komplikationen. Wir folgen hier der Analyse des Bairischen von Bayer (1983/84) und betrachten die Verteilung von möglichen und unmöglichen leeren Relativpronomina in (76):

(76) a. *der Mantl$_{nom}$ $\emptyset_{akk}$ wo i kaffd hob
b. den Mantl$_{akk}$ $\emptyset_{akk}$ wo i kaffd hob
c. Mir songs dem Mõ$_{dat}$ $\emptyset_{nom}$ wo krank is
d. *Mir songs dem Mõ$_{dat}$ $\emptyset_{akk}$ wo da Hund gebissen hat
e. Mir songs dem Mõ$_{dat}$ $\emptyset_{dat}$ wo mir g'hoifa hom
f. *der Mõ$_{nom}$ $\emptyset_{dat}$ wo mir g'hoifa hom

Worauf es hier offenbar ankommt ist der Kasus des Bezugsnomens im Vergleich zum Kasus des fehlenden RPs. Im Bairischen gibt es nur Nominativ, Dativ und Akkusativ. Ein Nominativ-RP kann immer fehlen. Ein Dativ-RP kann nur dann fehlen, wenn das Bezugsnomen ebenfalls ein Dativ ist, siehe (76-e) und (76-f). Der leere Akkusativ kann in (76-d) offenbar kein Kopfnomen im Dativ haben, vielmehr scheint wie in (76-b) der Akkusativ gefordert. Dies bedeutet aber:

(77) Das leere RP ist entweder ein Nominativ oder es kongruiert mit der Bezugs-DP.

An dieser Stelle jedoch wird die Sache verwickelt, denn man vergleiche (76-d) mit (78):

(78) Mir songs dera Frau$_{dat}$ [$_{CP}$ $\emptyset_{akk}$ wo da Hund gebissen hat]

Dieser Satz wird von Bayer als grammatisch eingestuft, obwohl keine Kasuskongruenz vorliegt. Weitere in dieser Hinsicht relevante Beispiele finden wir in (79):

(79) a. *Der Mantl$_{nom}$ [$_{CP}$ $\emptyset_{akk}$ wo i kaffd hob] wor z'rissn
b. Die Lampn$_{nom}$ [$_{CP}$ $\emptyset_{akk}$ wo i g'seng hob] wor greißlich

Bayer führt diese Grammatikalitätsverteilung darauf zurück, dass die Kasusformen von Akkusativ und Nominativ in den grammatischen Fällen nicht unterschieden werden können, also synkretistisch sind. Die folgende Tabelle gibt einen Überblick:

(80)

	MASK	NEUTR	FEM	PLUR
NOM	der	des	die	die
AKK	den	des	die	die
DAT	dem	dem	der(a)	dene(n)

Synkretistisch sind demnach *die Lampe die*$_{nom}$ und *die Lampe die*$_{akk}$; unterschieden werden muss *der Mantel der*$_{nom}$ und *der Mantel den*$_{akk}$. Bayer geht nun davon aus, dass es kein leeres RP gibt, sondern dass das uns interessierende Phänomen durch die **Tilgung** eines RPs zu beschreiben ist. Statt (76) müssen wir daher Daten wie in (81) betrachten:

(81) a. Der Mantl$_{nom}$ den$_{akk}$ wo i kaffd hob wor z'rissn
b. Die Lampn$_{nom}$ die$_{akk}$ wo i g'seng hob wor greißlich
c. Des Audo$_{nom}$ des$_{akk}$ wo i mecht is z'teia
d. Die Mäntl$_{nom}$ die$_{akk}$ wo i kaffd hob, worn z'rissn
e. Mir songs dera Frau$_{dat}$ die$_{akk}$ wo da Hund gebissen hat
f. Mir songs dem Mõ$_{dat}$ den$_{akk}$ wo da Hund gebissen hat

Die Generalisierung von Bayer besagt dann:

(82) Ein RP darf nur dann getilgt werden, wenn es entweder Kasuskongruenz erfüllt oder die *Form* eines Nominativs hat.

Es ist klar, dass das Kasusmerkmal des Pronomens auch nach der Bewegung noch relevant ist, obwohl es schon gecheckt wurde.[55]

Ein weiterer Faktor, der hier eine Rolle spielt, ist die Art des RSatzes als restriktiv oder erläuternd. Wir haben gesehen, dass nur im restriktiven Fall eine enge Beziehung zum Determinator besteht, und dies bestätigt sich darin, dass Tilgung des RPs nur dann möglich ist, wenn der RS restriktiv ist. Dies lässt sich, wie Prinzhorn (2005) zeigt, dadurch nachweisen, dass restriktive RSätze mit einer reduzierten Form des Determinators unverträglich sind; dementsprechend erwarten wir, dass bei einer reduzierten Form der RS nicht restriktiv ist und entsprechend auch keine Tilgung des RPs möglich ist. Dies wird in (83) illustriert:

(83) a. I hob's Buach, des (wo) da Chomsky gschriem hot, nit glesn
b. I hob des Buach, wo da Chomsky gschriem hot, nit glesn
c. *I hob's Buach, wo da Chomsky gschriem hot, nit glesn

Diese Daten werfen auch die Frage auf, auf welcher Ebene die Tilgung des RPs und die Reduktion des Determinators stattfinden. Diese Prozesse können nicht rein phonologisch sein, denn es muss ja einerseits die semantische Information mit eingehen, wie der Relativsatz zu deuten ist, andererseits muss die Kasuskongruenz eine Rolle spielen. Wie dies genau zu implementieren ist, bleibe hier offen; in jedem Falle müssen wir folgern, dass die Kasusmerkmale nicht getilgt („*erased*") werden dürfen. Dieselbe Folgerung werden wir auch anhand von Daten des Standarddeutschen im nächsten Abschnitt bestätigen können.

Freie Relativsätze 7.5.

Der folgende Satz weist eine merkwürdige semantische Ambiguität auf:

(84) Ich weiß, was ich glaube

In Lesart (1) bedeutet er: Mein Glaubensinhalt ist mir bekannt. Die andere Lesart (2) hat einen eher religiösen Beigeschmack: Mein Glaube wird mir zur Gewissheit. Anders paraphrasiert:

(85) a. *Lesart 1:* Für jede Proposition p gilt: wenn ich p glaube, dann weiß ich, dass ich p glaube.
b. *Lesart 2:* Für jede Proposition p gilt: wenn ich p glaube, dann weiß ich, dass p.

Wie kommt diese Mehrdeutigkeit zustande?

Die Antwort ist, dass (84) zwei verschiedene syntaktische Analysen hat, die zwei verschiedene Bedeutungen induzieren. Die erste Bedeutung entspricht der eines eingebetteten Fragesatzes. Man sieht dies leichter anhand von (86). Die Paraphrase in (85-a) ist zu der in (86-b) völlig parallel:

(86) a. Ich weiß, wer (alles) kommt
b. Für jedes x gilt: wenn x kommt, dann weiß ich, dass x kommt.

Frage 154: Warum ist (87) nicht zweideutig und kann daher nur eine der beiden Paraphrasen haben?

(87) Ich glaube, was ich weiß

Ihre Antwort sollte darauf beruhen, dass *glauben* keinen indirekten Fragesatz einbetten kann. Für (87) ist nur die Paraphrase (88) möglich, die der Lesart (2) entspricht:

(88) Für jede Proposition p gilt: wenn ich p weiß, dann glaube ich, dass p.

Wie aber kommt diese Lesart zustande, die offenbar mit einem indirekten Fragesatz nichts zu tun hat? Um diese Frage beantworten zu können, sollte man sich zuerst einfacheren Beispielen zuwenden, z.B. Satz (89), geäußert von Rudi Völler im Schwarzwälder Trainingslager vor dem Spiel gegen Malta am 27.5.04:

(89) Wer zum Frisör gehen will, kann natürlich zum Frisör gehen

Wer zum Frisör gehen will kann natürlich nicht als indirekter Fragesatz interpretiert werden; er bedeutet:

(90) Jeder, der zum Frisör gehen will, kann natürlich zum Frisör gehen

Konstruktionen, die wie Fragesätze aussehen, aber nach näherem Hinsehen offenbar doch keine sind, werden in der Literatur **freie Relativsätze** genannt.

Denn wie (90) zeigt haben sie die Funktion von RSätzen. Sie sind „frei", nicht etwa, weil Rudi den deutschen Spielern eine neue Freiheit geschenkt hat,[56] sondern weil sie kein sichtbares Bezugselement haben. Wie sich anhand vieler anderer Beispiele feststellen lässt, kann dieses unsichtbare Element als universeller Quantor verstanden werden, s. (91) und (92):

(91) a. *Wer uns kennt*, wird Abonnent
 b. Wir laden ein, *wer uns gefällt*
 c. Sie hasste, *wen sie nicht lieben konnte*
 d. *Wo das Militär 160 Leute braucht*, brauchen wir nur 25

(92) a. *Jeder, der uns kennt*, wird Abonnent
 b. Wir laden *jeden, der uns gefällt*, ein.
 c. Sie hasste *jeden, den sie nicht lieben können*
 d. *Überall dort, wo das Militär 160 Leute braucht*, brauchen wir nur 25

Aufgrund der Paraphrasen in (92) ist klar, dass freie RSätze die semantische und syntaktische Funktion von DPs, also von Argumenten des Verbs übernehmen können; als CPs müssen sie topikalisiert oder extraponiert werden, solange sie nicht intonatorisch abgegrenzt sind:

(93) a. weil Abonnent wird, wer uns kennt
 b. ??weil wer uns kennt, Abonnent wird
 c. weil wir hassen, wen wir nicht lieben können
 d. ??weil wir wen wir nicht lieben können, hassen

Als Argument des Matrixverbs sollte der freie RS eine DP sein, seiner Form nach ist er aber ein indirekter Fragesatz. Dieser Konflikt ließe sich dadurch lösen, dass wir in Anlehnung an die semantische Paraphrase in (92) einen leeren D-Kopf annehmen, der semantisch die Funktion eines Quantors hat:

(94)

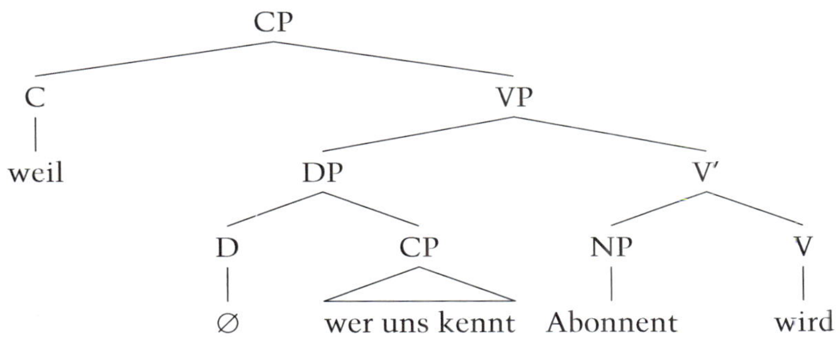

Diese Analyse greift jedoch angesichts von Beispielen wie (91-d) zu kurz; ebenso für:

(95) a. Sie tanzt, mit wem sie tanzen musste
b. Auf wen ich nicht warten wollte, wartete sie auch nicht
c. Ihr könnt beginnen, mit wem ihr wollt

Hier sind es eindeutig PPs, die einerseits in den Satzrahmen des Matrixsatzes passen müssen, andererseits aber Argumente der Verben des freien Relativsatzes sind. Wie lässt sich dieser Zusammenhang analysieren?

Hierzu gibt es eine ausführliche Diskussion in der Literatur, vergl. neuerdings Grosu (2003). Wir fügen dieser hier eine neue Variante hinzu, die darauf beruht, dass wir die C-Projektion als **Positionskategorie** angesehen haben. Daher können wir davon ausgehen, dass das Komplement von *warten* gleichzeitig eine PP *und* eine CP ist. Zu beschreiben ist dann lediglich die Kongruenz zwischen dem leeren C-Kopf, der dann gleichzeitig ein leerer P-Kopf sein muss, und der SpecC-Position, die dann eine PP-Position sein muss. Dies bedeutet, dass wir für freie RS spezielle C-Köpfe zur Verfügung stellen müssen. Diese Annahme scheint mir schon deshalb nicht unplausibel, weil es eine phonologische Füllung des C-Kopfes durch *wo* bzw. *dass*, wie wir sie in den süddeutschen Dialekten für andere eingebettete CPs gefunden haben, bei den freien Relativsätzen auch in diesen Dialekten nicht gibt. Unsere Beschreibung ist also zunächst die, dass im unmarkierten Fall alle Merkmale eines solchen C-Kopfes an deren SpecC-Position weitergegeben werden können. Hinzu kommt natürlich ein Merkmal, das in SpecC eine W-Phrase verlangt.

(96) a. Ich helfe

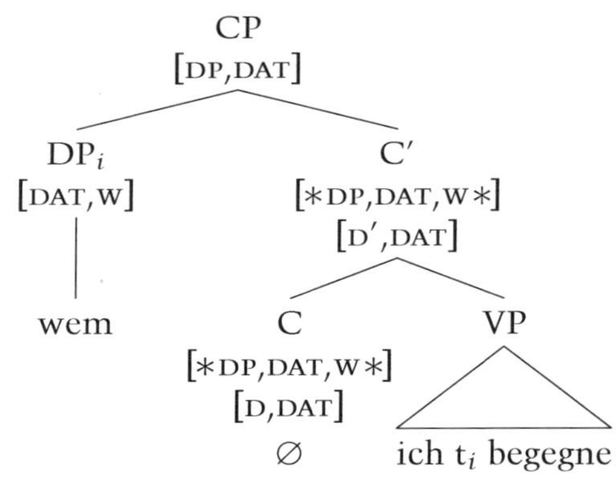

b. Ich warte

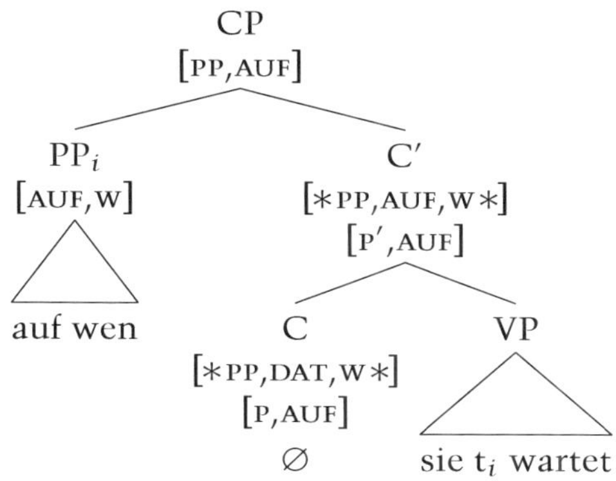

Vorausgesetzt ist hier natürlich eine lexikalische Redundanzregel, die die Kopfmerkmale des leeren C-Kopfes als Spezifikatormerkmale kopiert. Interessant sind nun aber vor allem Daten, die Abweichungen von dieser Kongruenzregel zulassen. Hierzu gehört (91-b). Verlangt wird von außen ein Akkusativ, geliefert wird von innen ein Nominativ. Um dies beschreiben zu können, brauchen wir spezielle C-Köpfe, die von der allgemeinen Kongruenzregel abweichen.

Im Allgemeinen scheint es so zu sein, dass ein von außen geforderter Akkusativ keine besonders strikten Beschränkungen an den freien RS impliziert:

(97) a. Er küsste ab, wer gerade vorbei kam
b. Ich suche aus, wem ich mich unterwerfe
c. Er zerstört, wovon er abhängig ist
d. Jeder muss tun, wofür er bestimmt ist

Ein von außen geforderter Dativ oder Genitiv muss dagegen strikt kongruieren:

(98) a. Ich folge, wem immer ich vertraue
b. *Ich folge, wer immer mir vertraut
c. *Ich folge, wessen ich sicher sein kann
d. *Ich folge, wen immer ich bewundere

(99) a. Bodo entledigt sich, wessen er nicht mehr bedarf
b. *Bodo entledigt sich, wer seiner nicht mehr bedarf
c. *Bodo entledigt sich, wem immer er vertraut
d. *Bodo entledigt sich, wen immer er bewundert

Ein von außen geforderter Nominativ sollte in der Regel auch morphologisch realisiert werden. Dagegen sprechen jedoch Daten wie:

(100) a. Was ich nicht weiß, macht mich nicht heiß
b. Erforscht wird, wofür's Geld gibt

c. Wem das nicht passt, kann ja gehen
d. Singe, wem Gesang gegeben

In all diesen Fällen muss zugelassen werden, dass die C-Kopf-Merkmale andere sind als die des Spezifikators.

Nicht alle Sprecher scheinen Kasuskonflikte wie in (100-c) oder (101) zu tolerieren (vergl. hierzu auch Pittner (1991, 1995) und Bausewein (1991)):

(101) a.%Ich besuche, wem ich vertraue
b.%Wir laden ein, wer uns gefällt
c.%Er tötet, wer immer ihm begegnet

Sprecher, für die (101) nicht möglich ist, tolerieren dennoch (102-a):

(102) a. In den Warenkorb luden wir ein, was uns gefiel
b. Er tötet, was immer ihm begegnet

Groos und Riemsdijk vermuten, dass (102-a) für diese Sprecher nur deshalb gut ist, weil die Form des Pronomens *was*, hier ein Subjektpronomen, mit der des vom Matrixverb geforderten Kasus zusammenfällt. Dieses Phänomen des **Kasussynkretismus** ist uns im letzten Abschnitt schon begegnet und scheint hier auf analoge Weise wirksam. Sehr beachtenswert sind auch die von Vogel (2001, S. 369) entdeckten Daten in (103):

(103) a. Ich lade ein, wessen Eltern ich vertraue
b.??Ich lade ein, wessen Geschwistern ich vertraue[57]

Während *Eltern* ein Akkusativ sein könnte, ist *Geschwistern* eindeutig ein Dativ. Auch wenn man für den Phänomenbereich des Synkretismus mit unterspezifizierten Merkmalen arbeitet, zeigt (103), dass eine merkmaltheoretische Analyse den Fakten kaum gerecht werden kann. Denn weder sind es hier die Merkmale des W-Pronomens noch die der ganzen Phrase in SpecC, die hier relevant wären. Entscheidend ist allein der Synkretismus, den wir beim NP-Komplement finden. Dies bedeutet, dass auf Identität von Formen beruhende Erscheinungen **global** zu handhaben sind, indem die Formen *aller* Teile der DP verglichen werden müssen: *wessen Eltern* kann als ganzes ein Akkusativ sein, *wessen guten Eltern* nicht.

Daraus ergibt sich, dass es einerseits einen Kern grammatischer Phänomene gibt, der als Kongruenzerscheinung gut über Merkmale zu beschreiben ist (hinzu kommen sprachspezifische Unterschiede, auf die hier nicht eingegangen werden kann, die aber in den Arbeiten von Vogel (2001, 2002, 2003) ausführlich analysiert werden und für die ich eine Analyse über Merkmale für möglich halte). Daneben aber gibt es nicht unwichtige Phänomene, deren Beurteilung von Sprecher zu Sprecher stark variieren kann und die überdies stark von bestimmten Prozessen bei der Sprachverarbeitung beeinflusst sind: Offenbar ist es für einige Sprecher möglich, die Synkretismen als unterspezifizierte

Formen lokal ambig zu halten, so dass sie beide Kasusanforderungen erfüllen können. Dies merkmaltechnisch zu erfassen scheint mir aufgrund der in (103) aufgezeigten Globalität des Phänomens nicht adäquat möglich.

Einen weiteren, ebenfalls unter dem Gesichtspunkt der Verarbeitung zu erfassenden Akzeptabilitätskontrast gibt es zwischen Extraposition und Topikalisierung. Selbst wer (104-a) noch akzeptabel findet, wird (104-b) nur mit Mühe verstehen:

(104) a. Wir laden ein, wer uns gefällt
b. ¿Wer uns gefällt, laden wir ein

Wenn wir davon ausgehen, dass die Grammatik eines Sprechers einen Mismatch der Kopfmerkmale des leeren C (Akkusativ) und dessen Spezifikatormerkmale (Nominativ) toleriert, ist die Unakzeptabilität von (104-b) (hier ausnahmsweise mit ¿ markiert) unerwartet. Dennoch glaube ich, dass dies kein Fehler der Grammatik ist, sondern eher eine Sache der Performanz. Mit nominativischem Pronomen eingeleitete freie RSätze an Subjektposition fördern die Erwartung, dass es sich bei der DP um ein Subjekt handelt; diese falsche Erwartung kann im Folgenden dann aber nicht oder nur schwer revidiert werden. Ähnliche Kasusphänomene finden wir z.B. auch in (105) aus Bayer et al. (2001):

(105) a. ¿Menschen, die in Not sind, sollte man helfen
b. ¿Er wusste, dass die Sekretärin die Direktorinnen gesucht haben

Auch hier ist davon auszugehen, dass die schlechten Strukturen nicht vom grammatischen System ausgeschlossen werden müssen, sondern dass die Sprachverarbeitung als eigenständiges Modul der sprachlichen Kompetenz Verarbeitungshypothesen bereitstellt, die online nicht mehr korrigiert werden können.

Frage 155: Interessant wäre in diesem Zusammenhang, wie Sie den letzten *dass*-Satz des obigen Textes verstanden haben...

Frage 156: Aus der *SZ* vom 29.3.01: „Bundeskanzler Schröder hatte indirekt sogar gedroht, er wolle notfalls anordnen, dass die [Fußballweltmeisterschafts-, W.S.] Spiele bei ARD und ZDF zu sehen sein müssen" ... [Dagegen Rainer Konrad, Vorsitzender der Rundfunkgebührenkommission:] „Er hat gesagt, er wolle es so nicht anordnen.

(106) Und wer erst gar nicht anordnen will, was er nicht anordnen kann, ist immer gut beraten."

Welches sind die Extrapositionen und die freien RSätze in (106) und in (107)? Wie können die freien RSätze analysiert werden?

(107) a. Wer meint, etwas zu sein, hört auf, etwas zu werden
b. Wer meint, etwas zu sein, was er nicht ist, ist ein Phantast

c. Wer zusammen presst, was nicht zusammen passt, braucht sich nicht zu wundern
d. Wer nimmt, was ihm nicht gehört, ist ein Dieb

Frage 157: In der Literatur wird gelegentlich behauptet, dass freie RSätze entweder als universell bzw. generisch quantifizierend verstanden werden müssen, wie in den Paraphrasen in (92), oder als definit, wie in dem ambigen Satz (108) (s. z.B. Jacobson (1995), Wilder (1998) oder Grosu (2003)):

(108) Was den Russen Mut machen soll, muss den Rest der Welt nicht erschrecken

Mit (108) ist ein Bezug auf eine spezifische Gegebenheit möglich, z.B. auf Putins Rede zur Lage der Nation am 26.5.04. Eine rein existentielle Lesart von (108), also (109), ist ausgeschlossen:

(109) #*(Irgend)etwas*, das den Russen Mut machen soll, muss den Rest nicht erschrecken

Können die Daten in (107-c) und (107-d) die Auffassung, dass es keine existentielle Lesart gibt, bestätigen oder widerlegen?

Betrachtet man die Paraphrase in (110), ist eine existentielle Lesart für den tiefer eingebetteten freien RS dominant; eine Paraphrase wie in (110-c) ist wohl kaum möglich:

(110) a. Wer *(irgend)etwas* zusammen presst, das nicht zusammen passt, braucht sich nicht zu wundern
b. Wer *(irgend)etwas* nimmt, das ihm nicht gehört, ist ein Dieb
c. Für jedes x gilt: wenn x *jedes* y nimmt, das x nicht gehört, ist x ein Dieb

Vielmehr lässt sich (110-a,b) korrekt paraphrasieren als:

(111) a. Wenn jemand *(irgend)etwas* zusammen presst, was nicht zusammen passt, braucht er sich nicht zu wundern
b. Wenn jemand *(irgend)etwas* nimmt, was ihm nicht gehört, ist er ein Dieb

Und hier ist dem kundigen Semantiker klar, dass es sich eigentlich doch wieder um universell zu verstehende Aussagen handelt. Sätze wie diese sind in der Literatur als **Eselssätze** bekannt:

(112) If a farmer has a donkey, he beats them

Der Satz bedeutet: „*Jeder* Farmer, der einen Esel besitzt, schlägt ihn." Obwohl dieses Phänomen gut verstanden ist, bleibt die formale Analyse der freien Relativsätze m.E. immer noch ein Problem, denn es ist nicht klar, wie diese Bedeutungen abgeleitet werden können. Es ist klar, dass diese Bedeutungen nicht abgeleitet werden können, wenn man als Semantik eines leeren Ds eine universelle oder definite Bedeutung annimmt; dies führt offenbar zu dem falschen Ergebnis (110-c). Was aber wären dann die Alternativen? Wenn der freie RS im Prinzip eine beliebige Quantifikation ausdrücken kann, was steuert dann die Verfügbarkeit der jeweiligen Lesarten, also die Desambiguierung? Dieses Problem ist meines Wissens ungelöst.

Frage 158: Wie ist (113) semantisch zu paraphrasieren/analysieren?

(113) Nur wer vom Wald profitieren kann, hat auch ein langfristiges Interesse an seiner Erhaltung

Rattenfängerkonstruktionen 7.6.

Ich erinnere daran, dass wir das Phänomen der Rattenfängerei, das sog. ***Pied Piping***, schon anhand der Ungrammatikalität der Beispiele (5.31), hier wiederholt als (114), erläutert hatten:

(114) a. *Wem hast du mit korrespondiert?
b. *Wessen hast du Brief gelesen?
c. *Wessen hast du an Brief gedacht?

(115) a. *der Professor, dem_i du [$_{\text{PP}}$ mit t_i] korrespondiert hast
b. *der Mann, dessen_i du [$_{\text{DP}}$ t_i Brief] gelesen hast
c. *die Frau, deren_i du [$_{\text{PP}}$ an [$_{\text{DP}}$ t_i Brief]] gedacht hast

Das Problem ist in diesem Abschnitt nicht, dass aus Inseln heraus bewegt wurde; vielmehr geht es uns hier darum, wie die entsprechenden *grammatischen* Sätze überhaupt analysiert werden können:

(116) a. der Professor, [$_{\text{PP}}$ mit dem $]_i$ er t_i korrespondiert hatte
b. der Mann, [$_{\text{DP}}$ dessen [$_{\text{D'}}$ $\varnothing$ Brief $]]_i$ du t_i gelesen hast
c. die Professorin, [$_{\text{PP}}$ an deren Brief $]_i$ er t_i gedacht hatte

Denn blickt man zurück auf (17), so ist klar, dass der leere RS-Komplementierer mit dem Merkmal [∗RELPRO∗] lediglich die Bewegung des RPs selbst nach SpecC erzwingen kann, und Analoges gilt für den Fragesatzkomplementierer mit dem Merkmal [∗W∗]. Kennzeichen der Rattenfängerkonstruktion ist aber gerade, dass die korrespondierenden Merkmale [RELPRO] und [W] keine Merkmale des Kopfes der SpecC-Phrasen sind, also der PP in (116-a,c) oder der DP in (116-b), sondern tiefer in der „attrahierten", nach SpecC bewegten Phrase eingebettet sind. Daher ist ein Checking von [∗RELPRO∗] in (116) zunächst gar nicht möglich.

Was hier auf den ersten Blick eher gegen eine syntaktische Behandlung der Bewegung spricht, wird sich nach einigen Überlegungen ins Gegenteil verkehren: Nach einer genaueren Analyse des *Pied-Piping* wird sich zeigen, dass das Phänomen eher dafür spricht, an einer merkmalgetriebenen Bewegungsanalyse festzuhalten.

Dabei interessiert uns weniger die Frage, wie das *Pied Piping* semantisch zu interpretieren ist. Hierzu sind im Minimalismus zwar konkrete Vorschläge gemacht worden, was die Ableitung einer (115) entsprechenden Logischen Form betrifft, diese können aber weder erklären, warum die Bewegung des RPs nicht erst auf der Ebene der LF passiert, warum also überhaupt schon auf der S-Struktur bewegt wird, noch wie unzulässiges *Pied-Piping* wie etwa in (117-a) verhindert werden kann:[58]

(117) a. *der Student, [mein Urteil über den] ich Ihnen schon mitgeteilt habe
b. der Student, über den ich Ihnen mein Urteil schon mitgeteilt habe

(117) zeigt, dass es gilt, einen irgendwie lokalen Zusammenhang zwischen RP und SpecC zu stiften, der jedoch weniger lokal ist, als unsere Checking-Theorie bisher erlauben würde. In neueren Arbeiten geht Chomsky davon aus, dass die lokale Domäne für den Merkmalabgleich erweitert werden kann; er spricht dann von *„Remote Agree"*; gemeint ist, dass der (von Chomsky in früheren Arbeiten nie formalisierte) Checkingmechanismus nicht auf benachbarte Projektionen beschränkt bleiben sollte, sondern entferntere Positionen involvieren darf. Bei diesem Verfahren wäre es notwendig, unsere Formalisierung erheblich zu modifizieren, und da Chomskys Vorschläge in dieser Richtung nur informell sind, ist es keineswegs klar, wie dieser Vorschlag implementiert werden soll und wie die zulässigen von den unzulässigen *Pied-Piping*-Konstruktionen zu unterscheiden sind.[59] Besonders problematisch für eine Lösung im Zuge der Erweiterung des Checkingmechanismus ist, dass eine für die Zwecke des *Pied Piping* veränderte Checking-Definition — wie wir sogleich sehen werden — **sprachspezifisch** sein müsste. Die Checking-Theorie sollte jedoch zur Universalgrammatik gehören, d.h., sie kann, genau so wenig wie das X-bar-Schema, nicht sprachspezifisch parametrisiert werden.

Dass *Pied Piping* in verschiedenen Sprachen unterschiedlichen **Beschränkungen** genügt, ist schon von Ross (1967, Beispiel 4.163) anhand von (118) gezeigt worden:

(118) a. Reports which the government prescribes the height of the lettering on the covers of are invariably boring
b. Reports the covers of which the government prescribes the height of the lettering on are invariably boring
c. Reports the lettering on the covers of which the government prescribes the height of are invariably boring
d. Reports the height of the lettering on the covers of which the government prescribes are invariably boring

Zwar sind die genauen Analoga von (118-a-c) im Deutschen schon deshalb schlecht, weil es keine Extraktion aus PP geben kann. Zumindest aber (118-d) enthält auch im Englischen kein *Preposition Stranding*, und man vergleiche hiermit (119):

(119) *Berichte, die Höhe der Beschriftung deren Umschläge die Regierung vorschreibt

Ein anderes Beispiel für sprachspezifische Unterschiede ist das *Pied-Pipen* von Infinitiven. Betrachten wir zunächst (120):

(120) a. eine Sonate, die$_i$ selbst der Komponist nicht t$_i$ spielen konnte
b. *eine Sonate, [$_{VP}$ die spielen]$_i$ der Komponist nicht t$_i$ konnte

Obwohl VP-*Pied-Piping* offenbar ungrammatisch ist, gibt es andererseits Konstruktionen mit satzwertigen Infinitiven, die ein *Pied Piping* ohne weiteres erlauben:

(121) a. eine Sonate, die zu spielen selbst der Komponist nicht vermochte
b. ein Zebra, das zu melken Arnim noch keinen Versuch unternahm

Wir kommen auf die Analyse solcher Beispiele noch zurück; wichtig ist an dieser Stelle, dass analoge Konstruktionen im Englischen gänzlich ungrammatisch sind:

(122) a. *a sonata which to play is fun
b. *a zebra which to milk Arnim made no attempt

Betrachtet man dagegen finite Sätze, so ist *Pied Piping* wie in (123-a) — was dasselbe bedeuten soll wie (123-b) — nicht nur im Deutschen, sondern auch im Englischen ungrammatisch:

(123) a. *eine Sonate [$_{CP}$ dass ich *die* spielen kann]$_i$ ich nie t$_i$ behauptet habe
b. eine Sonate, [$_{PP}$ von der$_j$]$_i$ ich nie t$_i$ behauptet habe dass ich sie$_j$ spielen kann

Möglicherweise aber ist eine solche Konstruktion in einer Sprache mit ausgeprägtem *Pied Piping* okay; so behauptet Ortiz de Urbina (1990), dass es im Baskischen möglich sei, finite CPs in Fragesätzen zu *pied-pipen*; die in (124) zitierten Beispiele sind demnach grammatisch:

(124) a. Nor etorriko d-ela bihar esan diozu Mireni?
who come aux-that tomorrow said aux Mary-D
'That who will come tomorrow have you told Mary'
b. Mikeli zer esan ondoren joan zen etxetik?
Mikel-D what say after go aux home-from
'After saying what to Mikel did he leave home'

Klarerweise sind die deutschen Übertragungen ungrammatisch:

(125) a. *Dass wer morgen nach Hause kommen wird, hast du Maria gesagt?
b. *Nachdem er Michael was gesagt hat, hat er seine Wohnung verlassen?

All dies verlangt nach Erklärungen, oder zumindest nach einer Beschreibung, welche den Daten der jeweiligen Sprache gerecht zu werden vermag. Dabei wird klar, dass eine rein semantisch verfahrende Theorie nicht in der Lage ist, die spezifischen Bedingungen zu erfassen, denen das *Pied Piping* in den verschiedenen Sprachen unterliegt. Jeder Ansatz muss also auf geeignete Weise syntaktisch beschränkt werden. Ausschlaggebend für das Folgende ist daher, dass wir derzeit über keine befriedigende *allgemeine* Theorie des *Pied Piping* verfügen, die gleichzeitig erklären kann, welchen **Beschränkungen** das *Pied Piping* unterliegt.

Im Folgenden schließe ich mich einer eher „handelsüblichen" Lösung für das syntaktische Problem des *Pied Piping* an. Diese stipuliert, dass es sprachspezifische Regeln gibt, die es in bestimmten syntaktischen Konfigurationen gestatten, ein Merkmal über seine maximale Projektion hinaus zu projizieren. Eine solche — an sich unstatthafte Projektion — wird in der Literatur (Merkmal-)**Perkolation** genannt. In der einen oder anderen Variante ist ein solches Verfahren von einer Reihe von Autoren vorgeschlagen worden, s. z.B. Stechow und Sternefeld (1981, S. 12ff), Cowper (1987), Ortiz de Urbina (1990), Webelhuth (1992) oder Bayer (1996). Das Verfahren ist zugegebenermaßen völlig deskriptiv, indem es unter Voraussetzung eines lokalen Checkingmechanismus jeden einzelnen *Pied Piping* Konstruktionstyp einzeln beschreiben muss. Dies aber ist auch gerade der Vorteil dieser Lösung, denn da es derzeit keine allgemeingültige und befriedigende Theorie des *Pied Piping* gibt, bleibt uns zunächst gar nichts anderes übrig, als das Phänomen sprachspezifisch und möglichst vollständig zu beschreiben.

Im Unterschied zu den üblichen Verfahren werde ich jedoch im Folgenden nicht von Perkolationsregeln ausgehen, die dem lokalen Projektionsmechanismus widersprechen. Vielmehr werde ich den Perkolationsmechanismus ins Lexikon verlegen; das Phänomen soll im Folgenden mit Hilfe von sprachspezifischen lexikalischen Redundanzregeln beschrieben werden, ohne an den Grundvoraussetzungen der Projektion etwas zu ändern. Wir werden daher im Folgenden zeigen, wie sich die Effekte der Merkmalperkolation lokal simulieren lassen. Einziger Nachteil dabei scheint mir, dass wir Lexikoneinträge durch Redundanzregeln etwas unnatürlich aufblähen müssen — ein Nachteil, der sich wohl kaum vermeiden lässt, wenn die Syntax im Wesentlichen aus dem Lexikon projiziert werden soll.

Dazu führe man sich noch einmal den Mechanismus vor Augen, den wir im Abschnitt (II.4.1.) über funktionale Präpositionen schon einmal erörtert (aber letztlich verworfen) haben. Dort hatten wir eine gewisse „Durchlässigkeit" von Kasusmerkmalen dadurch erreicht, dass Präpositionen Kasusmerkmale haben konnten, die sie an ihre Komplemente weiterleiteten:

(126) a.

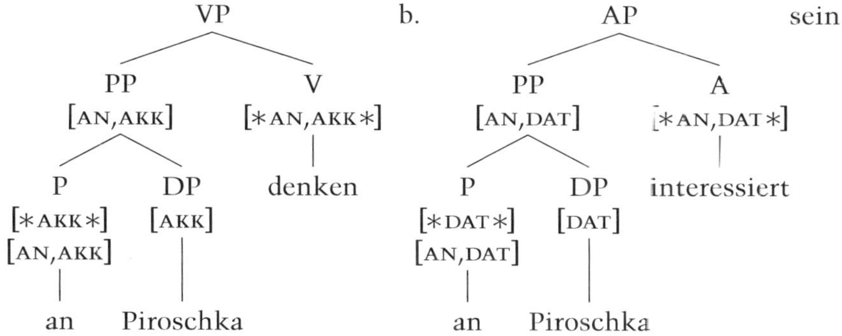

Obwohl wir eine solche Lösung für die Kasusselektion von P-Komplementen aus guten Gründen verworfen haben, liegt es im Kontext des Rattenfängerphänomens dennoch nahe, ein Vorgehen dieser Art auf das Merkmal [RELPRO] anzuwenden. Betrachten wir dazu Baum (127):

(127)

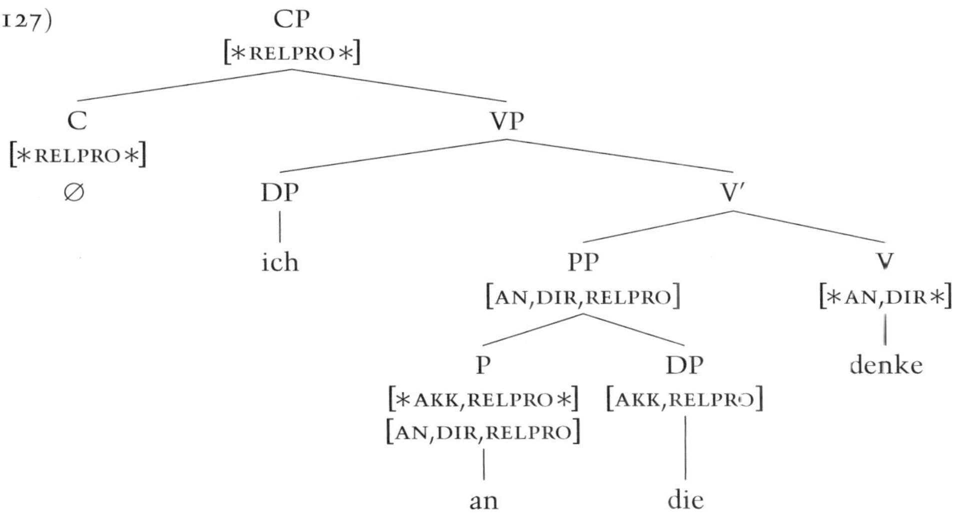

Offenbar benötigen wir eine spezifische Rattenfänger-Regel, welche besagt, dass jede Präposition das Kopfmerkmal [RELPRO] haben kann, welches dann das Komplementmerkmal [*RELPRO*] induziert. Die projizierten Kopfmerkmale der PP lösen dann das *Pied-Piping* aus: Vor der Bewegung, also in (127), können die Kopfmerkmale der PP und die Spezifikatormerkmale des Komplementieres keine Checking-Beziehung eingehen: Dies gelingt erst nach der Bewegung der PP: Erst in der SpecC-Position kann das Merkmal [RELPRO]

der PP mit dem [∗RELPRO∗]-Merkmal der leeren C-Position abgeglichen werden. Wir gehen also davon aus, dass bestimmte Köpfe, die keine RP (bzw. Fragepronomen) sein können, dennoch das Merkmal [RELPRO] (bzw. [w]) haben können. In diesem Fall müssen sie aber gleichzeitig ein Komplement- bzw. Spezifikatormerkmal [∗RELPRO∗] haben, das die Existenz eines RPs an anderer Stelle erzwingt.

Mit Hilfe dieses Verfahrens sind jetzt noch zwei weitere Typen von *Pied Piping* zu beschreiben. Für possessive RP nehmen wir eine Generierung der RELPRO-Merkmale beim leeren Determinator an:

(128) das Amt ...

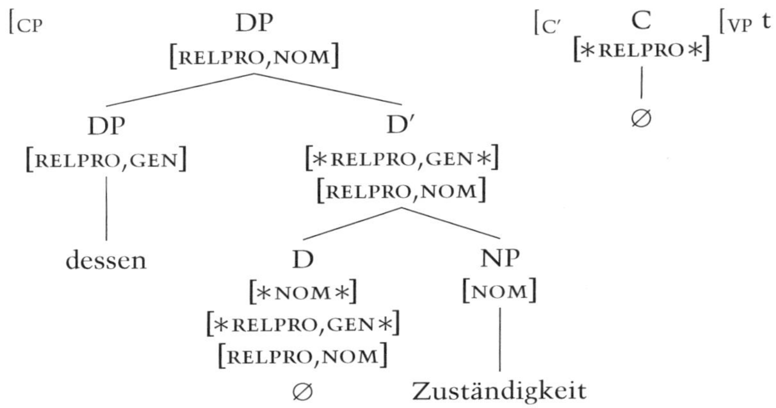

... nach §1 begründet war]]

Frage 159: Wie lautet die für das leere D und die Merkmale [RELPRO] und [∗RELPRO∗] in (128) benötigte lexikalisch-syntaktische Übergangsregel?

Frage 160: Wie lässt sich nunmehr auch (116-c) mit allen relevanten Merkmalen analysieren?

Es verbleibt dann nur noch ein dritter Konstruktionstyp, auf den Ross (1967) zuerst aufmerksam gemacht hat und der in (129) illustriert wird:

(129) Das ist der Mann ...
   a. den zu besuchen du mir versprochen hast
   b. auf den zu hoffen niemand wagte
   c. mit dessen Söhnen zu speisen uns ein Vergnügen ist

Wir betrachten hier nur (129-a) und stellen die Analyse von (129-b,c) als Übungsaufgabe.

Zu beginnen ist mit dem Infinitiv *den zu besuchen*. Dies ist zunächst einfach eine VP mit dem Merkmal [ZU]. Da es sich hierbei aber um ein

Komplement von *versprechen* handelt, ist dieser Infinitiv satzwertig (d.h. extraponierbar), sodass es sich um eine CP mit einem leeren Komplementierer handelt:

(130) [$_{CP}$ ∅ [$_{VP}$ PRO den zu besuchen]]

Dass es sich hier um eine CP handeln muss, lässt sich auch daraus schließen, dass *Pied Piping* von VPs ungrammatisch ist; darunter fällt (131-a), aber auch (131-b):

(131) a. *der Mann, [$_{VP}$ den besuchen] Fritz t will
b. *der Mann, [$_{VP}$ den zu besuchen] Fritz t pflegte

Wir schließen daraus, dass VPs als solche nie pied-pipen können und die in (129) vorangestellten Infinitive CPs sind. Für (130) nehmen wir nun an, dass der leere Infinitiv-Komplementierer einerseits das Spezifikatormerkmal [*RELPRO*] hat, andererseits das Kopfmerkmal [RELPRO]. Aufgrund des ersten Merkmals muss sich das RP in die Spezifikatorposition bewegen:

(132)

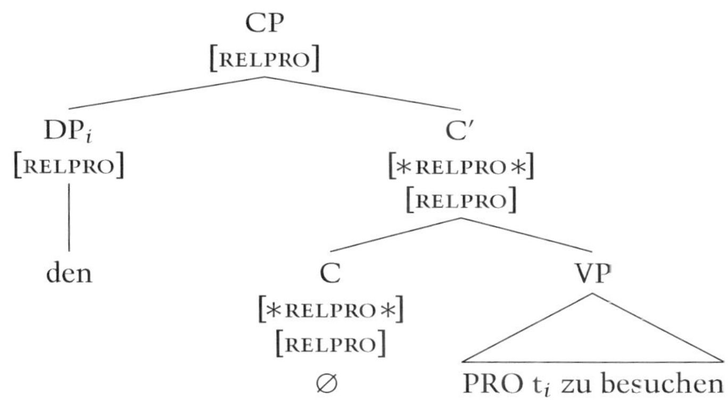

Zu beachten ist, dass [RELPRO] kein Merkmal des gewöhnlichen (finiten!) RSes ist. Vielmehr hat die ganze infinite CP das zu überprüfende Merkmal [RELPRO], welches von der SpecC-Position des Infinitivs an die CP perkoliert. An dieser Stelle kann es vom leeren Komplementierer des RSes überprüft werden, wodurch sich die Bewegung der CP (132) vom Mittelfeld in (133-a) in die SpecC-Position des RSes in (133-b) ergibt:

(133) a. [$_{CP}$ ∅$_{[*RELPRO*]}$ [$_{VP}$ du mir [$_{CP_{[RELPRO]}}$ den$_i$ PRO t$_i$ zu besuchen] versprochen hast]]
b. [$_{CP}$ [$_{CP_{[RELPRO]}}$ den$_i$ PRO t$_i$ zu besuchen] [$_{C}$ ∅$_{[*RELPRO*]}$ [$_{VP}$ du mir t versprochen hast]]]

Damit ist gezeigt, dass wir für die Rattenfängerkonstruktionen im Deutschen genau drei Regeln für die drei vorkommenden Fälle benötigen: eine Regel für Präpositionen, eine für leere Genitiv-Determinatoren und eine für leere Infinitiv-Komplementierer. Alle anderen Fälle lassen sich als Kombination des Vorkommens dieser Elemente auffassen. Und das wichtigste: Es kommt auch zu keiner Übergenerierung, d.h., es ist nicht möglich, mehr zu pied-pipen als beschrieben.

Frage 161: Wie analysieren Sie die übrigen Daten aus (129)?

Frage 162: Die ursprünglich von Ross (1967, Beispiel 4.179) betrachteten Beipiele für Infinitiv-*Pied-Piping* im Deutschen lauteten:

(134) a. Der Hund, den ich zu finden zu versuchen angefangen habe, ist ein Bernhardiner
b. Der Hund, den zu finden ich zu versuchen angefangen habe, ist ein Bernhardiner
c. Der Hund, den zu finden zu versuchen ich angefangen habe, ist ein Bernhardiner

Wie lassen sich diese analysieren?

Unsere Analyse der gepied-pipeten Infinitivkonstruktion ist übrigens umstritten (vergl. Riemsdijk (1985) einerseits mit Haider (1985) und Grewendorf (1986) andererseits). Das in der Literatur anzutreffende Gegenargument lautet, dass es im Deutschen ja keine infinitivischen RSätze gebe:

(135) *Das ist ein Mann *(den) zu besuchen*

Ein solcher „RS" müsse aber in den *Pied Piping*-Kontexten gebildet werden können, ohne dass es eine unabhängige Motivation hierfür gäbe. Daher sei eine Analyse wie die hier vorgestellte abzulehnen.

Dieses Argument wurde jedoch tatsächlich mit der vorhergehenden Analyse entkräftet: Es übersieht, dass es gerade die Natur des *Pied Piping* ist, Konfigurationen herbeizuführen, die in anderen Kontexten nicht grammatisch sind. Dass (135) ungrammatisch ist, liegt einfach daran, dass das Deutsche keinen entsprechenden RS-Komplementierer hat, also einen, der ein VP-Infinitiv-Komplement erfordert. Dennoch kann es im Deutschen einen leeren Infinitiv-Komplementierer mit dem Merkmal [∗RELPRO∗] geben, siehe (132). Die Merkmale des Komplementierers in (132) existieren jedoch nicht als genuin lexikalischer Eintrag, sondern vielmehr als Konsequenz der spezifischen Regel für die *Pied-Piping*-Konstruktion, welche dann voraussetzt, dass C immer auch zugleich das Merkmal [RELPRO] haben muss. Eine CP mit diesem Merkmal ist aber kein RS; der Kopf des RSes hat zwar das Merkmal [∗RELPRO∗], nie aber das Merkmal [RELPRO].

Ein anderes Argument gegen das *Pied-Piping* von Infinitiven beruht auf folgendem: Wenn man annimmt, dass es ein solches *Pied Piping* überhaupt gibt, warum muss es dann zusätzlich zu einer Infinitiv-*internen* Bewegung kommen? Dass dies so ist, illustriert (136):

(136) a. *der Mann, [$_{CP}$ [$_{VP}$ morgen den zu treffen]] ich mir vorgenommen habe
b. der Mann, [$_{CP}$ den$_i$ [$_{VP}$ morgen t$_i$ zu treffen]] ich mir vorgenommen habe

In (136-a) haben wir die CP gepied-piped, ohne intern nach SpecC zu bewegen. Dem Einwand sind wir mit unserer Analyse zwanglos begegnet, denn diese sagt ja gerade voraus, dass es immer, wenn es ein *Pied Piping* von Infinitiven überhaupt gibt, auch eine SpecC-Besetzung geben muss. Der technische Grund ist klar: wenn C das Merkmal [RELPRO] hat, muss es auch das Spezifikatormerkmal [*RELPRO*] haben. Dagegen könnte man nun einwenden, dass dies eine bloße Stipulation ist, keine Erklärung.

Dem könnte man entgegen halten, dass diese Stipulation so willkürlich nicht ist. Denn aufgrund unserer Systematik muss ja das Merkmal entweder an SpecC, wie angenommen, oder an das Komplement weitergegeben werden. Komplement von C ist VP, sodass nunmehr auch V und VP das Merkmal [RELPRO] haben müssten. Dies aber wäre eine empirisch unhaltbare Konsequenz, denn wir haben oben schon gesehen, und zeigen dies noch einmal in (137), dass V-Projektionen nicht pied-pipen.

(137) *ein Mann den zu küssen Fritz scheint

Es folgt daher, dass die hier vorgeschlagene Analyse tatsächlich die Bewegung des RPs nach SpecC aus unabhängig motivierten empirischen Gründen erzwingt und somit die Ungrammatikalität von (136-a) gewissermaßen auch „erklärt".

Frage 163: Bei folgender Konstruktion handelt es sich nicht um *Pied Piping*:

(138) unbesehen der literarischen Katastrophe, die Grass anzurichten sich nicht scheute...

Wie würde ein *Pied Piping* lauten? Wie ist dagegen (138) zu analysieren? Welches zusätzliche Problem entsteht, wenn wir *scheute* durch *gescheut* (so im Original) ersetzen?

Bis hierher haben wir vorausgesetzt, dass das *Pied Piping* bei Relativ- und Fragesätzen parallel analysiert werden kann. Es gibt jedoch bei Fragesätzen einen zusätzlichen Konstruktionstyp, der bei RSätzen nicht auftreten kann, weil es zu den W-Wörtern keine entsprechenden RP gibt:

(139) a. Ich weiß [wie groß]$_i$ du t$_i$ bist
b. Ich weiß [wie schnell]$_i$ du t$_i$ laufen kannst

Am ausführlichsten analysiert diese und ähnliche Konstruktionen meines Wissens Rapp (1992), die annimmt, dass es sich bei den eingeklammerten Konstituenten um Vergleichsphrasen (engl. *degree phrases*, DegrP) handelt, die *wie* als Kopf haben:

(140) a. Ich weiß [$_{\text{DegrP}}$ wie [$_{\text{AP}}$ groß]] du bist
b. Ich weiß [$_{\text{DegrP}}$ wie [$_{\text{AP}}$ schnell]] du laufen kannst

Bei dieser Analyse läge dann keinerlei *Pied Piping* vor, denn das W-Merkmal von *wie* kann als Kopfmerkmal direkt zur DegrP projizieren.

Eine solche Analyse hat jedoch aus unserer Sicht mit einer Schwierigkeit zu kämpfen, die von Rapp auch explizit benannt wird:

> Die Annahme, dass der Kopf [...] das funktionale Element Deg, Komplement dagegen AP ist, wirft einige Probleme auf. Als Kopfelement bestimmt Deg die Eigenschaft von DegrP, das Komplement hat dagegen keinen Einfluss auf die Merkmale der maximalen Projektion. Nun habe ich jedoch in Abschnitt 2 gezeigt, dass jede DegrP die gleichen distributionellen Eigenschaften hat wie ihr Komplement. Dies betrifft sowohl die mögliche Satzfunktion wie auch jegliche Restriktion bzgl. der modifizierten Nomina. Folglich muss Merkmalsperkolation auch von der Komplementlinie her möglich sein. Wie Cowper (1987) nehme ich daher an, dass diejenigen Merkmale des Komplements (oder Spezifizierers) an die maximale Projektion perkolieren können, für die der Kopf nicht spezifiziert ist. Im Falle von Deg sind dies alle distributionellen und semantischen Eigenschaften des jeweiligen Adjektivs.

Es fragt sich aber, warum als Kategorie dann überhaupt eine DegrP angenommen wurde, und nicht, wenn man schon auf einen Perkolationsmechanismus wie den von Cowper zurückgreifen muss, die Kategorie AP grundlegend ist und umgekehrt das W-Merkmal des an AP adjungierten *wie* an die AP perkoliert. Diese Auffassung erscheint auch deshalb vorteilhafter, weil Rapps Verdoppelung der syntaktischen Kategorisierung als AP und als DegrP vermieden werden kann — m.E. ein entscheidender konzeptueller Vorteil.

Leider lässt sich dies jedoch nicht so einfach implementieren, wie man denken würde. Der Grund ist der, dass Adjunkte grundsätzlich optional sind und daher ein *wie* in der Konstruktion, um die es geht, nicht erzwungen werden kann. Ich gehe daher den umgekehrten Weg: Während Adjektive bei Rapp Argumente der Degree-Phrase sind, ist bei mir das Degree-Wort ein zusätzliches (erstes) Argument des Adjektivs. Auf dieser Grundlage lässt sich dann ein spezifischer Perkolationsmechanismus für *wie* formulieren. Hat *wie* die Merkmale [W,+GRAD], müssen wir die Perkolationssituation (141) erlauben:

(141)

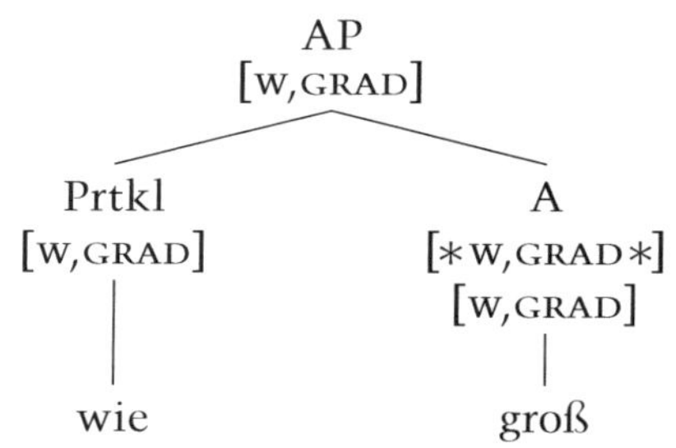

Wie man sieht perkolieren die Merkmale von der Gradpartikel zur AP. Dazu benötigen wir folgende Regel:

(142) *Lexikalische Redundanzregeln für [W,GRAD]:*
Adjektive können die Kopfmerkmale [W,GRAD] bekommen und haben dann die Komplement-Merkmale [∗W,GRAD∗].[60]

Das Merkmal [GRAD] des Adjektivs ist an dieser Stelle eigentlich noch nicht nötig, denn für das Checking genügt das W-Merkmal wie in (143):

(143) Ich weiß [$_{CP}$ wie groß $\varnothing_{[*W*]}$ [$_{VP}$ Elina t ist]]

Der Zweck des Merkmals ist denn auch ein anderer. Es geht darum, weniger lokale Konfigurationen wie die in (144) zu beschreiben:

(144) Ich frage mich, [$_{DP}$ ein [$_{AP}$ wie teures] Auto] wir uns noch leisten können

Um (144) beschreiben zu können, benötigen wir zwei weitere, ganz spezifische Perkolations-Regeln, die wir mit Hilfe des zusätzlichen Merkmals [GRAD] erfassen:

(145) a. *Merkmalperkolation für AgrD:*
Der AgrD-Kopf kann die Kopfmerkmale [W,GRAD] bekommen und hat dann die Spezifikator-Merkmale [∗W,GRAD∗].
b. *Merkmalperkolation für D:*
Der D-Kopf kann das Kopfmerkmal [W] bekommen und hat dann die Merkmale [∗W,GRAD∗].

Dabei hat das Merkmal [∗GRAD∗] bei D und AgrD die wichtige Funktion, die Merkmalperkolation auf die *wie*-Konstruktionen einzuschränken, was wir sogleich näher erläutern werden. Ebenso scheint es mir sinnvoll, D auf den indefiniten Determinator einzuschränken:

(146) *Ich möchte wissen, der/jeder wie schöne Wagen das wohl sein mag

Mit Hilfe der zusätzlichen Perkolationsregeln können wir nun folgende Struktur generieren, wobei natürlich andere Merkmale (Kasus usw.) zu ergänzen sind.

(147)

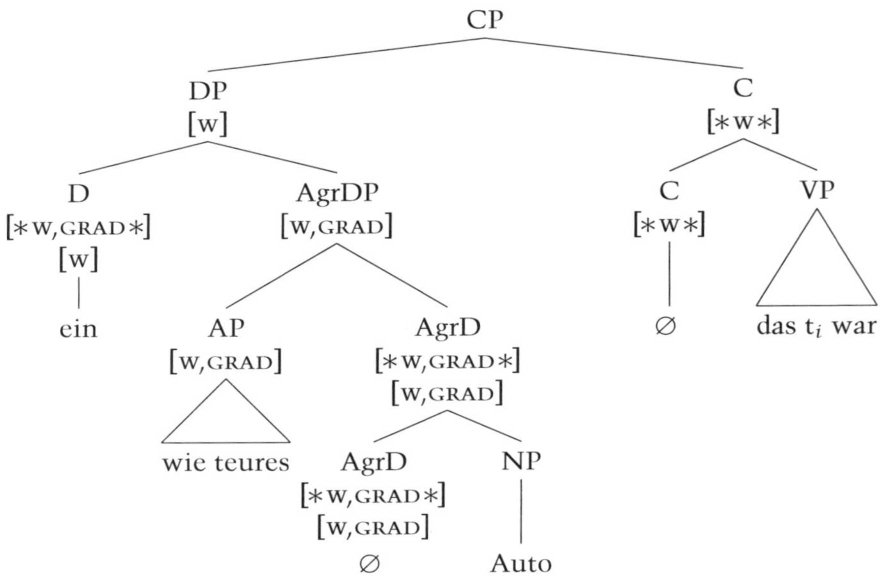

Frage 164: Warum sind auch Mehrfachfragen wie (148) generierbar?

(148) Ich möchte wissen, welche wie teuren Autos wir auf Lager haben

Die Notwendigkeit, das *Pied Piping* auf die intendierten Fälle einzuschränken, erläutern wir anhand einer weiteren Konstruktion aus Trissler (2000, S. 209), bei der diese Einschränkung eine wichtige Rolle spielt:

(149) Ich möchte wissen, wie schön geschrieben man haben muss

In diesem Falle ist es offenbar doch marginal möglich eine VP zu *pied-pipen*, was bei Nicht-*wie*-Fällen unmöglich ist:

(150) Ich möchte wissen,...
   a. [$_{\text{VP}}$ wie fest geschlagen] die Sahne werden soll
   b. *[$_{\text{VP}}$ was/wen geschlagen] Emil hat
   c. *[$_{\text{VP}}$ mit wem gekommen] Emil ist

Für die AP *wie fest* haben wir oben schon die Merkmale [w,GRAD] abgeleitet. Für (150-a) benötigen wir nun noch eine weitere Perkolationsregel, die wie in (151) aussehen könnte:

(151) Ein Partizip kann die Überprüfungsmerkmale [*w,GRAD*] haben; diese implizieren das obligatorische Merkmal [w].

Es ist klar, dass ohne das Merkmal [*GRAD*] die Sätze in (150-b,c) ableitbar wären. Die Einschränkung auf das Partizip erfolgt aufgrund der Beobachtung von Trissler, dass andere infinite Formen dem *Pied Piping* nicht unterliegen dürfen:

(152) Ich möchte wissen,...
a. *[VP wie weit fliegen] man die Skispringer lässt, bis der Anlauf verkürzt wird
b. *[VP wie schön zu schreiben] er seit seinen Studientagen pflegt

Das Kopfmerkmal [w] in (150-a) muss nun zur VP perkolieren und dafür sorgen, dass diese in die SpecC-Position bewegt wird, damit dort das Spezifikatormerkmal [∗w∗] von C gecheckt werden kann.[61]

Frage 165: Die folgende Konstruktion erfordert ebenfalls eine Perkolation von Merkmalen. Nehmen wir an, *viel* hat nicht das Merkmal [GRAD], sondern das Merkmal [NUM]. Welche Perkolationsregeln benötigen wir, und welche Determinatoren sind davon betroffen?

(153) Ich frage mich, der wie vielte Schnaps das jetzt gewesen ist

Insgesamt muss festgestellt werden, dass unsere von Fall zu Fall sich abarbeitende Beschreibung natürlich wenig befriedigend ist, denn man würde gerne wissen, was die gemeinsame definierende Eigenschaft der *Pied Piping*-Kontexte ist, und wie die zu beobachtenden sprachspezifischen Eigenschaften beschaffen sind. Eine in sprachtypologischer Hinsicht befriedigende, die sprachspezifischen Unterschiede wirklich erklärende Theorie des *Pied Piping* ist mir allerdings nicht bekannt.[62]

Abschließend sei noch einmal explizit auf eine Konsequenz für die Analyse von Fragesätzen hingewiesen, die für RSätze nicht relevant ist. Wenn man sich dafür entscheidet, dass die W-Bewegung im indirekten Fragesatz syntaktisch gesteuert ist, liegt die Vermutung nahe, dass dies bei der W-Bewegung **im Hauptsatz**, also bei der direkten Frage, genauso ist. Dies bedeutet, dass sowohl (154-a) als auch (154-b) ungrammatisch sind, wenn C ein W-Merkmal hat. Der Satz als PF-Form ist jedoch wohlgeformt und als Echofrage zu interpretieren.

(154) a. *Ich bezweifle, die Behauptung welches Linguisten zutrifft
b. Die Behauptung WELches Linguisten trifft nicht zu?

Unsere Annahme ist daher, dass in (154-b) keine W-Bewegung und kein W-Merkmal in C vorliegt, es handelt sich hier um eine Topikalisierung.

Wie bei praktisch allen grammatischen Phänomenen gibt es auch bei der Interpretation von Fragesätzen Zweifelsfälle. Problematisch scheint mir z.B., ob (155) eine reguläre direkte Frage ist, oder eine sog. Quiz-Frage, eine Frage, die beim Fragenden kein Wissensdefizit voraussetzt:

(155) Dem Nachweis welchen Phänomens diente Foucaults 1860 durchgeführter Pendelversuch?

Aus der Hypothese, dass ein syntaktisches *Pied Piping* mit der semantischen Interpretation als „normale" Frage korreliert und aus der Annahme, dass (155) nur eine Quiz-Frage sein kann, würde folgen, dass (156-a) ungrammatisch ist. Dennoch scheint mir die Konstruktion besser als die zweifellos ungrammatische RS-Konstruktion (156-b):

(156) a. ?Jauch fragte, dem Nachweis welchen Phänomens Foucaults 1860 durchgeführter Pendelversuch diente
b. *ein Phänomen, dem Nachweis dessen Foucaults 1860 durchgeführter Pendelversuch diente

Welche Folgerung hieraus zu ziehen ist, lasse ich hier offen. Sicher muss hier eine Rolle spielen, dass (157-a) durch (157-b) blockiert wird:

(157) a. ein Phänomen, *der Nachweis dessen
b. ein Phänomen, dessen Nachweis

Eine analoge Konstruktion ist aber bei *wessen* nicht möglich, da *wessen* nicht sächlich verstanden werden kann:

(158) a. *der Nachweis wessen (blockiert durch b.)
b. wessen Nachweis (ABER: ≠ der Nachweis von was)

Die Frage, in welcher Weise zusätzliche Faktoren dieser Art in eine adäquate vollständigere Analyse eingehen müssen, bleibe ausführlicheren Untersuchungen zu beantworten vorbehalten.

Extraposition 8.

In diesem Abschnitt beschäftigen wir uns eingehender mit der **Extraposition** oder **Ausklammerung**, die wir in diesem Kapitel schon mehrfach als Bewegung von CPs und PPs in das Nachfeld charakterisiert haben. Extraposition von CPs ist sozusagen die Regel, aber auch Extraposition von PPs ist recht häufig, wie die Zahl der aus einem einzigen Zeitungsartikel (*SZ* vom 5.1.02) entnommenen Belege in (1) illustriert (kursiv sind nur die extraponierten PPs); die Beispielsammlung enthält auch einige Zweifelsfälle, die wir weiter unten diskutieren.

(1) a. Aber die politischen Lenker sind noch in den Weihnachtsferien, so wie sie es gewohnt sind *in ihrer Routine aus Präsidentschaften, Gipfeln und Räten.*
b. Sie [die EU] hat sich aber nicht vorbereitet *auf den historischen Moment, der an diesem 1. Januar über den ganzen Kontinent gekommen ist.*

c. Die Einführung des Euro war verbunden *mit dem vielleicht dramatischsten wirtschaftspolitischen Reformprojekt dieser Breiten.*
d. Inzwischen hat aber die europapolitische Szene ein Eigenleben entwickelt, das beängstigend weit weg ist *von den Interessen der Bürger.*
e. Gibt es noch das Parlament in Straßburg? Alles unwichtig, kompliziert, verworren, zugedeckt *vom zähen Brei der Bürokratie,* erstickt *von 34 Entscheidungsverfahren...*
f. ... wenn [der Französische Außenminister] über die Agrarsubvention hadert, dann hat er den Bauern ... im Blick, der für sein Rindfleisch zwanzigmal mehr Ertrag erzielt *als ein polnischer Landwirt.*
g. Gibt es gar keinen Kopf Europas, der sich hervorheben ließe *als Zeichen der Einheit des Kontinents und nicht nur des nationalen Stolzes*?

Extraposition spielt im Deutschen offenbar eine zentrale Rolle, neben den CPs und PPs lassen sich auch, geeignete Umstände vorausgesetzt, DPs extraponieren, wie Freges Formulierung seines berühmten Kompositionalitätsprinzips der Semantik zeigt:

(2) „Dies wäre nicht möglich, wenn wir in den Gedanken nicht Teile unterscheiden könnten, denen Satzteile entsprächen, so daß der Aufbau des Satzes als Bild gelten könnte *des Aufbaus des Gedankens.*" Gottlob Frege: Logische Untersuchungen. Dritter Teil. Gedankengefüge.[63]

Obwohl Extraposition allgegenwärtig ist, gehört ihre genauere Analyse zu den vernachlässigten und eher schwierigen Gebieten der Syntax. Ein erstes praktisches Problem taucht gelegentlich auf, wenn nicht klar zu erkennen ist, ob überhaupt extraponiert wurde oder nicht.

(3) Ich weiß wann er kommt
a. [$_{CP}$ Ich$_i$ weiß$_j$ [$_{VP}$ t$_i$ [$_{V'}$ [$_{CP}$ wann er kommt] t$_j$]]]
b. [$_{CP}$ Ich$_i$ weiß$_j$ [$_{VP}$ t$_i$ [$_{V'}$ [$_{V'}$ t$_k$ t$_j$] [$_{CP}$ wann er kommt]$_k$]]]

In (3-b) liegt Extraposition vor, in (3-a) nicht. Wie man sich hier entscheidet, hängt offenbar davon ab, was man für den oder die Auslöser für die Extraposition von finiten Sätzen im Deutschen hält: Wenn man annimmt, dass die Extraposition finiter Komplemente von Verben eine obligatorische syntaktische Regel ist, muss extraponiert worden sein; wenn man dagegen meint, dass Extraposition durch andere Faktoren bedingt ist, indem sie etwa, wie ich weiter unten zu motivieren versuchen werde, phonologisch getriggert ist, gibt es keinen Grund für die Annahme, dass in (3) extraponiert wurde.

Frage 166: Welches sind im zweiten Konjunkt von (4) (kursiv) die denkbaren Positionen der Spuren des Verbs und des Extraponats, wenn man auch hier DP-Extraposition nicht ausschließt? Beachten Sie auch die verschiedenen Positionsmöglichkeiten der Negation!

(4) Die Regierungschefs und die Außenminister aber schliefen und *erkannten nicht die Chance, die sich in diesem Moment auftat*

Frage 167: Kennzeichnen Sie die Position der Spuren aller Extrapositionen in (1) und analysieren Sie deren unmittelbaren syntaktischen Kontext, also z.B. [$_{DP}$ DP t] oder [$_{V}$ t V]. Nicht immer ist die Lösung eindeutig.

Weitere Faktoren, welche die Diagnose erschweren können, entdecken wir in (5):

(5) Ich selbst habe ihn schreien gehört und nach dem Schaffner klingeln
  a. Ich selbst habe [ihn schreien t_j] gehört [und nach dem Schaffner klingeln]$_j$
  b. Ich selbst habe [ihn schreien gehört] und [nach dem Schaffner klingeln gehört]

Sollen wir annehmen, dass in (5-a) eine VP-Extraposition vorliegt, oder muss wie in (5-b) mit einer Koordinationsreduktion, d.h. mit der Möglichkeit, in Koordinationen Teile zu tilgen, gerechnet werden? Auf den ersten Blick scheinen mir beide Analysen möglich. Wenn, wie in Abschnitt (**8.3.**) gezeigt wird, eine VP-Extraposition eigentlich nicht möglich ist, muss man jedoch argumentieren, dass in (5-a) mehr als bloß eine VP bewegt wird.

Extraposition: fakultativ oder obligatorisch? 8.1.

Als Kennzeichen einer allgemeinen Extrapositionsregel mag gelten, dass sie fast immer fakultativ ist. Dies ist augenfällig bei Extrapositionen von PPs, DPs und Relativsätzen, umstritten jedoch bei *dass*-Komplementen, deren Extraposition als nahezu obligatorisch empfunden wird. Pronomina dagegen können nie extraponiert werden. Warum ist dies so? Naheliegend ist zunächst eine stilistische Begründung dahingehend, dass längere Einheiten innerhalb des Mittelfeldes vermieden werden, um den Abstand zwischen linker und rechter Satzklammer zu verkürzen. Demzufolge müsste nun (6-a) deutlich schlechter sein als (6-b), was m.E. nicht der Fall ist.

(6) a. Wir *können* dafür, dass er schon wieder zu spät kam, nicht das geringste Verständnis *aufbieten*
  b. Wir *können* dafür nicht das geringste Verständnis *aufbieten*, dass er schon wieder zu spät kam

Dass Extraposition in (6) fakultativ, in (7) jedoch obligatorisch scheint, ist in der Literatur zum Anlass genommen worden, nach einem grammatischen (und nicht bloß stilistischen) Grund für den Extrapositionszwang zu suchen.

(7) a. weil wir nicht verstehen, dass er schon wieder zu spät kam
  b. ??weil wir, dass er schon wieder zu spät kam, nicht verstehen

c. *weil wir nicht, dass er schon wieder zu spät kam, verstehen

Dieses im weitesten Sinne grammatische Kriterium soll gerade die (nahezu) obligatorischen Extrapositionskontexte charakterisieren und somit (7-c) von (6-a) unterscheiden.[64]

Möglicherweise spielen hier Intonation und Fokus-Hintergrund-Gliederung eine Rolle. Wendet man die Regel des Satzakzents an, die besagt, dass der Hauptakzent auf dem zutiefst eingebetteten Satzglied liegen muss (s. Cinque (1999)), so ergibt sich für (7-c) das eher irritierende Resultat, dass ein und dasselbe Element sowohl den Hauptakzent des eingebetteten, aber auch den des Matrixsatzes tragen muss. Eine solche Situation wird durch Extraposition beseitigt, denn nun entstehen zwei verschiedene intonatorische Phrasen, d.h., zwei Phrasen mit je eigenem Hauptakzent. Damit wird auch die Frage beantwortbar, warum (7-b) besser ist als (7-c): Aufgrund der Position von *nicht* in (7-b) ist es hier leichter, die Sätze intonatorisch voneinander abzugrenzen. Der Hauptakzent des Matrixsatzes muss hier auf das Verb *verstehen* gehen, da der eingebettete Satz als topikalische Information gilt. Wenn also die Erklärung in einer besseren intonatorischen Gliederung zu suchen ist, braucht man gegen *dass*-Sätze im Mittelfeld generell wenig *syntaktische* Bedenken zu haben; z.B. wertet Bayer (1997) den folgenden Satz als vollends grammatisch (ohne spezifische Intonationsverhältisse zu erwähnen):

(8) Peter hätte [$_{CP}$ dass er die anderen für Deppen hält] nicht so laut sagen sollen

Dass auch hier eine spezifische Intonation und eine spezifische Topik-Comment-Gliederung nötig ist, scheint mir evident. Auch die Grammatikalität von (7-a) erfordert eine Hebung auf *da-* und eine korrespondierende Senkung am Ende der CP, wodurch die CP im Mittelfeld eindeutig intonatorisch vom Rest des Satzes abgesetzt werden kann. Fehlt ein Pronominaladverb (mit Betonung auf *da-*), so ist eine solche Abgrenzung nicht ohne weiteres möglich, da eine Hebung am Anfang der CP, insbesondere also auf *dass*, normalerweise nicht möglich ist. Wird *dass* dennoch betont, entsteht ein sog. **Verumfokus** (vergl. hierzu Höhle (1988)):

(9) Ich weiß zwar nicht, wann er kommt, aber DASS er kommt, ist gewiss

Ist eine solche Fokussierung auf die Wahrheit eines Satzes intendiert, so wird auch der Verbleib des *dass*-Satzes im Mittelfeld sofort akzeptabler:

(10) Ich weiß nicht, wann sie kommt; sie hatte mir, DASS sie kommt, aber garantiert

Möglicherweise ist es also die mangelnde intonatorische „Absetzbarkeit" der CP im Mittelfeld, welche die ansonsten obligatorisch erscheinende Mittelfeldflucht der CP motiviert.

Frage 168: Welche Extrapositionen und W-Bewegungen lassen sich in (11) entwirren? Welche CPs sind freie RSätze, welche Komplemente?

(11) Er ... setzt die ganze Zeit ein zuversichtliches, scheinbar müheloses Lächeln auf, während er zu entwirren versucht, wer genau was weiß über was auch immer wem passiert ist. (M. Dibdin, *Cosi fan tutti*, S. 261)

Abschließend noch eine Bemerkung zu der häufig anzutreffenden Generalisierung, dass die Extraposition von Infinitiv-CPs generell obligatorisch sei. Wenn wir davon ausgehen, dass ein Verb wie *anordnen* obligatorisch ein CP-Komplement hat, müssten dieser These gemäß die Strukturen in (12) ungrammatisch sein:

(12) a. weil er [$_{CP}$ PRO es zu vernichten] anordnete
b. weil die Bundesregierung jene nationale Einheit, die$_i$ sie [$_{CP}$ PRO am 17.Juni t$_i$ zu feiern] anordnete, aus ihrem Zielkatalog gestrichen hatte
c. weil er [$_{CP}$ PRO für alle Orte mit 90 bis 100 schulfähigen Kindern „Trivialschulen" zu errichten] anordnete

Diese Auffassung vermag ich nicht zu teilen. Denn obwohl intraponierte Infinitiv-CPs gelegentlich als markiert empfunden werden, halte ich daran fest, dass sie marginal grammatisch sein können. Dies muss jedoch nicht bedeuten, dass Extraposition in jedem Falle optional ist; man beachte die Beurteilung von Daten wie (13) aus Reis und Sternefeld (2004) oder (14):

(13) a. Diese Aussagen waren (dazu) geeignet/angetan, seine Karriere zu zerstören
b. ??Diese Aussagen waren (dazu) seine Karriere zu zerstören, geeignet/angetan

(14) a. weil ich mich (dessen) schäme, sie nie besucht zu haben
b. ??weil ich mich meine Mutter nie besucht zu haben schäme
c. *weil ich sie nie besucht zu haben mich schäme

Warum scheint hier eine Extraposition obligatorisch? Als Diagnostik für (14-b) würde sich anbieten, die Aufeinanderfolge von zwei Akkusativen als Verarbeitungsschwierigkeit für die Unakzeptabilität verantwortlich zu machen. Dies scheint mir aber zu kurz zu greifen, denn gleichzeitig ist auch eine Topikalisierung m.E. fraglich:

(15) a. ??Seine Karriere zu befördern waren diese Aussagen wenig angetan/geeignet
b. ??Meine Mutter nie besucht zu haben schäme ich mich sehr

Die Annahme einer PP-Hülle wie in Abschnitt (**6.6.**) würde zwar die Vorfeldphobie des Infinitivs erklären, nicht aber die Mittelfeldphobie. Im Rahmen einer phonologischen Erklärung würde man prognostizieren, dass, je intonatorisch schwerer der rechte Teil des Matrixsatzes wird, desto eher die CP im Mittelfeld möglich ist; dies scheint mir, wie (16) zeigt, tendenziell richtig:

(16) ?weil er [$_{CP}$ PRO sie nie besucht zu haben] sich nicht schämte

Worauf es dann ankäme, wäre eine Erklärung für den Unterschied zwischen *schämen* und *angetan* einerseits und *anordnen* andererseits. Ich habe keine Idee, warum sich diese Verben unterschiedlich verhalten und überlasse das Problem der weiteren Forschung.

Interaktion von Extraposition und Topikalisierung 8.2.

Innerhalb des Topologischen Modells geht Extraposition an den rechten Rand von Sätzen, denen bei uns finite oder nicht-finite CPs entsprechen:

(17) a. weil Fritz wusste, was ihn erwartete
b. um zu wissen, was ihn erwartete

Bisher jedoch haben wir noch nicht klar analysiert, ob und ggf. wie es gelingen kann, diesen Rand merkmaltheoretisch zu erfassen. Der im Topologischen Modell übliche Begriff des Nachfeldes ist in unserem merkmaltheoretischen Modell noch nicht definiert. Wenn man Adjunktion einer XP an eine CP erzwingen wollte, könnte man X mit einem Kopfmerkmal [∗CP∗] versehen und fordern, dass die XP an die CP rechts adjungiert wird. Diese Möglichkeit scheint jedoch zu kurz zu greifen. Denn tatsächlich beobachten wir Extrapositionen (also Bewegungen nach rechts) nicht nur ins Nachfeld, sondern auch innerhalb des Vorfeldes, wie die Beispiele in (18) zeigen:

(18) a. [$_{VP}$ t_k zu wissen [$_{CP}$ was ihn erwartet]$_k$] schien$_j$ er nicht t_i t_j
b. [$_{VP}$ t_k wissen können [$_{CP}$ was ihn erwartet]$_k$] hat$_j$ sie nicht t_i t_j
c. [$_{VP}$ Bücher t_k klauen [$_{CP}$ die so billig sind]$_k$] wird$_j$ wohl kaum jemand t_i wollen t_j

Diese SpecC-Position können und wollen wir jedoch nicht mit spezifischen Merkmalen als SpecC charakterisieren; insbesondere gibt es ja auch kein Merkmal [∗SpecC∗].

Aufgrund von (18) müssen wir wohl zulassen, dass bei Extraposition an eine beliebige V-Projektion adjungiert werden kann. Diese Generalisierung erfasst nun nicht nur die Extrapositionen in (18), sondern auch die Adjunktionen in (17), wobei es offen bleibt, ob hier an eine rechtsperiphere V-Projektion, oder an die CP qua V-Projektion adjungiert wird.

Frage 169: Gibt es theoretische Prinzipien, die eine Adjunktion an CP erzwingen? Diskutieren Sie folgenden Beleg (aus B. Bryson, *Reif für die Insel*, S. 259):

(19) Was, um Himmels willen, taten die Einwohner Ludlows ihren Katzen an, das eine besondere Schutzbehörde notwendig machte?

Worauf bezieht sich der extraponierte RS in (19)? Wie sähe eine Ableitung aus, die an CP adjungiert, wie eine, die an eine V-Projektion adjungiert?

Eine hypothetische Ableitung von (18-b) wäre die, innerhalb von SpecC zu extraponieren, indem wir, ausgehend von (20),

(20) hat er nicht [$_{VP}$ [$_{CP}$ was ihn erwartet] wissen] können

zuerst die VP topikalisieren und dann innerhalb der VP an VP adjungieren. Wenn wir jedoch wie im Minimalismus davon ausgehen, dass Transformationen eine Struktur aufgrund der Extensionsbedingung nur *erweitern* können, wäre eine solche Bewegung innerhalb von SpecC ausgeschlossen. Vielmehr müsste die Extraposition *vor* der Topikalisierung stattfinden, wie die Ableitung in (21) zeigt:

(21) a. [$_{VP}$ [$_{CP}$ was ihn erwartet] wissen können]
b. [$_{VP}$ [$_{VP}$ t_i wissen können] [$_{CP}$ was ihn erwartet]$_i$]
c. [$_{VP}$ sie nicht [$_{VP}$ [$_{VP}$ t_i wissen können] [$_{CP}$ was ihn erwartet]$_i$] hat]
d. [$_{CP}$ hat$_k$ [$_{VP}$ sie nicht [$_{VP}$ [$_{VP}$ t_i wissen können] [$_{CP}$ was ihn erwartet]$_i$] t_k]]
e. [$_{CP}$ [$_{VP}$ [$_{VP}$ t_i wissen können] [$_{CP}$ was ihn erwartet]$_i$]$_j$ [$_{C'}$ hat$_k$ [$_{VP}$ sie nicht t_j t_k]]]

Diese Analyse erfordert eine Zwischenstruktur, die vor der Topikalisierung ungrammatisch ist, nämlich (21-c), was unmittelbar die Frage aufwirft, wie der (21-c) entsprechende Nebensatz (22) ausgeschlossen werden kann:

(22) *weil er nicht [$_{VP}$ [$_{VP}$ t_i wissen können] [$_{CP}$ was ihn erwartet]$_i$] hat

Vollkommen analog ergibt sich, dass wir zur Generierung von (18-a) auf (23) zurückgreifen müssen;

(23) *weil er nicht [$_{VP}$ t_k zu wissen [$_{CP}$ was ihn erwartet]$_k$] schien$_j$

als Oberflächenstruktur ist (23) aber ungrammatisch und es ist nicht zu sehen, wie diese Übergenerierung im Rahmen einer Merkmalanalyse sinnvoll blockiert werden kann.

Für dieses Problem bietet Truckenbrodt (1995) eine Lösung an, die auf einer phonologischen Theorie der prosodischen Konstituenten beruht. Seine Erklärung für (22) ist, dass die Modal- und Hilfsverben zusammen mit dem Hauptakzent innerhalb des Schlussfeldes auf der Ebene der Phonologischen Form in eine prosodische Phrase integriert werden müssen, weil sie keine eigene phonologische Phrase bilden können. Andererseits muss aber der rechte Rand der CP auch der rechte Rand einer phonologischen Konstituente sein, weswegen die CP eine eigene phonologische Phrase bildet und *hat* in (22) unintegriert bleiben muss. (22) ist also schlecht, weil gewissen PF-Bedingungen widersprochen wird, und ähnliches sollte dann auch für (23) gelten. Die Schlussfolgerung wäre daher, dass es in der Syntax im Prinzip möglich ist, an beliebige V-Projektionen zu adjungieren. Einige dieser Adjunktionen sind jedoch in der Phonologie nicht wohlgeformt, da sie zu ungrammatischen intonatorischen Phrasen führen.

Dagegen ist eingewendet worden, dass die Extraposition kurzer, phonetisch „unauffälliger" (und somit integrierbarer) Phrasen kein Problem sein sollte; dennoch ist sie gelegentlich ungrammatisch, vergl.:

(24) a. weil ich nicht gerechnet habe damit
b. ?weil ich nicht gerechnet damit habe
c. ??weil ich nicht gerechnet damit haben würde
d. *weil ich nicht gerechnet haben damit würde

Die Theorie muss also, wenn sie die möglichen von den unzulässigen Unterbrechungen von V-Sequenzen erfassen soll, möglicherweise noch erheblich verfeinert werden. Zu beachten dabei ist auch, dass die Akzeptabilität von Ausklammerungen auch dann degradiert ist, wenn man an die rechte Peripherie einer *eingebetteten* CP extraponiert. Ohne ein eigenes Grammatikalitätsurteil vorzugeben, bitte ich Sie, folgende Konstruktionen zu bewerten:

(25) a. die Leute, die [$_{CP}$ PRO *damit* beschäftigt zu sein] vorgaben
b. die Leute, die [$_{CP}$ PRO beschäftigt *damit* zu sein] vorgaben
c. die Leute, die [$_{CP}$ PRO beschäftigt zu sein *damit*] vorgaben
d. weil ihn der Mut [$_{CP}$ PRO sich zu entscheiden *dafür*] verlässt
e. die Leute, die [$_{CP}$ PRO beschäftigt zu sein] vorgaben *damit*

In (25-e) ist *damit* m.E. eindeutig zu weit bewegt worden; wie gut oder schlecht die übrigen Daten wirklich sind (in jedem Falle werden sie durch die Extraposition der CP besser) und welche Folgerungen hieraus gezogen werden können, muss leider offen bleiben.

Frage 170: Ist unter den üblichen Annahmen zur Merkmalstruktur innerhalb des Mittelfeldes — also: *haben* selegiert ein Partizip; die Objekte von Verben (wie auch die Kasuszuweisung) werden innerhalb der Projektion des jeweiligen Verbs realisiert — einer der Sätze in (26) ohne Extraposition generierbar?

(26) a. *Ich sagte, dass ich nicht [$_{V}$ gewusst [$_{CP}$ dass er kommt]] habe
b. weil ich nicht gewusst habe, dass er kommt

Frage 171: Während die Indizierung in (27-a) in Ordnung ist, gibt es in (27-b,c) eine Verletzung von Prinzip C der Bindungstheorie. Wie ist eine solche Verletzung nachzuweisen? (Zeigen Sie, dass die Extraposition erst nach der Überprüfung der

Bindungstheorie stattfinden kann oder dass alternativ hierzu die Bindungstheorie auf der Ebene der Logischen Form stattfindet und dort die Extraposition rückgängig gemacht werden muss).

(27) a. Ich habe von dem Versuch eines Beweises von Lothars$_i$ Vermutung gehört, dass er$_i$ den Job kriegt
b. *Ich habe von dem Versuch eines Beweises seiner$_i$ Vermutung gehört, dass Lothar$_i$ den Job kriegt
c. *Der Test hatte ihre$_i$ Vermutung widerlegt, dass Elsa$_i$ schwanger sei

Die Lösung dieser Aufgabe beweist, dass eine Basisgenerierung von Strukturen mit einem Nachfeld, also eine Theorie ohne Extraposition als Bewegung, prinzipiell nicht möglich ist; in einer solchen Theorie wäre die Ungrammatikalität von (27-b,c) nicht zu erklären. Ich komme hierauf in Anhang (H.) noch einmal zurück.

Frage 172: Welche Faktoren könnten für die Unakzeptabilität in (28-c) verantwortlich sein? Überlegen Sie genau, was Subjekt und was Objekt sein kann. (Daten und Beurteilungen aus: Oppenrieder (1991, S. 61ff))

(28) a. Welch hochkarätiger Gegner der 1.FC Magdeburg sein kann, zeigt schon, dass den Magdeburgern [...] der Gewinn einer europäischen Trophäe gelang.
b. Zeigen, welch hochkarätiger Gegner der 1.FC Magdeburg ist, kann jedoch auch, dass den Magdeburgern [...] der Gewinn einer europäischen Trophäe gelang.
c. *Zeigen, dass die Magdeburger einst den Pokalsieger-Wettbewerb gewannen, kann jedoch auch, welch hochkarätiger Gegner der 1.FC Magdeburg ist.

Kohärente und inkohärente Infinitive 8.3.

Dieser Abschnitt beginnt mit einem Rück- und endet mit einem Ausblick. Zuerst rekapituliere ich das Kriterium der (Nicht-)Extraponierbarkeit, das bei der Analyse der Infinitive in Abschnitt (II.5.4.) eine entscheidende Rolle gespielt hatte. Ich füge dann ein weiteres Kriterium hinzu, das wie das erste eine Unterscheidung zwischen kohärenter und nicht-kohärenter Konstruktion herbeiführt: Es geht um den Skopus der Negation, der durch (29) festgelegt ist:

(29) Ein Verb (oder dessen Spur) ist nur dann negiert (steht im Skopus der Negation), wenn es von einem negativen Element c-kommandiert wird.

Dieses Kriterium klassifiziert einerseits bestimmte Konstruktionen als kohärent, führt aber andererseits zu einem Problem, dessen Lösung auf systematische Art und Weise erst in Kapitel (V.) angegangen werden kann.

Betrachten wir zunächst die Konstruktionen in (30), so ist offensichtlich, dass auch hier extraponiert wurde:

(30) a. weil Fritz mir gestern erst ***versprochen*** hatte, *mich zu besuchen*
b. Fritz hatte mir gestern erst ***versprochen***, *mich zu besuchen*
c. weil Fritz mich (darum) ***gebeten*** hatte, *ihn zu besuchen*
d. Er wird mir nicht ***erlauben***, *ihn zu besuchen*

Klarerweise steht hier ein Infinitiv im Nachfeld, der ein Argument des fett hervorgehobenen Hauptverbs im Mittelfeld ist. Wir hatten im letzten Kapitel Infinitive schon ausführlicher analysiert, allerdings als Elemente des Mittelfeldes, wie in (31):

(31) a. weil Fritz mir gestern erst *mich zu besuchen* **versprochen** hatte
b. Fritz hatte mir gestern erst *mich zu besuchen* **versprochen**
c. weil Fritz mich (darum) *ihn zu besuchen* **gebeten** hatte
d. Er wird mir *ihn zu besuchen* nicht **erlauben**
e. Er wird mir nicht *ihn zu besuchen* **erlauben**

Obwohl die Mittelfeldposition für CPs als stilistisch eher markiert gilt, möchte ich davon ausgehen, dass diese Infinitive *optional* extraponiert werden, wobei die Extraposition die unmarkierte Option zu sein scheint. Wie wir schon gesehen haben, lassen sich nicht alle Infinitive ins Nachfeld bewegen, vergl. (32) mit (33):

(32) a. Fritz hatte nicht *zu arbeiten* **gebraucht**
b. weil Fritz *seine Krankheiten zu vernachlässigen* **scheint**
c. dass Fritz *seine Krankheiten zu ignorieren* ***pflegt***

(33) a. *Fritz hatte nicht **gebraucht** *zu arbeiten*
b. *weil Fritz **scheint** *seine Krankheiten zu vernachlässigen*
c. *dass Fritz ***pflegt*** *seine Krankheiten zu ignorieren*

Konstruktionen, bei denen Extraposition unmöglich ist, werden in der Tradition von Bech (1955/57) **kohärent** genannt, während die Konstruktionen, bei denen extraponiert wurde, **inkohärent** heißen. Verantwortlich für die Extraponierbarkeit ist anscheinend in erster Linie die Art des einbettenden Verbes. Kohärente Infinitive hatten wir bisher als VP-Komplemente von Verben analysiert. Beim extraponierbaren (also inkohärenten) Infinitiv spricht man traditionellerweise auch vom **satzwertigen Infinitiv**; dieser Tradition folgend wird auch in der generativen Grammatik zwischen satzwertigen und kohärenten Infinitiven unterschieden. Satzwertig ist dort alles, was eine CP ist. Dies bedeutet: Verben, deren Infinitiv-Komplement extraponiert wurde, subkategorisieren eine CP. Zur Erklärung von (33) bezieht man sich dann auf die Generalisierung in (34):

(34) CPs sind extraponierbar, VPs sind es nicht.

Die einbettenden Verben sind demnach danach zu unterscheiden, ob sie eine CP oder eine VP einbetten (wobei bei vielen Verben sogar beides möglich ist, worauf wir in Abschnitt (V.4.1.) zurückkommen). Die eingangs genannten Beispiele können daher wie in (35) geklammert werden:

(35) a. weil Fritz mir gestern erst [$_{CP}$ ∅ [$_{VP}$ PRO *mich zu besuchen*]] ***versprochen*** hatte
b. Fritz hatte mir gestern erst [$_{CP}$ ∅ [$_{VP}$ PRO *mich zu besuchen*]] ***versprochen***
c. weil Fritz mich (darum) [$_{CP}$ ∅ [$_{VP}$ PRO *ihn zu besuchen*]] ***gebeten*** hatte
d. Er wird mir [$_{CP}$ ∅ [$_{VP}$ PRO *ihn zu besuchen*]] nicht ***erlauben***
e. Er wird mir nicht [$_{CP}$ ∅ [$_{VP}$ PRO *ihn zu besuchen*]] ***erlauben***

Worauf sich das stumme, mitverstandene PRO-Subjekt semantisch bezieht, haben wir in Abschnitt (II.5.4.) schon ausgeführt.

Frage 173: Ausblick: Die kohärente Konstruktion wird uns in Kapitel (V.) noch näher beschäftigen. Warum könnten die Daten in (36-c,d) ein Problem für unsere bisherige Analyse sein? Welche zwei Bedeutungen kann (36-c) haben?

(36) a. weil Fritz versucht hat, einen Krebs zu fangen
b. weil Fritz einen Krebs zu fangen versucht hat
c. weil Fritz ihn nicht zu fangen versucht hat
d. weil Fritz ihn versucht hat zu fangen

Weitere Kriterien, die zwischen kohärenten und inkohärenten Infinitiven unterscheiden können, werden wir ausführlicher in Kapitel (V.) diskutieren. Schon an dieser Stelle soll jedoch eine Verwirrung beseitigt werden, die sich stets beim Vergleich mit Bechs Kriterium für Kohärenz einstellt: Gemäß Bech ist eine Konstruktion genau dann kohärent, wenn die Verben der beteiligten Verbalfelder in geordneter Abfolge *nebeneinander* stehen. Nach Bech wäre also die Konstruktion in (37-a) inkohärent (*besuchen* und *erlauben* stehen nicht nebeneinander), die in (37-b,c) kohärent:

(37) a. Er wird mir ihn zu besuchen nicht erlauben
b. Er wird mir nicht ihn zu besuchen erlauben
c. Er wird mir ihn nicht zu besuchen erlauben

Demgegenüber spricht man in der Generativen Grammatik genau dann von einer inkohärenten Konstruktion, wenn eine Analyse des Infinitivs als CP vorliegt. CP-Haftigkeit des Infinitivs ist Voraussetzung für die Extraponierbarkeit. Diese ist aber in (37) durchweg gegeben:

(38) a. Er wird mir t_i nicht erlauben [ihn zu besuchen]$_i$

b. Er wird mir nicht t_i erlauben [ihn zu besuchen $]_i$
c. Er wird mir t_i erlauben [ihn nicht zu besuchen $]_i$

Sowohl (37) als auch (38) sind also dieser Terminologie zufolge inkohärent, da die Infinitive wie in (39) analysiert werden können:

(39) a. Er wird mir $[_{CP}$ PRO ihn zu besuchen] nicht erlauben
b. Er wird mir nicht $[_{CP}$ PRO ihn zu besuchen] erlauben
c. Er wird mir $[_{CP}$ PRO ihn nicht zu besuchen] erlauben

Verwirrenderweise kommt nun noch hinzu, dass in der Generativen Grammatik, nicht aber bei Bech, gewisse Verben sowohl eine kohärente als auch eine inkohärente Konstruktion eingehen können. Dass neben der inkohärenten auch eine kohärente Analyse möglich ist, lässt sich aber nur aufgrund zusätzlicher Kriterien ermitteln, von denen hier nur ein einziges genannt werden soll, nämlich der Skopus der Negation. Betrachten wir (37-c). Auf welches der beiden Verben bezieht sich die Negation? Wie die inkohärenten Analysen (38-c) bzw. (39-c) zeigen, kann sie sich auf das eingebettete Verb beziehen. Wenn Sie jedoch auch eine Lesart für (37-c) bekommen, bei der sich die Negation auf das übergeordnete Verb beziehen kann, ist *erlauben* für Sie ein kohärent konstruierendes Verb. Ich halte es für wahrscheinlich, dass diese Lesart für Sie nicht möglich ist; die Negation muss sich auf *besuchen* beziehen. Betrachten wir nun aber ein anderes Verb wie z.B. *wagen*. Hier scheint mir durchaus eine Lesart für (40-a) möglich, in welcher der Satz zu (40-b) synonym ist:

(40) a. weil er mich nicht zu berühren wagte
b. weil er (es) nicht wagte $[_{CP}$ PRO mich zu berühren]

Da der Skopus der Negation aufgrund von (29) gerade der Bereich ist, der von der Negation c-kommandiert wird, gibt es für (40-a) nur zwei Möglichkeiten der Analyse. Entweder ist das Objekt von *berühren* vor die Negation bewegt worden, wie in (41-a), oder es liegt eine Klammerung wie in (41-b) vor:

(41) a. weil er $mich_i$ nicht $[_{CP}$ PRO t_i zu berühren] wagte
b. weil er mich nicht $[_{V'}$ zu berühren wagte]

Aus verschiedenen Gründen werden wir annehmen, dass der mit (41-a) angedachte Weg nicht gangbar ist; wenn ein solches „langes *Scrambling*" aus CPs heraus generell möglich wäre, wäre zu fragen, warum eine analoge Bewegung nicht auch in (37-c) zulässig ist — sie kann es nicht sein, denn sonst würden wir auch für dieses Beispiel fälschlicherweise den weiten Negationsskopus herleiten.

(42) *Er wird mir ihn_i nicht $[_{CP}$ PRO t_i zu besuchen] erlauben

Auch vor (41-a) gehört also ein Stern; vergleiche auch die Sterne in (43):

(43) a. weil er nicht [$_{CP}$ PRO mich zu berühren] anordnete
b. weil er nicht anordnete [$_{CP}$ PRO mich zu berühren]
c. *weil er mich$_i$ nicht [$_{CP}$ PRO t$_i$ zu berühren] anordnete
d. *weil er mich$_i$ nicht anordnete [$_{CP}$ PRO t$_i$ zu berühren]

Da *anordnen* obligatorisch inkohärent konstruiert, kann (43-c) keine Lesart haben, in welcher *anordnen* im Skopus der Negation steht; (43-d) ist auch als Oberflächenabfolge gänzlich ungrammatisch und ist daher ein Indiz dafür, dass (43-c) eine ungrammatische Analyse darstellt. Die Oberflächenabfolge ist nur mit engem Skopus für die Negation, wie in (44), zu analysieren.

(44) weil er [$_{CP}$ PRO mich nicht zu berühren] anordnete

Für die Analyse der Lesart von (40-a) mit weitem Skopus der Negation bleibt also nur (41-b) als Struktur; das Problem ist nur, dass wir genau diese Klammerung bisher nicht generieren konnten. Der Grund ist der, dass das Akkusativ-Merkmal von *mich* durch *berühren* gecheckt werden muss; dieses bildet aber das Komplement von *wagen*, sodass dieses Merkmal nicht projizieren kann. Genau aus diesem Grund werden wir auf die kohärente Konstruktion in Kapitel (V.) ausführlicher zurückkommen und unsere bisherige Analyse ein wenig modifizieren. Als wichtige Generalisierung sei hier festzuhalten, dass sämtliche inkohärenten Komplemente CPs sind; die kohärenten Komplemente sind Projektionen von V. Der Satz (45) hat demzufolge potentiell vier verschiedene Analysen; (44-a) ist inkohärent, die anderen sind kohärent:

(45) weil er mich nicht zu berühren wagte
a. weil er [$_{CP}$ PRO mich nicht zu berühren] wagte
b. weil er [$_{VP}$ mich nicht zu berühren] wagte
c. weil er mich [$_V$ nicht [$_V$ zu berühren wagte]]
d. weil er mich [$_V$ [$_V$ nicht zu berühren] wagte]]

Der Skopus der Negation ist eng (also nur auf *berühren* bezogen) in (45-a,b) und (45-d), er ist weit (und auf *wagen* bezogen) in (45-c).

Frage 174: Warum ist das in (46) gesetzte Komma fehl am Platze?

(46) Eine Pannenserie bei den bundesweiten BSE-Tests droht, das Vertrauen der Verbraucher in die Sicherheit von Rindfleisch zu erschüttern (*SZ* vom 8.1.04)

Extraposition ohne Bewegung? 8.4.

Komplemente von Adjektiven 8.4.1.

Versteht man generell die Extraposition als Bewegung nach rechts, so lässt sich fragen, ob in Fällen wie (47-b) die PP extraponiert oder in situ generiert wird:

(47) a. weil Fritz auf sie stolz ist
b. weil Fritz stolz auf sie ist
(i) $[_{AP} [_{AP}\ t_i$ stolz $][_{PP}$ auf sie $]_i$
(ii) $[_{AP}$ stolz $[_{PP}$ auf sie $]]$

In (47-b-ii) wäre damit zu rechnen, dass bei PP-Komplementen von Adjektiven die Serialisierung (d.h. die Rektionsrichtung) nicht festgelegt ist. Beide Varianten könnten frei basisgeneriert werden. Dem scheint entgegen zu stehen, dass die Distribution der Variante A-PP eingeschränkter ist als die PP-A Variante. So lässt sich beispielsweise beobachten, dass die Nachstellung bei attributivem Gebrauch nicht möglich ist:

(48) a. der auf seinen Sohn stolze Vater
b. *der stolze auf seinen Sohn Vater

Daraus aber zweifelsfrei und ohne weitere theoretische Annahmen zu schließen, (48-b) könne nicht basisgeneriert sein, scheint mir jedoch nicht ohne weiteres möglich. Denn die Ungrammatikalität von (48-b) könnte (trotz Basisgenerierung) durch ein zusätzliches Prinzip erfasst werden, wie z.B. Williams' Prinzip des rechten Kopfes (s. Williams (1982, S. 160f)):

English (and German) have a constraint barring post-head material in prenominal modifiers (call it *Head-Final Filter* (HFF)):

(1) a. the proud man
b. *the proud of his children man[65]
c. *the to Bill letter
d. [...]

(2) *der sagende dass S Mann

Eine solche Erklärung ist sowohl mit der Basisgenerierung als auch mit der Extraposition kompatibel.

Als einschlägiger könnte sich die Beobachtung von Haider (1994) erweisen, dass extraponierte PPs mit negiertem Indefinitum (seines Erachtens) schlecht sind:

(49) a. Sie hat doch mit jedem verhandelt
b. Sie hat doch verhandelt mit jedem
c. Sie hat doch mit keinem verhandelt
d. *Sie hat doch verhandelt mit keinem

Zu beobachten ist, dass das negative Element *keinem* in der hier eindeutig extraponierten Position nicht mit dem notwendigen Skopus über das Verb assoziiert werden kann. Etwas Analoges beobachten wir nun auch in (50), wobei (50-a) ambig, (50-b) jedoch eindeutig ist:

(50) a. Fritz ist mit nichts zufrieden
b. Fritz ist zufrieden mit nichts

Nur (50-a) kann die Lesart (51-a) haben, beide Sätze können die Lesart (51-b) haben:

(51) a. Es ist nicht der Fall, dass Fritz mit irgendetwas zufrieden ist
b. Fritz ist auch dann zufrieden, wenn er nichts hat

Ist die Interpretation (51-a) möglich, handelt es sich um die von Bech (1955/57) so genannte **Kohäsion** oder **kohäsive Konstruktion**, bei der die semantisch relevante Negation auf der LF-Ebene nicht als Teil desjenigen Wortes (*nichts, niemand, keiner* usw.) interpretiert werden kann, das die Negation auf PF ausdrückt.

Die Tatsache, dass die Abfolge PP-A ambig ist, die Abfolge A-PP jedoch genau wie die bona fide extraponierte PP in (49-d) eine Satznegationslesart nicht zulässt, kann als Indiz dafür gelten, dass die Abfolge A-PP ebenfalls als extraponiert zu analysieren ist. Auch dieses Argument für eine Extraposition ist jedoch eher indirekt, da es voraussetzt, dass für die semantische Interpretation und den Skopus der Negation nicht bloß lineare Bedingungen zuständig sind. Penka (2002) entwickelt eine Theorie, derzufolge die kohäsive Lesart dadurch syntaktisch repräsentiert ist, dass eine abstrakte Negation Skopus über das Adjektiv hat:

(52) weil Fritz NEG [mit nichts zufrieden] ist

Das Wort *nichts* bedeutet hier eigentlich, wie die Paraphrase in (51-a) zeigt, nichts anderes als *etwas*. Interessanterweise gelten nun starke Lokalitätsbedingungen für die Grammatikalität des Bezugs von NEG und *nichts*. Offenbar können diese Bedingungen in (50-b) nicht erfüllt werden. Entscheidend, aber ungeklärt ist die Frage, wie diese Bedingungen genau lauten. Die abstrakte Negation negiert ein Verb oder Adjektiv und lizensiert das negative Element *nichts*. Intuitiv muss eine LF wie (53) ausgeschlossen werden:

(53) weil Fritz NEG zufrieden mit nichts ist

Ist (53) nun deshalb schlecht, weil die abstakte Negation nichts lizensieren kann, was rechts vom zu negierenden Element liegt, oder weil sie nichts lizensieren kann, was wegbewegt, also extraponiert wurde? Dies scheint mir eine offene Frage.

Frage 175: Diskutieren Sie (54-d) unter der Perspektive des *Head-Final Filters*:

(54) a. Abhängig von Drogen war nur ein Jugendlicher
b. der von Drogen abhängige Jugendliche
c. *der abhängige von Drogen Jugendliche
d. (i) der von Drogen Abhängige

(ii) *der Abhängige von Drogen

Vergleichsphrasen 8.4.2.

Schließlich gibt es eine Klasse von Konstruktionen, die aus semantischen Erwägungen heraus eine Extraposition nahelegen:

(55) Donald Duck hat *(so) viel Geld, dass er damit die Straße pflastern kann

Die Obligatorik von *so* zeigt, dass der *dass*-Satz von *so* abhängt. Naheliegend ist daher die Ableitung von (55) aus (56):

(56) Donald Duck hat [so dass man damit die Straße pflastern kann] viel Geld

Und ganz ähnlich verhalten sich Vergleichskonstruktionen mit *als* oder *wie*, vergleiche etwa:

(57) a. Fritz ist (eben)so groß wie Peter
b. Fritz ist [$_{AP}$ [$_{DegrP}$ so [$_{CP}$ wie Peter ***x groß ist***]] groß]

Oft wurde sogar vorgeschlagen, Vergleichsphrasen wie in (58-b) als Argumente eines Komparativmorphems zu analysieren:

(58) a. Ich werde dich schneller besiegen als du mich
b. Ich werde dich schnell-[er als *du mich*] besiegen

Eine solche Klammerung verletzt natürlich die Lexikalistische Hypothese, und es gibt auch Gründe, diese Analyse anzuzweifeln. Betrachten wir etwa die Komparativkonstruktion in (59):

(59) weil sie einen reicheren Mann liebt als dich

Ein erstes Problem ist, dass die intuitiv naheliegende semantische Paraphrase die Kasuskongruenz zwischen *dich* und dem Kasus von *Mann* nicht respektiert:

(60) weil sie einen reicheren Mann liebt, als du ein reicher Mann bist

Selbst, wenn man dieses Problem hier erst einmal ignoriert, steht man vor der beunruhigenden Beobachtung, dass die Vergleichsphrasen vor der Bewegung sehr tief innerhalb einer DP eingebettet sein müssten. Zwar kann, wie (61-c,d) zeigt, aus einer prädikativen AP herausbewegt werden:

(61) a. weil der Vater [$_{AP}$ [$_{PP}$ auf seinen Sohn] sehr stolz] ist
b. weil der Vater [$_{AP}$ sehr stolz [$_{PP}$ auf seinen Sohn]] ist
c. weil der Vater [$_{AP}$ t_i sehr stolz] ist [$_{PP}$ auf seinen Sohn]
d. weil der Vater [$_{AP}$ sehr stolz t_i] ist [$_{PP}$ auf seinen Sohn]

Jedoch ist Bewegung aus einer pränominalen Position heraus nicht möglich, weder als Adjunktion an DP wie in (62-a), noch als Adjunktion an eine V-Projektion wie in (62-b):

(62) a. *Schnarcht der t_i stolze (t_i) Vater [$_{PP}$ auf seinen Sohn]$_i$
b. *dass der t_i stolze (t_i) Vater schnarcht [$_{PP}$ auf seinen Sohn]$_i$

Der Inselcharakter der pränominalen AP wirft daher berechtigte Zweifel auf, ob die Extrapositionsanalyse der Vergleichsphrasen überhaupt korrekt ist: Es scheint wenig plausibel, dass aus einer pränominalen Position herausbewegt werden kann, sodass wir für die Vergleichsphrasen eine andere Analyse benötigen, die nicht auf Bewegung beruht.

Zu einer ähnlichen Konklusion gelangt man auch bei Betrachtung von Sätzen wie (63-a) (ein sinngemäß zitierter Werbespruch der Delta Airlines aus den achtziger Jahren), (63-b) (ein aktueller Werbeslogan), (63-c) aus den *Stuttgarter Nachrichten* vom 20.3.04, oder die Beispiele (63-d/e) aus Chomsky (1981, S. 81):

(63) a. Wir fliegen mehr Passagiere zu mehr Zielen als jede andere Fluggesellschaft
b. O'Hare offers more connections to more cities more often than any other airport in the world
c. Niemand erzählt einen schlechten Witz öfter besser als Uli Keuler.
d. [so many people] like [so many pictures] — that the show will go on for a week
e. [more silly lectures] have been given by [more boring professors] — than I would have expected

Wenn auch vielleicht nicht ganz klar ist, was die Sätze genau bedeuten sollen, scheint es mir plausibel, dass der Vergleichssatz mit *than* bzw. *als* nicht aus beiden Positionen, von denen er semantisch abhängig ist (also den Komplementpositionen von *mehr/more, so* und dem Komparativmorphem *-er*), simultan herausbewegt wird; vielmehr erzeugt Chomsky die *als-* bzw. *than-*Phrase in situ. Der Bezug zwischen den relevanten Elementen (im Deutschen also: *mehr* und *als*) wird in Chomsky (1981) ***construal*** genannt. Hierfür sollen analoge, jedoch weniger strikte Lokalitätsbeschränkungen wie für die Extraposition gelten, so dass die involvierten Elemente, die semantisch über *construal* verbunden werden, zueinander immer noch hinlänglich lokal situiert sein müssen. Beispielsweise können die aufeinander zu beziehenden Phrasen, ähnlich wie bei der Extraposition in (64-c), keine Elemente verschiedener CPs sein:

(64) a. dass sie einen *reicheren* Mann liebt *als du*, ist klar
b. *dass sie einen *reicheren* Mann liebt, ist klar, *als du*
c. *dass sie einen Mann liebt, ist klar, der reich ist

Eine weitere Gemeinsamkeit mit der Extraposition bildet die Tatsache, dass es bei den Elementen, die über *construal* verbunden sind, auf die lineare Abfolge ankommt: Klarerweise kann die Vergleichsphrase der Bezugsphrase nicht vorangehen.

Sicher ist zu Komparativphrasen noch weit mehr zu sagen; insbesondere geht mit ihnen eine Tilgung einher, auf die wir bisher nicht eingehen konnten. Syntax und Semantik von Vergleichsphrasen sind sehr kompliziert, selbst natürlichsprachliche Paraphrasen für die semantische Analyse sind oft kaum möglich. Man vergleiche etwa:

(65) a. Ich werde nicht so schnell aufgeben, wie einige Leute das gern hätten
b. ??Ich werde nicht so schnell aufgeben, wie einige Leute gern hätten, dass ich (so schnell) aufgebe

(66) a. Ich werde schneller aufgeben, als sich einige Leute wünschen
b. ??Ich werde schneller aufgeben, als sich einige Leute wünschen, dass ich (so schnell) aufgebe

Die semantische Analyse offenbart, dass in der Vergleichsphrase Material fehlt, das ich in den (b)-Sätzen wiederzugeben versucht habe. Das Problem ist hier, dass es noch nicht einmal zu gelingen scheint, dies in einer syntaktisch wohlgeformten Weise zu tun. Eine weitere Diskussion müsste dann zum Phänomenbereich der Ellipse führen, ein Teil der Grammatik, der aber in dieser Einführung gänzlich ignoriert wird.

Frage 176: Dass nicht nur semantisches Material zu ergänzen ist, ergibt sich aus der Notwendigkeit, die Kasus der verbleibenden Phrasen zu überprüfen. Wie könnte dies in (67-a) bewerkstelligt werden? Wie lassen sich die Sätze in (67-b,c) semantisch korrekt paraphrasieren?

(67) a. Ich werde dich schneller besiegen als *du mich*
b. Sie liebt einen anderen als du (gute Nachricht)
c. Sie liebt einen anderen als dich (schlechte Nachricht)

Frage 177: Hier die am 23.2.02 in der *SZ* veröffentlichte Reaktion des Ministeriums auf Pläne zur Nivellierung des Hochschulrahmengesetzes: *Das Gesetz wird nicht novelliert, ...*

(68) *... weil es so gut ist, wie es ist*

(68) hat zwei Lesarten; eine Desambiguierung leisten die folgenden Paraphrasen:

(69) a. weil es so, wie es ist, gut ist
b. weil es (nur) so gut ist, wie es (eben (gut)) ist

(69-a) besagt, dass das Gesetz gut ist (dies ist die intendierte Lesart); hier wäre *so, wie es ist* als Adverbialphrase zu behandeln. *so* wäre demnach ein Adverbial, dass durch den *wie*-Satz als RS modifiziert wird. Problematischer ist die Lesart (69-b), deren Wahrheitsbedingungen tautologisch sind: Das Gesetz ist eben so gut (oder schlecht!), wie es eben (gut oder schlecht) ist. In diesem Falle ist der *wie*-

Satz eine Vergleichsphrase. Versuchen Sie, syntaktische Strukturen anzugeben, welche die beiden Fälle desambiguieren.

Frage 178: Versuchen Sie, die Bedeutung von (70) zu paraphrasieren und gehen Sie davon aus, dass eine Tilgung auf parallelen syntaktischen Strukturen operieren muss.

(70) Es ist leichter, eine Nation zu regieren, als Kinder zu erziehen

Form und Funktion 9.

Der kleine Unterschied 9.1.

„... ein Satz hat so viele Strukturen, wie es Theorien dazu gibt." Hubert Haider (1993, S. ix)

Schon zu Beginn des Buches habe ich darauf hingewiesen, dass syntaktische Strukturen nicht unmittelbar wahrnehmbar sind und dass es daher elaborierter Theorien bedarf, die sie identifizieren. Und verschiedene Theorien beschreiben verschiedene Strukturen. Insofern hat das Haider-Zitat einen wahren, aber eher trivialen Kern.[66] Auch schon innerhalb des generativen Paradigmas, und dort innerhalb merkmalbasierter Theorien, konkurrieren für die Beschreibung der Satzstruktur des Deutschen die verschiedensten Systeme, von Safir (1982) über Weerman (1989) bis Lutz (2001). Diese Beschreibungen differieren weniger darin, welche Strukturen sie als in der Sprache tatsächlich vorhanden unterstellen, sondern darin, wie diese Strukturen mit Hilfe welcher Merkmalsysteme korrekt zu beschreiben sind. Die vorliegende Variante ordnet sich in diese Tradition ein; um unsere Analyse gegenüber naheliegenden, letztlich sehr ähnlichen Alternativen abzugrenzen, sollen nun noch einmal ihre wesentlichen Eigenschaften zusammengefasst und herauskristallisiert werden.

Der wichtigste Aspekt unserer Analyse ist m.E., dass wir nicht von vornherein versucht haben, eine bestimmte Form mit einer bestimmten Funktion oder einer bestimmten Bedeutung zu korrelieren. Was die Syntax bereitstellt, sind potentielle Formen, die von anderen Systemen der Grammatik erst noch interpretiert werden müssen. Ein Beispiel ist der sog. indirekte Fragesatz. Syntaktisch hatten wir diesen so charakterisiert, dass die C-Projektion nicht-verbale („nominale") Merkmale hat, womit eine Bewegung von V nach C unterbunden wird, und dass ein Spezifikatormerkmal der Form [∗w∗] vorliegt, wodurch die Bewegung einer W-Phrase nach SpecC erzwungen wird. Wir hatten jedoch **nicht** angenommen, dass der indirekte Fragesatz aufgrund seines W-Merkmals notwendigerweise als Frage zu interpretieren ist, und dass C deshalb, wie in vielen anderen Ansätzen, ein entsprechendes, diese Interpretation steuerndes syntaktisches W- oder Q-Merkmal als Kopfmerkmal hat.

Gründe hierfür lassen sich leicht finden. Zum einen haben wir argumentiert, dass ein solches Merkmal nicht dazu dienen kann, den indirekten Fragesatz syntaktisch durch ein Matrixverb zu selegieren; wir hatten gezeigt, dass diese Selektion keine syntaktische Selektion ist, sondern eine semantische. Zum anderen kann, was oberflächlich die Form eines Fragesatzes hat, eine ganz andere illokutionäre Verwendung haben, so z.B. als Exklamativsatz:

(1) a. Wie groß er doch ist!
 b. Mit was für einer Eleganz sie sich bewegt!

Was die Syntax hier tut, ist lediglich eine Form bereitstellen, die auf die eine oder andere Weise interpretiert werden kann bzw. muss. Im Falle der Exklamativsätze in (1) ist die Form dieselbe, die auch für die Fragesätze verfügbar ist, sieht man einmal von bestimmten Partikeln wie *doch* und der Intonation ab, deren Funktion es gerade ist, die bestimmte, hier vorliegende Illokution zu charakterisieren. Dazu dienen neben lexikalischen auch globale (suprasegmentale) Mittel, die zwar von der Form des Satzes nicht unabhängig sind, diese jedoch nicht determinieren.

Ein weiteres Beispiel sind die von Reis und Rosengren (1988) untersuchten sog. *W-Imperative*; die relevante Beobachtung ist hier, dass (2-a) dieselbe Interpretation hat wie (2-b):

(2) a. Wieviel schätz mal, dass das Kleid gekostet hat!
 b. Schätz mal, wieviel das Kleid gekostet hat!

Obwohl ich auch in (2-a) wie üblich der Matrix-C-Position das [∗w∗]-Merkmal zusprechen würde, kann keine entsprechende W-Interpretation vorliegen; die Interpretation kommt hier durch ganz andere Eigenschaften des Satzes zustande, nämlich die Verbform und die daraus resultierende Subjektlücke des Imperativs. Für die Annahme eines W-Merkmals spricht hier wie in (1) lediglich, dass diese Konstruktion auch in ihrer Verwendung als Exklamativ- oder Imperativsatz den für das *Pied Piping* angenommenen Beschränkungen unterliegt; vergleiche:

(3) a. ?Von wieviel Gänsen schätz mal, dass man die Federn für ein Kissen braucht
 b.*?Die Federn von wieviel Gänsen schätz mal, dass man für ein Kissen braucht

Denn ohne solche syntaktischen Beschränkungen bräuchten wir kein syntaktisches Merkmal für W-Phrasen.

Ein in Abschnitt (7.2.) schon genanntes, je nach Analyse einschlägiges Beispiel ist auch die sog. *Was-W*-Konstruktion:

(4) a. Was glaubst du, wer Recht hat?
 b. Was meinst du, wen wir einladen sollen?

c. Was sagte er, mit wessen Bruder sie verwandt sei?

Wie schon gezeigt, ist ein relevantes Kennzeichen dieser Konstruktion, dass Verben wie *glauben* oder *meinen* weder syntaktisch noch semantisch ein Fragekomplement subkategorisieren. Und dennoch ist hier als syntaktisches Komplement eine CP möglich, die die *Form* eines Fragesatzes hat, wobei das Ganze der Intuition vieler Linguisten gemäß aber eine Logische Form hat, die keinen eingebetteten Fragesatz enthält und die sie, wenn sie eine Extraktion aus finiten Sätzen erlauben, wie in (5) angeben würden:

(5) a. Wer glaubst du, dass Recht hat?
b. Wen meinst du, dass wir einladen sollen?
c. Mit wessen Bruder sagte er, dass sie verwandt sei?

Diese Autoren nehmen an, dass (5) aus (4) durch eine Bewegung des W-Wortes in der SpecC-Position des eingebetteten Satzes hin zur *Was*-Position des Matrixsatzes (5) überführt wird. Die Bewegung findet auf der Ebene der Logischen Form statt, sodass (5) die LF von (4) bildet. Wenn eine solche Analyse korrekt ist, kann es auch hier keine simple 1:1-Entsprechung zwischen Form und Funktion geben: Versieht man den Fragesatz, also die CP, mit einem entsprechenden Q-Merkmal, das seinerseits eine Interpretation als Frage induziert, käme man bei einer Analyse von (4) als partieller W-Bewegung zu einem semantisch falschen Resultat.[67]

Auch das Verhältnis zwischen V/1- und V/2-Sätzen wird hier nicht mittels Merkmalen kodiert. Dass etwas in SpecC hineinbewegt wird, ist nicht primär Folge irgendeiner Merkmalspezifikation, sondern Resultat der Absicht, eine Form zu generieren, die Input für eine Funktion ist, welche genau dieser Form eine bestimmte Bedeutung und eine bestimmte Illokution zuordnen kann. Diese Funktion ist sensibel dafür, ob die SpecC-Position besetzt ist oder nicht. Ist sie besetzt, so wird die Unterscheidung zwischen W-Bewegung und Topikalisierung relevant. Dies illustrieren die beiden möglichen Analysen von (6), eine mit [*w*] in C und eine ohne:

(6) Warum ist er nicht gekommen?

Die Topikalisierung eines W-Wortes ohne entsprechendes Merkmal in C steht hier in Konkurrenz zu einer spezifischeren Analyse mit W-Merkmal; da letztere üblicherweise zur Interpretation als Frage führt, muss (6) ohne W-Merkmal in C eine andere Funktion als die übliche haben. Eine solche Interpretationsmöglichkeit gibt es in der Tat, wenn wir (6) als Echofrage interpretieren. Notwendig hierfür ist dann allerdings nicht nur ein spezieller textgrammatischer Kontext, sondern auch eine spezielle Intonation, bei der die Hauptbetonung auf der ersten Silbe von *warum* liegen muss.

Ein anderes Beispiel sind V/1-Deklarativsätze der in (7) illustrierten Art:

(7) a. Kam ein Mann zur Tür herein....
b. Bleibt noch zu erwähnen, dass ...
c. Kommt ein Skelett in eine Kneipe und bestellt: „Bitte ein Pils — und einen Schwamm."
d. Eine solche Analyse scheint auf den ersten Blick attraktiv. Könnte doch so der folgende Unterschied erklärt werden: ...

Der V/1-Satz hat als Entscheidungsfrage eine semantische Interpretation, die über den propositionalen Gehalt eines bloßen Aussagesatzes hinausgeht. Dennoch nehme ich hier an, dass die kompositionale Bedeutung der Entscheidungsfrage, also die Bedeutung, die lediglich durch die Lexeme und deren Verknüpfung determiniert ist, dieselbe ist wie die des Deklarativsatzes. Dabei bleibt der Form-Funktions-Zusammenhang zugegebenermaßen zunächst unanalysiert, insbesondere müsste noch genauer analysiert werden, dass es gerade die V/1-Sätze sind, die einerseits spezielle semantische und pragmatische Anwendungsbedingungen haben und andererseits deshalb zu einem Mehr an Bedeutung führen können; siehe zu Ersterem etwa Önnerfors (1997) und zu Letzterem die Diskussion im nächsten Abschnitt.

Daraus folgt, dass einiges, was in anderen Ansätzen Teil einer syntaktischen Beschreibung ist, hier gar nicht explizit syntaktisch analysiert wird, sondern als Teil eines anderen Systems angesehen wird, das syntaktische Strukturen in der einen oder anderen Weise semantisch und pragmatisch „interpretiert". Hierzu gehört insbesondere der Unterschied zwischen V/1- und V/2-Satz: Bewegung nach SpecC ist bei Topikalisierung syntaktisch optional und nicht merkmalgetrieben; die Konsequenzen einer Bewegung bzw. des Ausbleibens einer solchen sind für den Form-Funktionszusammenhang jedoch dramatisch.

Wenn nun aber Topikalisierung als Bewegung nach SpecC optional und nicht merkmalgesteuert ist, fragt sich natürlich, warum nicht auch in *dass*-Komplementsätzen die SpecC-Position optional gefüllt werden kann. Die Antwort hierauf besteht z.T. in einem Rekurs auf die Bewegungsökonomie: Dass sich diese Bewegung aus Ökonomiegründen verbieten lässt, liegt einfach daran, dass sich im Standarddeutschen für die Konfiguration [SpecC dass VP] mit besetzter SpecC-Position keine Interpretation finden lässt, welche mit der nicht-Besetzung konkurriert. Mit einer SpecC-Besetzung lässt sich keine spezifische grammatische Funktion verknüpfen; für die Bewegung lässt sich kein funktionaler Grund angeben, nichts, was die Füllung der SpecC-Position irgendwie motivieren könnte.

Der Verzicht auf eine merkmalgesteuerte Beschreibung dieser Prozesse ermöglicht ein minimales System syntaktischer Distinktionen. Die wichtigsten Unterscheidungen, die sich ausschließlich in den Merkmalen der C-Köpfe manifestieren, lassen sich wie in (8) zusammenfassen. Dabei setzen wir voraus, dass C grundsätzlich das Merkmal [*VP*] hat.

(8)

	Typ 1	Typ 2	Typ 3	Typ 4	Typ 5	Typ 6
Spezifikator-M.	—	*W*	*RELPR*	—	—	*W*
Komplement-M.	—	—	—	*+ZU*	—	—
Kopf-Merkmale	D	D	P	V	—	—
PF-Merkmale	dass	∅	∅	∅	—	—
		%dass	%wo			

Typ 1 ist der „normale" *dass*-Satz, Typ 2 der indirekte Fragesatz. Beide haben das kategoriale Merkmal [D], das von Matrixverben wie *glauben, fragen* oder *wissen* subkategorisiert wird; der Distributionsunterschied zwischen Typ 1 und Typ 2 ist im Wesentlichen semantisch, wie in Abschnitt (7.2.) beschrieben. Kontrastieren muss man die [*DP*]-Subkategorisierung mit der von Infinitiv-CPs, die das kategoriale Merkmal [VP] haben und von Verben mit [*VP,CP*] selegiert werden; der Kopf dieser CPs gehört zum Typ 4. *Ob*-Sätze können dieser Klassifikation zufolge zum Typ 2 gerechnet werden, wenn man annimmt, dass *ob* ein W-Merkmal hat und in SpecC steht. Typ 3 ist der Relativsatzkomplementierer; wie bei Typ 2 wird hier eine Bewegung in die SpecC-Position erzwungen. In Abschnitt (7.3.) hatten wir eine lexikalische Kategorisierung der Relativ-CP als PP und somit die des Komplementierers als P angenommen: In den Positionen, in denen ein Relativsatz stehen kann, kann immer auch eine PP stehen.

Den Typen 5 und 6 fehlt ein kategoriales Kopfmerkmal und eine PF-Information. Eine solche unvollständige Spezifikation ist auf der S-Struktur bzw. in der PF unzulässig; die Kategorie muss über Kopf-Bewegung gefüllt werden. Wie in diesem Kapitel besprochen wandert dadurch die Kategorie V nach C. Typ 5 ist die C-Position von V/1- und von V/2-Sätzen. Typ 6 ist der direkte Fragesatz.

Die Spezifikatormerkmale in (8) wurden allein über das *Pied-Piping*-Phänomen motiviert. Der *Pied-Piping*-Mechanismus besteht darin, Merkmale kontrolliert zu „perkolieren"; wenn Merkmale nicht weit genug perkolieren können, resultiert bei diesen C-Typen Ungrammatikalität, denn das W- bzw. RELPR-Merkmal des C-Kopfes wurde nicht gecheckt.

Horror vacui 9.2.

Typ 5 ist wie gesagt sowohl für den V/1- als auch für den V/2-Satz zuständig. Die Motivation für die Bewegung nach SpecC im Falle des V/2-Satzes erfolgt hier allein durch die verschiedenen Funktionen (bezüglich Bedeutung und Illokution) der beiden Konstruktionen. Nun gibt es jedoch in der Generativen Grammatik eine lange Tradition, verschiedene assertive (oder performative)

Funktionen durch entsprechende Operatoren, wie sie in Semantik oder Pragmatik angenommen werden, auch in der Syntax zu repräsentieren. Bei der Interpretation des V/1-Satzes als Entscheidungsfrage etwa muss auf der Ebene der Wahrheitsbedingungen noch etwas zur rein propositionalen Bedeutung hinzukommen. Seit Beginn der sechziger Jahre ist es üblich, bei Fragen wie *Kommt Peter?* ein Fragemerkmal bzw. einen Frageoperator anzunehmen;[68] die natürliche Position dieses Operators wäre die SpecC-Position:

(9) $[_{CP}$ OP_Q $[_{C'}$ kommt$_i$ $[_{VP}$ Peter t_i $]$

Was wir zuvor als V/1-Satz analysiert haben, wäre dann tatsächlich eine V/2-Struktur.

Für konditionale V/1-Sätze wäre ein entsprechender konditionaler Operator anzusetzen; die Bedeutung von OP_K in (10-a) ist die der Implikation *wenn ... dann ...*:

(10) a. $[_{CP}$ $[_{CP}$ OP_K $[_{C'}$ kommt$_i$ Fritz t_i $]]$ $[_{C'}$ geht$_j$ Franz t_j $]]$
b. $OP_K = \lambda p \lambda q.$wenn p dann q
(mit p = *Fritz kommt* und q = *Franz geht*)

Auch für Wunsch- und Befehlssätze wie *Hol ihn der Teufel* sind intensionale Operatoren vorgeschlagen worden; hierzu gibt es seit Rescher (1966) eine umfangreiche logische Literatur. Verallgemeinert man dieses Verfahren, so wäre im Spezifikator von V/1-Sätzen durchgängig ein (je nach Bedeutungstyp verschiedener) leerer Operator anzunehmen. Wenn nun ein solcher Operator für die Interpretation von V/1-Sätzen ohnehin notwendig ist, gäbe es eigentlich keine echten V/1-Sätze in der Syntax. Die Obligatorik der Besetzung der SpecC-Position scheint daher ein syntaktisches Faktum, das sich in einem entsprechenden Merkmal niederschlagen müsste.

Gegen eine solche Operator-Theorie ist von Reis (2000*a*) und Önnerfors (1997) argumentiert worden, wobei sich die Argumente wohl weniger gegen leere Operatoren in SpecC generell richten, als gegen einen solchen Operator für den Fall des die Autoren hauptsächlich interessierenden V/1-Deklarativsatzes. Denn dieser fällt ja als Deklarativsatz mit dem V/2-Deklarativsatz bezüglich seiner Wahrheitsbedingungen zusammen. Önnerfors meint, dass die Operatoranalyse nur aus Systemgründen eine unnötige Position füllt, um — *horror vacui*, Önnerfors (1997, S. 48) zitiert hier Gabelentz (1875, S. 146):

> Nun kommt es vor, dass dem Verbum die erste Stelle gebührt [...] Dann müsste also das erste Fach leer bleiben, — aber nein! ein horror vacui drängt uns etwas hinein zu thun...

— den „Primat des V/2-Satzes" zu sichern. Der Haupteinwand ist wohl, dass diejenigen, die eine solche Analyse vorschlagen, für die angenommenen Operatoren keine Semantik spezifizieren. Auch Reis (2000*a*) kommentiert auf Grundlage von Önnerfors:

Gegen die Annahme eines leeren bzw. mit einem stummen Operator gefüllten Vorfelds sprechen prinzipielle Erwägungen: der V2- vs. V1-Unterschied wird damit entweder trivialisiert, oder einfach auf eine abstraktere Ebene, ohne zusätzlichen Erklärungswert, verschoben.

Beipflichten möchte ich der Ansicht, dass einem PF-leeren Operator nur dann ein Erklärungswert zukommt, wenn halbwegs klar wird, welche semantische oder pragmatische Funktion er hat. Paradoxerweise ist es nun aber gerade Reis selber, die zu einer solchen möglichen Deutung der Funktion des V/1-Deklarativsatzes — und damit m.E. des von ihr inkriminierten Operators — beiträgt:

V1-DS [DS = Deklarativsätze] präsentieren die ausgedrückte Proposition als Ereignis, V2-DS dagegen als Tatsache... Entsprechend wird der deklarative Satzmodus bei V1-DS und V2-DS auf unterschiedliche Subtypen von Assertiva abgebildet: Im mit V1-DS realisierten Subtyp ist der konstitutive Wahrheitsanspruch für die ausgedrückte Proposition 'im Hintergrund', im mit V2-DS realisierten Typ im 'Vordergrund'... (S. 224).

M.E. wäre es gerade die von Reis beschriebene Abbildung einer Proposition auf die Ereignisrepräsentation, welche die gewünschte Operatorbedeutung beschreibt.

Auch wenn man der Meinung ist, dass die beschriebenen Operatoren notwendige Bestandteile einer grammatischen Beschreibung seien, die auch in der Syntax ihren Platz finden müssten, denke ich nicht, dass damit eine Analyse gerechtfertigt werden kann, in der alle CPs V/2-Sätze sind. Denn erstens macht es für die semantische Analyse keinen Unterschied, ob diese Operatoren in SpecC stehen oder an CP adjungiert sind. Und zweitens müsste es ja konsequenterweise auch für die V/2-Sätze solche Operatoren geben (die dann ebenfalls an CP adjungiert sind). Daher vermag ich auch den Vorteil einer Analyse mit Operatoren in SpecC nicht einzusehen; insbesondere sehe ich nicht, dass den leeren Operatoren irgendeine *syntaktische* Funktion zukäme, außer der Füllung einer (ohne weitere Begründung) als obligatorisch angesehenen SpecC-Position. *Occams razor* entscheidet hier m.E. klar im Sinne von Reis und Önnerfors, wiewohl sich diese Entscheidung nicht gegen leere Operatoren per se richtet, sondern gegen deren Mangel an syntaktischer Funktionalität. Ich gehe daher auch im Folgenden davon aus, dass XP-Bewegung im V/2-Satz im Wesentlichen genau deshalb geschieht, weil die Interpretationsoptionen für den V/2-Satz (also in der Regel die Deklarativ-Illokution, die Frege mit seinem Urteilsstrich dargestellt hat) herzustellen und entsprechend die eines V/1-Satzes zu blockieren sind.

Damit ist durchaus verträglich, dass auf irgendeiner Beschreibungsebene jede CP einen morpho-syntaktisch unsichtbaren Operator enthält, welcher der CP über deren bloße lexikalisch induzierte Rumpfbedeutung hinaus eine weitere illokutionäre und pragmatische Funktion zuweist. Diese Funktion hatten z.B. auch gewisse Partikeln im althochdeutschen und gotischen; diese stehen in Ergänzungsinterrogativen durchweg *vor* der vorangestellten W-Phrase, vergl. got. (11-a), ahd. (11-b), zitiert nach Axel (2005, S. 43):

(11) a. *An* hvas ist mis nehvundja?
PRTKL wer ist mir Nächster
b. *Inu* huu{e}nan meinit ir daz ih sii?
PRTKL wen meint ihr dass ich sei

Auch die heutzutage angenommenen PF-leeren semantischen Operatoren stehen m.E. nicht, wie oft postuliert, in C, sondern sind an CP adjungiert. Ihre Selektionseigenschaften, die ja über eine bloße CP-Selektion hinausgehen, können nicht rein merkmalsyntaktisch ausgedrückt werden; deren Wohlgeformtheitsanforderungen müssen sich nicht nur auf die Spezifika der SpecC-Besetzung bzw. des Fehlens einer solchen beziehen, sondern z.B. auch auf morphologische Eigenschaften des Finitums (wie beim Imperativ), auf intonatorische Eigenschaften (Frageintonation), auf lexikalische Eigenschaften (z.B. die VP-interne Anwesenheit bestimmter Partikeln), auf kontextuelle Faktoren, wozu bei eingebetteten CPs auch deren Position und die Bedeutung des einbettenden Verbs gehört, u.a.m. Um die grammatiktheoretische Relevanz zweier dieser Eigenschaften noch einmal zu illustrieren, hier ein Beispiel:

(12) a. Fritz sagte mir, er habe Franz getroffen
b. Fritz sagte mir, wen er getroffen habe
c. *Fritz sagte mir, wen habe er getroffen

(12-a) zeigt, dass ein Verb wie *sagen* grundsätzlich ein V/2-Komplement haben kann. (12-b) zeigt, das dasselbe Verb grundsätzlich eine offene Proposition (einen indirekten Fragesatz) s-selegiert. (12-c) zeigt, dass diese Eigenschaften nicht simultan realisiert werden können. Wie kann dies erklärt werden? Nehmen wir an, für die Deutung als Deklarativ- und als Fragesatz gebe es verschiedene unsichtbare Operatoren, die hier willkürlich Σ_1 und Σ_2 genannt werden:

(13) a. Fritz sagte mir, $[_{CP}\ \Sigma_1\ [_{CP}$ er habe Franz getroffen]]
b. Fritz sagte mir, $[_{CP}\ \Sigma_2\ [_{CP}$ wen er getroffen habe]]

Für Σ_1 ist konstitutiv, dass keine Adjazenz zum C-Kopf vorliegt (also V/2 eingebettet wird), dass keine offene Proposition vorliegt, dass Deklarativ-Intonation vorliegt, möglicherweise auch, dass das Verb im Konjunktiv steht u.a.m. Σ_2 dagegen verlangt ein C-Element vom Typ 2.[69] Damit haben wir aber schon eine indirekte Erklärung für (12-c): Da Σ_1 mit einer geschlossenen Proposition einhergeht, Σ_2 jedoch notwendigerweise mit einer offenen, sind beide Anforderungen simultan nicht zu erfüllen.

Entsprechend unterscheidet sich unser Vorgehen von anderen Ansätzen dadurch, dass wir nicht versuchen, die Besetzung der SpecC-Position allein durch interne Eigenschaften der CP zu regeln. Vielmehr wurde dieses Problem auf die kontextuellen Eigenschaften von Σ-Elementen verschoben. Diese stellen gewissermaßen eine Liste von Kontexten bzw. Konstruktionen bereit, die mit entsprechenden semantisch-pragmatischen Funktionen assoziiert werden können; Konstruktionen, die in dieser Liste nicht vorkommen, können nicht interpretiert werden und sind daher ungrammatisch. Zugrunde liegt dem also nach wie vor die minimalistische Idee, dass Bewegung motiviert sein muss. Motivierend kann (je nach Konstruktionstyp) alles wirken, was im weitesten Sinne mit grammatischen Prinzipien zu tun hat, von der Semantik über die Phonologie bis zur Pragmatik.[70]

Anmerkungen

1. Davon abweichende Abfolgen wie die in (i) können erst in Abschnitt (V.5.) beschrieben werden.

   (i) a. Wenn man sich einen Satz im Munde *muss zergehen lassen*, dann diesen
   b. Wenn man sich einen Satz im Munde *wird zergehen lassen müssen*, dann diesen
   c. Wenn man sich einen Satz im Munde *wird müssen zergehen lassen*, dann diesen
   d. Wenn man sich einen Satz *muss im Munde zergehen lassen*, dann diesen
   e. Wenn man sich einen Satz *wird im Munde zergehen lassen müssen*, dann diesen
   f. Wenn man sich einen Satz *wird müssen im Munde zergehen lassen*, dann diesen

2. Das Restfeld wird in späterer Terminologie auch als Mittelfeld bezeichnet, das Schlussfeld heißt gelegentlich auch Verbalfeld — eine Terminologie, die, wie wir unten zeigen werden, vom ursprünglichen Bech'schen Begriff des Verbalfeldes abweicht und der wir uns nicht anschließen werden.
3. Angenommen wird hier eine spezifische Lesart der Negation, die sich nicht auf den Akt des Glaubens, sondern auf dessen Inhalt bezieht. Dies ist die sog. *Neg-Raising*-Lesart. Wer dennoch auch in dieser Lesart einen Bedeutungsunterschied zwischen (i) und (ii) entdeckt, konsultiere z.B. Lerner und Sternefeld (1984) und Horn (1998).
4. In der GB-Theorie von 1981 gab es nur eine einzige Bewegungsregel, *Move-α* genannt. Hinzu kamen einige Tilgungsoperationen, die dem Prinzip der ***recoverability of deletion*** unterworfen waren: Es darf nur getilgt werden, was aufgrund des

Umgebungskontextes wiederauffindbar (oder rekonstruierbar) ist. In diesem Sinne ist z.B. im Englischen die Tilgung von *that* in *John thinks* (*that* $\Rightarrow \varnothing$) *he is ill* wiederherstellbar (rekonstruierbar), da sie aus dem Kontext *think* (*that*) zurückerschlossen werden kann.

5. Solange die D-Struktur die S-Struktur determiniert, also die korrekten Skopusverhältnisse eindeutig voraussagen kann, ist dieses Argument formal nicht gültig. (i) zeigt jedoch, dass ein solcher Determinismus gerade nicht vorausgesetzt werden kann:

(i) a. Only John wasn't taken advantage of
b. Advantage wasn't taken of only John
c. Δ wasn't taken advantage of John

Aufgrund der Bedeutungsunterschiede zwischen (i-a) und (i-b) einerseits und der gemeinsamen D-Struktur (i-c) andererseits ist das Argument gegen die D-Struktur als Bedeutungsinterpretation unter den genannten Prämissen gültig. Dennoch lassen sich andere Prämissen des Arguments bezweifeln. Z.B. könnte die Syntax von *only* nicht fordern, dass *only John* notwendigerweise eine Konstituente ist. Kann *only* an den Satz adjungiert werden, wäre es basisgeneriert und lediglich *John* müsste bewegt werden. Dann aber entsteht das Problem nicht mehr, denn *John* ist skopuslos. Andere Beispiele, mit denen der Punkt vielleicht besser zur Geltung gebracht werden könnte, wären:

(ii) a. Few people weren't arrested by John
b. John didn't arrest few people

Siehe auch das im Text folgende Beispiel (3.20).

6. Eine weitere nicht unwesentliche Konsequenz ergibt sich aus diesen Daten für die Struktur von (3.20). Ich komme darauf in Anhang (H.) zurück.

7. In einführenden Darstellungen wird die Generative Semantik leider nur allzu oft in die Nähe einer unhaltbaren Theorie von Spinnern gerückt. Ein Blick auf die damals tatsächlich geleistete Arbeit sollte jedoch vom Gegenteil überzeugen. Zum ersten Mal in der Geschichte der Linguistik war es möglich, Ergebnisse der logischen Semantik systematisch auf die der generativen Syntax zu beziehen — eine nicht zu unterschätzende Leistung.

Nun war Chomsky noch nie ein begeisterter Semantiker. Seine Einwände beruhten nicht auf besseren Analysen, sondern auf seiner Ansicht, dass die Transformationen, welche die zugrundeliegende semantische Repräsentation in die D-Struktur überführten, keine möglichen Operationen der Universalgrammatik sein können. Dieser Verdacht, so muss man wohl sagen, gründet sich darauf, dass die vorausgesetzten logischen Repräsentationen solche der Prädikatenlogik erster Stufe waren. Die Sprache der Prädikatenlogik aber sei eine zu primitive Kunstsprache, die den Gesetzen natürlichsprachlicher Syntax nicht folge und daher als Grundlage für eine linguistische Beschreibung untauglich sei. Diese Kritik dürfte damals jedoch eher als Polemik empfunden worden sein, denn eine alternative semantische Analyse wurde von Chomsky nicht vorgeschlagen.

Erst mit der Verbreitung von Montagues Schriften (s. Montague (1974)) wurde eine semantische Theorie entwickelt, die elaboriert genug gewesen wäre, Chomskys Ansprüchen zu genügen, die jedoch explizit gegen Chomsky gerichtet war (s. etwa Montague (1973), umgekehrt waren Montagues Invektiven gegen das MIT (s. Montague (1974, S. 188, 247, 223 Fn.2) keineswegs dazu angetan, freundschaftliche Gefühle seitens der Chomskyaner zu erwecken). Die Literatur zur Kontroverse zwischen Generativer Semantik und Syntax bezieht sich auf die Zeit vor Anwendung der logischen Typentheorie auf die natürliche Sprache und ist meist soziologisch orientiert, sodass es mir schwerfällt, den eigentlichen linguistischen Kern des Diskonsenses überhaupt auszumachen. Selbst ein diesem Thema explizit gewidmetes Buch Huck und Goldsmith (1995) fand ich diesbezüglich wenig hilfreich.

8. Dies ist eine Vereinfachung: Jackendoff unterscheidet auch noch *Focus and Presupposition* sowie *Modal Structures and Table of Coreference*, die eigenständig repräsentiert und auf dem Weg zwischen D- und S-Struktur generiert werden.

9. In der Generativen Semantik wurde der Bedeutungsunterschied auf einer Ebene festgemacht, die der D-Struktur vorausging. Gegen eine solche Theorie hatte Chomsky zu Beginn der siebziger Jahre heftig opponiert; wie schon in Fußnote 7 angedeutet waren die Gründe gegen ein solches Vorgehen keineswegs logisch zwingend, sondern lagen eher in Chomskys Abneigung gegen die prädikatenlogischen Formeln begründet, mit deren Hilfe die *Semantic Structure* der Generativen Semantiker aufgebaut war. Dies waren für Chomsky keine kognitiv realen Objekte (so jedenfalls verstehe ich Huck und Goldsmith (1995)), wie überhaupt Chomskys Verhältnis zur Semantik immer schon ein zwiespältiges war: einerseits findet man Aussagen wie „It would be absurd to develop a general syntactic theory without assigning an absolute crucial role to semantic considerations" (zitiert nach Harris (1993, S. 82)). Andererseits beharrt Chomsky auf der sog. Autonomie der Syntax, was nichts anderes besagt, als dass eine syntaktische Theorie eigenständig und ohne Ansehung der Semantik entwickelt werden muss. Die genannten Bücher verzichten leider darauf, die damals relevanten linguistischen Analysen selber darzustellen; dies macht eine objektive Bewertung der Debatte zwischen Chomsky und den Generativen Semantikern ohne genaues Studium teilweise unveröffentlichter Quellen leider unmöglich.

10. Das hier relevante Prinzip ist das Theta-Kriterium, das wir in Abschnitt (V.1.1.) diskutieren werden.

11. Welchen Status die traditionellen, damit assoziierten Konzepte hier haben, welche dies überhaupt sind bzw. waren und ob sie in diesem Modell irgendwie relevant sein können, ist gegenwärtig unklar (vergl. hierzu Uriagereka (2001)). So argumentierte schon Chomsky (1981, S. 346) gegen eine monorepräsentationale Theorie; seine Argumente für eine D-Struktur scheinen jedoch weitgehend obsolet geworden zu sein.

12. Für die kritische Würdigung eines bestimmten Entwicklungsschritts, nämlich der sog. Barrierentheorie aus Chomsky (1986) habe ich in Sternefeld (1991) eine ganze Monographie benötigt. Und leider ist es nicht so, dass man davon ausgehen könnte, dass es in dieser Frage in den letzten fünfzehn Jahren wesentliche theoretische Fortschritte gegeben hätte.

13. Gewissen Behauptungen zur Interpretierbarkeit bzw. zur Nicht-Interpretierbarkeit

syntaktischer Strukturen ist mit großer Vorsicht zu begegnen: eine Aussage wie: „diese oder jene Struktur ist nicht interpretierbar" ist in der Regel falsch, da es meist unkonventionelle semantische Verfahren gibt, die es dennoch gestatten, dem jeweils inkriminierten Satz eine kompositionelle Interpretation zu geben. Aussagen zur Interpretierbarkeit setzen eine semantische Theorie voraus, die aber von Syntaktikern in den wenigsten Fällen explizit gemacht wird (oder auch nur verstanden würde). Das semantische Kriterium ist hier tatsächlich nur als Heuristik zu verstehen, in dem Sinne, dass eine kompositionelle Interpretierbarkeit mit *Standardverfahren*, wie sie etwa in der Tradition der Montague-Grammatik und der „Transparenten Logischen Form" (s. z.B. Stechow (1991, 1993) oder in Lehrbüchern wie Heim und Kratzer (1998)) kodifiziert wurden, nicht möglich ist. Dies bedeutet jedoch keinesfalls, dass diese Verfahren sakrosankt wären; in der Tat lässt sich sowohl bei Finitumvoranstellung wie bei Extraposition relativ leicht zeigen, dass alternative semantische Interpretationsmechanismen auch die Oberflächenstruktur deuten können. Dies gelingt, wenn die Stellung des Verbs wie in der Ereignistheorie von Davidson (1967) relativ unwichtig ist; Relativsätze im Nachfeld können unter bestimmten Bedingungen in situ interpretiert werden, wenn sie kontextuelle Variablen der von Marti (2003) eingeführten Art einschränken. Unsere Entscheidung für die Transformationen ist somit implizit eine Entscheidung gegen bestimmte Interpretationsverfahren; das Entscheidungskriterium ist, wie immer in der Wissenschaft, kein ausschließlich empirisches, sondern eines der Einfachheit und Eleganz.

14. Vergl. dazu aber auch die Restriktion (II.(6.28)). Leider gibt es auch eine Reihe von wenig beachteten Ausnahmen, über die Wasow (2002) informiert, deren Natur aber umstritten ist.
15. Dies widerspricht auch nicht in offensichtlicher Weise der Restriktion, die wir in (3.52-a) beobachten. Denn dort müsste, in Analogie zum Deutschen, das Adverb rechts an V adjungiert werden. Eine solche Adjunktion kann aber aufgrund der unterschiedlichen Rektionsrichtungen aus unabhängigen Gründen ausgeschlossen werden; vergl. (II.(6.28)) und die ähnlich gelagerte Diskussion des *Head-Final Filters* auf S. 421.
16. Solche nicht-derivationellen Bedingungen scheinen aber im Minimalismus verboten zu sein, wiewohl ich meine, dass es nicht möglich ist, ohne Restriktionen an die Oberfläche auszukommen; dies gilt m.E. insbesondere für Prinzip (C) der Bindungstheorie sowie für Restriktionen für das Vorkommen von negativen Polaritätselementen. Eine ausführliche Diskussion kann hier leider nicht erfolgen; vergl. aber Kim (1996) bezüglich Bindung und Sternefeld (2001) zur negativen Polarität.
17. Dies bedeutet nicht, dass Rekonstruktion immer möglich wäre, wenn bewegt wird. Z.B. hat unser Argument, dass die Passiv-Bewegung im Englischen bedeutungsverändernd wirkt, vorausgesetzt, dass es keine Lesart gibt, in der der über die Negation hinweg bewegte Quantor rekonstruiert wird. Andererseits aber soll es Fälle geben, in der Rekonstruktion unter die Negation auch im Englischen möglich ist (*all that glitters is not gold*: Nicht alles, was glänzt, ist Gold), sodass man nicht von einem

generellen Verbot der Rekonstruktion unter die Negation sprechen kann. Welche Faktoren hier relevant sind, muss noch genauer erforscht werden.

18. (4.2-a) bedeutet nach Auskunft von Urs Egli nicht (i-a), sondern (i-b):

(i) a. Es freut mich, wenn du rechtzeitig nach Hause kommst
b. Es freut mich, dass du rechtzeitig nach Hause kommst

In (i-b) wird, anders als in (i-a), das Komplement als faktisch unterstellt; offenbar sind es auch nur faktische Prädikate, welche im Schweizerdeutschen V/1-Komplemente haben können. Genau diese Faktivität des Prädikates ist es auch, welche den eingebetteten V/1-Satz vom eingebetteten V/2-Satz (ii) unterscheidet:

(ii) Ich hoffe/glaube, sie kommt bald nach hause

Hier kann das Komplement gerade nicht als faktisch unterstellt werden, weshalb faktische Prädikate wie etwa *wissen* keine V/2-Komplemente haben können. Verschiedene Formen der eingebetteten Sätze korrespondieren daher mit verschiedenen Interpretationsmöglichkeiten — ein Thema, dass uns in Abschnitt (9.) noch einmal beschäftigen wird.

19. Radford (1997*a*) illustriert Distributionseigenschaften oft anhand von Dialogen; aufs Deutsche übertragen sähe dies etwa so aus:

SPRECHER A: Mäusebärli, da gibt's was, das ich dich fragen wollte, nämlich ...
SPRECHER B: Was denn, mein Schnuckiputzi?
SPRECHER A: ... **ob** du mich heiraten möchtest.
SPRECHER B: (tut so, als hätte sie ihn/er sie nicht verstanden) Was hast du gesagt, Schätzchen?
SPRECHER A: **Möchtest** du mich heiraten?
SPRECHER B: WAS??
SPRECHER A: (wütend)
a. **Möchtest* ***ob*** du mich heiraten?
b. ****Ob*** *möchtest* du mich heiraten?

20. Dies schließt die Möglichkeit nicht aus, bei jeder Bewegung auch die semantischen Merkmale zu bewegen und am Ausgangspunkt zu tilgen; für die Zwecke der Interpretation müssten dann aber in den meisten semantischen Theorien die bedeutungsrelevanten Merkmale auf der Ebene der Logischen Form rekonstruiert (also wieder zurück in die Ursprungsposition gebracht) werden. Zu der Frage, ob Rekonstruktion syntaktisch sein muss (also Zurückbewegung impliziert) oder durch semantische Mechanismen nachgespielt werden kann, siehe Sternefeld (2001).

21. Dass es sich tatsächlich um eine Art „Bewegung" in irgendeinem wörtlichen Sinne handelt, halte ich nicht für realistisch. Schon im Zusammenhang mit monorepräsentalen Theorien habe ich angemerkt, dass der Begriff der Bewegung eher metaphorisch zu verstehen ist und einfach eine Relation zwischen zwei Positionen bezeichnet. Dass ich für die Zwecke dieser Einführung der monorepräsentalen Sichtweise nicht gefolgt bin, hat lediglich den Grund, dass mir eine Theorie intuitiv zugänglicher scheint, in der die Bewegung so beschrieben wird, als wäre sie real. Zu bedenken ist auch, dass die minimalistische Theorie keine Theorie der Sprachproduktion oder der Sprachverarbeitung ist, sondern eine sehr abstrakte

Strukturtheorie; welche Prozesse tatsächlich im Gehirn vor sich gehen, wissen wir nicht.

22. Dies bedeutet nicht notwendigerweise, dass PF-leere Kategorien für die Regeln der PF unsichtbar wären; dass Spuren auch phonologisch relevant sein können, soll die in Chomsky (1981, S. 181f) diskutierte sog. *wanna-contraction* im Englischen zeigen:

(i) a. Who$_i$ do you wanna visit t$_i$
b. Who$_i$ do you want t$_i$ to visit Mary
c. *Who$_i$ do you wanna visit Mary

Die Idee ist, dass die Kontraktion von *want* und *to* wie in (i-a) durch die Präsenz der Spur in (i-b) blockiert ist. Man muss allerdings dazu sagen, dass Chomskys Analyse umstritten ist; vergl. Postal und Pullum (1982), Klavans (1985) oder Pullum (1997). — Über die Natur leerer Kategorien ist im Anschluss an Chomsky (1981) viel diskutiert worden (als repräsentativ sei hier lediglich Bouchard (1983) genannt), und es scheint mir willkürlich, sich hic et nunc auf irgendeine dieser Varianten festzulegen.

23. Dieses Argument scheint viele Syntaktiker von der Richtigkeit des inkrementellen Aufbaus überzeugt zu haben. Einerseits gibt es eine Beschränkung für Spuren, nämlich die Spurenbedingung, die mir als solche nicht sonderlich unnatürlich erscheint (ich sehe nicht, wie Spuren mit Standardmethoden semantisch interpretiert werden können, die nicht gebunden sind). Andererseits gibt es eine Beschränkung für Bewegung, die als solche ebenfalls recht natürlich formuliert werden kann, nämlich die Extensionsbedingung. Dass aber eine Bewegungstheorie mit Substitution als solche komplexer sein muss als die inkrementelle Theorie, scheint mir keinesfalls ausgemacht (das Problem ist, dass die Theorien einerseits nicht vollständig formalisiert wurden und es andererseits kein anerkanntes Maß für Einfachheit gibt). Damit stehen sich wie immer zwei rivalisierende Theorien gegenüber: es ist nicht so, dass die Spurenbedingung „automatisch" folgt; meist folgt nur das, was man irgendwo doch schon hineingesteckt hat.

24. Dies wird traditionell als *uniformity condition* wie in (i) formuliert:

(i) *Uniformitätsbedingung für Kopfbewegung:*
Ist die Zielposition einer Bewegung eine Kopfposition, so kann in eine solche Position nur ein Kopf bewegt (kopiert) werden.

(i) impliziert, dass Bewegung eines Nicht-Kopfes nur in eine Nicht-Kopf-Position erfolgen kann. Offen bleibt die Frage, ob ein Kopf in eine Nicht-Kopf-Position bewegt werden kann. Bewegung in eine Nicht-Kopf-Position untersuchen wir in Abschnitt (5.).

25. Die traditionelle Unterscheidung zwischen Präfix- und Partikelverben halte ich für terminologisch ungünstig, denn warum sollte z.B. ein- und dieselbe Präposition wie z.B. *über* in (i-a) ein Präfix, in (i-b) eine Partikel sein?

(i) a. als der Autor das Buch übersetzte
b. als die Fähre zum anderen Ufer übersetzte

Terminologisch einprägsamer wäre daher die Unterscheidung zwischen abtrennbaren und nicht-abtrennbaren Verben.

26. Dies soll jedoch nicht notwendigerweise bedeuten, dass per se ein mittels Sternmerkmal vom Kopf selegiertes Element nur innerhalb der Syntax fusionieren kann. Weiter unten werden wir sehen, dass dies auch innerhalb der Morphologie möglich ist.
27. Dies bedeutet andererseits nicht, dass das Präfix der Kopf der Konstruktion wäre. Denn in der Morphologie herrscht stets Rechtsköpfigkeit. In der Syntax dagegen gilt das Schema (8.5) aus Kapitel (II.), wonach ein Sternmerkmal bei einem Nicht-Kopf nur dann erlaubt ist, wenn dieser ein Adjunkt ist.
28. Höhle (1983) zeigt, dass die deskriptiven Generalisierungen, die dieser Analyse zugrundeliegen, schon im 19. Jahrhundert bekannt gewesen sind (vergl. die dort zitierten Werke von Adelung, Becker, Erdmann, Herling und Koch); die meisten der in der Germanistischen Linguistik gebräuchlichen Termini (wie Vorfeldbesetzung, Topikalisierung, Distanzstellung u.a.m.) stammen übrigens von Drach (1937), Bech (1955/57) und Glinz et al. (1970); insbesondere Drach (1937) und Bierwisch (1963) kommen der vorliegenden Analyse recht nahe.
29. Die Topikalisierung dient daher auch als Test für Konstituentenhaftigkeit. Dass die Ausdrücke vor dem Finitum in (5.4) keine Konstituenten sein können, lässt sich aus der Ungrammatikalität dieser Daten jedoch nur dann schließen, wenn es keinen anderen Grund für deren Ungrammatikalität gibt.
30. Diese können wir etwa wie in (i) paraphrasieren:

    (i) a. Jeder liebt seine Mutter und
        b. Für alle XP: Wenn jeder XP liebt, dann gilt: XP = seine Mutter.

    Man sieht in (i-b), dass die Umschreibung von *nur* als Konditional Skopus über den ganzen Satz haben muss.
31. Daten wie die Folgenden, die ebenfalls als prima facie Evidenz für eine mehrfache Vorfeldbesetzung aufgefasst werden können, lassen m.E. diesen Schluss jedoch nicht zu.

    (i) a. [noch lieber][sogar] hat er eine geheimnisvolle Frau, (Juliette Binoche), welche ganz allein hockt (*taz*, zitiert nach Müller (2003))
        b. *weil er eine geheimnissvolle Frau ... [$_{XP}$ noch lieber sogar] hat

    (ii) a. [Vorspielen][nämlich] lassen sich Optimismus und Lebensmut nicht
         b. *weil sich Optimismus und Lebensmut nicht [$_{XP}$ vorspielen nämlich] lassen

    Erstens ist es schwierig, hier semantisch zu argumentieren, da für die Partikel nicht zu erkennen ist, dass sie Skopus über den ganzen Satz haben muss, und zweitens lassen sich für die Ungrammatikalität der (b.)-Beispiele hier in der Tat unabhängige Gründe anführen, die damit kompatibel sind, dass XP eine Konstituente ist: so rechnet man *vorspielen lassen* zum Schlussfeld, welches ausschließlich aus Verben bestehen muss und daher nicht wie in (ii-b) durch *nämlich* unterbrochen werden kann, und analoges gilt für *liebhaben* oder *lieber haben*. Wir kommen auf die Problematik ähnlicher Konstruktionen in Abschnitt (8.2.) noch einmal zurück.
32. Müllers Vorschlag, in den mehrfachen Topikalisierungen dennoch eine einzige

Konstituente mit leerem V-Kopf zu sehen, hilft bei der Unterscheidung zwischen grammatischen und ungrammatischen Fällen nicht weiter.

33. Eine Reihe von alternativen syntaktischen Erklärungen berufen sich auf theoretische Prinzipien, die in diesem Buch ansonsten keine Rolle spielen. Dabei geht es meist um das Englische und das analoge Verbot einer IP-Bewegung. Die folgende Restriktion ist einfacher und genereller als das meiste, was zum Englischen vorgeschlagen wurde.
34. Die ursprünglich intendierte, für das Deutsche aber offenbar nicht ganz zutreffende Restriktion ist also gar nicht so einfach zu formulieren. Wie dies dennoch möglich ist, wird in Abschnitt (G.3.) gezeigt, wo ich auf das Problem noch einmal zurückkomme.
35. Wenn man der Meinung ist, dass jedes Pronomen einen Kasus hat, der überprüft werden muss, so ist wohl die Annahme nicht ganz abwegig, dass es sich beim Kasus des Vorfeld-*es* um einen Nominativ handelt. Dieses Merkmal muss dann ebenfalls vom C-Kopf gecheckt werden. Wenn man der Meinung ist, dass dieses *es* keinen Kasus haben kann, könnte dies andererseits möglicherweise eine Art Erklärung dafür bieten, warum dieses *es* im Mittelfeld, also an typischen Kasuspositionen, nicht vorkommen kann. Eine weitere Möglichkeit bestünde darin, das *es* mit dem Kasus-markierten Subjekt im Mittelfeld zu koindizieren, was dann zu einer Kasusübertragung innerhalb einer Kette führt (vergl. etwa Safir (1985)). Bemerkenswert scheint mir, dass dieses Vorgehen für (i) ein leeres Subjekt prognostiziert, denn eine andere koindizierbare Nominativ-Position steht ja nicht zur Verfügung.

    (i) Es$_i$ ist pro$_i$ niemandem schlecht geworden

36. Dennoch könnte man es als unintuitiv empfinden, Deklarativsätze aus Fragesätzen abzuleiten und nicht umgekehrt. Dazu ist zu sagen, dass diese Charakterisierung so nicht zutrifft: wir haben lediglich V/2-Sätze aus V/1-Sätzen abgeleitet, welche semantische Funktion diese Sätze haben können, steht auf einem ganz anderen Blatt. Siehe dazu insbesondere Abschnitt (9.).
37. Das positive Grammatikalitätsurteil stammt aus Gärtner und Steinbach (1997). Das bei Lenerz (S. 120) tatsächlich angeführte Beispiel lautet so:

    (i) Dich KENN ich doch!

    Und dieses Beispiel ist für mich vollkommen grammatisch.
38. Namenskundler bescheinigen dem Urahnen der Wackernagels, wacker genagelt zu haben, daher schien mir eine zeitliche Einordnung zwecks leichterer Identifikation der Person angebracht.
39. Die Abfolge „Dativ vor Akkusativ" wird oft als ungrammatisch bewertet, vergl. aber (6.30-f) oder (i) aus Sternefeld und Featherston (2003, S. 247):

    (i) a. Versprochen hat sie's mir jedenfalls
        b. Versprochen hat sie mir's jedenfalls

    „Wenn diese Beobachtungen zutreffen, dann muss die Regularität ‚akk vor dat' u.U. nur für bestimmte Pronomina (3. Person Singular?) formuliert werden und stellt jedenfalls keine generelle Eigenschaft der Abfolge aller Pronomina dar" Lenerz (1993, S. 142).

40. Sehr einflußreich (aber nicht notwendigerweise korrekt) ist die Annahme, dass die Negation ein Kopf ist, der eine Negationsphrase aufspannt (s. vor allem Pollock (1989) und Laka (1990); die Literatur hierzu ist immens). Daraus könnte gefolgert werden, dass ein solcher Kopf nicht in der SpecC-Position stehen darf; dort stehen nur Phrasen. Für das Deutsche ergeben sich dann aber zahlreiche Probleme, etwa das, warum es möglich ist, das Verb in V/1 Sätzen wie *Kommt er nicht?* über die Negation im Mittelfeld zu bewegen, ohne den *Head Movement Constraint* zu verletzen. Da wir diese Bedingung bemüht haben, um zu erklären, dass nur das finite V nach C bewegt werden kann, dürfen wir keine Verletzung dieser Bedingung tolerieren. Daher kann die Negation im Deutschen kein Kopf einer Negationsphrase sein.

41. Es sei an dieser Stelle explizit darauf hingewiesen, dass wir für diese Asymmetrie der Bewegungstypen — ungrammatische Topikalisierung einerseits, grammatische Extraposition andererseits — keine Erklärung haben.

42. Knüpft man an dem Begriff des *es*-Korrelats als „*Vor!*greifer" im wortwörtlichen Sinne an, handelt es sich hierbei um ein **kataphorisches** Pronomen, also um eines, das seinem Bezugselement per definitionem *voran* geht. Dadurch wird eine Topikalisierung ausgeschlossen, ohne dass wir auf eine (möglicherweise generellere) Theorie der Bewegung zurückgreifen müssen. Allerdings argumentiert man hier hart am Rande der Zirkularität. Denn natürlich würde man auch für Sätze wie (i) annehmen wollen, dass ihre Ungrammatikalität dadurch entsteht, dass *da* kataphorisch sein muss.

(i) *Dass er bald kommt habe ich daran nicht gedacht

Vergleiche jedoch:

(ii) Dass er bald kommt, [$_{CP}$ daran habe ich nicht gedacht]

Hier ist *da* eindeutig anaphorisch. Die Zirkularität kommt nun dadurch zustande, dass man ein anaphorisches und ein kataphorisches *da* unterscheiden müsste, ohne dafür unabhängige Kriterien zu haben. Nimmt man etwa an, dass nur das kataphorische *da*+P zusammen mit der CP eine Konstituente [$_{PP}$ *da*+P CP] bildet, so hat man kein unabhängiges Kriterium, da ja ein anaphorisches *da* in dieser Struktur per se nicht vorkommen kann. Der Vorschlag ist also m.E. zirkulär und erklärt nicht, warum Relativsätze und andere CPs nicht topikalisiert werden können.

43. Ebenfalls zu unterscheiden sind die CPs in (i):

(i) a. der Grund, ***warum/weshalb*** *ich ihm geholfen habe*
b. die Frage, ***warum/weshalb*** *ich ihm geholfen habe*

Die CP in (i-b) kann als Komplement von *Frage* und somit als Fragesatz aufgefasst werden, die in (i-a) als Komplement von *Grund* (*dafür*). Dagegen kann die CP in (i-b) aber auch eine restriktive oder attributive Lesart haben, die sich mit (ii-b) paraphrasieren lässt:

(ii) a. die Frage, ***warum/weshalb*** *ich ihm geholfen habe*, kann ich nicht beantworten
b. ***warum/weshalb*** *ich ihm geholfen habe* ist eine Frage, die ich nicht beantworten kann

In (ii-a) ist die CP eine RS-Konstruktion, in (ii-b) ein indirekter Fragesatz in der

Funktion eines Satzgliedes, des Subjekts. Eine analoge Paraphrase ist für (i-a) nicht möglich:

(iii)a. der Grund, ***warum/weshalb*** *ich ihm geholfen habe*, geht dich nichts an
b. #***warum/weshalb*** *ich ihm geholfen habe* ist ein Grund, der dich nichts angeht.

Siehe zu diesen Unterschieden auch Fabricius-Hansen und von Stechow (1989).

44. Merkwürdig für *welch-* als D-Kopf ist nun allerdings, dass damit gerade nicht nach einem Determinator gefragt werden kann, sondern nach einer spezifischen Eigenschaft des Nominals:

(i) Welche Autos sind die schnellsten?
a. die *roten* Autos
b. #die/einige/wenige/fünf Autos

In der Semantik wird *welch-* üblicherweise als transitive Variante von *wer* bzw. *was* analysiert, also tatsächlich als D-Kopf. Der Eindruck, dass nach Eigenschaften gefragt wird, ist jedoch m.E. ein Epiphänomen, das sich dadurch ergibt, dass sich Mengen von Dingen (Teilmengen der Autos) oft nicht über Aufzählungen der Dinge selber (also „extensional"), sondern nur durch eine Angabe von spezifischen Eigenschaften dieser Menge (also „intensional") charakterisieren lassen. Die wörtliche Bedeutung ist demnach quasi extensional, die Pragmatik intensional.

45. In der Theorie von Heim und Kratzer generiert die Bewegung einer DP an eine andere Stelle im Baum immer eine semantische Konfiguration der Form (i-b):

(i) a. [... DP ...]
b. [DP_i λx [... t_i ...]

t_i wird als Variable x gedeutet, die durch den Lambda-Operator λ gebunden wird. Dieser Operator entsteht durch Bewegung und macht aus einer offenen Formel bzw. Proposition eine Eigenschaft; das RP selber ist in gewissem Sinne überhaupt nicht interpretierbar; vielmehr dient es lediglich dazu, eine Bewegung zu induzieren, welche den Lambda-Ausdruck in (ii-c) generiert:

(ii) a. $[_{IP}$ ... RELPRO ...]
b. $[_{CP}$ RELPRO λx $[_{C'}$ $\varnothing$ $[_{IP}$ ... x ...]
c. $[_{CP}$ λx $[_{C'}$ $\varnothing$ $[_{IP}$ ... x ...]

Erst durch diese Bewegung kommt die korrekte Interpretation der CP als Eigenschaft zustande, das RP selber verbleibt hier ohne semantische Interpretation.

46. Per Analogie können wir schließen, dass auch das Merkmal [RELPRO] projektiv ist. Empirisch lässt sich dies natürlich nicht zeigen, da es im RS nicht mehr als ein einziges RP geben kann. Entgegenlautende Behauptungen, wie etwa bei Schuchardt (1893), halte ich für problematisch, da es sich bei den dort genannten Beispielen m.E. doch eher um Fragesatzkonstruktionen handelt.

47. Grund für solche Zweifel bildet die Feststellung, dass die LF-Bewegung die ansonsten üblichen Inselbeschränkungen verletzen müsste. Man vergleiche die ungrammatische Extraktion von *was*-in-situ aus einer Insel in (i-a) mit der erheblich akzeptableren *was*-in-situ Konstruktion (i-b):

(i) a. *Was$_i$ hat die Behauptung, dass die Kinder t$_i$ gemacht haben, den Vater/wen geärgert?
b. Wen$_i$ hat die Behauptung, dass die Kinder was gemacht haben, so geärgert?

Nimmt man an, dass *was* in (i-a) an die Position von *wen* bewegt werden muss, hätte man in LF eine Inselverletzung in Kauf zu nehmen. Vorausgesetzt wird hier natürlich, dass der Satz wirklich eine Lesart hat, in der *was* als echtes Fragewort verstanden wird. Eine mögliche Antwort auf die Frage wäre dann: *Den Vater hat die Behauptung geärgert, dass die Kinder die Scheibe eingeschlagen haben, und die Mutter hat die Behauptung geärgert, dass sie dies geleugnet haben.* Dagegen, dass es solche multiplen inselverletzenden Fragen wirklich gibt, ist m.E. überzeugend in Reich (2003) argumentiert worden. Die Frage der LF-Bewegung scheint mir daher nicht endgültig gelöst.

48. Hinzu kommt das Faktum, dass es in den asiatischen Sprachen ohnehin keinerlei W-Bewegung gibt, also alle W-Wörter in situ verbleiben. Die Bewegung, die wir im Deutschen oder Englischen beobachten, lässt sich vor diesem Hintergrund als syntaktische Skopusmarkierung interpretieren, die in den asiatischen Sprachen nicht durch Bewegung, sondern durch die Morphologie, nämlich durch eine Fragepartikel am Ende des Satzes, geleistet wird. All dies, was hier nicht im Einzelnen diskutiert werden kann, läuft auf eine rein syntaktische Motivation für die W-Bewegung in Sprachen wie dem Deutschen oder dem Englischen hinaus.

49. Dieses Merkmal darf nicht verwechselt werden mit dem Merkmal, das W-Bewegung nach SpecC erzwingt: letzteres wird durch eben diese Bewegung gecheckt, während ersteres durch die Einbettung unter ein entsprechendes Verb überprüft wird. Die in der Literatur vorherrschende Gleichsetzung dieser Merkmale führt, wie Trissler (2000) gezeigt hat, zu schwerwiegenden deskriptiven Problemen.

50. Keiner dieser Vorschläge kann sämtliche Daten vollständig erfassen; einen Überblick bietet Dipper (1997), der wir hier in Bezug auf die Erklärung der Daten in (7.23) folgen.

51. Die Komplexität der Semantik von Hydras kommt hauptsächlich dadurch zustande, dass der RS simultan die beiden definiten Artikel einschränken soll. Nun ist es für den Semantiker sicher eine interessante Herausforderung, eine formale Semantik für solch eine Interpretation der Konstruktion zu entwickeln; ob die bisher betrachteten Hydras aber tatsächlich eine solche Interpretation haben, wage ich zu bezweifeln: M.E. kann der RS immer appositiv interpretiert werden. Man braucht für eine restriktive Interpretation andere Beispiele, etwa:

(i) nur ein Mann und eine Frau, die einander lieben

Der Punkt ist aber der gleiche, dass nämlich die Struktur nicht über die mögliche Interpretation entscheidet.

52. Wenn man *derjenige* aufteilt in das stark flektierende *der* und das adjektivisch schwach flektierende *jenig-*, muss *der-* sogar drei Komplemente haben, nämlich einerseits *jenig-* auf der Wortebene und andererseits NP und CP auf der phrasalen Ebene:

(i) [$_{DP}$ [$_{D'}$ [$_{D'}$ [$_{D}$ der][$_{A}$ jenig-e]][NP]][CP]]

53. Man könnte jedoch argumentieren, dass dies nicht notwendigerweise ein Widerspruch ist: So nehmen etwa Steinbach und Vogel (1998) an, dass indirekte Objekte im Deutschen grundsätzlich als syntaktische Adjunkte zu analysieren sind, obwohl sie semantisch klarerweise Argumente sein müssen. Dementsprechend müssten wir CPs doch wieder an DPs adjungieren, obwohl sie Argumente von D sind. Wenn man so vorgeht, ist auch eine Koindizierung unproblematisch.
54. Neuerdings argumentiert Heck (2005) dafür, dass appositive RSätze ein liberaleres *Pied Piping* erlauben als restriktive, was m.E. dafür sprechen könnte, die Merkmale der Relativpronomina in appositiven RSätzen nicht durch Checking zu lizensieren.
55. Auch von Chomsky wird (in einem anderen Zusammenhang) eine Theorievariante erwogen, in der die Merkmale beim Checking nicht *„erased"* werden, sie stehen dann für nachfolgende Zwecke noch weiter zur Verfügung. Chomsky führt einen feinsinnigen Unterschied zwischen ***Deletion*** und ***Erasure*** ein: Nach ersterem sind die Merkmale gecheckt, aber irgendwie noch vorhanden, nach letzterem sind sie wirklich weg. Es ist klar, dass die hier diskutierten Phänomene nur mit der *Deletion*-Variante vereinbar sind, während sie mit der ursprünglichen *Erasure*-Theorie in Bezug auf Kopfmerkmale unvereinbar sind.
56. Denn der Satz hat ja auch die Implikatur: *Wer sich nicht die Haare schneiden lassen will, der muss nicht zum Frisör gehen.* Das war nicht immer so! Erst jetzt ist Deutschland ein wirklich freies Land, vom Scheitel bis zur Sohle.
57. Es ist klar, dass es sich hier um einen Fall von *Pied Piping* innerhalb des freien RSatzes handelt; dieses ist auch im Englischen durchaus möglich:

    (i) Whoever's beer I stole can have it back

58. Gemeint ist eine Kopiertheorie der Bewegung, die davon ausgeht, dass bei jeder Bewegung in der S-Struktur zwei identische semantische Kopien vorhanden sind, von denen dann eine auf dem Weg zur LF getilgt wird. Je nach semantischer Interpretierbarkeit kann die Tilgung *verschiedene, aber komplementäre* Teile von Antezedens und Spur betreffen. Dies bedeutet, dass die grau dargestellten Teile LF-getilgt werden müssen:

    (i) a. der Student, dem_i der Professor dem_i ein Gutachten erstellt hat
    b. der Student, [$_{PP}$ für den] der Professor [$_{PP}$ für den] ein Gutachten erstellt hat
    c. der Student, [$_{PP}$ für dessen Bewerbung] der Professor [$_{PP}$ für dessen Bewerbung] ein Gutachten erstellt hat

59. Zu anderen Problemen der Theorie, dass in irgend einer Weise bei Bewegung vollständige Kopien hinterlassen werden, vergl. etwa Heycock (1995); Kim (1996); Epstein (1998).
60. Beispiele wie (7.140-b) involvieren adverbial gebrauchte Adjektive; für Satzadverbiale wie in (i-a) ist die Regel nicht anzuwenden:

    (i) a. *Wie wahrscheinlich kommt Peter?
    b. Wie wahrscheinlich ist es, dass Peter kommt?

    Warum die Gradmodifikation beim Adjektiv möglich ist, beim Adverbial nicht, ist mit Hilfe der Merkmale zwar leicht zu beschreiben; für das Faktum selber, also für die Ungrammatikalität von (i-a), habe ich keine Erklärung.

61. Diese Analyse ist allerdings mit einem Problem behaftet: Formal muss *wie weit* hier als Komplement gelten, denn Merkmale eines Adjunkts können vom V-Kopf nicht überprüft werden. Auch als Spezifikator könnten Adverbialmerkmale überprüft werden, und in der Tat werden Adverbialphrasen in der Literatur auch als Spezifikatoren analysiert, s. z.B. Alexiadou (1997) oder Cinque (1999). Diese Theorien gehen jedoch von SVO-Sprachen aus; wie üblich sind sie auf das Deutsche nicht übertragbar.

    Eine ausführliche Beschreibung des *Pied Piping* im Deutschen bieten die Arbeiten von Trissler (1988, 1993, 2000) und Lutz und Trissler (1992).
62. In jüngster Zeit zeichnet sich mit der Dissertation von Heck (2005) eine Wende ab, die ich hier nicht mehr berücksichtigen konnte.
63. Dass von der Extraposition einer DP gerade der postnominale Genitiv betroffen ist, scheint mir nicht untypisch; die Extraposition eines pränominalen Genitivs beispielsweise wäre krass ungrammatisch. Welche Faktoren hier eine Rolle spielen, ist noch weitgehend unerforscht.
64. Ich diskutiere ein solches Kriterium, nämlich Stowells Kasus-Resistenz-Prinzip, ausführlicher im Anhang (G.2.), ohne dieses jedoch übernehmen zu wollen.
65. Einige Sprecher des Britischen Englisch scheinen übrigens, wie mir Sam Featherston mündlich versichert, Konstruktionen wie *a crazy about cricket guy* zu tolerieren.
66. Darüber hinaus suggeriert es aber, dass alle diese Theorien gleichermaßen richtig sind. Angesichts der Vielzahl der auf dem Markt befindlichen, grundverschiedenen Syntax-Theorien ist diese provokante Aussage wohl nicht ganz ernst zu nehmen.
67. Mein eigener Analysevorschlag folgt dagegen der Theorie von Dayal (1994) mit der Paraphrase in (7.34); hier bleibt der Form-Funktionszusammenhang gewahrt.
68. Der Semantik dieses Operators entspricht im Rahmen der Theorie von Karttunen (1977) jene Operation, die aus einer offenen Proposition eine Menge von Propositionen (die sog. Protofrage) herstellt.
69. Im Unterschied zu Semantiken, die auf Karttunen (1977) beruhen, enthält C hier kein Element, das irgendwie zur Fragesatzbedeutung beiträgt. Karttunens Semantik führt zu falschen Skopusverhältnissen beim *Pied Piping* und zu entsprechenden Rekonstruktionsproblemen. Man kann sich Σ_2 als Operator vorstellen, der das W-Wort in SpecC und möglicherweise weitere W-Wörter von Mehrfachfragen bindet; s. etwa Reinhart (1992) oder Sternefeld (2001). Möglicherweise braucht man nun für den nicht-eingebetteten Fragesatz ein weiteres Σ, also etwa Σ_3 wie in (i),

    (i) $[_{CP}\ \Sigma_3\ [_{CP}\ \Sigma_2\ [_{CP}$ wen hat er getroffen $]]]$?

    welches aus einer Fragesatzbedeutung eine Frage als Illokution, also pragmatisch gesehen die Aufforderung zu einer Antwort, macht, welche ja im eingebetteten Fragesatz nicht vorliegt. Es ist klar, dass dieses Σ_3 gerade einen V-Kopf in C verlangt. Die V/2-Restriktion ergibt sich dann als Kombination der Anforderungen von Σ_2 und Σ_3.
70. Zu beachten ist übrigens auch, dass diese Auffassung im Gegensatz zu jenen minimalistischen Vorstellungen steht, die im Anhang (G.1.) diskutiert werden.

Literaturverzeichnis

Aarts, Bas (2001): *English Syntax and Argumentation.* Palgrave, New York.

Abney, Steven (1987): The English Noun Phrase in Its Sentential Aspect. PhD thesis, MIT, Cambridge, Mass.

Ágel, Vilmos (1997): Reflexiv-Passiv, das (im Deutschen) keines ist. Überlegungen zu Reflexivität, Medialität, Passiv und Subjekt. *In:* C. Dürscheid, K. H. Ramers und M. Schwarz, Hrsg., *Sprache im Fokus. Festschrift für Heinz Vater zum 65. Geburtstag.* Niemeyer Verlag, S. 147–188.

Alexiadou, Artemis (1997): *Adverb Placement.* Benjamins, Amsterdam.

Alexiadou, Artemis und Chris Wilder (1998): Adjectival Modification and Multiple Determiners. *In:* A. Alexiadou und C. Wilder, Hrsg., *Possessors, Predicates, and Movement in the Determiner Phrase.* Benjamins, Amsterdam, S. 303–332.

Allen, Margaret (1978): Morphological Investigations. PhD thesis, University of Conneticut.

Androutsopoulou, Antonia (1996): The Licensing of Adjectival Modification, *Proceedings of the West Coast Conference on Formal Linguistics (WCCFL)* **14**, 17–31.

Aronoff, Mark (1976): *Word Formation in Generative Grammar.* The MIT Press, Cambridge, Mass.

Axel, Katrin (2005): Studien zur althochdeutschen Syntax: Linke Satzperipherie, Verbstellung und Verb-zweit. Diss., Universität Tübingen.

Baker, Mark (1988): *Incorporation. A Theory of Grammatical Function Changing.* The University of Chicago Press, Chicago.

Baker, Mark, Kyle Johnson und Ian Roberts (1989): Passive Arguments Raised, *Linguistic Inquiry* **20**, 219–251.

Barwise, John und Robin Cooper (1981): Generalized Quantifiers and Natural Language, *Linguistics & Philosophy* **4**, 159–219.

Bausewein, Katrin (1991): Haben kopflose Relativsätze tatsächlich keine Köpfe?. *In:* G. Fanselow und S. Felix, Hrsg., *Strukturen und Merkmale syntaktischer Kategorien.* Narr Verlag, Tübingen, S. 144–159.

Bayer, Josef (1983/84): COMP in Bavarian Syntax, *The Linguistic Review* **3**, 209–275.

Bayer, Josef (1984): Towards an Explanation of Certain that-t Phenomena: The COMP-node in Bavarian. *In:* W. de Geest und Y. Putseys, Hrsg., *Sentential Complementation.* Foris, Dordrecht, S. 23–32.

Bayer, Josef (1996): *Directionality and Logical Form: On the Scope of Focusing Particles and Wh-in-situ.* Kluwer, Dordrecht.

Bayer, Josef (1997): CP-Extraposition as Argument Shift. *In:* D. Beerman, D. LeBlanc und H. v. Riemsdijk, Hrsg., *Rightward Movement.* Benjamins, Amsterdam, S. 37–58.

Bayer, Josef, Markus Bader und Michael Meng (2001): Morphological Underspecification Meets Oblique Case: Syntactic and Processing Effects in German, *Lingua* **111**, 465–514.

Bech, Gunnar (1955/57): *Studien über das deutsche verbum infinitum.* Munksgaard, Kopenhagen. Reprint bei Niemeyer, Tübingen 1983.

Beermann, Dorothee A. (1990): Semantic and Syntactic Constraints on German Determiner Movement within the Prepositional Phrase. M.A. Thesis, University of Texas at el Paso.

Benveniste, Emile (1966): *Problèmes de linguistique générale*. Gallimard, Paris.

Benware, Wilbur A. (1987): Accent Variation in German Nominal Compounds of Type (A(BC)), *Linguistische Berichte* **108**, 102–127.

Bergenholtz, Henning und Bjarne Ulvestad (1979): *es* als „Vorgreifer" eines Objektsatzes (I), *Deutsche Sprache* **7**, 97–116.

Bergenholtz, Henning und Bjarne Ulvestad (1983): *es* als „Vorgreifer" eines Objektsatzes (II), *Deutsche Sprache* **11**, 1–26.

Bergmann, Rolf (1980): Verregnete Feriengefahr und Deutsche Sprachwissenschaft. Zum Verhältnis von Substantivkompositum und Adjektivattribut, *Sprachwissenschaft* **5**, 234–265.

Bernstein, Judy (1993): Topics in the Syntax of Nominal Structure across Romance. PhD thesis, City University of New York.

Bierwisch, Manfred (1961): Zur Morphologie des deutschen Verbalsystems. Diss. Karl-Marx-Universität Leipzig.

Bierwisch, Manfred (1962): Über den theoretischen Status des Morphems, *Studia Grammatica* **1**, 51–90.

Bierwisch, Manfred (1963): *Grammatik des Deutschen Verbs*. Studia Grammatica, Akademie Verlag, Berlin.

Bierwisch, Manfred (1967): Syntactic Features in Morphology. General Problems of So-Called Pronominal Inflection in German. In: *To Honor Roman Jacobson Volume I*. Mouton, The Hague/Paris, S. 239–270.

Bittner, Dagmar (1994): Die Bedeutung der Genusklassifikation für die Organisation der deutschen Substantivflexion. *In:* K.-M. Köpcke, Hrsg., *Funktionale Untersuchungen zur deutschen Nominal- und Verbalmorphologie*. Niemeyer, Tübingen, S. 65–80.

Bittner, Dagmar (2002): Semantisches in der pronominalen Flexion des Deutschen, *Zeitschrift für Sprachwissenschaft* **21**, 196–233.

Booij, Geert (1998): The Demarcation of Inflection: a Synoptical Survey. *In:* R. Fabri, A. Ortmann und T. Parodi, Hrsg., *Models of Inflection*. Niemeyer, Tübingen, S. 266–289.

Borsley, Robert D. (1991): *Syntactic Theory*. Edward Arnold, London.

Borsley, Robert D. und Peter Suchsland (1997): *Syntax-Theorie*. Niemeyer, Tübingen.

Bouchard, Denise (1983): *On the Content of Empty Categories*. Foris Publications, Dordrecht.

Bošković, Željko (2002): A-Movement and the EPP, *Syntax* **5**, 167–218.

Breindl, Eva (1989): *Präpositionalobjekte und Präpositionalobjektsätze im Deutschen*. Niemeyer, Tübingen.

Bresnan, Joan (1972): Theory of Complementation in English Syntax. PhD thesis, MIT.

Bresnan, Joan, Hrsg. (1982): *The Mental Representation of Grammatical Relations*. MIT Press, Cambridge, Mass.

Brugmann, Karl (1917): *Der Ursprung des Scheinsubjekts* es *in den germanischen und romanischen Sprachen*. B.G.Teubner, Leipzig. Berichte über die Verhandlungen der Königl. Sächsischen Gesellschaft für Wissenschaften, Phil.-hist. Klasse, 69:5.

Büring, Daniel (2005): *Binding Theory*. Cambridge University Press, Cambridge.

Büring, Daniel und Katharina Hartmann (2001): The Syntax and Semantics of Focus Sensitive Particles in German, *Natural Language & Linguistic Theory* **19**, 229–281.

Cardinaletti, Anna (1990): *Impersonal Constructions and Sentential Arguments in German*. Padova University Press, Padova.

Cardinaletti, Anna (1999): Pronouns in Germanic and Romance Languages: An Overview. *In:* H. v. Riemsdijk, Hrsg., *Clitics in the Languages of Europe*. de Gryuter, Berlin, S. 33–82.

Carlson, Greg und Rachel Sussman (2005): Seemingly Indefinite Definites. *In:* S. Kepser und M. Reis, Hrsg., *Linguistic Evidence. Empirical, Theoretical and Computational Perspectives*. Mouton de Gruyter, Berlin, S. 71–87.

Chomsky, Noam (1955): *The Logical Structure of Linguistic Theory*. Published (in part) 1975 by Plenum Press.

Chomsky, Noam (1957): *Syntactic Structures*. Mouton, The Hague.

Chomsky, Noam (1965): *Aspects of the Theory of Syntax*. The MIT Press, Cambridge, Mass.

Chomsky, Noam (1969): *Aspekte der Syntaxtheorie*. Suhrkamp Verlag, Frankfurt.

Chomsky, Noam (1970): Remarks on Nominalization. *In:* R. Jacobs und P. Rosenbaum, Hrsg., *Readings in English Transformational Grammar*. Ginn & Co., Waltham Massachusetts, S. 184–221.

Chomsky, Noam (1971): Deep Structure, Surface Structure, and Semantic Interpretation. *In:* D. Steinberg und L. Jakobovits, Hrsg., *Semantics: An Interdisciplinary Reader in Philosophy, Linguistics, and Psychology*. Cambridge University Press, Cambridge, S. 183–216.

Chomsky, Noam (1980): On Binding, *Linguistic Inquiry* **11**, 1–46.

Chomsky, Noam (1981): *Lectures on Government and Binding*. Foris, Dordrecht.

Chomsky, Noam (1982): *Some Concepts and Consequences of the Theory of Government and Binding*. The MIT Press, Cambridge, Mass.

Chomsky, Noam (1986): *Barriers*. The MIT Press, Cambridge, Mass.

Chomsky, Noam (1995): *The Minimalist Program*. The MIT Press, Cambridge, Mass.

Chomsky, Noam und Morris Halle (1968): *The Sound Pattern of English*. Harper and Row, New York.

Cinque, Guglielmo (1995): *Italian Syntax and Universal Grammar*. Cambridge University Press, Cambridge.

Cinque, Guglielmo (1999): *Adverbs and Functional Heads. A Cross-Linguistic Perspective*. Oxford University Press, New York.

Cooper, Robin (1983): *Quantification and Syntactic Theory*. Reidel, Dordrecht.

Cowper, Elisabeth (1987): Pied Piping, Feature Percolation, and the Structure of the Noun Phrase, *Canadian Journal of Linguistics* **32**, 321–338.

Davidson, Donald (1967): The Logical Form of Action Sentences. In: *The Logic of Decision and Action*. Pittsburgh.

Dayal, Veneeta Srivastav (1994): Scope Marking as Indirect *Wh*-Dependency, *Natural Language Semantics* **2**, 137–170.

Demske, Ulrike (2001): *Merkmale und Relationen: diachrone Studien zur Nominal-*

phrase des Deutschen. de Gruyter, Berlin.

Di Sciullo, Anna Maria und Edwin Williams (1987): *On the Definition of Word*. The MIT Press, Cambridge, Mass.

Dipper, Stefanie (1997): Zur Selektion von Fragesatzkomplementen. Bericht Nr. 122 des Sonderforschungsbereich 340, Universität Stuttgart/Tübingen.

Dowty, David (1979): *Word Meaning and Montague Grammar*. Reidel, Dordrecht.

Drach, Erich (1937): *Grundgedanken der deutschen Satzlehre*. Frankfurt/M.

Duden, Der Große (1998): *Die Grammatik; Band 4, 6. Auflage*. Bibliographisches Institut, Mannheim.

Eisenberg, Peter (1994): *Grundriss der deutschen Grammatik*. Metzler, Stuttgart.

Eisenberg, Peter (1998): *Grundriss der deutschen Grammatik. Das Wort*. J. B. Metzler, Stuttgart.

Eisenberg, Peter (1999): *Grundriss der deutschen Grammatik. Der Satz*. J. B. Metzler, Stuttgart.

Eisenberg, Peter und George Smith (2003): Determiner oder Attribut: Eigennamen in prä- und postnominaler Position. Vortrag am 26.2.2003 bei der DGfS-Tagung in München.

Emonds, Joseph (1976): *A Transformational Approach to English Syntax*. Academic Press, New York.

Epstein, Samuel David et al. (1998): *A Derivational Approach to Syntactic Relations*. Oxford University Press, New York.

Everaert, Martin (2003): Reflexivanaphern und Reflexivdomänen. *In:* L. Gunkel, G. Müller und G. Zifonun, Hrsg., *Arbeiten zur Reflexivierung*. Niemeyer, Tübingen, S. 1–24.

Fabb, Nigel (1988): English Affixation is Constrained only by Selectional Restrictions, *Natural Language and Linguistic Theory* **6**, 527–539.

Fabricius-Hansen, Cathrine (1993): Nominalphrasen mit Kompositum als Kern, *Beiträge zur Geschichte der Deutschen Sprache und Literatur* **115**, 193–243.

Fabricius-Hansen, Cathrine und Arnim von Stechow (1989): Explikative und implikative Nominalerweiterungen im Deutschen, *Zeitschrift für Sprachwissenschaft* **8**, 173–205.

Fanselow, Gisbert (1985): What is a Possible Complex Word?. *In:* J. Toman, Hrsg., *Topics in German Syntax*. Foris, Dordrecht, S. 289–318.

Fanselow, Gisbert (1988*a*): Word Formation and the Human Conceptual System, *Linguistische Studien, Reihe A* **179**, 31–52.

Fanselow, Gisbert (1988*b*): Word Syntax and Semantic Principles. *In:* G. Booij und J. van Marle, Hrsg., *Yearbook of Morphology*. Foris, Dordrecht, S. 95–122.

Fanselow, Gisbert und Sascha Felix (1987): *Sprachtheorie. Band 1: Grundlagen und Zielsetzungen*. Francke, Tübingen.

Featherston, Samuel (2005): That-trace in German, *Lingua* **1091**, 1–26.

Fleischer, Wolfgang (1975): *Wortbildung der Deutschen Gegenwartssprache*. VEB Verlag Enzoklypädie Leipzig, Leipzig.

Fleischer, Wolfgang (1997): *Phraseologie der deutschen Gegenwartssprache*. Niemeyer, Tübingen. 2., revidierte Auflage.

Fleischer, Wolfgang und Irmhild Barz (1995): *Wortbildung der deutschen Gegenwarts-*

sprache. Niemeyer, Tübingen. 2. Auflage.

Fodor, Jerry A. (1983): *The Modularity of Mind*. The MIT Press, Cambridge, Mass.

Fortmann, Christian (1994): Zur W-Syntax im Deutschen. Bericht Nr. 63 des Sonderforschungsbereich 340, Universität Stuttgart/Tübingen.

Fourquet, Jean (1952): *Grammaire de l'allemand*. Hachette, Paris.

Frey, Werner (1993): *Syntaktische Bedingungen für die semantische Interpretation*. Akademie Verlag, Berlin.

Fries, Norbert (1985): Über $\overline{S}$, *Zeitschrift für Sprachwissenschaft* **4**, 156–200.

Fuhrhop, Nanna (1998): *Grenzfälle morphologischer Einheiten*. Stauffenburg, Tübingen.

Gabelentz, Hans Georg Conon von der (1875): Weiteres zur vergleichenden Syntax. Wort- und Satzstellung, *Zeitschrift für Völkerpsychologie und Sprachwissenschaft* **8**, 129–165.

Gallmann, Peter (1996): Die Steuerung der Flexion in der DP, *Linguistische Berichte* **164**, 283–314.

Gallmann, Peter (1997): Zur Morphosyntax der Eigennamen im Deutschen. *In:* E. Löbel und G. Rauh, Hrsg., *Lexikalische Kategorien und Merkmale*. Niemeyer, Tübingen, S. 73–86.

Gallmann, Peter (1999): Wortbegriff und Nomen-Verb-Verbindungen, *Zeitschrift für Sprachwissenschaft* **18**, 269–304.

Gallmann, Peter (2002): Feature Sharing in der DP. Unveröffentlicht, vorliegende Version 3.1.

Gallmann, Peter und Sitta, Horst (1996): *Deutsche Grammatik*. Lehrmittelverlag des Kantons Zürich, Zürich.

Gärtner, Hans-Martin und Markus Steinbach (1997): Anmerkungen zur Vorfeldphobie pronominaler Elemente. *In:* F. J. d'Avis und U. Lutz, Hrsg., *Zur Satzstruktur im Deutschen*. Bericht Nr. 90 des Sonderforschungsbereich 340, Universität Stuttgart/Tübingen, S. 1–30.

Gavarró, Anna (1990): A Reply to Scalise on 'The Notion of "Head" in Morphology'. *In:* G. Booj und J. van Marle, Hrsg., *Yearbook of Morphology 3*. Foris, Dordrecht, S. 223–227.

Gazdar, Gerald (1981): Unbounded Dependencies and Coordinate Structure, *Linguistic Inquiry* **12**, 155–184.

Gazdar, Gerald, Ewan Klein, Geoffrey Pullum und Ivan Sag (1985): *Generalized Phrase Structure Grammar*. Blackwell, Oxford.

Giegerich, Heinz (1985): *Metrical Phonology and Phonological Structure*. Cambridge University Press, Cambridge.

Giorgi, Alessandra und Giuseppe Longobardi (1991): *The Syntax of Noun Phrases*. Cambridge University Press, Cambridge.

Glinz, Hans, Wolfgang Böttcher und Horst Sitta (1970): *Deutsche Grammatik I und II*. Athenäum, Frankfurt.

Göbbel, Edward (2001): Syntax and Focus-Sensitive Aspects of Triadic Constructions. Dissertation Universität Tübingen.

Goodall, Grant (1984): *Parallel Structures in Syntax: Coordination, Causatives, and Restructuring*. Cambidge University Press, Cambridge.

Greenberg, Joseph (1963): Some Universals of Grammar, with Particular Reference to the Order of Meaningful Elements.. *In:* Id., Hrsg., *Universals of Language*. The MIT Press, Cambridge/MA, S. 73–113.

Grewendorf, Günther (1986): Relativsätze im Deutschen: Die Rattenfänger-Konstruktion, *Linguistische Berichte* **105**, 409–434.

Grewendorf, Günther (1989): *Ergativity in German*. Foris, Dordrecht.

Grewendorf, Günther, Fritz Hamm und Wolfgang Sternefeld (1987): *Sprachliches Wissen. Eine Einführung in moderne Theorien der grammatischen Beschreibung*. Suhrkamp, Frankfurt/Main.

Grimm, Hans-Jürgen (1987): *Lexikon zum Artikelgebrauch*. VEB Verlag Enzyklopädie, Leipzig.

Groenendijk, Jeroen und Martin Stokhof (1982): Semantic Analysis of Wh-Complements, *Linguistics & Philosophy* **5**, 173–233.

Grosse, Julia (2005): *Zu Kohärenz und Kontrolle in infiniten Konstruktionen des Deutschen*. Tectum Verlag, Marburg.

Grosu, Alexander (2003): A Unified Theory of 'Standard' and 'Transparent' Free Relatives, *Natural Language and Linguistic Theory* **21**, 247–331.

Haegeman, Liliane und Henk van Riemsdijk (1986): Verb Projection Raising, Scope, and the Typology of Verb Movement Rules, *Linguistic Inquiry* **17**, 417–466.

Haftka, Brigitta (1993): Topologische Felder und Versetzungsphänomene. *In:* J. Jacobs, A. v. Stechow, W. Sternefeld und T. Vennemann, Hrsg., *Syntax. Ein internationales Handbuch zeitgenössischer Forschung*. Walter de Gruyter, Berlin, S. 846–867.

Haider, Hubert (1984): Was zu haben ist und was zu sein hat, *Papiere zur Linguistik* **30**, 23–36.

Haider, Hubert (1985): Der Rattenfängerei muß ein Ende gemacht werden, *Wiener Linguistische Gazette* **35/36**, 27–50.

Haider, Hubert (1992): Die Struktur der Nominalphrase — Lexikalische und funktionale Struktur. *In:* L. Hoffmann, Hrsg., *Deutsche Syntax. Ansichten und Aussichten*. de Gruyter, Berlin, S. 305–333.

Haider, Hubert (1993): *Deutsche Syntax – Generativ*. Narr, Tübingen.

Haider, Hubert (1994): Detached Clauses — The Later the Deeper. Bericht Nr. 41 des Sonderforschungsbereich 340, Universität Stuttgart/Tübingen.

Haider, Hubert (1997*a*): Extraposion. *In:* D. Beerman, D. LeBlanc und H. v. Riemsdijk, Hrsg., *Rightward Movement*. Benjamins, Amsterdam, S. 115–152.

Haider, Hubert (1997*b*): Typological Implications of a Directionality Constraint on Projections. *In:* A. Alexiadou und T. A. Hall, Hrsg., *Studies on Universal Grammar and Typological Variation*. Benjamins, Amsterdam, S. 17–33.

Haider, Hubert und Inger Rosengren (1998): Scrambling, *Sprache und Pragmatik* **49**, 1–104.

Haider, Hubert und Inger Rosengren (2003): Scrambling: Nontriggered Chain Formation in OV Languages, *Journal of Germanic Linguistics* **15**, 203–266.

Halle, Morris und Nick Clements (1983): *Problem Book in Phonology. A Workbook for Introductory Courses in Linguistics and in Modern Phonology*. MIT-Press, Cambridge, Mass.

Harbert, Wayne (1995): Binding Theory, Control, and pro. *In:* G. Webelhuth, Hrsg.,

Government and Binding Theory and the Minimalist Program. Blackwell, Oxford & Cambridge, S. 177–240.

Harris, Randy Allan (1993): *The Linguistic Wars*. Oxford University Press.

Harris, Zellig S. (1951): *Methods in Structural Linguistics*. University of Chicago Press, Chicago.

Hartmann, Katharina und Malte Zimmermann (2001): Syntaktischer und semantischer Genitiv'. Tischvorlage zur GGS-Tagung Bochum.

Heck, Fabian (2005): A Theory of Pied Piping. Dissertation Universität Tübingen.

Heidolph, Karl Erich, Walter Flämig und Wolfgang Motsch (1981): *Grundzüge einer deutschen Grammatik*. Akademie Verlag, Berlin.

Heim, Irene (1993): Anaphora and Semantic Interpretation. A Reinterpretation of Reinhart's Approach. Technical Report 07-93, Seminar für Sprachwissenschaft der Universität Tübingen.

Heim, Irene und Angelika Kratzer (1998): *Semantics in Generative Grammar*. Blackwell, Malden, Mass.

Henry, Alison (1995): *Belfast English and Standard English: Dialect Variation and Parameter Setting*. Oxford University Press, Oxford.

Henscheid, Eckhard (1980*a*): Die gespaltene Linke oder Dialektik des postponierten Reflexivums. *In:* E. Henscheid, Hrsg., *Ein charmanter Bauer*. Zweitausendeins Verlag, Berlin, S. 96–105.

Henscheid, Eckhard (1980*b*): Tips für Lebemänner. *In:* E. Henscheid, Hrsg., *Ein charmanter Bauer*. Zweitausendeins Verlag, Berlin, S. 323.

Hetzron, Robert (1978): On the Relative Order of Adjectives. *In:* H. Seiler, Hrsg., *Language Universals*. Niemeyer, Tübingen, S. 165–184.

Heycock, Caroline (1995): Asymmetries in Reconstruction, *Linguistic Inquiry* **26**, 547–570.

Heycock, Caroline und Roberto Zamparelli (2003): Coordinated Bare Infinitives, *Lingusitic Inquiry* **34**, 443–469.

Hinrichs, Erhard (1984): Attachment of Articles and Prepositions in German: Simple Cliticization or Inflected Prepositions, *Ohio State University Working Papers in Linguisitics* **29**, 127–138.

Höhle, Tilman (1982): Über Komposition und Derivation: zur Konstituentenstruktur von Wortbildungsprodukten im Deutschen, *Zeitschrift für Sprachwissenschaft* **1**, 76–112.

Höhle, Tilman (1983): Topologische Felder. Unveröffentlichtes Manuskript, Universität Tübingen.

Höhle, Tilman (1986): Der Begriff 'Mittelfeld'. Anmerkungen zu einer Theorie der topologischen Felder. *In:* A. Schöne, Hrsg., *Kontroversen, alte und neue. Akten des 7. internationalen Germanistenkongresses Göttingen 1985, Band 3*. Niemeyer, Tübingen, S. 329–340.

Höhle, Tilman (1988): VERUM-Fokus, *Sprache und Pragmatik* **5**, 1–7.

Holler, Anke (2005): *Weiterführende Relativsätze. Empirische und theoretische Aspekte*. Number 60 *in* studia grammatica, Akademie Verlag, Berlin.

Holler-Feldhaus, Anke (2003): Zur Grammatik der weiterführenden w-Relativsätze, *Zeitschrift für Germanistische Linguistik* **31**, 78–98.

Horn, Laurence (1998): Neg-Raising Revisited. *In:* A. Kasher, Hrsg., *Pragmatics: Critical Concepts*. Routledge, London, S. 676–682.

Horrocks, Geoffrey (1987): *Generative Grammar*. Longman, London, New York.

Huang, Cheng-Teh James (1981): Move WH in a Language without WH Movement, *The Linguistic Review* **1**, 369–416.

Huang, Cheng-Teh James (1982): Logical Relations in Chinese and the Theory of Grammar. PhD thesis, MIT, Cambridge, Mass.

Huang, Yan (2000): *Anaphora. A Cross-Linguistic Approach*. Oxford University Press, Oxford.

Huck, Geoffrey und John A. Goldsmith (1995): *Ideology and Linguistic Theory: Noam chomsky and the Deep Structure Debate*. Routledge, London.

Ijbema, Aniek und Werner Abraham (2000): Die syntaktische Funktion des infinitivischen *zu*. *In:* R. Thieroff et al., Hrsg., *Deutsche Grammatik in Theorie und Praxis*. Niemeyer, Tübingen, S. 123–138.

Jackendoff, Ray (1972): *Semantic Interpretation in Generative Grammar*. The MIT Press, Cambridge, Mass.

Jacobs, Joachim (1983): *Fokus und Skalen. Zur Syntax und Semantik der Gradpartikel im Deutschen*. Niemeyer, Tübingen.

Jacobs, Joachim (2005): *Spatien*. Mouton de Gruyter, Berlin.

Jacobson, Pauline (1995): The Quantificational Force of Free Relative Clauses. *In:* E. Bach et al., Hrsg., *Quantifiers in Natural Lanuages, Vo. II*. Kluwer, Dordrecht, S. 451–486.

Joseph, Brian D. (1992): Diachronic Perspectives on Control. *In:* R. Larson, S. Iatridou, U. Lahiri und J. Higginbotham, Hrsg., *Control and Grammar*. Kluwer, Dordrecht, S. 195–234.

Karttunen, Lauri (1977): Syntax and Semantics of Questions, *Linguistics & Philosophy* **1**, 3–44.

Katamba, Francis (1993): *Morphology*. Palgrave, Houndmills.

Kayne, Richard (1994): *The Antisymmetry of Syntax*. The MIT Press, Cambridge, Mass.

Keller, Frank und Antonella Sorace (2003): Gradient Auxiliary Selection and Impersonal Passivization in German: An Experimental Investigation, *Journal of Linguistics* **39**, 57–108.

Kim, Shin-Sook (1996): Bindungsrekonstruktion vs. Skopusrekonstruktion, *Linguistische Berichte* **165**, 401–431.

Kiparsky, Paul (1982): Lexical Morphology and Phonology. *In:* I. S. Yang, Hrsg., *Linguistics in the Morning Calm*. Hanshin, Seoul, S. 3–92.

Klavans, Judith (1985): The Independence of Syntax and Phonology in Cliticization, *Language* **62**, 95–120.

Klein, Wolfgang (1990): Comments on the Papers by Bierwisch and Zwicky. *In:* G. Booj und J. van Marle, Hrsg., *Yearbook of Morphology 3*. Foris, Dordrecht, S. 217–222.

Koster, Jan (1987): *Domains and Dynasties*. Foris, Dordrecht.

Krause, Cornelia (2000): Anmerkungen zum pränominalen Genitiv im Deutschen. *In:* J. Bayer und C. Römer, Hrsg., *Von der Philologie zur Grammatiktheorie: Peter Suchsland zum 65. Geburtstag*. Niemeyer Verlag, Tübingen, S. 79–96.

Kripke, Saul (1972): Naming and Necessity. *In:* D. Davidson und G. Harman, Hrsg., *Semantics of Natural Language*. Reidel, Dordrecht, S. 253–355 & 763–769.

Laka, Itziar (1990): Negation in Syntax: On the Nature of Functional Categories and Projections. PhD thesis, MIT, Cambridge, Mass.

Landau, Idan (2000): *Elements of Control. Structure and Meaning in Infinitival Constructions*. Kluwer, Dordrecht.

Landau, Idan (2003): Movement out of Control, *Linguistic Inquiry* **34**, 471–498.

Larson, Richard, Sabine Iatridou, Uptal Lahiri und James Higginbotham, Hrsg. (1992): *Control and Grammar*. Kluwer, Dordrecht.

Lattewitz, Karen (1994): Eine Analyse des deutschen Genitivs, *Linguistische Berichte* **150**, 118–146.

Lenerz, Jürgen (1977): *Zur Abfolge nominaler Satzglieder im Deutschen*. Narr, Tübingen.

Lenerz, Jürgen (1993): Zur Syntax und Semantik deutscher Personalpronomina. *In:* M. Reis, Hrsg., *Wortstellung und Informationsstruktur*. Niemeyer, Tübingen, S. 117–154.

Lenerz, Jürgen (1994): Pronomenprobleme. *In:* B. Haftka, Hrsg., *Was determiniert Wortstellungsvariation? Studien zu einem Interaktionsfeld von Grammatik, Pragmatik und Sprachtypologie*. Westdeutscher Verlag, Opladen, S. 161–175.

Lerner, Jean-Yves und Wolfgang Sternefeld (1984): Zum Skopus der Negation im komplexen Satz des Deutschen, *Zeitschrift für Sprachwissenschaft* **3**, 159–202.

Leser, Martin (1990): *Das Problem der „Zusammenbildungen": eine lexikalistische Studie*. WVT Wissenschaftlicher Verlag, Trier.

Lewis, David (1979): Attitudes De Dicto and De Se, *The Philosophical Review* **88**, 13–43.

Lieber, Rochelle und Harald Baayen (1993): Verbal Prefixes in Dutch: A Study in Lexical Conceptual Structure. *In:* G. Booij und J. v. Marle, Hrsg., *Yearbook of Morphology 1993*. Foris, Dordrecht, S. 51–78.

Lindauer, Thomas (1995): *Genitivattribute. Eine morphosyntaktische Untersuchung des deutschen DP/NP-Systems*. Niemeyer, Tübingen.

Lindqvist, Christer (1994): *Zur Entstehung von Präpositionen im Deutschen und Schwedischen*. Niemeyer, Tübingen.

Link, Godehard (1983): The Logical Analysis of Plurals and Mass Terms: A Lattice-Theoretical Approach. *In:* R. Bäuerle, C. Schwarze und A. von Stechow, Hrsg., *Meaning, Use, and Interpretation of Language*. De Gruyter, Berlin, S. 303–323.

Link, Godehard (1984): On the Logic of Relative Clause Constructions with Multiple Heads. *In:* Foris, Hrsg., *Varieties of Formal Semantics*. F. Landman and F. Veltman, Dordrecht, S. 245–257.

Link, Godehard (1991): Plural. *In:* A. von Stechow und D. Wunderlich, Hrsg., *Semantik. Ein internationales Handbuch zeitgenössischer Forschung*. Walter De Gruyter, Berlin, S. 418–440.

Löbner, Sebastian (1986): In Sachen Nullartikel, *Linguistische Berichte* **101**, 64–65.

Longobardi, Giuseppe (1994): Reference and Proper Names, *Linguistic Inquiry* **25**, 609–666.

Lust, Barbara (1986): *Studies in the Acquisition of Anaphora, Vol. 1*. Reidel, Dordrecht.

Lust, Barbara (1987): *Studies in the Acquisition of Anaphora, Vol. 2*. Reidel, Dordrecht.

Lutz, Uli, Gereon Müller und Arnim von Stechow, Hrsg. (2000): *Wh-Scope Marking*. Benjamins, Amsterdam.

Lutz, Uli und Susanne Trissler (1992): Einige Überlegungen zu syntaktischen +w-Merkmalen, Interrogativsätzen und w-Phrasen im Deutschen. Universität Tübingen.

Lutz, Ulrich (2001): Studien zu Extraktion und Projektion im Deutschen. Diss., Universität Tübingen.

Lyons, John (1977): *Semantics, vol. 2*. Cambridge University Press, London.

Maltzoff, Nicholas (1984): *Essentials of Russian Grammar. A complete guide for students and professionals*. Passport Books, Lincolnwood, Illinois.

Manzini, Rita und Kenneth Wexler (1987): Parameters, Binding Theory, and Learnability, *Linguistic Inquiry* **18**, 413–444.

Marti, Luisa (2003): Contextual Variables. PhD thesis, University of Conneticut.

McCawley, James D. (1982): *Thirty Million Theories of Grammar*. Croom Helm, London.

Meibauer, Jörg et al. (2002): *Einführung in die germanistische Linguistik*. J. B. Metzler, Stuttgart.

Meinunger, André (2000): V2. Vortrag auf der GGS-Tagung „Generative Grammatik des NordenS". 1.-4.6.2000, Potsdam.

Meola, Claudio di (1998): Semantisch relevante und semantisch irrelevante Kasusalternation am Beispiel von *entlang*, *Zeitschrift für Sprachwissenschaft* **17**, 204–235.

Montague, Richard (1973): The Proper Treatment of Quantification in Ordinary English. *In:* J. Hintikka und P. Suppes, Hrsg., *Approaches to Natural Language: Proceedings of the 1970 Stanford Workshop on Grammar and Semantics*. D. Reidel Publishing Company, Dordrecht, S. 221–242.

Montague, Richard (1974): *Formal Philosophy. Selected Papers of Richard Montague*. Edited by Richmond H. Thomason. Yale University Press, New Haven/London.

Müller, Gereon und Wolfgang Sternefeld (1993): Improper Movement and Unambiguous Binding, *Linguistic Inquiry* **24**, 461–507.

Müller, Stefan (2003): Mehrfache Vorfeldbesetzung, *Deutsche Sprache* **31**, 29–62.

Neef, Martin (1998): The Reduced Syllable Plural in German. *In:* R. Fabri, A. Ortmann und T. Parodi, Hrsg., *Models of Inflection*. Niemeyer, Tübingen, S. 244–265.

Neeleman, Ad und Joleen Schipper (1993): Verbal Prefixation in Dutch: Thematic Evidence for Conversion. *In:* G. Booij und J. v. Marle, Hrsg., *Yearbook of Morphology 1992*. Foris, Dordrecht, S. 57–92.

Neurath, Otto (1932/33): Protokollsätze, *Erkenntnis* **3**, 202–214.

Nübling, Damaris (1998): Wann werden die deutschen Präpositionen flektiert? Grammatikalisierungswege zur Flexion. *In:* R. Fabri, A. Ortmann und T. Parodi, Hrsg., *Models of Inflection*. Niemeyer, Tübingen, S. 266–289.

Olsen, Susan (1989): Das Possessivum: Pronomen, Determinans oder Adjektiv, *Linguistische Berichte* **120**, 133–153.

Olsen, Susan (1990*a*): Konversion als Kombinatorischer Wortbildungsprozess, *Linguistische Berichte* **127**, 185–216.

Olsen, Susan (1990*b*): Zum Begriff des morphologischen Heads, *Deutsche Sprache*

18, 126–147.
Olsen, Susan (1990c): Zur Auffigierung und Präfigierung im verbalen Bereich des Deutschen, *Papiere zur Linguistik* **42**, 31–48.
Olsen, Susan (1991): Die deutsche Nominalphrase als "Determinansphrase". *In:* S. Olsen und G. Fanselow, Hrsg., *Det, COMP, and INFL*. Niemeyer Verlag, Tübingen, S. 35–56.
Önnerfors, Olaf (1997): *Verb-erst-Deklarativsätze. Grammatik und Pragmatik*. Almqvist & Wiksel International, Stockholm.
Oppenrieder, Wilhelm (1991): *Von Subjekten, Sätzen und Subjektsätzen: Untersuchungen zur Syntax des Deutschen*. Niemeyer, Tübingen.
Ortiz de Urbina, Jon (1990): Operator Feature Percolation and Clausal Pied Piping, *MIT Working Papers in Linguistics* **13**, 193–208.
Ortmann, Albert und Alexandra Popescu (2000): Romanian Definite Articles are not Clitics. *In:* B. Gerlach und J. Grijzenhout, Hrsg., *Clitics in Phonology, Morphology, and Syntax*. John Benjamins, Amsterdam, S. 295–324.
Partee, Barbara (1975): Montague Grammar and Transformational Grammar, *Linguistic Inquiry* **6**, 203–300.
Paul, Hermann und Heinz Stolte (1962): *Kurze deutsche Grammatik* (*Nachdruck*). Niemeyer, Tübingen.
Pavlov, Vladimir (1995): *Die Deklination der Substantive im Deutschen*. Verlag Peter Lang, Frankfurt a/M.
Penka, Doris (2002): *Kein* muss kein Rätsel sein. Zur Semantik der negativen Indefinita im Deutschen. *Linguistik in Tübingen* **1**.
Pérennec, Marie-Hélène (1993): Was leistet der Nullartikel, falls es ihn gibt?. *In:* M. Vuillaume et al., Hrsg., *Studien zur Syntax und Semantik der Nominalgruppe*. Narr, Tübingen, S. 65–83.
Perlmutter, David und Scott Soames (1979): *Syntactic Argumentation and the Structure of English*. The University of California Press, Berkeley.
Pesetsky, David (1985): Morphology and Logical Form, *Linduistic Inquiry* **16**, 193–246.
Pesetsky, David (1989): Language Particular Processes and the Earliness Principle. Unveröffentlichtes Manuskript.
Pesetsky, David (1995): *Zero Syntax. Experiencers and Cascades*. The MIT Press, Cambridge, Mass.
Pittner, Karin (1991): Freie Relativsätze und Kasushierarchie. *In:* E. Feldbusch, Hrsg., *Neue Fragen der Linguistik, Vol. 1*. Niemeyer, Tübingen, S. 341–347.
Pittner, Karin (1995): Regeln für die Bildung freier Relativsätze. Eine Antwort auf Oddleif Leirbukt, *Deutsch als Fremdsprache* **32**, 195–200.
Plag, Ingo (1998): The Polysemy of *-ize* Derivatives. The Role of Semantics in Word Formation. *In:* G. Booij und J. v. Marle, Hrsg., *Yearbook of Morphology 1997*. Foris, Dordrecht, S. 219–242.
Plag, Ingo (1999): *Morphological Productivity. Structural Constraints in English Derivation*. Mouton de Gruyter, Berlin.
Plank, Frans (1993): Peculiarities of Passives of Reflexives in German, *Studies in Language* **17**, 135–167.
Pollock, Jean-Yves (1989): Verb Movement, Universal Grammar, and the Structure of

IP, *Linguistic Inquiry* **20**, 365–424.
Postal, Paul M. (1966): On So-called Pronouns in English. *In:* F. Dinneen, Hrsg., *Nineteenth Monograph on Language and Linguistics.* Georgetown University Press, Washington, D.C., S. 201–24.
Postal, Paul M. und Geoffrey Pullum (1982): The Contraction Debate, *Linguistic Inquiry* **13**, 122–128.
Prinzhorn, Martin (2005): DP-Struktur und Stellungsbeschränkungen im Deutschen. Vortrag, Universität Tübingen.
Pullum, Geoffrey (1997): The Morphological Nature of English *to*-Contraction', *Language* **73**, 79–102.
Putnam, Hilary (1975): The Meaning of Meaning. *In:* H. Putnam, Hrsg., *Mind, Language, and Reality. Philosophical Papers Vol. 2.* Cambridge University Press, Cambidge Mass., S. 215–271.
Quirk, Randolph, Sidney Greenbaum, Geoffrey Leech und Jan Svartvik (1985): *A Comprehensive Grammar of the English Language.* Longman Incorporated, New York.
Radford, Andrew (1997): *Syntactic Theory and the Structure of English. A Minimalist Approach.* Cambridge University Press, Cambridge.
Radford, Andrew et al. (1999): *Linguistics: An Introduction.* Cambridge University Press, Cambridge.
Rapp, Irene (1992): Die w-Wörter *wie, wieviel, wievielt-* im Rahmen einer Degree-Phrasen-Analyse. In: *W-Phrasen, W-Merkmale, Skopusberechnung.* Bericht Nr. 7 des Sonderforschungsbereich 340, Universität Stuttgart/Tübingen, S. 69–104.
Rauh, Gisa (1997): Englische Präpositionen zwischen lexikalischen und funktionalen Kategorien. *In:* E. Löbel und G. Rauh, Hrsg., *Lexikalische Kategorien und Merkmale.* Niemeyer, Tübingen, S. 125–168.
Reich, Ingo (2003): *Frage, Antwort und Fokus.* Akademie Verlag, Berlin.
Reinhart, Tanya (1992): Wh-in-situ: An apparent paradox. *In:* P. Dekker und M. Stokhof, Hrsg., *Proceedings of the Eighth Amsterdam Colloquium.* ILLC, University of Amsterdam, S. 483–491.
Reinhart, Tanya (1994): Wh-in-situ in the Framework of the Minimalist Program. OTS Working Papers, University of Utrecht.
Reinhart, Tanya und Eric Reuland (1993): Reflexivity, *Linguistic Inquiry* **24**, 657–720.
Reis, Marga (1979): Ansätze zu einer realistischen Grammatik. *In:* K. Grubmüller et al., Hrsg., *Befund und Bedeutung. Zum Verhältnis von Empirie und Interpretation in Sprach- und Literaturwissenschaft.* Niemeyer, Tübingen.
Reis, Marga (1982): Zum Subjektbegriff im Deutschen. *In:* W. Abraham, Hrsg., *Satzglieder im Deutschen: Vorschläge zur syntaktischen, semantischen und pragmatischen Fundierung.* Gunter Narr Verlag, Tübingen, S. 171–212.
Reis, Marga (1983): Gegen die Kompositionstheorie der Affigierung, *Zeitschrift für Sprachwissenschaft* **2**, 110–131.
Reis, Marga (2000*a*): Anmerkungen zu Verb-erst-Satz-Typen im Deutschen. *In:* R. Thieroff et al., Hrsg., *Deutsche Grammatik in Theorie und Praxis.* Niemeyer, Tübingen, S. 215–228.
Reis, Marga (2000*b*): Was tun mit konfligierenden Daten? Ein Fallbeispiel. Vortrag beim Potsdam-Tübinger Arbeitstreffen zur Datenproblematik, Tübingen,

27/28.10.2000.

Reis, Marga und Inger Rosengren (1988): Wh-Imperatives?!, *Sprache und Pragmatik* **10**, 1–49.

Reis, Marga und Wolfgang Sternefeld (2004): Review Article: Susanne Wurmbrand, *Infinitives. Restructuring and Clause Structure, Linguistics* **42**, 469–508.

Rescher, Nicholas (1966): *The Logic of Commands*. Routledge & Kegan, London.

Riemsdijk, Henk van (1985): On Pied-Piped Infinitives in German Relative Clauses. *In:* J. Toman, Hrsg., *In Studies in German Grammar*. Foris, Dordrecht, S. 165–192.

Riemsdijk, Henk van (1993): The Case of German Adjectives. *In:* F. Heny und B. Richards, Hrsg., *Linguistic Categories: Auxiliaries and Related Puzzles*. Foris, Dordrecht, S. 223–252.

Ross, John Robert (1967): Constraints on Variables in Syntax. PhD thesis, MIT, Cambridge, Mass. Erschienen als: Ross, J. R. (1986): *Infinite Syntax*. Ablex Publishing Corporation, Norwood, New Jersey.

Roth, Jürgen (1999): *Kultur? Betrieb!*. Verlag Westfälisches Dampfboot, Münster.

Rudin, Catherine (1986): *Aspects of Bulgarian Syntax: Complementizers and Wh-Constructions*. Slavica, Columbus, Ohio.

Rudin, Catherine (1988): On Multiple Questions and Multiple Fronting, *Natural Language and Linguistic Theory* **6**, 445–501.

Safir, Kenneth (1982): Inflection Government and Inversion, *The Linguistic Review* **1**, 417–467.

Safir, Kenneth (1985): *Syntactic Chains*. Cambridge University Press, Cambridge.

Safir, Kenneth (1997): Symmetry and Unity in the Theory of Anphora. *In:* H. Bennis, P. Pica und J. Rooryck, Hrsg., *Atomism and Binding*. Foris, Dordrecht, S. 341–380.

Safir, Kenneth (2004): *The Syntax of Anaphora*. Oxford University Press, Oxford.

Sandberg, Bengt (1984): Der Bezug des Adjektivattributes bei substantivischen Zusammensetzungen, *Beiträge zur Geschichte der Deutschen Sprache und Literatur* **106**, 158–185.

Sandberg, Bengt (1998): *Zum „es" bei transitiven Verben vor satzförmigen Akkusativobjekten*. Narr Verlag, Tübingen.

Schachtl, Stephanie (1989): Morphological Case and Abstract Case: Evidence from the German Genitive Construction. *In:* C. Bhatt, E. Löbel und C. Schmidt, Hrsg., *Syntactic Phrase Structure Phenomena in Noun Phrases and Sentences*. Benjamins, Amsterdam, S. 99–112.

Schecker, Michael (1993): Zur Reihenfolge pränominaler Adjektive im Rahmen einer kognitiv orientierten Grammatik. *In:* M. Vuillaume et al., Hrsg., *Studien zur Syntax und Semantik der Nominalgruppe*. Narr, Tübingen, S. 105–130.

Schellinger, Wolfgang (1988): Zu den Präposition-Artikel-Verschmelzungen im Deutschen, *Linguistische Berichte* **115**, 214–228.

Schuchardt, Hugo (1893): Der mehrzielige Frage und Relativsatz. In: *Analecta graeciensia. Festschrift zur 42. Versammlung deutscher Philologen und Schulmänner in Wien 1893 von Professoren der K. K. Karl-Franzus-Universität Graz*. Verlagsbuchhandlung Styria, Graz, S. 197–217.

Schwarzschild, Roger (1996): *Pluralities*. Kluwer, Dordrecht.

Schürcks, Lilia und Dieter Wunderlich (2003): Determiner-Possessor Relation in the

Bulgarian DP. *In:* M. Coene und Y. D'Hulst, Hrsg., *From NP to DP Volume 2: The Expression of Possession in Noun Phrases*. John Benjamins, Amsterdam, S. 121–139.

Selkirk, Elisabeth (1982): *The Syntax of Words*. The MIT Press, Cambridge, Mass.

Siebert, Susann (1999): *Wortbildung und Grammatik*. Niemeyer, Tübingen.

Siegel, Dorothy (1976): Topics in English Morphology. PhD thesis, MIT; published 1979 by Garland Press, New York.

Simon, Horst (2004): How to Build a Tool for Comparative Syntax of German Dialects. Vortrag bei der 26. Jahrestagung der DGfS, Februar 2004.

Simpson, Andrew (2001): Definiteness Agreement and the Chinese DP, *Language and Linguistics* **2**, 125–156.

Smith, Carlotta (1964): Determiners and Relative Clauses in Generative Grammar, *Language* **40**, 37–52.

Solan, Laurence (1983): *Pronominal Reference — Child language and the Theory of Grammar*. Reidel, Dordrecht.

Spencer, Andrew J. (1991): *Morphological Theory*. Blackwell, Oxford.

Sproat, Richard W. (1985): On Deriving the Lexicon. Diss., MIT, Cambridge, Mass.

Stanton, Dennis und Dennis White (1986): *Constructive Combinatorics*. Springer Verlag, NeyYork.

Stechow, Arnim von (1979): Visiting German Relatives. *In:* R. Bäuerle, U. Egli und A. v. Stechow, Hrsg., *Semantics from Different Points of View*. Springer, Berlin, S. 226–265.

Stechow, Arnim von (1991): Syntax und Semantik. *In:* A. v. Stechow und D. Wunder lich, Hrsg., *Semantik. Ein internationales Handbuch zeitgenössischer Forschung*. Walter de Gruyter, Berlin, S. 90–148.

Stechow, Arnim von (1993): Die Aufgaben der Syntax. *In:* J. Jacobs, A. v. Stechow, W. Sternefeld und T. Vennemann, Hrsg., *Syntax. Ein internationales Handbuch zeitgenössischer Forschung*. Walter de Gruyter, Berlin, S. 1–88.

Stechow, Arnim von und Wolfgang Sternefeld (1981): A Modular Approach to German Syntax. Manuskript, Universität Konstanz. Zugänglich auf der homepage des Juniorautors.

Stechow, Arnim von und Wolfgang Sternefeld (1988): *Bausteine syntaktischen Wissens*. Westdeutscher Verlag, Opladen.

Steinbach, Markus und Ralf Vogel (1998): The Dative — an Oblique Case, *Linguistische Berichte* **173**, 65–90.

Sternefeld, Wolfgang (1991*a*): Chain Formation, Reanalysis, and the Economy of Levels. *In:* H. Haider und K. Netter, Hrsg., *Derivation and Representation in the Theory of Grammar*. Kluwer, Dordrecht, S. 75–143.

Sternefeld, Wolfgang (1991*b*): *Syntaktische Grenzen*. Westdeutscher Verlag, Opladen.

Sternefeld, Wolfgang (1996): Comparing Reference Sets. *In:* C. Wilder, H.-M. Gärtner und M. Bierwisch, Hrsg., *The Role of Ecocomy Principles in Linguistic Theory*. Akademie Verlag, Berlin, S. 81–114.

Sternefeld, Wolfgang (1998): Reciprocity and Cumulative Predication, *Natural Language Semantics* **6**, 303–307.

Sternefeld, Wolfgang (2001*a*): *Wh*-Expletives and Partial *Wh*-Movement: Two Non-

Existing Concepts?. *In:* W. Abraham und J.-W. Zwart, Hrsg., *Issues on formal German(ic) Typology*. Benjamins, Amsterdam, S. 285–306.

Sternefeld, Wolfgang (2001*b*): Semantic vs. Syntactic Reconstruction. *In:* C. Rohrer, A. Rossdeutscher und H. Kamp, Hrsg., *Linguistic Form and its Computation*. CSLI Publications, Stanford, CA, S. 145–182.

Sternefeld, Wolfgang (2004): Feature Checking and Case Agreement in German DPs. *In:* G. Müller, L. Gunkel und G. Zifonun, Hrsg., *Explorations in Nominal Inflection*. Mouton de Gruyter, Berlin, S. 267–300.

Sternefeld, Wolfgang und Sam Featherston (2003): The German Reciprocal *einander* in Double Object Constructions. *In:* L. Gunkel, G. Mueller und G. Zifonun, Hrsg., *Arbeiten zur Reflexivierung*. Niemeyer, Tübingen, S. 239–266.

Stiebels, Barbara und Dieter Wunderlich (1994): Morphology Feeds Syntax: the Case of Particle Verbs, *Linguistics* **32**, 913–968.

Stockwell, Robert P., Paul Schachter und Barbara Partee (1973): *The Major Syntactic Structures of English*. Holt, Rinehart and Winston, New York.

Stowell, Tim (1981): Origins of Phrase Structure. PhD thesis, MIT, Cambridge, Mass.

Szabolcsi, Anna und Marcel den Dikken (2003): Islands. *In:* L. Cheng und R. Sybesma, Hrsg., *The Second* Glot International *State-of-the-Article Book*. Mouton de Gruyter, Berlin, S. 213–340.

Tappe, Thilo (1981): Wer glaubst du hat recht?. *In:* M. Kohrt und J. Lenerz, Hrsg., *Sprache: Formen und Strukturen*. Niemeyer, Tübingen, S. 203–212.

Thiersch, Craig (1978): Topics in German Syntax. PhD thesis, MIT, Cambridge, Mass.

Toman, Jindrich (1980,1986²): *Wortsyntax*. Niemeyer, Tübingen.

Travis, Lisa (1984): Parameters and Effects of Word Order Variation. PhD thesis, MIT, Cambridge, Mass.

Trissler, Susanne (1988): Pied-Piping-Phänomene bei Relativsätzen im Deutschen, *Lilog-Report* **63**.

Trissler, Susanne (1993): P-Stranding im Deutschen. *In:* F. J. d'Avis et al., Hrsg., *Extraktion im Deutschen I*. Bericht Nr. 34 des Sonderforschungsbereich 340, Universität Stuttgart/Tübingen, S. 247–291.

Trissler, Susanne (2000): Syntaktische Bedingungen für w-Merkmale: zur Bildung interrogativer w-Phrasen im Deutschen. Elektronischer Volltext unter w210.ub.uni-tuebingen.de/dbt/volltexte/2001/216.

Trommelen, Mieke und Wim Zonneveld (1986): Dutch Morphology: Evidence for the Right-Hand Head Rule, *Linguistic Inquiry* **17**, 147–170.

Truckenbrodt, Hubert (1995): Extraposition from NP and Prosodic Structure, *NELS* **25**, 503–518.

Uriagereka, Juan (1995): Aspects of the Syntax of Clitic Placement in Western Romance, *Linguistic Inquiry* **26**, 79–123.

Uriagereka, Juan (1998): *Rhyme and Reason: An Introduction to Minimalist Syntax*. MIT Press, Cambridge, Mass.

Uriagereka, Juan (2001): In Defense of Deep Structure. www.ling.umd.edu/Uriagereka/papers.html.

Vater, Heinz (1984): Determinantien und Quantoren im Deutschen, *Zeitschrift für Sprachwissenschaft* **3**, 19–42.

Vendler, Zeno (1972): *Res Cogitans. An Essay in Rational Psychology*. Cornell University Press, Ithaka/New York.

Vendler, Zeno (1980): Telling the Facts. *In:* J. Searle et al., Hrsg., *Speach Act theory and Pragmatics*. Reidel, Dordrecht, S. 273–290.

Vikner, Sten (2001): Verb Movement Variation in Germanic and Optimality Theory. Habilitationsschrift, Universität Tübingen.

Vogel, Ralf (2001): Case Conflict in German Free Relative Constructions: An Optimality Theoretic Treatment. *In:* G. Müller und W. Sternefeld, Hrsg., *Competition in Syntax*. Walter de Gruyter, S. 341–376.

Vogel, Ralf (2002): Free Relative Constructions in OT Syntax. *In:* G. Fanselow und C. Féry, Hrsg., *Resolving Conflicts in Grammars: Optimality Theory. Syntax, Morphology, and Phonology*. Buske Verlag, Hamburg, S. 119–162.

Vogel, Ralf (2003): Surface Matters. Case Conflict in Free Relative Constructions and Case Theory. *In:* E. Brandner und H. Zinsmeister, Hrsg., *New Perspectives on Case Theory*. CSLI Publications, Stanford CA, S. 269–301.

Vogel, Ralf (im Erscheinen): Weak Function Word Shift. erscheint in *Linguistics*.

Wahrig et al., Gerhard (1986): *Deutsches Wörterbuch*. Mosaik Verlag, München.

Wasow, Thomas (2002): *Postverbal Behavior*. CSLI Publications, Stanford.

Webelhuth, Gert (1989): Syntactic Saturation Phenomena and the Modern Germanic Languages. PhD thesis, University of Amherst, Amherst, Massachusetts.

Webelhuth, Gert (1992): *Principles and Parameters of Syntactic Saturation*. Oxford University Press, Oxford.

Weerman, Fred (1989): *The V/2 Conspiracy*. Foris, Dordrecht.

Wegener, Heide (1999): Die Pluralbildung im Deutschen — ein Versuch im Rahmen der Optimalitätstheorie, *Linguistik online* **4**.

Wegener, Heide (2003): Entstehung und Funktion der Fugenelemente im Deutschen, oder: warum wir keine **Autosbahn* haben, *Linguistische Berichte* **196**, 425–458.

Wiese, Bernd (1999): Unterspezifizierte Paradigmen. Form und Funktion in der pronominalen Deklination, *Linguistik online* **4**.

Wiese, Richard (1996): *The Phonology of German*. Clarendon Press, Oxford.

Wilder, Chris (1998): Transparent Free Relatives. *In:* A. Alexiadou et al., Hrsg., *ZAS Papers in Linguistics*. Zentrum für Allgemeine Sprachwissenschaft, Sprachtypologie und Universalienforschung, Berlin, S. 191–199.

Williams, Edwin (1982): Another Argument that Passive is Transformational, *Linguistic Inquiry* **13**, 160–163.

Williams, Edwin (1994): *Thematic Structure in Syntax*. The MIT Press, Cambridge, Mass.

Wunderlich, Dieter (1999): German Noun Plural Reconsidered. Ms., Universität Düsseldorf.

Wurzel, Wolfgang Ullrich (1970): *Studien zur deutschen Lautstruktur*. Akademie Verlag, Berlin.

Wurzel, Wolfgang Ullrich (1984): *Flexionsmorphologie und Natürlichkeit*. Akademie Verlag, Berlin.

Wurzel, Wolfgang Ullrich (1994): Gibt es im Deutschen noch eine einheitliche Substantivflexion? oder: Auf welche Weise ist die deutsche Substantivflexion möglichst angemessen zu erfassen?. *In:* K.-M. Köpcke, Hrsg., *Funktionale Untersuchungen zur deutschen Nominal- und Verbalmorphologie*. Niemeyer, Tübingen, S. 29–44.

Wurzel, Wolfgang Ullrich (1998): Drei Ebenen der Struktur von Flexionsparadigmen. *In:* R. Fabri, A. Ortmann und T. Parodi, Hrsg., *Models of Inflection*. Niemeyer, Tübingen, S. 223–243.

Zamparelli, Roberto (1995): Layers in the Determiner Phrase. PhD thesis, Rochester, NY.

Zimmermann, Thomas Ede (1995): Tertiumne datur? Possessivpronomina und die Zweiteilung des Lexikons, *Zeitschrift für Sprachwissenschaft* **14**, 54–71.

Zubizaretta, Maria Luisa (1985): The Relation between Morphophonology and Morphosyntax: The Case of Romance Causatives, *Linguistic Inquiry* **16**, 247–289.

Zwart, Jan-Wouter (1997): *Morphosyntax of Verb Movement: a Minimalist Approach to the Syntax of Dutch*. Kluwer, Dordrecht.

Zwicky, Arnold (1985*a*): Heads, *Journal of Linguistics* **21**, 1–29.

Zwicky, Arnold (1985*b*): How to Describe Inflection, *Proceedings of the Eleventh Annual meeting of the Berkeley Linguistics Society* S. 372–386.

Personenverzeichnis

Sachverzeichnis